80803 München · Siegfriedstr. 22

Klasse	Familienname des Schülers	Datum	
		des Empfangs	der Rückgabe
O11	Piazza	18.8.	
Q11	Vanessa Nadi	17/18	
Q11	Hußlein Philipp		

Mensch und Raum

Geographie

Bayern 11

Herausgegeben von
Prof. Dr. Elmar Kulke

mit Beiträgen von

Christian-Magnus Ernst,
Peter Fischer, Volker Huntemann,
Dr. Reinhard Kleßen, Dr. Marcel Langner,
Dr. Dieter Richter

in Zusammenarbeit mit der Verlagsredaktion

Berater:

Jürgen Dreutter, Altdorf
Bernhard Frey, Weilheim
Sabine Lodge, Höchstadt a. d. Aisch
Georg Münzhuber, Würzburg

Cornelsen

Redaktion: Dr. Siegfried Motschmann
Bildredaktion: Christina Scheuerer
Karten: Cornelsen Kartographie Berlin; Peter Kast, Ingenieurbüro für Kartografie, Schwerin
Grafik: Karl-Heinz Bergmann; Dr. Volkhard Binder; Peter Kast, Ingenieurbüro für Kartografie, Schwerin; Wolfgang Zieger
Layoutkonzept: werkstatt für gebrauchsgrafik, Berlin
Technische Umsetzung: Tomasz Kargol, sign.Berlin
Umschlaggestaltung: Klein & Halm Grafikdesign, Berlin

www.cornelsen.de

ℹ Mit diesem Zeichen sind die abgedruckten Internetadressen kenntlich gemacht.
Die Internetadressen und -dateien, die in diesem Lehrwerk angegeben sind, wurden vor Drucklegung geprüft. Der Verlag übernimmt keine Gewähr für die Aktualität und den Inhalt dieser Adressen und Dateien oder solche, die mit ihnen verlinkt sind.

1. Auflage, 1. Druck 2009

Alle Drucke dieser Auflage sind inhaltlich unverändert
und können im Unterricht nebeneinander verwendet werden.

© 2009 Cornelsen Verlag, Berlin

Das Werk und seine Teile sind urheberrechtlich geschützt.
Jede Nutzung in anderen als den gesetzlich zugelassenen Fällen bedarf
der vorherigen schriftlichen Einwilligung des Verlages. Hinweis zu den §§ 46, 52 a UrhG:
Weder das Werk noch seine Teile dürfen ohne eine solche Einwilligung eingescannt
und in ein Netzwerk eingestellt oder sonst öffentlich zugänglich gemacht werden.
Dies gilt auch für Intranets von Schulen und sonstigen Bildungseinrichtungen.

Druck: CS-Druck CornelsenStürtz, Berlin

ISBN 978-3-464-65611-2

Inhalt gedruckt auf säurefreiem Papier aus nachhaltiger Forstwirtschaft.

Inhalt

Der blaue Planet und seine Geozonen ... 7

check-in Der blaue Planet und seine Geozonen ... 8

Atmosphärische Grundlagen ... 10

- Zusammensetzung und Aufbau der Atmosphäre ... 10
- Globale Beleuchtungsverhältnisse und Strahlungshaushalt der Erdoberfläche ... 12
- Wärmehaushalt der Erdoberfläche ... 14
- Kohlenstoffkreislauf ... 16

Marine Grundlagen ... 18

- Ursachen und Auswirkungen ozeanischer Strömungen ... 18
- Modell der globalen ozeanischen Zirkulation ... 20
- El-Niño-Phänomen ... 22
- Bedeutung der Weltmeere für das Globalklima ... 24

Atmosphärische Zirkulation ... 26

- Modell und aktuelle Realität anhand von Satellitenbildern ... 26
- additum Passatkreislauf – innertropische Konvergenz (ITC) ... 28
- Dynamik des großräumigen Wettergeschehens in Mitteleuropa ... 30
- additum Wetterkarte ... 32

Klima- und Vegetationszonen im Überblick ... 34

- Zonale Anordnung und Ursachen räumlicher Differenzierung ... 34
- Die Tropen ... 36
- Die Subtropen ... 38
- Die gemäßigte Zone ... 40
- Subpolare und polare Zone ... 42
- Höhenstufen der Gebirge – Das Beispiel der Anden ... 43

check-up Der blaue Planet und seine Geozonen ... 44
Zusammenfassung ... 46

Ökosysteme und anthropogene Eingriffe ... 47

check-in Ökosysteme und anthropogene Eingriffe ... 48

Die Tropen ... 50

- Wirkungsgefüge immerfeuchte Tropen ... 50
- Artenreiche Vegetation auf mineralstoffarmen Böden ... 52
- Cash-Crop-Anbau und Subsistenzwirtschaft ... 54
- Ursachen und Folgen der Rodungen im tropischen Regenwald ... 56
- Nachhaltige Bodennutzung im tropischen Regenwald ... 58
- Savannenlandschaft in Afrika ... 60
- additum Bodennutzung in den Savannen Afrikas ... 62
- Störung im Landschaftsökosystem Sahel ... 64

Die kalten Zonen 66

Geoökosystem Tundra 66
Erschließung der Tundra in Westsibirien 68
Nutzungsprobleme in der arktischen Tundra 70
Geoökosystem Eiswüste: Die Antarktis 72
additum Antarktis – ein Rohstoffergänzungsraum? 74

check-up Ökosysteme und anthropogene Eingriffe 76
Zusammenfassung 78

Ressourcen – Nutzung, Gefährdung und Schutz 79

check-in Ressourcen – Nutzung, Gefährdung und Schutz 80

Wasser als Lebensgrundlage 82

Wasserhaushalt der Erde und globaler Wasserkreislauf 82
Wasser – Vorkommen und Verfügbarkeit 84
Wassergewinnung und -verbrauch in unterschiedlichen Klimazonen 86
Natürliche und anthropogen beeinflusste Wasserkreisläufe 88

Wasser als Produktionsfaktor 90

Hydroenergie als industrieller Standortfaktor 90
additum Bewässerungslandwirtschaft in den ariden Subtropen 92
Nutzungskonflikt: Der Kampf ums Wasser 94
additum Problemkreis Wasser 96

Flüsse als Lebensadern 98

Europäische Verkehrsachse Rhein 98
additum Die Emscher: Eingriffe in den natürlichen Wasserhaushalt 100
additum Das Drei-Schluchten-Staudammprojekt: Erwartungen, Risiken und Folgen 102

Rohstofflagerstätten und ihre Nutzung 104

Erdöl – Verbreitung, Verfügbarkeit und Nutzung 104
Geopolitische Aspekte der Erdölförderung 106

Weltenergieverbrauch und Energiedistribution 108

Bedeutung und Verfügbarkeit fossiler Energieträger: Kohle, Erdöl, Erdgas 108
additum Entstehung fossiler Brennstoffe 110
Nutzung von Kernenergie 112
Aspekte eines kontinentalen Pipelinenetzes 114

Nigeria – ein rohstoffexportierender Staat 116

Nigeria zwischen Erdöl und Armut 116
Die nigerianische Erdölwirtschaft 118
Folgen der Erdölwirtschaft im Nigerdelta 120
additum Vereinigte Arabische Emirate – Perspektiven für eine wirtschaftliche Entwicklung 122

Substitution von Rohstoffen und alternative Energien 124

Abfallwirtschaft 124
Regenerative Energien: Wind- und Solarenergie 126
Regenerative Energie: Wasserkraft 128
Energieträger Wasserstoff 130
Nachwachsende Rohstoffe 132

check-up Ressourcen – Nutzung, Gefährdung und Schutz 134
Zusammenfassung 136

Umweltrisiken und menschliches Verhalten 137

check-in Umweltrisiken und menschliches Verhalten 138

Die Alpen zwischen Ökologie und Ökonomie 140

Naturräumliches Potenzial: Gliederung und Entstehung der Alpen 140
Naturräumliches Potenzial: Geofaktor Relief 142
Ökologische Differenzierung der Alpen 144
Gefährdung des Alpenraumes durch anthropogene Nutzung 146
Destabilisierung des Geoökosystems 148
additum Fallbeispiel Gletschergebiet Pitztal 150
Maßnahmen zum Schutz der Bergwelt 152

Erdbeben, Vulkanismus, Tsunami 154

Naturgefahren – endogene Kräfte 154
Erdbeben: Messen und die Erde befragen 156
Endogene Ursachen von Erdbeben 158
Katastrophenmanagement: Vorsorge und Nachsorge 160
Magmatismus und Vulkantätigkeit 162
Auswirkungen des Vulkanismus 164
Tsunamis – Seebeben und Riesenwellen 166

Globaler Klimawandel 168

Rezenter Klimawandel 168
Natürlicher Klimawandel 170
Anthropogene Einflüsse auf das Weltklima – der Treibhauseffekt 172
Diskussion der Hypothese des anthropogenen Klimawandels 174
additum Öffentliche und mediale Rezeption der Klimadebatte 176
Strategien für die Zukunft 178
Folgeerscheinungen des Klimawandels
projekt Baustein 1: Abschmelzen von Gletschern 180
projekt Baustein 2: Zunahme von Wirbelstürmen 182
projekt Baustein 3: Anstieg des Meeresspiegels 184

check-up Umweltrisiken und menschliches Verhalten 186
Zusammenfassung 188

Geographische Arbeitstechniken und Arbeitsweisen — 189

Interpretation von physisch-geographischen Karten — 190
Kartieren und Auswerten von thematischen Karten — 192
Auswertung von Texten — 194
Arbeit mit Statistiken, Tabellen und Diagrammen — 196
Interpretation von Satellitenbildern, Bildinterpretation — 198
Anfertigen von Strukturskizzen, Darstellung von Wirkungszusammenhängen — 200
Erstellung und Auswertung von Kausalprofilen — 202
Interpretation von Modellen zu geographischen Sachverhalten — 204
Recherche zu einem ausgewählten Aspekt mithilfe von Fachliteratur und Internet — 206
Erstellen eines Referats und Durchführung einer Präsentation — 208
Auswertung von Klimadiagrammen — 210
Klausur- und Prüfungsaufgaben verstehen und bearbeiten — 212

Glossar — 214

Register — 220

Literaturverzeichnis — 223

Bildnachweis — 224

Erläuterung der Seitenkennzeichnungen

check-in Ermitteln und Sichern des Ausgangsniveaus; Reaktivieren von Wissen als Fundament für die Aneignung neuen Wissens

check-up Zusammenfassen und Systematisieren von Wissen auf der Stufe des Endniveaus; Angebot von Aufgaben zur selbstständigen Überprüfung dessen

additum Vertiefen, Ergänzen bzw. Erweitern des jeweiligen Themas; unterstützt den Aufbau allgemeingeographischer und globaler Raster

projekt Anregungen zur projektbezogenen Bearbeitung geographischer Problemstellungen unter Einbeziehung geographischer Arbeitsmethoden

„Erdaufgang" – vom Mond aus gesehen

Der blaue Planet und seine Geozonen

„Als ich hinausblickte in die Schwärze des Weltraums, übersät mit der Pracht unendlich vieler Lichter, sah ich Majestät – aber kein Willkommen. Unten gab es einen Planeten, auf dem wir mit offenen Armen empfangen würden. Dort, in der dünnen, sich bewegenden und unglaublich empfindlichen Hülle der Biosphäre befindet sich alles, was uns teuer ist, spielen sich all die Dramen und Komödien der Menschheit ab. Dort ist Leben, dort ist gut sein."

LOREN ACTON, Astronaut
Quelle: Kelley, Kevin W. (Hrsg.): Der Heimatplanet. 18. Aufl.
Frankfurt a. M. 1991 (Zweitausendeins), nach Bild 20.

Der blaue Planet und seine Geozonen

Als Geozonen werden bestimmte Landschaftszonen der Erde bezeichnet, die sich vorwiegend aus dem Zusammenspiel von Klima, Boden und Vegetation ergeben. Geozonen sind also großräumige Ausschnitte aus der geographischen Hülle unseres Planeten mit mehr oder weniger gleichen landschaftlichen Merkmalen und mit ähnlich verlaufenden natürlichen Prozessen. Sie unterliegen gesetzmäßigen Abwandlungen vom Pol zum Äquator.

Betrachtet man die gesamte Erdoberfläche, so spielt der Geofaktor Klima dabei eine besondere Rolle. Die Geozonen ziehen sich jedoch nicht parallel zu den Breitenkreisen über die Kontinente und sie bilden auch keinen geschlossenen Gürtel, denn sie werden von den Ozeanen unterbrochen. Zudem wirken die großen Gebirge verändernd auf die räumliche Verbreitung der Geozonen.

Durch genaue Kenntnisse zu den einzelnen Geozonen ist es möglich, Ableitungen der landschaftlichen Normausstattung eines jeden beliebigen Ortes auf der Erde vorzunehmen.

M 8.2 Blühende Wüste Namib nach einem Regenguss

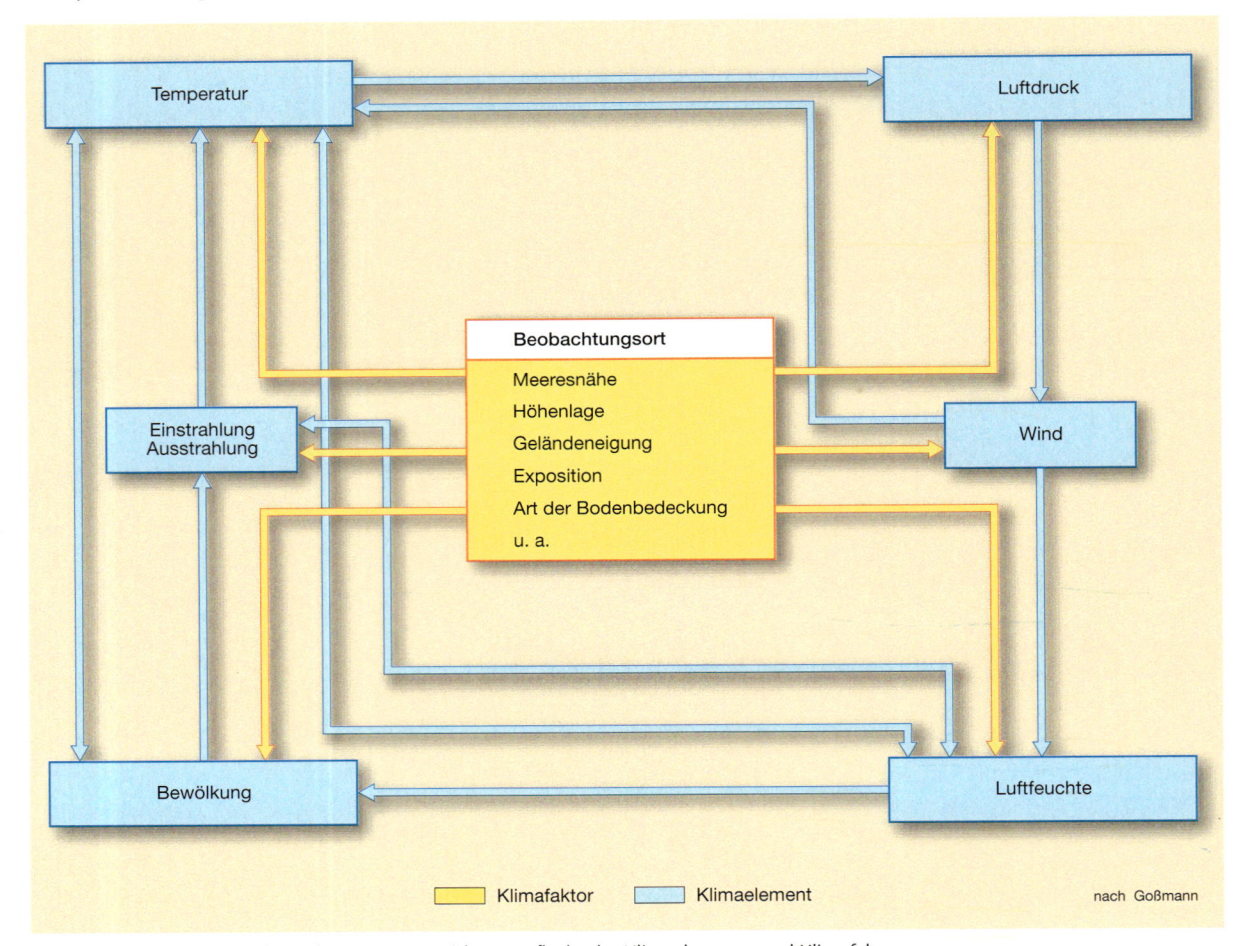

M 8.1 Grundlagen atmosphärischer Prozesse: Wirkungsgeflecht der Klimaelemente und Klimafaktoren

Aufgabe: Formulieren Sie die Beziehungen zwischen den Klimaelementen und Klimafaktoren am Beispiel Ihres Heimatraumes.

Grundbegriffe

Die Zusammenstellung enthält einige grundlegende Begriffe, die Sie aus früheren Jahrgangsstufen kennen sollten:

Atmosphäre:

Asthenosphäre: Schicht des äußeren Erdmantels in ca. 60 bis 210 km Tiefe, die bei geologischen Prozessen plastisch verformbar ist. Auf ihr schwimmen die starren Platten der Lithosphäre.

Boden: Bestandteil des oberflächennahen Untergrundes; an der Oberfläche entstandene, mit Luft, Wasser und Lebewesen durchsetzte Verwitterungsschicht aus mineralischen und organischen Substanzen, die durch chemische und physikalische Verwitterung ab- und umgebaut werden; hierbei entstehen neue Substanzen.

Druckgebiet: Kennzeichnet die räumliche Verteilung des Luftdrucks, nach hohem oder niedrigem Druck (Hoch, Tief).

Endogene Vorgänge: Vorgänge im Erdinnern und die durch sie ausgelösten Erscheinungen an der Erdoberfläche (Vulkanismus, Erdbeben, Gebirgsbildung).

Erdbeben:

Exogene Vorgänge: Vorgänge, die die Erdoberfläche von außen verändern (Verwitterung, Abtragung, Transport, Sedimentation).

ITC (= Innertropische Konvergenzzone): Die äquatoriale Tiefdruckrinne wird auch als ITC bezeichnet, weil hier, in den inneren Tropen, die Passate der Nord- und Südhalbkugel zusammentreffen (konvergieren).

Klima:

Klimafaktoren:

Klimazone:

Landschaft: Ausschnitt aus der Erdoberfläche, der nach seinem äußeren Erscheinungsbild und durch das Zusammenwirken der Geofaktoren (Landschaftskomponenten) eine charakteristische Prägung besitzt und sich dadurch von benachbarten Räumen abhebt.

Lithosphäre: Feste Gesteinshülle, die die Erdkruste und den oberen Teil des Erdmantels umfasst. Die Mächtigkeit kann von wenigen Kilometern bis zu 200 km variieren.

Naturlandschaft: Ein vom Menschen unveränderter Naturraum (z. B. Teile der Hochgebirge, Wüsten, Polargebiete).

Ökologie: Wissenschaft, die sich mit der Wechselbeziehung zwischen den Tieren und Pflanzen sowie ihrer Umwelt beschäftigt.

Plattentektonik: Eine auf geophysikalischen Untersuchungen, vor allem im ozeanischen Bereich, beruhende Theorie, wonach die Lithosphäre aus mehreren Platten besteht, die sich auf der Fließzone (Asthenosphäre) in unterschiedliche Richtungen bewegen.

Reliefformen:

Vegetation:

Vulkanismus:

Wasserkreislauf:

Wetter:

Aufgabe: Vergewissern Sie sich, dass Sie alle im Begriffscontainer enthaltenen Begriffe erklären können. Definieren Sie selbstständig die nicht erklärten Begriffe.

Methoden

Die Zusammenstellung enthält einige grundlegende geographische Arbeitsmethoden, die Sie sicher beherrschen sollten:
- Auswerten und Interpretieren von Klimadiagrammen
- Lesen von thematischen Karten (z. B. Geologie, Böden)
- Auswertung von thematischen Karten (z. B. Klima, Vegetation)
- Auswertung von Satellitenbildern

Aufgabe: Überprüfen Sie selbstständig (z. B. durch das Erstellen von Checklisten), ob Sie die genannten Methoden sicher beherrschen.

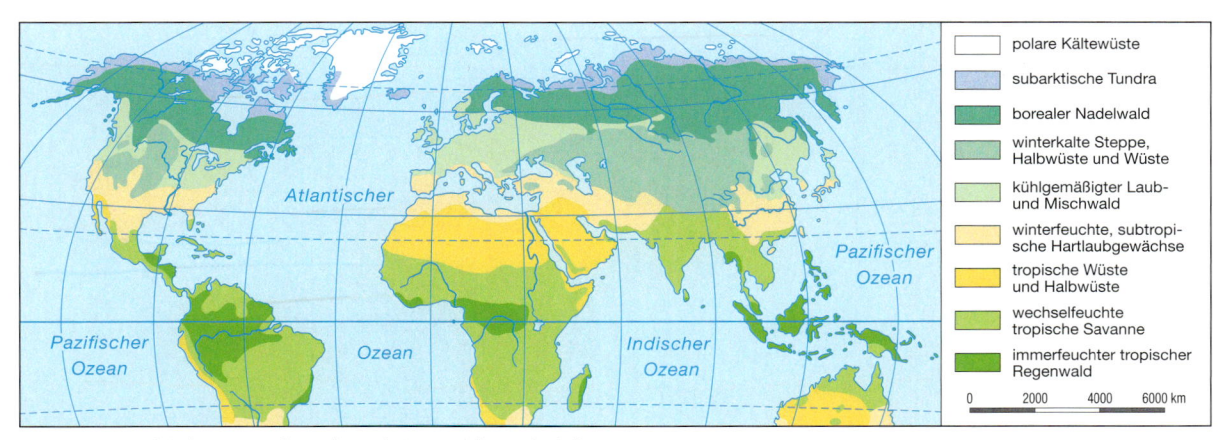

M 9.1 Geographische Zonen der Erde nach BRAMER (Ausschnitt)

Aufgabe: Formulieren Sie eine Checkliste zur Auswertung der Karte **M 9.1**.

Atmosphärische Grundlagen

Zusammensetzung und Aufbau der Atmosphäre

Als Atmosphäre wird die von der Schwerkraft eines Himmelskörpers festgehaltene und mitrotierende Gashülle bezeichnet. Unsere Erdatmosphäre hat sich erst im Laufe der Erdgeschichte zum heutigen Zustand entwickelt (M 11.1). Das Gasgemisch Luft wird zu 99,9 Volumenprozent durch die Hauptgase Stickstoff, Sauerstoff und Argon gebildet. Den Rest nehmen Spurengase ein, von denen Kohlendioxid, Methan, Distickstoffoxid und Ozon trotz geringen Anteils große klimawirksame Bedeutung haben.

Zusätzlich zu den permanenten Haupt- und Spurengasen wird die Luft von Hydrometeoren (feste: Schnee, Eis; flüssige: Wolkentropfen, Regentropfen) und Aerosolen erfüllt. Als Aerosole werden Zweiphasengemische, d. h. feste und flüssige, anorganische und organische Schwebpartikeln wie Pollen, Mineralstaub, Salzkristalle, Ruß, die z. T. von einem Wasser-/Säurefilm umkleidet sind, bezeichnet (Luftverunreinigungen).

Der Kohlendioxidgehalt (CO_2) der Luft unterliegt bereits als Folge der zunehmenden Verbrennungsprozesse kohlenstoffhaltiger Energierohstoffe einer messbaren Zunahme (M 10.2). Unsichtbarer, gasförmiger Wasserdampf (H_2O) tritt in sehr variablen Anteilen auf und hat infolge der möglichen Zustandsänderungen (fest, flüssig, gasförmig), die immer mit Energieumwandlungen verbunden sind, eine enorme Bedeutung.

Gas	Formel	Volumenanteil
Stickstoff	N_2	78,084 %
Sauerstoff	O_2	20,946 %
Argon	Ar	0,943 %
Kohlendioxid	CO_2	0,037 %

M 10.1 Zusammensetzung trockener, reiner Luft (ohne Wasserdampf, Aerosole, Spurengase)

Region	Volumenanteil
Feuchte Tropen (maximal)	4,0 %
Mittelbreiten, Sommer	1,3 %
Mittelbreiten, Winter	0,4 %
Globaler Mittelwert	2,6 %

M 10.3 Typische regionale Volumenanteile von Wasserdampf

Infolge der dauernden turbulenten Durchmischung ist die chemische Zusammensetzung der Luft bis etwa 100 km Höhe annähernd konstant. Der lebenswichtige Sauerstoff (O_2) weist ein bemerkenswert stabiles Mischungsverhältnis auf, obwohl er einerseits bei der *Photosynthese* von Pflanzen erzeugt werden muss und andererseits

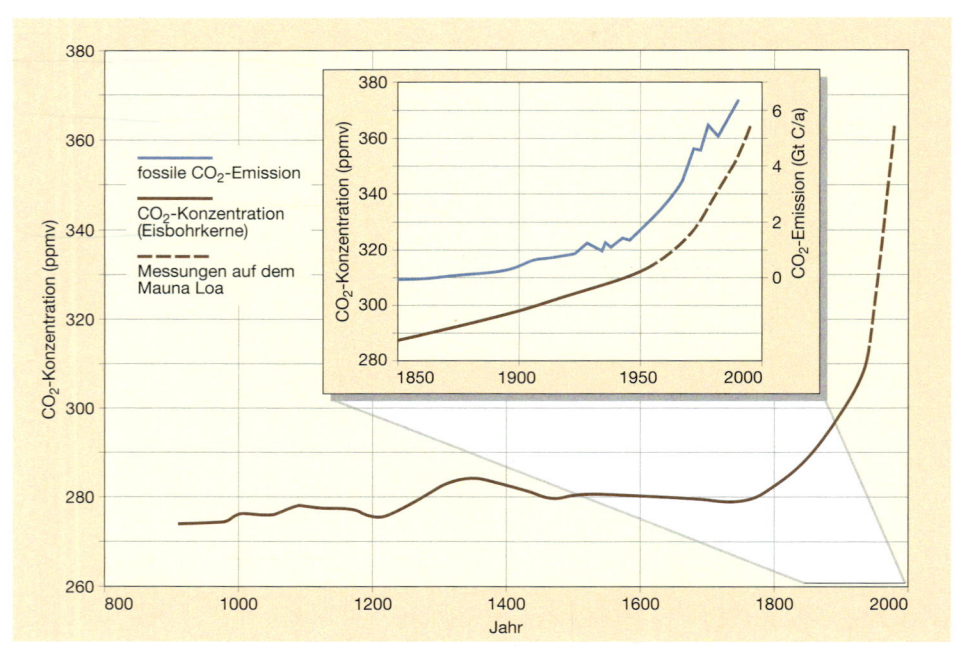

M 10.2 Kohlendioxidzunahme seit dem Mittelalter

bei Oxidationsprozessen wie Atmung und Verbrennung ständig gebunden wird. Ein so genanntes Fließgleichgewicht beider Prozesse sorgt dafür. Ozon, das dreiatomige Sauerstoffmolekül (O_3), bildet und konzentriert sich in etwa 15 bis 25 km Höhe. Die Ozonschicht gewährleistet die Entwicklung des Lebens auf der Erde, da sie als Strahlungsschutzschirm nur einen geringen Anteil der schädlichen UV-Strahlung passieren lässt und den überwiegenden Anteil absorbiert. (vgl. M 173.1)

Der Lufttemperatur nach lässt sich die Erdatmosphäre vertikal in Stockwerke oder Sphären einteilen (M 11.2). Da sich die Lufttemperatur mit zunehmender Höhe mehrfach markant ändert, werden die Grenzflächen (Pausen) zwischen zwei Sphären an den Knickstellen der vertikalen Lufttemperaturlinie angesetzt (M 11.2). Hauptgrund für die vertikale Lufttemperaturabnahme in der Troposphäre ist die zunehmende Entfernung von der Erdoberfläche, der Hauptenergieumsatzfläche für die Solarstrahlung.

Der Lufttemperaturanstieg in der oberen Stratosphäre ist eine Folge starker Strahlungsabsorption energiereicher UV-Strahlung durch die Ozonschicht. Solch eine Luftschicht, in der die Lufttemperatur mit zunehmender Höhe zunimmt, heißt Inversionsschicht (Temperaturumkehrschicht im Vergleich zur Troposphäre).

Die *Troposphäre* enthält ca. drei Viertel der Luftmasse, darunter fast den gesamten Wasserdampf. Deswegen spielen sich in ihr auch alle Wasserdampf benötigenden Vorgänge ab wie Wolken- und Niederschlagsbildung. Infolge dieser Prozesse und der ständigen horizontalen und vertikalen Bewegungsvorgänge von Luftmassen ist die Troposphäre die Wetter- und Klimasphäre im engeren Sinne.

Der bodennahe Mittelwert der Aerosolkonzentration beträgt 1,6 ppm (Teile pro Million) mit ganz erheblichen Variationen wie beim Wasserdampf. Er bestimmt stark die Luftqualität mit.

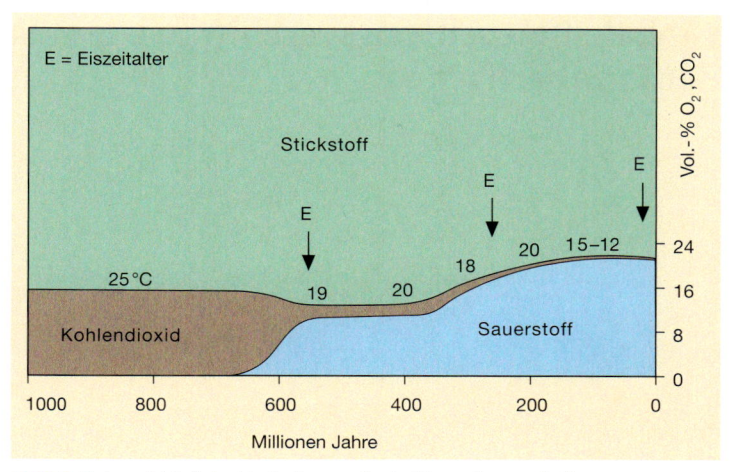

M 11.1 Erdgeschichtliche Veränderung der Lufthauptbestandteile

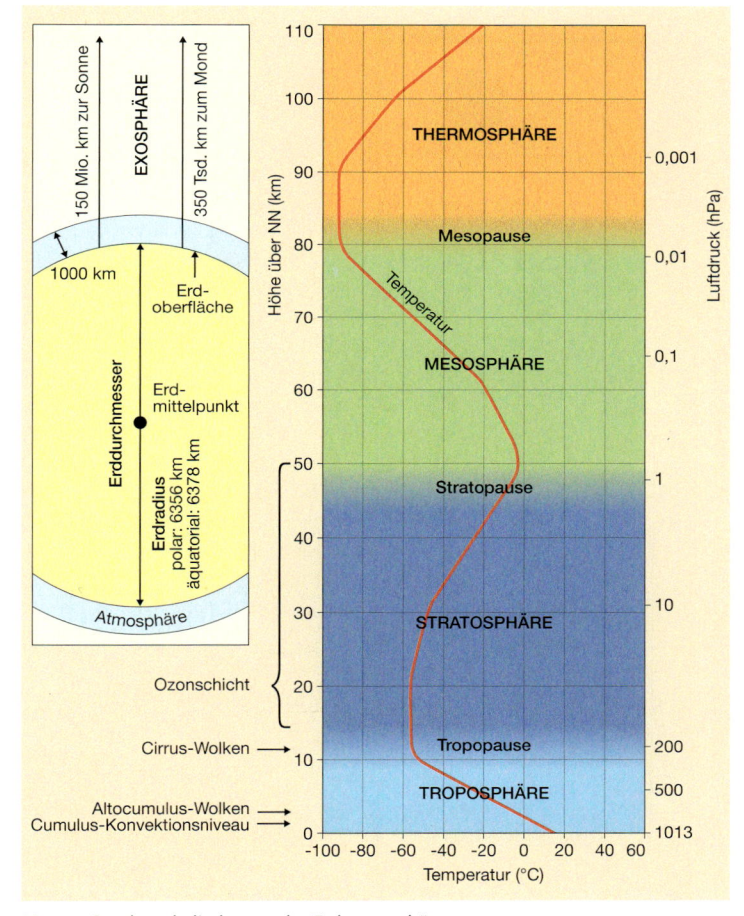

M 11.2 Stockwerkgliederung der Erdatmosphäre

1 Ermitteln Sie aus **M 11.2** die Stockwerkgliederung der Erdatmosphäre nach der Lufttemperatur. Begründen Sie die Temperaturzunahme in der oberen Stratosphäre.
2 Ermitteln Sie aus **M 11.1** und mithilfe einer erdgeschichtlichen Tabelle, seit welcher geologischen Periode die heutige Zusammensetzung der Erdatmosphäre herrscht.

Globale Beleuchtungsverhältnisse und Strahlungshaushalt der Erdoberfläche

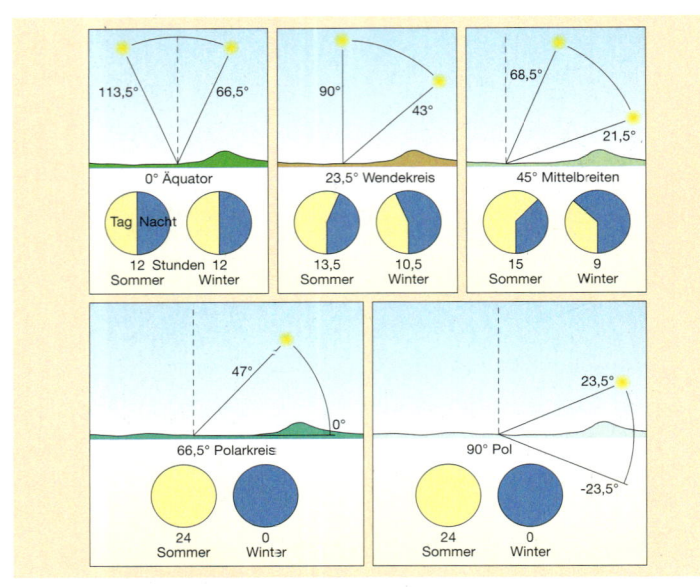

M 12.1 Beleuchtungsverhältnisse in verschiedenen Breiten

- Jeder gasförmige, flüssige oder feste Körper gibt elektromagnetische Strahlung ab. Je höher die Eigentemperatur des strahlenden Körpers, desto intensiver ist die ausgesendete Strahlung (PLANCK'sches Strahlungsgesetz).
- Je heißer ein strahlender Körper ist, desto kurzwelliger ist die abgegebene Strahlung und umgekehrt (WIEN'sches Verschiebungsgesetz).
- Die von einem Körper abgegebene (emittierte) Strahlung kann von einem anderen angestrahlten Körper z. T. aufgenommen (absorbiert) und z. T. zurückgeworfen (reflektiert) werden. Das Absorptions-, Reflexions- und Emissionsvermögen verschiedener Körper ist materialabhängig und variiert stark.

M 12.3 Ausgewählte Strahlungsgesetze

Die Beleuchtungsverhältnisse eines Ortes ergeben sich aus der scheinbaren täglichen Sonnenbahn in der jeweiligen geographischen Breite. Die maximal mögliche Tageslichtlänge wird im Jahresgang durch drei astronomische Faktoren bestimmt: die Position der Erde auf der Sonnenumlaufbahn (Revolution), die Erdrotation bei gleichbleibendem Neigungswinkel und die Neigungsrichtung der Erdachse zur Umlaufebene (Ekliptik). Fünf Beleuchtungszonen können so auf der Erdoberfläche gebildet werden, zwei polare, zwei in den Mittelbreiten und eine tropische. Die Grenzlinien sind die Polarkreise (66,5°) und die Wendekreise (23,5°).

Die so genannte Sonnenhöhe h (der Einfallswinkel der Sonnenstrahlen) bestimmt primär den Strahlungsgenuss eines Ortes bestimmter geographischer Breite φ. Mithilfe der Mittagssonnenhöhe $h_m = (90° - φ) + ∂$ lässt sich schnell für jeden Ort auf der Erde für vier ausgewählte Tage (21.6./23.9./21.3./21.12) der maximale, mittlere und minimale Einfallswinkel im Jahresgang und damit der mögliche Strahlungsgenuss einschätzen.

An der Erdoberfläche wird der größte Teil der ankommenden Sonnenstrahlung in terrestrische Wärmestrahlung umgesetzt. Dabei erwärmt sie wie eine Heizplatte die darüberliegende Luft. Zum Verständnis dieser Strahlungsvorgänge sind einige Grundkenntnisse der Strahlungsphysik notwendig (siehe M 12.3).

Die Sonnendeklination ∂ beträgt auf der Nordhalbkugel immer	
am 21.6.	+ 23,5°
am 21.3. und 23.9.	0°
am 21.12.	– 23,5°
Für Starnberg mit φ = 48° N ergibt sich demzufolge die Mittagssonnenhöhe h_m	
am 21.6.	65,5°
am 21.3. und 23.9.	42°
am 21.12.	18,5°

M 12.2 Mittagssonnenhöhe für Starnberg

In der Erdatmosphäre und an der Erdoberfläche existieren demzufolge zwei Formen von Strahlung: die kurzwellige Solarstrahlung (0,3–4 µm Wellenlänge) und die langwellige terrestrische Strahlung (4–100 µm).

Beim Durchqueren der Atmosphäre wird die kurzwellige Solarstrahlung durch Absorption, Streuung und direkte Reflexion an Luftmolekülen, Wolkenteilchen, schwebenden Partikeln sowie an der festen Erdoberfläche so abgeschwächt, dass nur 51 % davon an der Erdoberfläche aufgenommen werden. Der die Erdoberfläche erreichende Teil der Solarstrahlung wird als Globalstrahlung bezeichnet und besteht aus einem direkten und einem diffusen, d. h. gestreuten Anteil (M 13.1).

Der kurzwellige Energiegewinn der Erdoberfläche entspricht der absorbierten Globalstrahlung, die nach Subtraktion der von der Erdoberfläche reflektierten kurzwelligen Strahlung (4 %) entsteht. Die Albedo a (das spezifische Reflexionsvermögen von Materialoberflächen) bestimmt, wie viel von der auftreffenden kurzwelligen Strahlung reflektiert, d. h. ungenutzt zurückgeworfen wird und wie viel aufgenommen, absorbiert wird. Weiße oder helle Flächen haben hohe Albedowerte, schwarze oder dunkle Flächen geringe.

Die von der Erdoberfläche emittierte langwellige infrarote Wärmestrahlung (Ausstrahlung der Erdoberfläche) gelangt nur zu einem kleinen Teil direkt in das Weltall zurück. Der überwiegende Teil (92 %) wird von bestimmten Luftmolekülen, den so genannten Treibhausgasen (Wasserdampf, CO_2, Methan, Ozon, FCKWs u. a.), und den Wolken absorbiert und entsprechend der erhöhten Eigentemperatur dieser Substanzen wieder emit-

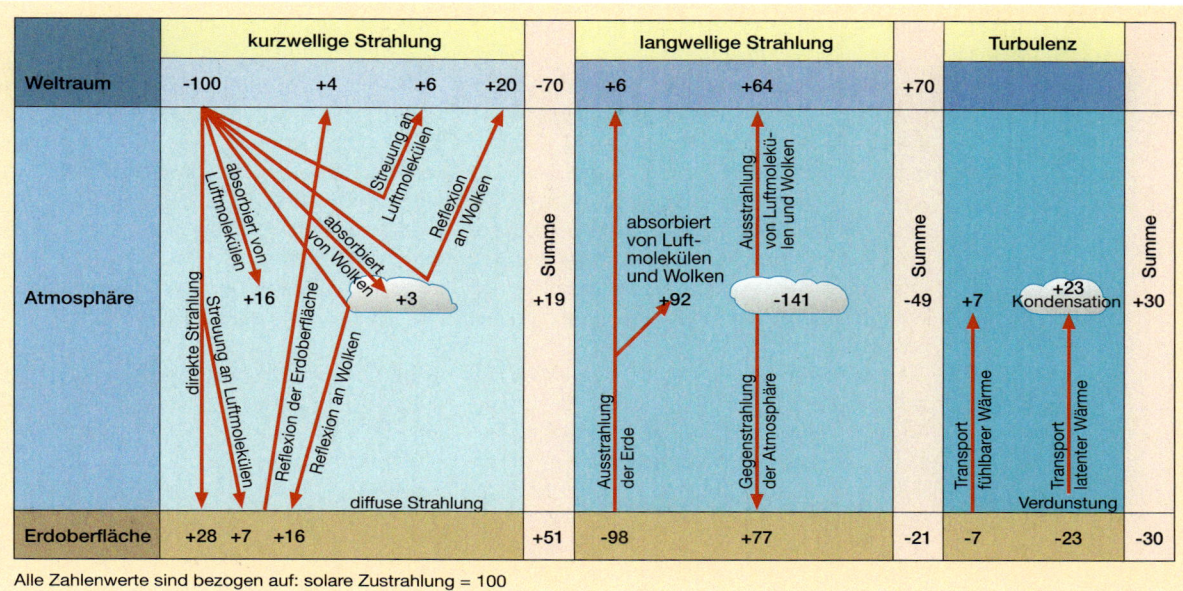

Atmosphärische Grundlagen **13**

	kurzwellige Strahlung					langwellige Strahlung			Turbulenz		
Weltraum	−100	+4	+6	+20	−70	+6	+64	+70			
Atmosphäre	+16		+3		Summe +19	absorbiert von Luftmolekülen und Wolken +92	Ausstrahlung von Luftmolekülen und Wolken −141	Summe −49	Transport fühlbarer Wärme +7	+23 Kondensation	Summe +30
Erdoberfläche	+28	+7	+16		+51	Ausstrahlung der Erde −98	Gegenstrahlung der Atmosphäre +77	−21	−7	Verdunstung −23	−30

Alle Zahlenwerte sind bezogen auf: solare Zustrahlung = 100

M 13.1 Strahlungs- und Wärmebilanz des Systems Erdoberfläche–Atmosphäre

tiert. Der zur Erdoberfläche gerichtete Teil dieser langwelligen atmosphärischen Gegenstrahlung kommt der Erdoberfläche energetisch wieder zugute.
Effektiv ergibt sich also der langwellige Energieverlust der Erdoberfläche (effektive Ausstrahlung) als Differenz von der Ausstrahlung der Erdoberfläche minus der atmosphärischen Gegenstrahlung.

Diese die untere Atmosphäre thermisch begünstigenden Prozesse werden als Treibhauseffekt bezeichnet, da die durchschnittliche globale Lufttemperatur ohne die Treibhausgase nicht bei +15 °C, sondern bei −18 °C liegen würde.
Zusammenfassend lässt sich die resultierende Nettostrahlung (Bilanz) ableiten: absorbierte Globalstrahlung (kurzwellig) minus effektive Ausstrahlung (langwellig). Turbulente Wärmeströme müssen zusätzlich bei Energiebilanzrechnungen berücksichtigt werden.

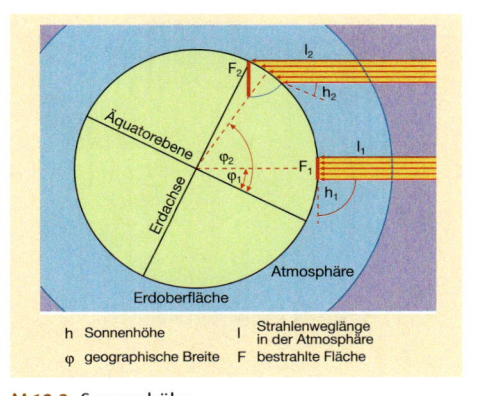

Hinweis zu den Vorzeichen in M 13.1
Die Terme werden positiv (negativ) gerechnet, wenn der Bilanzierungsebene (z. B. Erdoberfläche oder Atmosphäre oder Weltraum) Wärme zugeführt (entzogen) wird.

Natürliche Oberflächenform	a	(1−a)
Schneedecke mittlerer Breiten	0,70	0,30
Tundra, Steppe, Laubwald (Vegetationsperiode)	0,18	0,82
Meeresflächen bei 0° geogr. Breite	0,06	0,94
Ackerboden mittlerer Breiten	0,12	0,88
Wiesen, Weiden mittlerer Breiten	0,21	0,79
Savanne (Trockenzeit)	0,24	0,76
Savanne (Regenzeit)	0,18	0,82
tropischer immergrüner Regenwald	0,12	0,88
Wüsten	0,28	0,72

M 13.2 Albedo- und Absorptionswerte

M 13.3 Sonnenhöhe
h Sonnenhöhe
φ geographische Breite
l Strahlenweglänge in der Atmosphäre
F bestrahlte Fläche

1 Wählen Sie aus M 13.2 zwei extrem unterschiedlich reflektierende Medien aus. Beschreiben Sie vergleichend den resultierenden spezifischen Absorptionsbetrag dieser zwei Oberflächentypen.
2 Berechnen und zeichnen Sie die Mittagssonnenhöhe folgender Städte im Jahresgang und vergleichen Sie das Ergebnis aus strahlungsenergetischer Sicht: Stockholm (59° N), Rom (42° N), Lagos (6° N).

Wärmehaushalt der Erdoberfläche

Im Mittel überwiegt an der Erdoberfläche die kurzwellige absorbierte Globalstrahlung die langwellige effektive Ausstrahlung, in der Atmosphäre ist es dagegen umgekehrt. Die Verteilung der Energie von der Erdoberfläche nach oben und unten folgt immer einem Gradienten vom Überschussgebiet zum Mangelgebiet. Neben den Strahlungsprozessen wird Energie auch durch Wärmetransport- und Wärmeleitungsprozesse verteilt.

Die Wärmehaushaltsgleichung $R + L + V + B = 0$ stellt dar, dass sich alle Energieflüsse an der Grenzfläche Erde–Atmosphäre immer gegenseitig ergänzen. Bei positiver **Nettostrahlung** R in einem bestimmten Gebiet muss eine entsprechende Energiemenge

1. im Boden gespeichert (Wärmeleitungsstrom im Boden B),
2. als fühlbarer Wärmestrom L durch konvektive, d. h. durch turbulente erwärmte Luftelemente (Massenaustausch) transportiert bzw.
3. durch den Phasenwechsel von Wasser/Wasserdampf über Verdunstung und Kondensation (V = latenter, d. h. verborgener Verdunstungswärmestrom) weitergegeben werden (siehe M 14.1).

Für den kurzfristigen Strahlungs- bzw. Wärmehaushalt eines beliebigen Erdoberflächenabschnittes (z. B. Wald, See, Kontinent) muss berücksichtigt werden, dass alle Komponenten ausgeprägte Tagesgänge haben.

Zur Erdoberfläche hin gerichtete Energieströme werden positiv, von ihr weg gerichtete negativ gezählt. Die Nettostrahlung R ist z. B. negativ, wenn die Ausstrahlung die Einstrahlung überwiegt, was bei uns z. B. nachts der Fall ist.

Die bodennahe Lufttemperatur wird demzufolge stark von der Temperatur der Erdoberfläche her bestimmt, vor allem dann, wenn keine großräumigen Luftmassenbewegungen erfolgen.

> **Die Wärmeenergieausbreitung kann sich über drei Vorgänge realisieren:**
>
> **1. Wärmestrahlung**
> Die Wärmeausbreitung erfolgt geradlinig wie ein Lichtstrahl in Form elektromagnetischer Wellen, selbst im Vakuum.
>
> **2. Wärmekonvektion (Wärmetransport)**
> Ein bewegliches Medium (Luft, Wasser) transportiert Wärme von einem Überschussort zum Mangelgebiet durch Strömungs- und Turbulenzvorgänge.
>
> **3. Wärmeleitung**
> Die Wärme fließt nach Art einer unsichtbaren Flüssigkeit durch einen festen Körper hindurch, vermittelt durch Kristallgitterschwankungen von Molekül zu Molekül.

M 14.2 Wärmeenergieausbreitung

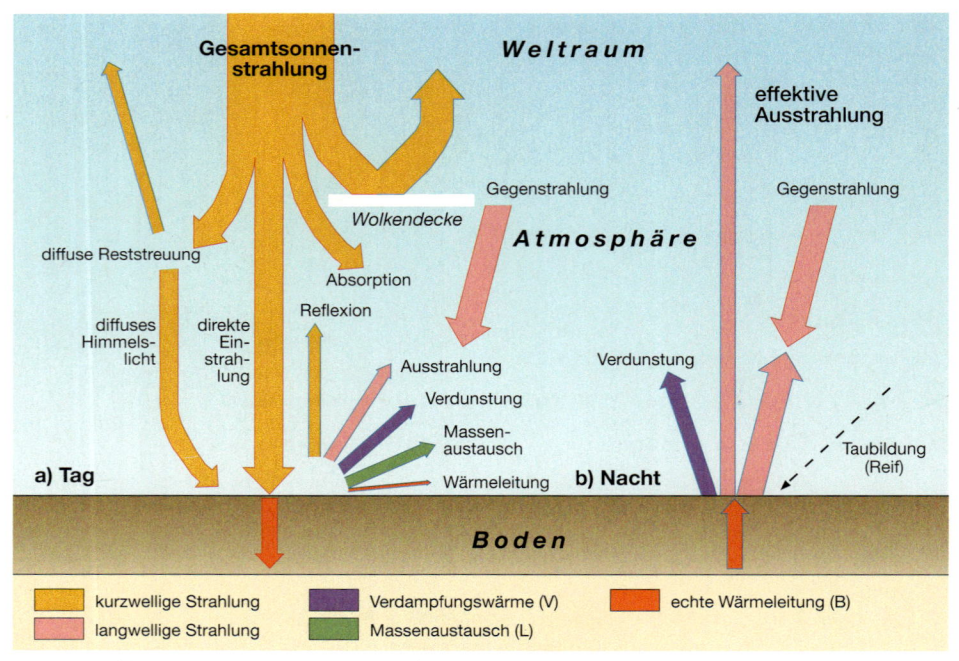

M 14.1 Strahlungs- und Wärmeausbreitung (a) am Tag und (b) in der Nacht

Atmosphärische Grundlagen 15

Die Lufttemperatur eines Ortes schwankt im Tages- und Jahresverlauf vor allem mit der Menge der dort absorbierten Globalstrahlung und hängt damit von der Zustrahlungsintensität, der täglichen Bestrahlungsdauer, der Bewölkungsmenge und der Oberflächenbeschaffenheit ab.

In **M 15.1** ist der charakteristische *Tagesgang der Lufttemperatur* für einen wolkenlosen Apriltag in mittleren Breiten dargestellt. Die Verzögerung des Temperaturmaximums im Vergleich zum Zeitpunkt maximaler Sonnenhöhe um 12.00 Uhr ergibt sich aus den normal wirkenden Strahlungs- und Wärmetransportprozessen. Bei anderen Wetterverhältnissen variiert die tägliche Temperaturkurve je nach Art z. T. beträchtlich. Ein markanter Luftmassenwechsel kann nachts zu einem Temperaturanstieg oder tags zu einer Abkühlung führen. Starke Bewölkung oder intensiver Niederschlag verändern ebenfalls das Kurvenbild.

Auch der *Jahresgang der Lufttemperatur* wird durch den Strahlungs- und Wärmehaushalt stark gesteuert. Besonders deutlich wird das bei einer meeresnahen oder kontinentalen Lage einer Klimastation. In der Nähe großer Wasserflächen wird viel zugestrahlte Energie für die Verdunstung verbraucht (siehe **M 15.2**), die Erwärmung der Luft ist entsprechend geringer (ozeanisches Klima mit kleiner Jahresschwankung der Temperatur).

Ein weiterer Grund für das träge thermische Verhalten der Luft über oder in Nähe von Wasserflächen ist in der hohen spezifischen Wärmespeicherfähigkeit von Wasser begründet. Die spezifische Wärme gibt an, wie viel Wärme man einem Gramm einer Substanz zuführen muss, damit sie sich um eine Kalorie erwärmt. Wasser hat eine vierfach höhere spezifische Wärme als Luft. Im Kontinentinneren, wo im Mittel geringer Wasserdampfgehalt der Luft bzw. geringe Bewölkung eine optimale Einstrahlung, aber auch eine reduzierte atmosphärische Gegenstrahlung ermöglichen, ist die effektive Ausstrahlung groß und damit sind die jahreszeitlichen Unterschiede der Lufttemperatur sehr ausgeprägt (kontinentales Klima mit großer Jahresschwankung).

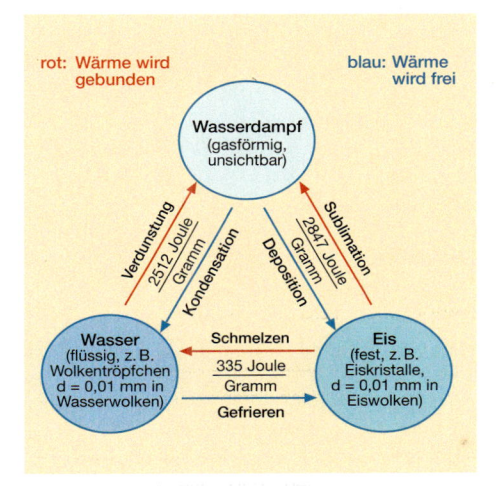

M 15.2 Wasser in der Atmosphäre und Energieströme

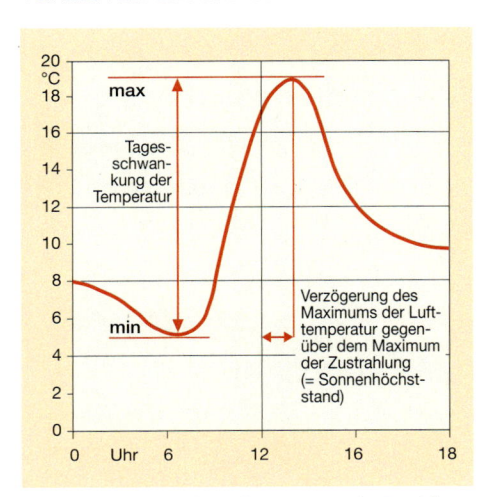

M 15.1 Tagesgang der Lufttemperatur in Frankfurt am Main an einem wolkenlosen Apriltag

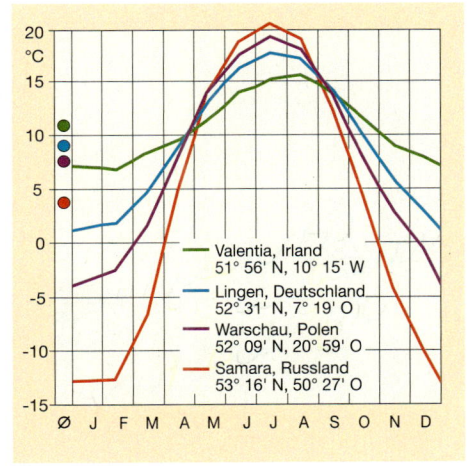

M 15.3 Jahresgang der Lufttemperatur in den Mittelbreiten

1 Die Strahlungsbilanz an der Erdoberfläche (siehe **M 15.1**) ist auch kurz nach Sonnenaufgang noch negativ. Begründen Sie die niedrige Lufttemperatur um diese Zeit.
2 Leiten Sie die Bedeutung der Begriffe Ozeanität und Kontinentalität aus **M 15.3** ab. Begründen Sie mithilfe einer Wärmehaushaltsüberlegung.

Kohlenstoffkreislauf

Neben dem globalen Energiehaushalt ist der globale Stoffhaushalt mit seinen verschiedenen geochemischen Stoffkreisläufen für Veränderungen des Klimasystems bedeutsam. Dabei ist der globale Kohlenstoffkreislauf ein sehr klimarelevantes, kompliziertes Phänomen, das die Wissenschaftler schon seit mehreren Jahrzehnten beschäftigt.

Kohlenstoff existiert in der Natur in mannigfaltigen Formen, im Reinzustand als Kohle, Graphit und Diamant, als gebundener Kohlenstoff ist er Bestandteil vieler organischer Stoffe, als Kohlendioxid tritt er in Wasser, Luft und in Form von Karbonaten und organischen Fossilien im Boden und in Gesteinen auf. In großen Reservoiren liegen die verschiedensten Kohlenstoffverbindungen in der Atmosphäre, in der Land-Biosphäre und im Boden, im Ozean sowie in der Lithosphäre in Lagerstätten fossiler Energieträger und carbonathaltiger Mineralien vor.

Die ermittelten globalen Kohlenstoffvorräte in den fünf Reservoiren stellt **M 16.1** in Gigatonnen (Gt) dar. Die Reservoire stehen durch verschiedenste Prozesse wie z. B. *Assimilation (Photosynthese), Respiration (Atmung)*, Gaslösung und -freisetzung im Stoffaustausch. Sie können bei überwiegender Kohlenstoffzufuhr im Vergleich zur Kohlenstoffabfuhr wachsen (Senke) bzw. bei überwiegender Kohlenstoffabfuhr gegenüber -zufuhr abnehmen (Quelle).

Die ermittelten Kohlenstoffflussraten (Austausch) sind in **M 16.1** in Gigatonnen pro Jahr (Gt/a) angegeben. Die Atmosphäre ist zwar ein kleines, aber wichtiges Kohlenstoffreservoir. Sie enthält gegenwärtig 760 Gt C, für die vorindustrielle Zeit werden 600 Gt C angenommen.

Seit etwa 150 Jahren emittiert der Mensch im Zuge der Industrialisierung durch Verbrennungsprozesse fossiler Energieträger, durch die Zementproduktion und durch Landnutzungsprozesse Kohlenstoff in die Atmosphäre, gegenwärtig rund 8 Gt/a. Davon verbleiben 3,2 Gt (40%) in der Atmosphäre, der Rest fließt einerseits über Austauschprozesse in den Ozean (30%), andererseits in das Land-Biosphäre-Reservoir (30%). Dieser Betrag ist mit großen Unsicherheiten behaftet, da die vielfältigen und wechselseitigen Stoffflüsse des Land-Biosphäre-Reservoirs noch nicht vollständig erkannt wurden. Mit Sicherheit ist aber dieses Reservoir in der Gesamtbilanz der anthropogen induzierten Kohlenstoffflüsse zwischen Atmosphäre und Land-Biosphäre gegenwärtig eine Senke, was aktualisierte Angaben des *IPCC* (2007) für den Zeitraum 2000–2005 bestätigen (**M 17.3**).

Es gibt Hinweise, dass sich die Biosphäre nach Erreichen einer Sättigungsgrenze aufgrund steigender Bodenatmungsraten von einer Netto-Kohlenstoffsenke zu einer Nettoquelle verwandeln

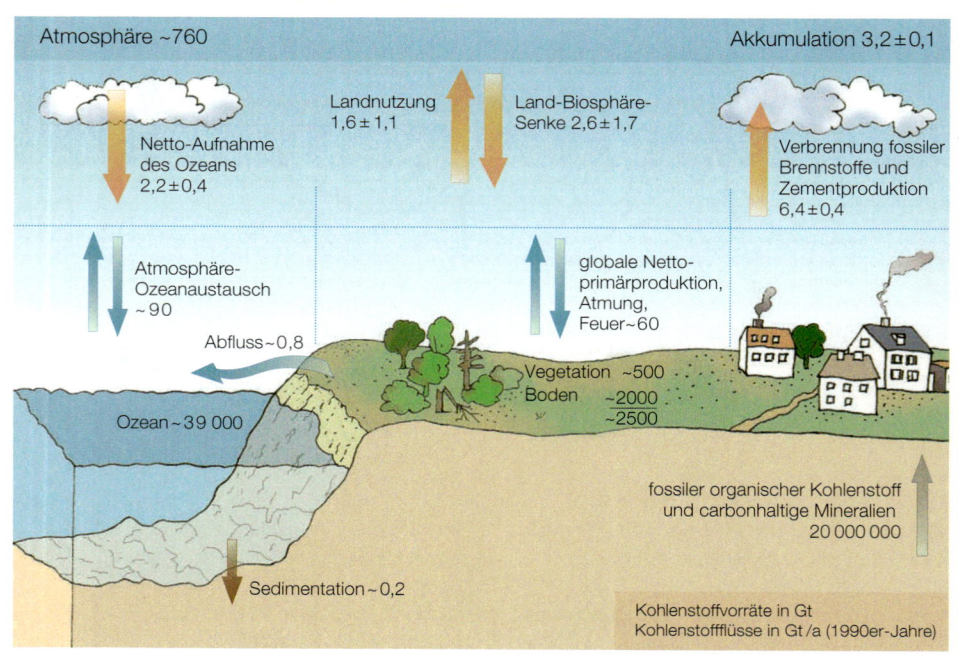

Photosynthese/Assimilation
Umwandlung der Lichtenergie in biologisch nutzbare chemische Energie in Form der Glukose, die aus Kohlendioxid und Wasser über das Pflanzenchlorophyll als Katalysator erzeugt wird. In der Bilanz ist die Photosynthese der grünen Pflanzen die Umkehr der Atmung/Dissimilation.

IPCC
(Intergovernmental Panel on Climate Change); zwischenstaatlicher Ausschuss für Klimaänderungen; trägt die Forschungsergebnisse der verschiedenen Disziplinen zu Klimaänderungen zusammen; erarbeitet zusammenhängende Darstellungen des Materials in Form von Wissensstandsberichten.
🌐 www.ipcc.ch

M 16.1 Globaler Kohlenstoffkreislauf und seine anthropogenen Komponenten (in rot) (verändert nach HOUGHTON, 2004)

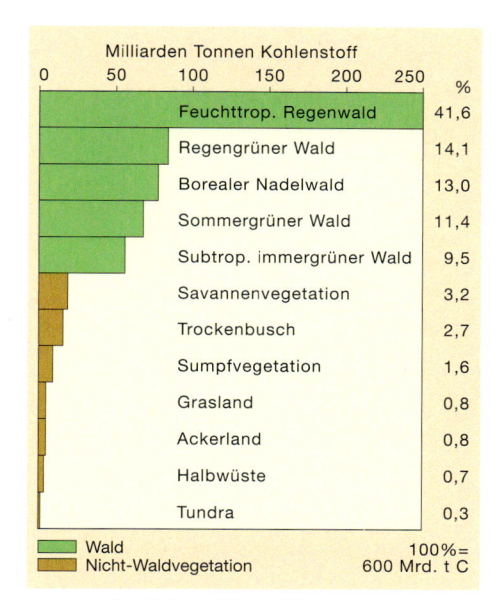

Atmosphärische Grundlagen 17

M 17.1 Pflanzliche Kohlenstoffvorräte nach Vegetationstypen

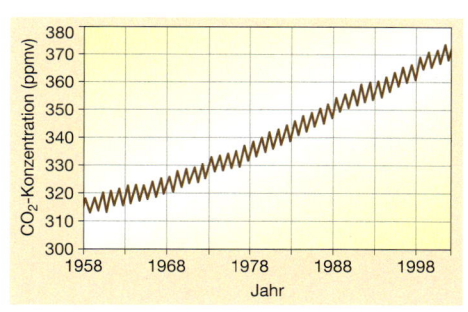

Vegetationstyp	%
Feuchttrop. Regenwald	41,6
Regengrüner Wald	14,1
Borealer Nadelwald	13,0
Sommergrüner Wald	11,4
Subtrop. immergrüner Wald	9,5
Savannenvegetation	3,2
Trockenbusch	2,7
Sumpfvegetation	1,6
Grasland	0,8
Ackerland	0,8
Halbwüste	0,7
Tundra	0,3

Wald / Nicht-Waldvegetation, 100% = 600 Mrd. t C

M 17.2 Jahreszeitliche Schwankung des CO_2-Gehaltes der Atmosphäre am Mauna Loa (Hawaii)

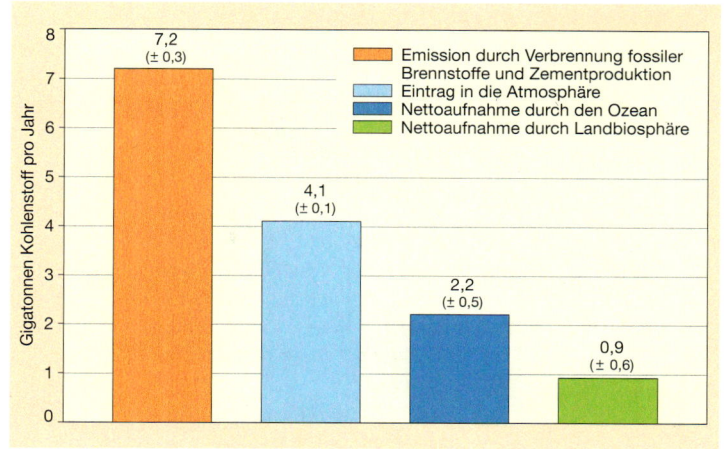

M 17.3 Fossile Kohlenstoffemissionen und ihre Senken 2000–2005 (nach IPCC, 2007)
- Emission durch Verbrennung fossiler Brennstoffe und Zementproduktion: 7,2 (± 0,3)
- Eintrag in die Atmosphäre: 4,1 (± 0,1)
- Nettoaufnahme durch den Ozean: 2,2 (± 0,5)
- Nettoaufnahme durch Landbiosphäre: 0,9 (± 0,6)

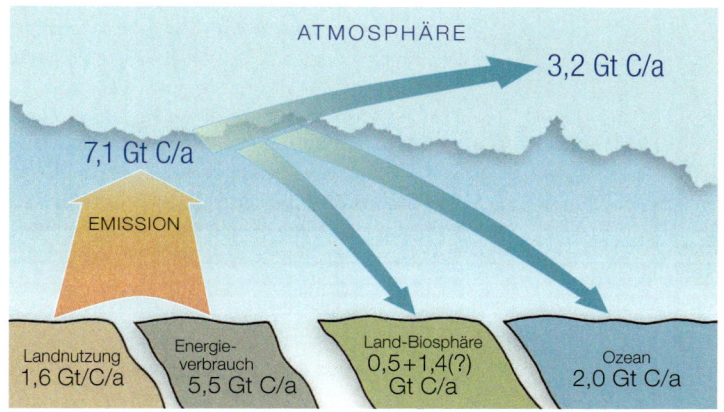

M 17.4 Anthropogener Kohlenstoffkreislauf (CO_2-Emissionen und ihre Senken 1980–1989)
- Landnutzung: 1,6 Gt/C/a
- Energieverbrauch: 5,5 Gt C/a
- Emission: 7,1 Gt C/a
- Atmosphäre: 3,2 Gt C/a
- Land-Biosphäre: 0,5 + 1,4(?) Gt C/a
- Ozean: 2,0 Gt C/a

könnte. Konsequenz davon wäre eine Stimulierung des Treibhauseffektes.

Schaut man sich die Verteilung der pflanzlichen Kohlenstoffvorräte der Erde auf die unterschiedlichen Vegetationstypen an (M 17.1), so wird deutlich, dass ungefähr die Hälfte des globalen Biomasse-Kohlenstoffpools in tropischen und subtropischen Wäldern gespeichert ist, obwohl diese nur 15 % der Landflächen einnehmen. Gerade diese Wälder unterliegen gegenwärtig einem großen Nutzungsdruck und durch Brandrodung gelangt zusätzlich CO_2 in die Atmosphäre.

Bedeutendere anthropogene C-Gesamtemissionen verursachen allerdings die Industrieländer. Hier müssen vor allem sinnvolle Reduzierungen verstärkt werden, um einer weiteren Zunahme des Treibhauseffektes entgegenzuwirken. Der angestrebte Emissionshandel kann dabei ein wichtiges politisches Instrument sein. Sparsamer Umgang mit Energie, höhere Effizienz bei der Nutzung fossiler Energieträger und weiterer Ausbau von erneuerbaren Energien sind wichtige Strategien zur Verringerung des Treibhausgasausstoßes.

1 Bewerten Sie das atmosphärische Kohlenstoffreservoir im quantitativen Vergleich zu den anderen Reservoiren (M 16.1).
2 Begründen Sie die Ursachen für die regelmäßigen jahreszeitlichen Schwankungen in der Kohlendioxidkurve (M 17.2).
3 Vergleichen Sie die Daten des C-Eintrages in die Atmosphäre in M 17.3 mit denen aus M 16.1 und M 17.4. Welche Schlussfolgerung ziehen Sie?
4 Welche internationalen Maßnahmen sollen den weiteren Anstieg der anthropogenen Kohlenstoff-Gesamtemission minimieren?

Marine Grundlagen

Ursachen und Auswirkungen ozeanischer Strömungen

Das Weltmeer stellt ein kompliziertes Bewegungs-, Stoff- und Energiesystem dar, das mit der Atmosphäre, dem Festland und dem Meeresboden in engen Wechselwirkungen steht (M 19.2). Beschränken wir uns zunächst auf eine schematisierte Darstellung des oberflächennahen (kleiner 1000 m) ozeanischen Zirkulationssystems (M 18.1).

Im Atlantik und Pazifik existieren je zwei Stromringe mit unterschiedlichem Drehsinn, im Indischen Ozean gibt es nur einen. Zwischen den Stromringen fließen die äquatorialen Gegenströme in entgegengesetzter Richtung. Das Bild der Stromringe ist nicht symmetrisch. Die Strömungen drängen sich auf der Westseite der Ozeane stark zusammen und sind hier am kräftigsten.

Aus diesem Strömungsschema ergeben sich für die niederen Breiten vorwiegend zonale, nach Westen gerichtete Wasserbewegungen, die *Nord- und Südäquatorialströme*. Sie erhalten ihren Antrieb in erster Linie durch die oberflächennahe Schubwirkung der Passatwinde und sind wie diese recht gleichmäßig und beständig. Im Zeitalter der Segelschifffahrt waren sie deshalb bevorzugte Schifffahrtsrouten.

Die äquatorialen Gegenströme erstrecken sich über 4 bis 5 Breitengrade und haben große Geschwindigkeiten, im Mittel 50 cm/s, maximal bis 150 cm/s. Am kräftigsten ist der Gegenstrom im Pazifik ausgebildet, wo er über 15 000 km verfolgt werden kann.

Die dynamische Erklärung der Gegenströme fasst sie als Ausgleichsströmung auf, die sich zwangsläufig ergeben muss, wenn die vom Äquatorialstrom westwärts beförderten Wassermassen vor den Kontinentalhängen aufgestaut werden und zurückzufließen beginnen.

Hinzu kommen aber andere Effekte wie das polwärts gerichtete Oberflächengefälle des Meeres und die Wirkung der *Corioliskraft*. Generell wirkt an der Meeresoberfläche bei windinduzierten Driftströmungen immer die turbulente Reibungskraft, die die Meeresoberflächenströmung gegenüber der vorherrschenden Windrichtung auf der Nordhalbkugel um 45 Grad nach rechts und auf der Südhalbkugel um 45 Grad nach links ablenkt.

Von den Ostseiten der Kontinente gehen die Äquatorialströme in schmalere starke Strömungen mit polwärtiger Richtung über und transportieren dabei sehr warmes Wasser (M 19.1). Die polseitigen Zweige der Stromringe verlaufen überwiegend zonal mit östlichen Stromrichtun-

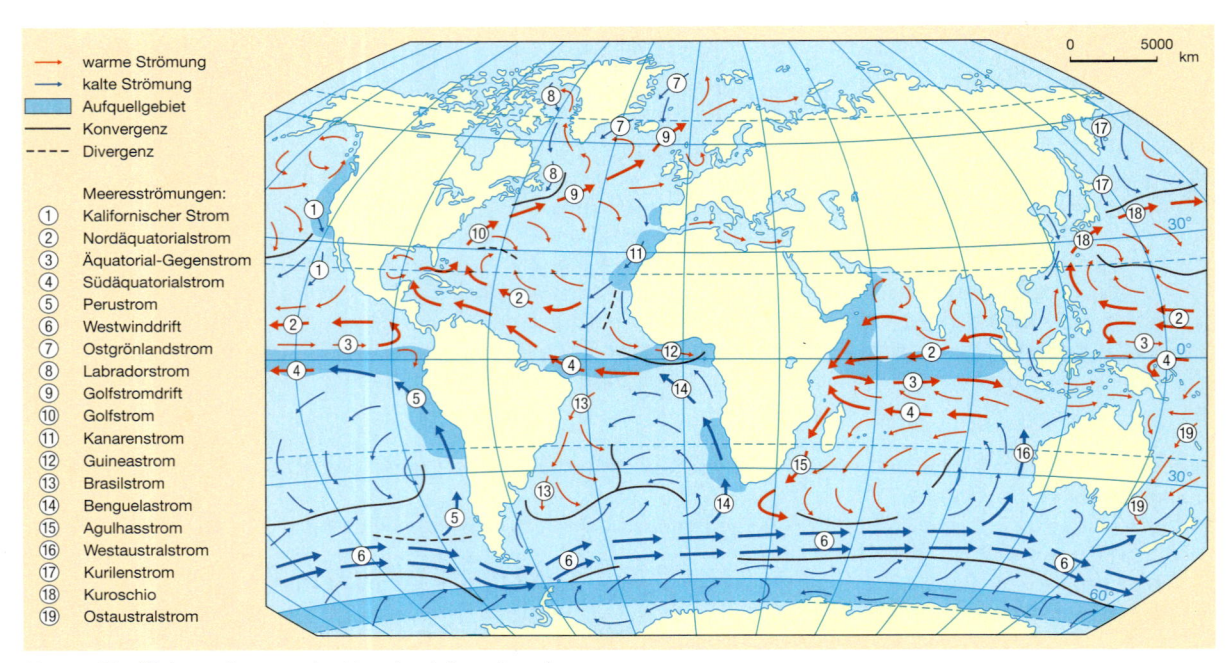

M 18.1 Oberflächenströmungen im Meer (nach Rosenkranz)

Marine Grundlagen **19**

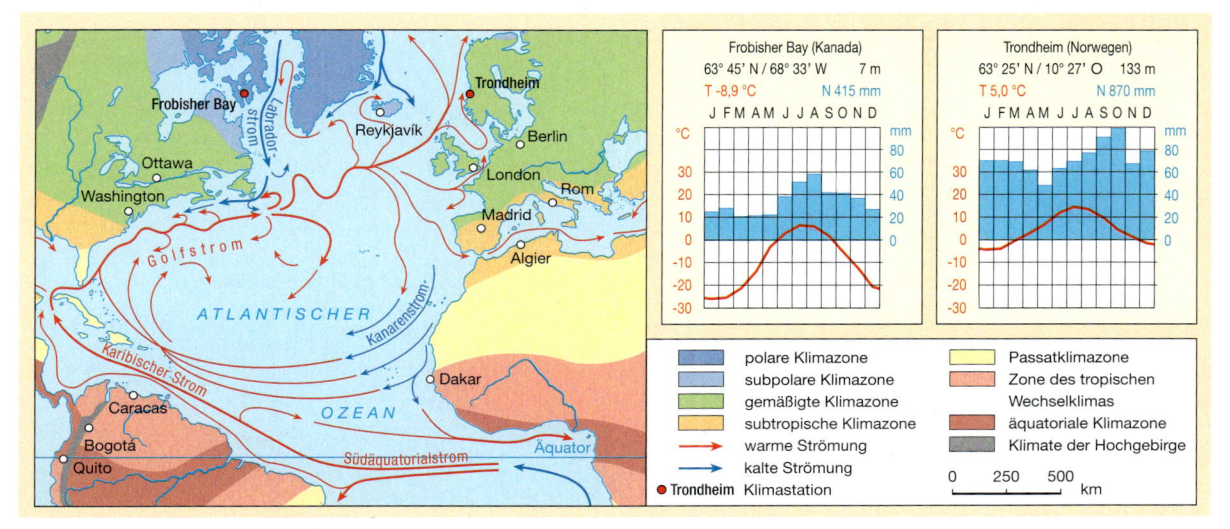

M 19.1 Meeresströmungen und Klima

gen und sind westwärtsinduzierte Driftströme. Die Stromringe schließen sich auf den Ostseiten der Ozeane mit äquatorwärts gerichteten Strömungen, die relativ kaltes Wasser in niedere Breiten transportieren. Zusätzlich steigt hier kaltes Wasser aus etwa 100 bis 300 m Tiefe auf, um das vom Passat weggedriftete warme Oberflächenwasser zu ersetzen (**M 18.1**). Das kühle küstennahe Aufquellwasser der Tropen fördert die Nebelbildung. Die meridionalen, polwärts gerichteten Stromäste der Oberflächenströmungen haben eine große Wirksamkeit im Klimasystem, da sie erhebliche Wärmemengen aus den Tropen polwärts verfrachten.

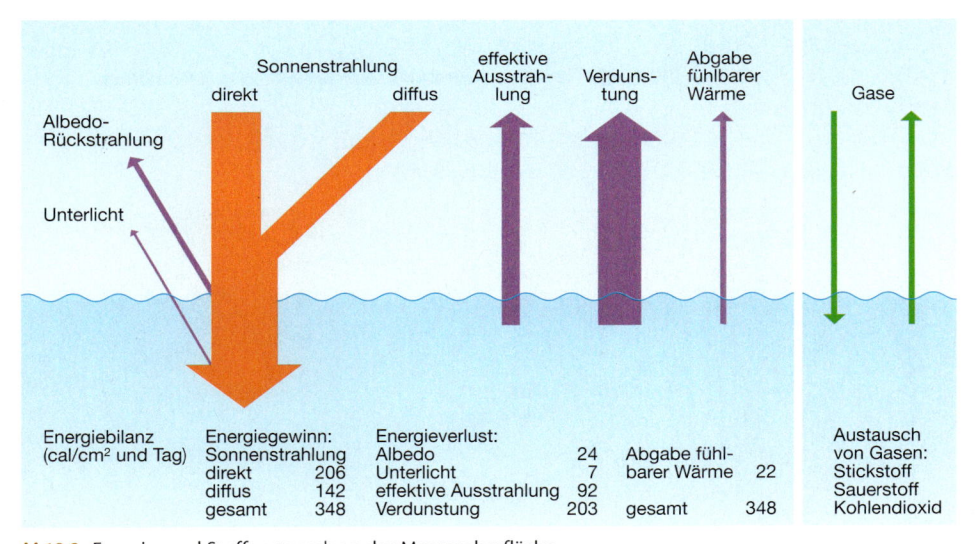

M 19.2 Energie- und Stoffaustausch an der Meeresoberfläche

1. Ermitteln Sie die Luftströmungen, die den Südäquatorialstrom und den antarktischen Zirkumpolarstrom antreiben.
2. Beschreiben Sie, welchen Verlauf ein Driftstrom auf der Nordhalbkugel hat, der durch einen Nordost-Wind angetrieben wird.
3. Erläutern Sie die Gründe für das Entstehen kalter Aufquellwasserbereiche (**M 18.1**) an der afrikanischen und amerikanischen Westküste.
4. Leiten Sie aus **M 19.1** ab, warum der Golfstrom als „Heizung Europas" bezeichnet wird. Benutzen Sie auch die beiden Klimadiagramme.

Modell der globalen ozeanischen Zirkulation

Die oberflächennahe ozeanische und die atmosphärische Zirkulation sind über verschiedene Prozesse mit der ozeanischen Tiefenzirkulation verbunden.

Abbildung M 20.2 zeigt schematisch und ausschnittsweise, welche physikalischen Prozesse in einem großen vertikalen Wasserkreislauf vom oberen tropischen Atlantik zum oberen subpolaren Atlantik und zurück als Tiefenstrom stattfinden. Neueste Forschungsergebnisse zeigen, dass die ozeanischen Massen- und Energietransporte in einem erdumspannenden Zirkulationssystem organisiert sind, das auch als „globales Förderband" (M 21.1) bezeichnet wird.

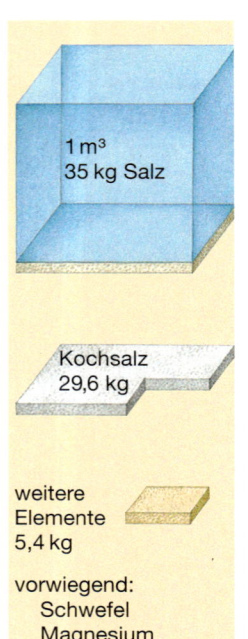

1 m³ — 35 kg Salz

Kochsalz 29,6 kg

weitere Elemente 5,4 kg

vorwiegend:
Schwefel
Magnesium
Calcium
Kalium
Hydrogenkarbonat
Brom

Salzgehalt ausgewählter Meere

Meere	Salzgehalt (in g/l)
Atlantik	35,3
Indik	34,1
Pazifik	34,3
Nordsee	32,2
Ostsee	8,4
Mittelmeer	38,2
Rotes Meer	44,3
Totes Meer	340,0
insgesamt	34,5

M 20.1 Salzgehalt des Meeres

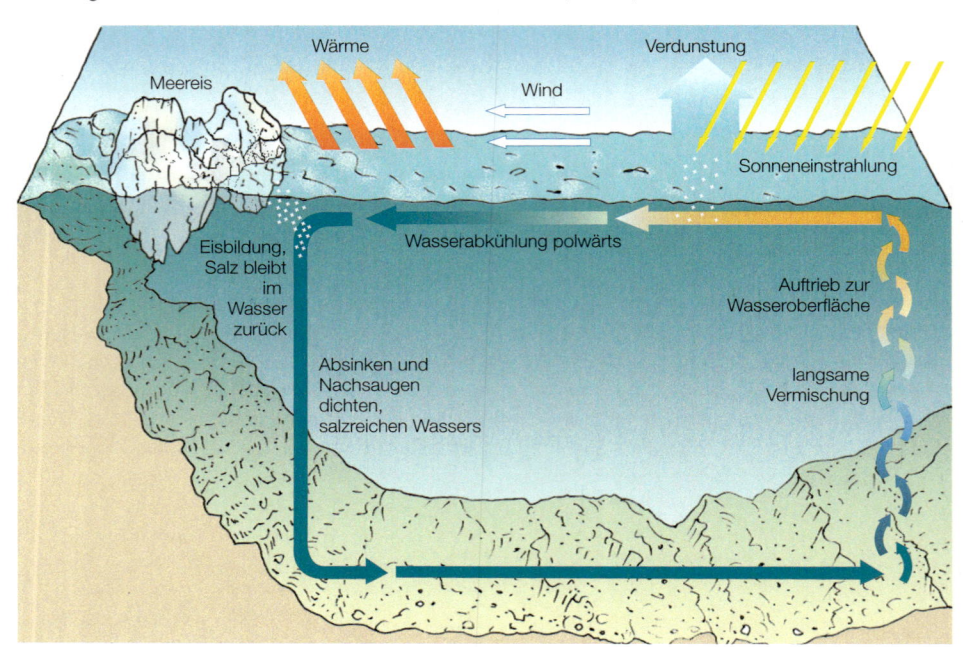

M 20.2 Prozessgefüge im ozeanischen Vertikalkreislauf (Schema)

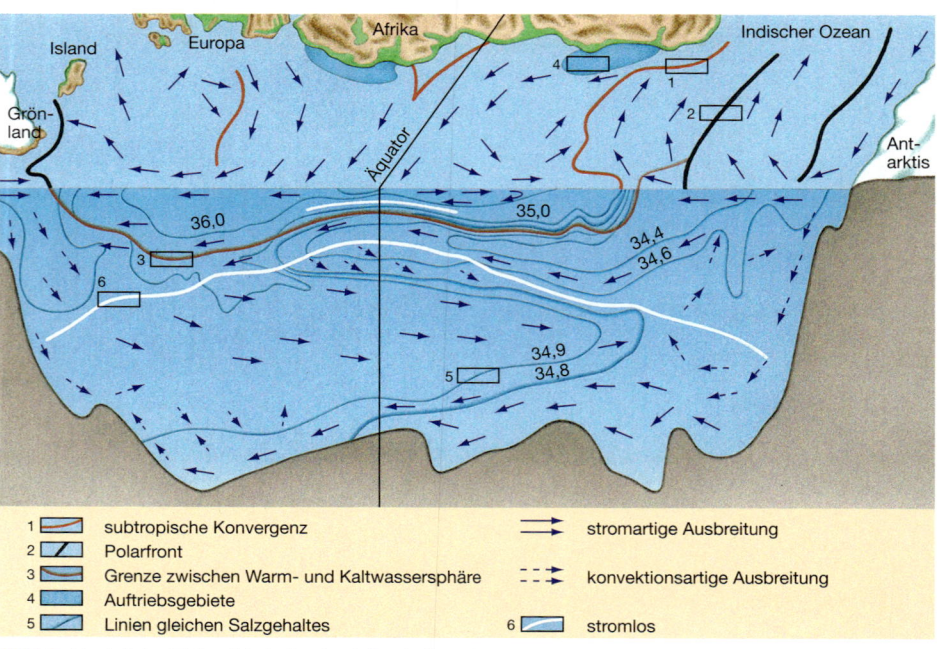

Legende:
1. subtropische Konvergenz
2. Polarfront
3. Grenze zwischen Warm- und Kaltwassersphäre
4. Auftriebsgebiete
5. Linien gleichen Salzgehaltes
6. stromlos

→ stromartige Ausbreitung
⇢ konvektionsartige Ausbreitung

M 20.3 Modell der Tiefenzirkulation im Atlantischen Ozean

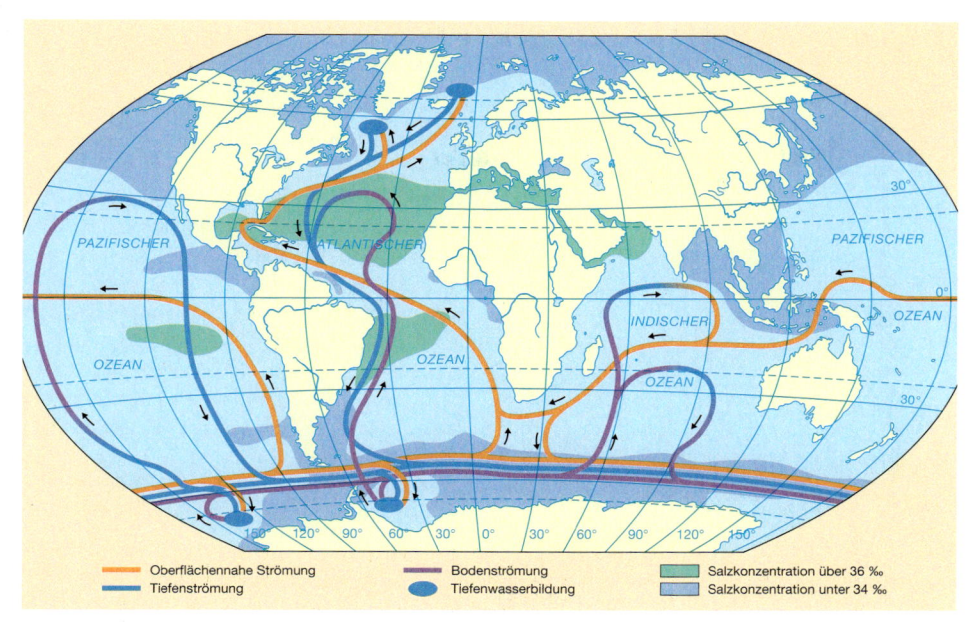

M 21.1 Globale thermohaline Zirkulation (Förderband)

Im Gegensatz zur Atmosphäre werden die Dichteunterschiede im Ozeanwasser, welche die Zirkulation hervorrufen, nicht nur von der Temperatur und vom Druck, sondern auch vom Salzgehalt gesteuert *(thermohaline Zirkulation)*.
Schlüsselregionen dieses Transportsystems sind Gebiete, in denen abgekühltes und/oder relativ salzreiches Wasser aufgrund seiner erhöhten Dichte absinkt. In den subpolaren Gewässern wird Oberflächenwasser wirkungsvoll abgekühlt und dadurch dichter. Durch Ausfrieren von (salzlosem) Meereis wird es zusätzlich verdichtet, da der Salzgehalt im Meerwasser verbleibt. Auch andere Prozesse wie Sonnenstrahlung, Verdunstung und Niederschlag variieren die Dichte des Meerwassers regional und beeinflussen somit die thermohaline Zirkulation (M 21.2). Manche Vorgänge wirken auf die Bildungsursache zurück (Rückkopplung) und können sie verstärken oder abschwächen.

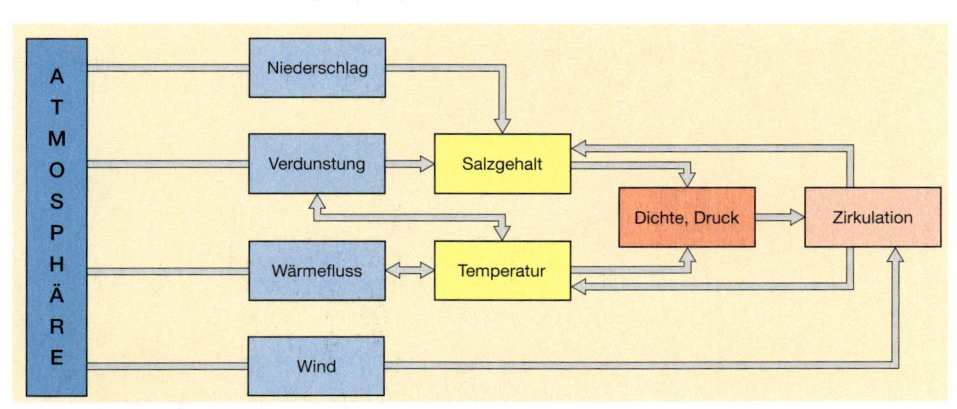

M 21.2 Antrieb und Rückkopplungen der thermohalinen Zirkulation

1 Beschreiben Sie den Weg eines Wasserteilchens, das einen vollständigen Umlauf des ozeanischen Förderbandes mit vollzieht.
2 Erläutern Sie die gegensätzliche Wirkung des thermischen und halinen Antriebs für die ozeanische Tiefenzirkulation.
3 **Referat-Tipp:** Stellen Sie anschaulich dar, welche zwei Theorien zum Einfluss der globalen Erwärmung auf die thermohaline Zirkulation im Golfstrombereich existieren. Lesen Sie dazu: CUBASH, U. u. D. KASANG (2000): Anthropogener Klimawandel. Gotha, Stuttgart, insbesondere S. 85 und 86.

El-Niño-Phänomen

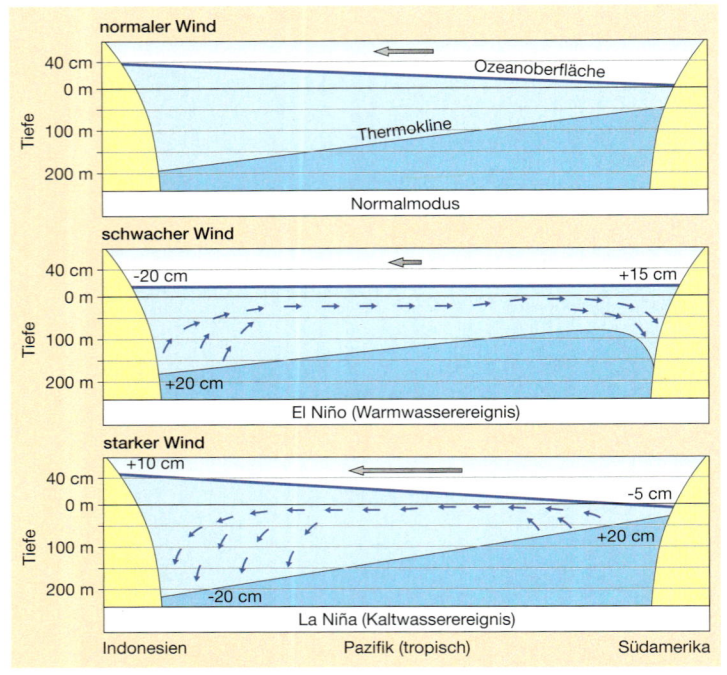

Ein besonders bekanntes und interessantes Beispiel atmosphärisch-ozeanischer Wechselwirkungen mit bedeutenden klimatischen und ökologischen Folgen stellt das *El-Niño-Phänomen* dar.
Im Normalfall strömt hier der Südost-Passat als Strömungsast der *Hadley-Zirkulation* von Südamerika auf den Pazifik. Er bewirkt eine von Ost nach West gerichtete Meeresströmung, die durch den ständigen Wassermassentransport zu einer erheblichen Neigung der Meeresspiegelfläche führt. Kommt es nun zu einer Abschwächung der Hadley-Zirkulation und damit zu einem nachlassenden Ost-West-Wasserdruck durch einen schwachen Südost-Passat, so fließt eine riesige warme Oberflächenwasserwelle von West nach Ost über den Pazifik zurück. Dies führt zu einem Anstieg der Meeresspiegelhöhe vor der südamerikanischen Küste und mit dem Warmwasserzustrom zu einem Absinken der *Thermokline* sowie der Kaltwassersphäre. El Niño wird dieses häufig zur Weihnachtszeit auftretende Warmwasserereignis genannt, was in der peruanischen Landessprache kleines Kind bzw. Christkind bedeutet. Warmes Wasser ist nährstoffarm, die Fische wandern ab und der Fischfang stagniert.

M 22.1 Zustandsphasen des tropischen Pazifiks der Südhemisphäre

Thermokline
Geneigte Grenzlinie (-fläche) zwischen warmem Oberflächen- und kaltem Tiefenwasser.

Oszillation
Schwingung, in diesem Fall Wechsel der Luftdruckdifferenzen zwischen Darwin und Tahiti.

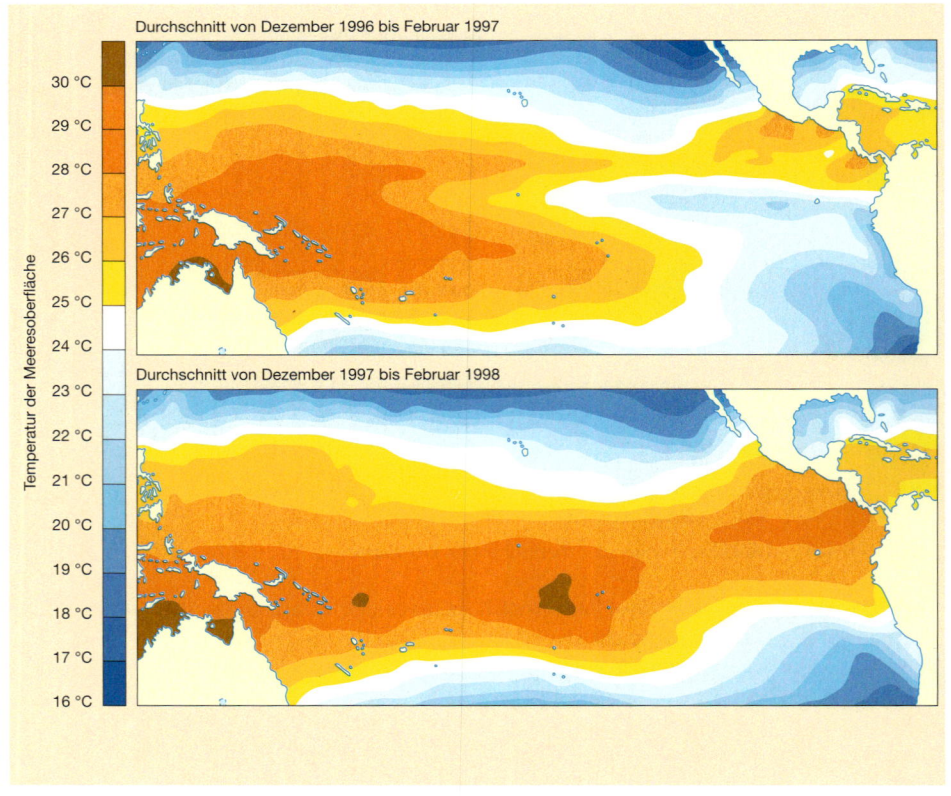

M 22.2 Wasseroberflächentemperatur für eine normale und eine El-Niño-Phase

Marine Grundlagen 23

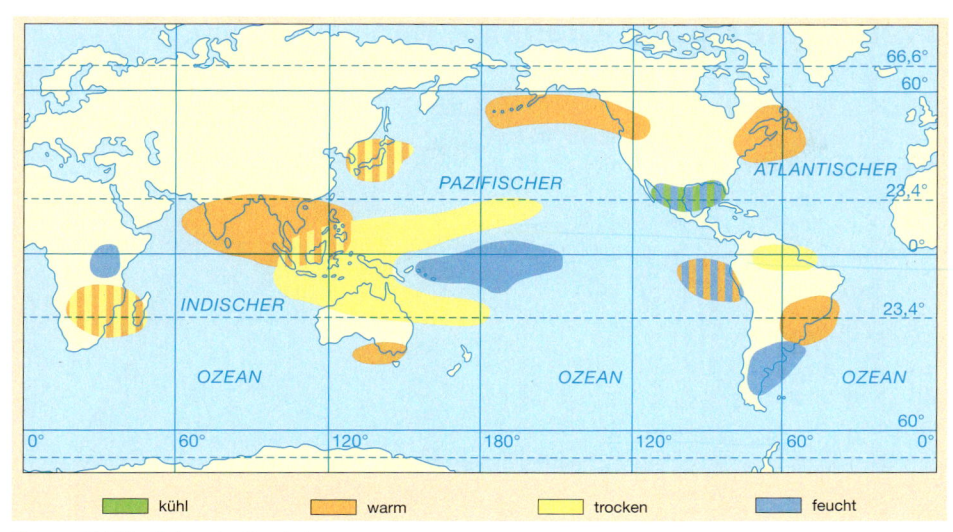

M 23.1 El-Niño-Folgen im Nordwinter

Legende: kühl | warm | trocken | feucht

Gegenüber dem Normalfall tritt das andere Extrem, La Niña genannt, ein, wenn der Südost-Passat besonders stark ist. Er führt dann sehr viel warmes Oberflächenwasser von der Küste weg, sodass kaltes Aufquellwasser mit hohem Nährstoffgehalt und Fischreichtum dominiert.

El-Niño-Ereignisse treten im zyklischen aber unregelmäßigen Abstand von drei bis acht Jahren auf, gelegentlich auch verstärkt. Man spricht dann sogar von einem „Super-El-Niño" wie 1987/88 und 1997/98 (**M 22.2**). Infolge der sehr hohen Wasseroberflächentemperaturen von bis zu 5–6 °C über Normal kehrt sich die sonst übliche Abwärtsbewegung der Luft in Aufwärtsbewegungen um und es kann Wolken- und Niederschlagsbildung einsetzen. Im Extremfall ist dies mit einer Verschiebung der gesamten Zirkulationsverhältnisse verbunden, sodass Trockengebiete vorübergehend enorm niederschlagsreich und umgekehrt sonst niederschlagsreiche Gebiete von Dürren heimgesucht werden (**M 23.1**). Die ökologischen Folgen von El-Niño-Ereignissen können also teils positiv und teils negativ in Erscheinung treten.

Abbildung **M 23.2** zeigt am Beispiel Kolumbiens den Zusammenhang auf, der zwischen El-Niño-Phasen und der Malaria-Infektionsgefahr besteht.

Das El-Niño-Wechselspiel geht mit auffälligen Luftdruckschwankungen der Südhemisphäre einher, die immer auf die bodennahe Luftdruckdifferenz zwischen Darwin (Australien) und Tahiti bezogen ist. Bei der Vorhersage von El-Niño-Ereignissen gab es in jüngster Zeit deutliche Fortschritte, die wesentlich durch eine umfassende Modellierung dieser Zyklen erzielt wurden.

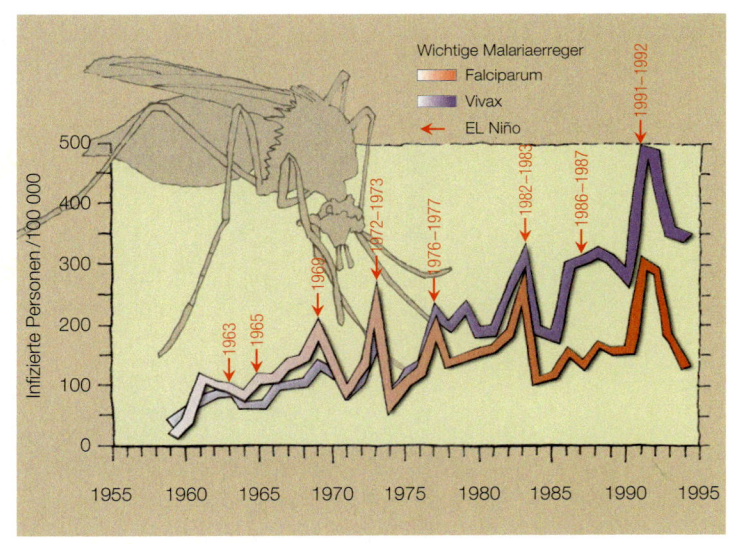

M 23.2 Das Auftreten von Malaria in Kolumbien

1. Erklären sie das Zustandekommen der geneigten Grenzfläche zwischen warmem tropischem Oberflächenwasser und kühlem Tiefwasser in einem Normaljahr (**M 22.1**).
2. Erläutern Sie die Bedeutung des ausbleibenden oder schwachen Südost-Passates in einem El-Niño-Jahr für die Wasseroberflächentemperatur des tropischen Pazifiks (**M 22.2**).
3. Ermitteln Sie aus **M 23.1** Gebiete, in denen Dürreperioden bzw. Starkniederschläge im Zusammenhang mit El-Niño-Ereignissen entstehen.
4. Bewerten Sie die Daten in **M 23.2** hinsichtlich ihrer wirtschaftlichen und hygienischen Relevanz für Kolumbien.

Bedeutung der Weltmeere für das Globalklima

Die ozeanische Zirkulation beeinflusst das Klima und Klimaänderungen in fundamentaler Weise. Der Einfluss des Ozeans auf das Klima beruht vor allem auf vier Erscheinungen:

Erstens sind die Meere Hauptquelle und -senke des Wasserdampfes, der im Wasserkreislauf Ozean–Atmosphäre–Festland–Ozean zirkuliert und dabei die Zustandsphasen ändert und Energie transportiert (M 24.1, M 15.2).

Zweitens erfolgt durch die meridionalen, polwärts verlaufenden Äste der Meeresströmungen ein beachtlicher Wärmetransport (M 24.2) aus den Wärmeüberschussgebieten der tropischen Meere in die Außertropen. Im Vergleich zum Wärmetransport der atmosphärischen Zirkulation in die Außertropen wird der Anteil des Ozeans auf ein Drittel geschätzt. Die wichtige Rolle der ozeanischen Tiefzirkulation für den Wärmetransport ist erst in den letzten Jahren klarer geworden.

Drittens reagiert der Ozean aufgrund seiner gewaltigen *Wärmespeicherkapazität* thermisch träge. Er verhindert dadurch in küstennahen Bereichen größere Temperaturschwankungen, die im Kontinentinneren typisch sind. Das Wärmespeichervermögen des Ozeans liegt um mehr als drei Größenordnungen über dem der Atmosphäre.

Schon die obersten drei Meter des Ozeans kön-

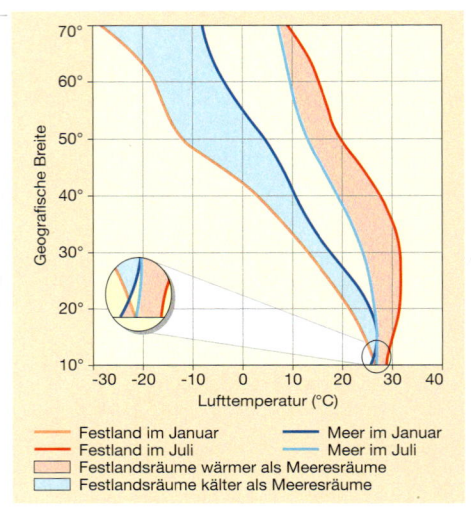

M 24.3 Mittlere Lufttemperatur für Festland und Meer auf der Nordhalbkugel

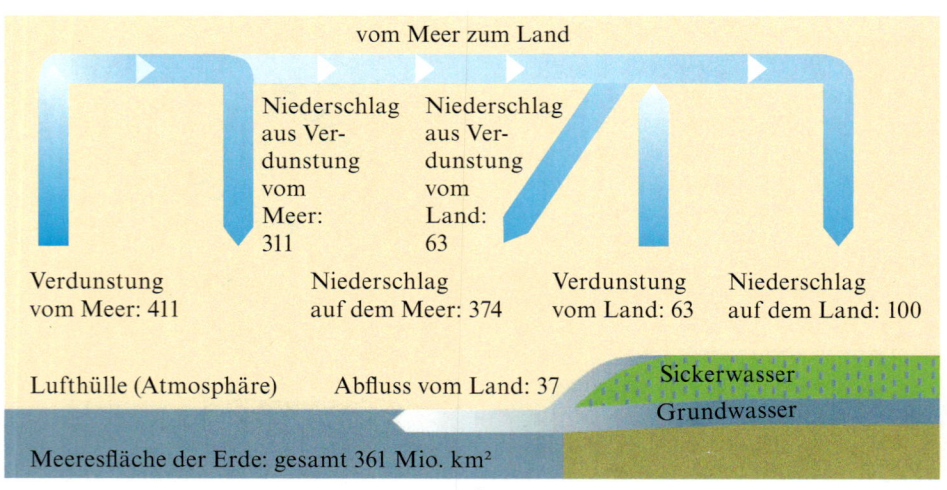

M 24.1 Wasserkreislauf der Erde (Angaben in 1000 km³ pro Jahr)

Breitenzone (Nordhalbkugel)	0–10°	10–20°	20–30°	30–40°	40–50°	50–60°	60–70°
Nettostrahlung	115	119	113	83	51	29	23
Fühlbarer Wärmestrom	−4	−6	−9	−13	−14	−16	−16
Verdunstungswärmestrom	−80	−99	−105	−86	−53	−39	−33
Nettowärmezufuhr durch Meeresströmungen	−31	−14	1	16	16	26	26

M 24.2 Zonenjahresmittelwerte der Wärmehaushaltsgrößen an der Meeresoberfläche (kcal/cm²·a). Anmerkung: minus bedeutet Wärmestrom ist von der Meeresoberfläche in die Atmosphäre gerichtet; plus bedeutet Wärmegewinn für die Breitenkreis-Meeresoberfläche

nen die gleiche Wärmemenge speichern wie die gesamte darüber liegende Atmosphäre. Die Konsequenzen aus diesem Sachverhalt zeigt M 24.3 für die mittlere Temperaturverteilung in ozeanischen und kontinentalen Bereichen der Nordhalbkugel differenziert nach Sommer (Juli) und Winter (Januar).

Ein vierter wichtiger Einflussfaktor des Weltmeeres auf das Globalklima wird gegenwärtig bezüglich seiner Auswirkungen durch Forschungsprogramme weiter untersucht. Es handelt sich um das Kohlenstoffaufnahmevermögen des Meeres und die entsprechenden Einflussfaktoren.

Nach bisherigem Kenntnisstand werden 2 Gt anthropogener Kohlenstoff pro Jahr vom Ozean aufgenommen (vergleiche M 17.4). Damit erfüllt er eine wichtige Senkenfunktion im anthropogen gestörten globalen Kohlenstoffkreislauf.

Der Ozean enthält zwar 65-mal so viel CO_2 wie die Atmosphäre, kann aber langfristig nur 6,5-mal so viel zusätzliches CO_2 aufnehmen. Das liegt daran, dass nur die ozeanische Deckschicht mit der Atmosphäre in direktem Gasaustausch steht. Ein Weitertransport in den mittleren und tiefen Ozean erfolgt nur sehr langsam und räumlich begrenzt. Die Umwälzzeit des tiefen Ozeans beträgt rund 1000 Jahre. Erst in dieser Zeitspanne können Durchmischungsprozesse wieder ein Gleichgewicht zwischen Deckschicht und tiefem Ozean herstellen.

Zwei Prozesse, die als „Kohlenstoffpumpen" bezeichnet werden, bewirken einen Kohlenstoffeintrag in die ozeanische Deckschicht (M 25.1). Die wirkungsvollere „physikalische Pumpe" sorgt über Gasaustausch für eine Kohlendioxidlösung im Wasser oder Freigabe an die Luft. Das gelöste CO_2 reagiert mit Wasser zu Bicarbonat- und Carbonat-Ionen. Ein geringerer Teil wird durch Photosynthese des Phytoplanktons aufgenommen („biologische Pumpe").

Im Rahmen des Wasserkreislaufes spielt die Verdunstung über dem Meer eine zweifach wichtige Rolle. Einmal ist der Ozean die Hauptwasserdampfquelle (M 25.2), aber andererseits verbraucht die Verdunstung von einem Kilogramm Wasser spezifisch 2257 Kilojoule, die aus der Nettostrahlung stammen. Damit reguliert das Meer auch stark den Energiehaushalt.

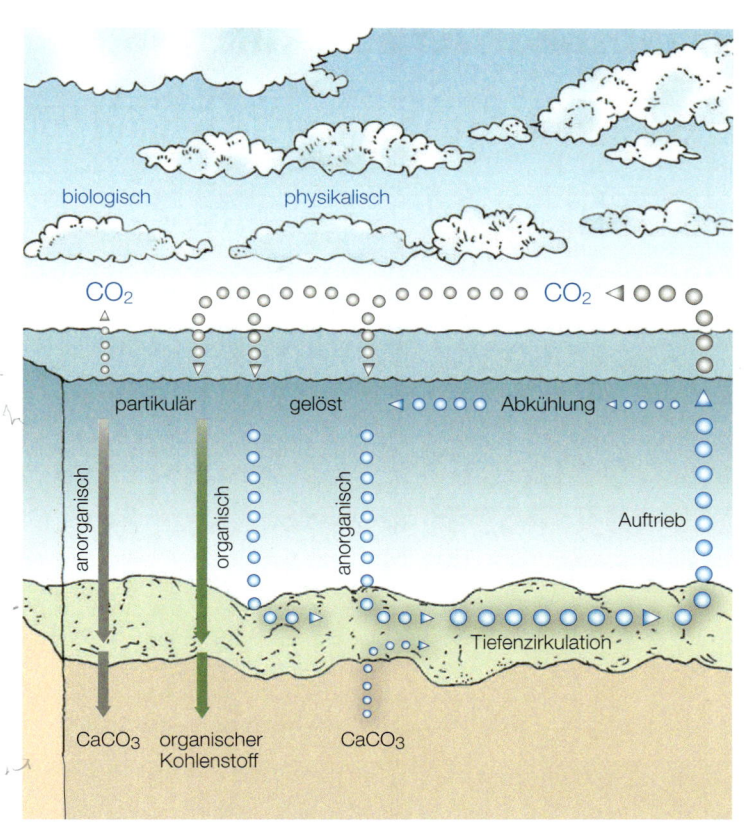

M 25.1 Die zwei Kohlenstoffpumpen im Ozean

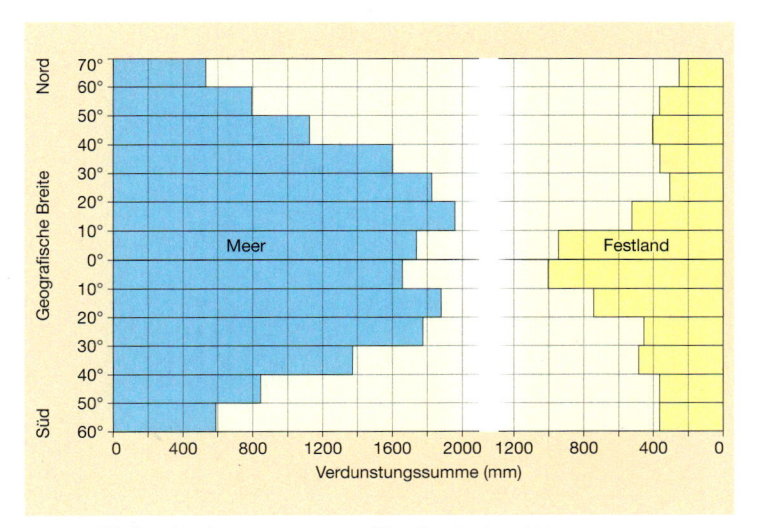

M 25.2 Mittlere Verdunstungssummen über Festland und Meer

1 Bewerten Sie die jeweiligen Breitenkreisbeträge für die Meeresströmungen und die Nettostrahlung (M 24.2).
2 Lesen Sie in M 24.3 die Temperaturwerte für Januar und Juli, Festland und Meer bei 50° nördl. Breite ab und errechnen Sie die Jahresschwankung.
3 Bewerten Sie die Wirksamkeit der zwei ozeanischen Kohlenstoffpumpen innerhalb des gesamten Kohlenstoffkreislaufes (M 25.1, M 16.1).
4 Beschreiben Sie die geographische Verteilung der Verdunstungsprozesse über dem Meer und Festland und begründen Sie die Unterschiede (M 25.2).

Atmosphärische Zirkulation

Modell und aktuelle Realität anhand von Satellitenbildern

Das Modell der planetarischen oder atmosphärischen Zirkulation ist ein System von drei großen Luftkreisläufen auf jeder Halbkugel, welches die komplizierte, reale Dynamik der Atmosphäre vereinfacht, aber möglichst repräsentativ widerspiegeln soll (M 26.1). Nicht dargestellt sind in der Abbildung M 26.1 die großen Luftwirbel mit vertikaler Achse (Zyklonen und Antizyklonen), die in der Westwindzone der mittleren Breiten auf stark veränderlichen Bahnen ostwärts ziehen (vgl. M 30.2). Ebenfalls nicht eingetragen sind die klein- und mittelräumigen Berg-Talwind-Systeme, Land-Seewind-Systeme sowie Föhnwinde, die weltweit vorkommen können.

Antriebsmotor der Zirkulation sind regionale Erwärmungsdifferenzen an der Erdoberfläche, die unterschiedliche Luftdruckgebiete hervorrufen. Die Luft strömt immer von Hochdruck- zu Tiefdruckgebieten und wird infolge der Erdrotation (*Corioliskraft*) auf der Nordhalbkugel nach rechts, auf der Südhalbkugel nach links abgelenkt.

In den Tropen bestimmt der großräumige Passatkreislauf (*Hadleyzelle*) auf beiden Halbkugeln das Geschehen. Die Passatwinde sind die bodennahen Luftströmungen des Hadley-Kreislaufs, die ganzjährig vom jeweiligen subtropischen Hochdruckgürtel zur äquatorialen Tiefdruckrinne (*ITC = innertropische Konvergenzzone*) strömen. Sie verursachen in der Nähe der Subtropenhochs infolge ihrer Inversionsschicht (siehe Glossar) trockenes Passatklima. Weil im Hochdruckgebiet Luft absinkt und sich dabei erwärmt, findet Wolkenauflösung statt. Zudem bildet sich eine Temperaturumkehrschicht (*Inversion*), sodass das Wachstum hochreichender Haufenwolken und damit von Niederschlägen verhindert wird.

Im Bereich der ITC, wo der Nordost-Passat und der Südost-Passat zusammenströmen, steigt was-

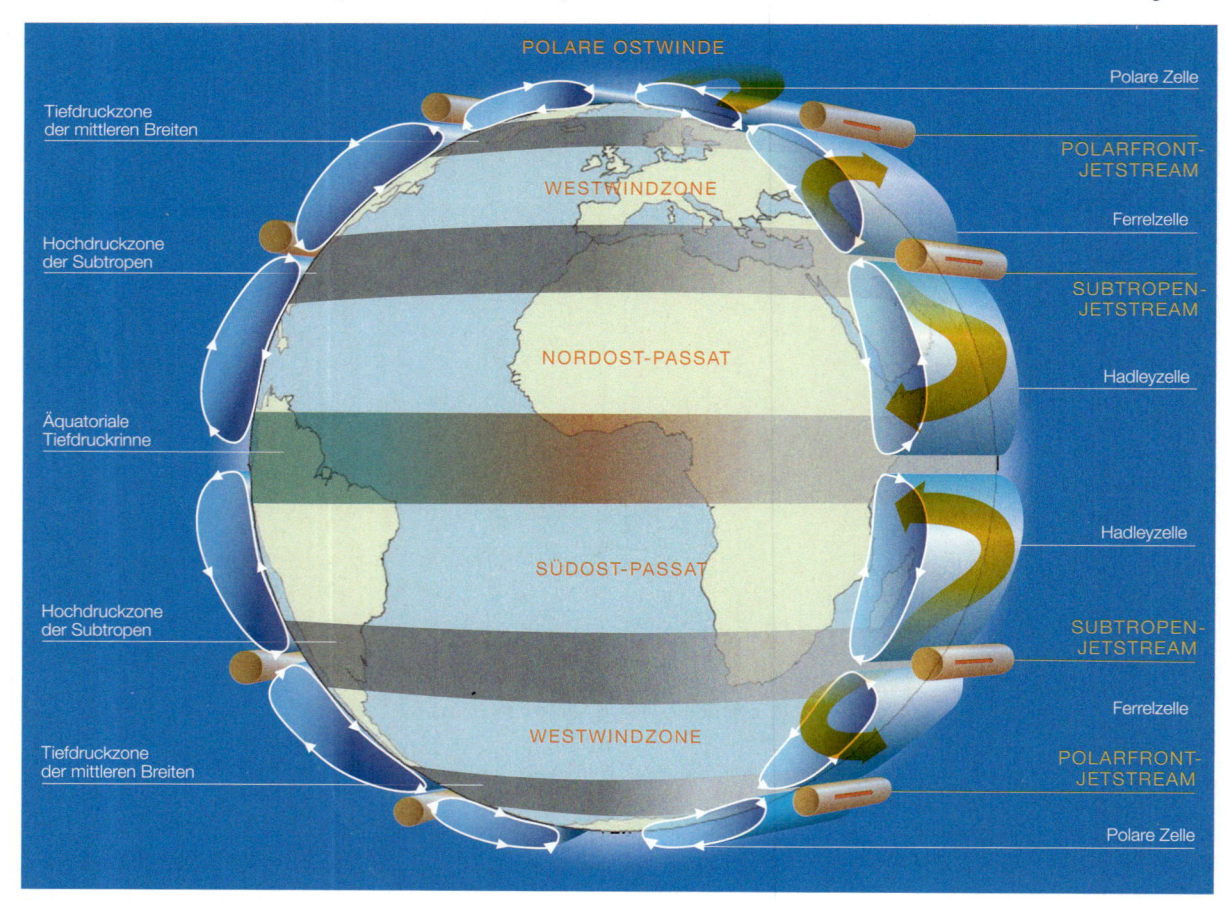

M 26.1 Dreizellen-Modell der atmosphärischen Zirkulation (Jahresmittel)

serdampfreiche, warme Luft ständig auf, bildet hochreichende mächtige Wolkenmassive (*Cloud-Cluster*), die intensive Regenschauer produzieren.

Im außertropischen Raum bestimmt die mittlere Westwinddrift im Bereich der *Frontalzone* die Strömungsdynamik. Sie ist gekennzeichnet durch den *Polarfront-Strahlstrom* in der oberen Troposphäre und ostwärts mitziehende große Luftwirbel (*Zyklonen und Antizyklonen*).

Durch die Corioliskraft wird der polwärts gerichtete Druckausgleichswind vom Subtropenhoch zur subpolaren Tiefdruckrinne zum Westwind abgelenkt, der in der Höhe als Strahlstrom (*Jetstream*) große Geschwindigkeiten (durchschnittlich 50 m/s, max. 100 m/s) erreicht. Durch Windscherung und andere Einflüsse bilden sich entlang der Polarfront-Jetachse Randwirbel tiefen und hohen Luftdrucks aus, die als Keimzellen gleichsam neue Luftwirbel mit rechtsgerichtetem antizyklonalem oder linksgerichtetem zyklonalen Drehsinn auf der Nordhalbkugel bilden können.

In den Zyklonen, die verwirbelte Tiefdruckgebiete darstellen, wird warme Luft zum Aufstieg gezwungen (Teil der *Ferrelzelle*, vgl. M 28.1) und damit Wärme polwärts verfrachtet. Es bilden sich bewölkungsreiche Warmfronten und Kaltfronten, die die Wirbelstruktur der Zyklone nachzeichnen.

In Satellitenbildern (M 27.1) kann das geschilderte Zirkulationsmodell anhand der Lage und Struktur der weißen Bewölkungsflächen nachvollzogen werden. In Zirkulationsbereichen mit aufsteigender Luft bildet sich Bewölkung, in Bereichen mit absteigender Luftbewegung wird vorhandene Bewölkung aufgelöst, sodass die Erdoberfläche vom Satelliten aus sichtbar wird.

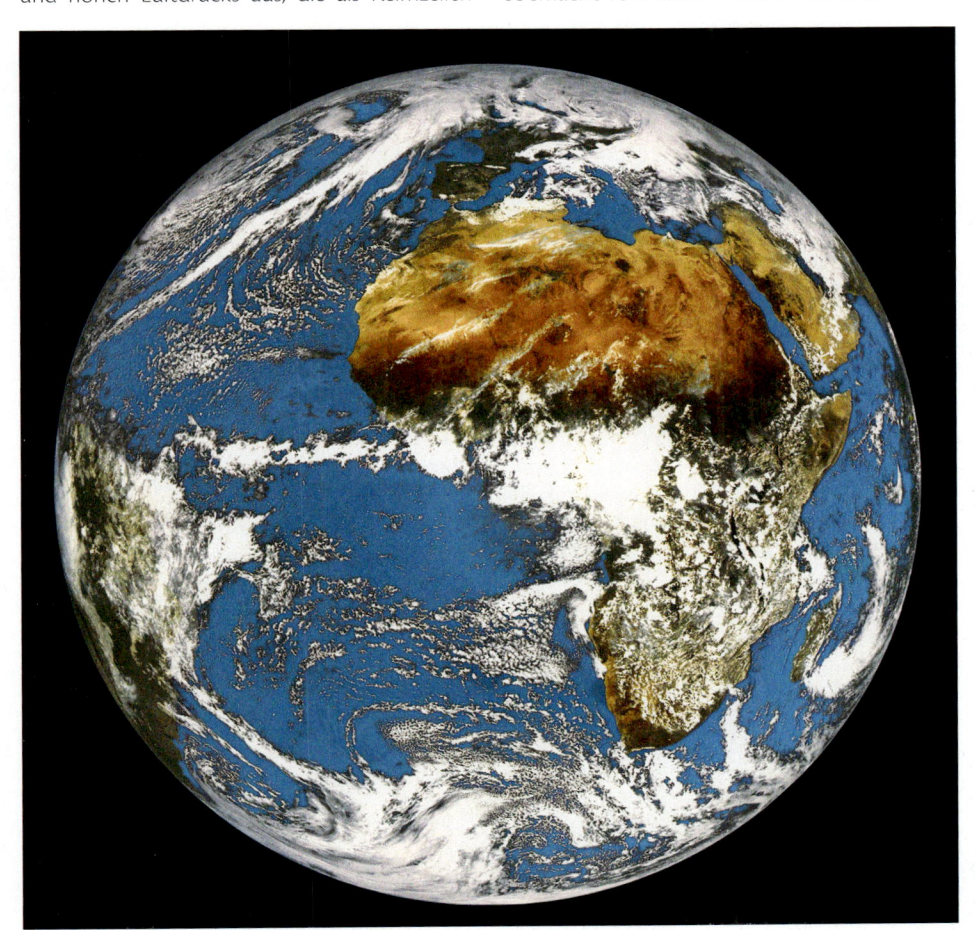

M 27.1 Satellitenbild aus 36 000 km Höhe

1. Beschreiben Sie das Dreizellen-Modell der atmosphärischen Zirkulation (M 26.1).
2. Finden Sie auf dem Satellitenbild M 27.1 heraus, welche Wolkenfelder die ITC und welche Zyklonen repräsentieren.
3. Warum ist die Sahara im Satellitenbild M 27.1 so gut sichtbar?

Passatkreislauf – innertropische Konvergenz (ITC)

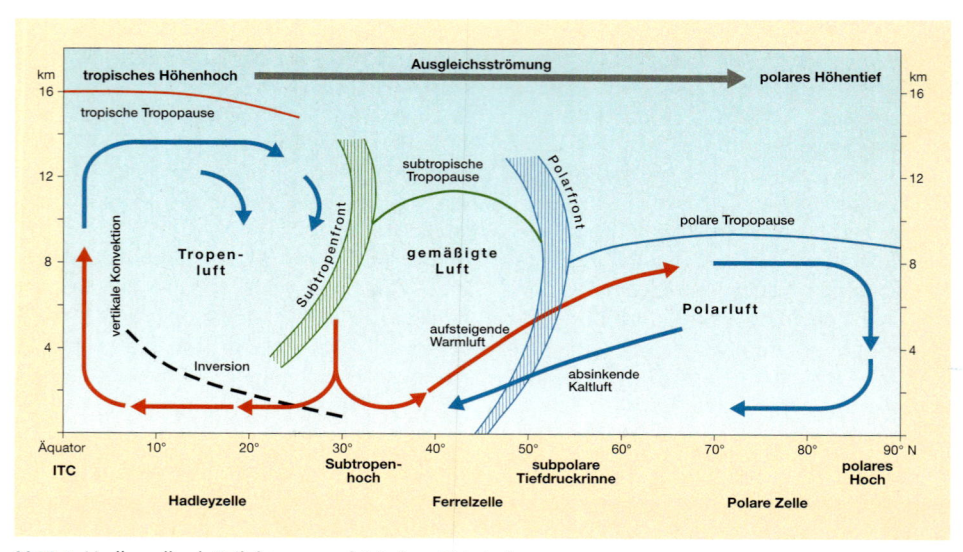

M 28.1 Hadleyzelle als Teil der atmosphärischen Zirkulation

Die Passate sind großräumige Winde beider Hemisphären in der unteren tropischen Troposphäre, die von den subtropischen Hochdruckzellen zur äquatorialen Tiefdruckrinne strömen und ganzjährige Richtungsbeständigkeit aufweisen. Durch die starke Erwärmung und das Zusammenströmen von Nordost- und Südost-Passat innerhalb der ITC wird die Luft zum Aufstieg gezwungen und der mitgeführte Wasserdampfgehalt bildet bei Abkühlung hohe Gewitterwolken. In der Höhe fließt die Luft polwärts und steigt innerhalb der Subtropenhochs unter Erwärmung ab. Dieser geschlossene Luftkreislauf bestimmt als primäre Zirkulation den tropischen Luftraum. Infolge des Gegeneinanderwirkens von zwei Prozessen (absinkende, sich erwärmende Luft und konvektiv aufsteigende, sich dabei abkühlende Luft) bildet sich eine Inversion (Temperaturumkehrschicht) aus (M 28.1). Diese behindert hochreichende Wolkenbildung, lässt nur flache Wolkenarten zu, die keinen Niederschlag produzieren können. Trockene Passatwüsten sind im Verbreitungsgebiet ganzjähriger Passatinversionen die Folge. Nur bei großer Entfernung vom Subtropenhoch kann sich die Passatinversion auflösen, hochreichende Wolken und damit ein sommerfeuchtes Passatklima entstehen.

Im Bereich der ganzjährigen stationären Lage der ITC über Atlantik und Pazifik (M 28.2), wo Nordost- und Südost-Passat zusammenströmen (konvergieren), steigt wasserdampfreiche, warme Luft ständig konvektiv auf, bildet riesige Wolkenmassive, die intensive Regenschauer hervorrufen. Über dem afrikanischen Kontinent, dem indisch-malaiischen Raum und Südamerika ist die ITC im Sommer jeweils viel weiter polwärts verlagert.

Im Verbreitungsgebiet der tropischen Monsune (M 29.1) auf der Nordhalbkugel besteht ein markanter Windrichtungswechsel zwischen bodennahen Nordost-Winden im Winter und Südwest-Winden im Sommer.

Die Monsunzirkulation entsteht als sekundäre Zirkulation auf beiden Hemisphären durch die Verlagerung des Zenitstandes der Sonne vom

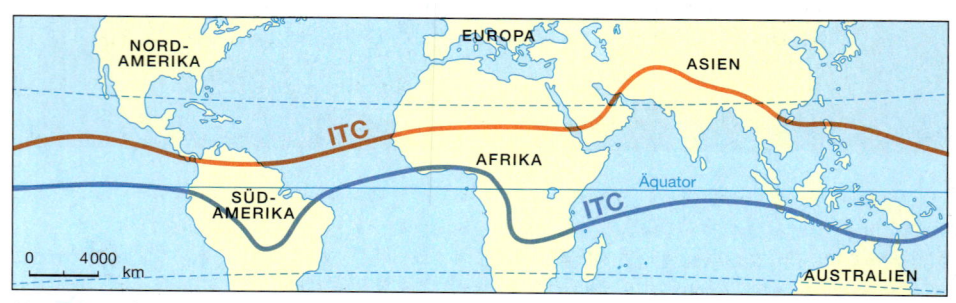

M 28.2 Lage der ITC im Juli (rote Linie) und im Januar (blaue Linie)

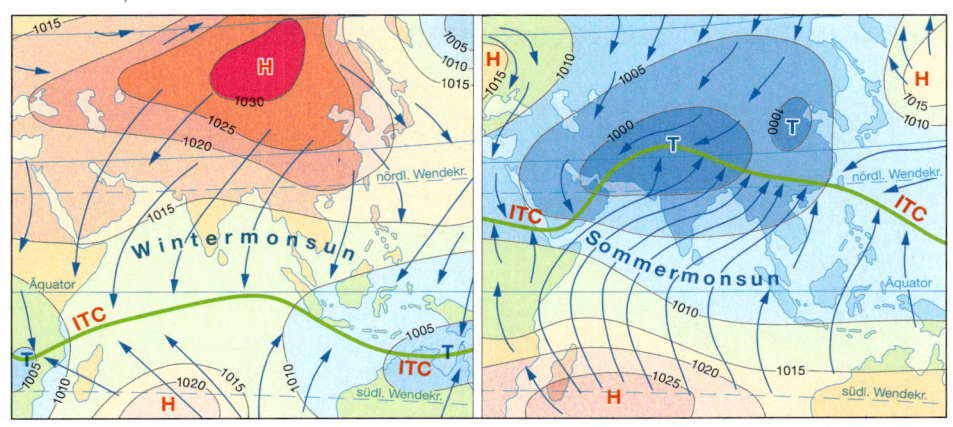

M 29.1 Winter- und Sommermonsun auf der Nordhalbkugel

Äquator, wo sie am 21. 3. und 23. 9. steht, in Richtung der Wendekreise im jeweiligen Sommer der Nord- oder Südhalbkugel. Mit der Wanderung des Zenitstandes der Sonne folgen eine Zone maximaler Einstrahlung und Lufttemperatur sowie die Zone bodennahen Tiefdrucks (ITC) in Afrika z. B. bis 18° N, in Südasien bis 30° N nach. Dadurch entsteht ein horizontales Luftdruckgefälle über den Äquator hinweg vom Subtropenhoch der Winterhalbkugel zur Tiefdruckrinne (ITC) auf der Sommerhalbkugel. Die Folge ist ein großräumiger Luftkreislauf von der Winter- zur Sommerhalbkugel am Boden und in der Höhe zurück. Als Sommermonsun der Nordhalbkugel wird der vom Äquator bis zur ITC strömende Südwest-Wind bezeichnet, der reichliche Niederschläge verursacht. Eine Trockenzeit hingegen bewirkt der als Wintermonsun bezeichnete Nordost-Passat durch das Vorhandensein der Passatinversion und trockener Kontinentalluft.

Eine zweite sekundäre Zirkulation der Tropen stellt die äquatoriale zonale Walker-Zirkulation dar. Sie kann überall dort entstehen, wo kalte Meeresoberflächen neben erhitzen Landflächen liegen. Eine relativ schwache Luftströmung stellt sich dann vom Meer zum Land ein, weil sich ein Hochdruckgebiet über der kalten Meeresfläche bildet, in dem die Luft absteigt und zum Hitzetief auf dem Kontinent strömt, dort durch Erwärmung aufsteigt und in der Höhe zurückströmt (**M 29.2**). Die aufsteigende feuchte Festlandsluft erzeugt hoch reichende Wolkenmassive, die ganzjährig Niederschlag bringen.

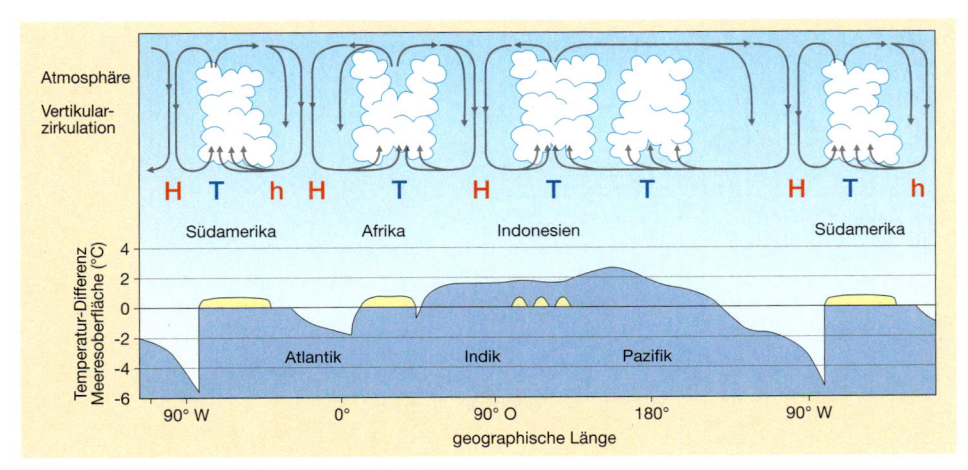

M 29.2 Schema der tropischen Walker-Zirkulation

1. Skizzieren Sie im Vertikalschnitt die Lage der Hadleyzelle mit der ITC und dem Subtropenhoch am 21. 6. und 21. 12. in Anlehnung an **M 28.1**.
2. Begründen Sie das Entstehen des regenreichen Sommermonsuns über Indien mithilfe **M 29. 2**.
3. Erläutern Sie, welchen Zusammenhang es zwischen dem El Niño und der Walker-Zirkulation gibt (vgl. **M 22.1**).

Dynamik des großräumigen Wettergeschehens in Mitteleuropa

Im mitteleuropäischen Raum herrscht in der mittleren und oberen Troposphäre eine Westwinddrift, in die großräumige Luftwirbel mit vertikaler Achse (Zyklonen = dynamische Tiefdruckgebiete und Antizyklonen = dynamische Hochdruckgebiete) eingelagert sind. Diese ziehen mit der Grundströmung auf stark veränderlichen Bahnen ostwärts.

Als Frontalzone wird der Übergangsraum zwischen warmer subtropischer Luft im Süden und kalter subpolarer Luft im Norden (M 30.3), bezeichnet. Sie entspricht weitgehend der Westwinddrift und wird im obersten Abschnitt durch ein Starkwindband, den Jetstream (M 30.2), gebildet. Je größer das Temperaturgefälle in der Frontalzone ist, desto größer werden die Mäander des Polarfront-Jets (M 30.3). Bei Überschreiten eines Wertes von 6 °C/1000 km bilden sich große Luftwirbel, die dynamischen Hoch- und Tiefdruckgebiete. Die westliche Grundströmung ist dann durch Verwirbelung aufgelöst, bildet sich aber bald wieder aus. Diese Prozesse wiederholen sich im Jahresablauf sehr oft.

Nach der Lage verschiedener Hoch- und Tiefdruckgebilde zueinander kann man typische Großwetterlagen über Mitteleuropa ausgliedern (siehe M 32.1). Sie bestimmen stark die Witterung, weil durch die jeweils herrschenden Luftdruckgradienten Luftmassen aus bestimmter Richtung mit bestimmten Eigenschaften nach Mitteleuropa einströmen.

Vor allem Zyklonen saugen aufgrund ihres tiefen Luftdrucks im Kern benachbarte Luft an. Die in den Wirbel von Süden her einbezogene subtropische Warmluft steigt an der Warmfront auf und wird insgesamt polwärts verfrachtet. Deshalb sind Zyklonen Zirkulationselemente, die wesentlich an der Wärmeverteilung von den südlichen

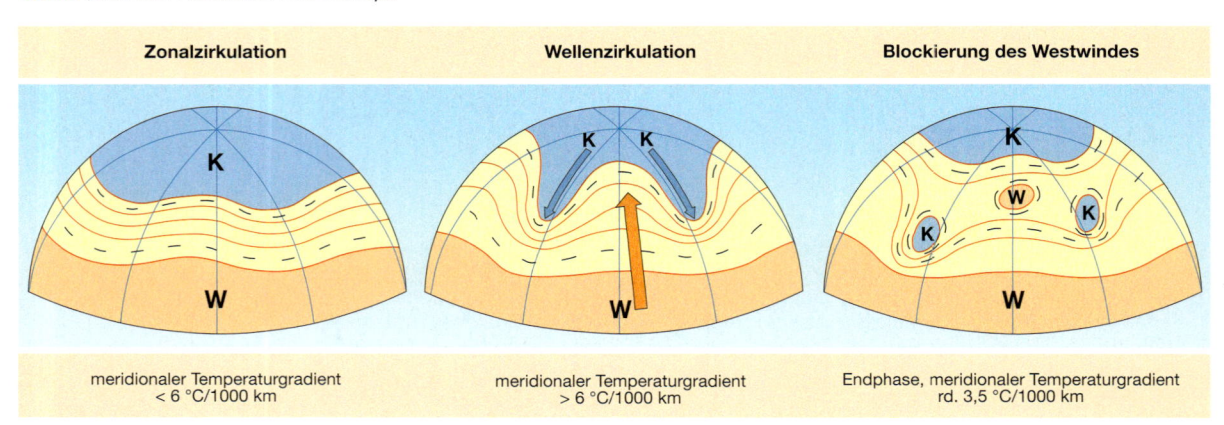

M 30.1 Okkludierende Zyklone über Mitteleuropa (Satellitenbild vom 27.10.2004)

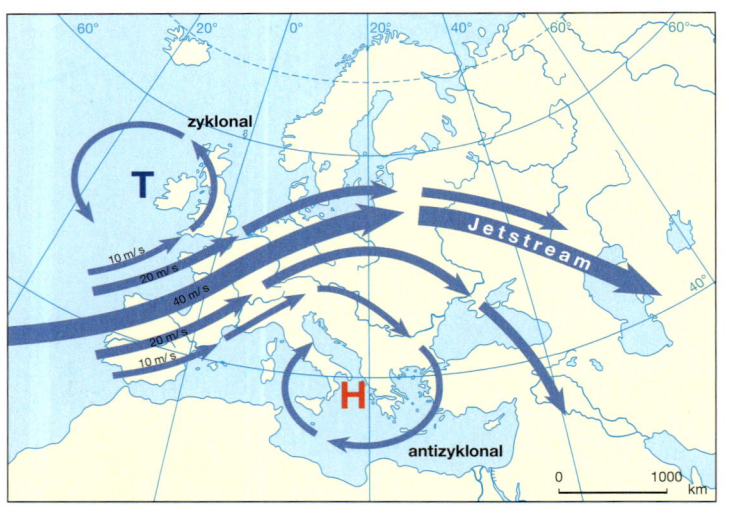

M 30.2 Jetstream-Achse über Mitteleuropa

M 30.3 Dynamik der Frontalzone

- Zonalzirkulation – meridionaler Temperaturgradient < 6 °C/1000 km
- Wellenzirkulation – meridionaler Temperaturgradient > 6 °C/1000 km
- Blockierung des Westwindes – Endphase, meridionaler Temperaturgradient rd. 3,5 °C/1000 km

Überschussgebieten in die nördlichen Mangelgebiete beteiligt sind.

Auch die von Norden her in den Wirbel einbezogene Kaltluft wird an der Zyklonen-Kaltfront nach Süden geschaufelt und entspricht dieser Funktion. Jede Zyklone durchläuft einen Lebenszyklus von der Bildung bis zum Sterbestadium (Okklusion) von im Mittel etwa 3 bis 5 Tagen Dauer. Wenn die sich schneller bewegende Kaltluft die davor gelegene Warmluft einholt und dabei den Warmluftsektor nach oben von der Erdoberfläche abhebt, ist das Sterbestadium der Zyklone erreicht (M 30.1).

Die Zyklonen mit ihren Warm- und Kaltfronten bestimmen stark die Wettergestaltung in den gemäßigten Breiten (M 31.2). Aus der mächtigen Aufgleit-Schichtbewölkung an einer Warmfront fällt z. B. lang anhaltender Landregen. Aus den hoch reichenden Haufenwolken an einer Kaltfront bilden sich häufig intensive, kurze Gewitterschauer.

Beim Durchzug einer Zyklone über eine Klimastation können regelhaft auftretende Wettererscheinungen beobachtet werden. So steigt z. B. die Lufttemperatur kräftig an, wenn der Warmsektor eine Wetterstation erreicht hat. Wertet man mehrjährige Wetterbeobachtungen wie z. B. der Lufttemperatur an einer Klimastation im Zusammenhang mit den auftretenden Wetterlagen aus (M 31.1), so ergeben sich praktische Hinweise über die thermischen Besonderheiten jeder Wetterlagensituation (SW = Südwestwetterlage, TM = Tief über Mitteleuropa, HM = Hoch über Mitteleuropa) hinsichtlich wirtschaftlich relevanter Prozesse.

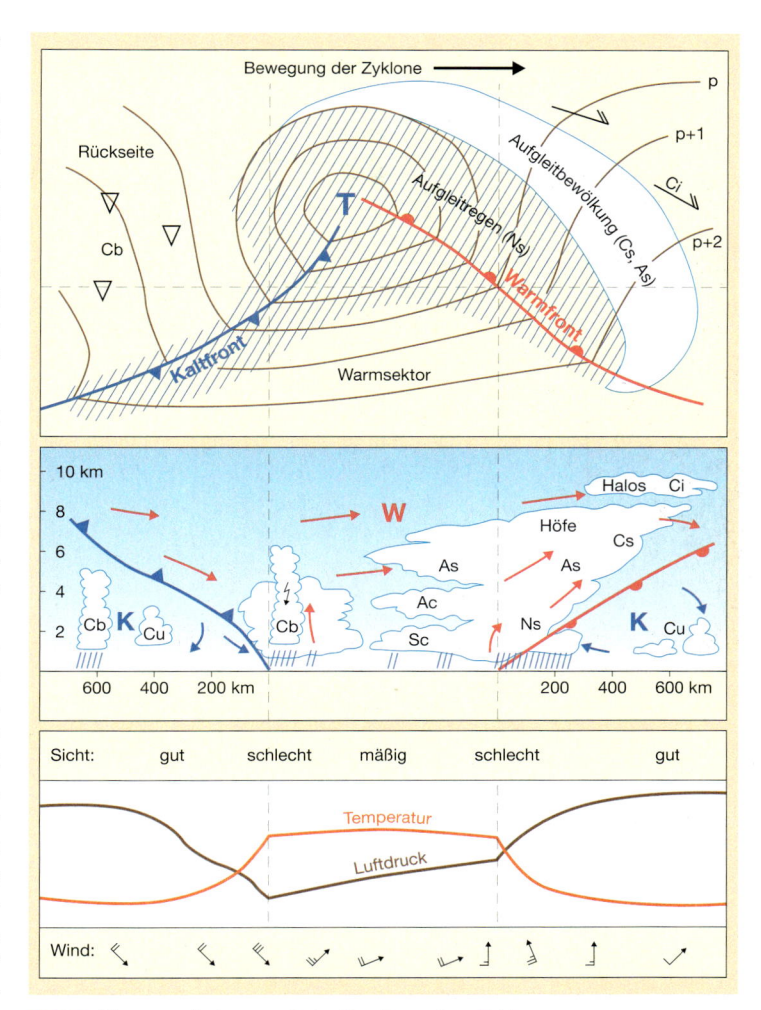

M 31.2 Wettererscheinungen beim Durchzug einer Zyklone

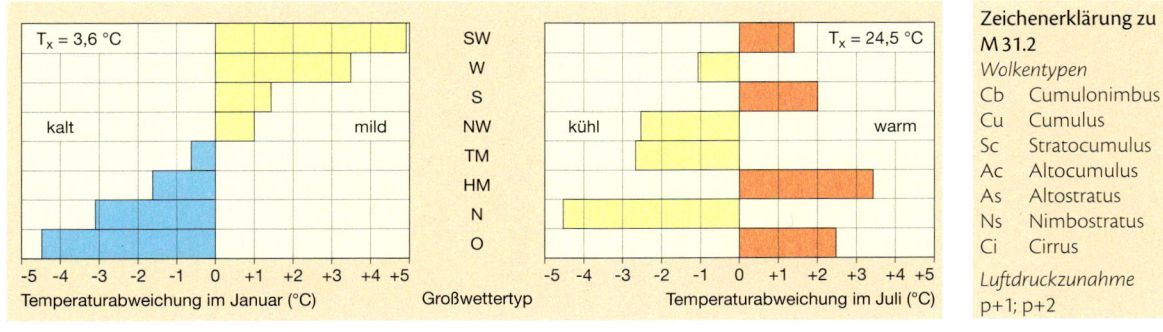

M 31.1 Mittlere Abweichung der Tageshöchsttemperatur vom Monatsmittel T_x bei bestimmten Großwetterlagen in Karlsruhe

Zeichenerklärung zu M 31.2
Wolkentypen
Cb Cumulonimbus
Cu Cumulus
Sc Stratocumulus
Ac Altocumulus
As Altostratus
Ns Nimbostratus
Ci Cirrus

Luftdruckzunahme
p+1; p+2

1 Beschreiben Sie, wo sich der Kern der okkludierenden Zyklone (M 30.1) und wo der Warmluftsektor befindet.
2 Beschreiben Sie den typischen Wetterablauf (Wind, Temperatur, Luftdruck) beim Durchzug einer Zyklone (M 31.2).
3 Wählen Sie zwei Wetterlagen aus M 31.1 aus, die sehr unterschiedliche thermische Verhältnisse bewirken, und begründen Sie diese.

Wetterkarte

Wetterkarten gewährleisten als synoptische Abbildungen eine vergleichende Zusammenschau des aktuellen Wetterzustandes eines großen Gebietes.
Bodenwetterkarten stellen die Wettererscheinungen der bodennahen Luftschichten dar.
Höhenwetterkarten werden zur Darstellung der Höhenlage bestimmter Luftdruckniveauflächen, z. B. 500 oder 200 hPa in Dekametern über dem Meeresspiegel, konstruiert.

Nur auf der Grundlage einer vergleichenden Zusammenschau vieler zeitgleicher meteorologischer Messdaten in vielen Niveaus kann eine großräumige Wetteranalyse und Wetterprognose erfolgen. Die Bereitstellung der dafür erforderlichen Grundlagen erfordert einen gewaltigen täglichen Datentransfer von den vielen synoptischen Wetterstationen zu den übergeordneten Wetterzentralen, die die Datenaufbereitung und Übertragung in Wetterkarten automatisch erfüllen.

Die Bodenwetterkarte stellt die Luftdruckverhältnisse mithilfe von Isobaren (siehe Glossar) für das Meeresspiegelniveau dar. Messwerte erhöht gelegener Stationen werden auf dieses Niveau umgerechnet. Die somit reduzierten Werte ermöglichen direkte Vergleiche des Luftdrucks an allen Orten auf der Karte. Eine dichte Scharung der Isobaren zeigt ein starkes Luftdruckgefälle und damit kräftige Druckausgleichswinde an. Große Gebiete mit wenigen Isobaren verweisen auf Windstille oder geringe Windstärken.

Durch ein standardisiertes Schema, den so genannten Wetterschlüssel, werden die aktuellen Messdaten für jede Wetterstation auf der Karte in festgelegten kartographischen Symbolen (vgl. Legende zu M 33.1) dargestellt.
Die Bodenwetterkarte vom 1. Februar 1985 zeigt, dass Nord- und Mitteleuropa sowie der Nordatlantik und die Britischen Inseln im Einflussbereich zyklonalen Wettergeschehens liegen, Frankreich und Südeuropa dagegen im Einflussbereich antizyklonalen Wettergeschehens. Warm-, Kalt- und Okklusionsfronten zeigen Luftmassengrenzen an.

Vier von insgesamt 29 Großwetterlagen bestimmen maßgeblich die Witterungsgestaltung in Mitteleuropa (siehe M 32.1). Sie werden durch die Lage der bestimmenden Hoch- und Tiefdruckgebiete verursacht. Die Modelle der Großwetterlagen geben für die Wettervorhersage wichtige Hinweise.

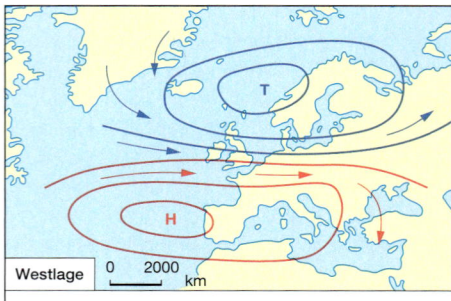

Westlage
Zwischen dem Azorenhoch und dem zentralen Islandtief ziehen in der westlichen Strömung Zyklonenfamilien nach Osten. Es herrscht wechselhaftes, feuchtes und kühles Wetter.

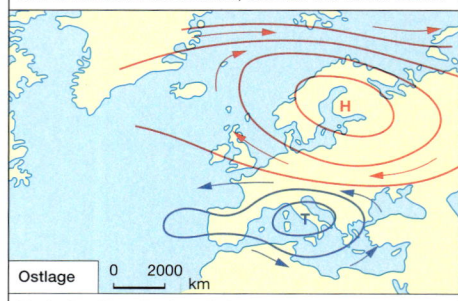

Ostlage
Hoch über Skandinavien, Tief über dem Mittelmeer. An durchschnittlich 27 % der Maitage nehmen wir an kontinentalem Klima teil, an 10 % der Julitage und an 20 % der Januartage. Da diese Wetterlage eine große Erhaltungstendenz aufweist, sind die winterlichen Frostperioden und die sommerlichen Hitzeperioden von langer Dauer.

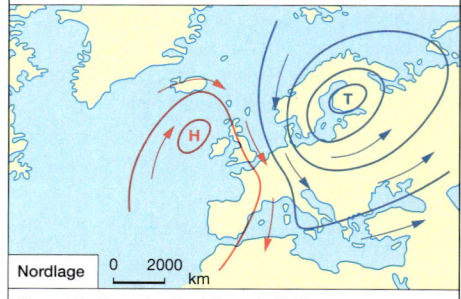

Nordlage
Einem blockierenden Hoch liegt ein Tief im Ostseebereich gegenüber. Diese Wetterlage kommt im langjährigen Mittel an 25 % aller Tage von April bis Juni vor. Bekannt sind die Eisheiligen um den 12. Mai und die Schafskälte um den 10. Juni.

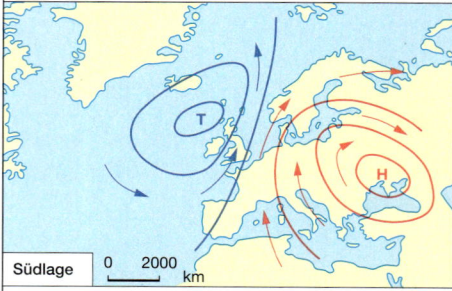

Südlage
Das steuernde Hoch liegt über Südrussland, das gegenpolige Tief über den Britischen Inseln. Warme Luftmassen lassen im Winter bei meist trübem Wetter den Schnee schmelzen. Im Sommer ist es häufig regnerisch. Am nördlichen Alpenrand herrscht Föhn. Diese Wetterlage tritt am häufigsten im Frühjahr und im Herbst auf.

M 32.1 Großwetterlagen in Europa

Europäischer Wetterbericht
Amtsblatt des Deutschen Wetterdienstes

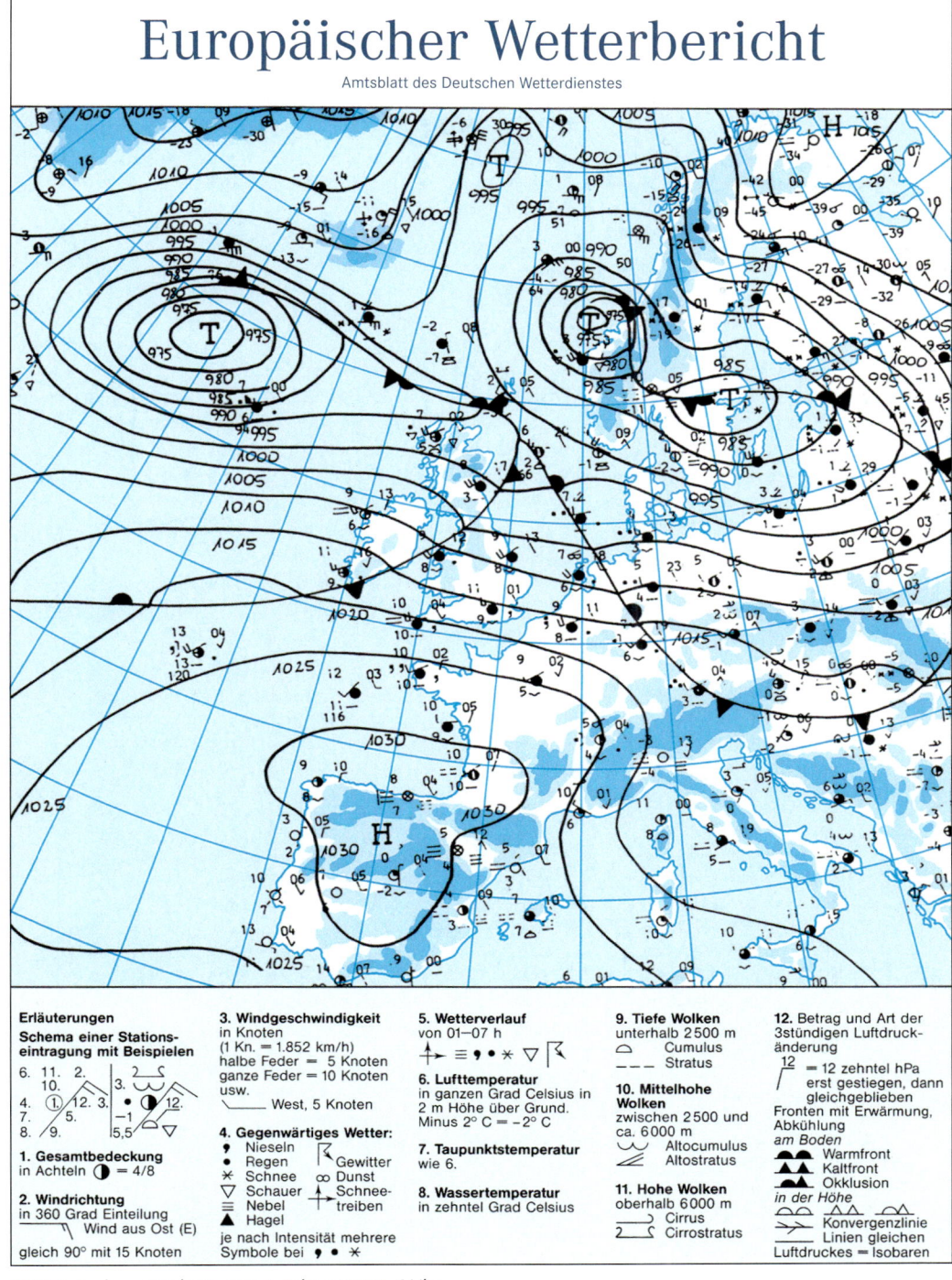

M 33.1 Bodenwetterkarte vom 1. Februar 1985, 6 Uhr

1 Bestimmen Sie aus M 33.1 für die Station Offenbach folgende meteorologische Daten: Gesamtbedeckung, Windrichtung und -geschwindigkeit, gegenwärtiges Wetter, Lufttemperatur.
2 Bestimmen Sie die gleichen meteorologischen Daten für Madrid und erklären Sie die Unterschiede in der Bewölkung, der Lufttemperatur und der Windrichtung.
3 Leiten Sie aus dem Vergleich mit M 32.1 die in M 33.1 dargestellte Großwetterlage ab.

Klima- und Vegetationszonen im Überblick

Zonale Anordnung und Ursachen räumlicher Differenzierung

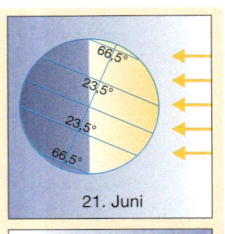

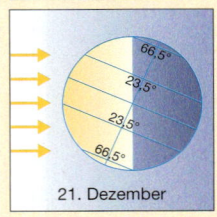

Betrachtet man die großräumige Verteilung von Klimaten und Vegetationseinheiten auf der Erde, so fällt eine mehr oder weniger stark ausgeprägt breitenkreisparallele Anordnung auf, die auch als Zonierung bezeichnet wird.

Beleuchtungszonen

Zonen können nach verschiedenen Kriterien voneinander abgegrenzt werden. Die einfachste Einteilung kann auf Grundlage der Beleuchtungsverhältnisse vorgenommen werden. Dabei ergeben sich die drei Beleuchtungszonen der *Tropen*, der *mittleren Breiten* und der *Polargebiete*. Sie werden durch die Wendekreise (23,5°) bzw. die Polarkreise (66,5°) begrenzt.

Die Tropen erhalten im ganzen Jahr eine hohe Einstrahlung und mindestens einmal im Jahr steht hier die Sonne im Zenit.
In den Polargebieten geht an mindestens einem Tag im Jahr die Sonne nicht unter, dafür herrscht auch an mindestens einem Tag vollständige Dunkelheit

Klimazonen

Die breitenkreisabhängige Einstrahlung durch die Sonne ist die wichtigste Triebfeder zur Ausbildung verschiedener Klimazonen. Die Jahressumme der solaren Einstrahlung nimmt vom Äquator zu den Polen hin ab. Daher nimmt auch die **Lufttemperatur** tendenziell zu den Polen hin ab. Dies ist eine wesentliche Ursache zur Ausbildung breitenkreisabhängiger Klimazonen.

Das Klima an einem Ort wird neben der Temperatur maßgeblich vom **Niederschlag** geprägt. Die Niederschlagsmenge ist einerseits von den Temperaturen abhängig, andererseits wird sie jedoch besonders durch die atmosphärischen Strömungen gesteuert, z. B. durch die Passate.

M 34.1 Beleuchtungszonen während der Sommer- und der Wintersonnenwende

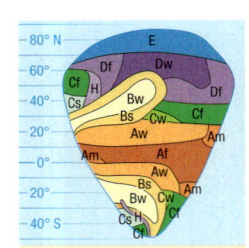

Die Klimarübe ist eine graphische Darstellung der Klimaregionen der Erde, bei der die Festlandsflächen entlang eines jeden Breitenkreises zusammengezogen werden und so einen „Idealkontinent" ergeben, der die Form einer Rübe hat. Der Grund dafür ist, dass sich der größte Teil der Landmasse auf der Nordhalbkugel befindet.

M 34.2 „Klimarübe"

A Tropische Regenklimate
Mitteltemperatur des kältesten Monats über 18 °C
- **Af** *Immerfeucht*
  $r^* > 60$ mm
- **Am** *Immerfeucht*
  $r^* < 60$ mm, zusätzlich $r \geq 25\,(100 - r^*)$
- **Aw** *Wintertrocken*
  Niederschlagssumme des niederschlagsärmsten Wintermonats unter 60 mm
- **As** *Sommertrocken*
  Niederschlagssumme des niederschlagsärmsten Sommermonats unter 60 mm

B Trockenklimate
Grenzbedingungen:
$r < 2t + 28$ (bei Sommerniederschlag)
$r < 2t + 14$ (bei fehlender Niederschlagsperiode)
$r < 2t$ (bei Winterniederschlag)
- **BS** *Steppenklima*
  $r \geq t + 14$ (bei Sommerniederschlag)
  $r \geq t + 7$ (bei fehlender Niederschlagsperiode)
  $r \geq t$ (bei Winterniederschlag)
- **BW** *Wüstenklima*
  $r < t + 14$ (bei Sommerniederschlag)
  $r < t + 7$ (bei fehlender Niederschlagsperiode)
  $r < t$ (bei Winterniederschlag)

C Warmgemäßigte Regenklimate
Mitteltemperatur des kältesten Monats zwischen −3 °C und 18 °C

D Boreale Schneewaldklimate
Mitteltemperatur des kältesten Monats unter −3 °C und Mitteltemperatur des wärmsten Monats über 10 °C
- **Cw/Dw** *Wintertrocken*
  Niederschlagssumme des niederschlagsreichsten Sommermonats mindestens 10-mal so hoch wie jene des niederschlagsärmsten Wintermonats
- **Cs/Ds** *Sommertrocken*
  Niederschlagssumme des niederschlagsreichsten Wintermonats mindestens 3-mal so hoch wie jene des niederschlagsärmsten Sommermonats
- **Cf/Df** *Immerfeucht*
  Geringere Niederschlagsdifferenzen zwischen den extremen Monaten als bei den vorgenannten C/D-Klimaten

E Schneeklimate
Mitteltemperatur des wärmsten Monats unter 10 °C
- **ET** *Tundrenklima*
  Mitteltemperatur des wärmsten Monats über 0 °C
- **EF** *Klima des ewigen Frostes*
  Mitteltemperatur des wärmsten Monats unter 0 °C

In dieser Zusammenstellung bezeichnet r die Jahresniederschlagssumme in mm, r* die Niederschlagssumme des niederschlagsärmsten Monats in mm und t die Jahresmitteltemperatur in °C.
Die angegebenen Klimate können in einer dritten Untergliederungsstufe nach weiteren thermischen Kriterien unterteilt werden.

M 34.3 Abgrenzungskriterien der Klimate nach WLADIMIR KÖPPEN

Klima- und Vegetationszonen im Überblick

Der Wasserkreislauf auf der Erde wird durch die Prozesse Niederschlag, Verdunstung und Abfluss gesteuert. Die Höhe der Verdunstung hängt von der Temperatur und dem verfügbaren Wasser ab. Je höher die Temperatur und je größer das Wasserangebot ist, desto größer ist die Verdunstung. Die Verdunstung, die sich an einem Ort bei optimaler Wasserversorgung ergäbe, wird als potenzielle Verdunstung bezeichnet.

Zur Charakterisierung der hygrischen Verhältnisse über längere Zeiträume wie Monate oder Jahre werden die Begriffe Humidität und Aridität verwendet. Man spricht von humiden Verhältnissen, wenn die potenzielle Verdunstung kleiner als die Niederschlagsmenge ist, und entsprechend von ariden Verhältnissen, wenn die potenzielle Verdunstung größer als die Niederschlagsmenge ist. Aride Bedingungen sind daher mit Trockenheit gleichzusetzen.

M 35.1 Humidität und Aridität

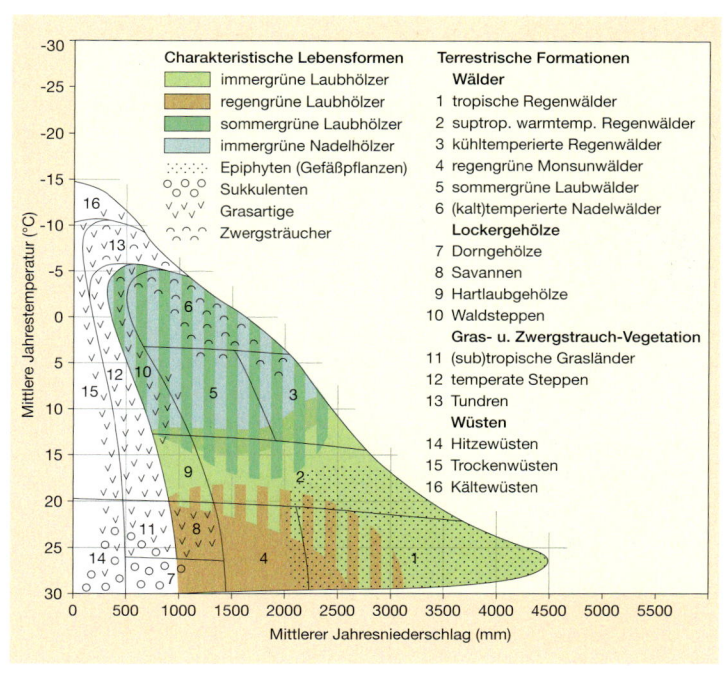

M 35.2 Verbreitung von Pflanzenformationen und Lebensformen in Abhängigkeit von Temperatur und Niederschlag (nach EHRENDORFER)

Charakteristische Lebensformen:
- immergrüne Laubhölzer
- regengrüne Laubhölzer
- sommergrüne Laubhölzer
- immergrüne Nadelhölzer
- Epiphyten (Gefäßpflanzen)
- Sukkulenten
- Grasartige
- Zwergsträucher

Terrestrische Formationen
Wälder
1 tropische Regenwälder
2 suptrop. warmtemp. Regenwälder
3 kühltemperierte Regenwälder
4 regengrüne Monsunwälder
5 sommergrüne Laubwälder
6 (kalt)temperierte Nadelwälder
Lockergehölze
7 Dorngehölze
8 Savannen
9 Hartlaubgehölze
10 Waldsteppen
Gras- u. Zwergstrauch-Vegetation
11 (sub)tropische Grasländer
12 temperate Steppen
13 Tundren
Wüsten
14 Hitzewüsten
15 Trockenwüsten
16 Kältewüsten

Bei der Definition von Klimazonen werden daher neben der Temperatur auch die Niederschlagsverhältnisse betrachtet. Ein Beispiel dafür sind die von WLADIMIR KÖPPEN definierten Klimazonen (M 34.2).

Die idealtypische breitenkreisparallele Anordnung der Klimazonen wird durch die Höhenlage, die Kontinentalität und die Lage an West- oder Ostseiten der Kontinente verändert. Jeder dieser drei Faktoren nimmt Einfluss auf Temperatur und Niederschlag. So nimmt in Gebirgen die Temperatur mit der Höhe ab, wohingegen die Niederschlagsmenge in der Regel steigt. Durch Gebirge wird daher die zonale Anordnung durchbrochen. Auch gibt es Zonen, die auf die West- oder Ostseiten der Kontinente beschränkt sind oder hauptsächlich im Innern der Kontinente vorkommen.

Vegetationszonen

Viele Umweltfaktoren (Wasserangebot, Temperatur, Nährstoffe, Konkurrenz durch andere Pflanzen) nehmen Einfluss auf das Wachstum von Pflanzen. In einer globalen Betrachtung hängt das Vorkommen von Pflanzen aber maßgeblich von den thermischen und hygrischen Bedingungen an einem Ort ab. Die Vegetationszonen sind daher eng an die Klimazonen gekoppelt.

Temperatur und Wasserangebot wirken einerseits auf die einzelne Pflanze und bedingen die Verbreitung von pflanzlichen **Lebensformen**. So dominieren beispielsweise bei geringen Niederschlagsmengen Gräser über Gehölze (M 35.2). Auch innerhalb der wichtigen Gruppe der Laubhölzer gibt es Anpassungsformen an Niederschlag und Temperatur. Regengrüne Laubhölzer werfen in der Trockenzeit, sommergrüne Laubhölzer im Winter ihre Blätter ab. Andererseits steuern die klimatischen Faktoren so auch das Vorkommen von ganzen Pflanzenbeständen, die sich aus einzelnen Pflanzenarten zusammensetzen, und führen so zu den für Vegetationszonen charakteristischen **Pflanzenformationen** wie Steppen, Savannen oder Wälder mit ihren artenspezifischen Zusammensetzungen.

thermisch
die Temperatur betreffend

hygrisch
den Niederschlag betreffend

1 Erklären Sie, inwiefern die Höhenlage die breitenkreisparallele Zonierung von Temperatur und Niederschlag modifiziert.
2 Informieren Sie sich über die Verbreitung der tropischen Regenklimate und der borealen Schneewaldklimate (M 34.2) anhand des Atlas.
3 Erklären Sie anhand M 35.2, unter welchen klimatischen Bedingungen Gräser über Gehölze dominieren.

- http://www.m-forkel.de/klima/klimazonen.html (Klimazonen)
- http://www.biologie.uni-hamburg.de/b-online/e57/57.htm (Vegetationszonen)

Die Tropen

Hinweis:
Auf S. 211 finden Sie eine Auswahl von Klimatabellen und Klimadiagrammen zu den Tropen, Subtropen, zur gemäßigten Zone, zur subpolaren Zone und zur polaren Zone.

Die Zone der Tropen erstreckt sich beiderseits des Äquators. Für sie sind Monatsmittel der Temperatur von mehr als 18 °C und geringe Schwankungen der Temperatur im Jahresverlauf kennzeichnend. Da demgegenüber die Temperaturschwankungen im Tagesverlauf größer sind, spricht man in diesem Zusammenhang von einem *Tageszeitenklima*.

Aufgrund der geringen Temperaturschwankungen wird eine weitere Untergliederung der Tropen nach den hygrischen Verhältnissen vorgenommen. Die beiden Hauptzonen der Tropen sind die *immerfeuchte Zone* mit ganzjährig hohen Niederschlägen und die *wechselfeuchte Zone*, in der im Jahresverlauf zumindest eine Trockenzeit auftritt.

Das Klima der Tropen

Die Zone um den Äquator ist durch eine im Jahresverlauf geringe Schwankung der Tagesdauer gekennzeichnet. Direkt am Äquator geht die Sonne jeden Tag um 6 Uhr morgens auf und um 6 Uhr abends unter. Gleichzeitig ist der Sonnenstand zur Mittagszeit das ganze Jahr über sehr hoch. Daraus ergeben sich die geringen Temperaturschwankungen im Jahresverlauf. Die starke Erwärmung der Luft führt in der innertropischen Konvergenzzone zum Aufstieg feuchter Luftmassen, die dabei abkühlen und in kurzen, heftigen Regenschauern am Nachmittag abregnen. Die Niederschlagsmaxima folgen im Jahreslauf den Verschiebungen der innertropischen Konvergenzzone, sodass sich eine Zone mit zwei Niederschlagsmaxima ausbildet. In Richtung der Wendekreise tritt in der wechselfeuchten Zone nur noch eine Regenzeit auf.

Die Vegetation der Tropen

Der *Regenwald* der immerfeuchten Tropen hat einen Stockwerksbau. Temperatur und Wasser sind keine wachstumsbegrenzenden Faktoren, das sind die Böden und das dichte Blätterdach. Regenwälder sind reich an Lianen und Epiphyten, die auf den Ästen der Bäume wachsen. In den wechselfeuchten Tropen wachsen *laubabwerfende Wälder* und *Savannen*.

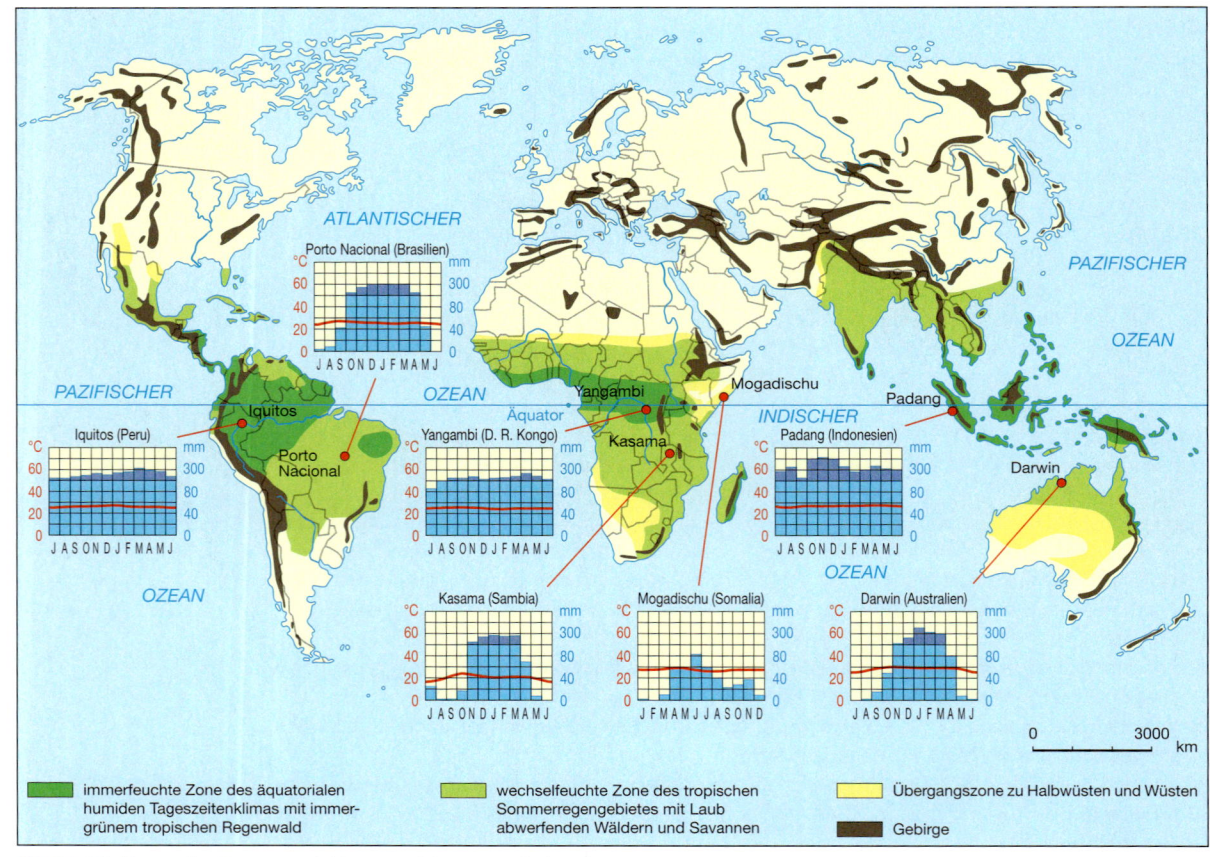

M 36.1 Die Zonen der Tropen nach HEINRICH WALTER, verändert

Klima- und Vegetationszonen im Überblick

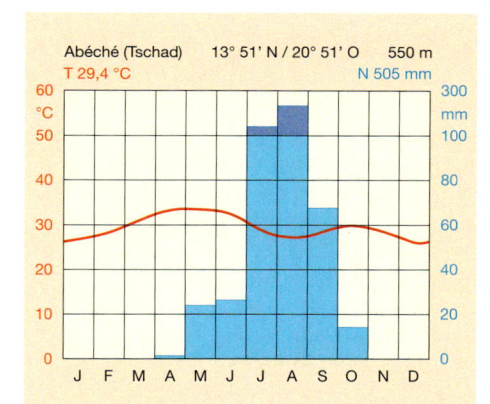

In diesen Klimadiagrammen werden der Jahresverlauf der mittleren Monatstemperatur und der mittleren monatlichen Niederschlagssummen dargestellt. Nach Maßgabe der Meteorologischen Weltorganisation soll der Mittelungszeitraum für die Berechnung dieser Werte 30 Jahre betragen. Die Skalierung ist so gewählt, dass 10 °C einer Niederschlagshöhe von 20 mm entsprechen. Niederschlagsmengen größer als 100 mm werden in einem 10-mal kleineren Maßstab und einem dunkleren Blauton dargestellt.
Der unterschiedlichen Skalierung von Temperatur und Niederschlag liegt die Beobachtung zugrunde, dass häufig einer Temperatur von 10 °C eine potenzielle Verdunstung von 20 mm entspricht. Aride Monate sind somit daran erkennbar, dass die Temperaturkurve über den Niederschlagsbalken verläuft.
Im Kopf des Diagramms können zusätzliche Angaben zu der Klimastation gemacht werden. Dazu zählen die geographischen Koordinaten, die Höhenlage, die mittlere Jahrestemperatur sowie die durchschnittliche Jahressumme des Niederschlages.
Für Stationen auf der Nordhalbkugel werden die Monate auf der Zeitachse von Januar bis Dezember, auf der Südhalbkugel von Juli bis Juni angegeben. Damit liegen die jeweiligen Sommermonate immer in der Mitte des Diagramms.

M 37.1 Klimadiagramme nach WALTER und LIETH

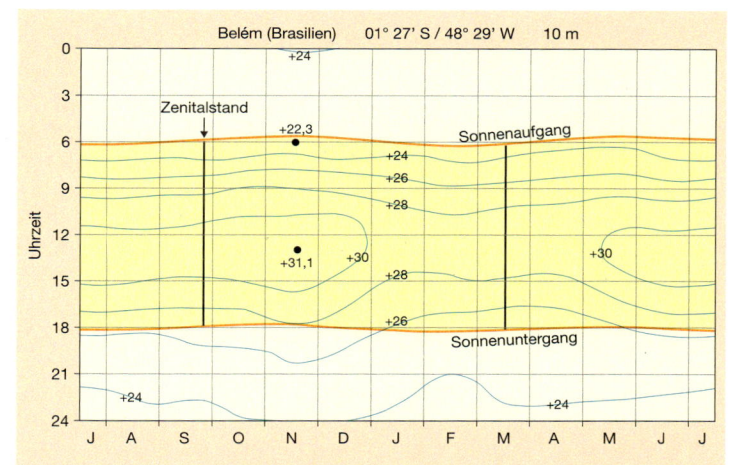

Aus Thermoisoplethendiagrammen können Tagesgänge (parallel zur y-Achse) und Jahresgänge (parallel zur x-Achse) der Temperatur zu einer bestimmten Uhrzeit abgelesen werden. Dazu wird der Temperaturverlauf durch Thermoisoplethen, d. h. Linien gleicher Temperatur, dargestellt. Diese sind den Höhenlinien in einer topographischen Karte vergleichbar.
Wie bei den Diagrammen nach WALTER und LIETH beginnt der Jahresgang im Juli, da Belém auf der Südhalbkugel liegt. In der Mitte des Diagramms befinden sich somit die Sommermonate.
Ein Tageszeitenklima ist daran erkennbar, dass ein Tagesgang der Temperatur relativ viele Thermoisoplethen schneidet, ein Jahresgang zu einer bestimmten Uhrzeit hingegen nur wenige. Die Thermoisoplethen verlaufen also mehr oder weniger parallel zur y-Achse.

M 37.2 Thermoisoplethendiagramme

Gebirge
Treffen feuchte Passatwinde auf tropische Gebirge, so bildet sich eine Höhenstufe, die häufig in Wolken oder Nebel gehüllt ist. Da sich die höhenbedingte Temperaturabnahme in den Tropen erst ab 2000 m deutlich bemerkbar macht, wachsen in einer solchen Wolkenstufe in einer Höhenlage zwischen 1000 bis 2500 m und mehr so genannte Nebelwälder.

Ost-/Westseiteneffekt
In Afrika ist eine deutliche Asymmetrie in der Anordnung der Zonen in den Tropen erkennbar. Während auf der Westseite der typische immergrüne tropische Regenwald zu finden ist, ist die Ostseite selbst in Äquatornähe durch aride Verhältnisse geprägt. Letzteres ist dadurch bedingt, dass die ankommenden Luftmassen zumeist kontinentalen Ursprungs sind (Innerafrika bzw. Arabische Halbinsel) und sich daher durch einen geringen Wasserdampfgehalt auszeichnen.

M 37.3 Modifikationen des zonalen Klimas in den Tropen

1 Erklären Sie die Entstehung des Tageszeitenklimas in den Tropen.
2 Zeichnen Sie für Belém (**M 37.2**) den Jahresgang der Temperatur um 12 Uhr mittags und einen Tagesgang der Temperatur für Mitte Februar und Mitte November. Nutzen Sie Excel (S. 196).
3 Erörtern Sie, ob nach dem System von WALTER und LIETH für alle Temperaturen ein sinnvoller Wert für die potenzielle Verdunstung bestimmt werden kann.
4 Lesen Sie aus **M 35.2** ab, welche pflanzlichen Lebensformen in den Tropen vorkommen.
5 Erklären Sie, warum die beiden Zonen auf Madagaskar in Nord-Süd-Richtung verlaufen. Welche Rolle kommt dabei dem Gebirge zu?

http://www.klimadiagramme.de/ (Klimadiagramme)

Die Subtropen

„In der Wüste ertrinken mehr Menschen als verdursten."
Ob wahr oder nicht – diese Aussage deutet darauf hin, dass es nicht ratsam ist, in Wüstenregionen sein Nachtlager in ausgetrockneten Flussbetten aufzuschlagen. Kommt es zu einem der für Wüstenregionen seltenen, aber dennoch typischen Starkregen, so füllen sich die Flussbette sehr schnell mit Wasser und es besteht tatsächlich die Gefahr des Ertrinkens.

An die Tropen grenzen Trockengebiete mit Wüsten und Halbwüsten, an die sich polwärts auf den Westseiten der Kontinente die subtropischen Gebiete des *mediterranen Winterregens* und auf der Ostseite die ganzjährig humiden Gebiete der *Ostseitenklimate* anschließen. Die Subtropen weisen damit den am stärksten ausgeprägten Gegensatz zwischen den West- und den Ostseiten der Kontinente auf.

Das Klima der Subtropen
Die subtropischen Wüsten, wie beispielsweise die Sahara, liegen im Bereich großräumig absteigender Luftmassen der Passatzirkulation innerhalb subtropisch-randtropischer Hochdruckgebiete. Während des Absinkens erwärmen sich die Luftmassen und die Bewölkung kann sich schnell auflösen. Nur selten kommt es zu Niederschlägen, aber wenn, dann sehr heftig. Durch die fehlende Bewölkung kommt es zu einer ungehinderten langwelligen Ausstrahlung von der Erdoberfläche, sodass die Temperaturen nachts sehr stark absinken.

Die Westseiten der Kontinente mit mediterranem Klima liegen im Sommerhalbjahr ebenfalls im Einflussbereich dieser Hochdruckgebiete, die Sommermonate sind daher arid. Im Winter greift dann das zyklonale Wettergeschehen der Mittelbreiten auf diesen Raum über und ist für die Winterniederschläge verantwortlich.

Die subtropischen Ostseiten der Kontinente erhalten im Sommer Niederschläge aus ozeanischen wasserdampfhaltigen Luftmassen, die durch kontinentale Hitzetiefs herangeführt werden; im Winter fallen Niederschläge im Zusammenhang mit Kaltlufteinbrüchen.

Die Vegetation der Subtropen
Um unter ariden Verhältnissen wachsen zu können, haben Pflanzen verschiedene Strategien entwickelt (siehe M 39.1). In Wüsten und Halbwüsten ist die Pflanzendecke aufgrund des Wassermangels sehr stark aufgelockert, in extrem ariden Gebieten findet sich Vegetation nur noch in Senken, in denen die Pflanzenwurzeln das Grundwasser erreichen können.

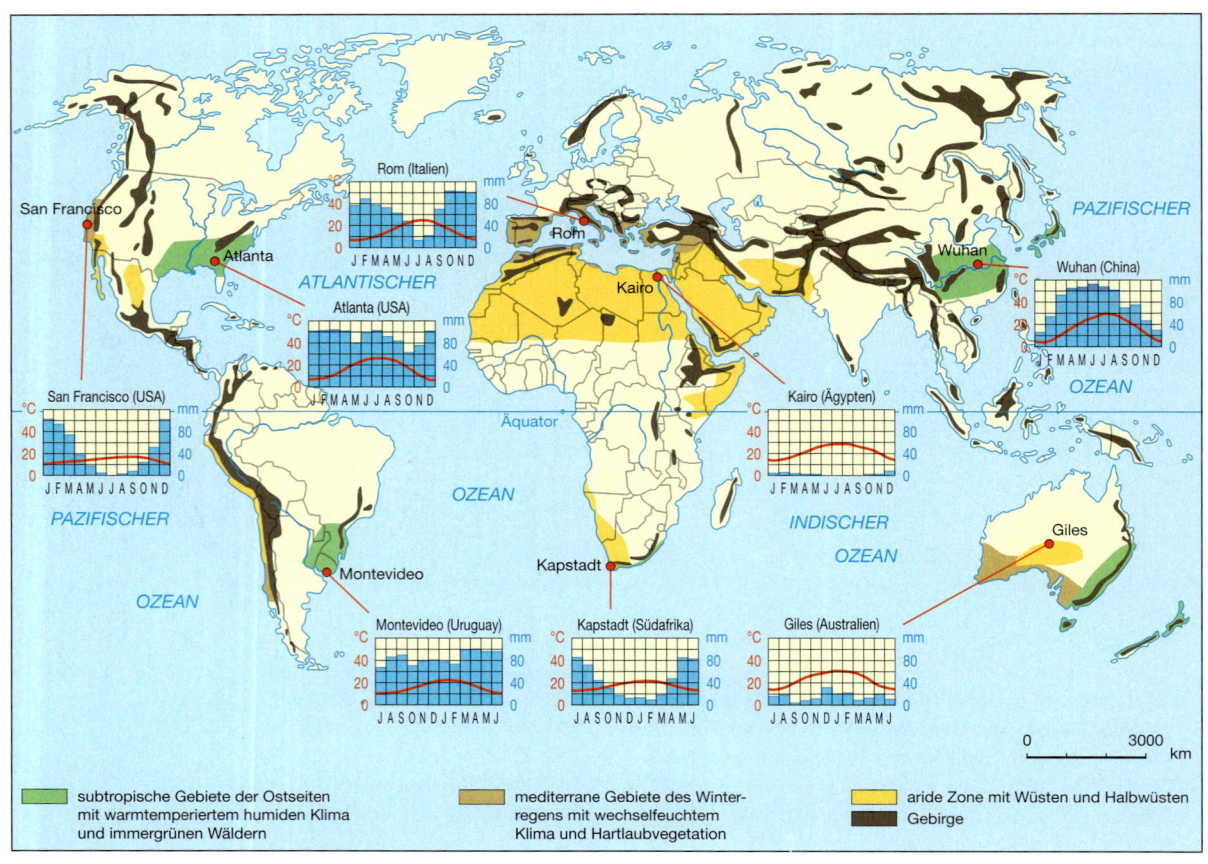

M 38.1 Die Zone der Subtropen nach Heinrich Walter, verändert

Die mediterranen Winterregengebiete an den Westseiten der Kontinente sind durch Hartlaubvegetation gekennzeichnet, wobei die natürliche Vegetation durch menschliche Eingriffe stark degradiert wurde und so die Vegetationsformen der *Macchie* und *Garigue* zu finden sind. Die Macchie ist ein mannshohes, niederwaldartiges Gebüsch. Bei Beweidung durch Ziegen oder bei regelmäßigen Bränden können keine Holzgewächse überdauern. Es bilden sich dann offene Pflanzengesellschaften aus Zwergsträuchern und Staudenpflanzen, die als Garigue bezeichnet werden.

An den Ostseiten der Kontinente wachsen zumeist immergrüne Wälder.

Überdauerung als Samen
Pflanzen mit einer kurzen Lebensdauer können Trockenzeiten oft über mehrere Jahrzehnte als Samen überdauern. Nach einem ausreichenden Niederschlagsereignis keimen die Samen, es kommt zu einem kurzen Blühen in der Wüste.

Laubabwurf
Die Wasserabgabe von Pflanzen an die Atmosphäre, die Transpiration, erfolgt zum größten Teil über ihre Blätter. Mehrjährige Pflanzen können ihre Transpiration vermindern und dadurch kürzere Trockenzeiten überstehen, indem sie ihre Blätter abwerfen. Die regengrünen Laubhölzer sind Beispiele dieser Anpassungsform.

Sukkulenz
Trockenzeiten können von Pflanzen durch Speicherung von Wasser in ihren Geweben überdauert werden. Dieses Phänomen wird als Sukkulenz bezeichnet. Sukkulente Pflanzen wie beispielsweise Kakteen sind an ihren dickfleischigen Geweben zu erkennen.

Hartlaub
Pflanzen benötigen Wasser nicht nur für ihren Stoffwechsel, sondern auch über den Druck des Zellsaftes für die mechanische Festigkeit der Blätter. Diese geht beim Welken verloren. Um dies zu vermeiden, verfügen Hartlaubgewächse wie die Steineiche über ein spezielles Festigungsgewebe in ihren Blättern, diese fühlen sich daher hart an. Als zusätzlichen Transpirationsschutz sind diese zudem mit einer dicken Wachsschicht überzogen.

M 39.1 Anpassung von Pflanzen an Trockenheit

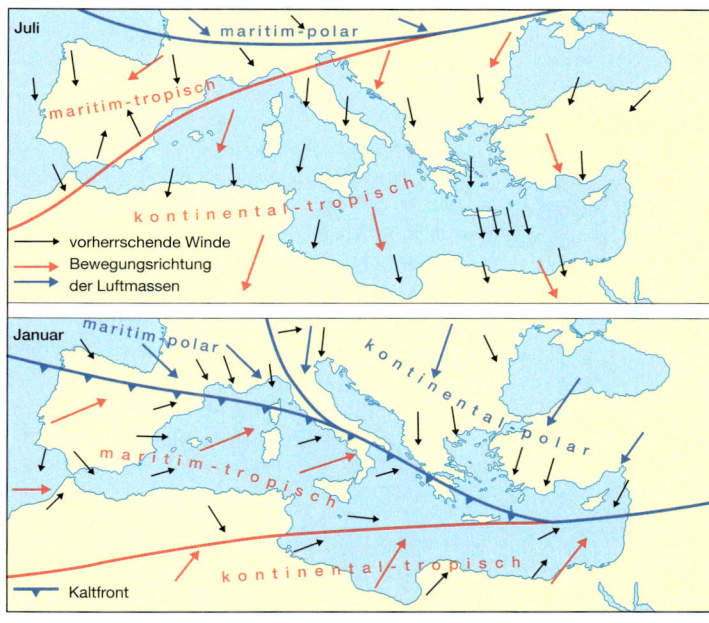

M 39.2 Die Verteilung der Luftmassen im Mittelmeerraum im Sommer und im Winter

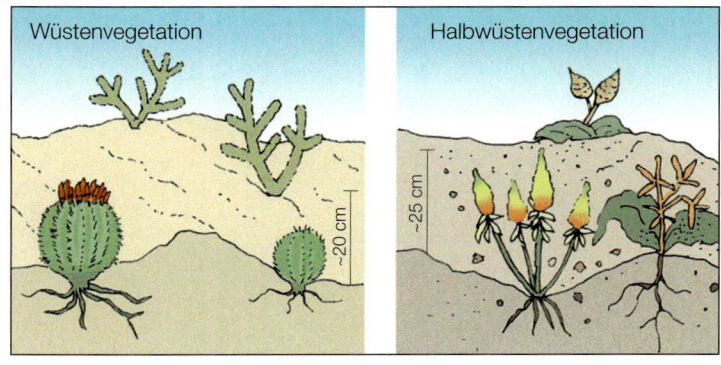

M 39.3 Typische Lebensformen in Wüsten und Halbwüsten

1 Erklären Sie die ausgeprägte Asymmetrie zwischen den Ost- und Westseiten der Kontinente in den Subtropen. Ziehen Sie zur Argumentation auch **M 28.1** und **M 30.2** heran.
2 Erläutern Sie, wieso absinkende Luftmassen zu ariden Verhältnissen am Boden führen.
3 Erörtern Sie, welche der in **M 39.1** genannten Anpassungen an Trockenheit besonders für geringe Jahresniederschläge geeignet ist. Überprüfen Sie Ihre Antwort anhand **M 35.2**.
4 Diskutieren Sie, in welchen Gebieten der Subtropen im Sommer mit der Gefahr von Wald- und Buschbränden zu rechnen ist.

Die gemäßigte Zone

Advektive Niederschläge entstehen, wenn feuchte Luftmassen horizontal zugeführt werden und es durch Aufstiegsprozesse zum Abregnen kommt.

Konvektive Niederschläge entstehen, wenn sich Luftmassen erwärmen und es nachfolgend zu einem vertikalen Luftaustausch mit Niederschlagsbildung kommt.

An die Subtropen schließt sich eine Zone mit deutlichen meridionalen Gradienten hinsichtlich der Jahrestemperaturamplitude und der Niederschlagsmenge an. An den Rändern der Kontinente findet sich eine Zone mit *gemäßigtem Klima*, in der Mitte der Kontinente die *Steppen- und Wüstenzone* des ariden gemäßigten Klimas.

Weiter polwärts folgt die zirkumpolare *boreale Zone* des kaltgemäßigten Klimas. Im Gegensatz zu den Tropen sind in der gemäßigten Zone die Temperaturunterschiede im Jahresgang ausgeprägter als im Tagesverlauf. Dies kann man deutlich an den entsprechenden Thermoisoplethendiagrammen erkennen. Solche Klimate heißen daher *Jahreszeitenklimate*.

Das Klima in den gemäßigten Breiten

Die Westseiten der Kontinente stehen unter dem Einfluss des zyklonalen Wettergeschehens, für sie sind daher advektive Niederschläge charakteristisch (vgl. hierzu die Ausführungen auf den Seiten 30 und 31). Mit zunehmender Kontinentalität und damit zunehmender Entfernung von großen Wasserbecken nimmt die Jahrestemperaturamplitude zu, die Jahressumme der Niederschläge nimmt ab. Niederschläge entstehen im Innern der Kontinente meist im Sommer und treten dort als konvektive Niederschläge auf.

Die Ostseiten der Kontinente sind durch zyklonale Niederschläge mit einem Sommermaximum gekennzeichnet. Außerdem treten hier häufig Kaltlufteinbrüche auf.

Die Vegetation der gemäßigten Breiten

Die Zone mit gemäßigtem Klima an den Kontinenträndern ist durch *laubabwerfende Laubbäume* geprägt. In Mitteleuropa ist die Rotbuche unter natürlichen Bedingungen die dominierende Baumart, weiter östlich wird sie aufgrund ihrer Spätfrostempfindlichkeit durch die Eiche abgelöst. An ihrer östlichen Grenze in Sibirien kommen in dieser Zone nur noch kleinblättrige Laubbaumarten wie Pappeln und Birken vor. Mit zunehmender Kontinentalität und damit geringeren Niederschlägen beginnt die Dominanz der Gräser, von denen die Graslandschaften der Step-

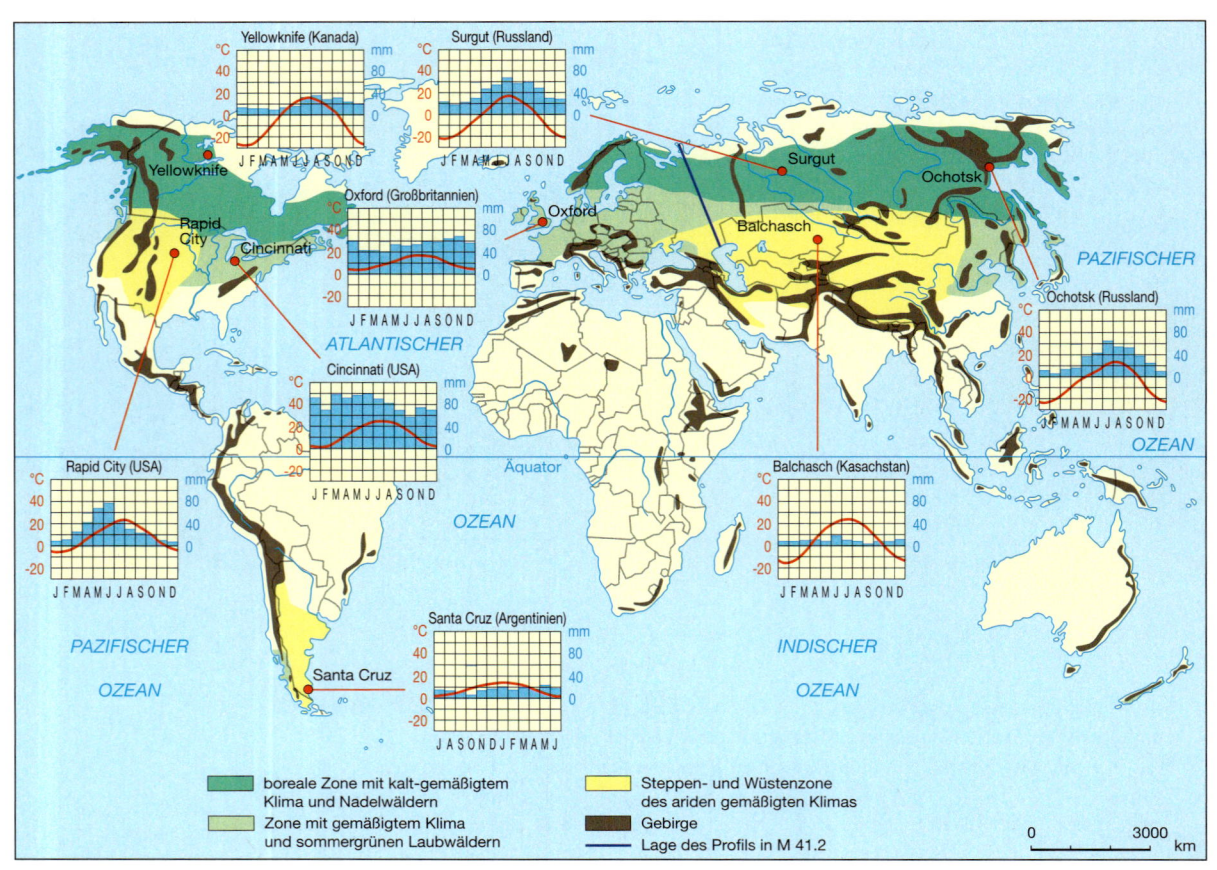

M 40.1 Die gemäßigten Zonen nach HEINRICH WALTER, verändert

- boreale Zone mit kalt-gemäßigtem Klima und Nadelwäldern
- Zone mit gemäßigtem Klima und sommergrünen Laubwäldern
- Steppen- und Wüstenzone des ariden gemäßigten Klimas
- Gebirge
- Lage des Profils in M 41.2

penzone geprägt werden. In Nordamerika werden diese Grasländer Prärien genannt.

In der kaltgemäßigten Zone wachsen großflächig Nadelwälder, die im eurasischen Raum als Taiga bezeichnet werden. In Nordamerika kommen sehr viele Nadelholzarten vor, in Nordeuropa und Westsibirien dominieren die Fichte und die Kiefer (dunkle Taiga), in Ostsibirien die Lärche, die im Winter ihre Nadeln abwirft (helle Taiga).

In der Taiga sind häufig Moore verbreitet, die insbesondere in Westsibirien große Flächen einnehmen. An der Nordgrenze der Taiga schließt sich als Übergangszone zur subpolaren Zone die Waldtundra an.

Station	Geogr. Lage	J	J–J	N
Brest	48° N 4° W	6	10	1085
München	48° N 11° O	0	19	1009
Warschau	52° N 21° O	–3	21	519
Moskau	56° N 38° O	–9	27	688
Barnaul	53° N 84° O	–15	35	419
Irkutsk	52° N 104° O	–19	36	461

M 41.3 Januarmittel der Temperatur (J) und Differenz Julimittel–Januarmittel (J–J), beides in °C sowie Jahressumme des Niederschlags N (in mm)

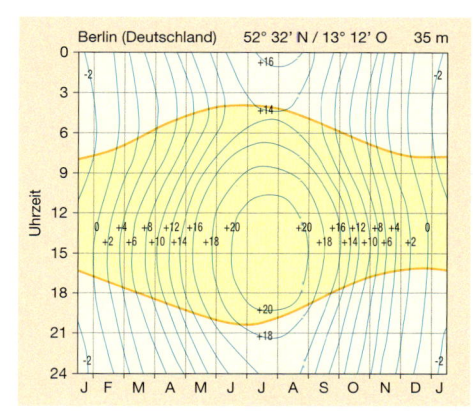

Kontinentalität

Unter Kontinentalität versteht man eine Kombination der Ausprägungen der beiden Klimaelemente Temperatur und Niederschlag, wie sie für das Innere großer Kontinente charakteristisch ist. Bedingt wird die Kontinentalität durch die weite Entfernung zu größeren Wasserbecken. Dadurch sind zum einen die geringen Niederschlagsmengen zu erklären. Zum anderen fehlt die thermische Ausgleichswirkung des Wasserkörpers. Große Landmassen heizen sich im Sommer stärker auf, kühlen im Winter aber auch stärker ab. Dabei sind die sich ergebenden Temperaturdifferenzen im Vergleich zu küstennahen Orten im Winter größer als im Sommer (siehe auch **M 15.3**).

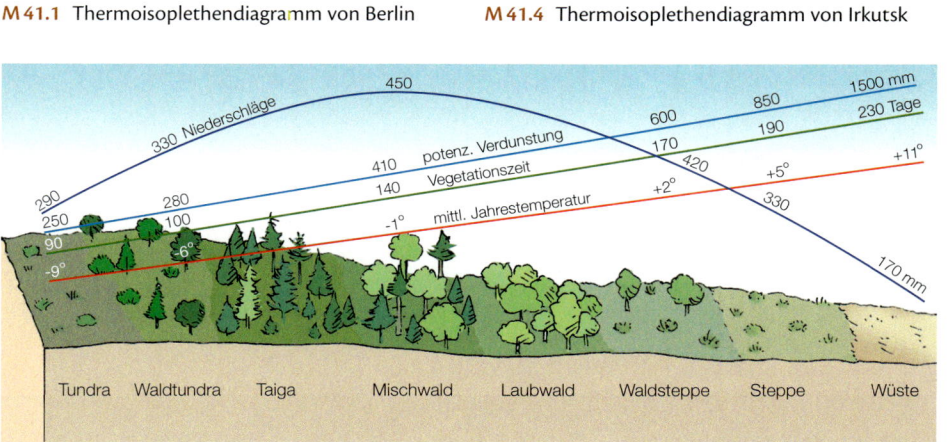

M 41.1 Thermoisoplethendiagramm von Berlin

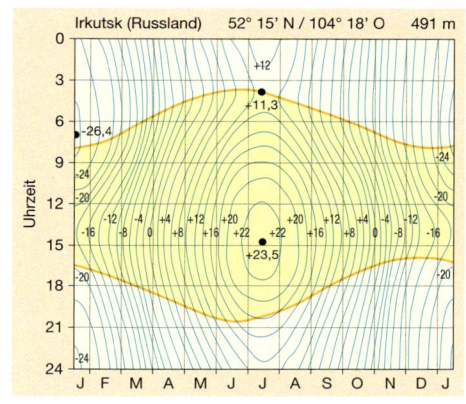

M 41.4 Thermoisoplethendiagramm von Irkutsk

M 41.2 Schematisches Klima- und Vegetationsprofil durch die Osteuropäische Tiefebene von Nordwest nach Südost, nach HEINRICH WALTER, verändert (Lage des Profils siehe in M40.1)

1. Erklären Sie, weshalb auf der Westseite Nordamerikas die Zone mit gemäßigtem Klima in Ost-West-Richtung wesentlich schmaler als auf der Westseite Europas ist.
2. Zeichnen Sie auf Grundlage der Diagramme **M 41.1** und **M 41.4** den Jahresverlauf der Temperatur um 12 Uhr mittags und einen Tagesgang Mitte Juli für Berlin und Irkutsk. Verdeutlichen Sie an den Kurven die Charakteristika des Jahreszeitenklimas. Nutzen Sie Excel (S. 196).
3. Beschreiben Sie, inwiefern sich durch die Kontinentalität Niederschläge und Temperatur auf einem Streifen entlang eines Bereiches um 50° N von West nach Ost auf dem eurasischen Kontinent verändern.
4. Vergleichen Sie die klimatischen Verhältnisse der Steppen mit denjenigen der entsprechenden Vegetationszone in den Tropen.

Subpolare und polare Zone

Polwärts grenzt an die boreale die subpolare Zone. Der Übergang wird durch die Baumgrenze markiert, die in einem Bereich verläuft, in dem an 30 aufeinander folgenden Tagen ein Temperaturmittel von 10 °C erreicht wird. Dies ist die für höhere Pflanzen notwendige Vegetationszeit. Da die subpolare Zone auf der Südhalbkugel lediglich an wenigen Punkten in der Antarktis und auf Feuerland zu finden ist, wird in M 42.1 nur die Verbreitung der subpolaren und polaren Zone in der Arktis dargestellt.

Das Klima der subpolaren und polaren Zone weist tiefe Temperaturen und geringe Niederschlagsmengen auf (Jahresniederschlag bis unter 20 mm). Aufgrund tiefer Temperaturen ist auch die potenzielle Verdunstung sehr gering (humid). In kontinentalen Bereichen sind die Winter extrem kalt, auf Inseln relativ mild. In der subpolaren Zone findet man **Tundravegetation** (Zwergsträucher, Gräser, Moose und Flechten). Die vegetationsfreie polare Zone ist von Frostschuttwüsten oder ganzjährig von Eis bedeckt.

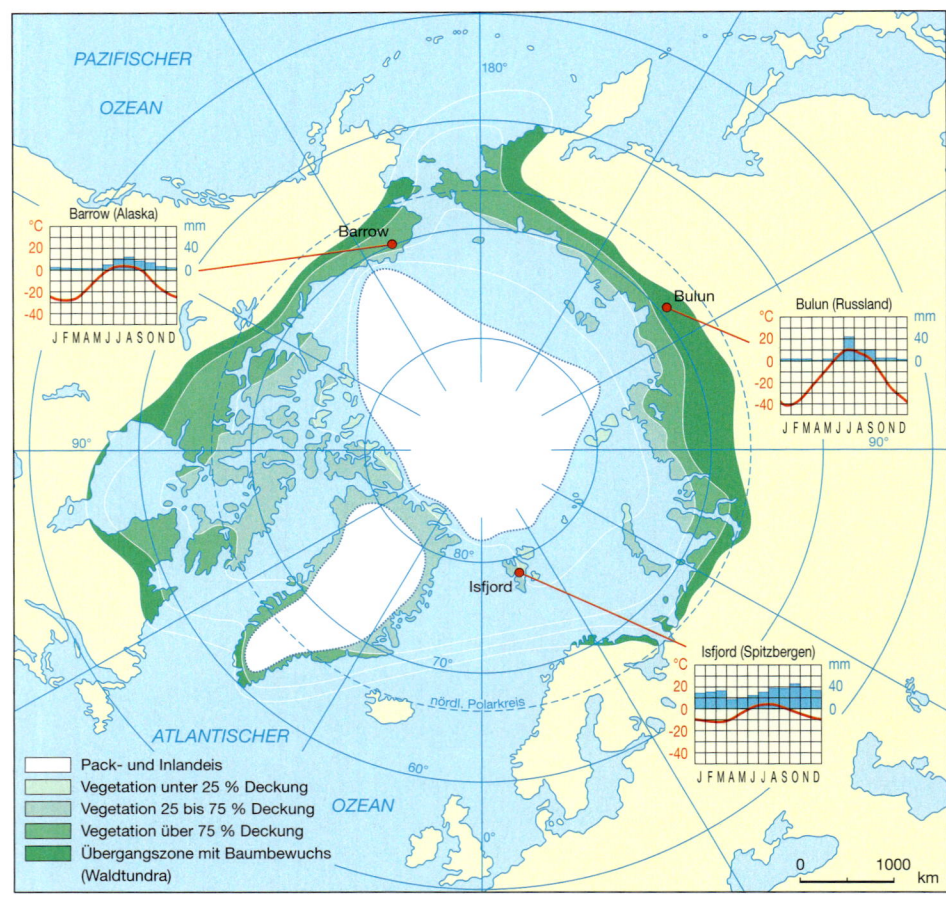

M 42.1 Verbreitung der arktischen subpolaren Zonen, unterteilt nach dem Deckungsgrad der Vegetation, nach RICHTER u. a., verändert

1. Erörtern Sie anhand der Einstrahlungsverhältnisse, ob in der subpolaren/polaren Zone mit einem Tageszeitenklima oder einem Jahreszeitenklima zu rechnen ist.
2. In den gemäßigten Breiten kommt es häufig durch das Relief zur Ausbildung von besonderen kleinräumigen Klimaten, wie Sonnen- oder Schattenhänge. Begründen Sie, warum in der subpolaren Zone mit einer Abschwächung dieses Effektes zu rechnen ist.
3. Begründen Sie, warum die Grenze zwischen der borealen und subpolaren Zone in Nordeuropa relativ weit nördlich verläuft.

Höhenstufen der Gebirge – Das Beispiel der Anden

Die bislang beschriebene globale Zonierung von Klima und Vegetation ist durch eine horizontale Gliederung gekennzeichnet. Die Temperaturabnahme mit der Höhe führt zusammen mit einer Variation der Niederschläge zu einer vertikalen Zonierung in Gebirgen, die in *Höhenstufen* gegliedert wird. Aus thermischer Sicht entspricht einem Höhenunterschied von 100 Metern und damit einer mittleren Temperaturdifferenz in der Troposphäre von 0,65 °C in etwa eine horizontale Distanz von 100 km entlang eines Längenkreises. Als Beispiel für die Vegetationsgliederung in einem Hochgebirge werden hier die Anden vorgestellt, die sich in Südamerika entlang der Pazifikküste über eine Länge von über 7500 km von 10° Nord bis 55° Süd erstrecken. In M 43.1 sind die Höhenstufen der Anden in Peru auf der Breite von Lima, also in 12° Süd, dargestellt. Im Gegensatz zu Gebirgen in den Außertropen sind die Anden hier von einem Tageszeitenklima geprägt. Auffallend ist die hygrische Asymmetrie in den Bereichen unter 3000 m. Die Westseite ist aufgrund der atmosphärischen Strömungsverhältnisse und des kalten Humboldtstroms sehr trocken. Lima, das in der pazifischen Küstenregion auf 10 m Höhe liegt, weist eine jährliche Niederschlagssumme von nur 15 mm auf. In den unteren Lagen der Westseite findet man eine Vollwüste, darüber folgen bei zunehmenden Niederschlägen Halbwüstenvegetation und Trockenwälder.

Die subalpine Höhenstufe ist charakterisiert durch den Übergang von den Wäldern der montanen Stufe zum baumlosen Grasland der alpinen Stufe, das in diesem Bereich der Anden als **Feuchtpuna** bezeichnet wird. Zwischen der alpinen Stufe und der Schneegrenze, oberhalb der die nivale Stufe beginnt, kommen nur speziell angepasste Pflanzen vor, die meist einen polsterartigen Wuchs zeigen. Die Schneegrenze liegt in den Anden zwischen 17° und 27° Süd mit 6100 m am höchsten, am Äquator verläuft sie aufgrund der starken Bewölkung und der hohen Niederschläge etwas tiefer.

Alexander von Humboldt (1769 bis 1859) war ein deutscher Forschungsreisender und Mitbegründer der Geographie als Wissenschaft. Besondere Berühmtheit erlangte er durch seine Reise mit dem Franzosen Aimé Bonpland nach Mittel- und Südamerika in den Jahren 1799 bis 1804. Diese Reise führte zu einer ersten wissenschaftlichen Beschreibung der Höhenstufung der Vegetation in den äquatornahen Anden. Alexander von Humboldt erkannte, dass sich auch andere Größen systematisch mit der Höhe ändern, und führte daher Messungen zur Höhenabhängigkeit der Lufttemperatur und Luftfeuchte, des Sauerstoffgehalts und der elektrischen Spannung der Atmosphäre sowie der Himmelsbläue durch.

M 43.2 Die Erforschung der Anden durch Alexander von Humboldt

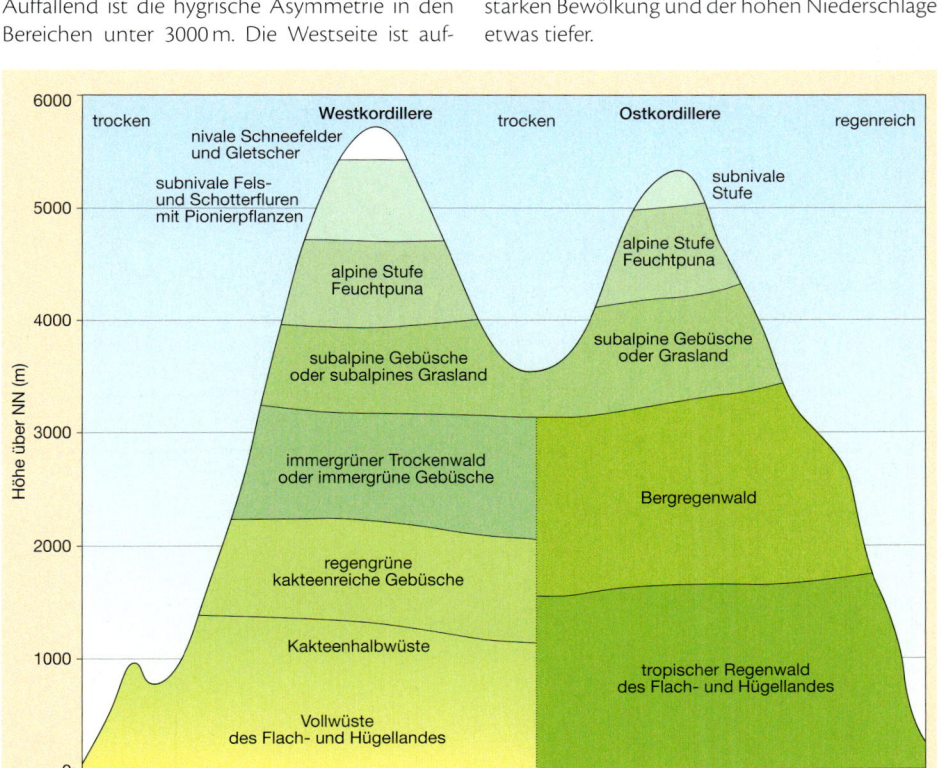

M 43.1 Schematisches Vegetationsprofil durch die peruanischen Anden in der Höhe von Lima (nach Gutte, verändert)

1 Erläutern Sie, auf welche Weise Gebirge das Niederschlagsgeschehen beeinflussen können.
2 Erörtern Sie, wie sich die Schneegrenze in den Anden in Abhängigkeit von der geographischen Breite ändert.

Der blaue Planet und seine Geozonen

Auf unserer Erde, dem blauen Planeten, sind eine Vielzahl von natürlichen Prozessen und Phänomenen zu beobachten.
Es können mehrere Teilbereiche in den einzelnen Geozonen unterschieden werden, wobei es sich hauptsächlich um die Landoberfläche mit den darunter liegenden Gesteinsschichten, das Salzwasser in Ozeanen, das Süßwasser in Flüssen, Seen, im Grundwasser und im Eis, die Biosphäre als Teilbereich der Pflanzen und Tiere sowie die Atmosphäre handelt. Will man die Prozesse und Phänomene erklären, die in diesen Teilbereichen auftreten, so reicht es nur in den wenigsten Fällen aus, einen Teilbereich alleine zu betrachten. So kann man ein Phänomen wie El Niño nur verstehen, wenn man nicht nur die Prozesse im Ozean kennt, sondern gleichzeitig auch die Atmosphäre in die Überlegungen mit einbezieht.

Die natürlichen Prozesse wirken seit mehreren Milliarden von Jahren auf der Erde. Spätestens seit dem Zeitalter der Industrialisierung nimmt auch der Mensch wesentlichen Einfluss auf diese Prozesse. Es gibt keine Region auf der Erde, in der dieser Einfluss nicht zu beobachten ist. Durch in die Atmosphäre freigesetzte Schadstoffe und Gase beeinflusst der Mensch den ganzen Planeten. Schadstoffe im Gletschereis auf Grönland, das Ozonloch über der Antarktis und nicht zuletzt der anthropogen bedingte Klimawandel zeugen davon.

Um den Einfluss der einzelnen Teilbereiche auf das Klima beschreiben zu können, wurde das Konzept des Klimasystems eingeführt (M 44.1). Dabei werden alle für das Klima relevanten Wechselwirkungen zwischen den Teilbereichen betrachtet.
Diese Wechselwirkungen können in schematischen Abbildungen wie M 44.1 dargestellt werden. Für ein tiefergehendes Verständnis der Prozesse ist deren räumliche Verortung auf der Erde wichtig.

Aber auch auf einer Weltkarte bewegt man sich noch in einem abstrakten Rahmen. Einen wirklichen Eindruck von den Dimensionen und oft auch von der Großartigkeit von geographischen Phänomenen, wie dem Kalben von Gletschern, bei dem Eisberge in den Ozean gelangen, den Lavaströmen auf Island und Hawaii oder der Aktivität von Geysiren als Ausdruck des geothermalen Wärmeflusses, erhält man nur, wenn man diese vor Ort beobachtet.

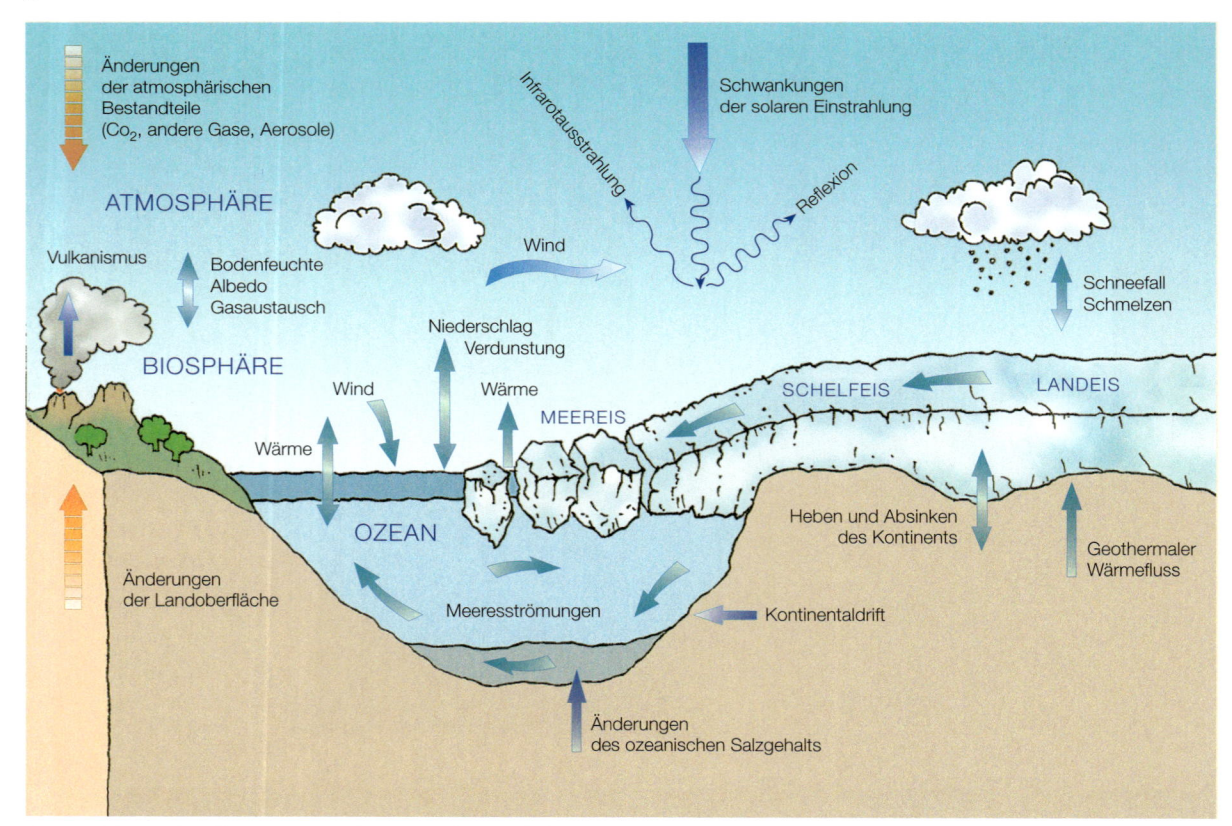

M 44.1 Schema des Klimasystems nach JACOBEIT (menschliche Einwirkungen sind schraffiert dargestellt)

Aufgabe: Nutzen Sie die Weltkarte auf der gegenüberliegenden Seite für die Verortung geographischer Phänomene in M 44.1. Überlegen Sie sich hierzu, wo sich die verschiedene Prozesse abspielen.

Leitfaden zur Erstellung der Reiseführer

Nebenan finden Sie eine kurze Beschreibung für vier Reiserouten, die in der Weltkarte M 45.1 eingezeichnet sind. Jede Reiseroute besteht aus vier Stationen, die Reisen können alternativ im Januar oder Juli gebucht werden.

Auf der Grundlage der von Ihnen zu erstellenden Reiseführer sollen die Reisenden einen ersten Eindruck von den Stationen auf der Reiseroute gewinnen und entscheiden können, welche Art von Kleidung auf die Reise mitgenommen werden muss.

Gehen Sie dazu in folgenden Arbeitsschritten vor:

1. Stellen Sie die Arbeitsmaterialien aus dem ersten Kapitel zusammen, die Informationen zu der jeweiligen Station enthalten.
2. Bestimmen Sie mithilfe von Klimadiagrammen in den Karten aus dem ersten Kapitel oder aus dem Atlas die Monatsmittel der Temperatur und der Niederschlagssumme an den Stationen im Juli und im Januar. Daran ist zumeist jeder Reisende interessiert.
3. Verfassen Sie einen kurzen Text, in dem die Stationen beschrieben werden.
4. Suchen Sie im Internet Fotos aus der jeweiligen Gegend, um Ihren Reiseführer zu illustrieren.

Amerikatour
Diese Tour führt von Venezuela über die Karibik zunächst in den Südosten, dann in den Mittleren Westen der USA und von dort an die Pazifikküste in den Sonnenstaat Kalifornien.
Die Reisenden sollen im Verlauf der Reise einen Eindruck von den verschiedenen Vegetations- und Klimazonen der Neuen Welt gewinnen.

Afrika-Eurasia-Tour
Die Tour führt Sie vom äquatorialen Afrika zunächst in die östliche Sahara, dann über das Mittelmeer weiter nach Osteuropa und schließlich über den Ural nach Sibirien.
Mit der Reise sollen Eindrücke von den verschiedenen Vegetations- und Klimazonen in Afrika und auf dem eurasischen Kontinent vermittelt werden.

Aerotour
Sie reisen abenteuerlich mit einem Heißluftballon von Mitteleuropa in die Sahara und weiter nach Zentralafrika, um schließlich über den Indischen Ozean nach Indien zu gelangen. Kann diese Tour im Januar und Juli durchgeführt werden?
Mit dem Reiseführer sollen insbesondere die vorherrschenden Zirkulationsformen und bodennahen Winde, denen Sie auf der Reise ausgesetzt sind, beschrieben werden.

Aquatour
Sie reisen mit einem modernen Segelschiff von Indonesien durch den äquatorialen Pazifik bis zur Küste von Peru, umfahren danach Kap Hoorn und gelangen über den Atlantik bis zur Ostküste Grönlands.
Mit dem Reiseführer geben Sie einem unerfahrenen Jungmatrosen Tipps über die jeweiligen Strömungs- und Witterungsverhältnisse.

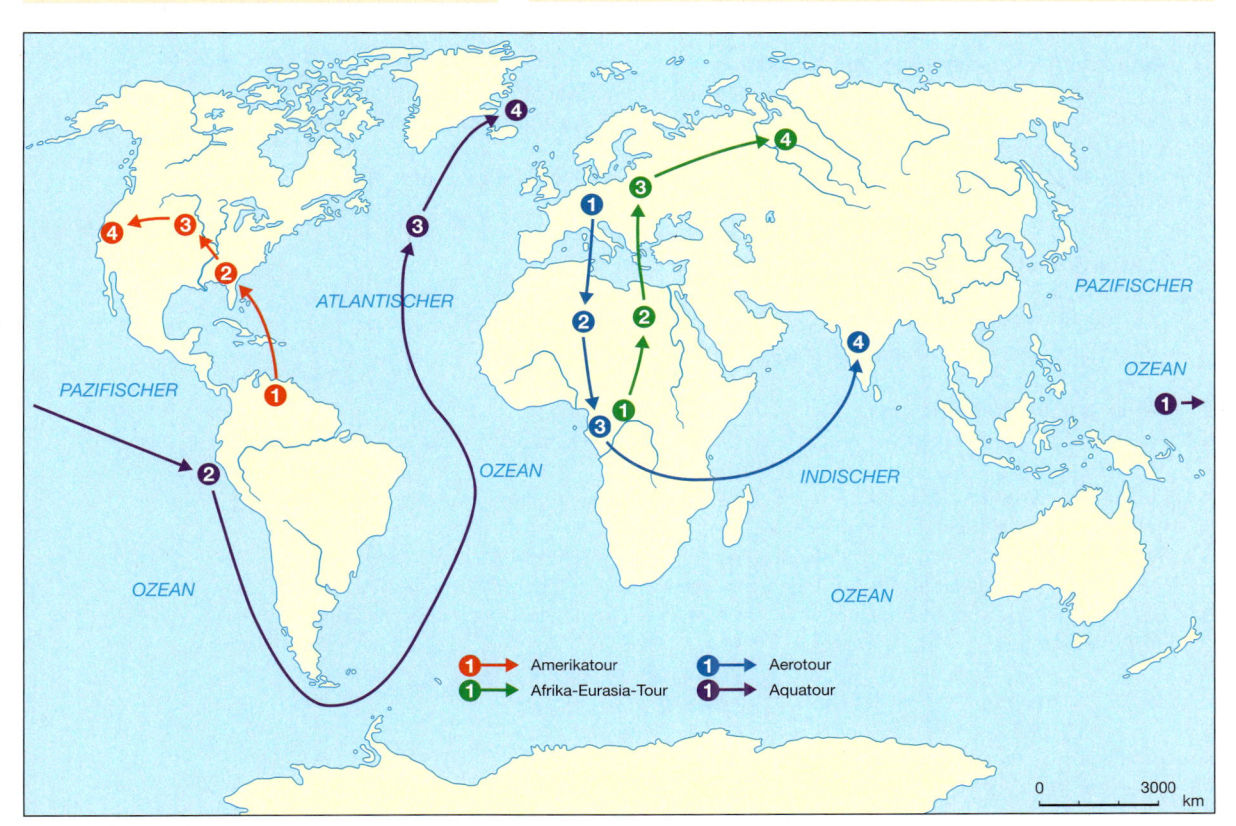

M 45.1 Die vier Reiserouten

Aufgabe: Sammeln Sie Informationen über die auf der Seite vorgestellten Reiserouten und erstellen Sie daraus einen kleinen Reiseführer.

Zusammenfassung

Aufgrund ihrer Eigenschaften ist die Troposphäre die eigentliche Wettersphäre der Erde. Der Strahlungs- und Wärmehaushalt sowie die atmosphärische Zirkulation sind die bestimmenden klimabildenden Prozesse.

Der entscheidende Strahlungs- und Wärmeenergieumsatz von kurzwelliger Sonnenenergie vollzieht sich an der Oberfläche des Festlandes und der Ozeane. Durch positive und negative regionale Strahlungs- und Wärmebilanzen an der Erdoberfläche wird die globale atmosphärische Zirkulation in Gang gesetzt und hat sie ein hemisphärisches dreizelliges Muster.

Die großen Zirkulationskreisläufe und besonders die Luftwirbel verteilen Energie in Form von Wärme und Wasserdampf aus den tropischen Überschussgebieten in die außertropischen unterversorgten Gebiete. Die ozeanische Oberflächen- und Tiefenzirkulation ist daran wesentlich beteiligt. Die zukünftige Klimaentwicklung ist stark vom Kohlenstoffkreislauf beeinflussbar.

Die Landoberfläche der Erde kann in die großen Zonen der Tropen, der Subtropen, der gemäßigten Zone sowie der subpolaren und polaren Zone untergliedert werden. Diese Zonen können in weitere Zonen untergliedert werden und verlaufen im Idealfall breitenkreisparallel, werden aber durch verschiedene Faktoren wie Meereshöhe oder Entfernung zu den Ozeanen modifiziert.

Die inneren Tropen zeichnen sich durch ein Tageszeitenklima mit hohen Niederschlägen und üppiger Vegetation aus. Polwärts nehmen die Niederschläge ab, bis in der Wüstenzone der Subtropen ganzjährig aride Verhältnisse zu finden sind. An die Wüsten schließt sich in den Subtropen eine auf den West- und Ostseiten der Kontinente asymmetrisch verteilte Anordnung der Klima- und Vegetationszonen an. In der gemäßigten Zone finden sich im Innern der Kontinente große Trockengebiete, an den Kontinenträndern Laubwälder, weiter polwärts die Taiga mit borealen Nadelwäldern. Daran folgt die baumlose subpolare und weiter polwärts die vegetationslose polare Zone. Dieser horizontalen Anordnung der Zonen entlang von Breitenkreisen entspricht in Hochgebirgen eine vertikale Zonierung mit der Höhe.

Prüfen Sie sich selbst

1. Atmosphärische Grundlagen und Zirkulation
1.1 Erstellen Sie eine Übersicht der Wind- und Klimazonen vom Äquator zum Nordpol.
1.2 Diskutieren Sie, welche primären und welche sekundären Zirkulationsformen in den Tropen auftreten. Nennen Sie Gründe dafür (GA).
1.3 Diskutieren Sie, welche Konsequenz die Tropopause für mögliche vertikale Luftbewegungen hat (GA).

2. Marine Grundlagen
2.1 Erläutern Sie die Bedeutung des Kuroschio (M 18.1) für das Küstenklima Nordamerikas.
2.2 Diskutieren Sie die Folgen eines kräftigen Süßwasserzustroms in den nördlichen Atlantik auf die normalen thermohalinen Absinkvorgänge (GA).

3. Klima- und Vegetationszonen
3.1 Erstellen Sie eine Übersicht, auf welchen Kontinenten sich welche Klima- und Vegetationszonen befinden.
3.2 Diskutieren Sie, welche Modifikationen der idealtypischen breitenkreisparallelen Zonierung in den einzelnen Zonen vorherrschen (GA).
3.3 Erarbeiten Sie eine Zusammenstellung der Zonen mit immergrünen Wäldern. Vergleichen Sie dann die unterschiedlichen Ausprägungen immergrüner Wälder (PA).
3.4 Diskutieren Sie, inwiefern sich Gebirge in den Tropen von denen in der gemäßigten Zone unterscheiden (PA).

Arbeitshinweis:
PA = Aufgabe ist für Partnerarbeit geeignet
GA = Aufgabe ist für Gruppenarbeit geeignet

Grundbegriffe
Biosphäre
El Nino
Globalstrahlung
Klimasystem
Klimawandel
Kohlenstoffkreislauf
Strahlungshaushaltsgleichung
Troposphäre
Wärmehaushaltsgleichung

Ökosystem Tropischer Regenwald

Ökosysteme und anthropogene Eingriffe

Das System Erde wird an seiner Oberfläche durch verschiedenartigste landschaftsräumliche Ausprägungen gekennzeichnet, die das Ergebnis des Zusammenwirkens von Komponenten, Kräften und Prozessen der Geosphäre sind.

Ökosysteme und anthropogene Eingriffe

Bei Betrachtung der Geoökosysteme der Erde kommt dem Naturraum, im engeren Sinne den Landschaften, eine zentrale Bedeutung zu. Sie verkörpern Ausschnitte aus der Geosphäre (Erdhülle), die sowohl durch naturgesetzlich bestimmte Wirkungszusammenhänge als auch durch die Nutzung und Gestaltung durch die menschliche Gesellschaft geformt wurden und werden. Die naturgesetzlich bestimmten Wirkungszusammenhänge lassen sich anhand der Landschaftskomponenten (Geofaktoren) und den zwischen ihnen bestehenden Beziehungen untersuchen und beschreiben.

Zu diesen Landschaftskomponenten zählen das Klima, der geologische Bau, das Wasser, das Relief, die Vegetation und Tierwelt sowie der Boden. Sie sind im Modell der natürlichen Landschaft erfasst. Ihre Ausprägung und Beziehungen untereinander bestimmen die Struktur von Naturlandschaften.

M 48.2 „Ich jedenfalls verleih nie wieder was!" (Karikatur)

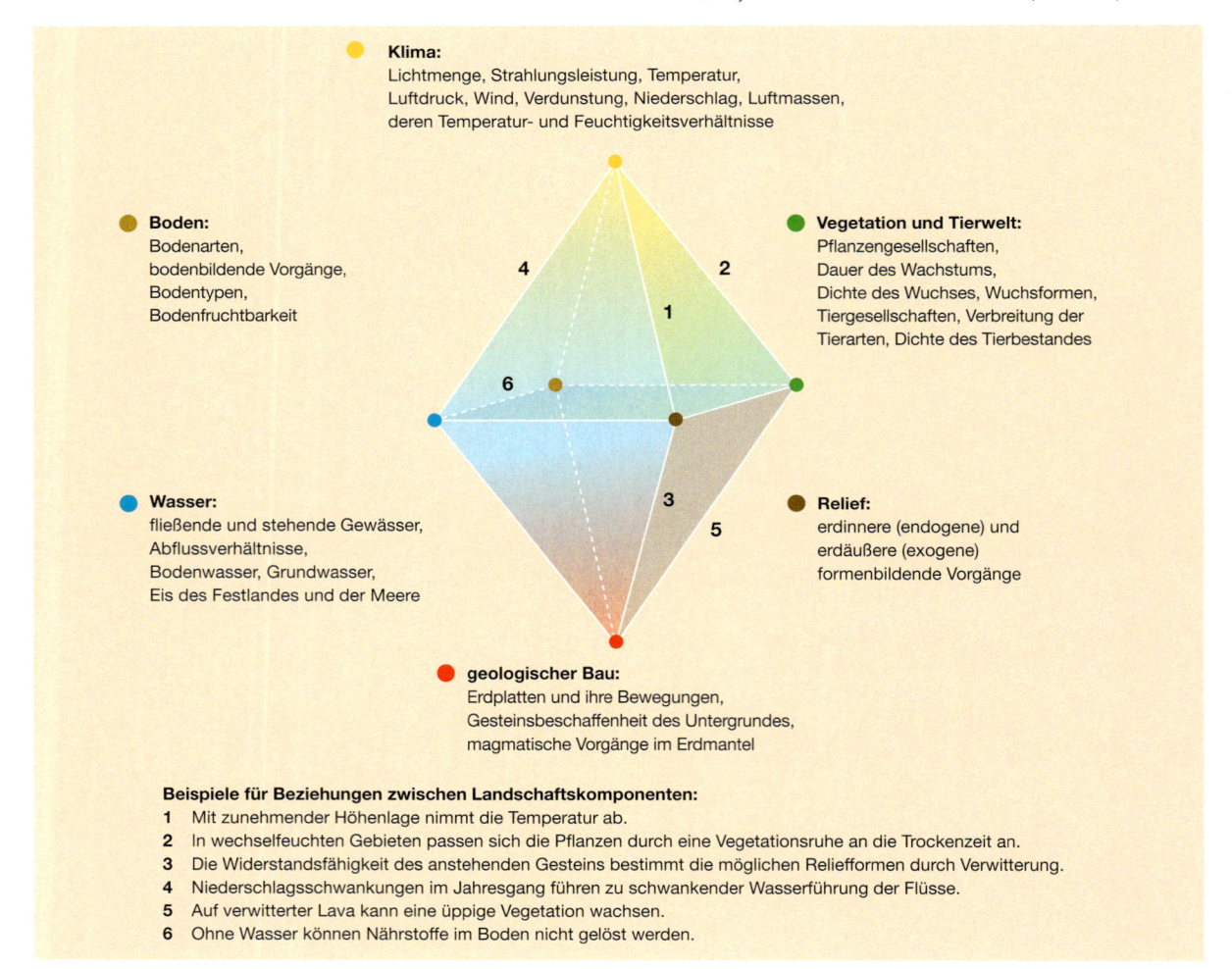

Klima:
Lichtmenge, Strahlungsleistung, Temperatur, Luftdruck, Wind, Verdunstung, Niederschlag, Luftmassen, deren Temperatur- und Feuchtigkeitsverhältnisse

Boden:
Bodenarten, bodenbildende Vorgänge, Bodentypen, Bodenfruchtbarkeit

Vegetation und Tierwelt:
Pflanzengesellschaften, Dauer des Wachstums, Dichte des Wuchses, Wuchsformen, Tiergesellschaften, Verbreitung der Tierarten, Dichte des Tierbestandes

Wasser:
fließende und stehende Gewässer, Abflussverhältnisse, Bodenwasser, Grundwasser, Eis des Festlandes und der Meere

Relief:
erdinnere (endogene) und erdäußere (exogene) formenbildende Vorgänge

geologischer Bau:
Erdplatten und ihre Bewegungen, Gesteinsbeschaffenheit des Untergrundes, magmatische Vorgänge im Erdmantel

Beispiele für Beziehungen zwischen Landschaftskomponenten:
1. Mit zunehmender Höhenlage nimmt die Temperatur ab.
2. In wechselfeuchten Gebieten passen sich die Pflanzen durch eine Vegetationsruhe an die Trockenzeit an.
3. Die Widerstandsfähigkeit des anstehenden Gesteins bestimmt die möglichen Reliefformen durch Verwitterung.
4. Niederschlagsschwankungen im Jahresgang führen zu schwankender Wasserführung der Flüsse.
5. Auf verwitterter Lava kann eine üppige Vegetation wachsen.
6. Ohne Wasser können Nährstoffe im Boden nicht gelöst werden.

M 48.1 Modell der natürlichen Landschaft (nach KARL HERZ) und ausgewählte Beziehungen zwischen Landschaftskomponenten

Aufgabe: Formulieren Sie Beziehungen zwischen den Geofaktoren anhand einer konkreten Landschaft. Wählen Sie aus folgenden Beispielen aus: Rheinisches Schiefergebirge, Süddeutsche Schichtstufenlandschaft, Bayerischer Wald, Alpen, Sahara, Kongobecken.

Grundbegriffe

Die Zusammenstellung enthält einige grundlegende Begriffe, die Sie aus früheren Jahrgangsstufen kennen sollten:

Anökumene: Nicht auf Dauer durch sesshafte Bevölkerung bewohnter Teil der festen Erdoberfläche. Hierzu zählen auch die Kälte- und Trockenwüsten sowie die Hochgebirge.
Aridität:
Bodenfruchtbarkeit: Eigenschaft des Bodens, Pflanzen das Wachstum zu ermöglichen; ist abhängig von der Nährstoffzusammensetzung (Humusgehalt), der Durchwurzelung, der Durchlüftung und dem Wasserhaushalt.
Borealer Nadelwaldgürtel:
Desertifikation: Anthropogen bedingter Landschaftswandel in Trockengebieten, der zur Verwüstung infolge von Übernutzung der Landschaftsökosysteme führt. Bedingt durch soziale, politische und wirtschaftliche Entwicklungen ändern sich der Nutzungsstil und die Wirtschaftsweise, vom Prinzip der Nachhaltigkeit wird abgerückt.
Ecofarming:
Humidität:
Kulturlandschaft: Ein wesentlich vom Menschen umgestalteter Naturraum; Gegensatz zur Naturlandschaft.
Mineralstoffkreislauf: Aufgrund von ständig sich wiederholenden Vorgängen der Aufnahme von Mineralstoffen (durch die Vegetation aus dem Boden) und deren Freisetzung (durch Zersetzung abgestorbener Pflanzen) ergibt sich ein unterbrochener oder kurzgeschlossener Kreislauf.

Nachhaltige Entwicklung: Entwicklung, deren Ziel es ist, nicht nur eine kurzfristige, sondern eine langfristige Verbesserung der Lebensbedingungen der Menschen zu erzielen. Bei diesen Maßnahmen wird besonders auf den Schutz der natürlichen Umwelt geachtet.
Niederschlagsvariabilität: Deutliche Schwankung des durchschnittlichen Jahresniederschlags in einer bestimmten Region über einen längeren Zeitraum.
Ökosysteme: Die Umweltbereiche Klima, Fauna, Flora, Wasser, Boden, Gesteine und der Mensch stehen in enger Wechselwirkung. Abhängig von den jeweils herrschenden Lebensbedingungen entwickeln sich unterschiedliche Ökosysteme. Sie sind veränderbar, lassen sich aber selten in den ursprünglichen Zustand zurückversetzen.
Passate:
Permafrostboden:
Plantage: Kapital- und arbeitsintensiver Großbetrieb, der mehrjährige Nutzpflanzen oder Dauerkulturen anbaut und technische Einrichtungen zur Aufbereitung bzw. Weiterbearbeitung installiert. Es existiert eine eindeutige Exportorientierung.
Sahelzone:
Savannen:
Shifting Cultivation:
Subsistenzwirtschaft:
Tageszeitenklima:

Aufgabe: Vergewissern Sie sich, dass Sie alle im Begriffscontainer enthaltenen Begriffe erklären können. Definieren Sie selbstständig die nicht erklärten Begriffe.

Methoden

Die Zusammenstellung enthält einige grundlegende geographische Arbeitsmethoden, die Sie sicher beherrschen sollten:
– Interpretation von physisch-geographischen und thematischen Karten
– Interpretation von Satellitenbildern und Fotos
– Selbstständiges Anfertigen von Strukturskizzen und Darstellungen von Wirkungszusammenhängen
– Erstellung und Auswertung von Kausalprofilen
– Recherche zu einem ausgewählten Aspekt in der aktuellen Diskussion mithilfe von Fachliteratur

Aufgabe: Überprüfen Sie selbstständig (z. B. durch das Erstellen von Checklisten), ob Sie die genannten Methoden bereits sicher beherrschen.

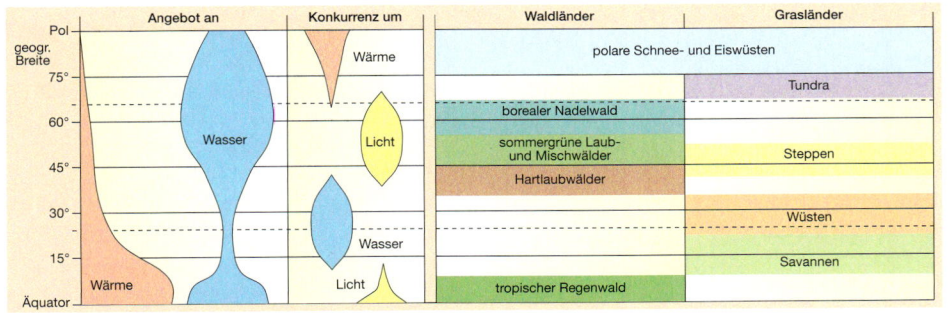

M 49.1 Ökologische Rahmenbedingungen für die Verbreitung von Geoökosystemen

Aufgabe: Vergleichen Sie die ökologischen Rahmenbedingungen der Tropen mit denen der kalten Zonen (M 49.1) und finden Sie Beispiele dafür, wie diese durch den Menschen beeinflusst werden können.

Die Tropen

Wirkungsgefüge immerfeuchte Tropen

Naturlandschaftsraum (Ökotop)
Jeder reale Ausschnitt der geographischen Erdhülle (Landschaftssphäre) stellt zugleich einen Naturlandschaftsraum oder Teile mehrerer nebeneinander liegender Naturlandschaftsräume dar. Im Naturlandschaftsraum wirken abiotische (Gestein, Relief, Klima, Wasser) und biotische (Boden, Bios) Faktoren (Geofaktoren) zusammen. Sie bilden ein Ökosystem, ein sich selbst regulierendes Wirkungsgefüge. Neben den wenigen noch vorhandenen, realen Naturlandschaften sind aber durch Abstrahierung des menschlichen Einflusses potenzielle heutige Naturlandschaften darstellbar.

Landschaftsraum (Landschaftsökosystem)
Die Landschaftssphäre ist einerseits ein komplexes Ökosystem, andererseits ein sozioökonomisches System von Zusammenhängen gesellschaftlicher Kräftekomplexe. Im Landschaftsraum vernetzen sich beide Systeme zum ökologisch-sozioökonomischen Gesamtkomplex des Landschaftsökosystems.

Landschaftswandel
In der realen Ausprägung wurden die Naturlandschaftsräume und deren Wirkungsgefüge durch den wirtschaftenden Menschen seit Generationen verändert. Es entstanden naturnahe und naturferne Kulturlandschaftsräume. Der Grad der Veränderungen ist abhängig von der sozioökonomischen Entfaltungsstufe der Gesellschaft und von dem Bemühen – soweit es möglich ist –, den ursprünglichen Zustand zu erhalten oder wiederherzustellen. Der tropische Regenwald unterscheidet sich von allen anderen Vegetationsformationen der Erde durch seine überaus große Pflanzenproduktion und seinen Artenreichtum. Eine verallgemeinernde Beschreibung der Struktur des Regenwaldes kann die Mannigfaltigkeit dieses komplexen Wirkungsgefüges kaum angemessen darlegen.

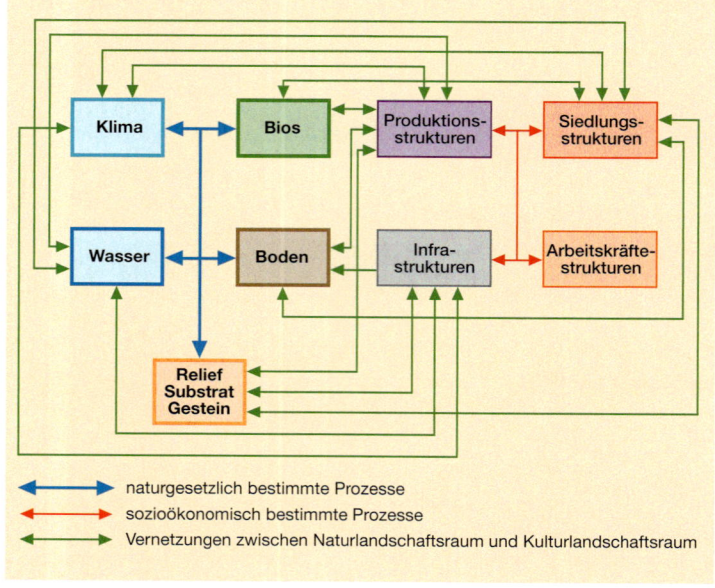

M 50.1 Basiswissen: Zusammenwirken Mensch-Raum

Geofaktor Klima
Das tropische Regenwaldklima entfaltet sich in den immerfeuchten Tropen. Es ist ein thermisches Tageszeitenklima mit hohen Niederschlagssummen in allen Monaten. Die zum Teil sintflutartigen Konvektionsniederschläge im Bereich der **innertropischen Konvergenz** (Zenitalregen) fallen ausschließlich als Regen. Die Schneefallgrenze liegt bei 4500 bis 5000 m Höhe.

Zum Verständnis des Klimas der immerfeuchten Tropen gehört die ausgeprägte Gleichförmigkeit des Witterungsablaufs zwischen Sonnenaufgang und Sonnenuntergang. Gegen 6.00 Uhr erhebt sich die Sonne über die Horizontlinie am wolkenlosen Himmel. Nach intensiver Einstrahlung wird bei zunehmendem Wasserdampfgehalt die Schwüle belastend. Kräftige Gewitterwolken (Cumulonimbus) quellen und bedecken bald den Himmel. Die unvermittelt losbrechenden Tropengewitter und Sturmböen bringen keine Abkühlung. Gegen 18.00 Uhr geht die Sonne unter. Nach kurzer Dämmerung ist es Nacht. Die Luft kühlt sich ein wenig ab, und es kommt zum Taufall.

Geofaktor Wasser
Die fast täglichen Starkregen erbringen häufig Tagessummen von über 100 mm Niederschlag. Staueffekte an Gebirgen können lokal zu deutlichen Steigerungen der Niederschlagssummen beitragen. So liegt z. B. am Südwest-Fuß des Kamerunberges der Jahresniederschlag bei 10 500 mm. Kennzeichnend ist ein humider Wasserhaushalt. Ständig fällt mehr Regen, als Wasser verdunsten kann, obwohl wegen der großen täglichen Wärmesummen etwa 50 % des Regenwassers in die Atmosphäre zurückgeführt werden. Der verbleibende Rest speist den Abfluss. Oberirdisch bildet sich ein dichtes Gewässernetz heraus, dessen Flüsse oft über die Ufer treten. Die Flussbetten sind felsig und wenig eingetieft, besitzen ein relativ steiles Böschungsgefälle und sind häufig durch Wasserfälle und Stromschnellen gegliedert. Abrissnischen unterteilen die Hänge. Sie weisen auf intensive Rutschungsprozesse in den Verwitterungsdecken hin. In den unterirdischen Abfluss gelangt nur ein verhältnismäßig geringer Teil des Regenwassers, weil das vielfältig gestaffelte Kronendach der Bäume den Regen abfängt. Er ist aber für die Verwitterung und Bodenbildung wichtig.

Die Tropen 51

M 51.1 Schema der Regenwaldformation und ökologische Bedingungen

Geofaktor Vegetation

Das Lebensformenspektrum ist eng. Es wachsen ganzjährig immergrüne Pflanzen mit hohen Wärmeansprüchen, die keinen Frost vertragen (Megathermen). Bäume haben einen Anteil von reichlich 70 %. Oft kommen 50 bis 100 Arten pro Hektar vor. Es handelt sich ausschließlich um Laubbäume, nur in Bergwäldern treten vereinzelt Nadelgehölze auf. Ein weiteres Merkmal ist der Stockwerkaufbau, der sich aus dem Kampf um das Licht, den Minimumfaktor im tropischen Regenwald, ergibt.

Die Stämme der Bäume sind schlank und glatt, erst im oberen Drittel verzweigt; die Kronen klein, schirm-, kegel- oder spindelförmig gestaltet. Die Urwaldriesen ruhen auf Brett- und Stelzwurzeln, die im weichen Boden einen sicheren Stand gewährleisten.

Der Laubwechsel erfolgt individuell, von Baum zu Baum, teilweise von Ast zu Ast verschieden. Die Blätter sind relativ groß, oft ganzrandig und mit Träufelspitzen ausgestattet. Im Kronenraum, wo wegen der hohen Strahlung Dürrestress auftreten kann, haben die Blätter oft einen dicken Schutz der Oberhaut. Im geschützten Stammraum überwiegen weiche, großflächige Schattenblätter. Nach der Ruhepause entfaltet der Baum oder Zweig sehr schnell sein Laub, er „schüttet es aus". Danach bilden sich Blütenknospen, die oft leuchtend rot oder orange gefärbt sind.

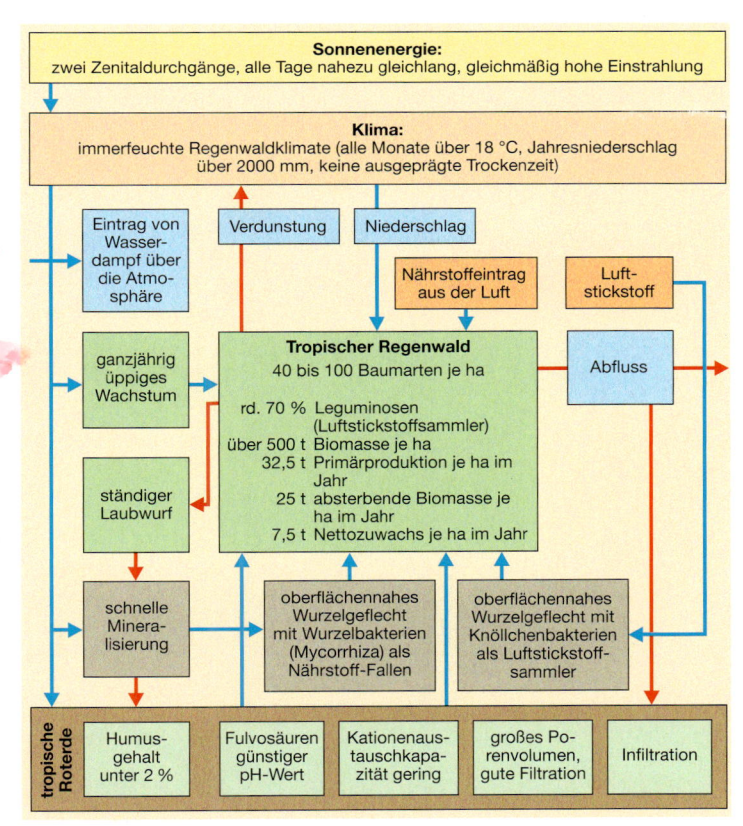

M 51.2 Wirkungsgefüge im tropischen Regenwald

1 Beschreiben Sie den Geofaktor Klima im tropischen Regenwald (Text, M 36.1, M 37.2).
2 Stellen Sie den Wasserhaushalt des tropischen Regenwaldes in einem vereinfachten Modell dar (Text).
3 Charakterisieren Sie den tropischen Regenwald (M 51.1, M 51.2)
4 Erklären Sie das Wirkungsgefüge im tropischen Regenwald (M 51.1)

Artenreiche Vegetation auf mineralstoffarmen Böden

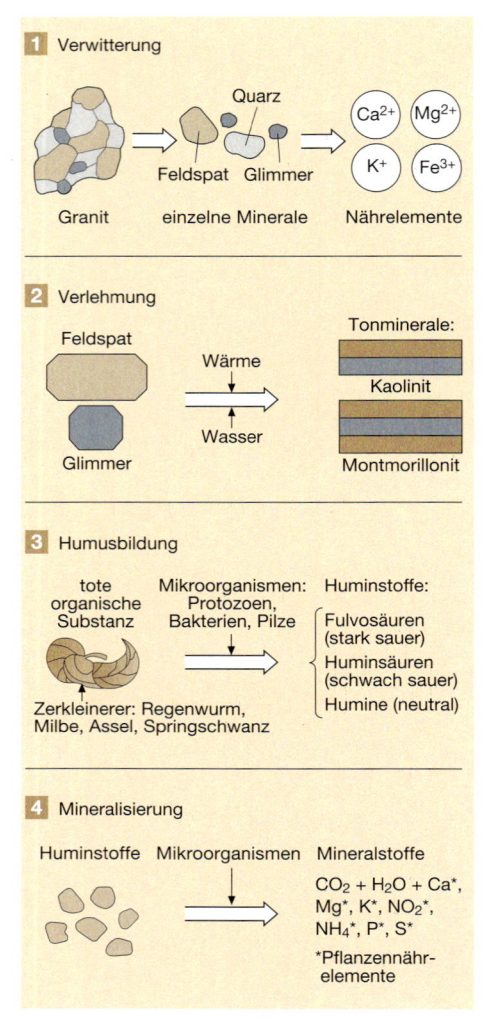

Bodenbildung in den feuchten Tropen

Die Böden der gemäßigten Klimazone kennzeichnen eine sichtbare Gliederung in verschiedene Schichten (**Bodenhorizonte**). Sie fehlt bei den Böden der feuchten Tropen. Vielmehr täuscht deren einheitliche Färbung über eine Vielfalt an Bodenbildungen hinweg. Deren prägende Merkmale sind:

– In den immerfeuchten Tropen verläuft die chemische Verwitterung der Gesteine und Minerale seit über 10 Millionen Jahren mehr oder weniger intensiv. Die Bodenentwicklung wurde nicht durch die pleistozänen Kaltzeiten unterbrochen.

– Die intensive langandauernde Verwitterung führt in Landschaftsräumen, die nicht wesentlich von Abtragungsvorgängen betroffen wurden, zur Bildung von bis zu 60 m mächtigen Verwitterungsdecken, die keine Restminerale mehr enthalten. Wo die alten Verwitterungsdecken abgetragen wurden, finden sich jüngere Böden mit wechselndem Restmineralgehalt. Auf jungen vulkanischen Gesteinen treten auch ganz junge Böden mit unverwitterten Mineralen auf. Am Fuß der Hänge und in Senken haben sich Verwitterungsprodukte abgelagert.

– Die chemische Verwitterung führte bis zur vollständigen Zersetzung der Silikate, insbesondere der Dreischicht-Tonminerale. Die löslichen Verwitterungsprodukte und Kalk wurden mit der Kieselsäure ausgewaschen (**Desilifizierung**). Somit ist der Gehalt an Pflanzennährstoffen bei den meisten Böden gering. Im Boden blieben Eisen- und Aluminiumoxide, die ihm die rote bis gelbe Farbe geben (**Ferralitisierung**), Siliziumdioxid (Sandkörnchen) und Zweischicht-Tonminerale (Kaolinit) zurück.

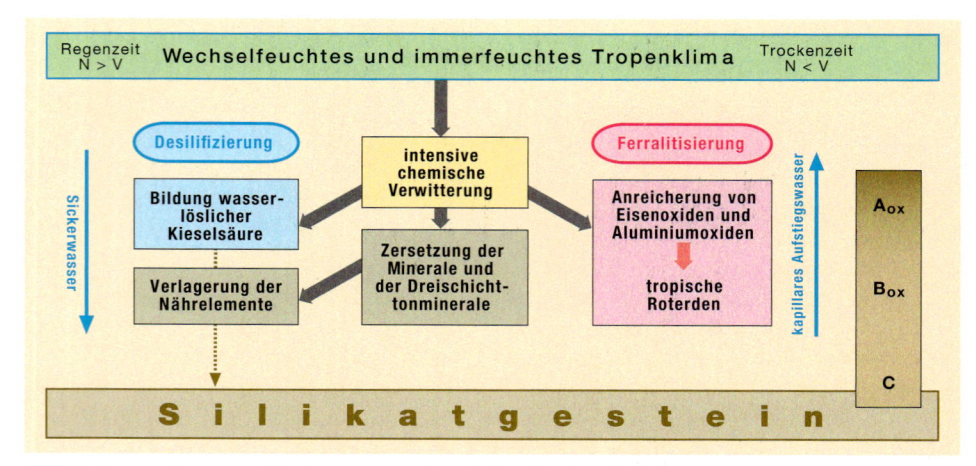

M 52.1 Umwandlungsvorgänge im Boden

1 Verwitterung
Granit → einzelne Minerale (Feldspat, Quarz, Glimmer) → Nährelemente (Ca^{2+}, Mg^{2+}, K^+, Fe^{3+})

2 Verlehmung
Feldspat, Glimmer + Wärme, Wasser → Tonminerale: Kaolinit, Montmorillonit

3 Humusbildung
tote organische Substanz + Mikroorganismen: Protozoen, Bakterien, Pilze → Huminstoffe: Fulvosäuren (stark sauer), Huminsäuren (schwach sauer), Humine (neutral)
Zerkleinerer: Regenwurm, Milbe, Assel, Springschwanz

4 Mineralisierung
Huminstoffe + Mikroorganismen → Mineralstoffe: CO_2 + H_2O + Ca^*, Mg^*, K^*, NO_2^*, NH_4^*, P^*, S^*
*Pflanzennährelemente

M 52.2 Umwandlungs- und Verlagerungsvorgänge in ferralitischen Böden

Wechselfeuchtes und immerfeuchtes Tropenklima (Regenzeit N > V; Trockenzeit N < V)
→ intensive chemische Verwitterung
- Desilifizierung: Bildung wasserlöslicher Kieselsäure → Verlagerung der Nährelemente (Sickerwasser)
- Zersetzung der Minerale und der Dreischicht-tonminerale
- Ferralitisierung: Anreicherung von Eisenoxiden und Aluminiumoxiden → tropische Roterden (kapillares Aufstiegswasser)

Horizonte: A_{ox}, B_{ox}, C — Silikatgestein

Ferralitische Böden

Ferralitische Böden sind die am weitesten verbreiteten Böden der Tropen. Es sind tiefgründige, fein- bis mittelkörnige Böden mit überwiegend günstigen physikalischen Eigenschaften, die verhältnismäßig leicht mit der Hacke zu bearbeiten sind. Nicht selten beträgt der Kaolinit-Gehalt über 40 %. Durch Verkittung der Tonteilchen mit Eisenoxid entsteht ein Pseudosand von hoher Strukturstabilität sowie Luft- und Wasserdurchlässigkeit. Trotz hoher Niederschläge bildet sich so keine Staunässe.

Tropische Böden sind durch Humusmangel gekennzeichnet, denn die über das ganze Jahr reichlich anfallende organische Substanz wird schnell und intensiv mineralisiert. Eine Auswaschung der Nährstoffe durch Sickerwasser wird aber über verschiedene Nährstofffilter unterbunden. Der Nährstoffhaushalt ist ein nahezu geschlossenes System. Die freigesetzten Nährstoffe werden vom oberflächennahen äußerst dichten Wurzelgeflecht mithilfe von Wurzelpilzen (Nährstofffallen) ohne nennenswerte Verluste aufgenommen. Am Nährstofffilter sind echte Symbiosen zwischen Wurzelpilz und Wurzel bzw. zwischen Wurzelbakterien und Wurzel beteiligt.

Bei der Humusbildung entstehen vorwiegend gelb- bis rotbraune, stark sauer reagierende Fulvosäuren, deren Speichervermögen von Nährstoffen wie das der Kaolinite gering ist und die dem Boden die charakteristische Farbe geben. Auf das Pflanzenwachstum und deren Versorgung mit Nährstoffen haben die Fulvosäuren aber einen positiven Einfluss. Sie speichern Stickstoff, Phosphor und Schwefel. Die Versorgung der Pflanzen mit Stickstoff erfolgt über eine chemische Bindung des Gases aus der Bodenluft. Daran sind nichtsymbiontische und symbiontische Organismen beteiligt. Die Aktivität und der Stellenwert der mit Leguminosen in Symbiose lebenden Knöllchenbakterien (Rhizobium) sind in den Tropen sehr viel größer als in der gemäßigten Klimazone. Außerdem umfassen die Stickstoffsammler eine artenreiche Pflanzenfamilie mit Kraut- und Holzpflanzen.

Die chemischen Eigenschaften ferralitischer Böden sind wegen des geringen Nährstoffspeichervermögens, eines geringen Nährstoffgehalts, geringer Nährstoffreserven, saurer Reaktion und schneller Nährstofferschöpfung für eine landwirtschaftlicher Nutzung allgemein ungünstig.

Lithomorphe Böden sind in den Tropen nur gering verbreitet. Bei ihnen dominieren die Merkmale des Ausgangsgesteins. So sind Andesole junge Böden mit dunkler (schwarzer) Färbung, die sich auf vulkanischer Asche gebildet haben. Sie besitzen meist ein großes Speichervermögen für Nährstoffe und Wasser. Genutzt werden sie als Ackerland, aber auch als Weide. Ihre Bearbeitung ist teilweise schwierig.

M 53.2 Lithomorphe Böden

Ferralsol – ein Boden des tropischen Klimas
Boden mit $A_{ox} – B_{ox} – C$-Profil;
ox von Oxid (Eisen- und Aluminiumoxid)

A_h-Horizont
tief rotbraun, bis 50 cm Tiefe,
1–4 % Humus, über 30 % Eisenoxid,
etwa 50 % Kaolinit,
etwa 20 % Siliziumdioxid (Sand)

B_{ox}-Horizont
rotbraun,
in 10 m Tiefe etwa 15 % Aluminiumoxid
eingewaschen und ausgefällt,
etwa 20 % Siliziumdioxid (Sand),
etwa 60 % Kaolinit, Eisenoxid

C-Horizont
unverwittertes Ausgangsgestein ab 20 bis 60 m Tiefe

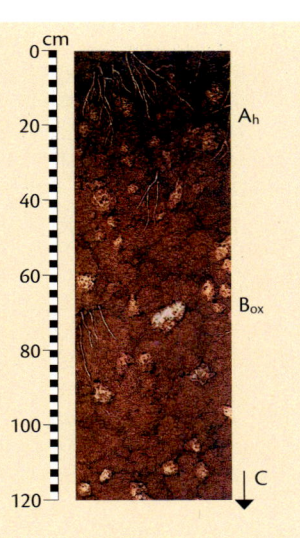

Podsol – ein Boden des kühlgemäßigten Klimas
(Boden mit A – B – C-Profil)

A-Horizont (Oberboden)
A_h durch Humusstoffe gefärbt;
h von Humus
A_e an Eisen- und Aluminiumoxiden und Humus verarmter hellgrauer Horizont; e von lat. eluere = auswaschen

B-Horizont (Unterboden)
B_h vorwiegend durch Humuseinlagerung gefärbter graubrauner bis schwarzer Horizont; daneben Eisen- und Aluminiumoxide, deren Farbe von Humus überdeckt wird
B_s vorwiegend durch Eisen- und Aluminiumeinlagerung entstandener rotbrauner Horizont; s von Sesquioxide

C-Horizont
Ausgangsgestein (Untergrund)

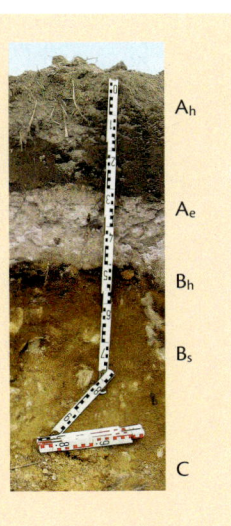

M 53.1 Bodenprofil von Ferralsol und Podsol im Vergleich

---

1 Beschreiben Sie Umwandlungsvorgänge im Boden (**M 52.1**, **M 52.2**).
2 Vergleichen Sie die Profile von Böden der Tropen und der kühlgemäßigten Klimazone anhand **M 53.1**. Begründen Sie Unterschiede in deren Aufbau.
3 Charakterisieren Sie die natürliche Bodenfruchtbarkeit ferralitischer Böden (**M 53.1**).
4 **Referat-Tipp:** Der Nährstoffkreislauf in ferralitischen Böden

Cash-Crop-Anbau und Subsistenzwirtschaft

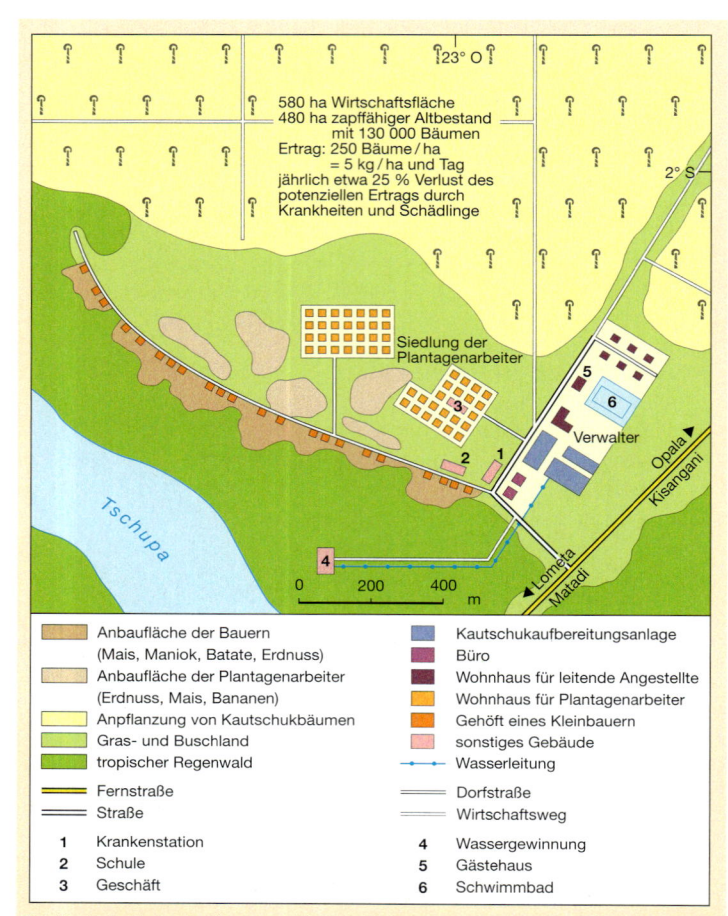

In den Tropen zielt der Ackerbau auf Selbstversorgung und Versorgung regionaler Märkte sowie auf Export. Biologische Ressourcen, die aus tropischen Ländern überwiegend in Länder der gemäßigten Zonen exportiert werden, bezeichnet man als *Cash Crops*. Demgegenüber sind mit Food Crops Grundnahrungsmittel der einheimischen Bevölkerung gemeint.

Plantagenwirtschaft

Die *Plantagenwirtschaft* wurde im Kolonialzeitalter als moderner Betriebstyp der tropischen und subtropischen Landwirtschaft von europäischen Unternehmungen entwickelt. Die rationell arbeitende Plantage war bis in das 19. Jahrhundert abhängig vom Einsatz von Sklaven bzw. später von einheimischen billigen Arbeitskräften. Die ausgeprägte soziale Schichtung reichte von dem oft gar nicht im Lande ansässigen Plantagenbesitzer über leitende Angestellte und Facharbeiter bis zum ungelernten Plantagenarbeiter, der auch als Saisonarbeiter angeworben wurde. Im Zuge der Entkolonialisierung enteigneten die jungen Staaten viele der Betriebe und überführten sie in genossenschaftliches oder staatliches Eigentum.

Diese Großbetriebe sind auf die Erzeugung und Aufbereitung nur eines oder einzelner hochwertiger Produkte für den Binnen- und Weltmarkt spezialisiert. Der Anbau von *Dauerkulturen*, rationelle Betriebsführung und umfangreiche technische Einrichtungen, mit einer für Industriebetriebe ähnlichen Arbeitsorganisation und einem hohen Kapitalbesatz, sind für die Plantagen bezeichnend. Die Plantagenarbeiter werden entlohnt und kaufen den größten Teil ihrer Nahrungsmittel in Geschäften auf der Plantage.

Wirtschaftliche Risiken der Produktion in *Monokulturen* ergeben sich aus Marktschwankungen, Pflanzenkrankheiten und Abnahme der Bodenfruchtbarkeit. Den innerbetrieblich bedingten ökologischen Risikofaktoren begegnet man durch Anwendung chemischer Mittel und Humuswirtschaft. Um den Nährstoffhaushalt zu stabilisieren, Bodenverdichtung durch tropische Starkregen und Bodenerosion zu vermeiden, wird ein bodendeckender Unterwuchs aus Leguminosen angelegt, der größere Mengen Grünmasse zum Mulchen erzeugt. Im Flachland mit geringen Reliefunterschieden sind ferralitische Böden nicht sonderlich erosionsgefährdet und geben in der Regel dauerhaft gute Erträge. Allgemein gilt, dass sich auf Plantagen Cash Crops ökologisch unbedenklich kultivieren lassen, wenn ihr Anbausystem das System Wald ersetzt, nicht zerstört.

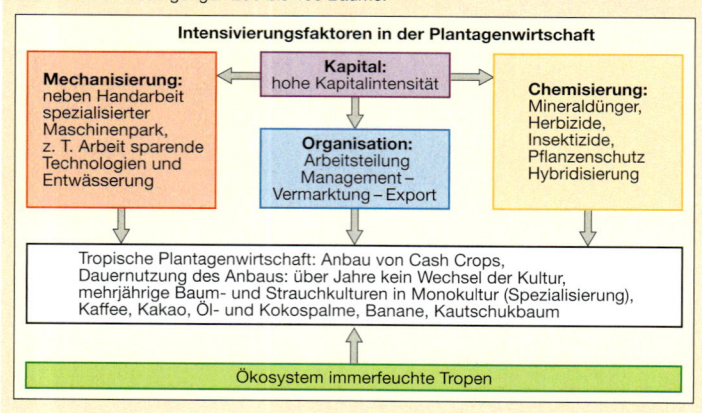

M 54.1 Agrarökosystem Plantagenwirtschaft in den immerfeuchten Tropen

Die Tropen 55

Wald-Feld-Wechselwirtschaft

Das heute vor allem in den Regenwäldern Afrikas noch verbreitete Bodennutzungssystem ist eine *Wald-Feld-Wechselwirtschaft.* Sie wird von etwa fünf Prozent der Weltbevölkerung auf über 20 Prozent der Landfläche der Erde praktiziert. Ursprünglich wurde das Flächenwechselsystem als *Wanderfeldbau (shifting cultivation)* betrieben.

Kennzeichnend ist die Brandrodung als Rodungsform und der Hackbau als Bearbeitungstechnik. Aufgrund der Beschaffenheit der Rodungsflächen ist ein Pflügen unmöglich. Dies wäre ökologisch auch unangepasst, weil der lockere Regenwaldboden mit Hacke und Pflanzstock ohne große Widerstände bearbeitet werden kann, die Nährstoffe ohnehin nur im Oberboden reichlich vorhanden sind und das Pflügen die Erosionsanfälligkeit erheblich erhöht.

Bei der Wald-Feld-Wechselwirtschaft handelt es sich ursprünglich um ein Bodennutzungssystem ohne Düngung der Kulturflächen während der Nutzungsperiode. Bei ausreichendem Platz und langen Brachzeiten ist dies durchaus eine ökologisch angepasste Nutzungsform der ferralitischen Regenwaldböden.

> Wie jedes Ökosystem kann auch der tropische Regenwald kleinräumig und kurzfristig Störungen (durch Stürme, Feuer oder Alterstod der Bäume geschaffene Lichtungen) ausgleichen. Solche Störungen erhalten die Vielfalt des Systems, das damit im dynamischen Gleichgewicht bleibt.
> Solange nicht mehr als vier bis fünf Einwohner pro km² in den Wäldern Afrikas Wald-Feld-Wechselwirtschaft als Wanderfeldbau betrieben, nahm das Ökosystem kaum Schaden. Strahlungs-, Wasser- und Nährstoffhaushalt blieben bei der nur kleinräumigen Anlage von Nutzflächen zur Selbstversorgung weitgehend intakt; auf den nicht mehr genutzten Rodungsinseln entwickelte sich eine spontane Wiederbewaldung, durch die sich nach fünf bis 20 Jahren die ursprüngliche Bodenfruchtbarkeit erneut einstellte.
> Seit einigen Jahrzehnten verkürzen sich jedoch die zur Regeneration des Waldes notwendigen Brachezeiten. Außerdem werden immer mehr Flächen brandgerodet. Nach Ansicht von Tropenexperten sind rund 70 % der Waldverluste in Westafrika auf die Tätigkeit von Wanderbauern zurückzuführen.
>
> Aus: Grassl, H. und Klingholz, R.: Wir Klimamacher. Frankfurt am Main, 1990.

M 55.1 Ökologische Folgen der Brandrodung

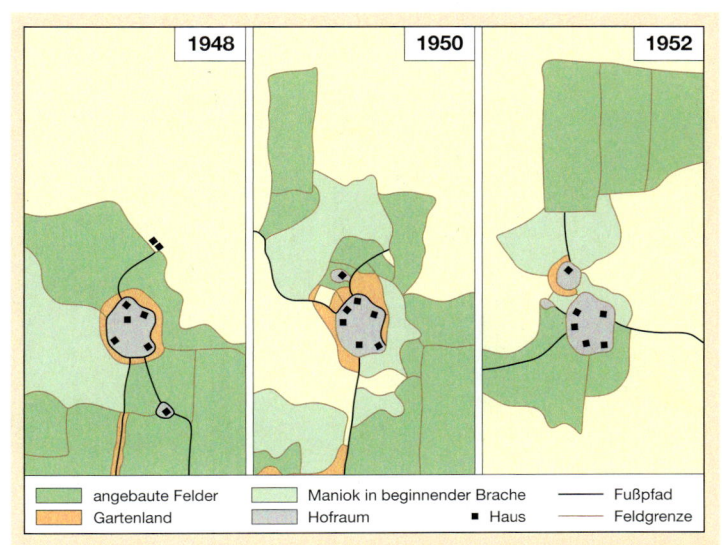

Wechsel der Anbauflächen um den Hof eines Asande-Bauern in der DR Kongo

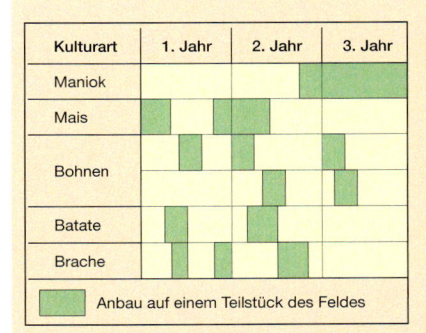

Dauerfeldbau in den immerfeuchten Tropen Afrikas. Dreijähriger Anbaukalender für ein Feld

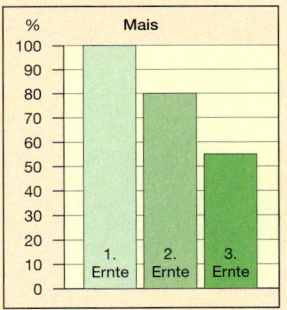

Relativer Ertragsabfall nach Brandrodung

Nach durchschnittlich zweijähriger Nutzung werden die Anbauflächen infolge nachlassender Bodenfruchtbarkeit aufgegeben. Eine erneute Bewirtschaftung erfolgt erst nach längerer Brachezeit von fünf bis 20 Jahren, in der sich der Wald regeneriert und der Nährstoffvorrat in der Biomasse wieder anreichert. Durch Brandrodung werden die Nutzflächen dem Wald wieder abgerungen. Die anfallende Asche düngt für wenige Jahre den Boden. Ohne zusätzliche Mineraldüngung kann bei einer Bevölkerungsdichte von vier bis fünf Einwohner/km² der Brandrodungswanderfeldbau dauerhaft betrieben werden, auch mit geringen Überschüssen für lokale Märkte. Die Verlegung der Anbaufläche führt zu einer allmählichen Entfernung der Felder von den Höfen, sodass wegen zunehmender Distanzprobleme von Zeit zu Zeit auch die Siedlungen verlegt werden müssen.

M 55.2 Agrarökosystem Wald-Feld-Wechselwirtschaft in den immerfeuchten Tropen Afrikas

1. Erläutern Sie das Agrarökosystem Plantagenwirtschaft in den immerfeuchten Tropen am Beispiel einer Kautschukplantage im Kongobecken (M 54.1, Atlas).
2. Begründen Sie, inwieweit die Wald-Feld-Wechselwirtschaft eine ökologisch sinnvolle Nutzung ist (M 55.1, M 55.2).
3. Vergleichen Sie die ökologische Qualität der Plantagenwirtschaft mit der Wald-Feld-Wechselwirtschaft.

Ursachen und Folgen der Rodungen im tropischen Regenwald

Holzwirtschaft | Bergbau | Siedlung

M 56.1 Nutzungsformen im tropischen Regenwald

M 56.2 Brandrodung

Erschließung des tropischen Regenwaldes

Mehr als ein Drittel der Regenwälder sind heute noch geschlossene, ökologisch intakte Naturlandschaftsräume. Nach Angaben der FAO werden jährlich jedoch über 100 000 km² tropische Regenwälder gerodet. Die Ursachen dafür sind vielschichtig. Wesentliche Antriebskräfte der Eingriffe in das Ökosystem sind das Bedürfnis nach Landnahme und Ausbeutung der Ressourcen sowie Armut. Drei Nutzungsformen lassen sich unterscheiden:

1. *Landnahme durch Großprojekte.* Die **Inwertsetzung** des Ökosystems im Rahmen von Großprojekten nationaler und internationaler Unternehmen wird heute kontrovers diskutiert. Die ökologische Bewertung ist allerdings eindeutig. Alle Großprojekte greifen zerstörerisch in das Wirkungsgefüge ein und vernichten das Ökosystem überwiegend in der Dimension von Großräumen wie z. B. Amazonien. Großunternehmen sind allerdings ökonomisch in der Lage, mit fachlich vorgebildetem Management sowie bei gezielter Mineraldüngung und Kalkung (High-Input-Systeme) auch auf ferralitischen Böden dauerhaft gute Erträge zu erwirtschaften.

2. *Waldzerstörung durch Holznutzung.* Die Ausbeutung der Wälder zur Gewinnung von Nutzholz erfolgt fast ausschließlich im Waldraubbau durch selektive Exploitation. Der Wald wird dabei, ähnlich dem Bergbau, als Rohstofflager angesehen, aus dem man nach marktwirtschaftlichen Erfordernissen nur bestimmte Baumarten und Bäume mit bestimmten Stammstärken herausschlägt. Zurück bleibt ein weitgehend verwüsteter Wald, der nachfolgende wirtschaftliche Maßnahmen erschwert.

Der Staat als formaler Eigentümer vergibt zeitlich begrenzte Konzessionen an private Unternehmen, die sich verpflichten, für Straßenbau sowie kartographische und statistische Erfassung des Waldbestandes zu sorgen und über die eingeschlagenen Holzmengen Buch zu führen. Beide Akteure haben gleichlaufende Interessen an den erzielbaren Einnahmen, sodass bisher in der Regel eine Aufforstung unterbleibt.

3. *Landnahme durch bäuerliche Kolonisten.* In allen tropischen Ländern bewirkt das starke Bevölkerungswachstum eine zunehmende Landknappheit. Der Mangel an Arbeitsplätzen im sekundären und tertiären Sektor veranlasst einen Teil der Bevölkerung, seinen Lebensunterhalt durch **Subsistenzwirtschaft** zu sichern. Anscheinend riesige, noch unerschlossene Gebiete bieten sich für staatliche Siedlungsprogramme und wilde Landnahme geradezu an. Diese kleinbäuerliche Kolonisation erfolgt weitgehend ohne ökologische Rücksichtnahme, da für eine nachhaltige Erschließung Kapital und Kenntnisse fehlen.

Ökologische Bedeutung tropischer Wälder

Tropenwälder beeinflussen sowohl global als auch regional ökologische Zusammenhänge. Die Bewertung der Folgen großflächiger Rodungen sind teils strittig, teils offenkundig, teils aber auch falsch. Die größte Gefahr besteht für die Biodiversität. Gestört wird regional auch der Landschaftshaushalt samt Geländeklima, Wasserkreislauf sowie Stoff- und Energietransport.

Die Folgen für das Globalklima sind heftig umstritten. Unter den gegenwärtigen Bedingungen der atmosphärischen Zirkulation ist die Annahme nicht richtig, es käme zur Wüstenbildung. Die Auswirkung auf den Sauerstoffhaushalt wird meist übertrieben. Gefährlicher dürfte die Freisetzung von Kohlendioxid bei zunehmender Brandrodung sein.

Brandrodung und Kohlendioxid

Gegenwärtig beträgt der Kohlendioxidgehalt der Atmosphäre etwa 0,03 Vol.-%. Der Kohlenstoff in der Biosphäre ist fast völlig anorganisch gebunden, davon über 99 % in Carbonatgesteinen, der Rest ist als Kohlendioxid in Wasser gelöst oder gasförmig in der Atmosphäre enthalten. Jährlich werden 6 bis 7 % des Kohlendioxids aus der Atmosphäre und dem Oberflächenwasser durch Photosynthese organisch gebunden, wovon allerdings ein Drittel durch Pflanzenatmung direkt wieder abgegeben wird und zwei Drittel in die Nahrungsketten gelangen. In der aktuellen Biomasse gleichen sich Produktion und Verbrauch von Sauerstoff und Kohlendioxid durch Assimilation und Zersetzung auch im Regenwald aus. Von den weltweit 240 Mrd. t oberirdisch in Pflanzen gespeicherten Kohlenstoff sind 74 %, also 177 Mrd. T, in tropischen Wäldern gespeichert. Die tropischen Wälder sind somit eine wichtige Kohlendioxid-Senke.

Wird nun mehr Kohlendioxid durch Verbrennung freigesetzt als durch Photosynthese gebunden, so erhöht sich der Kohlendioxidgehalt der Atmosphäre. Jeder Hektar niedergebrannten Regenwaldes verursacht eine Emission von 367 t Kohlendioxid. Dieselbe Menge wird in den zehn Folgejahren durch Verrotten von Wurzeln und unverbranntem Holz frei. Kohlendioxid ist aber ein wirksames Treibhausgas. Brandrodungen im Regenwald haben einen Anteil von rund 20 % der anthropogenen Kohlendioxid-Emissionen. Sie verstärken den globalen Treibhauseffekt.

In welchem Ausmaß die gewaltige Rauchwolke aus Milliarden Ascheteilchen Wolkenbildung und Albedo beeinflusst und so auf den globalen Strahlungshaushalt einwirken könnte, ist noch offen. Regional ist jedoch mit einer geringen Abkühlung in der bodennahen Luftschicht zu rechnen, aber nur vorübergehend, denn mit der Regenzeit werden die Aerosole rasch ausgewaschen.

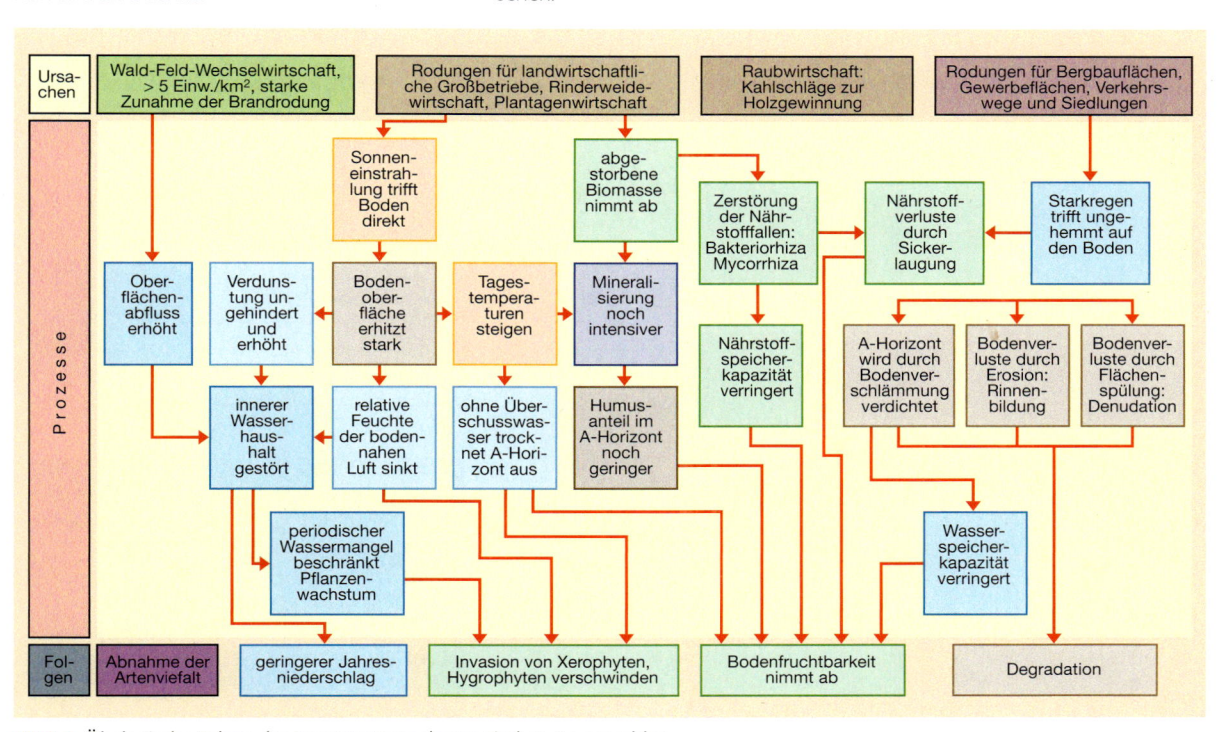

M 57.1 Ökologische Folgen der Inwertsetzung des tropischen Regenwaldes

1 Entwerfen Sie zur Erschließung und Inwertsetzung des Ökosystems immerfeuchter tropischer Regenwald ein Modell.
2 Diskutieren Sie Formen der Erschließung des tropischen Regenwaldes vor dem Hintergrund der ökologischen Verträglichkeit (M 56.1).
3 Erklären Sie den Zusammenhang von Brandrodung und Klimaänderung (M 56.2, Seiten 28 und 29, Seiten 172 und 173).
4 Erörtern Sie ökologische Folgen der Rodungen im tropischen Regenwald (M 57.1).
5 **Referat-Tipp:** Kolonisation in Amazonien.

ⓘ www.umweltschutz-news.de

Nachhaltige Bodennutzung im tropischen Regenwald

Zehn Jahre nach Rio: Forscher ziehen ein Fazit
Die Tropenwälder werden noch genauso rücksichtslos gerodet. Wenn das Tempo anhält, zerstören wir unsere Rohstoffbasis. Wir ruinieren die natürliche Wirtschaft, von der die Marktwirtschaft abhängt.
Soziobiologe E. O. Wilson, In: National Geographic Deutschland, September 2002, S. 88

Teil II. Schonung der natürlichen Umwelt und Ressourcen

9   Schutz der Erdatmosphäre
10 Planung und Bewirtschaftung von Bodenressourcen
11 Bekämpfung der Entwaldung
12 Bekämpfung der Wüstenbildung
13 Nachhaltige Bewirtschaftung von Berggebieten
14 Nachhaltige Landwirtschaft und ländliche Entwicklung
17 Schutz der Ozeane, der Meere und Küstengebiete
18 Schutz der Güte und Menge der Süßwasserressourcen
20 Umweltverträgliche Entsorgung gefährlicher Abfälle

M 58.1 Auszug aus der Agenda 21, die aus 40 Kapiteln besteht

Nachhaltige Entwicklung

Die politische Dimension zunehmender Eingriffe in den Naturhaushalt der Erde gebietet es, den steigenden Ansprüchen einer dynamischen Weltgesellschaft mit dem Prinzip der **Nachhaltigkeit** entgegenzutreten. Seit Anfang der 1970er-Jahre etablierte sich weltweit das Umwelt-Management. Es umfasst inzwischen alle Bereiche des öffentlichen Lebens.

Mit der Veröffentlichung des Brundtland-Reports „Unsere gemeinsame Zukunft" 1987 wendet sich die Umweltdiskussion: „Sustainable Development" meint die zukunftsorientierte Inwertsetzung der Geosphäre. Zukunftsfähig ist derjenige Landschaftsraum, in dem die Menschen folgender Generationen auf intakte Ökosysteme zurückgreifen können. Zukunftsfähig ist weder blindes Vertrauen in den technologischen Fortschritt noch ein technikfeindlicher Rückzug in vermeintlich ökologische Nischen. Nachhaltiges Wirtschaften setzt ökologisch angepassten Umgang mit der Technik voraus, getragen vom ethischen Bemühen um die Bewahrung der Erde.

Internationale Maßnahmen

Seit 1986 gibt es den Tropenwaldaktionsplan (TFAP = Tropical Forest Action Plan), der von der FAO, dem World Resources Institute und dem Entwicklungsprogramm der UNO zusammen mit der Weltbank erarbeitet wurde. Auf der UN-Konferenz für Umwelt und Entwicklung 1992 in Rio de Janeiro formulierten die teilnehmenden Staaten in der Agenda 21 Grundsätze für die Gestaltung einer gemeinsamen Zukunft. Es gibt nur „eine Welt". Man kann Umwelt und Entwicklung nicht voneinander trennen, denn das wirtschaftliche Wachstum ist immer mit einer Belastung der Umwelt verbunden. In Rio konnte man jedoch keine Einigung über eine verbindliche Walderklärung erzielen. 1994 wurde von rund 50 Staaten das Tropenholzabkommen zur Kontrolle des Handels mit Tropenhölzern beschlossen. Umweltorganisationen fordern eine Konvention zum Schutz der Biodiversität sowie eine demokratische Kontrolle der Waldnutzung durch indigene Völker und Umweltorganisationen in den Tropen.

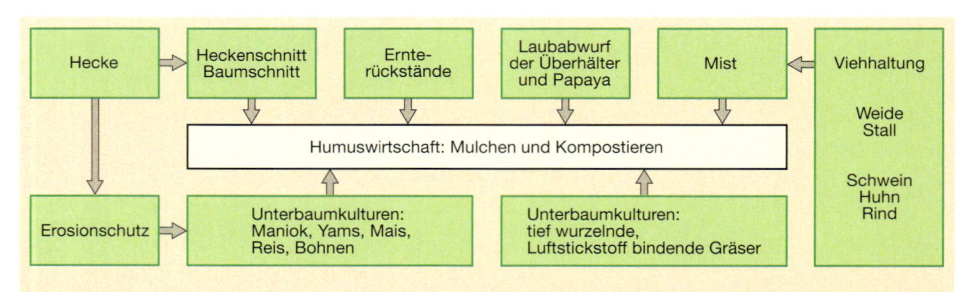

Agroforstwirtschaft ist eine Möglichkeit, auch in den immerfeuchten Tropen eine nachhaltige Bodenfruchtbarkeit ohne High-Input-Systeme durch Humuswirtschaft und integrierten Anbau zu betreiben. Diese Form, das Geoökosystem schonender Landnutzung, wird auch Ecofarming (Eco von Economy), also „Billiglandwirtschaft" genannt. Ecofarming ermöglicht es Kleinbauern, ohne Kapitaleinsatz für die Selbstversorgung ausreichend Grundnahrungsmittel zu produzieren.

Modellbetrieb in West-Kamerun
(1) agroforstlicher Teil,
(2) Hoffläche: Haus, Stall, überdachter Mistplatz,
(3) Hausgarten/Frauenfeld, (4) Leguminosenhecken,
(5) Brachfläche, (6) Konturwall, (7) Feldstreifen mit Mischkultur, (8) verbesserte Weide, (9) Unkrautbekämpfung mit Ochsengespann

Aus: Handbuch der Landwirtschaft und Ernährung in Entwicklungsländern. Bd. 3. Stuttgart

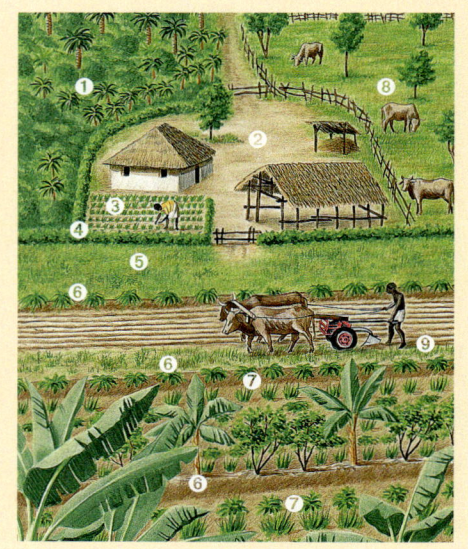

M 58.2 Agrarökosystem Agroforstwirtschaft der immerfeuchten Tropen

Waldnutzung in den immerfeuchten Tropen

Die noch immer riesigen Flächen ökologisch intakter Regenwälder dürfen nicht darüber hinwegtäuschen, dass die Wälder insgesamt durch heutige Nutzungsformen wie Übernutzung und Raubbau bedroht sind. Andererseits muss man sehen, dass die meisten tropischen Länder wegen des Bevölkerungswachstums auf die Nutzung der Landreserven nicht verzichten können und reiner Naturschutz für die Wälder nicht gefordert werden kann. Vielmehr müssen das Umweltbewusstsein geschärft und die Forschung gefördert werden. Gerade die Forschung zur tropischen Land- und Forstwirtschaft führt zu der Einsicht, dass es für immerfeuchte tropische Ökosysteme nachhaltige Nutzungsformen gibt, die aber ein befähigtes und verantwortungsbewusstes Management verlangen. Der Wald wäre durchaus in der Lage, den erhöhten Bevölkerungsdruck zu ertragen, wenn geeignete Nutzungsformen zur Anwendung kämen. Eine ökologisch orientierte und auf Dauernutzung angelegte Waldbewirtschaftung steckt aber bisher noch in den Anfängen.

Allgemein bildet die Kenntnis des Waldes die Grundlage der Waldpflege. So wird es ständige Aufgabe des Forstdienstes bleiben müssen, den Wald zu erforschen in Bezug auf seine Ausdehnung, seine Zusammensetzung, seine Vorräte und Wachstumsbedingungen, die Standörtlichkeit, Nutzbarkeit, Erschließbarkeit, Festlegung dessen, was dauernd Wald bleiben soll.

Unter den Schutzwaldungen dürften zu rechnen sein alle Kuppen und Rücken der Gebirge, alle Steilhänge, ein breiter Gürtel des Regenwaldes an der oberen Baumgrenze am Kamerunberge, alle etwa vorhandenen leichten, zum Flüchtigwerden neigenden Böden.

Jentsch: Der Urwald Kameruns. 1911.

Es ist weitgehend falsch, wenn man tropische Forstwirtschaft mit Abholzen im Kahlschlagbetrieb und Abbrennen gleichsetzt. Bei der selektiven Entnahme von wenigen reifen Stämmen pro Hektar im Rotationszyklus von 25 bis 40 Jahren regeneriert sich der Wald auf natürliche Weise, bleiben seine Ökosysteme erhalten.

Landnutzungspläne müssen sich auf folgende Maßnahmen konzentrieren: Einrichtung von Waldschutzzonen, Aufbau und Ausbau einer nachhaltigen Forstwirtschaft, Einführung von Agroforstwirtschaft und Wiederaufforstung.

H. L. Stoll: Der Garten Eden darf nicht sterben. 1988.

Als die Teutonen, traditionell qualitätsbewusste Hochpreiszahler, das Raubbau-Holz zum Pfui-Produkt erklärten, machten die Dschungelländer den Einnahmeverlust mit der Kettensäge wett: Sie schlugen umso mehr Holz ein und verscherbelten es an Ramschkäufer in Japan, Korea und China. Es stellt sich nur eine Alternative: Entweder schlagen die europäischen Firmen, von ihrer kritischen Klientel zur Ökorechenschaft verpflichtet, den Wald kontrolliert ein oder er fällt der einheimischen Holzmafia zum Opfer. Angesichts solcher Erkenntnisse lichtet sich die Front der Tropenholzboykotteure. Umweltschutzorganisationen wie der WWF oder Greenpeace International rücken ab vom generellen Tropenholzverzicht. Nach ihren neuen Plänen soll nun wieder der Holzkauf zum Schutz der Wälder beitragen.

Nach: Der Spiegel, H. 6/1997.

M 59.2 Gedanken zur Nutzung des tropischen Regenwaldes

Wer Regenwald schont und Rodung vermeidet, soll nach den in Bali gefassten Beschlüssen zur Klimarahmenkonvention künftig finanziellen Ausgleich erhalten, als Zertifikate, die auf dem Kohlenstoffmarkt veräußert werden können. Damit soll ein Anreiz zum Schutz des Regenwaldes gegeben werden, besonders in Amazonien. Fast die Hälfte der weltweiten Kohlendioxid-Emissionen durch Rodung wird dem Amazonasgebiet zugerechnet. Das Abbremsen der Rodung könnte sich also hier besonders rechnen. Auf diese Weise – abhängig vom Preis der Tonne Kohlenstoff – könnten schon bei einer zehnprozentigen Verringerung der Rodung jährliche Einnahmen bis zu 4 Mrd. Euro erzielt werden, bei 50 % sogar 5 bis 30 Mrd. Euro.

Offen ist die Kontrolle der Angaben. Auf die bisher von der FAO verwendeten Daten und Messverfahren kann man wegen der 2008 festgestellten Unsicherheiten der Satellitenmessungen und der von einzelnen Ländern vorgebrachten Daten kaum zurückgreifen. Zuverlässig sind wahrscheinlich die vom japanischen „Alos"- Satelliten erzeugten Radarbilder. Die von Regen- und Rauchwolken ungetrübten Bilder erreichen eine Auflösung von 20 m.

Nach: J. Müller-Jung 2008

M 59.1 Amazonien und der Kohlenstoffmarkt

Seit der mittelalterlichen Rodungsperiode (10. bis 15. Jahrhundert) blieb die Waldfläche in Deutschland bis heute mit etwa 30 % der Gesamtfläche nahezu gleich. Die ursprüngliche Zusammensetzung der Wälder wurde aber stark verändert. Die Bestände der langsam wachsenden Laubbäume gingen zurück. Gleichzeitig stieg der Bedarf an Kiefern- und Fichtenholz. Durch Raubwirtschaft veröderten die Wälder. Der Grundsatz der nachhaltigen Bewirtschaftung der Wälder gewann erst im 19. Jahrhundert Allgemeingültigkeit. Große Aufforstungen kahler und verlichteter Waldflächen mit Fichten und Kiefern führten zu Forstwirtschaft mit überwiegend großflächigen, gleichförmigen, dicht bewachsenen, gleichaltrigen Nadelholzbeständen. Erst im 20. Jahrhundert erhielt eine standortgerechte, der Landschaftspflege verpflichtete Forstwirtschaft Bedeutung.

M 59.3 Waldnutzung in Deutschland

---

1 Erläutern Sie am Beispiel der Entwicklung der Waldnutzung in Deutschland den Gedanken der Nachhaltigkeit (**M 59.3**).
2 Begründen Sie, warum das Konzept des Agrarökosystems Agroforstwirtschaft dem Prinzip der Nachhaltigkeit entspricht (**M 58.2**).
3 Erörtern Sie anhand der Aussagen und Meinungen in **M 59.1** und **M 59.2** Fragen der ökologisch angepassten Waldnutzung in den Tropen.
4 **Referat-Tipp:** Von der Erschließung zur Bewahrung des Regenwaldes.

www.fao.org   www.wwf.de   www.push-pull.net

Savannenlandschaften in Afrika

Savannen (spanisch: Sabana = Grasebene) sind die Grasländer der Tropen. Man versteht darunter Grasfluren, die der Trockenheit in den wechselfeuchten Tropen angepasst sind und in denen Holzgewächse (Bäume und Sträucher) in mehr oder minder starkem Maße eingestreut vorkommen. Ihnen stehen die wintermilden und winterkalten Steppen der Subtropen und gemäßigten Zonen als Gras- und Staudenfluren gegenüber, die in der Regel nicht von Baum- und Strauchwuchs durchsetzt sind. Da es aber auch Savannen ohne Gehölze gibt, unterscheidet man Gras- von Baumsavannen.

Dornsavanne

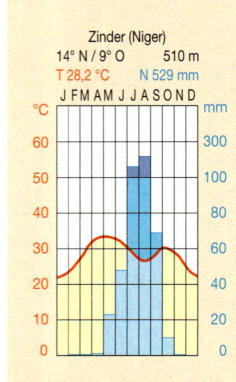

Zinder (Niger)
14° N / 9° O 510 m
T 28,2 °C N 529 mm

7,5 bis 10,0 aride Monate

Boden
einige Meter tief verwittert, relativ hoher Restmineralgehalt, relativ hoher Gehalt an Nährstoffen, geringe Auswaschung im A-Horizont, Ferralitisierung stärker als Desilifizierung, braunrote und braune Böden, regional kapillarer Aufstieg von Salzen und Karbonaten, in abflussträgen Senken Vertisole (Tschadbecken)

Wasserhaushalt
semiarid, Flüsse periodisch, schwankende Wasserführung bis 6 m, Hunderte Meter breite Überschwemmungsauen, Grundwasser entscheidend für Wasserversorgung und Bewässerung

Vegetation
a) Dornbaum-Sukkulentenwälder: lockere, bis 4 m hohe Baumschicht in Afrika aus kleinblättrigen Dornbäumen (Schirmakazie) und baumförmigen Sukkulenten (Affenbrotbaum); Strauchschicht aus Dorn- und Rutensträuchern;
Caatinga in Brasilien: lockere, 6 bis 10 m hohe Baumschicht, außer Dornakazien viele sukkulente Formen (Kakteen, Flaschenbäume);
Scrub in Australien: dichtes undurchdringliches Gestrüpp, vorwiegend kurzstämmige Akazien, gelegentlich Flaschenbäume
b) Dornstrauchsavannen: locker in Horsten bis 1 m hohe Gräser, eingestreut Dornsträucher

Trockensavanne

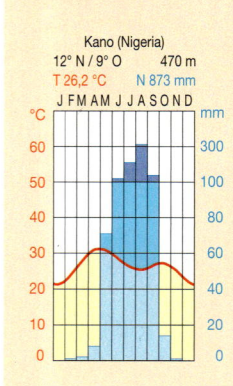

Kano (Nigeria)
12° N / 9° O 470 m
T 26,2 °C N 873 mm

5,0 bis 7,5 aride Monate

Boden
mäßig tief verwittert, mäßig hoher Restmineralgehalt, mäßiger Nährstoffgehalt, Desilifizierung und Ferralitisierung etwa im Gleichgewicht, mäßige Auswaschung im A-Horizont = braunrote Böden;
in Mulden relativ hoher Nährstoffgehalt; viele Ferralsole verhärten nach Erosion des A-Horizonts durch Austrocknung irreversibel zu Laterit (lat. later = Ziegel), nicht kultivierbar

Wasserhaushalt
mäßig lange Trockenzeit, Flüsse periodisch, sehr stark schwankende Wasserführung bis 12 m, mehrere 1000 m breite Überschwemmungsauen

Vegetation
a) regengrüne Trockenwälder: in Afrika verbreitet, einschichtig, bis 20 m hohe fiederlaubige Bäume mit weit ausladenden Schirmkronen (Schirmakazie) und Stammsukkulente (Baobab), Horstgräser als Unterwuchs (Akazienhochgrassavanne, Obstgartensavanne), Miombowald;
in Australien Eukalyptuswälder mit Schopfbäumen und Flaschenbäumen
b) Grassavannen (offene Trockensavanne): bis 2 m hohe Gräser, bis 10 m hohe Bäume eingestreut
c) Galeriewald: längs der Ufer großer Flüsse, regengrüne und immergrüne Bäume, Wurzeln erreichen das Grundwasser der Flussauen

Feuchtsavanne

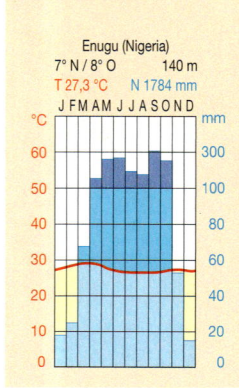

Enugu (Nigeria)
7° N / 8° O 140 m
T 27,3 °C N 1784 mm

2,5 bis 5,0 aride Monate

Boden
bis 60 m tief verwittert, nahezu ohne Restmineralgehalt, Desilifizierung stärker als Ferralitisierung; durch Ackerbau auf Hochflächen und an Hängen starke Erosionsgefahr des A-Horizonts und Abnahme der Bodenfruchtbarkeit, Ablagerung des Materials in Tälern und Becken, dort Anreicherung des Bodens mit Nährstoffen

Wasserhaushalt
kurze Trockenzeit, Flüsse perennierend mit Hochwasserspitzen zur Regenzeit, viele Kilometer breite Überschwemmungsauen, monatelang unter Wasser, Versumpfungen

Vegetation
a) Monsunwälder: 1. feuchter Monsunwald: geschlossener Baumbestand, gleicht dem echten Regenwald, geringere Stammhöhe, weniger Arten; 2. Feuchtsavannenwald: zwei Baumschichten, obere bis 35 m regengrün, untere immergrün mit Lianen und Epiphyten. Holzarten: Teakholzbäume, Ebenholzbäume; Strauchschicht mit Bambusarten; 3. Passatregenwälder Brasiliens: 10 bis 15 m hohe zum Teil immergrüne Bäume des Cerradao und lichte regengrüne Gehölze des Campo cerrado
b) offene Feuchtsavanne: 2 bis 5 m hohe Büschelgräser (Elefantengras), eingestreut bis 10 m hohe regengrüne Bäume, brandresistent

M 60.1 Kausalprofil in Westafrika von 14°N bis 6°N

Wasserversorgung als ökologischer Faktor

Der Savannenbegriff beschreibt nur die äußeren Merkmale. Die Ausbildung der Vegetation wird aber durch den ökologischen Wettbewerb der Gräser und Gehölze um Wasser am Standort entschieden, denn das Licht- und Wärmeangebot schränkt in den Tropen deren Wachstum nicht ein. Von ökologischer Bedeutung ist aber nur diejenige Wassermenge, die pflanzenverfügbar ist. Diese hängt natürlich zuerst vom **Wasserhaushalt** eines Ökosystems ab. Er wird durch die Beziehung zwischen Niederschlag und Verdunstung beschrieben (vgl. Seite 37). Die Dauer der Trocken- bzw. Regenzeit, also die Zahl der ariden oder humiden Monate, bestimmt das Spektrum der Wuchsformen und Pflanzenarten. Danach ergibt sich eine fallende Reihe von der Feuchtsavanne über die Trockensavanne zur Dornsavanne. Während in der Feuchtsavanne im Jahresmittel die Niederschlagsmenge größer als die Verdunstungsmenge ist (N > V), kehrt sich die Beziehung beider Größen in der Trocken- und Dornsavanne um (N < V). Zwischen den humiden und ariden Gebieten liegt die **klimatische Trockengrenze** (N = V).

Gräser wachsen nach Regenfällen wegen ihres oberflächennahen dichten Wurzelnetzes rasch. Sie können ihren Wasserhaushalt dabei nicht selbst regulieren. Bei längerer Dürre und nachdem das pflanzenverfügbare Bodenwasser aufgebraucht ist, sterben die oberirdischen Pflanzenteile ab. Die Wurzeln überdauern im Boden und sprießen bei neuer Feuchte.

Bäume haben einen ausgeglichenen Wasserhaushalt, den sie selbst periodisch durch Laubwurf, kurzfristig durch Verminderung der Transpiration und langfristig durch Wasserspeicherung regeln. Die Blätter der Xerophyten (xero, gr. = trocken) sind klein oder fiederteilig. Durch Schirmwuchs beschatten sie den Wurzelbereich und verzögern somit die Verdunstung von Bodenwasser. Sukkulente Pflanzen (sukkulens, lat. = saftig) speichern Wasser in fleischigen Blättern oder im tonnen- bzw. flaschenförmigen Stamm.

Bei unzureichender Wasseraufnahme stirbt jedoch mit den oberirdischen Teilen die Holzpflanze ab. Deshalb sind bei humidem Wasserhaushalt die regengrünen Gehölze im Vorteil. Sie drängen durch Beschattung die Gräser zurück (Lichtkonkurrenz). Bei aridem Wasserhaushalt überwiegen sukkulente und xerophytische Gehölze.

M 61.2 Dornsavanne

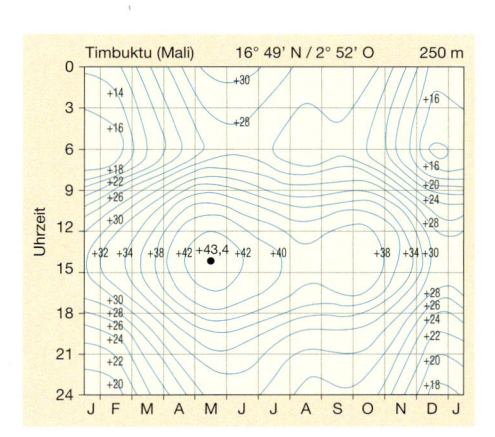

M 61.1 Thermoisoplethendiagramm Timbuktu

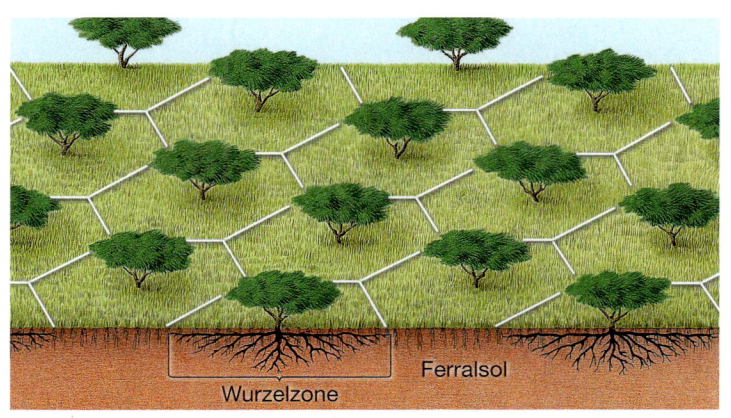

M 61.3 Idealschema der Trockensavanne

1 Erklären Sie klimatische Grundlagen einer vegetationsgeographischen Gliederung der Savannen in Afrika (M 60.1, M 28.1 bis M 28.3, Atlas).
2 Entwerfen Sie zu einem Savannentyp ein Ökosystemmodell und interpretieren Sie Ihren Entwurf (M 60.1).
3 Trocken- und Dornsavanne sind klimatische Ungunsträume, bodengeographisch jedoch gegenüber der Feuchtsavanne Gunsträume für den Menschen (M 60.1, M 61.1 bis M 61.3). Begründen Sie diesen Sachverhalt.

Bodennutzung in den Savannen Afrikas

Großvieheinheit (GVE)
Rechnungseinheit zum Vergleich unterschiedlicher Tierarten: 1 GVE entspricht einem ausgewachsenen Pferd oder einem Rind (500 kg Lebendgewicht); ein Schaf hat 0,1 GVE.

Ackerbau in der Dornsavanne

Regenzeitfeldbau wird im Süden des Tschads bis zur agronomischen Trockengrenze, die bei 400 bis 500 mm Jahresniederschlag liegt, als permanenter Ackerbau betrieben. Diese Form der Bodennutzung ermöglicht den bäuerlichen Betrieben trotz geringer Niederschlagssummen die **Selbstversorgung**, weil zum einen die verhältnismäßig nährstoffreichen Böden der Dornsavanne hinreichende Erträge bringen. Zum anderen ist die Betriebsweise in das Niederschlagsregime der Passatzone eingepasst, denn geringe Regenmengen lassen sich ackerbaulich am besten nutzen, wenn sie regelmäßig und zusammenhängend in einer kurzen Zeit fallen. Nachteilig wirkt sich die zeitlich extrem unterschiedliche Arbeitsbelastung aus. Die Bearbeitung des Bodens mit der Hacke ist zudem eine große körperliche Belastung. Für Zugtiere wäre die Futtergrundlage nicht gegeben.

Viehhaltung in der Dornsavanne

Der *Rindernomadismus* verbindet bei halbsesshafter Lebensweise privaten Herdenbesitz mit unveräußerlichem Gemeinschaftsbesitz an Weidegebieten und Wasserstellen. Frauen und Kinder leben in Dauersiedlungen mit festen Häusern in der Nähe von Wasserstellen. Sie betreiben dort einen auf Subsistenz gerichteten spärlichen Ackerbau. Die klimatisch bedingte Futter- und Wasserknappheit erfordert weite Wanderungen, der Flächenbedarf der Tiere ist entsprechend groß. Trotzdem erscheint eine Aufstockung der Herden wegen der Abhängigkeit der nomadischen Lebensform vom Vieh vernünftig und notwendig. Deshalb werden meist nur Bullen und ältere Kühe getauscht oder verkauft. Zur Ernährung der Familien werden meist männliche und ältere Tiere genommen. Die Qualität des Viehs wird weniger nach Fleisch- und Milchleistung als nach Widerstandskraft gemessen.

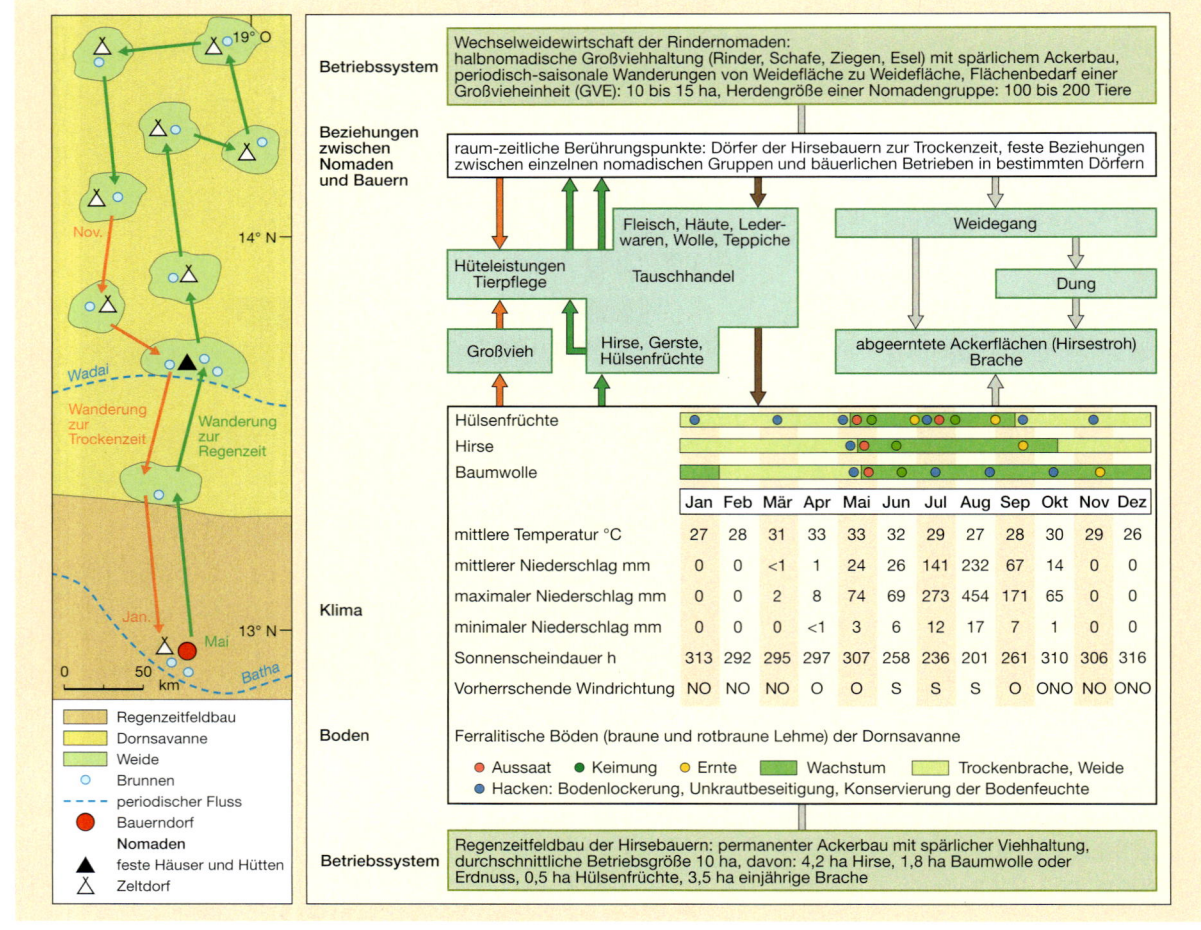

Klima	Jan	Feb	Mär	Apr	Mai	Jun	Jul	Aug	Sep	Okt	Nov	Dez
mittlere Temperatur °C	27	28	31	33	33	32	29	27	28	30	29	26
mittlerer Niederschlag mm	0	0	<1	1	24	26	141	232	67	14	0	0
maximaler Niederschlag mm	0	0	2	8	74	69	273	454	171	65	0	0
minimaler Niederschlag mm	0	0	0	<1	3	6	12	17	7	1	0	0
Sonnenscheindauer h	313	292	295	297	307	258	236	201	261	310	306	316
Vorherrschende Windrichtung	NO	NO	NO	O	O	S	S	S	O	ONO	NO	ONO

Betriebssystem (oben): Wechselweidewirtschaft der Rindernomaden: halbnomadische Großviehhaltung (Rinder, Schafe, Ziegen, Esel) mit spärlichem Ackerbau, periodisch-saisonale Wanderungen von Weidefläche zu Weidefläche, Flächenbedarf einer Großvieheinheit (GVE): 10 bis 15 ha, Herdengröße einer Nomadengruppe: 100 bis 200 Tiere

Beziehungen zwischen Nomaden und Bauern: raum-zeitliche Berührungspunkte: Dörfer der Hirsebauern zur Trockenzeit, feste Beziehungen zwischen einzelnen nomadischen Gruppen und bäuerlichen Betrieben in bestimmten Dörfern

Tauschhandel: Hüteleistungen Tierpflege – Fleisch, Häute, Lederwaren, Wolle, Teppiche – Großvieh – Hirse, Gerste, Hülsenfrüchte – Weidegang – Dung – abgeerntete Ackerflächen (Hirsestroh) Brache

Boden: Ferralitische Böden (braune und rotbraune Lehme) der Dornsavanne

Legende: ● Aussaat ● Keimung ● Ernte ▬ Wachstum ▬ Trockenbrache, Weide ● Hacken: Bodenlockerung, Unkrautbeseitigung, Konservierung der Bodenfeuchte

Betriebssystem (unten): Regenzeitfeldbau der Hirsebauern: permanenter Ackerbau mit spärlicher Viehhaltung, durchschnittliche Betriebsgröße 10 ha, davon: 4,2 ha Hirse, 1,8 ha Baumwolle oder Erdnuss, 0,5 ha Hülsenfrüchte, 3,5 ha einjährige Brache

Karte Legende:
- Regenzeitfeldbau
- Dornsavanne
- Weide
- Brunnen
- periodischer Fluss
- Bauerndorf
- Nomaden: feste Häuser und Hütten
- Zeltdorf

M 62.1 Agrarökosystem der Dornsavanne

Ökologische Grenzen der Bodennutzung

Insbesondere die Savannen Afrikas sind seit Jahrtausenden Siedlungsräume des Menschen. Durch Brandrodung und *Weidewirtschaft* wurden in den ursprünglich lichten Wäldern die Gehölze zurückgedrängt. Ackerbau und Viehhaltung werden aber polwärts durch zunehmende Aridität begrenzt.

Die Feuchtsavanne bietet aufgrund der ausgeprägten humiden Jahreszeit gute Bedingungen für den Ackerbau, der traditionell als *Wanderfeldbau* mit Brandrodung betrieben wird. In den Trocken- und Dornsavannen entwickelte sich ein jahreszeitlich gebundener *Nomadismus*, weil das geringere Niederschlagsangebot den Ackerbau einschränkt. Hier liegt bei acht bis neun ariden Monaten die *agronomische Trockengrenze*, an der Regenfeldbau wegen starker Niederschlagvariabilität nur mit großem Risiko möglich ist. Die knappen Wassermengen müssen möglichst vollständig genutzt werden. Deshalb werden Feldfrüchte angebaut, die hohe Wasseranspruchslosigkeit mit einer kurzen Wachstumszeit verbinden. Dies gilt für Hirse und Gerste sowie für einige Erbsen und Bohnensorten.

Andererseits war in der Feuchtsavanne wegen der Seuchengefahr keine Großviehhaltung möglich. Die Tsetsefliege zum Beispiel überträgt Parasiten, die als Erreger von Schlafkrankheit und Nagana, einer fiebrigen Tierseuche, für Mensch und Tier sehr gefährlich sind. In der offenen Savanne kann die Tsetsefliege nicht leben.

Bei der traditionellen Wirtschaftsweise schließen sich in den Übergangsgebieten der Savannen zur Halbwüste und zum tropischen Regenwald Ackerbau und Viehhaltung weitestgehend aus. Dazwischen kommt es zu einer Durchmischung verschiedener Viehwirtschafts- und Ackerbausysteme. Da der Wanderfeldbau nur bei großen Landreserven möglich ist, erfolgt mit zunehmender Bevölkerungszahl seit Jahrzehnten ein Übergang zur Landwechselwirtschaft mit verkürzter Brache, welche keine Regeneration der Waldvegetation mehr zulässt (Buschbrache). Zugleich werden die Siedlungen nicht mehr verlegt. Bei weiterer Landverknappung verschwindet auch die kurzzeitige Buschbrache, man muss zur Dauernutzung des Bodens übergehen. Dabei ist die Erhaltung der Bodenfruchtbarkeit das schwierigste und überwiegend noch ungelöste Problem. Im Einzugsbereich der Städte ist der Marktgartenbau im Vordringen. Zudem setzt in Afrika allmählich ein Übergang vom Nomadismus zur extensiven stationären Weidewirtschaft ein. Sie wäre die rentabilitäts- und marktorientierte Alternative zum Nomadismus.

> *Nomadismus:* Viehhaltung auf Naturweiden, bei der die Herdenbesitzer mit ihren Tieren im jahreszeitlichen Rhythmus wandern, da infolge der Trockenheit die Futtergrundlage für eine Dauernutzung der Weiden nicht ausreicht.
> *Stationäre Weidewirtschaft:* Flächen- und arbeitsextensive Großviehhaltung auf Naturweiden mit regelmäßigem Flächenwechsel auf Umtriebsweiden zur Selbstversorgung und zur Marktproduktion.
> *Regenzeitfeldbau:* Der Wechsel von Regen- und Trockenzeit regelt den Anbau. Dieser Regenfeldbau ist ein Ackerbau ohne künstliche Bewässerung, er wird deshalb auch als Trockenfeldbau bezeichnet.
> *Bewässerungsfeldbau:* Die zur Bodennutzung jahreszeitlich oder ganzjährig fehlende Niederschlagsmenge wird durch Bewässerung aus Brunnen- oder Flusswasser oder gespeichertem Regenwasser zugeführt. Die Bewässerung ermöglicht den Anbau während arider Monate. In den Savannen ist ein Dauerfeldbau mit mehreren Ernten möglich.

M 63.1 Viehwirtschafts- und Ackerbausysteme der Savannen Afrikas

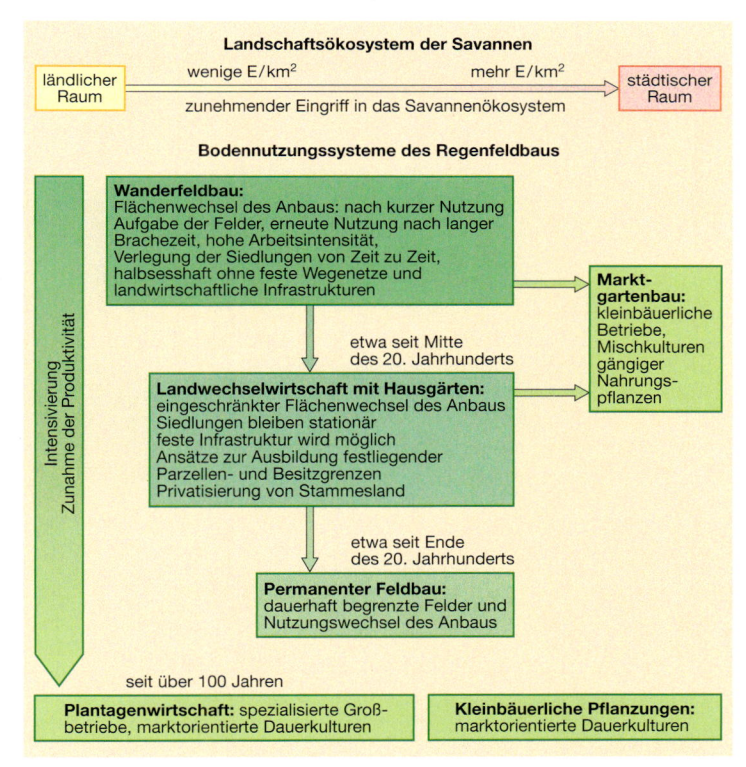

M 63.2 Intensivierungsstufen der Bodennutzung in den Savannen Afrikas

1. Erläutern Sie am Beispiel des Landschaftsraums Wadai, weshalb anstelle des Wanderfeldbaus der permanente Ackerbau und anstelle der stationären Viehhaltung der Nomadismus tritt (**M 62.1**, **M 62.2**, Atlas).
2. Erörtern Sie Probleme des Ackerbaus in der Savanne und Möglichkeiten ihrer Überwindung. Beachten Sie auch den Bedeutungszuwachs des Bewässerungsfeldbaus (**M 63.1**, **M 63.2** und Atlas).

Störung im Landschaftsökosystem Sahel

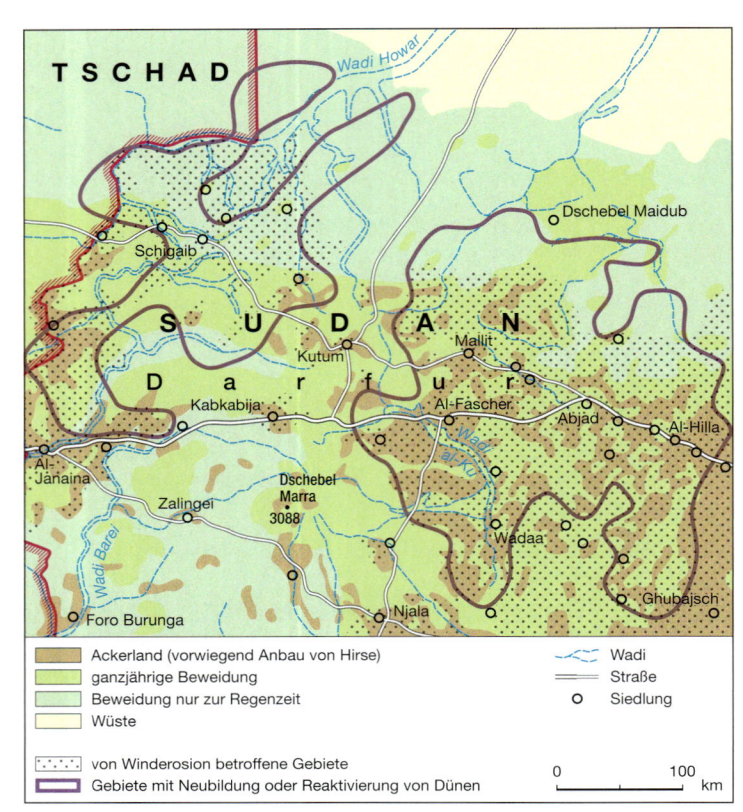

M 64.1 Desertifikation im Sudan

Legende:
- Ackerland (vorwiegend Anbau von Hirse)
- ganzjährige Beweidung
- Beweidung nur zur Regenzeit
- Wüste
- von Winderosion betroffene Gebiete
- Gebiete mit Neubildung oder Reaktivierung von Dünen
- Wadi
- Straße
- Siedlung

M 64.3 Flugsand zerstört ein Hirsefeld

Eine etwa 500 km breite Zone südlich der Sahara quer durch Afrika bezeichnet man als Sahel. Von 1969 bis 1973 war die Sahelzone von einer schweren Dürreperiode betroffen. Sie schien Störprozesse des Ökosystems auszulösen, die man unter dem Begriff *Desertifikation* zusammenfasst. Insgesamt ist über ein Drittel des Festlandes mit etwa 800 Mio. Menschen von dem Phänomen der Desertifikation betroffen.

Desertifikation und Hunger

Die Nutzungsmöglichkeiten in der Dornsavanne dürfen nicht allein nach der jahreszeitlichen Verteilung der mittleren Niederschlagssummen beurteilt werden. Zwar können sich Bauern und Viehhalter diesen Größen durch eine entsprechende Wirtschaftsweise anpassen. Aber der *Niederschlagsvariabilität*, sie reicht von 20–30 % bis maximal 50 % der mittleren Monatsniederschläge, sind sie fast hilflos ausgeliefert. Unvorhersehbare Schwankungen der Regenmenge bedeuten für den Ackerbau ein hohes Ernterisiko. Die Herden der Nomaden sind in ihrem Bestand bedroht. In Trockenperioden werden sie bis zu 80 % oder ganz vernichtet. Die Folgen sind Hungerkatastrophen. Verheerend können sich auch längere Feuchtphasen auswirken. Dann wird der Hirseanbau, vor allem infolge eines verschärften Verdrängungsprozesses durch Cash-Crop-Anbau, weit über die agronomische Trockengrenze hinaus ausgedehnt. Zugleich wächst bei den Nomaden der Viehbestand. So entsteht Konfliktpotenzial für konkurrierenden Landanspruch in einer nachfolgenden Trockenphase. Die Folgen sind neben Hungersnöten Geosystemschäden, die die Regenerationsfähigkeit des Ökosystems Dornsavanne einschränken.

Die UNCOD (United Nations Conference on Desertification) hatte 1977 in Nairobi eine Definition für das Phänomen Desertifikation vorgeschlagen, die darauf abzielt, dass die menschliche Tätigkeit, auch als „Missmanagement bei der Landnutzung" bezeichnet, durch Verminderung (Degradierung) bzw. Zerstörung des biologischen Potenzials wüstenähnliche Bedingungen schafft, und zwar in Gebieten, die sonst produktiv für die agrare Landnutzung wären. Solche wüstenähnlichen Bedingungen entstehen durch Desertifikation sowohl im Weideland, in Regenfeldbaugebieten als auch im Bewässerungsland. Sie degradieren sowohl den Wasserhaushalt als auch den Boden und seine natürliche Fruchtbarkeit. So wird Desertifikation zu einem sich selbst verstärkenden Prozess, nachdem dieser bei bestimmten klimatischen Bedingungen durch nicht angepasste Landnutzungsmethoden einmal in Gang gesetzt worden ist.

Insgesamt ist die Desertifikation also ein Prozess, der unter bestimmten Klimabedingungen ... seine größte Auswirkung erzielt, und ein sehr schwer wiegender ökologischer Degradierungsvorgang, der die Landnutzungsressourcen solcher Zonen schädigt und oft regional und sicher lokal irreversibel zerstört ...

Die Umweltzerstörung durch Desertifikationsprozesse kann ein katastrophenartiges Ausmaß annehmen, wenn sich Dürreperioden im langjährigen Klimaablauf häufen. Dabei muss klar gesagt werden, dass Dürren in den durch große Niederschlagsvariabilität geprägten Trockenklimaten zum „normalen" Klimaablauf gehören und immer wieder, auch periodisch, auftreten, wobei diese Perioden zeitlich nicht exakt festliegen, wohl aber in mittleren Schwingungsabständen auftreten. In ökologischer Hinsicht ... leisten sie einer starken Ausbreitung von Desertifikationsschäden Vorschub.

Aus: H. G. Mensching: Desertifikation, ein weltweites Problem der ökologischen Verwüstung in den Trockengebieten der Erde. Darmstadt 1990.

M 64.2 Desertifikation – ein weltweites Problem

Die Tropen

Ökosystem

Klima: arid, semiarid, subhumid, hohe Variabilität

Reliefenergie: Erosionsgefahr

Dürren, Überflutungen

Böden: lockere Sandböden, Skelettböden auf Kalk-, Gips- oder Lateritkrusten, Böden, die zur Versalzung oder Alkalisierung neigen

Vegetation — Dichte: spärlich, locker, licht, dicht; Arten: Bäume, Sträucher, Kräuter, Gräser (einjährig, mehrjährig), Sukkulenten, Xerophyten, Halophyten, genießbar, ungenießbar

menschliche Eingriffe

Überweidung, übermäßiger Anbau, Bewässerung unter Versalzungsgefahr, Brände, übermäßige Abholzung

→ **Dersertifikationsprozeß** →

unrationelle Wasserwirtschaft (nur in besonderen Fällen: Infrastruktur, Industrialisierung, Urbanisierung, Tourismus, Kriege)

Desertifikationsformen

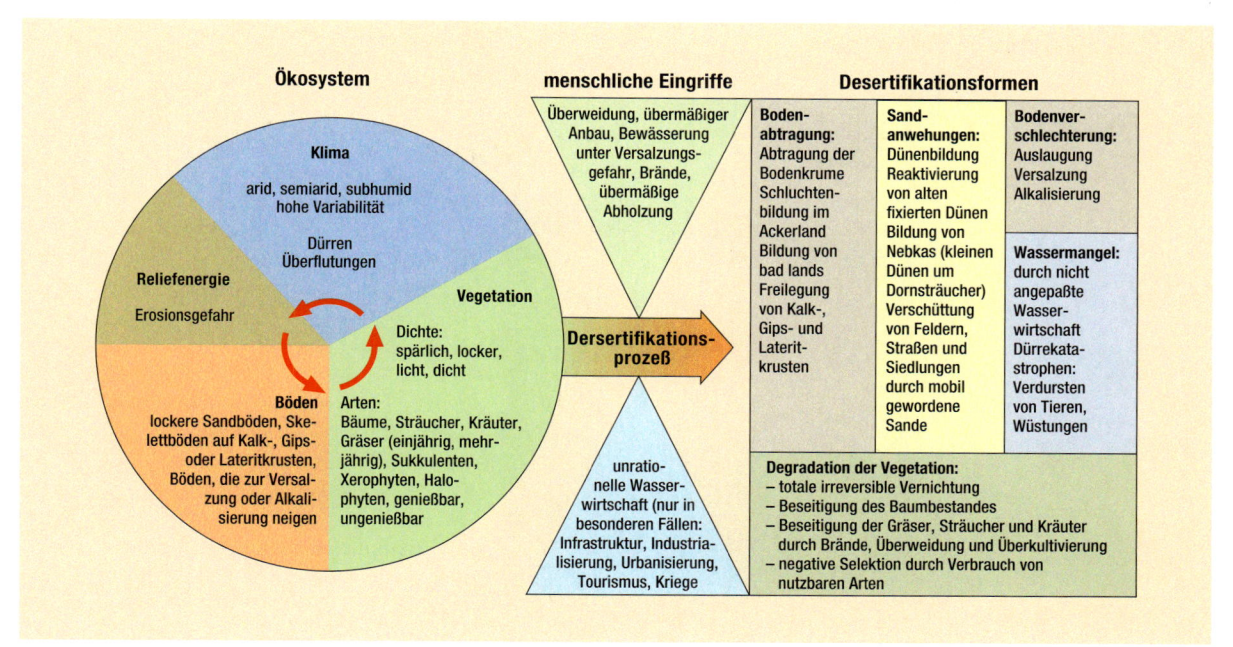

- **Bodenabtragung:** Abtragung der Bodenkrume, Schluchtenbildung im Ackerland, Bildung von bad lands, Freilegung von Kalk-, Gips- und Lateritkrusten
- **Sandanwehungen:** Dünenbildung, Reaktivierung von alten fixierten Dünen, Bildung von Nebkas (kleinen Dünen um Dornsträucher), Verschüttung von Feldern, Straßen und Siedlungen durch mobil gewordene Sande
- **Bodenverschlechterung:** Auslaugung, Versalzung, Alkalisierung
- **Wassermangel:** durch nicht angepaßte Wasserwirtschaft, Dürrekatastrophen: Verdursten von Tieren, Wüstungen
- **Degradation der Vegetation:**
  – totale irreversible Vernichtung
  – Beseitigung des Baumbestandes
  – Beseitigung der Gräser, Sträucher und Kräuter durch Brände, Überweidung und Überkultivierung
  – negative Selektion durch Verbrauch von nutzbaren Arten

M 65.1 Schema der Desertifikation (nach IBRAHIM)

Maßnahmen gegen die Desertifikation

Von der Desertifikation sind überwiegend Entwicklungsländer betroffen, in denen die Bevölkerung wächst. Deshalb verschärft sich die Armut und ausländische Hilfsprogramme können nur einen akuten Notstand beseitigen helfen, aber keine Dauerlösung bringen. Dazu sind zwei Voraussetzungen erforderlich: 1. die Erforschung der lokalen und regionalen Ökosysteme, 2. eine umfassende Aufklärung der Bevölkerung. Auf dieser Grundlage gehören zu den wirksamen Gegenmaßnahmen die Beschränkung des Regenfeldbaus auf die Gebiete diesseits der agronomischen Trockengrenze, die Kontrolle der Viehbestände, der Wasserstellen und des Holzeinschlags, eine alternative Energieversorgung durch Sonnenenergie, eine verbesserte Vermarktung der Agrarprodukte, eine angepasste Betriebsweise bei Einsatz hochwertigen Saatguts und hochwertiger Futterpflanzen sowie die Entwicklung des nichtlandwirtschaftlichen Sektors.

Internationale Abkommen wie die von über 100 Staaten 1994 unterschriebene Desertifikationskonvention zur Bekämpfung der Desertifikation und die Erklärungen von Nairobi 1997 bleiben wirkungslos, wenn vor Ort der Kampf um das Überleben Vorrang hat vor einer ressourcenschonenden Bodennutzung.

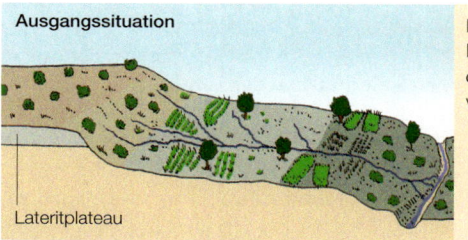

Ausgangssituation (Lateritplateau): Flächenhafte Erosion vom Lateritplateau zur Spülmulde. Der harte Lateritpanzer wirkt als Stufenbildner.

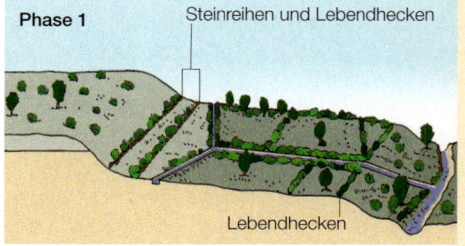

Phase 1 (Steinreihen und Lebendhecken): Isohypsen-parallele Steinreihen, Schutzzone, Abflussvorrichtung, Hecken entlang der Nutzergrenzen und Wege. Bäume im Kulturland, schonendes Bewirtschaften auf dem Lateritplateau.

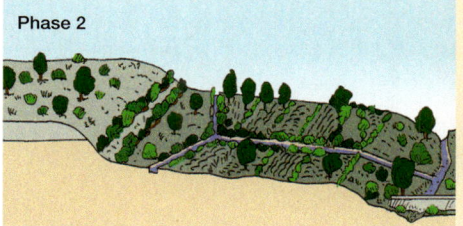

Phase 2: Hecken entlang der Parzellengrenzen, Grünstreifen auf großen Parzellen; schonendes Bewirtschaften auf dem Lateritplateau. Bessere Kulturtechniken; Anbau von Futterpflanzen; Produktion von organischem Dünger.

M 65.2 Ökologischer Umbau und Inwertsetzung eines Landschaftsraumes in Südmali

---

1 Analysieren Sie räumliche Prozesse der Desertifikation im Sudan (M 64.1, M 64.3).
2 Erörtern Sie Ursachen und Voraussetzungen der Desertifikation (M 64.2, M 65.1, Atlas).
3 Diskutieren Sie Maßnahmen gegen die Desertifikation (Text, M 65.2).
4 **Referat-Tipp:** Die Dürrekatastrophe im Sahel zwischen 1969 und 1973.

Die kalten Zonen

Geoökosystem Tundra

① Arktische Brombeere
② Rentierflechte
③ Schneeflechte
④ Isländisches Moos
⑤ Alpenbeerentraube
⑥ Zottiges Zackenmützenmoos

M 66.1 Pflanzen der Tundra

M 66.3 Tundra zur Blütezeit

Vertikaler Aufbau der Tundra
Der boreale Nadelwald lockert sich polwärts in einem oft Hunderte Kilometer breiten Saum zur Waldtundra auf. Vereinzelte Baumgruppen sind mosaikartig mit niedriger Strauchvegetation aus Birken, Weiden und Heidekrautgewächsen verzahnt. In der arktischen Tundrenzone folgen Flechten- und Zwergstrauchtundra. Es lässt sich neben der Flechten- und Moosschicht eine Kraut- und Strauchschicht mit Heidekrautgewächsen, Rosmarinheide und Preiselbeere unterscheiden. Als niedrige Sträucher sind Zwergbirke und Polarweide verbreitet. Auf feuchten Standorten bilden sich Flachmoortundren mit Moosen, Seggen und Wollgras. Zur Eiswüste hin löst sich die Vegetationsdecke auf. Kleine Gräserhorste, unter 20 cm hohe Polsterstauden wie Steinbrech und Hornkraut sowie Krustenflechten können noch wachsen.

Die kalten Zonen umfassen Gebiete auf beiden Polarkappen, die entweder ständig vergletschert oder mit Eis bedeckt sind, einschließlich der angrenzenden nahezu vegetationsfreien Frostschuttgebiete, sowie die arktische Tundra. Die Tundra ist auf der Nordhalbkugel zwischen den polaren Eiswüsten und den borealen Nadelwäldern in der gesamten Arktis anzutreffen. Der Name „Tundra" wird von dem finnischen Wort „tunturi" abgeleitet und bedeutet „unbewaldeter Hügel"; „flacher waldloser Gipfel".

Anpassung an die Naturbedingungen
Die Pflanzenwelt ist mit speziellen Eigenschaften ausgestattet, um im harten Tundrenklima überleben zu können. Der begrenzende *Wachstumsfaktor* ist die Wärme. Die Pflanzen kommen mit wenig Sonnenwärme aus und wachsen sehr langsam. Die Vegetation ist daher artenarm und durch Zwergwuchs gekennzeichnet. Auch Holzarten wie Polarweide und Polarbirke breiten sich mit Zweigen und Blättern unmittelbar an der Bodenoberfläche kriechend aus und bilden dichte Blattteppiche. Viele Pflanzen schmiegen sich durch polsterartigen Wuchs oder Blattrosetten eng an den Boden und verbessern dadurch das Kleinklima in ihrem Wuchsraum. Diese Wuchsformen sparen Energie, verringern die Verdunstung und geben Stürmen wenig Widerstand.

Wachsen, Blühen und Fruchten sind nicht immer in einer Vegetationsperiode möglich. Einige Pflanzen legen im Sommer die Knospen für das nächste Jahr an, andere entwickeln sich aperiodisch, indem die Winter die mehrjährige Entwicklung in einem beliebigen Stadium unterbrechen. Auf sandigen Böden wächst die Flechtentundra mit Rentierflechte oder Rasentundra mit Gräsern und Krähenbeere. Auf Fels- und Schuttböden herrschen Polster- und Rosettenpflanzen vor.

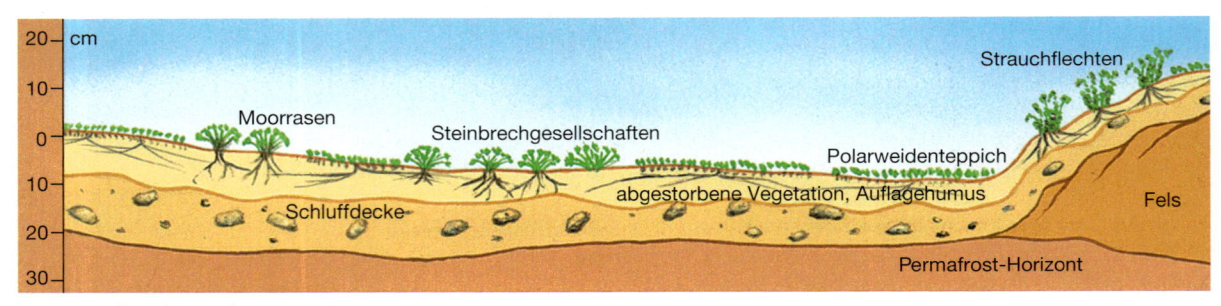

M 66.2 Aufbau der Tundrenvegetation

Tundraböden

Das Klima bremst die Bodenbildung in der arktischen Tundra stark. Im Winter ruhen die Boden bildenden Prozesse. Während des Sommers überwiegt die physikalische Verwitterung und demzufolge die Bildung von Frostschutt. Sobald der Boden oberflächlich auftaut und Durchmischungsvorgänge infolge eines Wechsels von Auftauen und Wiedergefrieren des Bodens wirksam werden, wird der Gesteinsschutt sortiert und es entstehen *Frostmusterböden*. Hierzu gehören Steinringe und Steinnetze, die an Hängen infolge Bodenfließen in Girlanden und Steinstreifen übergehen können.

In ebenen Lagen kommt es zu echten Bodenbildungen. Aber die Produktion organischer Substanz ist so gering, dass nur wenig Streu anfällt, die wegen der geringen Wärme und der spärlichen Bodenfauna nur langsam zersetzt wird. So entsteht im stark vernässten Gelände oft nur ein dünner schwärzlich-schlammiger Oberboden (Tundrenmoorboden), vielfach aber eine 4 bis 5 cm mächtige Rohhumusschicht. Sie bildet den Oberboden des Tundrengley, dem am weitesten verbreiteten Boden. Da sich im Sommer das Wasser in der Auftauschicht staut, gerät der Boden unter Sauerstoffabschluss und die Eisenoxide werden reduziert. So entsteht ein 20 bis 25 cm mächtiger Gleyhorizont von bläulich fahlgrauer Färbung.

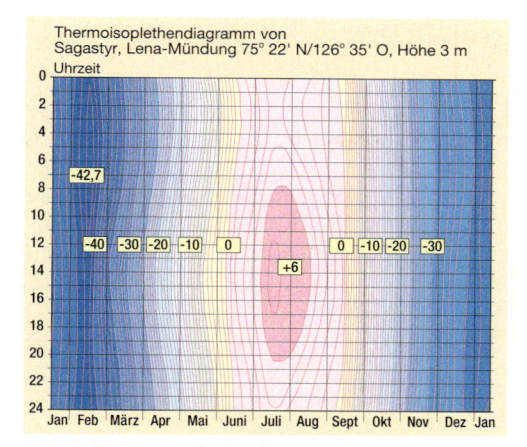

M 67.2 Thermoisoplethendiagramm von Sagastyr (Lena-Mündung)

M 67.3 Bodenartige Formen der Frostschuttzone: Steinringböden, Steinnetzböden, Steinstreifenböden

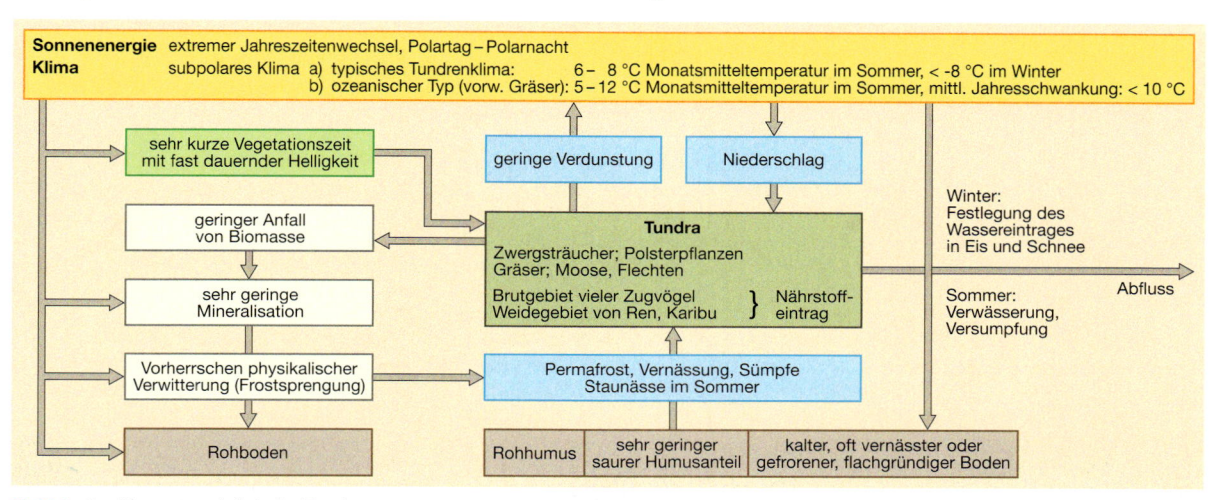

M 67.1 Geoökosystem Arktische Tundra

1 Beschreiben Sie die Verbreitung der Tundra über die Erde (Atlas).
2 **Referat-Tipp:** Die Beleuchtungsverhältnisse in den höheren Breiten, deren Ursachen und deren Wirkungen auf Licht und Temperaturen.
3 Erläutern Sie Anpassungsformen der Vegetation an die Bedingungen der Tundra (M 66.1 bis M 66.3).
4 Erklären Sie den Einfluss des Klimas auf die Bodenbildung in der Tundra (M 67.2, M 67.3).
5 Erläutern Sie das Geoökosystem der Arktischen Tundra (M 67.1).

Erschließung der Tundra in Westsibirien

Sibirien umfasst drei Viertel der Fläche Russlands. Seit mehr als vierhundert Jahren betreiben Russland und im vorigen Jahrhundert die Sowjetunion die Erschließung Sibiriens. Aber bereits seit der Bronzezeit waren die Urwälder Sibiriens entlang der Ströme besiedelt. Aus diesen wenigen Sippenverbänden gingen vor Jahrhunderten die Völker der Tschuktschen, Jakuten, Nenzen und andere kleinere Gruppen hervor. Wahrscheinlich zwischen dem 10. und 14. Jahrhundert drangen Nenzen allmählich westlich und östlich des Uralgebirges in die Tundra bis an das Nordpolarmeer vor.

M 68.1 Nenze vor seinem Wohnzelt

Die Jamal-Nenzen

Die Jamal-Nenzen (Samojeden) leben beiderseits des Obbusens auf den Halbinseln Jamal (Samojedenhalbinsel), Gydan und Tas. Bis in das 20. Jahrhundert bestimmten Rentierherden ihre Wirtschafts- und Lebensweise, den *Rentiernomadismus*. Jede Großfamilie besaß mehrere hundert Tiere. Das Ren lieferte den größten Teil der Nahrung und fast alle Rohstoffe zur Herstellung von Gebrauchsgegenständen. Bedeutend war auch die Jagd auf wilde Rene, Polarfüchse, Gänse und Enten und die Fischerei. Die Familien waren fast während des ganzen Jahres auf Wanderung, indem sie ihren Herden im Sommer in die Tundra und mit einbrechender Kälte und Dunkelheit in die Waldtundra folgten. Als Behausung diente das Stangenzelt, das im Sommer mit Birkenrinde und im Winter mit Rentierfellen abgedeckt wurde. Rentierschlitten sind heute noch die Hauptbeförderungsmittel.

Seit Jahrzehnten sind die rund 10 000 Jamal-Nenzen weitgehend sesshaft. Die Männer der Rentierzüchter ziehen mit den Herden im Jahresrhythmus. Nebenbei betreiben sie Jagd und Fischerei. Einige Formen ihrer traditionellen sozialen Ordnung und religiösen Vorstellungen haben sich aber erhalten.

M 68.2 Rentiere in einer Siedlung

Die Bergbau- und Industriestadt Norilsk

Die Gesteine der Sibirischen Tafel sind reich an natürlichen Ressourcen. Im Jahre 1935 bzw. 1939 beschloss die Parteiführung der Kommunistischen Partei der Sowjetunion, am späteren Standort der Stadt Norilsk zur Verhüttung von Erzen ein Nickelkombinat zu errichten. Bereits im Winter 1938/39 nahm eine Nickelschmelze die Produktion auf. In den ersten beiden Jahrzehnten wurde Norilsk sowie das dortige Nickelkombinat fast ausschließlich von politischen Gefangenen gebaut und betrieben. Als der Bergbausiedlung 1953 der Status einer Stadt verliehen wurde, hatte sie bereits 70 000 „Einwohner". Heute ist Norilsk

Norilsk

Transportkähne brachten im Sommer 1935 die ersten Tausende Zwangsarbeiter auf dem Jenissei bis Dudinka. Dann folgte ein Todesmarsch über 120 km durch die sumpfige Tundra, Millionen von Mücken ausgesetzt. Eines Tages rammte man einen Pfahl in den Boden, und es hieß: „Halt, hier wird Norilsk!" Die Zwangsarbeiter lebten in Erdhöhlen oder Zelten, später in Holzbaracken. Es waren „Regimegegner" und nach dem Ende des Zweiten Weltkriegs deutsche Kriegsgefangene, deutsche Verschleppte aus den eroberten Gebieten und sowjetische Soldaten, die in deutsche Kriegsgefangenschaft geraten waren. Sie schürften anfangs mit Spitzhacke und Schaufel in Tagebauen Erz. Zum Hafen Dudinka verlegten sie mit bloßen Händen eine Schmalspurbahn. Erst 1953 verbesserte sich mit dem Übergang vom Lagerbetrieb zur Stadt die Lage der politischen Häftlinge allmählich.

Seit den 1970er-Jahren erstrahlt das nächtliche Norilsk im Lichterglanz der Bogenlampen entlang ihrer breiten Straßen und Plätze mit regem Autoverkehr. Den Einwohnern stehen Schulen, Krankenhäuser, Kinos, Theater und Hallenbäder zur Verfügung. Arbeitskräfte werden mit dem Drei- bis Vierfachen vom mittleren Lohn in Moskau angeworben. Einen 14-tägigen Sommerurlaub am Schwarzen Meer gibt es zur Belohnung.

Viele Norilsker sind im Jahr 2000 stolz darauf, bei *Norilsk Nickel* angestellt zu sein. Wer vor Jahrzehnten in diese unwirtliche Gegend kam, wollte nicht lange bleiben. Doch so mancher Norilsker verlor in den Jahren des wirtschaftlichen Umschwungs seit 1992 aufgrund der hohen Geldentwertung seine Ersparnisse. Damit stellte sich nicht mehr die Frage, wann er geht, sondern ob. Die Norilsker sagen, sie hätten sich an die Luftverschmutzung gewöhnt. Sie ertragen ja auch den langen kalten Winter und die totale Dunkelheit. Und auf die Frage, wie der Sommer war, erhält man die Antwort: „Ich weiß es nicht, an dem Tag habe ich gearbeitet."

Das Gasfeld Jamburg

Das Westsibirische Tiefland, eine mit jurassischen bis quartären Sedimenten angefüllte Mulde, liegt zwischen der Russischen und Sibirischen Tafel östlich des Uralgebirges. In den mächtigen Sedimenten lagern bedeutende Erdöl- und Erdgasvorkommen. Allein in der Tundra des Westsibirischen Tieflandes werden etwa 70 % der Erdgas- und 30 % der Erdölvorräte Russlands vermutet. Die Erschließung der Erdgasvorkommen begann in den 1970er-Jahren der sowjetische Staatsbetrieb *Gazprom*. Damals eröffnete das Politbüro der KPdSU die Inwertsetzung der Tundra durch Bergbaumonostrukturen. Im Zuge der Perestrojka wurde 1989 *Gazprom* in einen russischen Staatskonzern und 1998 in eine Aktiengesellschaft umgewandelt. *Gazprom* ist heute mit rund 400 000 Beschäftigten der größte Arbeitgeber Russlands.

Die Siedlung Jamburg entstand ab 1982 mit Beginn der Erschließung des Jamburger Erdgasfeldes. Neben den etwa 300 ständigen Bewohnern sind in der Region bis zu 14 000 Mitarbeiter zeitweilig tätig. Jamburg ist über eine Straße mit Nowy Urengoi verbunden. Auf der Eisenbahnstrecke verkehrt täglich ein Zugpaar mit Güter- und Personenverkehr. Die Reisezeit beträgt etwa 8 Stunden. Für die Einreise nach Jamburg wird eine Sondergenehmigung benötigt.

M 68.3 Norilsk und das Gasfeld Jamburg

die nördlichste Großstadt der Welt (2007: 170 000 Einwohner).

Nach 1993 erfolgte die Umstrukturierung des staatlichen Norilsker Nickelkombinats in ein Aktienunternehmen. *Norilsk Nickel* zählt nach seiner grundlegenden Sanierung zu den zehn größten und zugleich profitabelsten Unternehmen Russlands. Der Betrieb gilt als einer der weltführenden Rohstofflieferanten sowie Weltmarktführer in der Nickel-, Platin- und Palladiumproduktion. Knapp 100 000 Mitarbeiter erwirtschaften etwa 1,5 % des russischen BIP. Zugleich gilt *Norilsk Nickel* als größter Einzelluftverschmutzer der Welt. Im Jahr 2003 betrug der Gesamtausstoß an Luftschadstoffen in Norilsk 2,020 Mio. Tonnen.

An das russische Eisenbahnnetz ist Norilsk nicht angebunden. Die Stadt ist nur über den 40 km außerhalb liegenden Flughafen direkt zu erreichen. Die Straßen zum Flughafen und nach Dudinka werden auch im Winter schneefrei gehalten. Es besteht eine 120 km lange elektrifizierte Eisenbahnstrecke zum Binnen- und Hochseehafen Dudinka. Von dort werden die in Norilsk gewonnenen Erze und Metalle im Sommer über den Jenissei und den Nördlichen Seeweg verschifft. Der Strom wird im Winter als Fahrstraße genutzt und der Seeweg mit Eisbrechern freigehalten. Für die Einreise nach Norilsk wird eine Sondergenehmigung benötigt.

> Bei der „Wacht- und Expeditionsmethode" pendeln die Arbeitskräfte im Zweiwochen- oder seltener im Monatsrhythmus zwischen ihrem Arbeitsplatz im Fördergebiet, wo sie in bloßen Unterkünften leben, und ihrem Wohnort weit im Süden im borealen Nadelwald. Die Wachtarbeiter werden im Arbeitstakt eingeflogen und nach Ablauf der Schicht wieder zurückgeflogen. Dabei wird zwar der Bau komplett ausgestatteter Dauersiedlungen im Fördergebiet erspart, aber verbunden ist diese Methode mit einem erheblichen Transportaufwand.
>
> Diese Methode ist nicht ohne Kritik; denn die Wachtarbeiter müssen ständig zwischen unterschiedlichen Klimazonen Hin- und Herspringen. Das schränkt wegen der psychischen und gesundheitlichen Belastungen nicht nur die Lebensqualität der Pendler ein, sondern es vermindert auch die Arbeitsproduktivität.
>
> *Nach: N. Wein, in: Die Erde. 127, 1996.*

M 69.1 Die Wachtmethode

M 69.2 Wachtsiedlung Jamburg

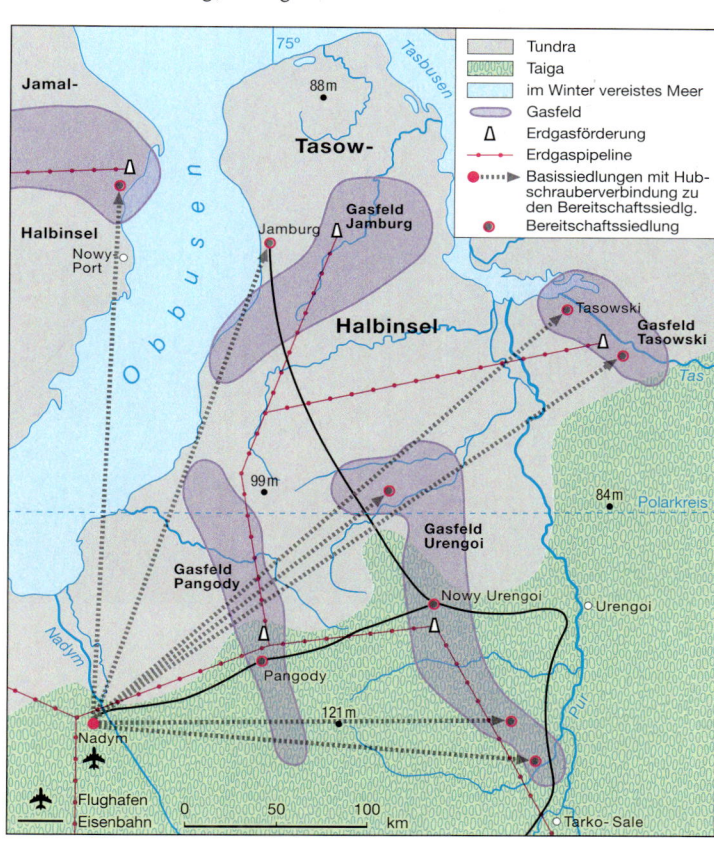

M 69.3 Erdgasförderung auf der Halbinsel Tasow

1. **Referat-Tipp:** Die Eroberung Sibiriens.
2. Entwerfen Sie ein Modell des Weideökosystems Rentiernomadismus in der Arktischen Tundra (**M 68.1**, **M 68.2**).
3. Erörtern Sie die Entwicklung von Norilsk unter räumlichen, wirtschaftlichen und politischen Gesichtspunkten (**M 68.3**, **M 71.2**).
4. **Referat-Tipp:** Nördlicher Seeweg und Klimaerwärmung.
5. Erläutern Sie Methoden der Erschließung, Förderung und des Transports von Erdgas aus der Tundra Westsibiriens (**M 69.1** bis **M 69.3**, Atlas).

Nutzungsprobleme in der arktischen Tundra

1. Jedes Kiesbett – ob für Straße, Bahndamm, Landepiste, Gebäude oder Bohrplatz – hinreichend mächtig mit Kies füllen. Grobkörniges Substrat verwenden, wo immer es möglich ist.
2. Für beheizte Gebäude Freiräume für Luftzirkulation zwischen dem Untergrund und dem Gebäudeboden vorsehen. Umfassende Drainage um jedes Gebäude, um das Auftauen des Frostbodens zu verhindern.
3. Die Zerstörung der Vegetation unbedingt vermeiden. Einsatz von Fahrzeugen und Maschinen nur auf festen Straßen zulassen. Keine Bodenentnahme hangoberhalb oder -unterhalb von Bauwerken sowie lineare Bauwerke – Pipelines, Straßen, Kabel – hangparallel nebeneinander verlegen, um Hangrutschungen zu vermeiden.
4. Beim Verlegen von Pipelines über Wasserläufe beachten:
a) bei unterirdischer Verlegung Gefahr der Beschädigung durch Abstürzen großer Permafrostblöcke am unterschnittenen Ufer, Freilegung durch Erosion und Beschädigung durch treibendes Eis, Gesteinsblöcke oder Geröll;
b) bei oberirdischer Verlegung Gefahr der Beschädigung bei Hochwasser oder Überschwemmungen durch treibendes Eis und transportiertes Geröll.

Nach: Geological Survey Professional Paper, 1969.

M 70.1 Ingenieurgeologische Empfehlungen für das Bauen auf Permafrost

M 70.2 Hausbau auf Permafrost

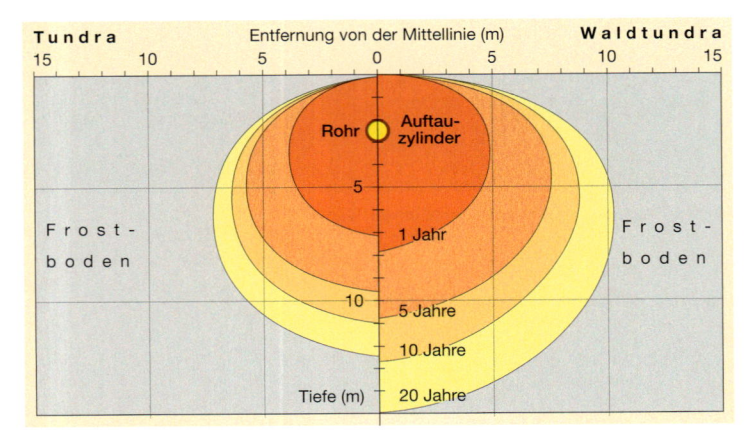

M 70.3 Auftauzylinder im Permafrost

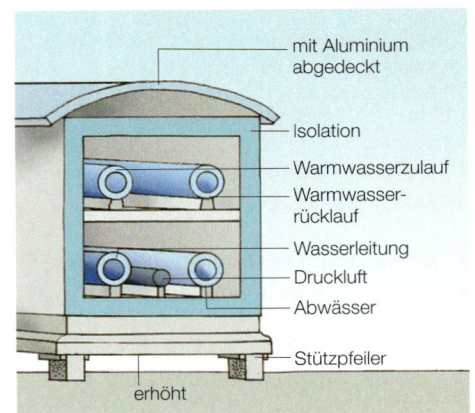

M 70.4 Rohre im isolierten Versorgungssystem

Die geoökologischen Rahmenbedingungen der Tundra stellen hohe Anforderungen an Mensch und Technik, vor allem verteuern sie die Erschließung, Förderung und Verarbeitung der Rohstoffe.

Permafrost und Ingenieurprobleme

Der Hoch- und Straßenbau ist schwierig und teuer. Gebäude kann man nicht ohne besondere Vorkehrungen errichten. Einfache Pisten darf man nicht anlegen, da sie zu tiefen Erosionsrinnen werden. Die dünne Vegetationsdecke kann mechanische Eingriffe nur in Jahrzehnten wieder ausgleichen.

Trink- und Brauchwasser muss von den Wasserwerken in aufgeheiztem Zustand in die Leitungen gepumpt werden. Auf dem Weg zu den Verbrauchern verliert es Wärme. Im Boden verlegt kommt es zu Rohrverbiegungen und -brüchen. Deshalb ist man in Städten wie Norilsk zur Verlegung aller Leitungen in beheizbaren betonierten Schächten übergegangen.

Wasser – der alternative Weg

Trotz tiefer Wintertemperaturen müssen Transporte über Land im Winter abgewickelt werden, da die Tundra im kurzen Sommer unpassierbar ist. Selbst Lufttransporte sind wegen der Stürme und Schneeverwehungen nicht immer möglich. Die Schifffahrt bietet keinen Ersatz für fehlende Straßen und Eisenbahnstrecken. Nur im Frühjahr sind die Ströme gut zu befahren. Das Niedrigwasser im Sommer behindert bereits wieder die Schifffahrt. Im Winter werden die zugefrorenen Flüsse benutzt, um in Lkw- und Pkw-Konvois Gegenstände und Personen zu transportieren. Die Motoren müssen aber auch in Pausen wegen der großen Kälte ständig in Betrieb bleiben.

Raumnutzungskonflikt in der Tundra

Mit der Erschließung der Tundra sind zwei grundsätzliche Fragestellungen verbunden:
1. Wem gehört der Landschaftsraum?
2. In welchen Ausmaßen darf das Geoökosystem industriell genutzt werden?

In der ersten Frage folgten alle politischen Führungen in Moskau wirtschaftlichen und strategischen Interessen. Die einheimischen Nenzen wurden vor Jahrhunderten russische Staatsbürger, ohne es zu wissen. Eigentums- und Nutzungsrechte an Land und Ressourcen wurden ihnen nicht zuerkannt. Wo es die Erschließung erforderte, wurden sie rücksichtslos verdrängt.

In der zweiten Frage stehen sich unverändert wirtschaftliche Interessen und Umweltschutz gegenüber. Da die Produktivität der sowjetischen Planwirtschaft verhältnismäßig gering war, wurde auf Umweltschutz verzichtet. Auch der russische Staat ist heute noch geneigt, aus Kostengründen Umweltschutzmaßnahmen zu vernachlässigen. Die gegenwärtige russische Regierung ignoriert wie zu Zeiten der Sowjetunion die KPdSU Appelle nationaler und internationaler Organisationen zur Nachhaltigkeit (Sustainable Development).

Bikin gehört der Verwaltung des Autonomen Gebiets der Jamal-Nenzen an. Gegen Ende der 1980er-Jahre drückte er in einem Manuskript mit dem Titel „Wohin geht meine Sippe?" einen schockierenden Schmerz aus. Er machte aufmerksam auf Umweltverschmutzung und Besiedelung infolge einer rücksichtslosen Erdgasförderung, die die Lebensgrundlagen seines kleinen Volkes zu zerstören drohen. *Bikin* sagt, die Nenzen verließen die Oberwelt, um in die Unterwelt hinabzusteigen, scheinbar aufgrund einer Krankheit. Tatsächlich sterben sie an ihrem Unvermögen, sich den veränderten Lebensbedingungen anzupassen. Ihre einzigartige Kultur, Denk- und Lebensweise, die untrennbar mit der Natur, ihren Gesetzen und Kreisläufen verbunden war, werden durch die sowjet-russische Kultur bedroht. Alle Sippen presste die Kommunistische Partei samt Renen in Kolchosen und wollte sie sesshaft machen. Auf dem Heiligen Hügel wurde ein Bohrturm aufgestellt und schändete ihn mit Dreck und Schutt. Holzfäller holzten auf dem Sippenfriedhof die Bäume ab und zerstörten so die ewige Ruhestätte.

Bikins Vater hatte mit seinen 76 Jahren keinen Grashalm, kein Blatt und keinen Zweig ausgerupft oder gebrochen, ohne dass er seiner bedurft hatte, konnte vieles an diesem Leben nicht verstehen. Sein Vater sagte, nachdem er gefragt wurde, was er brauche: „Gebt mir Land, wo ich meine Rentiere züchten, Tiere und Vögel jagen und Fische fangen kann. Gebt mir Land, wo keine Wilderer und Fahrzeuge meine Weideflächen zerstören, wo die Flüsse und Seen nicht durch das brennbare Fett der Erde verschmutzt sind. Ich brauche Land, wo mein Zelt und mein Heiligtum nicht angegriffen und die ewige Ruhestätte nicht zerstört werden, wo ich nicht am helllichten Tage ausgeraubt werde. Gebt mir mein Land, wenigstens ein Fleckchen meines Landes."

Nach: J. Aipin. In: Zeitschrift Wostok, 1995.

M 71.2 Aus dem Manuskript eines Nenzen

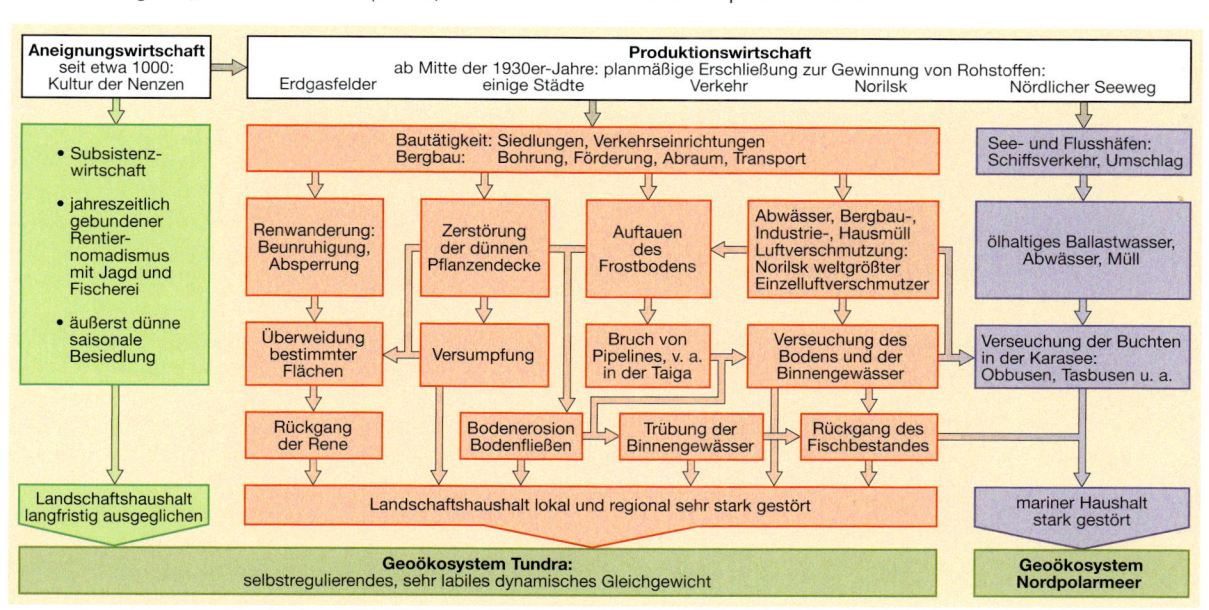

M 71.1 Erschließung der Tundra in Westsibirien mit geoökologischen Folgewirkungen

1. Begründen Sie ingenieurgeologische Maßnahmen des Bauens in der Tundra (**M 70.1** bis **M 71.2**).
2. Erläutern Sie geoökologisch bedingte Besonderheiten des Transportwesens in der Tundra (**M 70.1, M 70.4, M 71.1**).
3. Untersuchen Sie die Belastbarkeit des Geoökosystems Tundra bei der Nutzung durch den Menschen (**M 71.1**).
4. Diskutieren Sie: Nutzung der Tundra als Rohstoffergänzungsraum Russlands oder Lebensraum der Nenzen (**M 71.1, M 71.2, M 69.3**).
5. **Referat-Tipp:** Nunavut – das Territorium der Inuit.

Geoökosystem Eiswüste: Die Antarktis

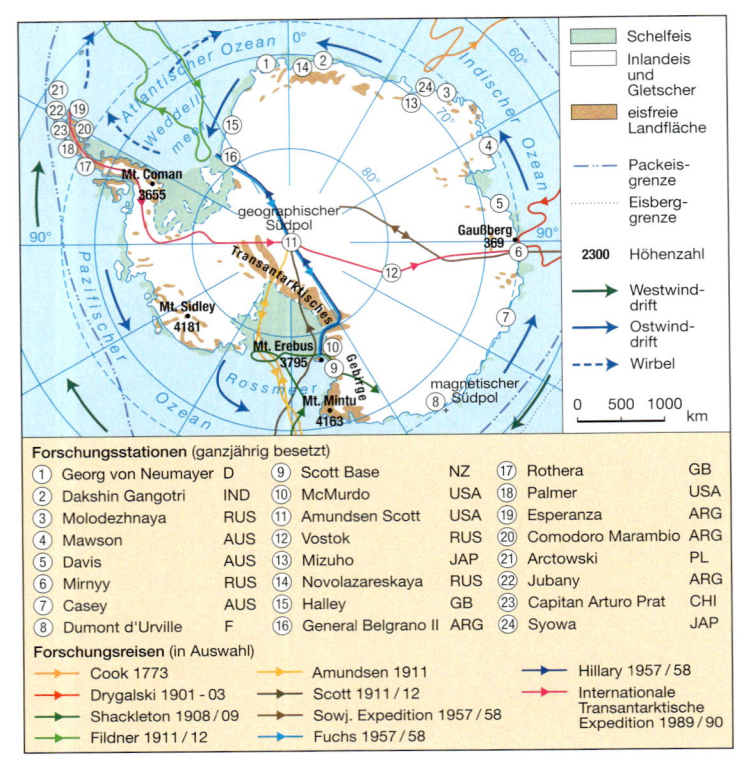

M 72.1 Südpolargebiet (Antarktis)

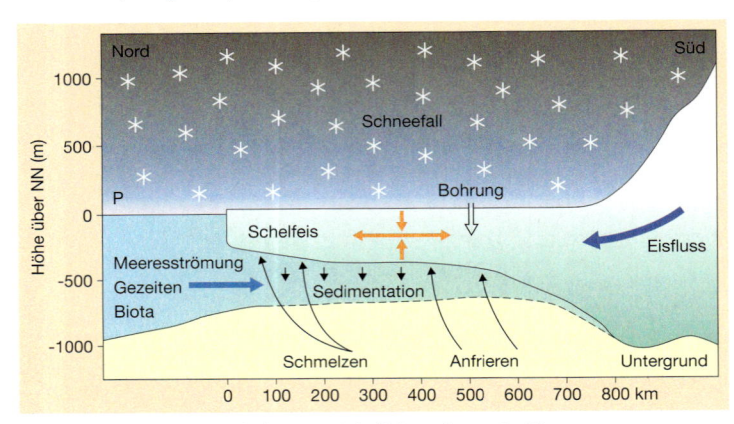

Forschungsstationen (ganzjährig besetzt):
1. Georg von Neumayer — D
2. Dakshin Gangotri — IND
3. Molodezhnaya — RUS
4. Mawson — AUS
5. Davis — AUS
6. Mirnyy — RUS
7. Casey — AUS
8. Dumont d'Urville — F
9. Scott Base — NZ
10. McMurdo — USA
11. Amundsen Scott — USA
12. Vostok — RUS
13. Mizuho — JAP
14. Novolazareskaya — RUS
15. Halley — GB
16. General Belgrano II — ARG
17. Rothera — GB
18. Palmer — USA
19. Esperanza — ARG
20. Comodoro Marambio — ARG
21. Arctowski — PL
22. Jubany — ARG
23. Capitan Arturo Prat — CHI
24. Syowa — JAP

Forschungsreisen (in Auswahl):
- Cook 1773
- Drygalski 1901–03
- Shackleton 1908/09
- Fildner 1911/12
- Amundsen 1911
- Scott 1911/12
- Sowj. Expedition 1957/58
- Fuchs 1957/58
- Hillary 1957/58
- Internationale Transantarktische Expedition 1989/90

M 72.2 Querschnitt durch das Ross-Schelfeis entlang 168° W

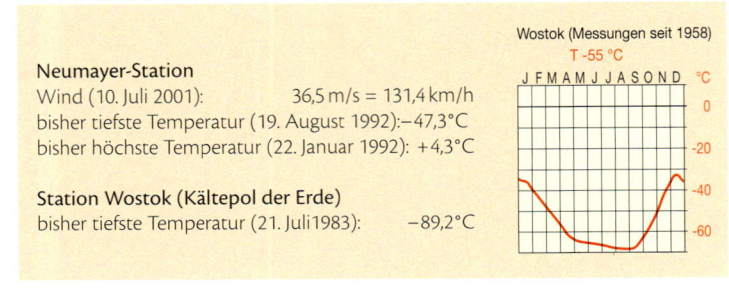

Neumayer-Station
Wind (10. Juli 2001): 36,5 m/s = 131,4 km/h
bisher tiefste Temperatur (19. August 1992): –47,3 °C
bisher höchste Temperatur (22. Januar 1992): +4,3 °C

Station Wostok (Kältepol der Erde)
bisher tiefste Temperatur (21. Juli 1983): –89,2 °C

Wostok (Messungen seit 1958) T –55 °C

M 72.3 Temperaturdiagramm Wostok und Extremwerte

Einzigartiger Naturraum

Die Antarktis gilt nach ihrer topographischen Lage im Weltmeer unter den Kontinenten der Erde als ausgesprochen abgesondert. Häufige Stürme südlich der 40er Breiten und ein breiter Eisgürtel im Küstenbereich erschweren die Zufahrt von jedem der drei Ozeane enorm. So ist eine Landung durch Schiffe ohne besondere Ausrüstung nur während des Südsommers an wenigen Küstenabschnitten an der Antarktischen Halbinsel und im Gebiet des Ross-Schelfeises möglich.

Als physisch-geographische Grenze der um den Südpol gelegenen Land- und Meeresgebiete gilt die *antarktische Konvergenz* bei etwa 50° S. Es ist die Linie, an der das kalte antarktische unter das wärmere subtropische Oberflächenwasser absinkt. Die so begrenzte Antarktis gliedert sich in den in der Mitte gelegenen antarktischen Kontinent (Antarktika) und in das Südpolarmeer. Durch das Weddellmeer auf der atlantischen und das Rossmeer auf der pazifischen Seite wird Antarktika in die Ost- und die Westantarktis gegliedert.

Die Oberfläche des antarktischen Kontinents ist nahezu völlig von *Inlandeis* bedeckt. Der Scheitel einer flachgewölbten Eishaube liegt in etwa 81° s. Br. 3719 m hoch über dem Meeresspiegel. Das Eis ist hier fast 3000 m mächtig, erreicht seine maximale Mächtigkeit aber nahe der russischen Forschungsstation Wostok mit 4665 m.

Das Inlandeis schiebt sich vom Scheitel der zentralen Eishaube nach allen Seiten zum Weltmeer. Seine Oberfläche dacht sich nach außen allmählich auf 1000 m ab, am Rand liegt die Eisoberfläche nur noch 40 bis 20 m über dem Meeresspiegel. An der Kalbungsfront zu den Ozeanen ist das *Schelfeis* noch 100 bis 200 m mächtig. In das Meer abbrechende Eismassen treiben als Eisberge in den Ozeanen. Die tafelförmigen *Eisberge* ragen bis zu 30 m über die Meeresoberfläche. Nach Schätzungen ließen sich mit nur 10 % der Eisberge 6 bis 10 Mio. ha Land bewässern.

Das Antarktiseis besteht aus dem 13 Mio. km² großen Eisschild des Inlandeises und dem eine Mio. km² umfassenden Schelfeis (Eismasse am Rand des Inlandeises, die vorwiegend im Meer schwimmt). Es kühlt die Troposphäre, insbesondere deren Grundschicht stark ab. Wegen der hohen Albedowerte von 84 bis 86 % und der geringen Bewölkung im Sommer wird sehr viel kurzwellige Strahlung reflektiert. Prägend sind auch der jahreszeitliche Wechsel zwischen Polartag und Polarnacht sowie häufig Stürme.

Entdeckung und Erforschung

Schon im Altertum und bis in das 18. Jahrhundert glaubte man an ein Festland rings um den Südpol, die Terra australis (incognita). COOK zerstörte die alte Vorstellung. Er wagte sich auf seiner zweiten Fahrt zweimal über den Polarkreis, aber überall bot ihm der undurchdringlich erscheinende Packeisgürtel Einhalt. Erst Jahrzehnte nach seinem apodiktischen Urteil („nec plus ultra") setzte die Südpolarforschung allmählich ein. Zar ALEXANDER I. entsandte unter VON BELLINGHAUSEN und LASAREW eine erste wissenschaftliche Expedition. Mit den Schiffen „Wostok" und „Mirny" umsegelte BELLINGHAUSEN als Zweiter das Südpolargebiet und sichtete zum ersten Male das antarktische Festland.

Mit dem 20. Jahrhundert begann ein neuer Abschnitt der Forschungsreisen in der Antarktis. Zwei internationale Geographenkongresse in London (1895) und Berlin (1899) legten die Arbeitsgebiete fest, in denen fünf große Expeditionen gleichlaufende Beobachtungen durchführen sollten.

Bei zunehmendem Einsatz moderner Technik erzielte die Südpolarforschung im 20. Jahrhundert große Fortschritte. Forschungsschwerpunkte waren anfangs die geographische und geologische Erkundung. Später kamen die Suche nach Bodenschätzen, Fragen zur Klimageschichte der Antarktis und vor allem geophysikalische Forschungen hinzu. Einen enormen Wissenszuwachs brachten internationale Unternehmungen: die Internationalen Polarjahre 1882/83 und 1932/33, das Internationale Geophysikalische Jahr (I.G.J.) 1957 bis 1959. Das I.G.J. war nicht zuletzt ein Versuch, in der Antarktis den Wettlauf um die Landnahme durch mehrere Nationen zu entschärfen.

1578	DRAKE beschreibt Tafeleisberge südlich von Kap Hoorn
1772/73	COOK erreicht 71° s. Br.
1819–21	VON BELLINGHAUSEN umsegelt im russischen Auftrag das Südpolargebiet
1822/23	WEDDELL dringt bis 74°15′ s.Br. in das später nach ihm benannte Weddellmeer vor
1840	D'URVILLE entdeckt Adélieland
1838–42	Amerikanische Expedition unter WILKES entdeckt das spätere Wilkesland
1839–43	ROSS entdeckt auf einer von A. v. HUMBOLDT und GAUSS angeregten britischen Expedition Victorialand, das Ross-Schelfeis und die Rossinsel mit dem Vulkan Mount Erebus
1901–03	Deutsche Gauß-Expedition unter DRYGALSKI erforscht die Ostantarktis
1901–04	Britische Discovery-Expedition unter SCOTT entdeckt die Eduard-VII.-Halbinsel
1908/09	SHAKLETON erreicht 88°23′ s. Br.
1911/12	Deutsche Expedition unter FILICHNER entdeckt das Prinz-Luitpold-Land und das Filchner-Schelfeis Weddellmeer
1911/12	AMUNDSEN am 14.12. und SCOTT am 18.01. erreichen den Südpol
1928–47	Vier amerikanische Expeditionen unter BYRD
1938/39	BYRD überfliegt den Südpol
1935/36	ELLSWORTH überfliegt den antarktischen Kontinent
1938/39	Deutsche Antarktisexpedition (Schwabenland) unter RITSCHER entdeckt Neuschwabenland
1942	Großbritannien richtet die erste ständig besetzte Forschungsstation im Rossmeer ein
seit 1946	Verstärkte Forschungstätigkeit verschiedener Nationen
1946/47	Amerikanische Großexpedition mit 12 Schiffen (auch U-Booten) und Flugzeugen unter BYRD
1949–52	Erste internationale Expedition (Norwegen, Großbritannien, Schweden), erste seismische Eisdickenmessung
seit 1955	Errichtung von Spezialstationen für die Forschung im Rahmen des I.G.J.
1955–59	Sowjetische Südpolarexpedition erreicht 1957 den südlichen Magnetpol, 1958 den Pol der Unzugänglichkeit
1956	Beginn der antarktischen Forschungen auf breiter internationaler Grundlage
1957/58	FUCHS und HILLARY durchqueren die Antarktis mit Raupenschneefahrzeugen
1981	Errichtung der Georg-von-Neumayer-Station (1992 durch die Neumayer-Station, 2008 durch Neumayer III ersetzt)
1989/90	MESSNER und FUCHS durchqueren die Antarktis zu Fuß
um 2000	82 Forschungsstationen, davon sind 37 Stationen ganzjährig im Einsatz

M 73.2 Zeittafel der Entdeckung und Erforschung der Antarktis

Ohne Dieselöl gibt es im ewigen Eis keinen Strom, keine Wärme, kein Wasser, kein Essen, keine Forschung. Der Eisbrecher „Akademik Fedorov" bringt den Energieträger seit 1957 bis Mitte Mai zur russischen Antarktis-Station Mirny. Von hier aus transportiert Jahr für Jahr ein Konvoi Kettenfahrzeuge mit Tankschlitten über 1400 km bei bis zu −89 °C Nachschub für die Station Wostok, dem unwirtlichsten Arbeitsplatz der Erde in 3510 m über dem Meeresspiegel.

Aus Wostok funkt der Überwinterungsleiter, dass der Treibstoff noch bis Mitte Dezember reicht.

Am 29. Oktober startet der Konvoi bei Sonnenschein und wenig Wind. Die Vorwärmer der zehn Kettenfahrzeuge dröhnen schon am frühen Morgen. Über ungebahnte Schneeflächen rumpeln die Fahrzeuge mit Höllenlärm von 530 PS und ohrenbetäubendem Kettenrattern. Bei Kilometer 200 stehen fünf zurückgelassene volle Tankschlitten. Drei werden aus dem Schnee gebuddelt und angekoppelt, der Inhalt der anderen umgepumpt. Die Kleidung, mit Ölschmiere und Russ durchtränkt klebt am Körper. Bei Kilometer 859 fallen zwei Fahrzeuge aus und ein Sturm hält den Konvoi zwei Tage auf. Wie Sand schmirgeln die Eiskristalle das Gesicht. In den Kabinen ist es kalt. Die Männer sind erschöpft. Am 17. Dezember nickt ein Fahrer am Lenker ein. Das Fahrzeug kippt mit dem Tankschlitten. Über sechs Kubikmeter Diesel laufen aus und versickern.

Am 20. Dezember erreicht der Konvoi Wostok. Noch vor Weihnachten wäre die Station eingefroren. Von 350 t Diesel verbleiben 100 t in Wostok. Der Rest ist verbraucht oder wird für die Rückfahrt benötigt. Für einen sorgenfreien Winter in Wostok wären 130 t Diesel erforderlich.

Nach: Andreas Sanders. In: GEO Magazin, Nr. 01/04

M 73.1 Dieselöl für Wostok

1 Erläutern Sie die Ausprägung verschiedener Geofaktoren der Antarktis, z. B. Oberflächengestalt, Klima, Wasserhaushalt (**M 72.1** bis **M 72.3**, Atlas).
2 Berichten Sie von der Entdeckung und Erforschung der Antarktis (**M 73.1**, **M 73.2**).
3 **Referat-Tipp:** Die Antarktisforschungsstation Neumayer.

Antarktis – ein Rohstoffergänzungsraum?

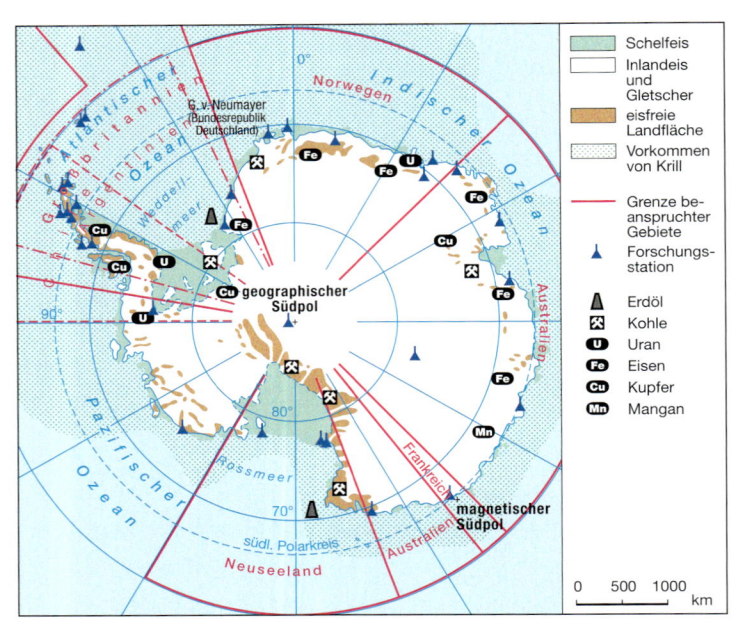

M 74.1 Bodenschätze und Gebietsansprüche in der Antarktis

M 74.2 Antarktis-Tourismus

Der steigende Bedarf an Ressourcen der unbelebten und belebten Natur lenkte in der zweiten Hälfte des 20. Jahrhunderts vor allem in den Industrieländern das Interesse auf eine wirtschaftliche Nutzung der Antarktis. Durch internationale Abkommen konnten Raumnutzungskonflikte zwischen den Staaten abgewendet werden. Sie dienen zugleich dem Schutz des Geoökosystems Antarktische Eiswüste.

Ressourcen der Antarktis

Das Wissen der Geologen und Geophysiker über mineralische Rohstoffvorkommen in der Antarktis ist heute noch unvollständig. Untersuchungen des geologischen Baus ergaben aber, dass die Antarktis ein Teil des im späten Erdmittelalter zerbrochenen Urkontinents Gondwana ist. Deshalb müssten die Strukturen von Lagerstätten metallischer und energetischer Rohstoffe in der Antarktis den Baustrukturen der anderen Bruchstücke Afrika, Indien, Australien und Südamerika, die gut erforscht sind, weitgehend ähnlich sein.

Trotz schwierigster natürlicher Bedingungen der geologischen Erkundung sind bereits zahlreiche Lagerstätten bekannt. Deren Abbau wäre heute noch nicht wirtschaftlich. Wegen der extrem schwierigen natürlichen Verhältnisse könnte er nur in Großlagerstätten erfolgen.

Meerestiere wurden seit dem 19. Jahrhundert gefangen, vor allem Pelzrobben ab 1819, Wale ab 1904 und Krill seit etwa 1970. Im Jahre 1986 wurde schließlich der nur noch von Japan und der UdSSR betriebene Walfang wegen des drastischen Rückgangs der Walbestände durch übermäßigen Fang eingestellt.

Schutz der Antarktis

Zur Regelung der Nutzung der unbelebten und belebten Ressourcen wurde der Antarktisvertrag im Rahmen des SCAR-Vertrages durch verschiedene Abkommen erweitert. Wichtige Vereinbarungen waren 1964 das Abkommen über die Erhaltung der antarktischen Flora und Fauna, 1972 die Konventionen zum Schutze der Robben und 1980 zum Schutze der marinen Ressourcen. Die 1988 ausgehandelte Konvention zur Gewinnung von Rohstoffen in der Antarktis ist durch das 1991 verabschiedete Madrider Umweltschutzprotokoll inhaltlich überholt. Dieses verbietet für 50 Jahre grundsätzlich den Abbau mineralischer Ressourcen und erklärt die Antarktis zum Naturreservat des Friedens und der Wissenschaft. Ein etwa 21 Mio. km² großes Reservat für Wale wird weiter beibehalten.

Vereinbarungen der Staatengemeinschaft

Seit Anfang des 20. Jahrhunderts erhoben Neuseeland, Australien, Chile und Argentinien als Anliegerstaaten sowie Norwegen, Großbritannien und Frankreich wegen ihrer Leistungen bei der Entdeckung der Antarktis Gebietsansprüche. Deshalb schlugen die USA 1948 vor, die Antarktis entweder den Vereinten Nationen oder einer aus mehreren Staaten zu bildenden Organisation zur Verwaltung des Territoriums zu unterstellen. Aber erst mit der Erfahrung erfolgreicher Zusammenarbeit von Wissenschaft und Politik im Rahmen des I.G.J. 1957/58 wurde 1959 ein Internationales wissenschaftliches Komitee für Antarktisforschung (SCAR-Vertrag, Scientific Comitee on Antartic Research) gegründet. In dieser regierungsunabhängigen Organisation (NRO) sollen Wissenschaftler aus mehr als 20 Ländern die Polarforschung auf internationaler Ebene organisieren und koordinieren.

Ein Meilenstein der internationalen Antarktispolitik ist der Antarktisvertrag (1959). Stimmberechtigte Signatarstaaten sind Argentinien, Australien, Chile, Frankreich, Neuseeland, Norwegen, Großbritannien, Belgien, Japan, Republik Südafrika, Sowjetunion, USA; nachträglich Polen und die Bundesrepublik Deutschland. Eine Konsultativrunde entscheidet über die Zukunft der Antarktis, über neue Richtlinien ihrer Nutzung und über die Fortentwicklung des Vertragswerkes.

Völkerrechtlich hat der Vertrag die Besitz- und Nutzungsrechte geregelt. Danach ist die Antarktis ein internationaler Gemeinschaftsraum. Das im Vertrag begründete Recht überschneidet sich mit dem internationalen Seerecht, den Konventionen zur Nutzung des Ozeanbodens und des Weltraums sowie den Konventionen zum Umweltschutz.

Die Frage einer politischen Aufteilung der Antarktis lässt der Vertrag ausdrücklich offen. Unbeschadet dessen beharren die genannten sieben Staaten auf ihren Gebietsansprüchen. Landkarten weisen eine entsprechende Sektoreneinteilung auf.

1. ausschließlich friedliche Nutzung, Verbot militärischer Aktivitäten und Waffentests, Einsatz militärischen Personals und Ausrüstung für wissenschaftliche Forschung und andere friedliche Zwecke erlaubt
2. Freiheit der wissenschaftlichen Untersuchung und Kooperation
3. freier Austausch von Informationen und Personal in Kooperation mit den UN und anderen internationalen Organisationen
4. keine Diskussion oder Etablierung territorialer Ansprüche, keine Anmeldung neuer Ansprüche für die Dauer des Vertrags
5. Verbot nuklearer Explosionen oder Entsorgung radioaktiven Abfalls
6. Gegenstand des Vertrags sind alle Land- und Eisflächen südlich 60° S.
7. freier Zugang für Beobachter aus Vertragsstaaten, einschließlich Luftbeobachtung, zu allen Gebieten, Einrichtungen und Ausrüstungen; Vorabankündigung aller Aktivitäten und des Einsatzes militärischen Personals
8. Beobachter und Wissenschaftler unterliegen der Rechtsprechung ihrer eigenen Staaten
9. regelmäßige Konsultationstreffen zwischen den Mitgliedsstaaten
10. Beitrag der Mitgliedsstaaten, alle vertragswidrigen Aktivitäten zu unterbinden,
11. friedliches Austragen von Streit von allen betroffenen Parteien, notfalls entscheidet der Internationale Gerichtshof

M 75.1 Vertragsinhalt des Antarktisvertrags (Auszug)

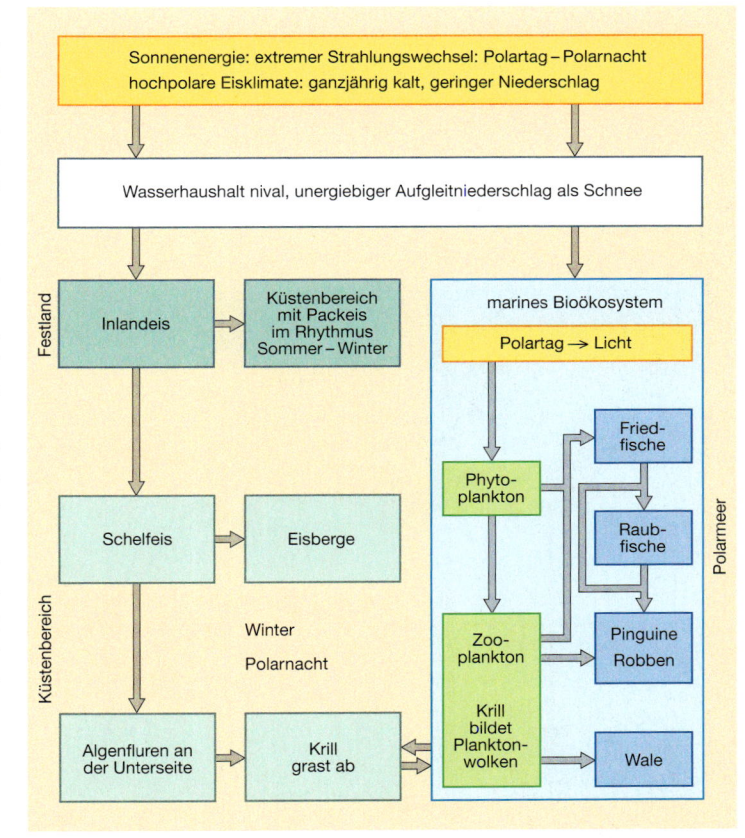

M 75.2 Geoökosystem Antarktische Eiswüste (vereinfachtes Schema)

1 Erklären Sie, warum in der Antarktis umfangreiche Lagerstätten mineralischer Rohstoffe zu vermuten sind (M 74.1). Vergleichen Sie mit Lagerstätten der anderen Bruchstücke Gondwanas (Atlas).
2 Beurteilen Sie die touristische Erschließung der Antarktis (M 74.2, Atlas). Beachten Sie die Stimmigkeit der Werbung.
3 Begründen Sie Vereinbarungen zum Schutz der Antarktis (M 75.2, 75.3, 73.2).
4 **Referat-Tipp:** Das Antarktische Vertragssystem.

Ökosysteme und anthropogene Eingriffe

Aus der wechselseitigen Berührung und Durchdringung von Lithosphäre, Atmosphäre, Hydrosphäre und Biosphäre ergeben sich an der Landoberfläche verschiedenartige Naturlandschaftsräume. Diese Ökosysteme stellen den begrenzenden Standort der menschlichen Gesellschaft dar. Der Mensch steht einerseits unter dem Einfluss der Naturbedingungen und muss sich mit ihnen auseinandersetzen, andererseits wirkt er zugleich verändernd auf sie ein.

Ursprünglich war der Mensch ein Teil des Systems Naturlandschaftsraum. Mit zunehmender gesellschaftlicher Arbeitsteilung, wachsender Bevölkerungszahl und der Höherentwicklung seiner materiellen und geistigen Kultur wird er mehr und mehr zum Gestalter in der Geosphäre. Seine Eingriffe in den Naturhaushalt können für ihn folgenschwer sein, sie sollten im Interesse nachfolgender Generationen durch intelligentes Handeln den begrenzten Standort Erde nicht übermäßig belasten.

Die vielen Austauschprozesse im System Erde bilden meist geschlossene Zirkulationen, die sich beeinflussen und bestimmten Gesetzmäßigkeiten unterliegen. Die wichtigsten Kreisläufe auf der Erde sind die des Wassers und des Kohlenstoffs. Deren Stofftransporte werden überwiegend von der Sonnenenergie angetrieben. Das wesentliche Merkmal solcher Kreisläufe sind die vielfältigen Rückkoppelungen, denn sie entscheiden darüber, wie viel eines Stoffes auf welchem Wege wohin geleitet wird. Diese komplexen Prozesse werden wiederum von den äußeren Bedingungen gesteuert, wie sie für die Komponenten des Erdsystems herrschen.

Damit nicht genug: Auch die Transportraten selbst können die Erdsphären stark beeinflussen. In diesen Fällen liegt eine Rückkopplung vor. Verstärkt sie einen bestehenden Trend, spricht man von einer positiven Rückkopplung, kehrt sie dagegen einen Trend um, wirkt eine negative Rückkopplung.

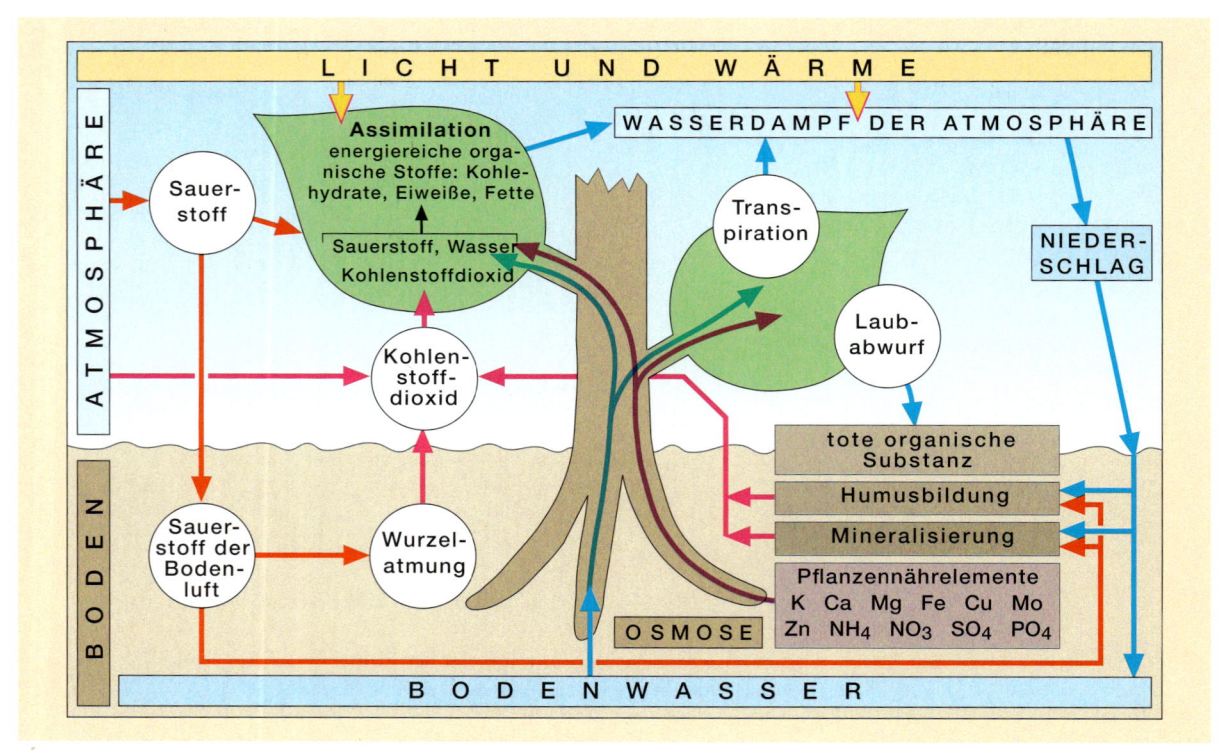

M 76.2 Sorgen um die Zukunft der Erde auf Kongress-Ebene

M 76.1 Das System Boden – Pflanze – Atmosphäre

Aufgabe: Vergleichen Sie die Geoökosysteme Immerfeuchte Tropen, Dornsavanne, Arktische Tundra untereinander. Verwenden Sie dabei das Modell „System Boden – Pflanze – Atmosphäre" (M 76.1).

Der Begriff Umwelt erfährt seit Jahrzehnten eine schnelle Verbreitung. Er umfasst in seiner Bedeutung sowohl die räumliche als auch die soziale Umwelt des Menschen. Im Kapitel „Ökosysteme und anthropogene Eingriffe" wurden landschaftsökologische Aspekte der Umwelt angesprochen.

Der Mensch unterliegt in seiner Beanspruchung des Naturlandschaftsraumes einerseits den begrenzenden Bedingungen dieser Dimension, andererseits wird seine natürliche Umwelt insbesondere durch wachsende wirtschaftliche Nutzungsinteressen zunehmend Belastungen ausgesetzt. Mehr und mehr erkennt die Öffentlichkeit, dass der Mensch die Übernutzung seines Lebensraumes, die Ökosysteme der Erde, nicht hinnehmen kann. Zwar hat es Eingriffe des Menschen in den Naturhaushalt notwendigerweise zu allen Zeiten gegeben, aber erst mit dem Prozess einer weltweiten Verstädterung und Industrialisierung im Zusammenhang mit dem Wachstum der Weltbevölkerung in immer schnellerem Tempo steigt die Belastung der Ökosysteme derart, dass sie überfordert werden und schließlich zusammenbrechen. Von daher ist Umweltschutz und Umweltpolitik eine globale gesellschaftliche Aufgabe.

Eingriffe des Menschen in den Naturhaushalt sind notwendig, zugleich sind aber auch nachteilige Folgen für die Natur zu minimieren oder nach Möglichkeit auszugleichen. Es gilt das Prinzip der Nachhaltigkeit, „Sustainable Development".

Die erste Büßergeneration ist schon geboren. Weitere Generationen werden folgen, alle gemeinsam werden sie haften dafür, dass Milliarden Menschen geschlossen in die Verschwendungsfalle liefen. So sieht die pessimistische Sicht der Dinge aus, zur Zuversicht gibt es wenig Grund. Allenfalls zu Hoffnung…

Verschwendung war lange kein Problem, sie war Verheißung und Bedingung des globalen Wachstums zugleich. Eine wachsende Weltbevölkerung verlangte mehr Nahrung, mehr Felder, mehr Düngung. Wachsender Wohlstand verlangte neue Produkte, neue Fabriken, neue Straßen. Aus Bürgern wurden Verbraucher. Und der Verbraucher verbrauchte: Flächen, Fische, Erdöl, Wasser, Holz. Er nahm, was er brauchte, solange er bezahlen konnte. Die Folgen trugen andere.

Erstmals sind diese anderen nun unter uns. Erstmals lässt sich der Preis der Verschwendung nicht allein auf spätere Generationen abschieben, weil gegenwärtige ihn schon zu zahlen haben. Schutz von Ressourcen wird Selbstzweck; Umweltschutz ist nicht mehr Last, sondern Prämisse wirtschaftlichen Handelns. Diese Einsicht war überfällig.

Zu kämpfen hat jedes Land auf seine Weise. Einst fruchtbare Regionen versteppen, weil sich Böden nicht regenerieren können und Wasser knapp wird. Hunger breitet sich aus. Regenwälder weichen Ackerflächen, denn die Viehzucht braucht mehr Soja. Das verschärft den Klimawandel…

Über Jahrhunderte ließ sich beides nicht trennen. Die Lebensgrundlage, eine einigermaßen intakte Umwelt, war stets maßgeblich für die Lebensbedingungen. Wer von seinen Feldern leben wollte, der musste sie pflegen. Wer jagen wollte, durfte nicht alles erlegen. Angesichts einer überschaubaren Weltbevölkerung war das lange kein größeres Problem. Erst neue Technologien, Chemikalien, Maschinen sprengten die natürlichen Grenzen. Die Umwelt wurde zur lästigen Fessel des Wachstums, die es zu lösen galt. Nur: Das ist unmöglich.

Aus: Süddeutsche Zeitung vom 02./03.08.2008

M 77.2 Der ökologische Imperativ. Von Michael Bauchmüller

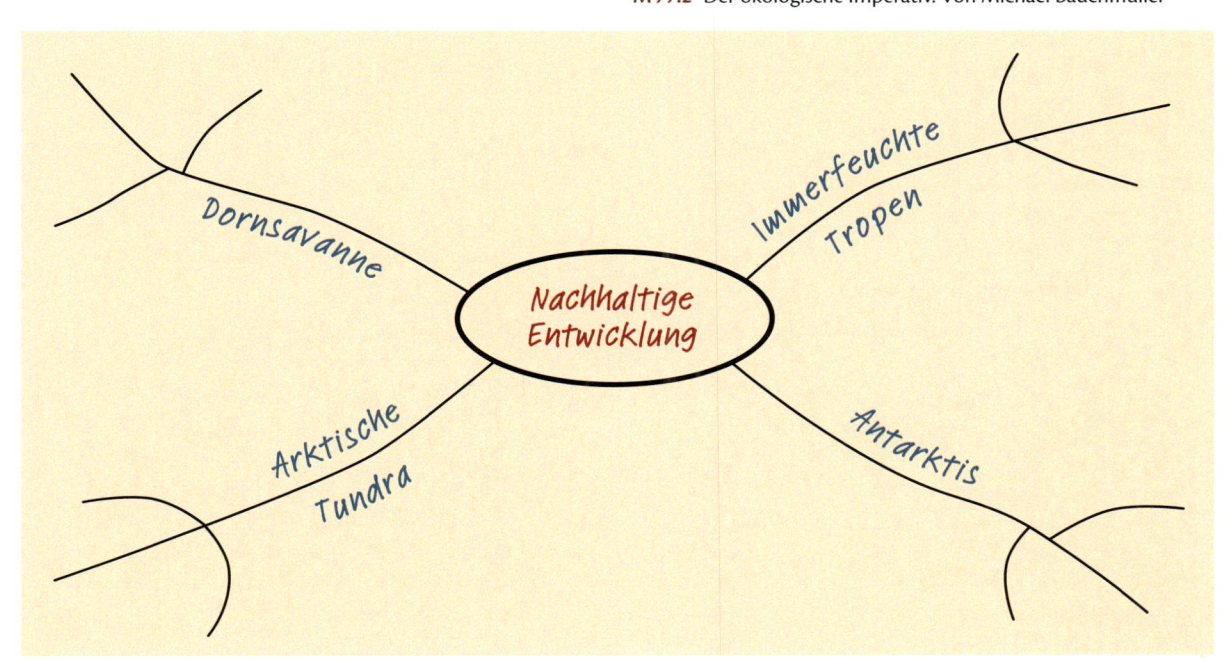

M 77.1 Mindmap-Entwurf zum Thema „Nachhaltige Entwicklung"

Aufgabe: Erarbeiten Sie zum Leitbild „Nachhaltige Entwicklung" eine Mindmap für die Geoökosysteme Immerfeuchte Tropen, Arktische Tundra, Eiswüste der Antarktis und Dornsavanne.

check-up

Zusammenfassung

Das *Geoökosystem tropischer Regenwald* stellt in Bezug auf die Pflanzenproduktion und den Artenreichtum die üppigste Pflanzengemeinschaft der Erde dar. Die Böden sind tiefgründig, aber humus- und nährstoffarm. Abgestorbene organische Substanz wird schnell mineralisiert. Das oberflächennahe, dichte Wurzelnetz fängt die freigesetzten Nährstoffe unter geringen Verlusten auf. Das Klima ermöglicht Dauerfeldbau. Die Bodennutzung erfolgt durch bäuerliche Kleinbetriebe als Wald-Feld-Wechselwirtschaft zur Selbstversorgung und Versorgung regionaler Märkte sowie durch Plantagenwirtschaft zur Produktion von Cash Crops. Die Regenwälder werden seit Mitte des 20. Jahrhunderts zur Holznutzung und Landnahme mit erheblichen ökologischen Folgen stark gerodet. Insbesondere beeinflusst die vorherrschende Brandrodung das globale Klima. Eine nachhaltige Bodennutzung einschließlich tropischer Forstwirtschaft gibt es in Ansätzen.

In den wechselfeuchten Tropen entwickeln sich die *Geoökosysteme der Savannen*. Die Dauer der Trockenzeit bestimmt den Savannentyp. Die Wasserversorgung ist der entscheidende ökologische Faktor. Dauerfeldbau (Plantagen), Wander- sowie stationärer Feldbau in den Feucht- und Trockensavannen und jahreszeitlich gebundener Viehnomadismus in den Trocken- und Dornsavannen sind die Formen der landwirtschaftlichen Nutzung. Ökologisch unangepasste Nutzungen führen zur Desertifikation.

Im *Geoökosystem der Tundra* sind Licht und Wärme begrenzende Wachstumsfaktoren. Bäume können in der kurzen Vegetationsperiode nicht wachsen. Freilandkulturen können nicht angebaut werden. Rentiernomadismus ist möglich. Seit Mitte des 20. Jahrhunderts wird die Tundra als Rohstoffergänzungsraum erschlossen. Dabei treten ökologisch bedingt Ingenieurprobleme und Raumnutzungskonflikte auf.

Die Antarktis umfasst die Land- und Meeresgebiete um den Südpol mit dem Erdteil Antarktika. Er ist geprägt vom *Geoökosystem Eiswüste* und ist unbesiedelt (Anökumene). Die Hochfläche ist von Inlandeis bedeckt. In der Antarktis lagern vielseitige mineralische Rohstoffe. Ökologisch problematisch ist die Erschließung als Rohstoffergänzungsraum. Der Antarktisvertrag dient dem Schutz des Geoökosystems.

Prüfen Sie sich selbst

1. **Immerfeuchte Tropen**
1.1 Geben Sie nacheinander einen unter den Kontinenten vergleichenden Überblick über die räumliche Verbreitung der immerfeuchten Regenwälder und der wechselfeuchten Savannen (PA).
1.2 Erläutern sie, warum die Ablösung von Wanderfeldbau und Landwechselwirtschaft durch permanente Ackerbau- und Viehwirtschaftssysteme für Afrika unumgänglich ist.

2. **Savannenlandschaften**
2.1 Stellen Sie die Geoökosysteme Feucht-, Trocken- und Dornsavanne modellhaft dar (GA).
2.2 Begründen Sie die Notwendigkeit wirtschaftlicher Beziehungen zwischen Hirsebauern und Rindernomaden in der Dornsavanne.

3. **Tundra**
3.1 Begründen Sie die Bezeichnung des Geoökosystems Arktische Tundra als Kältesteppe.
3.2 Entwerfen Sie eine Mindmap zu Problemen der Inwertsetzung in der Arktischen Tundra (PA).

4. **Antarktis**
4.1 Begründen Sie die Aussage: Die Antarktis – ein einzigartiger Naturraum.
4.2 Entwerfen Sie ein Modell zum Sachverhalt „Eingriffe in das Geoökosystem Eiswüste in der Antarktis" (PA).

Arbeitshinweis:
PA = Aufgabe ist für Partnerarbeit geeignet
GA = Aufgabe ist für Gruppenarbeit geeignet

Grundbegriffe
Agrarökosystem
Geofaktor
Geoökosystem
Hydrosphäre
Monokultur
Naturlandschaftsraum
Raumnutzungskonflikt
Trockengrenze (agranomische/klimatische)
Wachstumsfaktoren

Nutzung der norddeutschen Erdölvorkommen bei Barnstorf

Ressourcen – Nutzung, Gefährdung und Schutz

Naturressourcen sind jene Stoffe und Kräfte, die von der Natur ohne Zutun der Gesellschaft zur Nutzung angeboten, vom Menschen genutzt werden oder genutzt werden können. Zu ihnen gehören z. B. die Rohstoffe und Energieträger, aber auch Wasser, Luft und Boden. Rohstoffe sind durch menschliche Tätigkeit umgewandelte natürliche Ressourcen.

Ressourcen – Nutzung, Gefährdung und Schutz

Unsere Erde ist Trägerin einer vielseitigen Materie, eines hoch entwickelten Lebens in Form von Pflanzen und Tieren sowie Lebensstätte der Menschen. Unabdingbare Voraussetzung menschlichen Lebens sind Flächen- und Bodenressourcen, mineralische und biologische Ressourcen, Wasser und Luft.

Keine dieser Ressourcen ist durch eine andere ersetzbar, keine ist verzichtbar. Und so ist der ununterbrochene Stoffwechsel zwischen Mensch und Natur Existenzbedingung des Menschen. Deshalb muss der Mensch solche Stoffe suchen, gewinnen, ge- und verbrauchen. Fragen der Nachhaltigkeit sind dabei von grundlegender Bedeutung.

Es ist heute unbestritten, dass wir den Bedarf bei den meisten mineralischen, pflanzlichen und tierischen Rohstoffen und auch bei Wasser mit ansteigenden Kurven beschreiben müssen, was vor allem auf das Wachstum der Weltbevölkerung und den Anstieg der Produktion in vielen Ländern zurückzuführen ist. Durch Neuentdeckung von Lagerstätten und Einsatz moderner Abbautechniken erhöhen sich die abbauwürdigen Reserven ständig. Die statistische Lebensdauer beschreibt, wie viele Jahre ein Rohstoff reichen wird, wenn man den gegenwärtigen Verbrauch zugrunde legt. Bei den meisten Rohstoffen beträgt sie nach heutiger Erkenntnis überwiegend mehr als 50 Jahre, bei Rohöl aber bereits weniger.

Wie bilden sich Rohstofflagerstätten? Werden auch künftigen Generationen noch Rohstoffe in benötigtem Umfang zur Verfügung stehen? Welche „Ersatzlösungen" gibt es für herkömmliche Rohstoffe?

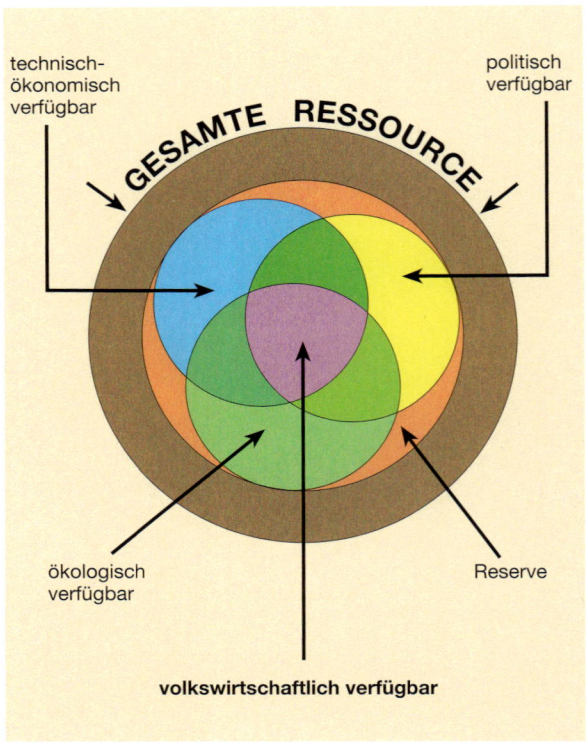

M 80.2 Wirtschaftliche Verfügbarkeit einer mineralischen Ressource

Aufgabe: Erläutern Sie anhand M 80.2, welche Faktoren die wirtschaftliche Verfügbarkeit einer mineralischen Ressource beeinflussen und welche Konsequenzen sich daraus für die wirtschaftliche Verfügbarkeit ergeben.

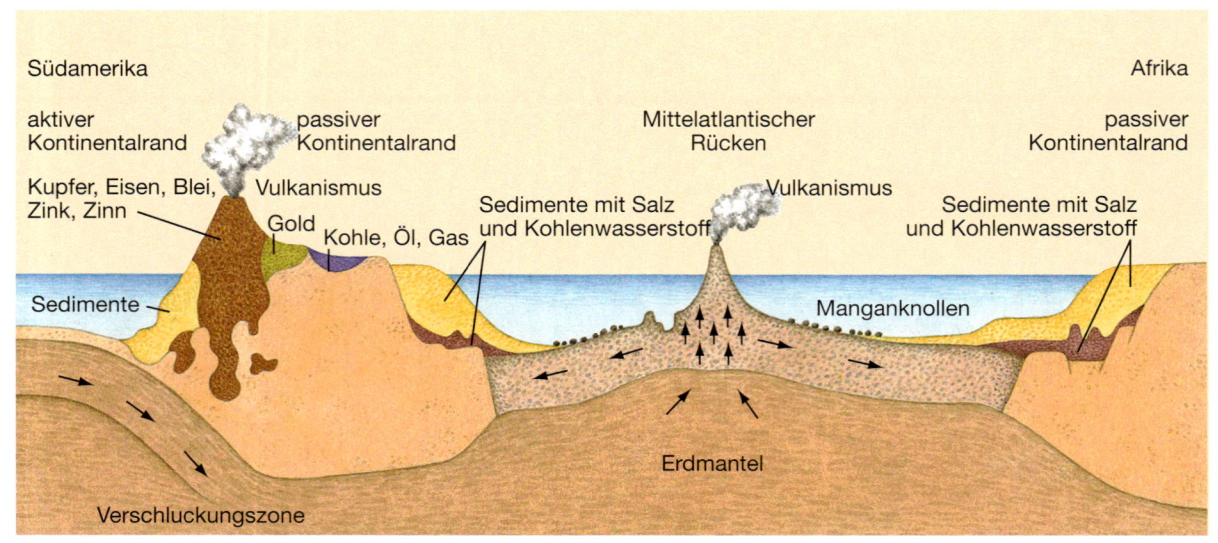

M 80.1 Plattentektonik und Lagerstättenverbreitung

Aufgabe: Erstellen Sie einen tabellarischen Überblick über das weltweite Vorkommen ausgewählter Bodenschätze (Atlasarbeit) und erläutern Sie dabei die Entstehung von Lagerstätten mineralischer und organischer Rohstoffe anhand der Abbildung M 80.1.

Grundbegriffe

Die Zusammenfassung enthält einige grundlegende Begriffe, die Sie aus früheren Jahrgangsstufen kennen sollten:

Abbauwürdigkeit:
Abfluss: Teil des Niederschlags, der oberirdisch als Oberflächenwasser (in Fließgewässern, Gletschern) und in Grundwasserströmen den Weltmeeren und abflusslosen Gebieten zufließt. Der Abfluss im engeren Sinne errechnet sich aus den Niederschlägen eines bestimmten Gebietes abzüglich der verdunsteten Wassermenge.
Agenda 21: Ein entwicklungs- und umweltpolitisches Aktionsprogramm für das 21. Jahrhundert; ein Leitpapier zur nachhaltigen Entwicklung, 1992 von 179 Staaten in Rio de Janeiro beschlossen.
Bewässerungswirtschaft:
Bodenversalzung: Durch hohe Verdunstung und aufsteigendes Bodenwasser sammelt sich Salz im oberen Bereich des Bodens an.
Bohrplattform:
Denudation: Flächige Abtragung besonders von Böden, ausgelöst durch heftige Niederschläge. Das Ausmaß ist abhängig von der Vegetationsdichte; in Trockengebieten ist es besonders groß.
Fremdlingsfluss: Ein Fluss, der aus einem niederschlagsreichen Gebiet kommt und so viel Wasser mitführt, dass er durch ein Trockengebiet fließen kann (z. B. der Nil).
Grundwasser: Im Boden teils durch molekulare und elektrostatische Kräfte an Bodenteilchen, teils durch Kapillarkräfte in den Gesteinsporen gehaltenes Wasser; wichtige Trinkwasserreserve.
Hydrologie: Wissenschaft, die sich mit dem Wasser der Erde, seinen Zustandsformen (flüssig, fest, gasförmig) und seinen Zusammenhängen und Wechselwirkungen im Wasserkreislauf der Erde beschäftigt.
Mineral:
Naturressource: Vom Menschen genutzter bzw. nutzbarer natürlicher Stoff oder eine Energieart (mineralisch, energetisch, pflanzlich, tierisch; Boden, Fläche).
Oase:
Offshore: Bereich vor der Festlandsküste, z. B. Offshore-Vorkommen von Erdöl und Erdgas im Küstenbereich des offenen Meeres.
Pipeline:
Primärenergieträger:
Recycling: Prozess der Wiederverwertung von Abfallstoffen; stellt Rohstoffe für die Produktion neuer Güter bereit; z. B. Aufarbeitung von Eisenschrott, Wiederverwertung von Altglas, Papier.
Regenerative Energien: Alle Energieformen, die kurz- oder mittelfristig neu erzeugt werden können, z. B. Solarenergie.
Rohstoff:
Sekundärenergieträger:

Aufgabe: Vergewissern Sie sich, dass Sie alle im Begriffscontainer enthaltenen Begriffe erklären können. Definieren Sie selbstständig die nicht erklärten Begriffe.

Methoden

Die Zusammenfassung enthält einige grundlegende geographische Arbeitsmethoden, die Sie sicher beherrschen sollten:
- Interpretation von differenzierten physisch-geographischen und thematischen Karten
- Interpretation von Satellitenbildern und Auswertung von Fotos
- Selbstständiges Anfertigen von einfachen Strukturskizzen und Darstellung von Wirkungszusammenhängen
- Recherche zu einem ausgewählten Aspekt in der aktuellen Diskussion mithilfe von Fachliteratur (nicht ausschließlich Internetquellen)
- Erstellung eines Referats und Durchführung einer Präsentation

Aufgabe: Überprüfen Sie selbstständig (z. B. durch das Erstellen von Checklisten), ob Sie die genannten Methoden bereits sicher beherrschen.

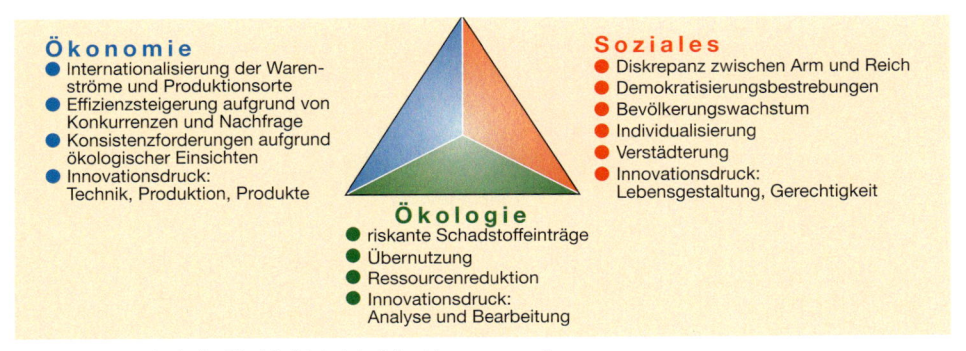

Ökonomie
- Internationalisierung der Warenströme und Produktionsorte
- Effizienzsteigerung aufgrund von Konkurrenzen und Nachfrage
- Konsistenzforderungen aufgrund ökologischer Einsichten
- Innovationsdruck: Technik, Produktion, Produkte

Soziales
- Diskrepanz zwischen Arm und Reich
- Demokratisierungsbestrebungen
- Bevölkerungswachstum
- Individualisierung
- Verstädterung
- Innovationsdruck: Lebensgestaltung, Gerechtigkeit

Ökologie
- riskante Schadstoffeinträge
- Übernutzung
- Ressourcenreduktion
- Innovationsdruck: Analyse und Bearbeitung

M 81.1 Das Dreieck der Nachhaltigkeit bei der Nutzung von Ressourcen

Aufgabe: Ein Ziel der Lokalen Agenda 21 ist es, bereits im Nahraum den schonenden Umgang mit der Natur zu praktizieren (vgl. **M 81.1**). Informieren Sie sich, ob in Ihrem Heimatort ein solches Programm existiert. Legen Sie in diesem Fall dessen Ziele und deren bereits erfolgte bzw. zukünftig geplante Umsetzung dar.

Wasser als Lebensgrundlage

Wasserhaushalt der Erde und globaler Wasserkreislauf

Die Wasservorkommen der Erde sind riesig. Sie umfassen 1,385 Milliarden Kubikkilometer. Wasser tritt in den drei Aggregatzuständen auf und vermittelt große Energieflüsse durch den Phasenwechsel zwischen den Aggregatzuständen.

Der Wasserkreislauf der *Hydrosphäre* entstand an der Schwelle des geologischen Zeitalters vor etwa vier Milliarden Jahren. Das mit der Entgasung des Erdmaterials entstandene Wasser sammelte sich als Wasserdampf in der sich bildenden Atmosphäre. Durch den ständigen Austausch von Wasser in fester, flüssiger und gasförmiger Form wurde der Wasserkreislauf eingeleitet.

Der globale Wasserkreislauf stellt eine ständige Zustands- und Ortsänderung des Wassers dar. Er wird durch die Sonnenstrahlung und die Schwerkraft angetrieben und setzt sich aus einem komplizierten System vieler Teilkreisläufe zusammen. Die beteiligten Einzelprozesse sind der mittlere globale Niederschlag (N), die mittlere Verdunstung (V), der mittlere Abfluss (A) und die mittlere Wasservorratsänderung (R – B), die sich aus den Teilgrößen Wasserrücklagen R (Gletschereis u. a.) und deren Aufbrauch (B) ergibt.

Die globale *Wasserhaushaltsgleichung* (N = V) beschreibt den grundlegenden Zusammenhang, dass der Niederschlagswert (N) dem Verdunstungswert (V) entspricht, d. h., es existiert ein globales Gleichgewicht beider Größen. Nur für die Festlandsfläche betrachtet, lautet die Gleichung (N = A + V), denn hier kann nur so viel Wasser verdunsten sowie ober- und unterirdisches Wasser abfließen (A), wie durch Niederschläge über dem Festland zugeführt wird.

Langfristig halten sich N und A + V die Waage, für kürzere Zeitabschnitte kann es aber Ungleichgewichte geben. Wenn z. B. ein besonders regenreicher Sommer auftritt, dann wird im Boden bzw. im Grundwasserspeicher oder in den Seen eine Wasserrücklage (R) gebildet, die später bei einer Wasserdefizitsituation (N < A + V) aufgebraucht (B) werden kann. Die erweiterte Wasserhaushaltsgleichung lautet deshalb:

$N = A + V + (R - B)$

Die verschiedenen Wasserkreisläufe schließen Reinigungsprozesse des Wassers mit ein. So findet z. B. beim Verdunstungsvorgang über dem Meer eine Entsalzung (also Süßwasserbildung)

	Fläche (km^2)	Wasservolumen (km^3)	Schichthöhe bei gleichmäßiger Verteilung über der Erde (m)	Anteil am Wasservolumen (%)	
				Gesamtwasservorkommen	Süßwasservorkommen
Weltmeer	361 300 000	1 338 000 000	3700	96,5	–
Festland	148 800 000	47 971 710	322	3,5	–
Grundwasser	134 800 000	23 400 000	174	1,7	–
davon: Süßwasser	134 800 000	10 530 000	78	0,76	30,1
Bodenfeuchte	82 000 000	16 500	0,2	0,001	0,05
Polareis, Gletscher, Schnee	16 227 300	24 064 100	1463	1,74	68,7
davon: Antarktis	13 980 000	21 600 000	1546	1,56	61,7
Grönland	1 802 400	2 340 000	1298	0,17	6,68
arktische Inseln	226 100	63 500	369	0,006	0,24
Gebirge	224 000	40 600	181	0,003	0,12
Eis im Dauerfrostboden	21 000 000	300 000	14	0,022	0,86
Süßwasserseen	1 236 400	91 000	73,6	0,007	0,26
Salzwasserseen	822 300	85 400	103,8	0,006	–
Sumpfgebiete	2 682 600	11 470	4,28	0,0008	0,03
Wasserläufe	148 800 000	2 120	0,014	0,0002	0,006
biologisches Wasser	510 000 000	1 120	0,002	0,0001	0,003
Wasser in der Atmosphäre	510 000 000	12 900	0,0025	0,0001	0,04
Gesamtwasservolumen		1 385 984 610	4022		

M 82.1 Die Wasservorkommen der Erde

statt und das Niederschlagswasser wird beim Durchsickern des Bodens von schädlichen Substanzen gereinigt.

Aus der Wasserhaushaltsgleichung über dem Festland lässt sich auch eine ökologisch wichtige Unterscheidung der Hauptklimazonen ableiten. Wo ganzjährig Abfluss vorhanden ist, wird der Niederschlag immer größer als die Verdunstung sein. In diesem Gebiet herrscht humides Klima mit Wasserüberschuss, ganzjährig fließenden Flüssen und abwärts gerichtetem Bodenwasserstrom. Im ariden Klima ist N < V. Es herrscht Wassermangel, die Flüsse führen nur periodisch oder episodisch Wasser, der Bodenwasserstrom ist aufwärts gerichtet, sodass es zur Bildung von Salzkrusten kommen kann.

Eine Sonderform des humiden Klimas stellt das nivale Klima dar, in dem es zur Gletscherbildung kommt. Oberhalb der klimatischen Schneegrenze fällt der Niederschlag in fester Form als Schnee und verfestigt sich über die Firnphase zu Gletschereis. Diese Wasserrücklage ist z. B. für die Hochgebirgsökologie ein wichtiger Bestandteil. Als *Ablation* (M 83.2) wird das periodische Abschmelzen von Schnee, Firn oder Eis bezeichnet, aber auch die Gletscherkalbung, Verdunstung, Eis- oder Schneelawinen, die den Massenhaushalt als Wasserrücklage der Gletscher beeinflussen.

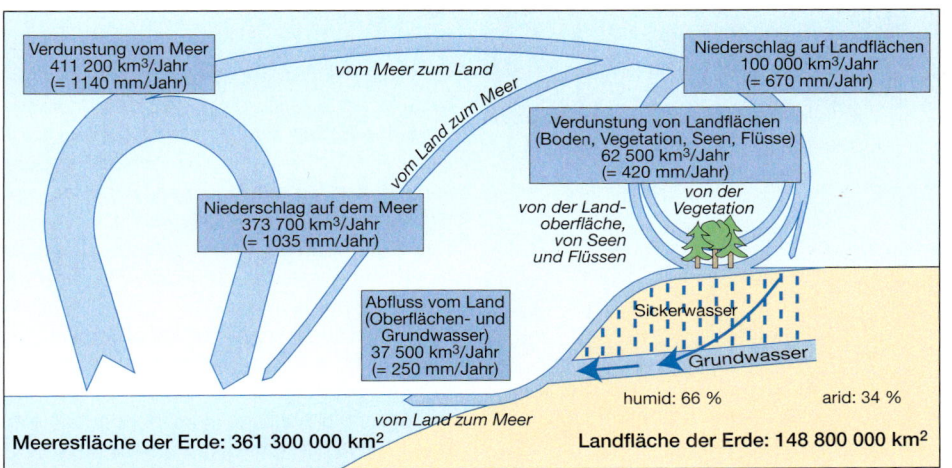

M 83.1 Globaler Wasserhaushalt und Wasserkreislauf

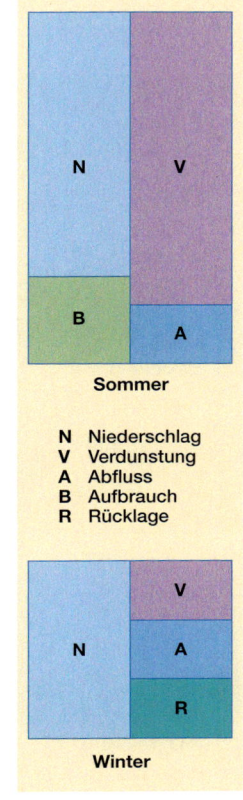

N Niederschlag
V Verdunstung
A Abfluss
B Aufbrauch
R Rücklage

M 83.3 Wasserhaushaltskomponenten in Mitteleuropa (schematisch)

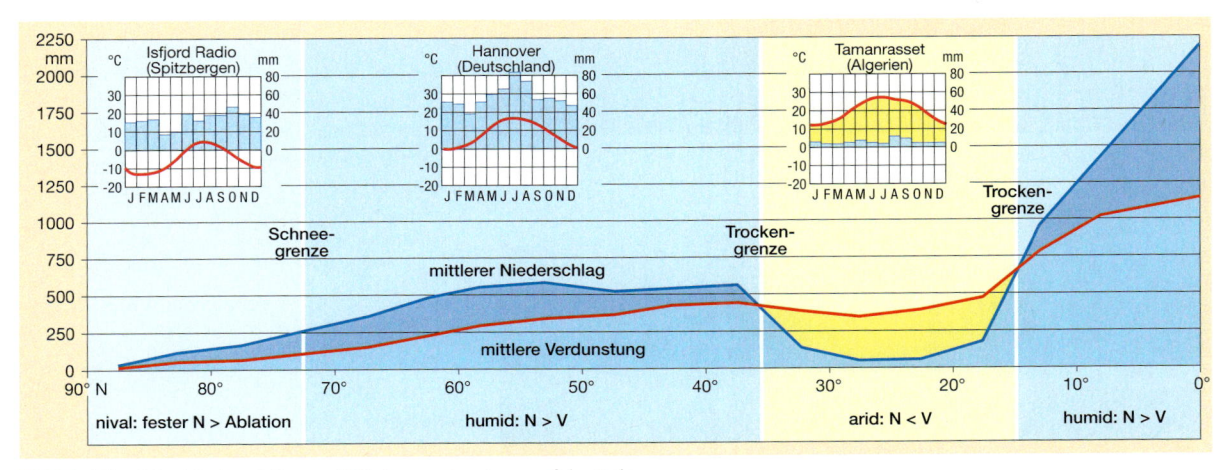

M 83.2 Mittel der Niederschläge und Flächenverdunstung auf der Erde

1 Erläutern Sie die erweiterte Wasserhaushaltsgleichung am Beispiel eines trockenen und eines feuchten Sommers in unseren Breiten.
2 Welche wasser- und agrarwirtschaftlichen Folgeprobleme bringt ein kalter, langer und schneereicher Winter mit sich? Begründen Sie.
3 Finden Sie in einer geeigneten thematischen Karte im Atlas Wassermangelgebiete und beschreiben Sie deren Probleme.

Wasser – Vorkommen und Verfügbarkeit

M 84.1 Gewächshauskulturen in den Niederlanden

M 84.2 Bewässerungsfeldbau in Asien

M 84.3 Fernwasserleitung in Spanien

Mit der Geschichte der Menschheit ist aufs engste die Nutzung des Wassers verbunden. Waren es zunächst die oberirdischen Gewässer des Festlandes wie Bäche, Flüsse, Seen, so erschlossen sich Menschen bereits in früher Zeit über Brunnen auch das Grundwasser und über verschiedene wasserwirtschaftliche Maßnahmen wie Rohrleitungen auch Wasserressourcen anderer Gebiete. Die Aquädukte der Antike sind noch heute sichtbares Zeugnis dieser Leistungen. Auch das Meerwasser wurde im Laufe der Zeit in die Nutzung einbezogen, vor allem für Transporte und mit dem Fischfang als Nahrungsquelle.

Im Mittelalter erlangte die Wassernutzung dann auch Bedeutung für die Gewinnung mechanischer Energie, seit dem 20. Jahrhundert auch von Elektroenergie. Gleichzeitig erreichte die Nutzung von Wasser für Industrie, Landwirtschaft und Haushalte völlig neue Dimensionen, was in der Gegenwart zu einer großen Beanspruchung des natürlichen Wasserhaushaltes führt.

Abgesehen vom Wasser der Weltmeere steht der Menschheit ein theoretisches *Süßwasserdargebot* zur Verfügung, das sich aus den Niederschlägen bzw. dem Abflussregime der Kontinente ergibt. Weltweit sind das etwa 43 000 km³, allerdings mit sehr großen Unterschieden zwischen den Kontinenten. Real kann der Mensch jedoch nur auf etwa 30 % dieses Dargebotes zurückgreifen. Das bedeutet, dass pro Jahr etwa 12 000 bis 14 000 km³ Trink- und Brauchwasser für die Nutzung zur Verfügung stehen. Aber auch das ist nur eine theoretische Größe. In Wirklichkeit sind die regionalen Unterschiede so groß, dass in vielen Gebieten der Erde weit niedrigere Werte für die Nutzung zur Verfügung stehen und Wassermangel herrscht.

Die weltweite Entwicklung des Wasserbedarfs hat sich in den letzten 30 Jahren verdoppelt: Wurden um 1975 jährlich rund 1900 km³ benötigt, so waren es im Jahr 2005 bereits mehr als 3800 km³. Unverändert hoch sind die Anteile der landwirtschaftlichen Bewässerung sowie der Industrie, einschließlich des Bergbaus. Sie umfassen mit ca. 5000 km³ bereits annähernd 40 % des gesamten möglichen Dargebotes.

Im Verlauf des 20. Jahrhunderts hat sich die globale Wasserentnahme sogar mehr als versechsfacht und ist damit doppelt so schnell gewachsen wie die Weltbevölkerung. Bis 2050 werden nach

Angaben der UNO günstigstenfalls zwei Milliarden Menschen in fast 50 Staaten und schlimmstenfalls sieben Milliarden Menschen in rund 60 Staaten von Wasserknappheit oder -mangel betroffen sein.

Agrarproduktion fördert Wasserknappheit
Spanien ist in den Jahren 2005 und 2006 von einer extremen Dürre heimgesucht worden. 2005 fiel landesweit so wenig Regen wie nie zuvor seit Beginn der Messungen. Nach Berechnungen eines Expertenteams zu Wasserfragen in den Mittelmeerländern sind 70 % der Iberischen Halbinsel von Wüstenbildung bedroht. Artenreiche Feuchtgebiete wie der Nationalpark Tablas de Daimiel in Zentralspanien trocknen zunehmend aus. Trotzdem ist der Wasserverbrauch in Spanien mit 170 Litern pro Kopf und Tag höher als in den meisten europäischen Staaten.

Vor allem in der Landwirtschaft ist der Verbrauch durch den mit Agrarsubventionen der EU geförderten Anbau bewässerungsintensiver Pflanzen stark gestiegen. Im südspanischen Andalusien können in Plastikgewächshäusern auch im Winter Obst und Gemüse produziert und in mittel- und nordeuropäische Länder exportiert werden. Die Ausdehnung der industriellen Landwirtschaft ist wegen der mit Plastikfolien überdeckten Flächen auf Satellitenbildern gut zu erkennen. In der Provinz Huelva ist durch diese Anbauform ein riesiges Erdbeeranbaugebiet entstanden – aber auf Kosten des Pinienwaldes, dessen Fläche in den letzten fünf Jahren um mehr als 2000 ha abnahm. Mittlerweile werden jährlich ca. 200 000 t Erdbeeren geerntet, die Hälfte davon geht in den Export, davon 45 % nach Deutschland. Für die Bewässerung werden jährlich 20 Millionen m³ Wasser verbraucht – das entspricht 100 Litern Wasser für ein Kilogramm Erdbeeren. Das Wasser wird aus rund 10 000 Brunnen gefördert, die zu 70 % illegal von den Bauern selbst gebohrt wurden. Dadurch wird dem nahegelegenen Naturpark Donana Wasser entzogen.

Der intensive Anbau von Erdbeeren belebt inzwischen weit über Spanien hinaus den Arbeitsmarkt. Bis zu 50 000 Pflücker/-innen arbeiten in der Hochsaison auf den spanischen Intensivkulturen.

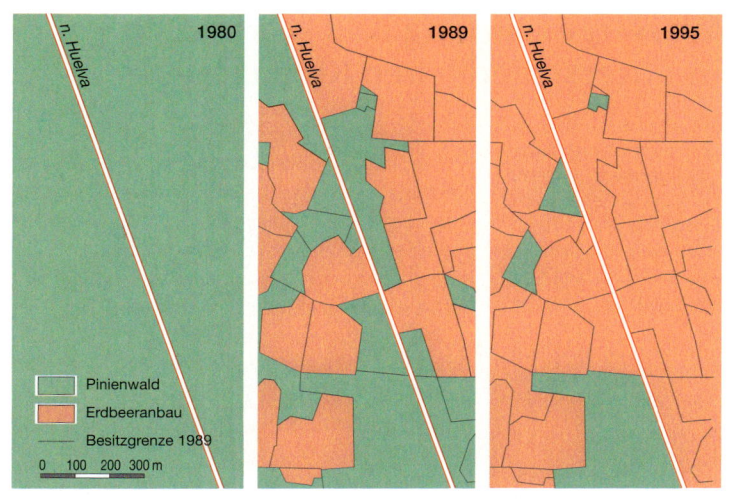

M 85.1 Rodung von Pinienwald für Erdbeerkulturen in Spanien

M 85.2 Folienkulturen

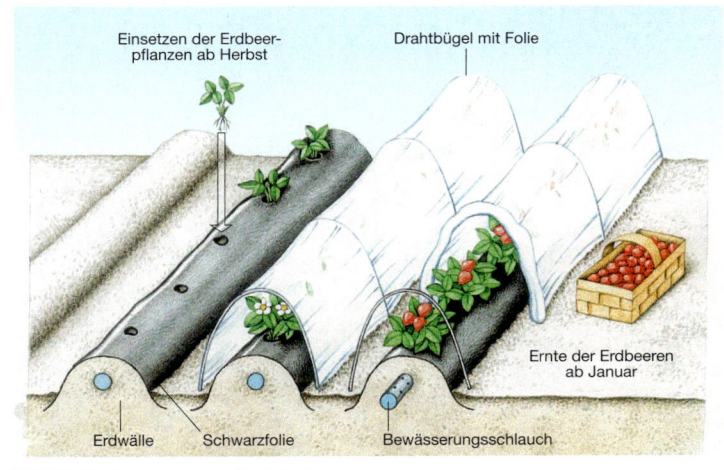

M 85.3 Erdbeeranbau in Andalusien

1 Berichten Sie über die vielfältige Nutzung des Wassers. Ergänzen Sie die Hinweise im Text durch eigene Recherchen.
2 Erörtern Sie das Verhältnis von Wassernutzung und Wachstum der Weltbevölkerung. Entwickeln Sie mögliche künftige Entwicklungen und zeigen Sie Lösungsmöglichkeiten für sich abzeichnende Konflikte auf.
3 Beschreiben und bewerten Sie den Erdbeeranbau in Andalusien auch mit Blick auf eine nachhaltige Nutzung der Wasserressourcen **(M 85.1** bis **M 85.3)**.

Wassergewinnung und -verbrauch in unterschiedlichen Klimazonen

Das **International Water Management Institute** ist eines der Zentren der internationalen Agrarforschung mit Sitz in Sri Lanka, dessen Forschung sich auf die Verbesserung der Wasser- und Landressourcen für Nahrung, Lebensunterhalt und Natur konzentriert.

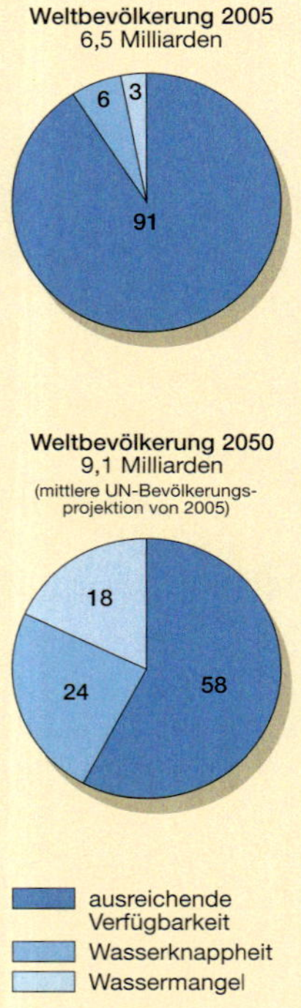

Zum Weltwassertag im März 2007 veröffentlichte das **International Water Management Institute** einen Bericht zur weltweiten Wassernutzung in der Landwirtschaft. Die Studie unterscheidet zwei Arten von Wasserknappheit:

Die physikalische Wasserknappheit liegt in einem Staat vor, wenn er mehr als 75 % des jährlich über Flüsse neu zugeführten Süßwassers nutzt. Hiervon sind weltweit 1,2 Milliarden Menschen betroffen. Eine Gefahr der physikalischen Wasserknappheit setzt ab einem Nutzungsanteil von 60 % ein.

Ökonomische Wasserknappheit bedeutet, dass ein Staat über reichhaltige Wasserressourcen verfügt, davon aber trotz mangelnder Nahrungsmittelversorgung der Bevölkerung weniger als 25 % nutzt. Diese Situation ist vor allem in den Staaten südlich der Sahara anzutreffen. 1,6 Milliarden Menschen leben derzeit in Staaten dieser Kategorie.

Der zunehmende Druck auf die Wasserressourcen ist neben dem Bevölkerungswachstum auf die Zunahme der Bewässerungslandwirtschaft sowie industrieller und privater Nutzung zurückzuführen. 70 % der globalen Wasserentnahme entfallen auf die Landwirtschaft. Global haben sich die bewässerten Flächen in den letzten 50 Jahren nahezu auf fast 280 Millionen ha verdoppelt. Auf diesem Fünftel der weltweiten Ackerflächen werden 40 % der Nahrungsmittel für die Weltbevölkerung produziert. Knapp 70 % dieser Flächen liegen in Asien.

Ein Großteil der in den letzten Jahrzehnten erreichten Steigerung der Nahrungsmittelproduktion wäre nicht ohne die Ausweitung der Bewässe-

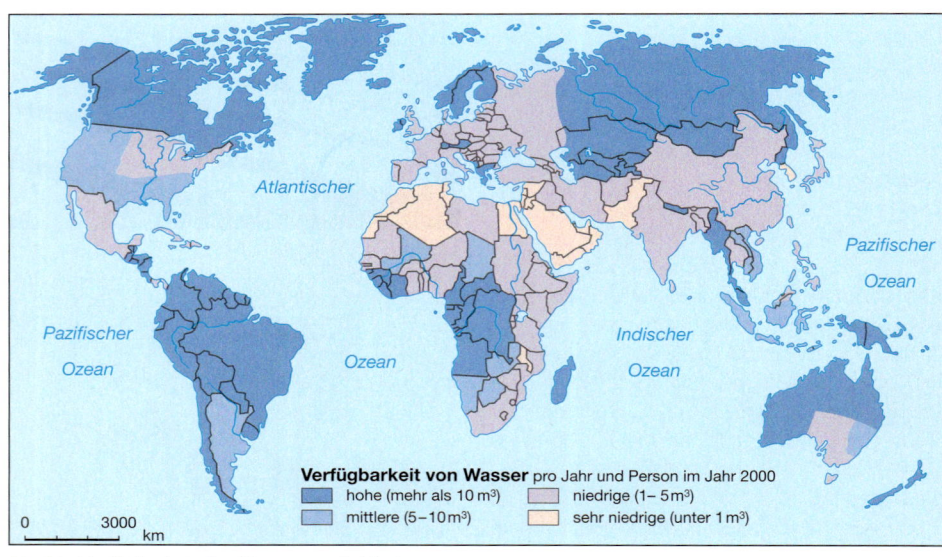

M 86.1 Weltbevölkerung und Wasserverfügbarkeit

M 86.2 Verfügbarkeit des Wassers nach Ländern

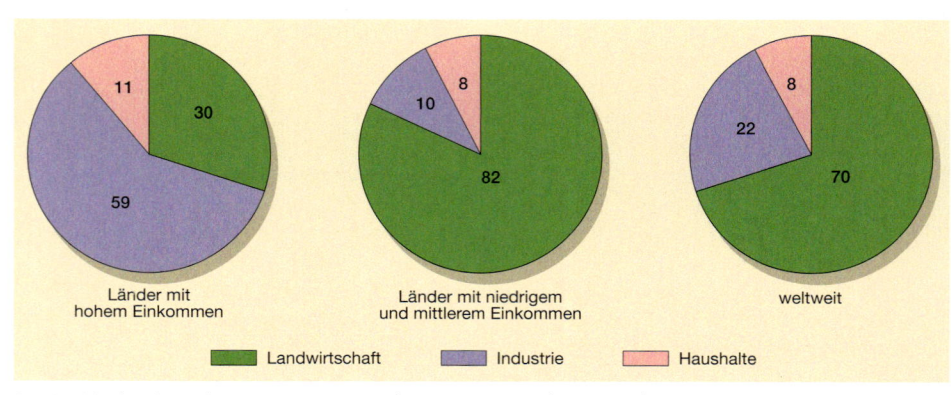

M 86.3 Konkurrierende Wassernutzung nach Statusgruppen (2003; in %)

rung möglich gewesen. Problematisch ist dabei die zunehmende Beanspruchung von Grundwasserreserven, die sich nur langsam erneuern und gleichzeitig die wichtigste Trinkwasserquelle für den Menschen darstellen. Ein weiteres Problem ist die geringe Effizienz der *Bewässerungslandwirtschaft*. Ein Großteil des in der Landwirtschaft genutzten Wassers verdunstet oder geht anderweitig verloren.

Gegenwärtig wird davon ausgegangen, dass durch das globale Bevölkerungswachstum die Ausweitung der Flächen in der Bewässerungswirtschaft sich bis 2050 verdoppeln werden, bei unveränderter Effizienz der Wassernutzung damit auch der Wasserbrauch. Die Regionen mit physikalischer Wasserknappheit würden sich weiter ausdehnen. Ein Drittel der Menschheit wäre dann davon betroffen.

Der Klimawandel und die übermäßige Nutzung von Zuflüssen durch den Menschen lässt immer mehr Seen austrocknen. So wird z. B. der in Kasachstan und Usbekistan gelegene Aralsee, das einst viertgrößte Binnenmeer der Welt, wahrscheinlich bis zum Jahr 2010 – bis auf einen kleinen Teil im Norden – komplett ausgetrocknet und zu einer Salzwüste geworden sein: er enthält heute nur noch ein Viertel der Wassermenge, die er vor rund 50 Jahren besaß, die Wasseroberfläche hat sich halbiert, der Wasserspiegel sank seitdem um rd. 13 Meter. Hauptursache ist der wasserintensive Baumwollanbau im regenarmen Usbekistan entlang der beiden Zuflüsse Amu-Darja und Syr-Darja.
Bereits so gut wie ausgetrocknet ist der Aksekir-See in Zentralanatolien. Der mit 350 km² einst fünftgrößte See der Türkei ist innerhalb weniger Jahre auf ein Zehntel seiner Fläche geschrumpft, der Wasserpegel ist von 17 Metern auf einen halben Meter zurückgegangen. Auch hier ist die Entwicklung Folge der Landwirtschaft durch illegale Bohrungen Tausender Brunnen und den Bau von Dämmen und Kanälen.

M 87.1 Sterbende Seen

M 87.2 Am Aralsee

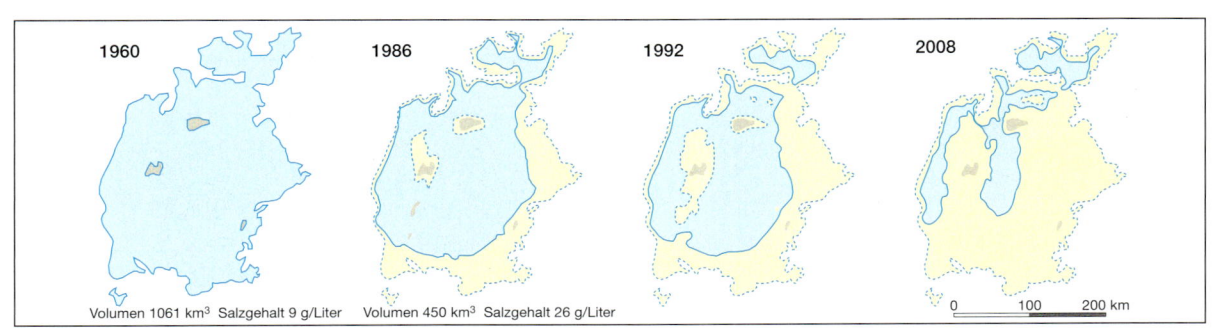

M 87.3 Das Schrumpfen des Aralsees

1 Erläutern Sie den Unterschied zwischen physikalischer und ökonomischer Wasserknappheit.
2 Analysieren Sie am Beispiel des Aralsees das Phänomen sterbender Seen. Zeigen Sie mögliche Gegenmaßnahmen auf (**M87.2**, **M87.3**).
3 Bewerten Sie die Verfügbarkeit von Wasserreserven auf der Erde unter Einbeziehung der Bevölkerungsverteilung. Beziehen Sie ggf. Atlaskarten mit ein.

Natürliche und anthropogen beeinflusste Wasserkreisläufe

Niederschlag, Verdunstung und Abfluss bilden einen kontinuierlichen Wasserkreislauf. Für eine Bilanzierung des **Wasserhaushalts** in einem Einzugsgebiet werden die Input- und Outputgrößen gegenübergestellt. Das einfachste Modell berücksichtigt lediglich den Niederschlag und die Verdunstung. Ein erweitertes Modell berücksichtigt die Speicher bzw. deren Änderungen. Speicher können natürliche oder künstliche Seen, Boden- oder Grundwasservorräte, Schneedecken oder Gletscher sein.

Bei der **Wasserbilanz** ist der Zustrom an Ober- und Grundwasser zu berücksichtigen. Die Wasserbilanz Deutschlands aus Niederschlägen und Zuströmen lässt sich als eine etwa ein Meter mächtige Wasserschicht, die die Fläche Deutschlands komplett bedecken würde, vorstellen. Die berechneten Werte sind über viele Jahre gemittelte Zu- und Abflussbilanzen und dienen der Erfassung des Wasserdargebots, das rund 190 km³ beträgt. Das entspricht einem durchschnittlichen Wasservolumen von etwa 2300 m³, das jedem Einwohner Deutschlands jährlich zur Verfügung steht.

Diese Menge ist jedoch aufgrund der Unterschiede von Niederschlagsmengen, Grundwasserneubildung, Abflusshöhe usw. regional sehr verschieden. Durch die größere Nähe zum Atlantik und zur Nordsee erhalten die westlichen Gebiete Deutschlands mehr Niederschlag als die Gebiete nordöstlich des Harzes und des Thüringer Waldes. Zusätzlich erhalten Gebirgslagen mehr Niederschläge in Form von Steigungsregen als die tiefer gelegen Gebiete. Darüber hinaus gibt es erhebliche saisonale Abweichungen. So fließen im Winter und Frühjahr beträchtliche Wassermengen ungenutzt als Hochwasser ab, während im Spätsommer und im Herbst Niedrigwasserabflüsse auftreten können.

Der Mensch greift über die Wassergewinnung und -nutzung in den natürlichen **Wasserkreislauf** ein, indem er Wasser sowohl aus dem Grundwasser als auch aus dem Oberflächenwasser entnimmt und in aufbereiteter Form an den Verbraucher weitergibt. Nach der Nutzung gelangt das Wasser abzüglich der bei der Nutzung entstehenden Verdunstungsverluste direkt oder gereinigt zurück in den Wasserkreislauf.

Die Wasserverhältnisse in städtischen Räumen unterscheiden sich teilweise deutlich von denen des Umlandes. Zahlreiche Schwebstoffe in der Luft dienen als Kondensationskerne für das Wasser in der Atmosphäre. In der Folge verzeichnen städtische Ballungsräume höhere Niederschlagsmengen. Seit Mitte des 20. Jahrhunderts hat hingegen aufgrund der steigenden Überwärmung städtischer Räume die Nebelhäufigkeit abge-

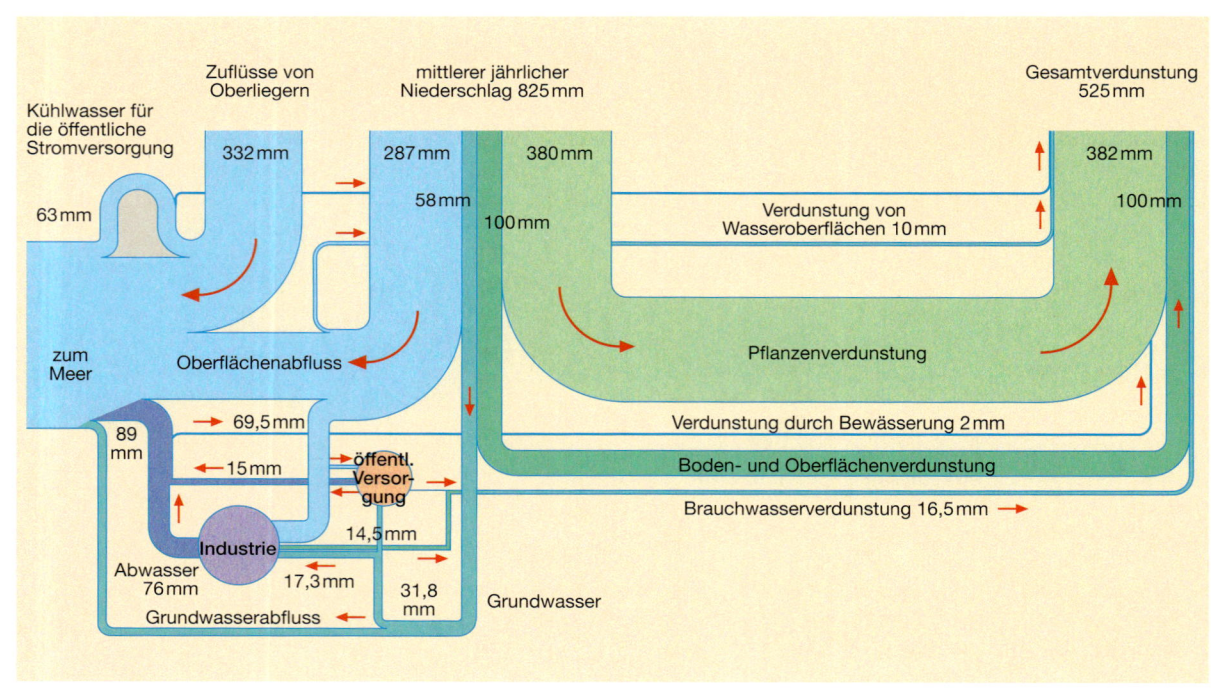

M 88.1 Wasserhaushalt Deutschlands

nommen. Eine durch die Aufheizung der Städte verursachte stärkere Turbulenz der Luftmassen fördert die Niederschlagsbildung.

Trotz der höheren Wasserbilanz ist der städtische Wasserhaushalt durch den hohen Anteil versiegelter Flächen grundsätzlich von Wassermangel gekennzeichnet, da ein Großteil des Niederschlags über die Kanalisation abgeleitet und so einer dortigen Grundwasserneubildung entzogen wird.

Zwar trägt das Grundwasserreservoir unter den Städten nur noch in wenigen Ballungsgebieten zur Trinkwasserversorgung bei – so in Berlin oder Köln –, für die Pflanzenwelt besitzt es nach wie vor eine große Bedeutung. Die Großstadt München deckt ihren Trinkwasserbedarf in Höhe von mehr als 100 Milliarden Litern jährlich aus dem Alpenvorland.

Flächenart	Oberflächenabfluss in %
Dachflächen (>15 % Neigung)	100
Pflaster mit Fugenverguss	85
Fußwege mit Pflaster oder Schlacke	60
Ungepflasterte Straßen und Höfe	50
Kies- und Flachdächer	50
Begrünte Flachdächer	30
Spiel- und Sportplätze	25
Vorgärten	10–15
Parks	0–5

M 89.3 Oberflächenabfluss von Niederschlagswasser

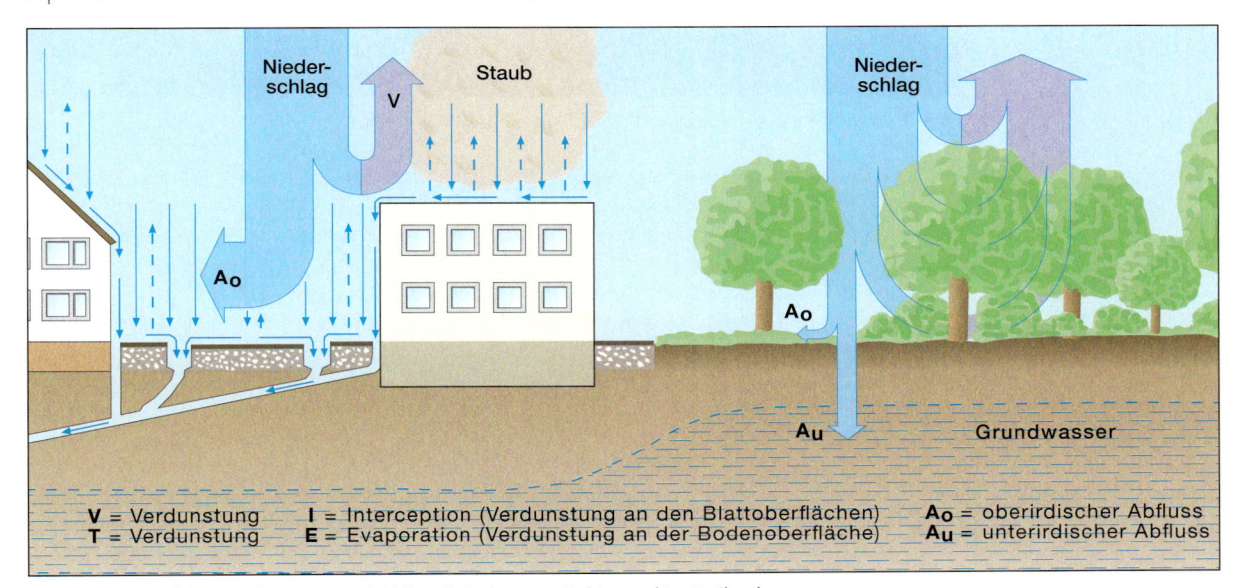

M 89.1 Niederschlag, Verdunstung und Abfluss in bebautem Gebiet und im Freiland

V = Verdunstung
T = Verdunstung
I = Interception (Verdunstung an den Blattoberflächen)
E = Evaporation (Verdunstung an der Bodenoberfläche)
A_o = oberirdischer Abfluss
A_u = unterirdischer Abfluss

Straßenverschmutzungen durch den Verkehr, z. B. Abrieb von Reifen, Bremsen und Straßenbelägen, Auspuffgase und Ölverluste; undichte Kanalisation, Haarrisse in Gas- und Fernwärmeleitungen; Verschmutzungen durch starken Einsatz von Dünge- und Pflanzenschutzmitteln sowie Streusalz; Verschmutzungen aus Gewerbe und Industrie infolge unsachgemäßen Umgangs und Unfällen mit wassergefährdenden Stoffen; unsachgemäße Lagerung von Abfällen, insbesondere von Sondermüll auf Deponien, die z. T. keine Abdichtung an der Basis haben (Altlasten); Verschmutzungen durch die in Luft, Niederschlägen, Nebel und Tau enthaltenen Schadstoffe, v. a. Schwefeldioxid, Stickoxide, Schwermetallverbindungen und chlorierte Kohlenwasserstoffe.

Aus: Adam, Klaus: Stadtökologie in Stichworten. Unterägeri 1988, S. 95.

M 89.2 Ursachen von Grundwasserverunreinigungen

1 Beschreiben Sie den Wasserhaushalt Deutschlands (M 88.1).
2 Vergleichen Sie natürliche und durch Menschen beeinflusste Wasserkreisläufe. Legen Sie zu Ihren Ausführungen Skizzen an (M 89.1).
3 Zeigen Sie Maßnahmen auf, um Auswirkungen des Menschen auf den natürlichen Wasserkreislauf zu begrenzen.

Wasser als Produktionsfaktor

Hydroenergie als industrieller Standortfaktor

M 90.1 Atatürk-Komplex bei Halfeti vor der Flutung (Südost-Anatolien)

Die Türkei gehört zu jenen wenigen Staaten im Nahen Osten, die nur geringe Erdöl- und Erdgasvorkommen besitzen. Dafür verfügt die Türkei über ergiebige Wasservorkommen, vor allem im südöstlichen Landesteil. Seit den 1980er-Jahren bemüht man sich verstärkt, die Wasservorkommen von Euphrat und Tigris zu erschließen. Insgesamt sollen 22 Staudämme und 19 Wasserkraftwerke entstehen.

Mit der Fertigstellung des Südost-Anatolien-Projekts sind mehrere Ziele verbunden, um den wirtschaftlich über lange Zeit vernachlässigten Südosten der Türkei zu erschließen. 3,5 Millionen Arbeitsplätze sollen in Landwirtschaft, Industrie und Dienstleistungen entstehen. Durch die Ausweitung landwirtschaftlich genutzter Bewässerungsflächen soll in einer ersten Phase die Lebensmittelverarbeitung angesiedelt werden, danach sollen weitere Industriezweige folgen, wie die chemische Industrie.
Voraussetzung ist die Steigerung der Elektrizitätserzeugung. Die bereits bestehenden 17 Wasserkraftwerke versorgen die Region mit 8,9 Milliarden Kilowattstunden Energie. Der Verbund der fertiggestellten 17 Wasserkraftwerke ist der größte der Welt. Nach Vollendung aller Teilvorhaben soll der Südosten der Türkei jährlich eine Energiemenge von 27 Milliarden Kilowattstunden produzieren. Dies entspricht rund 30 % des türkischen Jahresbedarfs.

Kernstück des Ausbauplans für das untere Euphrat-Becken ist der Anfang der 1990er-Jahre fertiggestellte Atatürk-Steinschüttdamm. Mit einem Schüttvolumen von 84,5 Millionen m³ ist er der fünftgrößte Staudamm der Welt. Das Kraftwerk ist mit 2400 MW das größte der Türkei. Für den Stausee von 817 km² Fläche (zum Vergleich: Bodensee 538 km²) wurden 60 000 Menschen umgesiedelt. Zum Atatürk-Komplex gehört der Urfa-Tunnel, zwei mehr als 26 km lange unterirdische Kanäle, die vom Atatürk-Stausee rund 320 m³/s Wasser entnehmen, um es in die Ebene entlang der syrischen Grenze zu leiten. Es soll helfen, das Land in einen blühenden Garten zu verwandeln.

Streit um Wasser

Die Vorhaben des Südost-Anatolien-Projekts haben auch Auswirkungen auf Nachbarstaaten der Türkei. Vor allem Syrien und der Irak sind vom Wasser des Euphrat und Tigris abhängig. Die Staudammprojekte könnten die Menge des nach Syrien und den Irak abfließenden Wassers um bis zu 60 % verringern und vor allem in niederschlagsarmen Jahren zu Wassermangel führen.
Der Irak fordert eine Drittelung des Wasserange-

	fertiggestellt	im Bau	geplant	Summe
Energiekapazität (MW)	5000	890	1460	7350
Energieproduktion (GWh/Jahr)	16,7	3,2	7,1	27,0
bewässerte Fläche (in 1000 ha)	212	159	1429	1800
Zahl der Staudämme	12	2	8	22
Zahl der Wasserkraftwerke	6	2	10	18

M 90.2 Projektstand des Atatürk-Komplexes 2003

bots zwischen der Türkei, Syrien und dem Irak. Er beruft sich dabei auf überkommene Rechte, wonach er einen hohen Anteil des Tigris-Wassers nutzt. Eine Beibehaltung des hohen Nutzungsanteils des Iraks gefährdet jedoch die ehrgeizigen Pläne der Türkei bei der Elektrizitätsgewinnung, aber auch beim Ausbau der Bewässerungsflächen im Rahmen des Südost-Anatolien-Projekts.

Einen anderen Lösungsansatz präsentiert Syrien in der Auseinandersetzung: Jeder Anrainer sollte seinen Bedarf jährlich nachweisen. Die Summe aller Ansprüche darf die pro Jahr verfügbare Wassermenge nicht übersteigen. Liegt die insgesamt beanspruchte Wassermenge über dem Angebot, müsste der Anspruch eines jeden der drei Nutzer entsprechend vermindert werden.

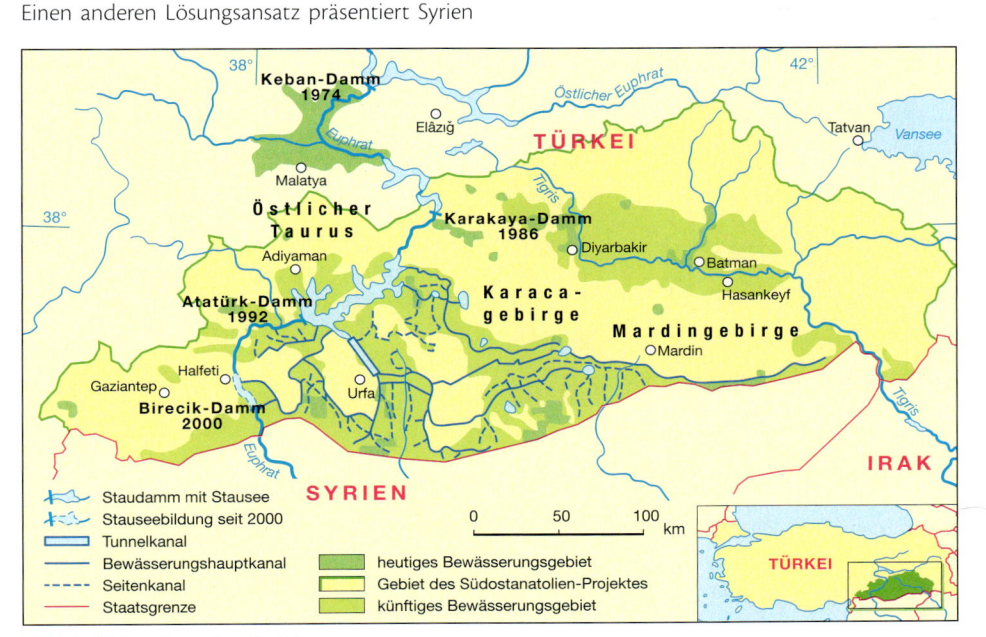

M 91.1 Südost-Anatolien-Projekt

Fläche	Baumaßnahmen	Ziele
rund 74 000 km² Fläche, entspricht etwa 9 % des Territoriums der Türkei (zum Vergleich: annähernd 30 % des Territoriums Deutschlands); Atatürk-Stausee hat etwa eine Flächengröße wie der Bodensee	21 Staudämme, 19 Wasserkraftwerke und Bewässerungsanlagen entlang der Flüsse Euphrat und Tigris, 630 km Bewässerungskanäle	nach Abschluss des Projekts 2010 (geplant) Arbeitsplätze für etwa 6 Mio. Menschen in Dienstleistung, Industrie, Landwirtschaft, Bewässerung der Steppe zur landwirtschaftlichen Erschließung (1,7 Mio. ha Ackerland), Energieversorgung (Verringerung der Abhängigkeit von fossilen Brennstoffen)

M 91.2 Das Südost-Anatolien-Projekt in Zahlen

Anrainer am Euphrat	Wasseraufkommen	Wasserbedarf	Anrainer am Tigris	Wasseraufkommen	Wasserbedarf
Türkei	89 %	35 %	Türkei	52 %	13 %
Syrien	11 %	22 %	Irak	48 %	83 %
Irak	keine Angaben	43 %	Syrien	keine Angaben	4 %

M 91.3 Anteile der Anrainer an Euphrat und Tigris

1. Weltweit wird ungefähr die Hälfte aller Flüsse gegenwärtig durch mindestens einen großen Damm gestaut. 45 000 Großstaudämme sind in Betrieb. Recherchieren Sie soziale, ökonomische und ökologische Auswirkungen der Dammbauten an einem selbst gewählten Beispiel.
2. Erörtern Sie Vor- und Nachteile der Nutzung der Wasserenergie am Beispiel des Südost-Anatolien-Projekts.
3. Der frühere Ministerpräsident und spätere Staatspräsident der Türkei, Turgut Özal, wird mit den Worten zitiert: „Die anderen Staaten der Region haben Öl, wir haben Wasser." Bewerten Sie die Aussage vor dem Hintergrund des Wasserdargebots der Region.

Bewässerungslandwirtschaft in den ariden Subtropen

M 92.1 Stockwerksanbau in einer Oase

Stockwerksanbau
in Oasen ist häufig Ausdruck der Besitzverhältnisse: Während Besitzer die oberen Stockwerke beanspruchen, erhalten Teilpächter die unteren Stockwerke.

Oasenwirtschaft in der Sahara

An wenigen Stellen ist in der Wüste immer Wasser vorhanden: in den Oasen. Oase bedeutet Rastplatz. Man kann sich einen größeren Gegensatz kaum vorstellen als den zwischen einer trostlosen Wüste ohne jede Vegetation und einer Oase mit ihren grünen Dattelpalmen und bebauten Feldern. In den Oasen wird mittels Tiefbrunnen teilweise auch fossiles Wasser genutzt, das in den Poren und Spalten tief liegender Gesteinsschichten gespeichert ist. Es hatte sich vor Zehntausenden von Jahren gebildet, als das Klima der Sahara semihumid bis humid war und bislang nicht in den derzeitigen Wasserkreislauf einbezogen war.

Typische Merkmale der agrarischen Nutzung von Oasen sind
- die inselhafte Lage eines landwirtschaftlich durch Bewässerung genutzten Gebiets mit Siedlung inmitten einer vollariden Umgebung;
- die hohe Anbauintensität, oft in mehreren Stockwerken; einem oberen Stockwerk der Dattelpalmen, einem mittleren Stockwerk der Fruchtbäume (z. B. Granatapfel, Ölbäume) und einem unteren Stockwerk der Feldfrüchte (z. B. Brotgetreide, Futterpflanzen, Gemüse);
- das Vorherrschen der Dattelpalme als Anbaukultur.

Die an den Routen der transsaharischen Karawanen liegenden Oasen waren Versorgungs- und Übernachtungsstätten sowie Handelsplätze. Ein Bedeutungsverlust der Oasen setzte bereits in der Kolonialzeit ein. Er verstärkte sich seit der Unabhängigkeit der Saharastaaten. Oasen wurden zu peripheren Agrarräumen an der Grenze der Ökumene. Wirtschaftlicher Bedeutungsverlust und Bevölkerungsrückgang waren die Folge.

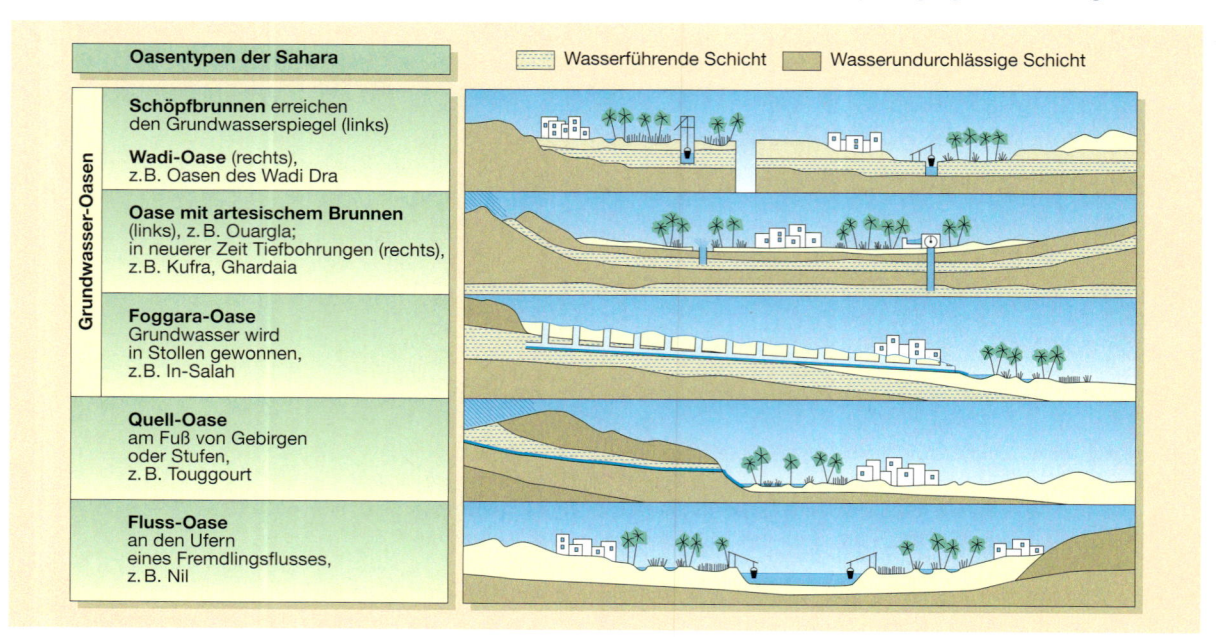

Oasentypen der Sahara — Wasserführende Schicht | Wasserundurchlässige Schicht

Grundwasser-Oasen
- **Schöpfbrunnen** erreichen den Grundwasserspiegel (links)
- **Wadi-Oase** (rechts), z. B. Oasen des Wadi Dra
- **Oase mit artesischem Brunnen** (links), z. B. Ouargla; in neuerer Zeit Tiefbohrungen (rechts), z. B. Kufra, Ghardaia
- **Foggara-Oase** Grundwasser wird in Stollen gewonnen, z. B. In-Salah
- **Quell-Oase** am Fuß von Gebirgen oder Stufen, z. B. Touggourt
- **Fluss-Oase** an den Ufern eines Fremdlingsflusses, z. B. Nil

M 92.2 Oasentypen in Nordafrika

Gründe für diese Entwicklung waren insbesondere
- der Rückgang der Wasservorräte,
- der Niedergang des Karawanenhandels,
- der Rückgang des Dattelabsatzes wegen veränderter Konsumgewohnheiten,
- die Abwanderung der Oasenbewohner in nichtlandwirtschaftliche Berufe, z. B. bei der Erdöl- und Erdgasförderung in Algerien und Libyen,
- uneffektive Bewässerungstechniken mit hoher Arbeitsbelastung der Bauern und zunehmender Bodenversalzung.

Allerdings scheint es übertrieben zu sein, von einem Oasensterben zu sprechen. Vielmehr haben die traditionellen Oasen einen grundlegenden Wandel erlebt, in dessen Verlauf nur solche Teile der Oasenflur brachfielen, in denen die Arbeit zu aufwändig war und die Wasserzuführung nicht sichergestellt werden konnte.

Im Zuge der Erdölexploration in der Sahara wurden bis in 2000 m Tiefe reichende **Aquifere** angebohrt. So konnten große Neulandprojekte in der Wüste entstehen wie die Kufra-Oasen in Libyen. Dort wird aus über 1000 m Tiefe Wasser hochgepumpt und mit riesigen, selbstfahrenden Beregnungsanlagen 10 000 ha Ackerland bewässert. Ein Bewässerungskreis hat einen Durchmesser von mehr als einem Kilometer und umfasst etwa 100 ha, auf denen Getreide und Futterpflanzen für Schafe angebaut werden. Mittlerweile werden derartige Areale wegen ihrer hohen Erschließungs- und Unterhaltungskosten nicht mehr als alleinige Lösung zur Behebung des Nahrungsmitteldefizits angesehen. Dies gilt vor allem, weil hier fossiles und somit nicht erneuerbares Grundwasser gefördert wird, das nach abschätzbaren Zeiträumen von wenigen Jahren bis Jahrzehnten ausgebeutet sein wird.

Seit Mitte des 20. Jahrhunderts wird in Ägypten das Projekt „New Valley" betrieben. In den Grundwasseroasen des Niltals wird Neuland erschlossen. Ermöglicht werden sollte dies durch den Bau von 170 Brunnen mit einer Tiefe bis zu 1000 m. Allerdings konnten bisher von den geplanten 130 000 ha lediglich 5000 ha erschlossen werden. Ökologische Probleme sorgen für einen Stillstand in der Entwicklung: Durch Versandung und Wanderdünen gingen Teile neuer Anbauflächen wieder verloren, übermäßige Bewässerung ohne Entwässerung führte zur Bodenversalzung und die Absenkung des Grundwasserspiegels ließ viele ältere Brunnenanlagen versiegen.

M 93.2 Karussellbewässerung in den Kufra-Oasen (Libyen)

Mit dem Tushka-Projekt nimmt Ägypten die landwirtschaftliche Erschließung der Wüste westlich des Nils in Angriff, dazu wird über einen 50 km langen Kanal Nilwasser aus dem Nasserstausee in das Gebiet geleitet.
Für den Binnenmarkt werden mithilfe moderner Bewässerungsmethoden hauptsächlich Weizen und Mais, für den Export Südfrüchte produziert.
Enorm hohe Erschließungskosten (Infrastruktur, Umsiedlung von 3 Mio. Menschen) und die Gefahr der Bodenversalzung belasten das Projekt.

M 93.3 Das Tushka-Projekt (Ägypten)

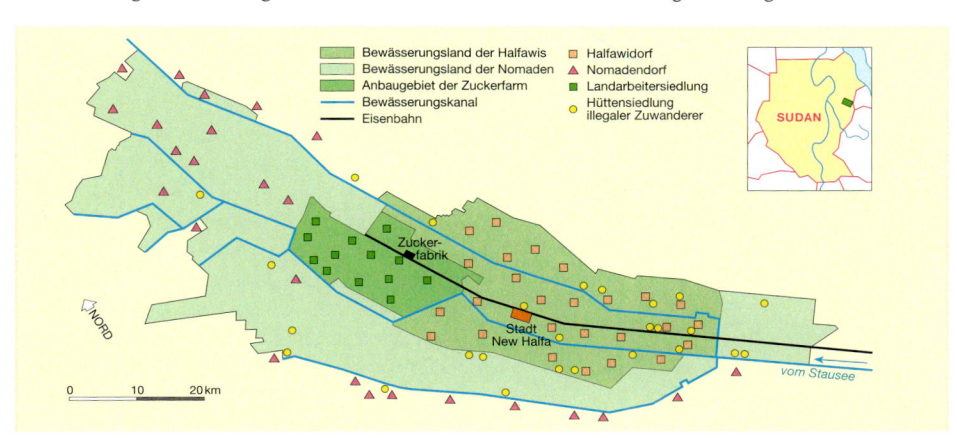

M 93.1 Bewässerungsgebiete am Khashm-el-Girba-Staudamm (Sudan)

1. Beschreiben Sie den Bedeutungs- und Funktionswandel der Oasenwirtschaft.
2. Vergleichen Sie traditionelle und moderne Formen der Bewässerungswirtschaft in den ariden Subtropen (M 92.1, M 93.2).
3. Bewerten Sie Erfolgschancen von Neulandprojekten in Wüstengebieten.

Nutzungskonflikt: Der Kampf ums Wasser

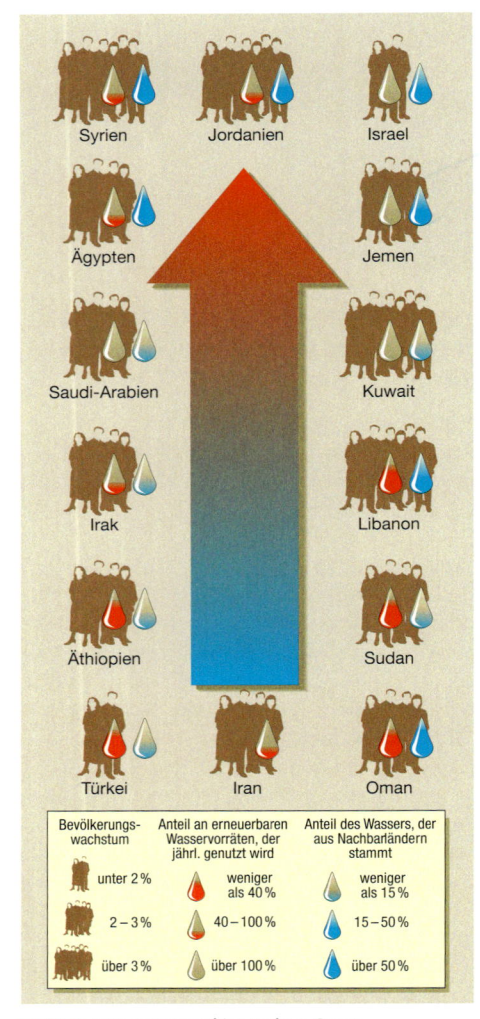

Im Gegensatz zu Syrien, Jordanien, Ägypten und dem Libanon nutzt Israel als einziges Land im Nahen Osten jährlich über 100 % der erneuerbaren Wasservorräte. Das Wasserpotenzial Israels ist im Vergleich zu seinen Nachbarstaaten ein ungleich höheres. Es setzt sich zusammen aus Oberflächenwasser (See Genezareth) und aus Grundwasser, das überwiegend aus erneuerbaren Aquiferen stammt. Auch das Problem, das rund zwei Drittel des gegenwärtigen Wasserpotenzials Israels aus besetzten Gebieten stammen, ist eine Ursache von Nutzungskonflikten. Zu den besetzten Gebieten zählen die Westbank und die Golanhöhen, aber auch umstrittene Gewässer wie der See Genezareth und der Jordan.

Die geographische Lage Israels führt zu Unterschieden in nördlichen und südlichen Landesteilen: Während Jerusalem in den Wintermonaten Niederschläge von teilweise über 120 mm und eine jährliche Niederschlagsmenge von über 530 mm aufweisen kann, gelangt Elat auf eine Niederschlagssumme von nur weniger als 40 mm.

Die ungleiche Verteilung der Wasserressourcen im Nahen Osten und die vorhergesagte Bevölkerungsentwicklung verweist auf ein Ansteigen des künftigen Wasserverbrauchs. Darüber hinaus wird ein rasantes Ansteigen des Wasserverbrauchs pro Einwohner vorhergesagt, der sich in den palästinensischen Gebieten bis zum Jahr 2040 sogar mehr als verdoppeln wird. Der Anstieg des Wasserbedarfs durch die Bevölkerungsentwicklung und des Wasserverbrauchs pro Einwohner werden sich nur durch eine geringere Wassernutzung in der Landwirtschaft ausgleichen lassen.

So wird der Gazastreifen bestimmt durch arides bis semiarides Klima. Die jährlichen Niederschlagsmengen liegen im Süden bei knapp 200 mm und im Norden bei 400 mm. Das Wasserpotenzial des wasserarmen Gebiets beschränkt sich auf den Gaza-Aquifer, dessen regenerierbare Speicherkapazität auf ca. 65 Millionen m³/Jahr geschätzt wird. Der Zwang hoher Wasserentnahme führt zwangsläufig zur Absenkung des Grundwasserspiegels. Folge der Übernutzung sind Bodenversalzung und Verunreinigung der instabilen Grundwasserschicht durch das Eindringen von Meerwasser. Die hydrologische Situation der Westbanks ist eine andere: Das Wasserpotenzial wird auf 600 m³/Jahr geschätzt, das sich auf drei Aquifere verteilt. Die jährlichen Niederschlagsmengen bewegen sich von 600 bis 900 mm.

M 94.1 Wassermangel im Nahen Osten

Bevölkerung (in Mio.)				
Land/Gebiet	1994	2000	2010	2040
Israel	5,3	6,5	7,7	12,8
Jordanien	4,1	4,9	6,8	14,0
palästin. Gebiete	2,2	3,2	4,1	7,7
Wasserverbrauch in Haushalten (in m³/Einw. und Jahr)				
Israel	100	105	115	145
Jordanien	55	74	72	86
palästin. Gebiete	38	50	57	83
Wasserverbrauch für Bewässerung (in Mio. m³/Jahr)				
Israel	860	732	498	450
Jordanien	570	637	798	464
palästin. Gebiete	150	150	150	150

M 94.2 Wasserbedarf und Bevölkerungsentwicklung

Die Verringerung des Wasserverlustes in der Landwirtschaft und optimale Formen der Bewässerung zur Ertragssteigerung werden derzeit als Lösung des Problems betrachtet. Wasserbauliche Maßnahmen werden nur im regionalen politischen Konsens möglich sein. Zu diesen Maßnahmen gehören auch technisch aufwändigere Lösungen wie der Bau von Meerwasserentsalzungsanlagen, die Einspeisung der Winterniederschläge in die Aquifere, die Wiederaufbereitung von Abwasser sowie getrennte Leitungssysteme zur Nutzung von Wasser unterschiedlicher Qualität für Haushalt, Industrie und Landwirtschaft.

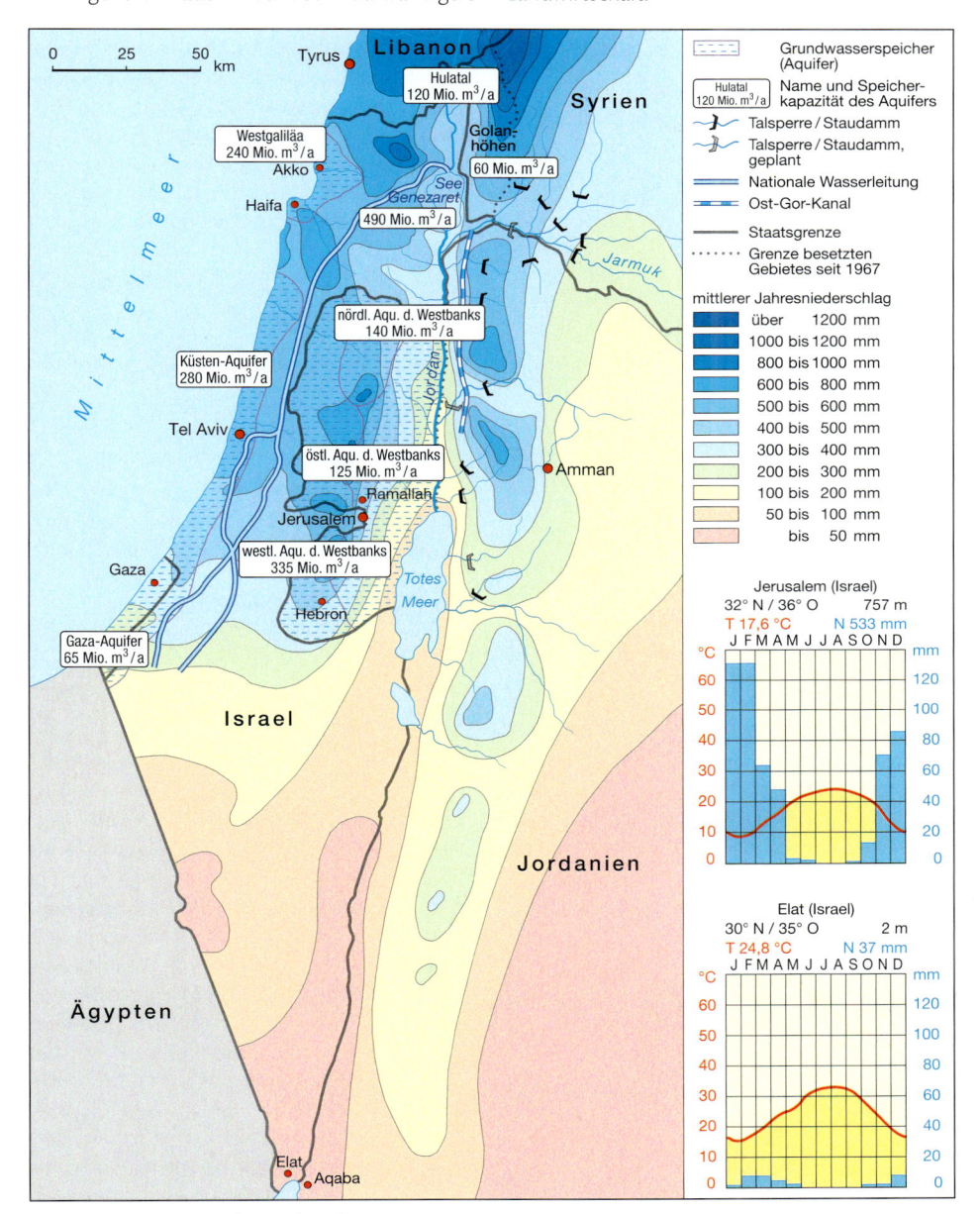

M 95.1 Wasserpotenzial im Nahen Osten

1 Beschreiben Sie das Wasserpotenzial und Nutzungsverhalten von Süßwasser in Israel sowie in den direkten Nachbarstaaten (**M 95.1**).
2 Zeigen Sie Auswirkungen der hydrologischen Situation auf und vertiefen Sie diese an einem Raumbeispiel aus den palästinensischen Gebieten.
3 Entwickeln Sie technische und politische Lösungsansätze für sich abzeichnende Konflikte um die Ressource Wasser.

Problemkreis Wasser

Wasserverbrauch pro Person im Vergleich	
Indien	25 l/Tag
Frankreich	112 l/Tag
Deutschland	127 l/Tag
Österreich	150 l/Tag
Italien	213 l/Tag
USA	328 l/Tag

Nutzung von Trinkwasser pro Person und Tag in Deutschland		
Ernährung	4 l	3 %
Hygiene	48 l	36 %
Toiletten	42 l	32 %
Wäsche	18 l	14 %
Spülen	8 l	6 %
Reinigung	4 l	3 %
Sonstiges	8 l	6 %

M 96.1 Daten zum Wasserverbrauch

Wasserversorgung als Menschenrecht

Zugang zu sauberem Trinkwasser gilt wie das Recht auf Nahrung als menschliches Grundrecht. Wasser ist neben Luft unabdingbare Grundlage menschlichen Lebens, aber ebenso für Pflanzen und Tiere, also auch für die Nahrungsproduktion.

> All peoples, whatever their stage of development and their social and economic conditions, have the right to have access to drinking water in quantities and of quality equal to their basic needs.
> Water has an economic value in all its competing uses and should be recognized as an economic good.
>
> *Kofi Annan, ehem. UN-Generalsekretär zum Internationalen Jahr des Süßwassers 2003*

Ein UN-Millenniumsziel ist daher, bis 2015 den Anteil der Menschen ohne Zugang zu sauberem Trinkwasser zu halbieren. Weltweit ist dieses Ziel noch in weiter Ferne. Nach einem Bericht der UNESCO von 2005 leiden zwei Milliarden Menschen in 40 Staaten unter Engpässen in der Wasserversorgung. Eine Milliarde Menschen lebt mit ständigem Wassermangel, 1,1 Milliarden haben keinen Zugang zu sauberem Trinkwasser und 2,6 Milliarden verfügen nicht über ausreichende sanitäre Anlagen. Die Prognose geht davon aus, dass um 2050 ein Viertel der Menschheit in Staaten ohne ausreichende Wasserversorgung leben wird.

In den meisten Industrieländern gehört Trinkwasser zu den am besten kontrollierten Nahrungsmitteln. In vielen Entwicklungsländern muss sich etwa die Hälfte der Bevölkerung mit unsauberem Trinkwasser begnügen – Ursache von Krankheiten und Todesfällen.

M 96.2 Wassermangel

Wasser als Politikfeld

Der Zugang zu Wasser wird zu einem politischen Handlungsfeld, wenn in Räumen mit Wassermangel verschiedene Staaten vom Wasserangebot eines Flusses abhängen, aber unterschiedliche Anteile an seinem Einzugsgebiet haben. Die größte Herausforderung stellt die Entnahme von Bewässerungswasser am Oberlauf dar, das dann den Anrainern am Unterlauf zur Nutzung entzogen wird. So ist das Wasser des Nil, des Jordan sowie des Euphrat und Tigris für Anrainer von existenzieller und damit auch besonderer politischer Bedeutung.

> Nie habe ich Nilwasser zurückgehalten, nie habe ich dem Wasser den Weg versperrt, nie habe ich den Nil beschmutzt.
> *Ramses III. (etwa 1186–1155 v. Chr. (Grabinschrift)*

Weltweit werden mehr als 45 000 Großstaudämme betrieben, zur Energiegewinnung, zur Wasserversorgung und zum Hochwasserschutz. Die Anlage der Stauseen ist mit tiefen Eingriffen in den Naturhaushalt verbunden und häufig auch mit der Aufgabe von Kultur- und Siedlungsland.

Wassernutzung als Umweltbelastung

70 % des Süßwassers auf der Erde werden in der Landwirtschaft verbraucht. Ausgewaschene Nährstoffe belasten das Bodenwasser und tragen zur *Eutrophierung* von Gewässern bei.

> Du magst dem anderen das Weib stehlen, das Pferd, die Ehre, aber nicht das Wasser.
> *Sure aus dem Koran*

Die Wasserverschmutzung der Fließgewässer erfolgt aber überwiegend aus der Einleitung nicht oder unzureichend geklärter Abwässer aus Industrie und Haushalten. Schad- und Nährstoffe (z. B. Schwermetalle und Phosphate) lagern sich an der Oberfläche von Partikeln in Fließgewässern an und werden mit der Sedimentfracht transportiert und abgelagert. Flusssedimente können so belastet sein, dass aus dem Uferfiltrat kein Trinkwasser mehr gewonnen werden kann. Nur fünf Prozent aller Abwässer weltweit werden geklärt. Die Einleitung von *kontaminiertem* Wasser und Fäkalien in Flüsse, Seen und Meere ist weit verbreitet.

> Wer mit dem Nilwasser spielt, erklärt uns den Krieg.
> *Anwar al-Sadat, ägyptischer Präsident (1970–1981)*

In der Europäischen Union wurde zur Verbesserung der Wasserqualität und zum Schutze der Oberflächengewässer und des Grundwassers eine Wasserrahmenrichtlinie erarbeitet.

Als man bei Erdölbohrungen in der Sahara in einer Tiefe von 300 bis 2000 m auf fossiles Wasser stieß, wurde Mitte der 1980er-Jahre das „Great-Man-Made-River-Projekt" in Angriff genommen. Es ist das weltweit größte Trinkwasser-Pipeline-Projekt. Das Wasser wird zur Versorgung der Bevölkerung mit Trinkwasser und zur Bewässerung in der Landwirtschaft genutzt. Obwohl das genutzte Wasser in mehr als 300 Meter Tiefe liegt, besteht die Gefahr, dass großflächig der in 10 bis 60 Meter Tiefe liegende Grundwasserspiegel beeinflusst wird.

Mithilfe übermannsgroßer Rohrleitungen wird Wasser aus riesigen unterirdischen Seen in die küstennahen Bevölkerungszentren (so z. B. nach Tripolis und Benghasi) und in die Landwirtschaftsgebiete geleitet. Die Pipeline verläuft über große Strecken parallel zur Küste Libyens und transportiert täglich mehr als 6 Mio. m³ Wasser.

Das genutzte Wasser ist 10 000 bis 30 000 Jahre alt. Es bildete sich beim Abtauen des Gletschereises am Ende des letzten Eiszeitalters und sammelte sich im Sandstein, der ein guter Aquifer ist. Fördergebiete befinden sich in den Becken von Kufra, Sirt, Murzuk, Hamadah und Jufrah. Da die angezapften Reservoire heute keine Zuflüsse mehr haben, ist das Wasserdargebot begrenzt, manche Schätzungen sprechen von bis zu 250 Jahren, andere aber auch nur von 30 bis zu 50 Jahren.

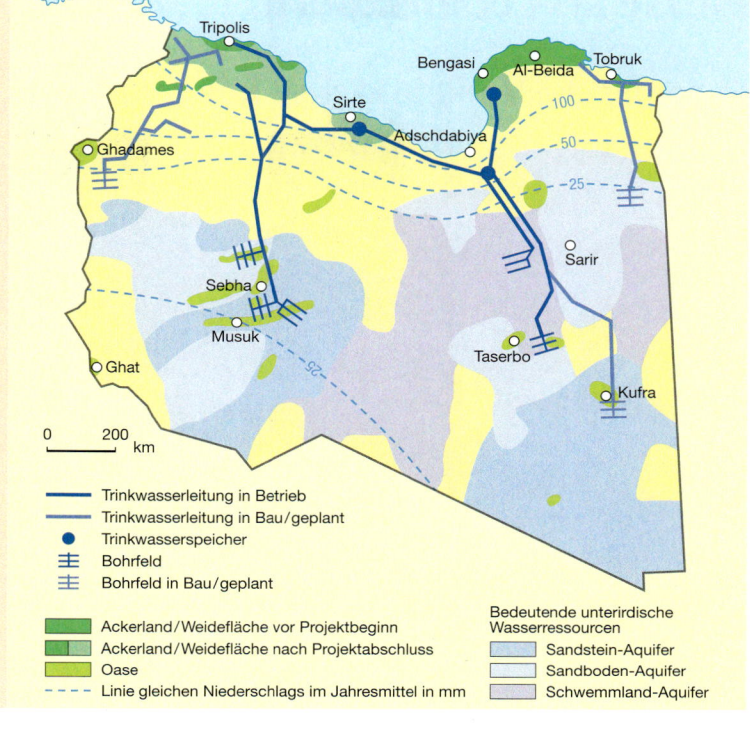

M 97.1 Projekt „Great-Man-Made-River" in Lybien

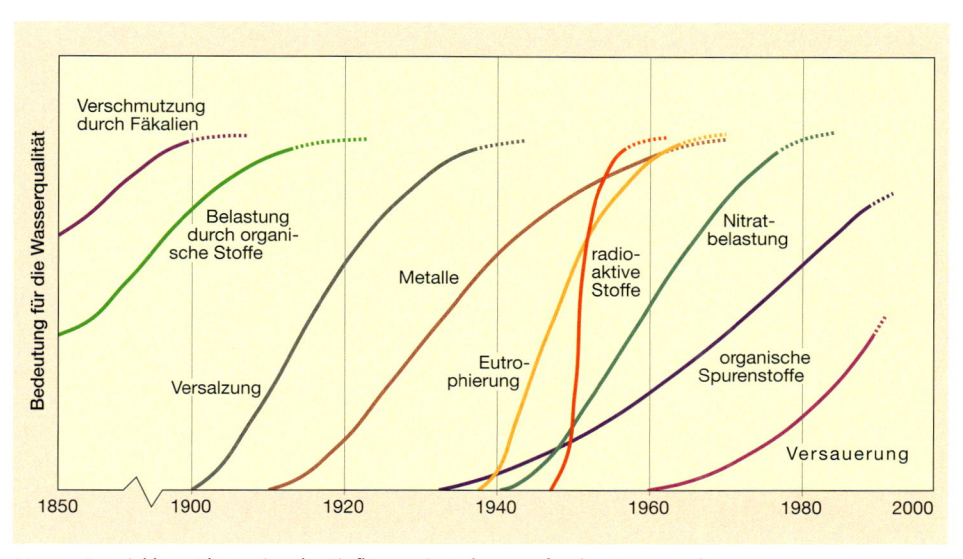

M 97.2 Entwicklung überregionaler Einflüsse mit Bedeutung für die Wasserqualität

1. Setzen Sie das natürliche Wasserdargebot verschiedener Regionen und Staaten in Beziehung zur Bevölkerungszahl, zum Lebensstandard und zur wirtschaftlichen Entwicklung.
2. Erläutern Sie das Konfliktpotenzial weltweiter Steigerung des Wasserbedarfs bzw. -verbrauchs.
3. Erörtern Sie an selbst gewählten Beispielen ökologische, ökonomische und soziale Folgen menschlicher Eingriffe in den Wasserhaushalt.
4. Zeigen Sie Möglichkeiten und Notwendigkeiten des sparsamen Umgangs mit der Ressource Wasser sowohl im privaten Konsum als auch in der wirtschaftlichen Nutzung auf.

Flüsse als Lebensadern

Europäische Verkehrsachse Rhein

M 98.1 Im Duisburger Hafen

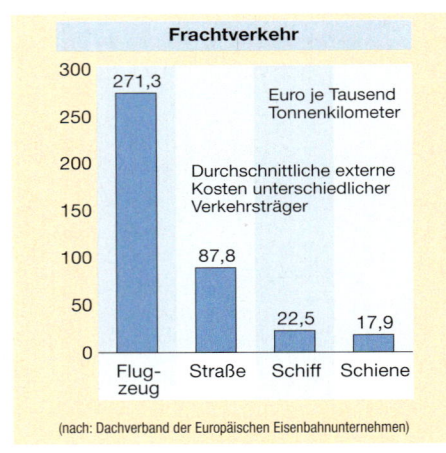

Frachtverkehr

- Flugzeug: 271,3
- Straße: 87,8
- Schiff: 22,5
- Schiene: 17,9

Euro je Tausend Tonnenkilometer

Durchschnittliche externe Kosten unterschiedlicher Verkehrsträger

(nach: Dachverband der Europäischen Eisenbahnunternehmen)

M 98.2 Kosten des Frachtverkehrs

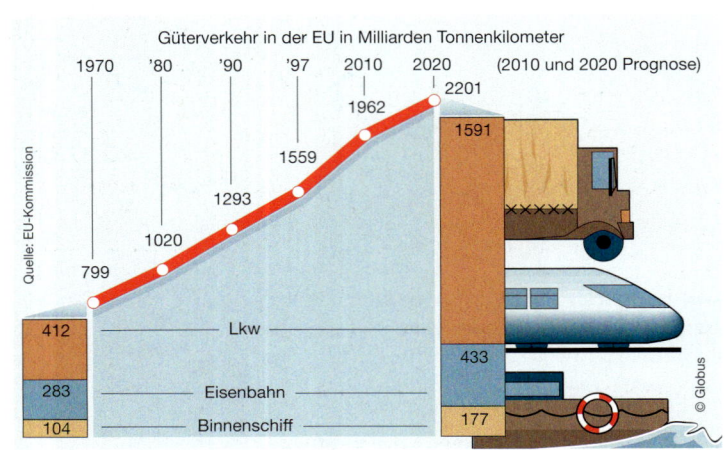

Güterverkehr in der EU in Milliarden Tonnenkilometer (2010 und 2020 Prognose)
Quelle: EU-Kommission

- 1970: 799
- '80: 1020
- '90: 1293
- '97: 1559
- 2010: 1962
- 2020: 2201

1970: Lkw 412, Eisenbahn 283, Binnenschiff 104
2020: Lkw 1591, Eisenbahn 433, Binnenschiff 177

M 98.3 Verkehrsaufkommen in der EU

Der Rhein ist die meistbefahrene Wasserstraße Europas. Er bildet eine Achse des Wasserstraßensystems in Mitteleuropa, die die Wirtschaftszentren Rhein-Ruhr, Rhein-Main und Rhein-Neckar verbindet und zugleich über den Hafen Rotterdam für den Wirtschaftsstandort Deutschland einen leistungsstarken Zugang zum Weltverkehr schafft. Über den Rhein-Main-Donau-Kanal verbindet der Rhein außerdem West- und Mitteleuropa mit dem südosteuropäischen Gewässernetz. Aufgrund seiner verkehrsgeographischen Zentrallage besitzt er eine wachsende Transitfunktion, die weit über die Nachbarstaaten Deutschlands hinausreicht.

Um die Nutzung des Rheins für den Schiffverkehr zu erhöhen, wurden bereits im 18. Jahrhundert Korrekturen am Rheinlauf vorgenommen, einerseits zum Hochwasserschutz, andererseits, um die Rheinschifffahrt zu verbessern. Begradigungen im Flusslauf erhöhten die Fließgeschwindigkeit des Rheins, vertieften das Flussbett und verbesserten seine Schleppkraft. Ab 1813 erhielt der Rhein zwischen Basel und Karlsruhe ein kanalartiges, leicht gewundenes Flussbett. Zudem wurden Hochwasserdämme errichtet, um die landwirtschaftlichen Flächen im Auenbereich vor Überflutungen zu schützen. Durch die Verengung grub sich der Rhein erneut tiefer.

Weitere Regulierungsmaßnahmen begannen zu Beginn des 20. Jahrhunderts, um die Großschifffahrt zu ermöglichen. Durch Buhnen wurde das Flussbett in der Breite eingeengt. Ließen erste Regulierungsmaßnahmen noch die Flutung der Auenwälder zu, um die Durchflussgeschwindigkeit des Rheinwassers bei Bedarf zu senken, fließt nunmehr das Hochwasser im eingeengten Flussbett ungebremst dahin und führt regelmäßig im Niederrhein zu Hochwasser.

Mit der Industrialisierung wurde das Rheintal auch für andere Verkehrsträger ausgebaut. Seit Mitte des 19. Jahrhunderts entstanden parallel zum Rhein Eisenbahntrassen für den Nah-, Fern- und Güterverkehr. Seit dieser Zeit stehen die beiden Transportmittel in unmittelbarer Konkurrenz zueinander.

Heute zählen die Eisenbahnstrecken längs des Rheins zu den wichtigsten Verbindungen für den Güterverkehr von Rotterdam über Köln und Basel nach Mailand und Genua. Mit 250 Zügen täglich ist vor allem die Strecke zwischen Karlsruhe und Basel an ihre Kapazitätsgrenzen gestoßen. Bis zum Jahr 2012 werden für den Ausbau der Eisenbahntrasse viereinhalb Milliarden Euro investiert.

Mit dem durchgehenden viergleisigen Aus- und teilweise Neubau werden drei Ziele verfolgt:
- Erhöhung der Streckenkapazität,
- Streckentrennung der Schnellzüge des Fernverkehrs von denjenigen des Nah- und Güterverkehrs,
- kürzere Fahrzeiten durch die Möglichkeit der Erhöhung der Geschwindigkeit auf 250 km/h.

Die starke verkehrliche Nutzung des Rheintals macht eine Reihe von Tunnelbauten erforderlich, um diese Ziele erreichen zu können.

Seit den 1930er-Jahren wird auch das Autobahnnetz in der Region ausgebaut, sodass der Rhein wie kein anderer europäischer Fluss den europäischen Nord-Süd-Verkehr bündelt.

Binnenhafen	Umschlag in Mio. t (2005)
Duisburg	49,24
Köln	14,97
Mannheim	8,10
Ludwigshafen	7,22
Karlsruhe	6,51
Neuss	6,13

M 99.1 Wichtigste Binnenhäfen in Deutschland

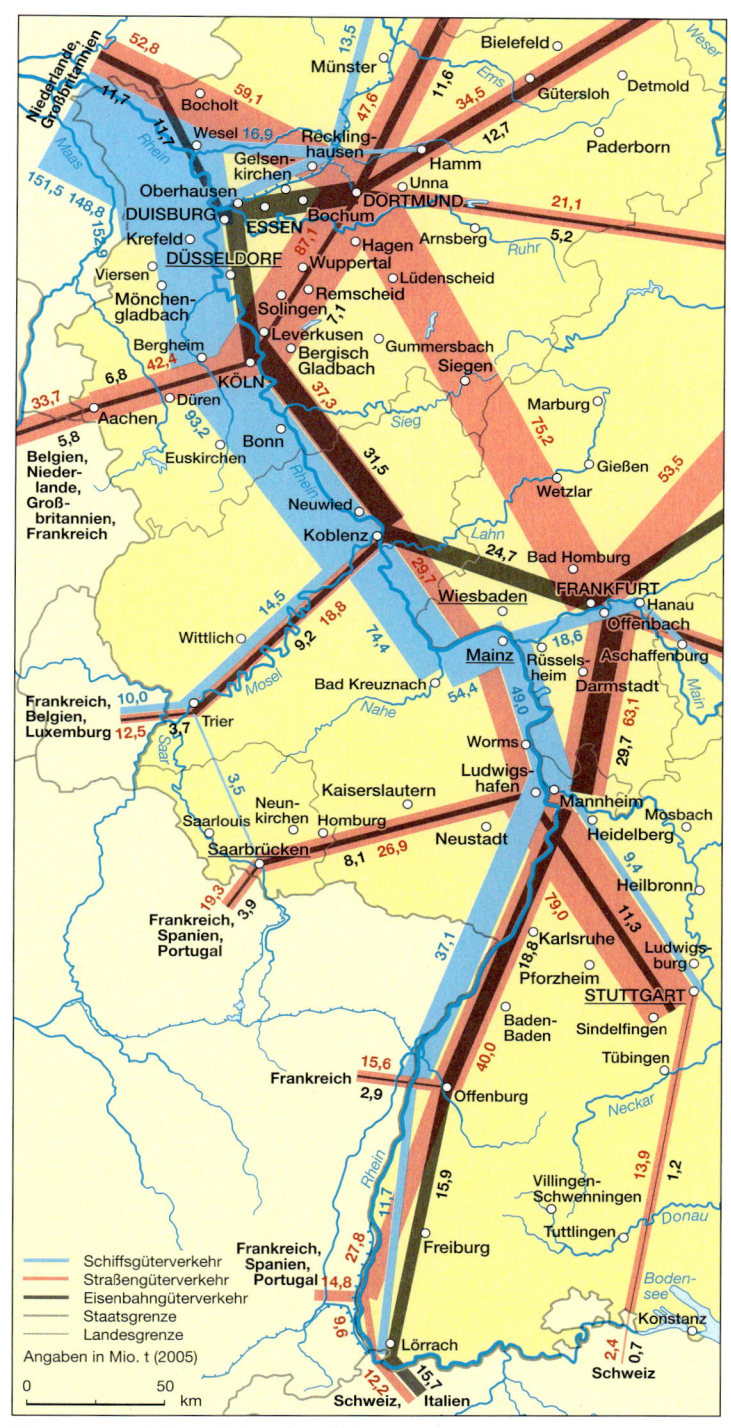

M 99.2 Europäische Verkehrsachse Rhein

1 Berichten Sie über die Entwicklung des Rheins als Verkehrsachse. Berücksichtigen Sie in Ihrer Darstellung auch Umweltprobleme.
2 Vergleichen Sie die Verkehrsträger Binnenschiff, Eisenbahn und Lkw als Transportmittel im Frachtverkehr (M 98.2 und M 98.3).
3 Erörtern Sie in Gruppenarbeit: Ist der Ausbau des Rheins für die Binnenschifffahrt sowie des Rheintals für den Eisenbahnverkehr sinnvoll? Begründen Sie Ihre Meinung.

Die Emscher: Eingriffe in den natürlichen Wasserhaushalt

Mit einer Lauflänge von 85 km und einem Einzugsgebiet von 865 km² durchfließt die Emscher eine Höhendifferenz von lediglich 120 m von der Quelle in Holzwickede bis zur Mündung in den Rhein. Dies entspricht im Mittel 1,4‰ Gefälle. Damit ist die Emscher ein typischer Tieflandsfluss mit geringem Abfluss und der Gefahr von Überschwemmungen besonders im Frühjahr.

Mitte des 19. Jahrhunderts setzte mit dem Ausbau des Tiefbergbaus der Steinkohle die Industrialisierung in der Emscherregion ein, die zu einer Umgestaltung des Flusses führte. Vor allem die verstärkte Einleitung von Abwasser in die Emscher vergiftete Boden und Grundwasser, Bergsenkungen verschlechterten den Abfluss bis hin zur drohenden Umkehr der Fließrichtung.

Bereits Anfang des 20. Jahrhunderts wurde die Emschergenossenschaft mit dem Ziel einer einheitlichen Gewässerregulierung gegründet, um Missstände zu beseitigen und die störungsfreie Ableitung der Abwässer zu gewährleisten. Mit der folgenden Kanalisierung verloren Fließgewässer ihre natürliche Funktion. Sie wurden reduziert auf die möglichst schnelle Ableitung aller ungeklärt eingeleiteten Abwässer aus Industrie, Gewerbe und Haushalten. Hierzu wurden Deiche erhöht, Pumpwerke errichtet und der Mündungsverlauf der Emscher in den Rhein verlegt. Der Rückgang von Bergbau und Industrie führte seit den 1980er-Jahren zu einem Umdenken in der Gewässernutzung. Die Sanierung und die *Renaturierung* standen nunmehr im Vordergrund künftiger Planungen.

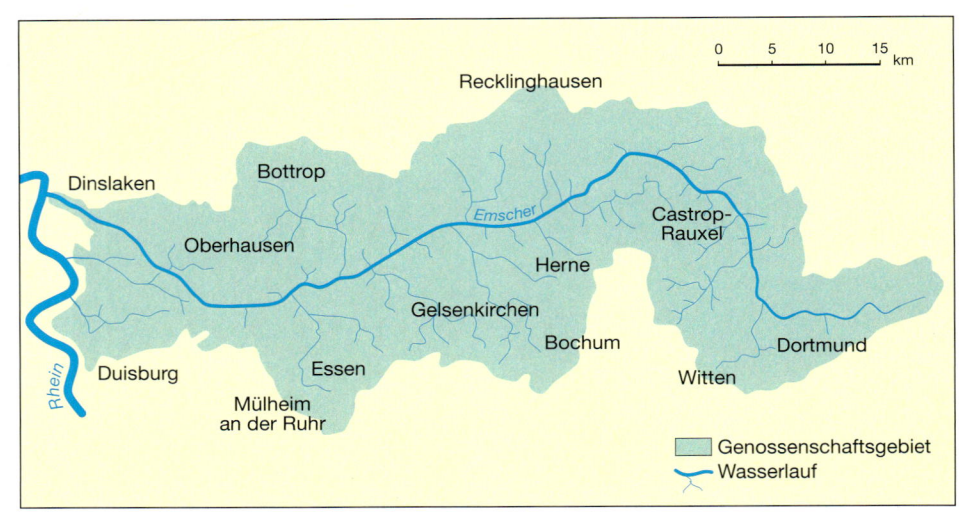

M 100.1 Gebiet der Emschergenossenschaft

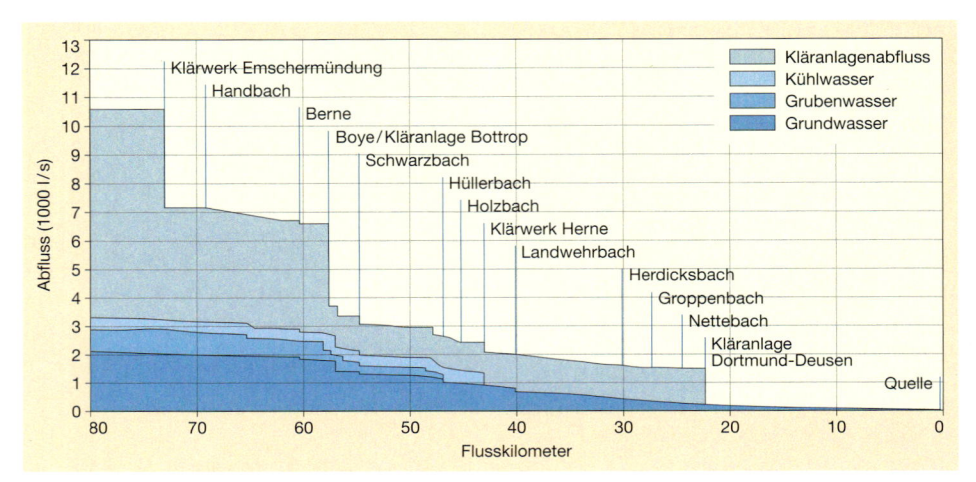

M 100.2 „Trockenwetter"-Abflussanteile der Emscher bei mittleren Abflüssen der Kläranlagen

Wichtige Impulse hierzu gingen in den 1990er-Jahren von der Internationalen Bauausstellung Emscher Park aus. Als Leitziele wurden der Hochwasserschutz, die Wiederherstellung ökologischer Gewässerfunktionen und die Einbeziehung der Gewässer in den Freiraum festgelegt. Viereinhalb Milliarden Euro sollen bis 2014 für den Gewässerumbau aufgewendet werden. Der erste bauliche Schritt ist die Trennung von Abwasser und Reinwasser. 400 km Abwasserkanäle müssen hierfür errichtet werden. Bis 2003 konnte ein Drittel der Vorhaben bereits vollendet werden. Verbunden mit der Abwasserbehandlung sind Bemühungen, möglichst viel Regenwasser von den Schmutzwasserkanälen fernzuhalten. Es soll stattdessen – wo immer möglich – versickern, genutzt oder direkt in die Emscher eingeleitet werden.

Im Gegensatz zum ersten Umbau der Emscher zu Beginn des 20. Jahrhunderts werden beim zweiten großen Umbau auch die ökologischen Funktionen und die Erholungsbedürfnisse der Bevölkerung berücksichtigt. Einblicke sowohl in den alten Ausbauzustand als auch in die Anlagen und Entwicklung der neuen Gewässerabschnitte sind durch Rad- und Fußwanderwege entlang der Emscher zu erhalten. Die Schaffung vielfältig nutzbarer Grün- und Freiräume rund um die Emscher soll bis 2020 abgeschlossen sein.

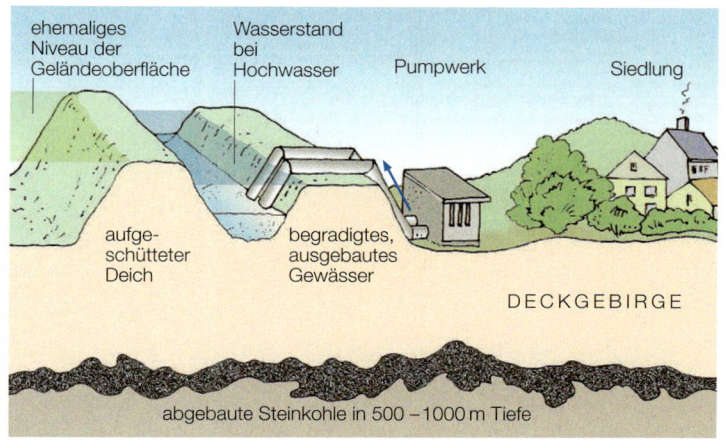

M 101.2 Folgen von Bergsenkungen

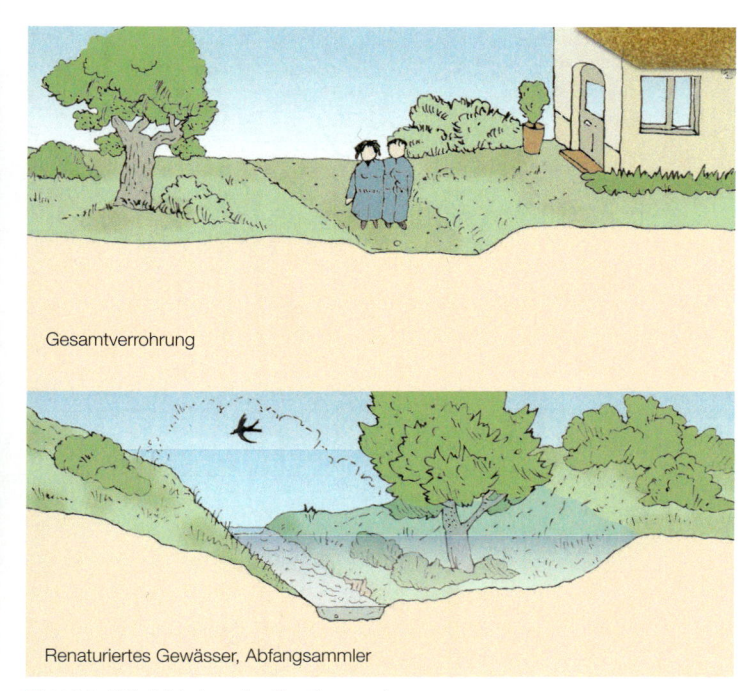

M 101.1 Renaturierte Emscher

M 101.3 Möglichkeiten des Gewässerumbaus

1 Erstellen Sie eine Tabelle zur Umgestaltung der Emscher und beschreiben Sie verschiedene Phasen dieser Entwicklung.
2 Ordnen Sie M 100.2 bis M 101.3 den einzelnen Phasen zu und erläutern Sie die ergriffenen Maßnahmen.
3 Diskutieren Sie in Gruppenarbeit den zur Renaturierung der Emscher betriebenen Aufwand. Stellen Sie den Standpunkt Ihrer Gruppe den anderen Gruppen vor.

Das Drei-Schluchten-Staudammprojekt: Erwartungen, Risiken und Folgen

Der Jangtsekiang ist mit über 5500 km der längste Fluss der Erde. Er entspringt nordöstlich des Hochlands von Tibet in einer Höhe von 5600 m. Ein Höhenunterschied von 5300 m und 3500 km Stromlänge liegen zwischen der Quelle und dem Roten Becken. Über 700 Nebenflüsse nimmt der Gebirgsfluss auf. Die östlichen Randgebirge durchbricht der Jangtsekiang auf einer Strecke von 200 km in drei Schluchten, bevor er das Tiefland erreicht. Als Tieflandsfluss hat er dann auf etwa 1800 km bis zur Mündung nur noch 50 m Gefälle.

Die Wasserführung des Jangtsekiang schwankt innerhalb eines Jahres sehr stark. Der Unterschied zwischen Hoch- und Niedrigwasserstand beträgt im Roten Becken bis zu 30 m, in den Schluchten bis zu 80 m. Seit Jahrhunderten bedrohen Überschwemmungen die Menschen im chinesischen Tiefland. Millionen sind bereits in den Fluten umgekommen, allein im Jahre 1935 waren 200 000 Menschenleben zu beklagen.

So dient der Damm vor allem dem Hochwasserschutz. Durch eine an die Jahreszeiten angepasste Wasserregulierung sollen Überschwemmungen am Unterlauf verhindert werden. Vor der Monsunzeit wird der Wasserpegel des Stausees abgesenkt. Die aus dem Oberlauf während der Regenzeit und infolge der Schneeschmelze im Gebirge ankommenden Wassermassen werden dann gespeichert.

Der Damm wird darüber hinaus dazu beitragen, den steigenden Energiebedarf des Landes zu decken. Der Anteil der Wasserkraft an der gesamten Elektrizitätsgewinnung soll künftig auf 30 % steigen. Es werden 14 Wasserturbinen in zwei Kraftwerken eingesetzt. Die Leistung der Kraftwerke wird die Leistung von rund einem Dutzend Kernkraft- bzw. Kohlekraftwerken erreichen.

Nicht zuletzt werden sich die Bedingungen für die Schifffahrt verbessern. Nach Fertigstellung des Projekts können auch hochseetaugliche Schiffe bis tief ins Binnenland fahren. Das industrielle Ballungsgebiet von Tschungking soll größter Binnenhafen Asiens werden.

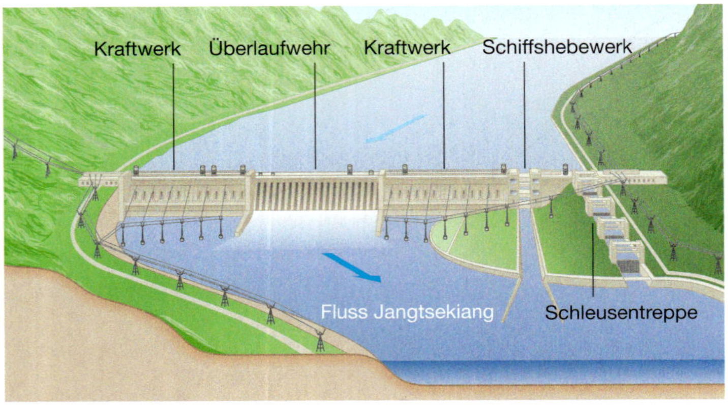

M 102.1 Der Staudamm

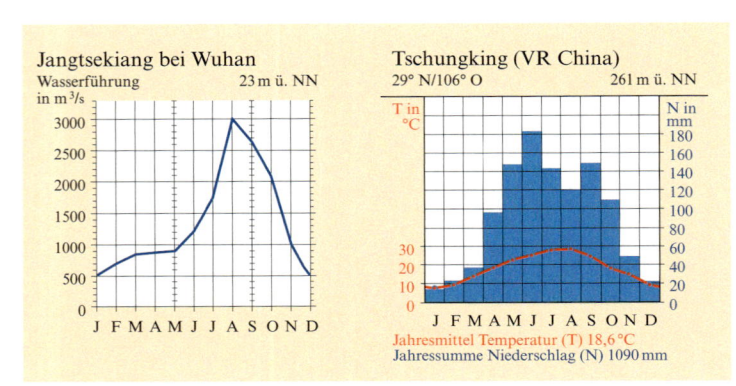

M 102.2 Wasserführung des Jangtsekiang und Klima

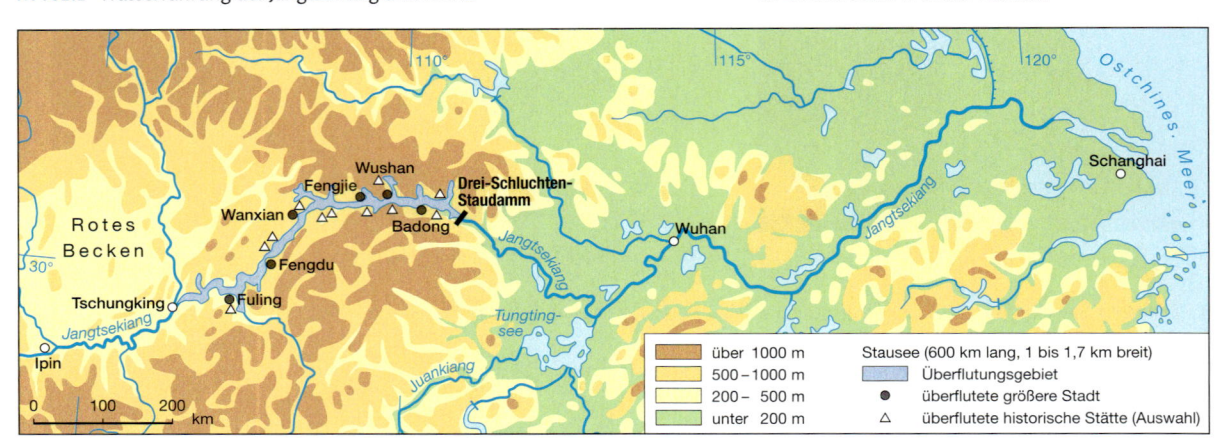

M 102.3 Der Jangtsekiang und das Drei-Schluchten-Staudammprojekt

M 103.1 An der Wu-Schlucht

Der Drei-Schluchten-Damm blockiert seit seiner Fertigstellung am 20. Mai 2006 den Jangtsekiang. Sein riesiger Stausee füllt sich ganz langsam, aber eben nicht nur mit Wasser. Er läuft voll mit dem Dreckwasser aus Tausenden Fabriken. Schluckt Industrieabwässer. Hunderte Millionen Kubikmeter pro Jahr. Reichert sich an mit Chemikalien aus Industriebetrieben. Saugt sich voll mit den Fäkalien von Millionen Menschen. Und wie ein gigantischer, durstiger Schlund verschlingt er zusätzlich noch tonnenweise Chemiedünger, den der Regen von den Feldern spült.

2008 ist der Stausee randvoll, bis zur Marke von 175 Metern. Chinas Führung ist stolz auf den Damm und ihr größtes Wasserkraftwerk der Erde. Der Stausee dahinter aber ist auf dem besten Weg, zur größten Kloake des Planeten zu werden.

Mehrere Nebenflüsse des Jangtsekiang, die sich direkt in den Stausee ergießen, sind völlig verseucht. Die Region um Tschungking ist eines der Zentren der chinesischen Chemieindustrie. Bisher hatten die gewaltigen Wassermassen des Jangtsekiang all diese Abwässer effektiv verdünnt. Gnädig spülte der schnell fließende Strom seine giftige Fracht ins Ostchinesische Meer. Doch damit ist nun Schluss.

„Die Wasserqualität hat abgenommen, seit das Drei-Schluchten-Kraftwerk in Betrieb ist", sagt Wenig Lida, Generalsekretär des Jangtsekiang-Fluss-Forums. „Das Wasser im Stausee fließt nur noch mit einer Geschwindigkeit von einem bis zwei Zentimeter pro Sekunde." Vor dem Dammbau waren es ein bis fünf Meter pro Sekunde. Die Selbstreinigungskraft des Stroms ist so erheblich geschwächt worden.

„Seit dem 6. Juni 2003, als das Wasser erstmals zu steigen begann, sind die Algenblüten jedes Jahr schlimmer geworden. Wenn die Algen sterben, entsteht ein Gift, das beim Menschen Leberkrebs auslöst. Eine Katastrophe, wenn die Algen eines Tages großflächig auf dem Stausee blühen."

Unterdessen rutschen an 91 Stellen die Dörfer in den See. Der Bauer Du Guojing im Dorf Miaohe stand gerade auf seinem Feld und pflanzte Mais, als unter seinen Füßen der Boden zitterte. „Ich dachte, es sei ein Erdbeben", sagt er. Oberhalb seines Hauses klafft auf einer Länge von 378 Metern plötzlich ein handbreiter Riss im Hang. Ein riesiger Brocken Erde, mitsamt den Maisfeldern, Orangenhainen und Bauernhäusern, rutscht jetzt ganz langsam in den Jangsekiang.

Der gewaltige Wasserdruck hat die Hänge unterspült. Im Herbst und Winter wird der Wasserpegel wieder langsam um 30 Meter abgesenkt. So kann im kommenden Sommer das Flutwasser aufgefangen werden. Dieses Heben und Senken des Wasserspiegels verstärkt die Erosion zusätzlich. Einige Erdrutsche waren schon so gewaltig, dass sie bis zu 50 Meter hohe Wellen verursacht haben.

Nach: H. Bork. In: Süddeutsche Zeitung vom 5.11.2007 (Internetausgabe)

M 103.2 Der See der giftigen Blüten

1 Stellen Sie Zielsetzungen des Staudamm-Projekts den Auswirkungen gegenüber. Nehmen Sie eine Bewertung vor (M 102.1, M 103.2).
2 Recherchieren Sie aktuelle Entwicklungen im Drei-Schluchten-Projekt.

Rohstofflagerstätten und ihre Nutzung

Erdöl – Verbreitung, Verfügbarkeit und Nutzung

M 104.2 Ras Tanura – Erdölhafen am Persischen Golf

Die wichtigsten Erdölförderländer sind in der OPEC (Organization of Petrolium Exporting Countries) zusammengeschlossen, deren Sekretariat sich in Wien befindet.
Die OPEC koordiniert die Ölpolitik der Mitgliedsländer. In jährlich zweimal stattfindenden Konferenzen werden die Fördermengen abgestimmt. Dadurch versucht die OPEC, den Preis zu stabilisieren und damit sowohl die Einkommen der Förderländer zu sichern als auch eine ausreichende Versorgung des Weltmarkts zu gewährleisten.
Der Ölpreis hat entscheidende Bedeutung für die wirtschaftliche Entwicklung. Preisanstieg und Verknappung der verfügbaren Mengen hat in der Vergangenheit mehrfach zu weltweiten Wachstumseinbrüchen geführt (so genannte Ölkrisen).

M 104.1 Die OPEC

Erdöl und Erdgas sind in Deutschland im Jahr 2007 die mit weitem Abstand wichtigsten Energieträger mit einem Anteil von fast 60 % am Gesamtenergieverbrauch. Die größten Erdöllagerstätten befinden sich in der Region des Persischen Golfs, daneben gibt es noch ergiebige Vorkommen in Amerika (Golf von Mexiko, Alaska, Venezuela), in Afrika (Libyen, Algerien, Nigeria) und in der GUS. Im Verlauf der Ölkrise der 1970er-Jahre erfolgte auch eine Erschließung der Vorkommen in der Nordsee; allerdings sind diese bald erschöpft.

Der größte Verbrauch von Erdöl erfolgt in den hoch entwickelten Staaten. Und es besteht ein direkter Zusammenhang zwischen der wirtschaftlichen Entwicklungsdynamik und dem Anstieg des Erdölverbrauchs. Dieser zeigt sich gegenwärtig besonders deutlich in China. Die dort erfolgende rasche Industrialisierung ist verbunden mit einem starken Anstieg der Nachfrage nach Erdöl. Das wirkt sich auch bei uns seit einiger Zeit auf die Preise für Erdölprodukte stark aus.
Die weltweite Verteilung des Erdöls erfolgt mit Riesentankern (über 300 000 BRT), die nur wenige Tiefwasserhäfen anlaufen können, und durch Pipelines. Auf Transportunfälle folgen oft katastrophale Schäden im Ökosystem.

Erdöl findet vielfältige Verwendung und oftmals wird davon gesprochen, dass wir heute im Ölzeitalter leben. Neben der Verarbeitung in Raffinerien und der Verwendung zur Wärmeerzeugung oder als Kraftstoff ist Erdöl auch ein wichtiger Grundstoff der chemischen Industrie. Die **Petrochemie** erzeugt auf Erdölbasis Farben, verschiedene Kunststoffe, Reifen, Klebstoffe oder Pharmazeutika. Erdöl ist also nicht nur ein Energieträger, sondern auch ein entscheidender Grundstoff industrieller Produktion.
Aufgrund der großen wirtschaftlichen Bedeutung von Erdöl führt die Sicherung von Vorkommen immer wieder zu kriegerischen Auseinandersetzungen. Sowohl Bürgerkriege innerhalb von Ländern (z. B. in Nigeria) als auch internationale Kriege (z. B. die Golfkriege) wurden vor allem um das Erdöl geführt.

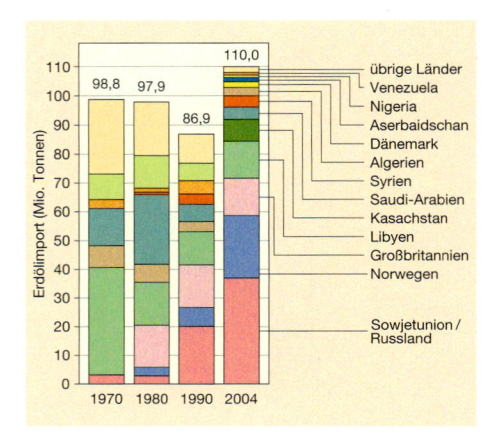

M 104.3 Entwicklung der Erdöleinfuhren Deutschlands

Rohstofflagerstätten und ihre Nutzung 105

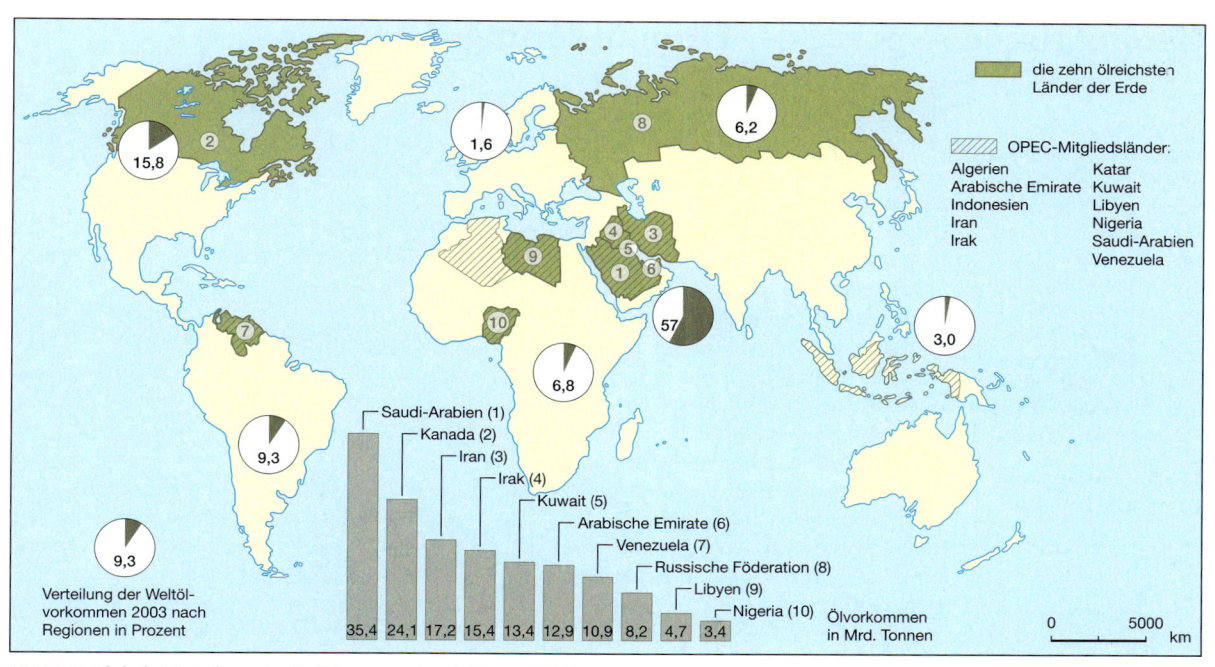

M 105.1 Globale Verteilung der Erdölreserven (nach BUDKE 2005)

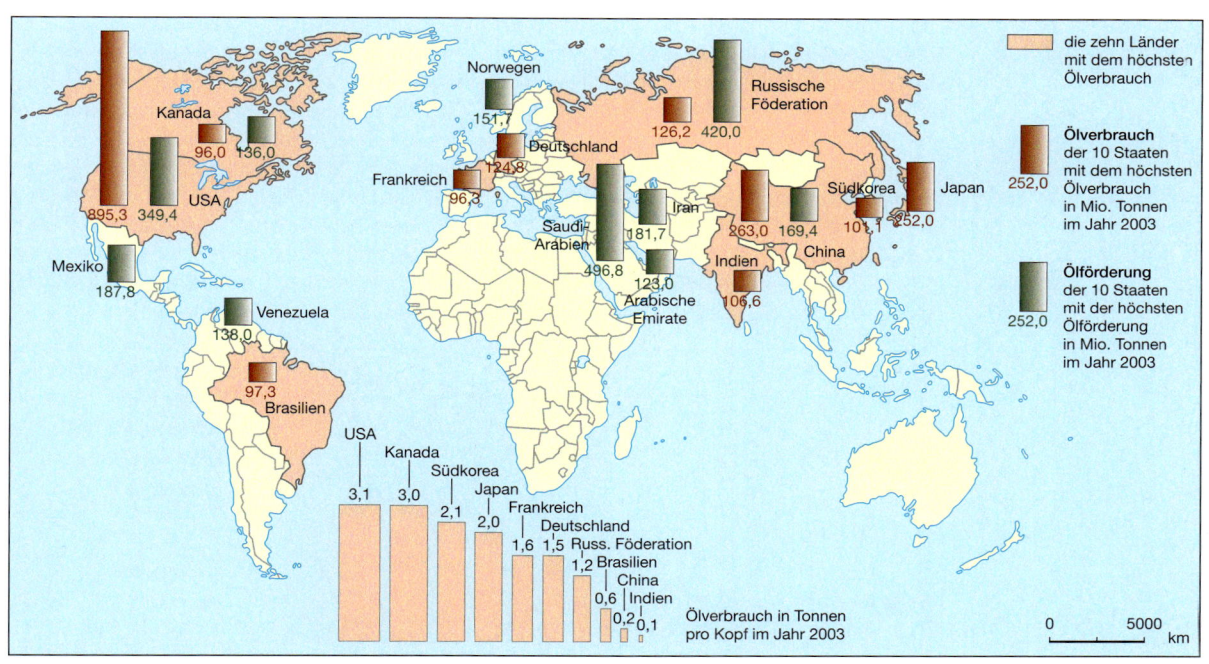

Legende:
- die zehn ölreichsten Länder der Erde
- OPEC-Mitgliedsländer: Algerien, Arabische Emirate, Indonesien, Iran, Irak, Katar, Kuwait, Libyen, Nigeria, Saudi-Arabien, Venezuela

Verteilung der Weltölvorkommen 2003 nach Regionen in Prozent:
- 15,8 (Nordamerika)
- 1,6 (Europa)
- 6,2 (Russische Föderation)
- 3,0 (Asien/Ozeanien)
- 57 (Naher Osten)
- 6,8 (Afrika)
- 9,3 (Südamerika)
- 9,3 (Mittelamerika)

Ölvorkommen in Mrd. Tonnen:
- Saudi-Arabien (1): 35,4
- Kanada (2): 24,1
- Iran (3): 17,2
- Irak (4): 15,4
- Kuwait (5): 13,4
- Arabische Emirate (6): 12,9
- Venezuela (7): 10,9
- Russische Föderation (8): 8,2
- Libyen (9): 4,7
- Nigeria (10): 3,4

M 105.2 Globale Verteilung von Erdölproduzenten und Erdölverbrauch (nach BUDKE 2005, S. 22)

Legende:
- die zehn Länder mit dem höchsten Ölverbrauch
- Ölverbrauch der 10 Staaten mit dem höchsten Ölverbrauch in Mio. Tonnen im Jahr 2003
- Ölförderung der 10 Staaten mit der höchsten Ölförderung in Mio. Tonnen im Jahr 2003

Ölverbrauch / Ölförderung (Mio. Tonnen, 2003):
- USA: 895,3 / 349,4
- Kanada: 96,0 / 136,0
- Norwegen: – / 151,7
- Russische Föderation: 126,2 / 420,0
- Deutschland: 124,8 / –
- Frankreich: 96,3 / –
- Saudi-Arabien: – / 496,8
- Iran: – / 181,7
- Arabische Emirate: – / 123,0
- Indien: 106,6 / –
- China: 263,0 / 169,4
- Südkorea: 101,1 / –
- Japan: 252,0 / –
- Mexiko: – / 187,8
- Venezuela: – / 138,0
- Brasilien: 97,3 / –

Ölverbrauch in Tonnen pro Kopf im Jahr 2003:
- USA: 3,1
- Kanada: 3,0
- Südkorea: 2,1
- Japan: 2,0
- Frankreich: 1,6
- Deutschland: 1,5
- Russ. Föderation: 1,2
- Brasilien: 0,6
- China: 0,2
- Indien: 0,1

1. Stellen Sie in einer Tabelle die Verwendungsmöglichkeiten von Erdöl zusammen. Wo lässt sich aus Ihrer Sicht Erdöl substituieren?
2. Beschreiben Sie die globale räumliche Verteilung der Vorkommen und des Verbrauchs von Erdöl.
3. Erläutern Sie die Entwicklung der Erdöleinfuhren Deutschlands in den letzten rund 35 Jahren.
4. Erklären Sie die Funktion der OPEC im weltweiten Handel mit Erdöl. Welche Auswirkungen hat die Politik der OPEC auf die Weltwirtschaft?

Geopolitische Aspekte der Erdölförderung

„Jeder Versuch einer ausländischen Macht, die Regierung des Persischen Golfs in ihre Gewalt zu bringen, wird als Angriff auf die vitalen Interessen der Vereinigten Staaten von Amerika betrachtet. Ein solcher Angriff wird mit allen möglichen Mitteln zurückgeschlagen werden, militärische Gewalt eingeschlossen."

M 106.1 Auszug aus der CARTER-Doktrin 1980

OPEC
(Organization of the Petroleum Exporting Countries)
Internationale Organisation Erdöl exportierender Länder; 1960 in Bagdad gegründet, seit 1965 Sitz in Wien; Mitgliedsländer sind Irak, Iran, Kuwait, Saudi-Arabien, Venezuela, Katar, Indonesien, Libyen, Vereinigte Arabische Emirate, Algerien, Nigeria, Angola, Ecuador.

Die Golfregion ist wie keine andere Region der Erde in den letzten Jahren Kriegsschauplatz. Im Sommer 1990 kam es zu einem offenen Konflikt zwischen dem Irak und Kuwait, der sich an gegenseitigen Beschuldigungen über die Erdölförderung und den Verlauf der gemeinsamen Grenze entzündete. Als Kuwait 1961 unabhängig wurde, erhob der Irak Gebietsansprüche auf kuwaitisches Gebiet. Im Juni 1990 warf der Irak Kuwait und den Vereinigten Arabischen Emiraten vor, weit mehr als die im Rahmen der **OPEC** vereinbarte Menge an Erdöl zu fördern und damit die Preise für Erdöl auf dem Weltmarkt zu drücken. Dadurch seien dem Irak Verluste von 14 Milliarden US-Dollar entstanden, außerdem bezichtigte der Irak Kuwait, im Ölfeld Rumailah entlang der gemeinsamen Grenze aus irakischen Erdölfeldern gefördert zu haben.

Im August 1990 überfielen irakische Streitkräfte Kuwait. Bemühungen der UNO um eine friedliche Lösung des Konflikts scheiterten. Im Januar 1991 begannen die alliierten Streitkräfte unter der Führung der USA den Angriff auf den Irak. Rund sechs Wochen später zieht sich der Irak aus Kuwait zurück.

Die Folgen des ersten Golfkriegs waren verheerend: Anfang März 1991 brannten im Kuwait rund 950 Ölquellen oder wurden auf andere Weise sabotiert.

In der Folge des ersten Golfkriegs wurden irakische Öl-Exporte laut Beschluss des UN-Sicherheitsrats nunmehr von der UNO gebilligt, der Erlös auf ein Sperrkonto eingezahlt. Ein Drittel der Einnahmen wurden für Reparationen verwendet.

Bereits nach dem Ende des ersten Golfkriegs gab es in den USA Auseinandersetzungen darüber, ob nicht die Regierung im Irak entmachtet hätte werden müssen. Diese Vorstellungen bekamen spätestens nach dem Terroranschlag vom 11. September 2001 auf das World Trade Center in New York entscheidenden Einfluss auf die Außenpolitik der USA.

Die Außenpolitik der USA ist seit Ende des Zweiten Weltkriegs bemüht, ihren Einfluss in der Golfregion zu sichern. Sicherheitspolitische und ökonomische Interessen sind hier von grundlegender Bedeutung. Die USA haben als weltweit größter Importeur von Erdöl großes Interesse am Erdöl im Nahen Osten. Der Zugang zu diesen Erdölfördergebieten trägt wesentlich zur Festigung ihrer internationalen Vormachtstellung bei.

Anders als 1990 gab es für den zweiten Golfkrieg kein Mandat der UNO, was zu unterschiedlichen Einschätzungen eines militärischen Eingreifens im Irak sowohl in der NATO als auch in der EU führte. Im März 2003 marschierten Truppen der USA und Großbritanniens in den Irak ein. Während der militärische Feldzug im Frühjahr 2003 rasch zum Sturz der irakischen Regierung führte, gestaltet sich eine friedliche Nachkriegsordnung im Irak als äußerst schwierig.

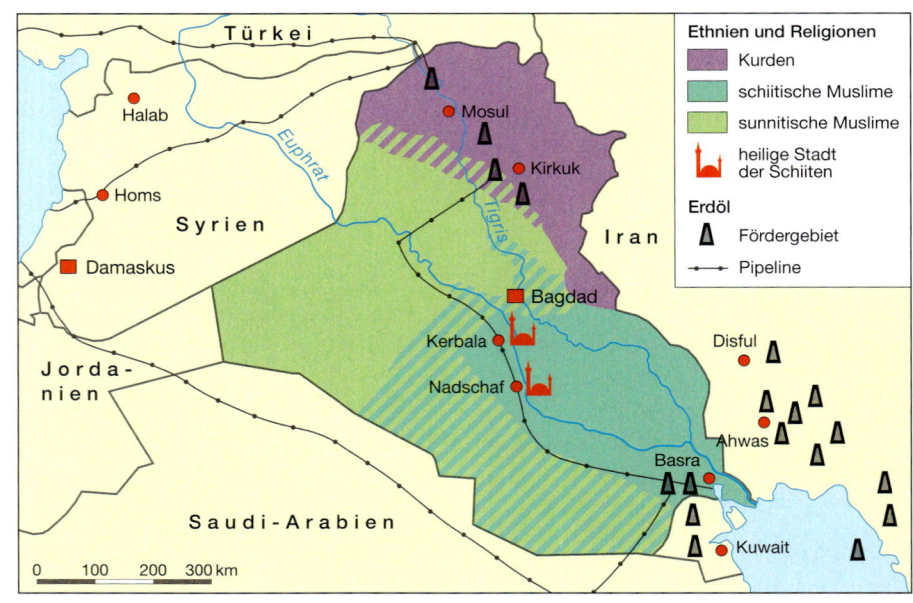

M 106.2 Irak: Erdölförderung und religiöse bzw. ethnische Aufteilung

Rohstofflagerstätten und ihre Nutzung

M 107.1 World Trade Center in New York am 11. September 2001

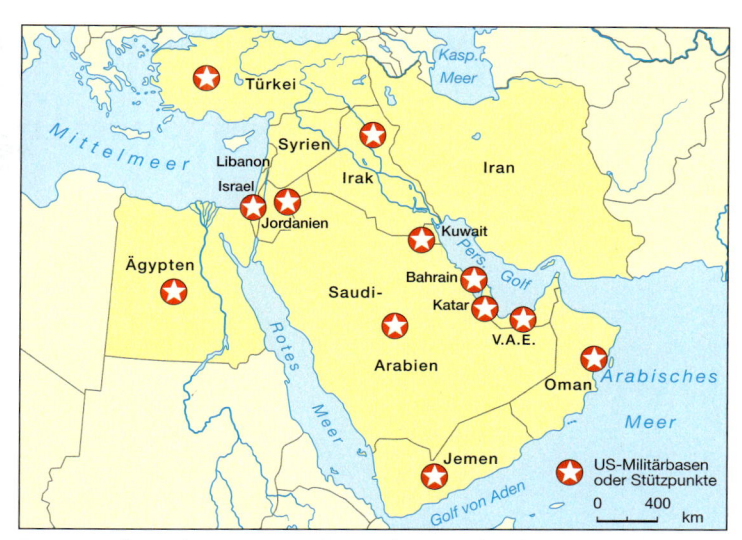

M 107.2 Militärische Zusammenarbeit und Stützpunkte der USA im Nahen Osten

Der Irak verfügt nach Saudi-Arabien und dem Iran über die weltweit drittgrößten Erdölreserven der Welt. Sie werden auf über 115 Milliarden Barrel geschätzt. Gleichzeitig liegt der Anteil Iraks an der Weltförderung von Erdöl deutlich unter den Staaten mit geringeren Reserven. Dafür gibt es mehrere Ursachen: Die Infrastruktur ist vor allem nach dem zweiten Golfkrieg marode. Allein um den derzeitigen Stand zu halten, wären Investitionen von mehr als sechs Milliarden US-Dollar notwendig. Angesichts der instabilen politischen Lage sind ausländische Investoren bisher aber nicht bereit, Investitionen zu tätigen.

Derzeit liegt die Förderung von Erdöl deutlich unter dem Niveau der Zeit vor dem zweiten Golfkrieg von 2,5 Milliarden Barrel und wird zudem anhaltend durch Sabotageakte blockiert. Die wichtigste Pipeline, die vom Irak zum türkischen Mittelmeerhafen Ceyhan führt, ist durch Anschläge häufig unterbrochen.

Das größte Erdölfeld im Irak liegt in Kirkuk. Dort befindet sich auch die wichtigste Industriezone mit Raffinerien, Gasverflüssigungsanlagen, Betrieben der Petrochemie und Düngemittelfabriken. Die Zugehörigkeit der Provinz Kirkuk zum Einflussbereich der kurdischen autonomen Region ist umstritten.

Ein Erdölgesetz, das die Einkünfte aus dem Erdölgeschäft auf die verschiedenen Regionen Iraks verteilt, ist bisher nicht zur Verabschiedung gekommen. Ein weiteres Hindernis für die wirtschaftliche Entwicklung Iraks auf der Grundlage der Erdölförderung ist die anhaltende Gewalt im Land, die zu der bisher größten Fluchtwelle im Nahen Osten geführt hat. Gegenwärtig befinden sich über zwei Millionen irakische Flüchtlinge im Ausland. Hinzu kommen rund 1,8 Millionen Vertriebene innerhalb des Iraks.

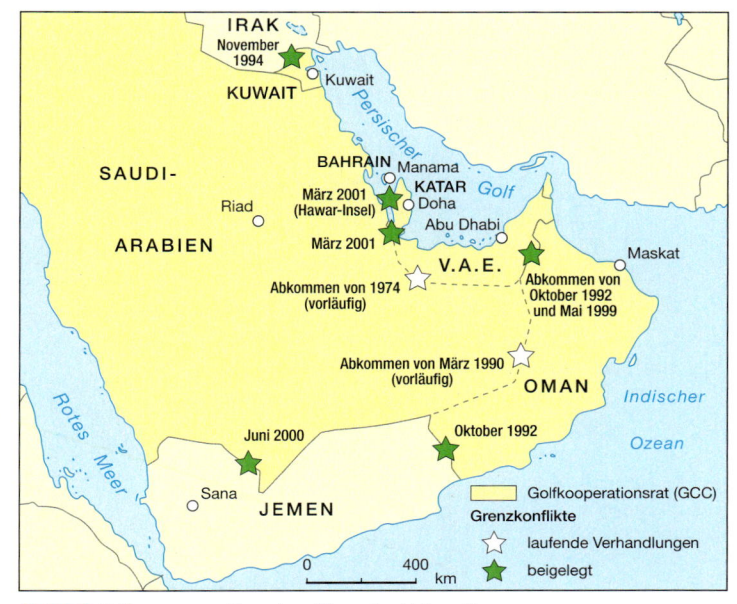

M 107.3 Beilegung von Grenzkonflikten im Nahen Osten

1. Bewerten Sie die Bedeutung der Golfregion für die globale Energieversorgung.
2. Analysieren Sie innen- und außenpolitische Konfliktthemen der Golfregion. Beziehen Sie aktuelle Entwicklungen mit ein.
3. Skizzieren Sie die Interessen und geopolitischen Zielsetzungen von Industrieländern für die Golfregion in einem Merkbild.

Weltenergieverbrauch und Energiedistribution

Bedeutung und Verfügbarkeit fossiler Energieträger: Kohle, Erdöl, Erdgas

M 108.1 „So leben wir, so leben wir alle Tage ..." (Karikatur von Jupp Wolter)

Weitere Auswirkungen auf den Weltenergieverbrauch zeigte auch der Zusammenbruch großer Teile von Industrie und Gewerbe in ehemaligen Staaten mit Planwirtschaft, eng damit verknüpft ist das Absinken des privaten Lebensstandards in diesen Staaten, der zu einem Rückgang des Energieverbrauchs führte, zumal die osteuropäische Industrie mit veralteten Techniken und übermäßig hohem Energieeinsatz arbeitete. Schließlich wirken sich die wirtschaftlichen Probleme rohstoffarmer Entwicklungsländer aus, in denen größere Energieimporte durch Devisenmangel und hohe Verschuldung verhindert werden, sodass hier die Bevölkerungszahlen schneller als der Energieverbrauch wachsen.

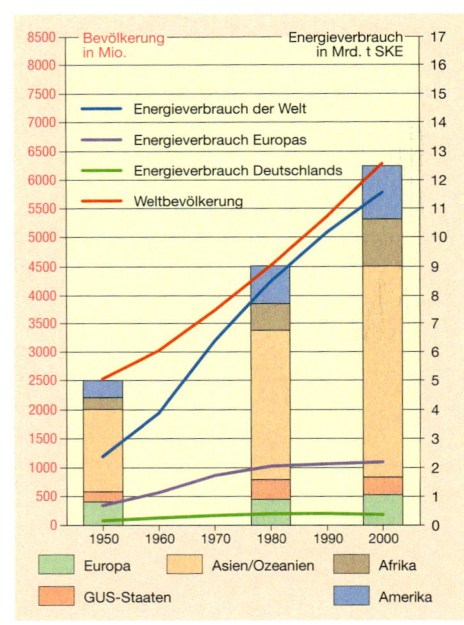

Der globale Energieanstieg verlangsamte sich in den letzten Jahren. Seitdem ist eine differenzierte Entwicklung erkennbar: Hohe Zuwachsraten beim Energieverbrauch zeigen die bevölkerungsreichsten Staaten der Erde, während in den altindustrialisierten Ländern der Energieverbrauch nur noch leicht zunimmt, teilweise sogar abnimmt.

Die wichtigsten Einflussfaktoren auf den Pro-Kopf-Verbrauch an Energie in den letzten Jahren waren neben Konjunkturschwankungen in den Industrie- und Schwellenländern Südostasiens und Lateinamerikas stark zunehmender Energieverbrauch durch industriellen Aufbau und vermehrte Ausstattung der Privathaushalte mit Kraftfahrzeugen und elektrischen Geräten, demgegenüber ein sparsamerer Umgang mit Energie in den meisten westeuropäischen Industriestaaten, sodass hier der Verbrauch nur noch geringfügig oder gar nicht mehr zunahm.

M 108.3 Wachstum von Bevölkerung und Energieverbrauch

Energieträger	1970		1980		1990		2000		2005	
	Mrd. t SKE	%	Mrd. t SKE	%	Mrd. t SKE	%	Mrd. t SKE	%	Mrd. t SKE	%
Erdöl	3,009	45,3	3,835	44,6	4,011	36,9	4,228	34,9	4,349	33,4
Stein- und Braunkohle	2,184	32,9	2,623	30,5	3,239	29,8	3,182	26,2	3,727	28,6
Erd- und Stadtgas	1,239	19,5	1,836	21,4	2,563	23,6	3,359	27,7	3,561	27,3
Kernenergie	0,010	0,1	0,101	1,2	0,738	6,8	0,963	7,9	0,980	7,5
Wasserkraft, Windkraft, Sonstiges	0,145	2,2	0,198	2,3	0,314	2,9	0,398	3,3	0,405	3,2
Verbrauch insgesamt	6,641	100,0	8,593	100,0	10,865	100,0	12,130	100,0	13,022	100,0

M 108.2 Einsatz von Energieträgern für den Weltenergiebedarf (in Mrd. t SKE)

Weltenergieverbrauch und Energiedistribution **109**

Energieträger	Vorräte (in Mio. t: gesichert)	Vorräte (in Mio. t: geschätzt)
Steinkohle	2 337 749	2 603 454
Braunkohle	565 943	3 323 109
Torf	110 526	533 017
Erdöl	148 300	—
Ölschiefer und -sande	14 455	—
Erdgas (in Mrd. m³)	144 338	—
Uran (in t)	2 851 708	3 339 110

M 109.1 Weltvorräte ausgewählter Energieträger (in t; 2005)

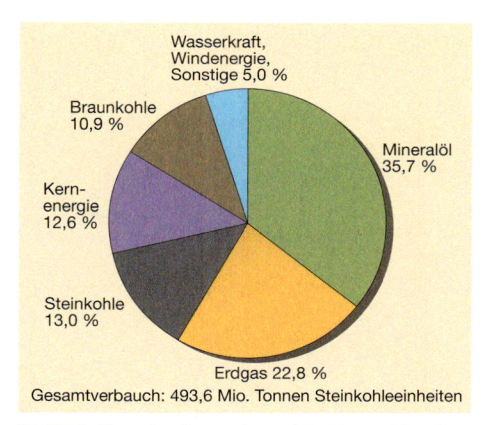

M 109.3 Energieträgerverbrauch in Deutschland (2007)

Mineralöl 35,7 %
Erdgas 22,8 %
Steinkohle 13,0 %
Kernenergie 12,6 %
Braunkohle 10,9 %
Wasserkraft, Windenergie, Sonstige 5,0 %
Gesamtverbrauch: 493,6 Mio. Tonnen Steinkohleeinheiten

Land	Energieverbrauch pro Kopf in kg SKE			Bruttosozialprodukt pro Kopf (in US-$)
	1990	2000	2005	2005
Kanada	10 503	11 542	12 060	32 590
USA	10 751	11 506	10 775	43 560
Australien	7 529	8 210	8 196	33 120
Niederlande	7 282	7 005	7 278	39 340
Russland	6 632	5 832	6 191	4 460
Frankreich	5 193	5 655	5 891	34 600
Deutschland	6 241	5 557	5 539	34 870
Großbritannien	5 335	5 566	5 496	37 740
Japan	4 567	5 298	5 216	38 950
Republik Korea	2 779	4 691	5 084	15 840
Österreich	4 137	4 409	5 046	37 190
Schweiz	4 679	4 555	4 656	40 910
Italien	3 922	4 283	4 474	30 250
Spanien	2 398	3 916	4 091	25 250
Polen	3 596	3 171	3 277	7 160
Argentinien	1 882	2 282	2 057	4 470
Thailand	752	1 403	1 678	2 720
VR China	787	791	1 138	1 740
Ägypten	650	1 022	1 079	1 260
Brasilien	788	1 058	1 005	3 550
Philippinen	409	564	528	1 320
Indien	316	448	463	730
Pakistan	283	403	403	690
Tansania	40	39	52	340
Demokr. Rep. Kongo	64	34	23	950
Tschad	12	8	6	400

SKE = Steinkohleeinheit
Maßeinheit für den Vergleich des Energiegehalts von Primärenergieträgern; 1 kg SKE entspricht der Energiemerge, die beim Verbrennen von 1 kg Steinkohle frei wird; 1 kg SKE = 7000 kcal = 29,3076 MJ = 8,141 kWh

M 109.2 Energieverbrauch pro Kopf (in kg SKE) und Bruttosozialprodukt pro Kopf (in US-$) ausgewählter Länder

1 Bewerten Sie den Einsatz von Energieträgern in Deutschland bzw. zur Deckung des Weltenergiebedarfs vor dem Hintergrund der Karikatur (M 108.1).

2 Interpretieren Sie den hohen bzw. geringen Energieverbrauch ausgewählter Staaten unter Einbeziehung des Bruttosozialprodukts (M 109.4, M 109.5).

3 Stellen Sie in einer Tabelle die wichtigsten Kohle-, Erdöl- und Erdgaslagerstätten der Erde zusammen. Ordnen Sie die Staaten, in denen sich Energierohstoffe befinden, nach ihrem wirtschaftlichen, sozialen und politischen Entwicklungsstand (Atlas).

Entstehung fossiler Brennstoffe

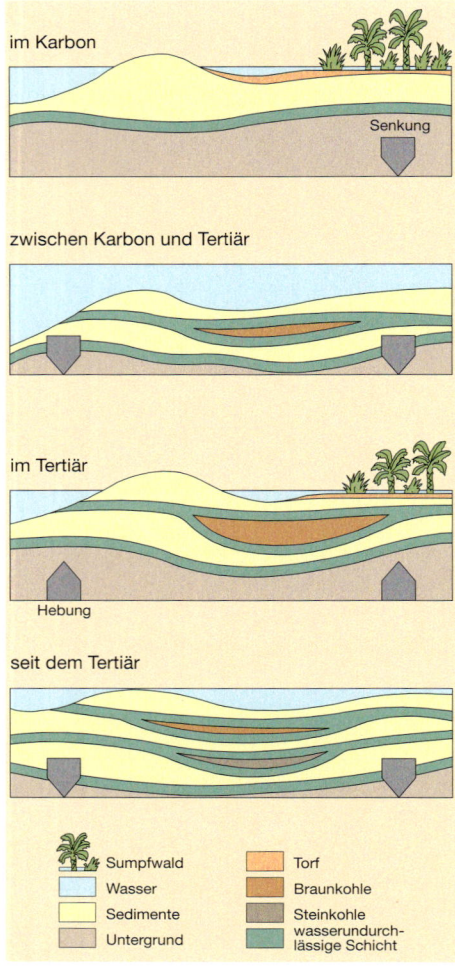

Kohle

Fossilien beweisen, dass Kohle organischen Ursprungs ist. Das Ausgangsmaterial lieferten in langsam absinkenden Becken bei feuchtwarmem Klima üppig gedeihende Waldsumpfmoore. Deren abgestorbene Pflanzen konnten in den Sumpfschichten unter anaeroben Bedingungen (ohne Sauerstoff lebend) nicht verwesen. Beim stetigen Absinken der Becken und Überschüttung des organischen Materials mit Sedimenten begann der Prozess der **Inkohlung**. Steigender Druck und vor allem die Temperaturerhöhung mit zunehmender Tiefe führten bei dieser chemischen Umwandlung zur relativen Erhöhung des Gehalts an organischem Kohlenstoff, bedingt durch die Auspressung und Abspaltung von Wasser, Kohlenwasserstoffen und Stickstoff. Die im Ausgangsmaterial enthaltenen anorganischen Stoffe, z. B. Schwefel, blieben jedoch erhalten.

Die Inkohlungsreihe führt über Torf und Braunkohle zur Steinkohle. Beim Übergang von der Braun- zur Steinkohle wird auch Methan freigesetzt. Dieses Gas kann bei Entzündung in Bergwerken zu den gefürchteten „Schlagwettern" führen. Wegen der unterschiedlichen Kohlenstoffkonzentration unterscheidet man verschiedene Arten von Braun- und Steinkohle.

Im Ruhrgebiet ist das Kohlengebirge (Entstehung im Karbon vor rund 300 Millionen Jahren) aus einer Vielzahl von Flözen (Kohle führenden Schichten) und zwischengelagertem taubem (kohlefreiem) Gestein etwa 3000 m mächtig. Die Tiefe und die Lagerung der nur wenig mächtigen, teilweise gefalteten und an Verwerfungen gegeneinander versetzten Flöze erschweren den Abbau erheblich. Auch Braunkohlenflöze können nur mit hohem Aufwand abgebaut werden.

M 110.1 Entstehung von Kohle

Bezeichnung der Kohle	Flüchtige Bestand-teile in %	Kohlen-stoffanteil in %	Heizwert in MJ/kg Ø-Werte	Verwendung	Anteil an der Förderung in %
Flammkohle	45 – 40	75 – 82	30	in Kraftwerken und als Beimischung zur Kokskohle	> 40
Gasflammkohle	40 – 35	82 – 85	31	industrielle Wärmeerzeugung	33–40
Gaskohle	30 – 28	85 – 87	32	wie Gasflammkohle, in Mischung mit Fettkohle auch zur Koksherstellung	28–35
Fettkohle	28 – 19	87 – 89	32	vorwiegend zur Koksherstellung	18–30
Esskohle	19 – 14	89 – 90	32	zusammen mit Fett- und Gaskohlen vorwiegend zur Verkokung	14–20
Magerkohle	14 – 10	90 – 91,5	34	Nusskohle vorwiegend im Hausbrand, Feinkohlen zur Brikettherstellung	10–14
Anthrazit	10 – 8	über 91,5	36	Nusskohle für Hausbrand, Feinkohlen für Briketts und zur Stromerzeugung, für chemische Industrie zu Reduktionszwecken und zur Herstellung von Elektroden	< 10

M 110.2 Inkohlungsreihe der Steinkohle

Erdöl

Auch wenn die Entstehung des Erdöls bis heute nicht in allen Einzelheiten geklärt ist, kann folgende Entwicklungskette als gesichert angesehen werden. Das Plankton (organische Substanz, die in den oberen Wasserschichten der Meere schwebt) liefert das Ausgangsmaterial. Ein Teil des abgestorbenen Planktons sinkt auf den Meeresboden und wird dort, vor allem in seichten und schlecht durchlüfteten Meeresbuchten rasch von tonigen Sedimenten überdeckt. Dieser Vorgang lief häufig vor Flussmündungen ab. Die organischen und die anorganischen Sinkstoffe bilden bei weitgehender Abwesenheit von Sauerstoff Faulschlamm. Durch **anaerobe Bakterien** wird der Faulschlamm zu Primärbitumen umgewandelt.

Bei weiterem Absinken des Meeresbodens, zunehmender Mächtigkeit der Sedimentationsschichten und damit verbundenem Anstieg von Druck und Temperatur in der Tiefe entstehen aus dem Bitumen durch chemische Umsetzung flüssige und gasförmige Kohlenwasserstoffe – Erdöl und Erdgas. Durch unterschiedliche Zusammensetzung des Faulschlamms und durch verschiedenartige Einflüsse während der Bildung in den einzelnen Entstehungsgebieten kann sich eine Vielzahl von Rohölen mit verschiedener Zusammensetzung bilden: flüssig bis fest, bernsteinfarben bis schwarz, mit und ohne Schwefel oder reich bzw. arm an Bitumen.

Durch zunehmenden Druck (Überlagerungsdruck oder seitlichen Druck bei der Entstehung eines Gebirges) werden Erdöl und Erdgas aus dem tonigen Entstehungsgestein, dem Muttergestein, ausgepresst und wandern durch Klüfte und Spalten in poröse Speichergesteine wie Kalk oder Sandstein. Diese Wanderung (auch als Migration bezeichnet) wird dort beendet, wo eine undurchlässige Schicht, wie Salz oder Ton, den weiteren Weg versperrt. Das Öl „sitzt in der Falle". In diesen Erdölfallen sammeln sich die Kohlenwasserstoffe in den Poren des Speichergesteins wie Wasser in den Poren eines Schwamms.

Drei Haupttypen von Erdölfallen werden unterschieden: Antiklinale, Verwerfung und Salzstock. Die Lagerstätten im Bereich der Kontinentalschelfs (Offshore-Bereich) gehören genetisch zu diesen Haupttypen.

Riesige Ölvorräte befinden sich in Ölsanden und Ölschiefern vor allem in Nord- und in Südamerika sowie in Australien. Derartige Lagerstätten werden derzeit aus wirtschaftlichen Gründen nur eingeschränkt genutzt. Die Technologien sind aber bereits vorhanden.

Primärförderung
Das Erdöl quillt infolge des Lagerstättendrucks an die Erdoberfläche. Bei günstigen Verhältnissen kann eine Entölung von über 50 % erreicht werden.

Sekundärförderung
In die Lagerstätte gepresstes Wasser oder Gas drückt das Erdöl nach oben. Der Entölungsgrad kann im Durchschnitt um rund ein Drittel gesteigert werden.

Tertiäre Förderung
Heißer Dampf macht das Erdöl so dünnflüssig, dass es hochgepumpt werden kann. Dies kann auch mit Chemikalien erreicht werden. Diese kostenintensiven Verfahren werden bei hohen Ölpreisen angewandt.

M 111.2 Formen der Erdölförderung

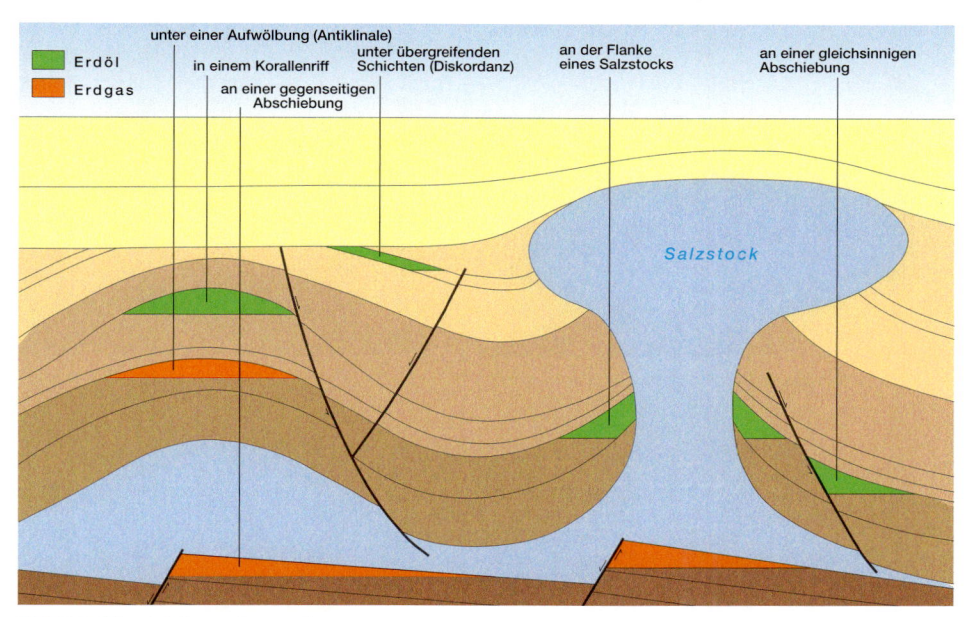

M 111.1 Die wichtigsten Lagerstättentypen

1 Erläutern Sie den Prozess der Bildung von Kohle (M 110.1).
2 Begründen Sie, warum es Erdöllagerstätten in Sedimentgesteinen, aber nicht in Eruptivgesteinen gibt.
3 Erklären Sie, warum Erdöl, Erdgas und Kohle letztlich gespeicherte Sonnenenergie sind.
4 **Referat-Tipp:** Beziehungen zwischen Formen der Erdölförderung und der Beschaffenheit von Lagerstätten.

Nutzung von Kernenergie

Kernfusion statt Kernspaltung?
Mit Unterzeichnung des Abkommens für den internationalen Thermonuklear Experimental-Reaktor im November 2006 erhielt das Projekt zur Erschließung einer möglichen Energiequelle der Zukunft die finanzielle Grundlage. An der Errichtung des Versuchs-Fusionsreaktors im südfranzösischen Kernforschungszentrum sind China, Indien, Südkorea, Japan, Russland, die Schweiz, die USA und die EU beteiligt. Sie bringen für den Bau und den Betrieb insgesamt rund 10 Milliarden Euro auf, Frankreich beteiligt sich mit 895 Millionen Euro, Deutschland mit 466 Millionen Euro. Die Inbetriebnahme der Anlage ist für 2018 vorgesehen.
Geplant ist, bis 2050 einen kommerziellen Fusionsreaktor ans Netz bringen zu können. Die Projektförderer erhoffen sich einen Durchbruch zur Energiegewinnung durch die Fusion von Atomkernen nach dem Vorbild der Sonne. Die Energie soll unerschöpflich, billig und kaum gefährlich sein.

In Deutschland sind Kernkraftwerke zur Erzeugung von Strom seit Mitte der 1960er-Jahre in Betrieb. Der Ausbau der Kernenergie auf den heutigen Stand erfolgte vor allem in den 1970er-Jahren. In der politischen Diskussion setzte sich damals angesichts der ersten Ölkrise das Argument durch, dass durch die Förderung der friedlichen Nutzung der Kernenergie eine geringere Abhängigkeit von Energieimporten zu erreichen sei.
Kernenergie sollte zusammen mit der heimischen Steinkohle langfristig die sichere Stromversorgung gewährleisten. Anfang 2007 trugen die 17 Kernkraftwerke in Deutschland mit einem Anteil von über 26 % zur Stromversorgung bei. Damit war in Deutschland Uran der wichtigste Energieträger für die Produktion von Strom.
Der Ausbau der Kernenergie war in Deutschland von Anbeginn umstritten. Spätestens seit dem Reaktorunfall im ukrainischen Tschernobyl im Jahre 1986 gewannen die Gegner der Nutzung der Kernenergie zur Stromerzeugung breite Unterstützung.

Die Situation der Kernenergiewirtschaft hat sich seit Ende der 1990er-Jahre in Deutschland grundlegend verändert. 2001/2002 wurde gesetzlich festgelegt, die Nutzung der Kernenergie zur gewerblichen Erzeugung von Elektrizität geordnet zu beenden. Für jedes bestehende Kernkraftwerk wird eine Reststrommenge auf der Grundlage einer Regellaufzeit von 32 Jahren errechnet, aus der sich der Zeitpunkt der Abschaltung ergibt.
Die Wiederaufarbeitung von abgebrannten Brennelementen im Ausland wurde im Sommer 2005 beendet. Seitdem werden die abgebrannten Brennelemente in Zwischenlagern bei den Kraftwerken gelagert. Der Standort eines Endlagers wurde nicht geklärt. Die Erkundung des möglichen Endlagers Gorleben wurde eingestellt.
Anfang 2007 waren weltweit in 31 Staaten fast 440 Kernkraftwerke in Betrieb. Die Stromerzeugung durch Kernkraftwerke trug rund 17 % zur Weltstromerzeugung bei.

M 112.1 Kernkraftwerk Brokdorf an der Elbe

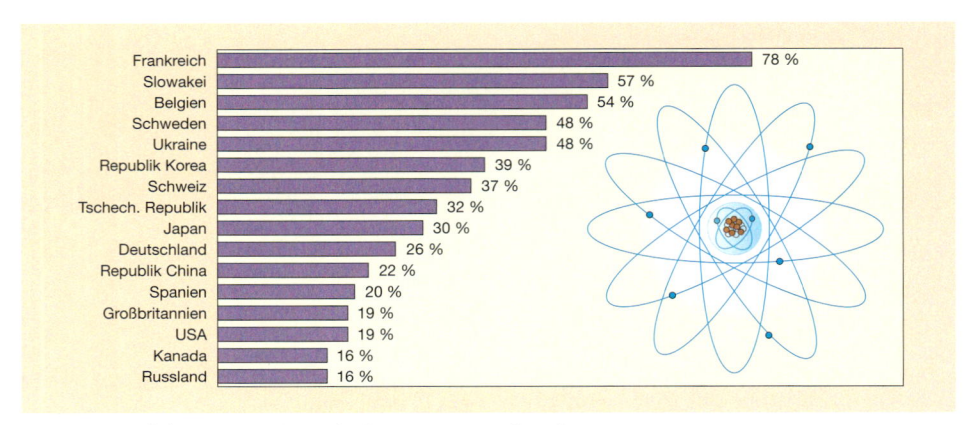

Land	Anteil
Frankreich	78 %
Slowakei	57 %
Belgien	54 %
Schweden	48 %
Ukraine	48 %
Republik Korea	39 %
Schweiz	37 %
Tschech. Republik	32 %
Japan	30 %
Deutschland	26 %
Republik China	22 %
Spanien	20 %
Großbritannien	19 %
USA	19 %
Kanada	16 %
Russland	16 %

M 112.2 Anteil der Kernenergie an der Stromerzeugung (2007)

Weltenergieverbrauch und Energiedistribution 113

Kernkraftwerk:
Im Reaktorwerk wird das in den Brennelementen enthaltene U 235 abgebrannt. Die bei der atomaren Kettenreaktion frei werdende Wärme dient der Stromerzeugung. Ein geringer Teil des schwer spaltbaren U 238 wird gleichzeitig in das künstliche Element Plutonium (Pu), vor allem in Pu 239, umgewandelt, das leicht spaltbar und hochradioaktiv ist.
In einem Reaktor vom Typ Biblis werden jährlich 1/3 der Brennstäbe (mit rd. 30 t Gewicht) ausgetauscht.

Wiederaufbereitungsanlage:
Wiederaufarbeitung abgebrannter Brennstäbe nach mehrmonatiger Abklingphase oder mehrjähriger Zwischenlagerung. Mechanische Zerkleinerung des hochradioaktiven Materials. Reste von Uran und im Reaktor entstandenes Plutonium (Pu) werden chemisch herausgelöst und abgetrennt. In einem 1200-MW-Reaktor (Typ Biblis) fallen pro Jahr 265 kg Plutonium an. Das Pu ist als Brennstoff für den „Schnellen Brüter" verwendbar. Das in der Wiederaufbereitungsanlage gewonnene Uran-Gemisch muss erneut angereichert werden.

Brennelementefabrik:
Angereichertes oder wiederaufbereitetes Material wird zu Tabletten (Yellow Cakes) gepresst und in mehrere Meter lange Brennstäbe gefüllt. Jeweils mehrere Brennstäbe werden zu einem Brennelement gebündelt.

Plutonium-Fabrik:
Verarbeitung von hochgiftigem Plutonium zu Brennstäben vor allem für Reaktoren vom Typ „Schneller Brüter". Seit einigen Jahren werden dort auch Brennelemente aus einem Gemisch von Plutonium, Uran 235 und Uran 238 hergestellt, die in herkömmlichen Atomreaktoren eingesetzt werden können, sog. MOX-Brennelemente (**M**isch**ox**id).

Urananreicherung:
Für Leichtwasserreaktoren Anreicherung auf 3 bis 4 % Uran 235.

Für Schnelle Brüter Anreicherung auf etwa 20 % Uran 235.

Bei Anreicherung auf über 90 % kann das Material zum Bau von Atombomben verwendet werden.

Brutreaktor:
Im Reaktor vom Typ „Schneller Brüter" wird nur Plutonium eingesetzt. Der Kern des Reaktors ist von einem Mantel aus U 238 umgeben, aus dem während des Betriebs neues Plutonium „erbrütet" wird. Im Gegensatz zu Japan wurde in Deutschland die Entwicklung eingestellt.

Atommüll-Deponie:
Schwach radioaktiver und mittelaktiver Müll wird verbrannt oder verdichtet und in Sammelstellen zwischengelagert.
Das Problem der Endlagerung, vor allem des hochradioaktiven Mülls, ist noch nicht gelöst. Geplant ist Endlagerung in Salzstöcken (z. B. Gorleben) oder ehemaligen Erzbergwerken (z. B. Schacht Konrad).

Uranerz-Aufbereitung
Uranerz besteht zu 99,3 % aus nicht spaltbarem U 238 und nur zu 0,7 % aus spaltbarem U 235.
Reinigung des Erzes und Umwandlung in gasförmiges Uranhexafluorid.

Uranerz-Abbau:
Die durchschnittliche Uran-Konzentration in der oberen Erdkruste beträgt zwei Gramm pro Tonne Gestein. Besonders abbauwürdige Vorkommen (primäre oder sekundäre Lagerstätten) befinden sich in Nordamerika, Südafrika, Niger, Australien und Russland.

M 113.1 Der nukleare Brennstoffkreislauf

1 Beschreiben Sie den nuklearen Brennstoffkreislauf (M 113.1).
2 Vergleichen Sie die Nutzung der Kernenergie in ausgewählten Staaten (M 112.2).
3 Erörtern Sie die Frage der Nutzung von Kernenergie zur Stromerzeugung. Beziehen Sie Fragen des Klimaschutzes mit ein.

Aspekte eines kontinentalen Pipelinenetzes

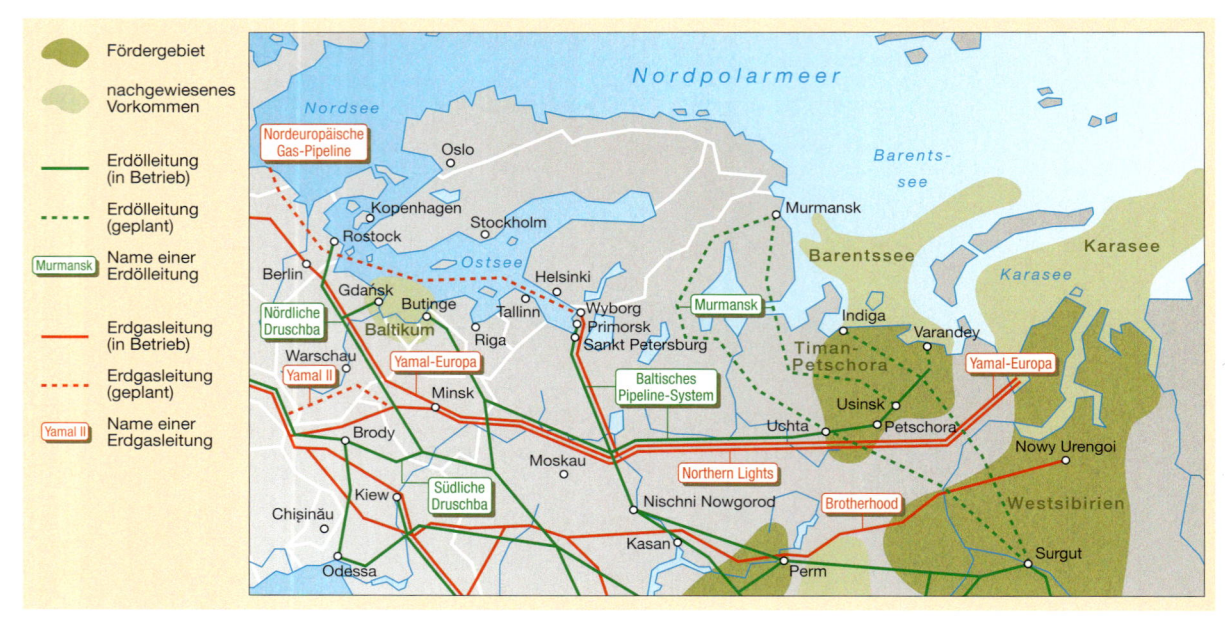

M 114.1 Sibirisches Pipelinenetz (schematische Karte)

M 114.2 Erdölförderung in Westsibirien

M 114.3 Verlegung einer Pipeline in Westsibirien

Im Norden des Westsibirischen Tieflands wurden in den 1960er-Jahren reiche Erdöl- und Erdgaslagerstätten entdeckt, die verhältnismäßig nah unter der Erdoberfläche liegen. Allerdings befinden sich diese Bodenschätze überwiegend in einem Gebiet mit äußerst schwierigen klimatischen Bedingungen.

Eine wesentliche Voraussetzung für die wirtschaftliche Erschließung der Erdgas- und Erdölvorkommen war die Bewältigung der technischen Probleme des Transports beider Rohstoffe mithilfe von Pipelines in die Abnehmergebiete. Der diente u. a. eine Kooperation zwischen Deutschland und der damaligen UdSSR, wobei Deutschland Rohre für die Pipelines lieferte und dafür Erdgas- und Erdöllieferungen erhielt.

Die Rohre für die Pipelines bestehen aus Spezialstahl, der mit Kunststoff ummantelt ist. Da der bei der Förderung vorhandene Gasdruck mit zunehmender Distanz vom Förderort nachlässt, wird alle 50 bis 100 km mithilfe einer Verdichteranlage das Druckniveau wieder erhöht. Die Laufräder dieser Verdichter bewegen sich mit über 10 000 Umdrehungen pro Minute.

Bis heute wurden weltweit mehr als 1,8 Millionen Kilometer Pipelines verlegt. Die allgemeine Kostenschätzung lautet: 50 Cent pro Millimeter Durchmesser und einem Meter Entfernung. Demnach betragen die Kosten für zwei Kilometer Pipeline mit einem Durchmesser von einem Meter rund eine Million Euro.

Grundsätzlich richtet sich die Wanddicke der Pipelinerohre danach, ob die Pipeline durch Permafrostgebiete, Hitzewüsten oder unter Wasser entlangführt, aber auch danach, ob sie Erdgas, dickflüssiges Erdöl oder dünnflüssige Erdölprodukte transportiert. Es gilt: Je höher die Transportmenge, desto höher der Druck, desto dicker die Wände der Rohre. Wie entscheidend die Berücksichtigung dieser Fakten sind, zeigen die ungezählten Havarien von Pipelines auf der Welt, die in der Regel zu enormen Umweltverschmutzungen führen. Material und Verlegung, Wartung und Kontrolle sind wesentliche Einflussfaktoren auf eine erfolgreiche Nutzung von Pipelines. In den westsibirischen Erdölgebieten gibt es jährlich bis zu 300 amtlich registrierte Havarien und Ölaustritte. Jährlich gelangen so bis zu zehn Millionen Tonnen Erdöl in Böden und Gewässer.

Mit gut einem Drittel der Erdölimporte und fast der Hälfte der Erdgaslieferungen hat Russland gegenwärtig eine herausragende Bedeutung für die Energieversorgung Deutschlands. Bereits in den 1990er-Jahren verkaufte der russische Erdgasförderer Gazprom Aktien im Wert von einer halben Milliarde Euro an deutsche Energieversorger. Mit der Partnerschaft sichern sich die deutschen Energieversorger bis zum Jahr 2030 russische Gaslieferungen für den deutschen Markt.

Von 2012 an soll die etwa 1200 Kilometer lange Doppelrohrleitung Erdgas von Wyborg nach Greifswald befördern. Die Betreibergesellschaft Nord Stream AG gehört zu 51% dem russischen Konzern Gazprom sowie zu je 20% BASF Wintershall und E.ON. Neun Prozent hält ein niederländisches Energieunternehmen. Pro Jahr sollen bis zu 55 Milliarden Kubikmeter Gas aus russischen Gasfeldern nach Deutschland gepumpt werden, die etwa 20 Millionen Haushalte mit Energie versorgen können.

Polen ist aus politischen Gründen von Anfang an dagegen, dass die Gasleitung in der Ostsee verlegt werden soll. Die Regierung ist überzeugt, dass diese deutlich teurere Route nur gewählt wurde, um eine polnische Beteiligung auszuschließen. Nach der Gaskrise im Jahr 2006, als Russland die Lieferungen in die Ukraine zeitweise stoppte und in Polen der Gasdruck sank, ist ein Trauma im Land verankert: von der Gaszufuhr abgeschnitten zu sein.

Auch in Estland sitzt das Misstrauen gegen Russland tief. 1993 hatte die russische Regierung aus Protest gegen ein für die russische Minderheit nachteiliges neues Staatsbürgerschaftsrecht in Estland die Gaslieferungen dorthin zeitweise eingestellt.

Aber auch Finnland, Schweden und die Baltischen Staaten lehnen diese ab, weil sie negative Folgen für die Umwelt fürchten. Etwa 80 000 Tonnen Munition und chemische Waffen wurden nach dem Zweiten Weltkrieg in der Ostsee versenkt. Beim Bau der Pipeline können Phosphor, ebenso Dioxine oder Schwermetalle freigesetzt werden, die die Fischbestände vergiften.

Nach: D. Weingärtner. In: Das Parlament Nr. 29/30 vom 14./21. 07.2008

M 115.2 Nordeuropäische Gas-Pipeline

Gebiet	Tägliche Fördermenge (in 1000 Barrel)
Westsibirien	5 882
Wolga/Ural	1 887
Vorderkaspisches Becken	679
Südkaspisches Becken	454
Timan-Petschora	373
Mittelkaspisches Becken	261
Südural	209
Zentralasien	161
Nordkaukasus	72
Fernost	65
Aserbaidschan	32
Ostsibirien	32
Russland, insgesamt	10 107
Zum Vergleich: Welt, insgesamt	79 110

M 115.1 Erdölproduktion in Russland (in 1000 Barrel täglich; 2005)

Gebiet	Jährliche Fördermenge (in Mrd. m^3)
Westsibirien	537,1
Zentralasien	90,0
Vorderkaspisches Becken	25,9
Wolga/Ural	25,1
Südkaspisches Becken	15,7
Timan-Petschora	8,8
Ostsibirien	3,6
Fernost	1,9
Aserbaidschan	0,4
Russland, insgesamt	708,5
Zum Vergleich: Welt, insgesamt	2 618,5

M 115.3 Erdgasproduktion in Russland (in Mrd. m^3; 2005)

1. Ermitteln Sie wirtschaftliche, geopolitische und ökologische Aspekte der transkontinentalen Pipelines zwischen Westsibirien und Mitteleuropa.
2. Informieren Sie sich im Internet (http://www.nord-stream.com/de/) über den Bau der Nordeuropäischen Gas-Pipeline (NEGP) durch die Ostsee.
3. Bewerten Sie die Bedeutung der westsibirischen Energierohstoffe für Russland und mitteleuropäische Staaten.

Nigeria – ein rohstoffexportierender Staat

Nigeria zwischen Erdöl und Armut

Nigeria ist der mit Abstand völkerreichste afrikanische Staat und die bedeutendste Regionalmacht in Westafrika. Das Staatsgebilde in seinen heutigen Grenzen entstand während der Kolonialzeit, als dieser Raum zur Einflusssphäre Großbritanniens gehörte. 1960 wurde Nigeria in die Unabhängigkeit entlassen. Ein nigerianisches Nationalgefühl hat sich aber bis heute nicht entwickelt, da die ethnischen, religiösen, sozialen und politischen Gegensätze sowie die räumlichen Unterschiede im Land groß sind.

Mehrere hundert Volksgruppen leben im Vielvölkerstaat Nigeria. Die zahlenmäßig größten von ihnen, Haussa-Fulani im Norden, Yoruba und Ibo im Süden, die zusammen zwei Drittel der Gesamtbevölkerung ausmachen, konkurrieren um die politische und wirtschaftliche Macht.

Die politische Vorherrschaft im Land ging lange Zeit vom Norden aus, während das wirtschaftliche Kernland seit der Kolonialzeit im Süden liegt. Daraus entstand ein erhebliches Konfliktpotenzial. Die politische Instabilität im Land wird deutlich in häufigen Regierungswechseln, Staatsstreichen und jahrelanger Militärherrschaft.

Innerstaatliche Konflikte gehören in Nigeria zum Alltag. Bereits 1967 kam es zu einem blutigen Bürgerkrieg, als sich das Ibo-Land zur unabhängigen Republik Biafra erklärte. 1970 ging dieser Krieg, der schätzungsweise eine Million Menschenleben forderte, zugunsten der Zentralregierung zu Ende.

Nigeria ist in erster Linie ein agrarisches Land, aber die Konzentration der Wirtschaft auf Erdöl und

Fläche: 923 768 km²				
Bevölkerung: 140 Millionen				
Bevölkerungsdichte: 142 Einwohner/km²				
Bevölkerungswachstum: 2,4 %				
Altersstruktur: 43 % unter 15 Jahren, 3 % über 65 Jahren				
Lebenserwartung: 44 Jahre				
Kindersterblichkeit: 19,7 %				
Säuglingssterblichkeit: 10 %				
Analphabetenrate: Männer 27 %, Frauen 42 %				
Einschulungsrate: 64 % Jungen, 57 % Mädchen				
Bevölkerungsanteil mit unter zwei US-$ am Tag: 91 %				
Städtische Bevölkerung: 43,1 %				
Zugang zu Sanitäreinrichtungen: 44 %				
Zugang zu Trinkwasser: 48 %				
Religionen: 50 % Muslime, 40 % Christen, 10 % Naturreligionen				
Arbeitslosenquote: 30 %				
Bruttonationaleinkommen pro Kopf in US-$:				
1970	1980	1990	2000	2006
170	710	270	320	560

M 116.2 Strukturdaten Nigerias

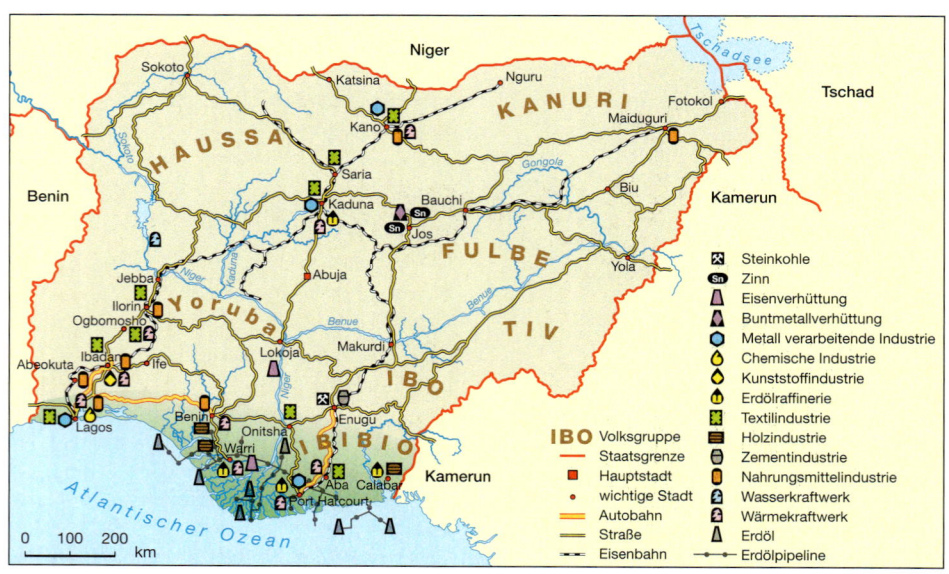

M 116.1 Wirtschaft und Völker in Nigeria

Erdgas hat zur Vernachlässigung der Landwirtschaft geführt. Mehr als zwei Drittel der arbeitenden Bevölkerung sind in der Landwirtschaft tätig. Der primäre Sektor erwirtschaftete 2006 aber nur rund ein Drittel des Bruttoinlandsprodukts. Über 95 % der landwirtschaftlichen Produktion stammt von kleinen Anbauflächen mit Größen von einem bis fünf Hektar. Produziert werden Nahrungsmittel für den Eigenbedarf und Cash Crops für den Export. Die Wiederbelebung der Landwirtschaft stand im Mittelpunkt der Wirtschaftsreformen seit 1999 mit finanziellen Anreizen. Erste Erfolge stellen sich ein: Nigeria ist Afrikas größter Yam- und Augenbohnen- und weltweit größter Maniokproduzent. Ebenso wurde durch Förderungsmaßnahmen der Regierung der Anbau von Mais und Kakao kräftig ausgeweitet. Nigeria ist mittlerweile weltweit der viertgrößte Kakaoproduzent.

Der sekundäre Sektor trug 2006 mit noch nicht einmal drei Prozent zur wirtschaftlichen Leistung Nigerias bei. Neben der Verarbeitung von Erdölprodukten werden Nahrungs- und Genussmittel, Farben, Reinigungsmittel, Textilien, Brennstoffe, Metalle und Baumaterial produziert. Ein Haupthindernis für die industrielle Entwicklung Nigerias ist die unzureichende Infrastruktur, insbesondere in den Bereichen Energie und Transport. Während das produzierende Gewerbe erheblichen Krisen ausgesetzt ist und häufig nur erfolgreich aufgrund von Importbeschränkungen wirtschaften kann, boomt der Telekommunikationssektor. Aufgrund einer konsequenten Privatisierungspolitik besitzt Nigeria gegenwärtig einen der dynamischsten Telekommunikationsmärkte der Welt. Vorreiter hierbei ist der Mobiltelefonmarkt.

Im Jahre 2005 wurde die nigerianische Elektrizitätswirtschaft privatisiert, Erfolge stellen sich bisher nicht ein. Mit ständigen Stromausfällen haben Millionen Haushalte, die Wirtschaft und Verwaltung zu kämpfen. Ein Grund dafür ist die niedrige Produktionskapazität der Gas- und Wasserkraftwerke. Für den Ausbau der Elektrizitätswirtschaft setzt Nigeria gegenwärtig auf chinesische Hilfe. Das Land benötigt Kapazitäten von mehr als 10 000 MW. Die aktuelle Stromproduktion erreicht aber gerade einmal ein Drittel dessen und 40 % der nigerianischen Bevölkerung haben bisher noch nicht einmal Zugang zu elektrischem Strom.

M 117.1 Im Zentrum der der ehemaligen Hauptstadt Lagos

M 117.2 Nationalbank Nigerias in der neuen Hauptstadt Abuja

M 117.3 Baumschule im Norden Nigerias

1 Erläutern Sie Hintergründe für innerstaatliche Konflikte in Nigeria.
2 Zeigen Sie an Beispielen räumliche Disparitäten in Nigeria auf.
3 Bewerten Sie das Raumnutzungspotenzial. Nehmen Sie Atlaskarten zu Hilfe.
4 Berichten Sie über aktuelle wirtschaftliche Entwicklungen in Nigeria.

Die nigerianische Erdölwirtschaft

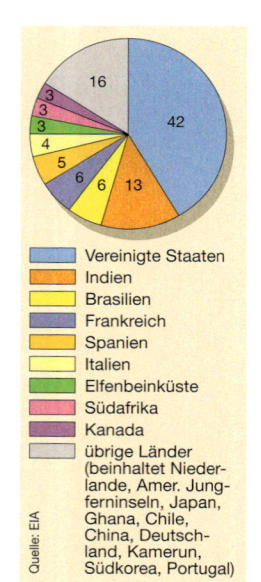

Die Erdölwirtschaft in Nigeria begann Mitte der 1950er-Jahre mit erfolgreichen Probebohrungen im Bereich des Nigerdeltas. 1957 wurden die Förderung und der Export aufgenommen und hierfür der Erdölhafen Bonny errichtet. Die bisher prospektierten über 50 Erdölfelder liegen im Nigerdelta und vor der Küste auf dem afrikanischen Schelf. Pipelines verbinden sie mit Ölhäfen und Verladeterminals für Supertanker an der Küste und auf vorgelagerten Inseln. Alle Pipelines transportieren das Erdöl an die Küste, ins Landesinnere führt keine Pipeline.

In der Erdölwirtschaft des Landes herrschen von Beginn an ausländische Ölkonzerne vor, an ihrer Spitze die britische Shell und die US-amerikanische Mobil Oil. Das große Interesse der Konzerne an den nigerianischen Ölquellen wird mit der hohen Qualität des Rohöls und der Nähe zu den Absatzmärkten in Nordamerika und Europa begründet. Im Zuge der Nigerianisierung des Erdölsektors in den 1980er-Jahren erhöhte der Staat seine Kapitalanteile an den ausländischen Ölunternehmen auf 60 %.

Die Erdölförderung stieg bis zum Jahr 1974 mit Ausnahme des Einbruchs während des Biafra-Bürgerkrieges 1967/68 kontinuierlich an. Die Folgen der weltweiten Ölkrisen 1973 und 1979, ausgelöst durch die israelisch-arabischen Kriege, ließen die Förderung auf hohem Niveau stagnieren. Wachsende Konkurrenz vor allem durch die Aufnahme der Ölförderung in der Nordsee und in Alaska führten in den 1980er-Jahren zu einem deutlichen Rückgang des Erdölgeschäfts. Da gleichzeitig die Ölpreise sanken, fielen die Exporterlöse auf ein Drittel ab. In den Folgejahren gelang es der Regierung, durch staatliche Investitionen und die Erhöhung der Gewinnanteile der ausländischen Konzerne die Erdölförderung wieder zu steigern.

Die Erdölproduktion ist und bleibt der wichtigste Wirtschaftszweig Nigerias. Er macht rund 35 % des **Bruttoinlandsprodukts** aus. Die tägliche Fördermenge lag Ende 2007 aufgrund von Unruhen im Nigerdelta rund um ein Drittel unter der vorhandenen Produktionskapazität von drei Millio-

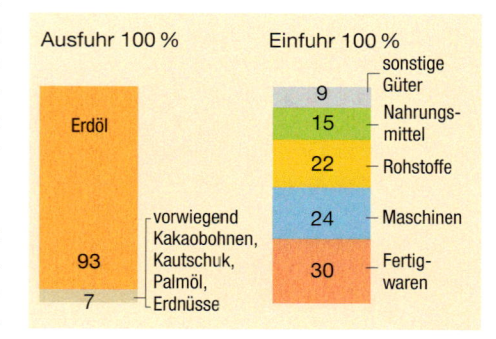

M 118.1 Erdölexporte Nigerias nach Staaten (2006)

Vereinigte Staaten 42, Indien 13, Brasilien 6, Frankreich 6, Spanien 5, Italien 4, Elfenbeinküste 3, Südafrika 3, Kanada 3, übrige Länder 16 (beinhaltet Niederlande, Amer. Jungferninseln, Japan, Ghana, Chile, China, Deutschland, Kamerun, Südkorea, Portugal)
Quelle: EIA

M 118.3 Außenhandel Nigerias (Anteile in %)

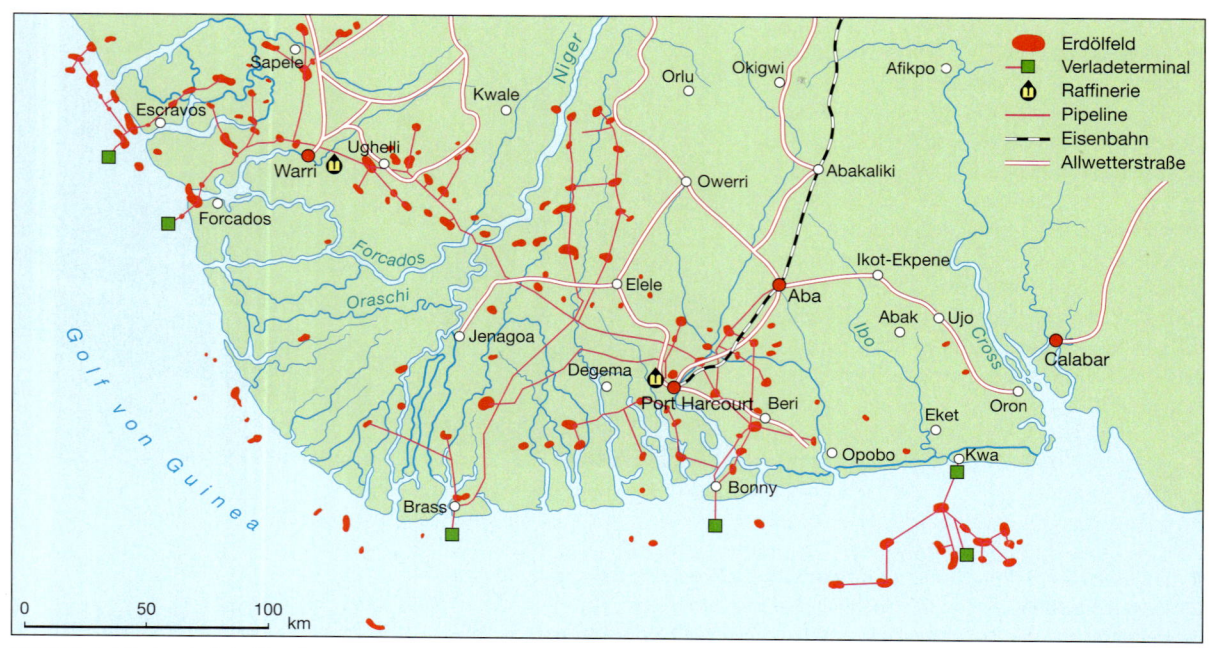

Ausfuhr 100 %: Erdöl 93, vorwiegend Kakaobohnen, Kautschuk, Palmöl, Erdnüsse 7

Einfuhr 100 %: sonstige Güter 9, Nahrungsmittel 15, Rohstoffe 22, Maschinen 24, Fertigwaren 30

M 118.2 Erdölwirtschaft in Nigeria

Nigeria – ein rohstoffexportierender Staat

nen Barrel täglich. Zielsetzung der Regierung ist es, bis 2010 die Erdölförderung um die Hälfte und in der Folgezeit noch weiter ansteigen zu lassen. Damit wird die Erdölwirtschaft ihre Bedeutung innerhalb der Volkswirtschaft wesentlich erhöhen. Die großen, heute bekannten Erdölvorräte würden auf der Grundlage der Jahresproduktion von 2003 noch rund 30 Jahre ausreichen.

Nigeria hat auch die mit Abstand größten Erdgasreserven der Region. Weltweit belegt das Land sogar den neunten Rang. Die seit den 1960er-Jahren bestehende Praxis der Abfackelung des bei der Erdölförderung anfallendes Erdgases soll der Vergangenheit angehören. Außerdem ist eine erhebliche Ausweitung der Förderung von Erdgas bzw. seiner Umwandlung in Flüssiggas geplant. Derzeit wird eine Westafrika-Pipeline von Nigeria nach Ghana gebaut. Sie soll den westafrikanischen Markt für nigerianisches Erdgas erschließen. Des Weiteren ist eine Trans-Sahara-Pipeline über Niger nach Algerien in Planung, um den europäischen Markt zu versorgen. Die Erdgaswirtschaft ist dabei, sich zu einem der bedeutendsten Wirtschaftszweige in Nigeria zu entwickeln.

Nigeria besitzt zwar eine relativ hohe Raffineriekapazität, muss aber wegen deren desolaten Zustands 70 % seines Bedarfs an Erdölprodukten importieren. Immer wieder kommt es zu Engpässen in der Benzinversorgung des Landes.

Ein Pipelinenetz transportiert das Erdöl und Erdgas von den Fördergebieten zu den vier großen Raffinerien Nigerias in Port Harcourt (im Nigerdelta), in Warri (im Südwesten) sowie in Kaduna (im Norden). Die Erdölförderung schädigt seit den 1960er-Jahren immer mehr die Ökologie und damit die Landwirtschaft, Aquakultur und Fischerei im Nigerdelta, und der Gewinn aus der Erdölförderung wird nach der Ansicht der betroffenen Ethnien sehr ungerecht verteilt. Seit den 1990er-Jahren werden die Konflikte immer militanter.

In den letzten Jahren sind beim Versuch, aus Pipelines illegal Öl abzuzapfen, mehr als 1000 Menschen getötet worden. Obwohl solche tödlichen Zwischenfälle schon häufig vorgekommen sind, lassen sich die Menschen nicht davon abschrecken, aus Lecks Öl zu sammeln. Arme Nigerianer schlagen oft Lecks in die Pipelines, um das Öl für den Eigengebrauch oder den Verkauf auf dem Schwarzmarkt abzuschöpfen.

M 119.1 Arbeiter bei der Erdölförderung in Nigeria

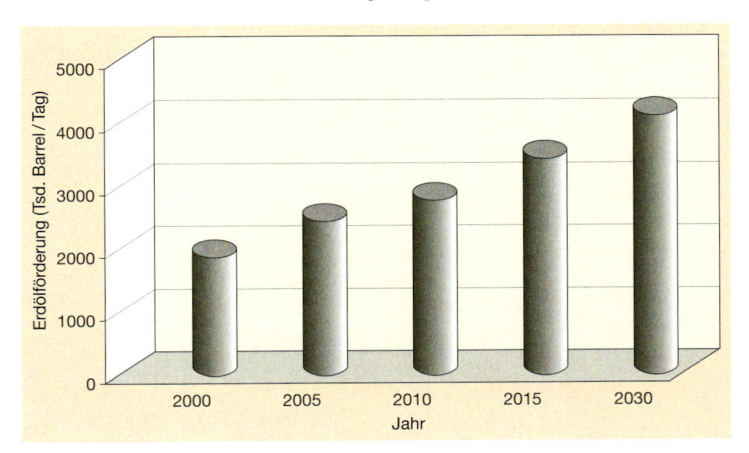

M 119.2 Erdölförderung in Nigeria

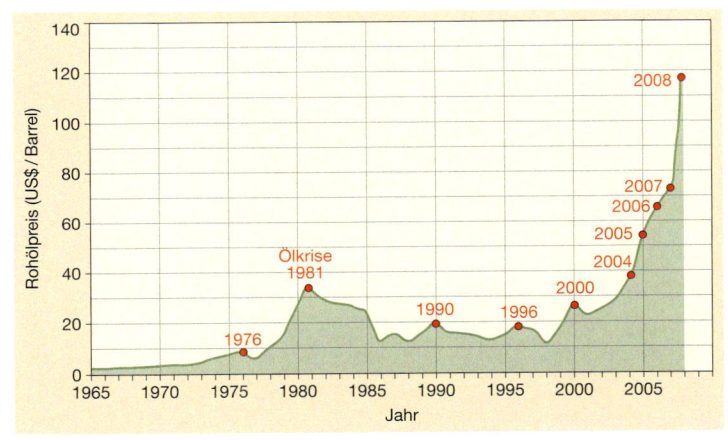

M 119.3 Entwicklung der Rohölpreise auf dem Weltmarkt

1 Erläutern Sie Chancen und Risiken der Erdölwirtschaft in Nigeria und bewerten Sie die Bedeutung der Erdölwirtschaft für die wirtschaftliche Entwicklung des Landes.
2 Listen Sie zu erwartende Herausforderungen der Entwicklung in Nigeria mithilfe einer Mindmap auf. Gehen Sie hierbei von verschiedenen Aspekten aus wie Bevölkerung, Landwirtschaft, Industrie und Infrastruktur, Raumentwicklung, Außenhandel usw.
3 Skizzieren Sie auf der Grundlage Ihrer Problemanalyse Entwicklungsstrategien für Nigeria.

Folgen der Erdölwirtschaft im Nigerdelta

M 120.1 Brennende Erdölpipeline in Nigeria

M 120.2 Tanklager einer Raffinerie bei Lagos

M 120.3 Supertanker „Al Shegaya"

Nigerias Agenda 2020
Nigeria will bis zum Jahr 2020 zu den 20 größten Volkswirtschaften der Welt gehören. Um dieses ehrgeizige Ziel erreichen zu können, hat die Regierung eine jährliche Steigerungsrate des Bruttoinlandsprodukts von 13 % als Ziel. Ein solch starkes Wirtschaftswachstum erfordert Investitionen von rund 100 Milliarden US-$ in kritische Bereiche der Infrastruktur. Ein Fünftel sollen im Energiesektor investiert werden, rund 10 % in den Ausbau des Eisenbahnnetzes, ebenso viel in den Straßenbau. 60 % sollen für die Erdöl- und Erdgaswirtschaft bereitgestellt werden.

Der in den 1960er-Jahren beginnende Erdölboom machte umfangreiche Investitionen in die See- und Flughäfen sowie das Straßen- und Brückennetz möglich. Sinkende Staatseinnahmen in den 1980er-Jahren führten zu keiner nennenswerten Ausweitung der Kapazitäten. Mangelnde Wartung und Instandsetzung hatten eine besonders spürbare Beeinträchtigung des Straßennetzes zur Folge. Die starke Abhängigkeit vom Straßennetz im Warenverkehr hatte sich als ein ganz besonderes Hindernis für das Wirtschaftswachstum erwiesen.

Das Schienennetz Nigerias erstreckt sich über rund 3500 Kilometer. Es befindet sich in einer relativ guten Verfassung, nachdem es mit chinesischer Hilfe instand gesetzt wurde. Seit Sommer 2006 wird für die Zukunft geplant. Ein Auftrag von über acht Milliarden US-Dollar zum Bau einer Eisenbahnlinie von Lagos nach Kano wurde an ein chinesisches Konsortium vergeben. Es ist geplant, die Hauptstrecken auf Normalspur umzustellen, die Höchstgeschwindigkeiten bis zu 150 km/h für Personenzüge und 80 km/h für Güterzüge zuzulassen. In einer weiteren Ausbauphase sollen Port Harcourt und Maiduguri verbunden werden. Auch eine grenzüberschreitende Streckenverbindung nach Niger ist vorgesehen.

Der Hafen von Lagos gilt als wichtigster Hafen Westafrikas. Sein Warenverkehr übersteigt jedes Jahr den Umschlag von über 30 Millionen Tonnen. Nigeria wickelt damit gut zwei Drittel des westafrikanischen Seehandels ab. Nigeria soll den ersten Tiefsee-Containerhafen im westlichen Afrika erhalten, der im Südwesten des Landes für 12 Milliarden US-$ entstehen wird. Die Häfen sollen ebenso wie die Flughäfen privatwirtschaftlich geführt werden.

Nigeria – ein rohstoffexportierender Staat

Das Erdöl ist Nigerias Fluch. Es läuft aus den Pipelines und vergiftet Böden und Wasser. Es klebt an den Händen korrupter Politiker und profitgieriger Generäle. Es verdirbt die Jugend, die für einen Anteil am Profit zu allem bereit ist – auf Menschen zu schießen, Pipelines zu sabotieren, Ausländer zu kidnappen.

Nigeria besaß alle Voraussetzungen für einen märchenhaften Aufstieg. Als 1957 zum ersten Mal Erdöl aus dem sumpfigen Grunde des Nigerdeltas sprudelte, versprach sich der afrikanische Staat gigantischen Reichtum. Der Weltmarkt gierte nach dem nigerianischen Rohöl „Bonny Light", das wegen seines geringen Schwefelanteils billig zu Benzin und Diesel verarbeitet werden kann. Mitte der 1970er-Jahre hatte sich Nigeria der Opec, der Organisation Erdöl exportierender Länder, angeschlossen. Die Staatskasse quoll über von Petrodollars...

Port Harcourt, Nigerias Zentrum der Erdölindustrie und Hauptstadt des Bundesstaates Rivers, liegt inmitten von Öllagerstätten, die größer sind als die der Vereinigten Staaten und Mexikos zusammen. Eigentlich müsste es eine strahlende Metropole sein, doch stattdessen verfällt Port Harcourt.

Jenseits der Stadt, im Labyrinth der Flüsse und Pipelinekanäle, die das Delta – eines der weltgrößten Feuchtgebiete – durchziehen, tut sich eine finstere Welt auf. Dörfer, die nichts als Haufen verrosteter Baracken sind. Gruppen hungriger, halbnackter Kinder und gelangweilter, mürrischer Erwachsener ziehen über unbefestigte Straßen. Es gibt keinen Strom, kein sauberes Wasser, keine Medikamente, keine Schulen. Fischernetze hängen ungenutzt herum, Einbäume verrotten an den Ufern. Jahrzehntelang auslaufendes Öl, durch Gasfackeln verursachter saurer Regen und die Abholzung der Mangroven, um Schneisen für Pipelines zu schaffen, haben die Fischbestände vernichtet.

Nach: M. Kaelbe. In: National Geographic Deutschland, 02/2007 (Internetausgabe)

M 121.1 Der Fluch des Erdöls

Nigeria ist auf dem Weg, einer der wirtschaftsstärksten Erdölstaaten zu werden. Dank seiner enormen Ressourcen an Arbeitskräften und Rohstoffen hat Nigeria zweifellos das Potenzial, eine sehr dominante Rolle zu spielen, so das Beratungsunternehmen Global Insight. In Afrika rangiert Nigerias Bruttoinlandsprodukt (BIP) auf Platz drei hinter Südafrika und Ägypten. In Westafrika ist das Land schon jetzt die wichtigste Wirtschaftsmacht. Mit seinen rund 140 Millionen Einwohnern stellt das Land nicht nur 47% der Bevölkerung Westafrikas, sondern auch 41% des BIP.

Innerhalb der OPEC dürfte der nigerianische Einfluss weiter wachsen, wenn das Land seinen bisherigen Wachstumskurs fortsetzt. Nimmt Nigerias BIP in gleichem Tempo wie im Durchschnitt der vergangenen vier Jahre zu, dürfte es 2030 Länder wie Österreich oder die Schweiz gemessen in Kaufkraftparitäten überholen.

Die enormen Erdöl- und Erdgasvorkommen locken Kapitalgeber aus aller Welt. 2006 waren es über drei Milliarden US-$ ausländische Direktinvestitionen, die nach Nigeria flossen. Damit konnten innerhalb Afrikas nur Südafrika und Ägypten mehr ausländisches Kapital anziehen. Diese Entwicklung dürfte sich fortsetzen unter der Voraussetzung stabiler politischer Verhältnisse und einer gesunden Wirtschaftspolitik.

Nigeria hat beachtliche Fortschritte bei ökonomischen Reformen und in der Korruptionsbekämpfung gemacht, so die Weltbank. Die Regierung bekam 2005 die Zustimmung des Pariser Klubs zum Erlass von 30 Milliarden US-$ der insgesamt 37 Milliarden US-$ Auslandsschulden. Das Land hat nun alle Voraussetzungen, um eine blühende Wirtschaft zu entwickeln.

Quelle: T. O'Neill, In: Financial Times Deutschland vom 19.02.2008 (Internetausgabe)

M 121.2 Die Mächte von Morgen: Nigeria

Im seit den 1990er-Jahren umkämpften Nigerdelta operieren neben den Hauptrebellengruppen *Niger Delta People's Volunteer Force und Movement for the Emancipation of the Niger Delta (MEND)*, die für eine Beteiligung der Bevölkerung an den Gewinnen aus der Erdölwirtschaft kämpfen, schätzungsweise zwei Dutzend bewaffnete Gruppierungen, die zunehmend besser organisiert und ausgerüstet sind. Rebellen haben der Regierung des Landes den Krieg erklärt. Als Druckmittel bedrohen sie auch die Erdöl fördernden Unternehmen im Nigerdelta. Als direkte Folge stieg der Ölpreis an den US-Börsen auf ein Rekordniveau. Die Sicherheitskräfte verloren vielerorts die Kontrolle über die Lage. Bei Schießereien mit paramilitärischen Rebellengruppen, aber auch mit Banden, die ohne politische Motivation in Erscheinung treten, gab es viele Tote in den letzten Jahren.

M 121.3 Kampf ums Erdöl

---

1 Werten Sie Nigerias Agenda 2020 aus und berichten Sie über die Vorhaben. Nehmen Sie eine Bewertung der Vorhaben unter sozialen, ökonomischen und ökologischen Gesichtspunkten vor.
2 Die beiden Berichte (M 121.1 und M 121.2) nehmen verschiedene Aspekte der sozialen und wirtschaftlichen Entwicklung Nigerias in den Blick. Erstellen Sie ein Schaubild, dass Ursachen und Auswirkungen der Erdölförderung aufzeigt.
3 Informieren Sie sich im Internet über weitere nigerianische Reformprogramme.
4 **Referat-Tipp:** Die wachsende aktuelle Bedeutung der Erdölwirtschaft Angolas und deren Vergleich mit Nigeria (Internetrecherche).

http://www.nigeria.gov.ng

Vereinigte Arabische Emirate – Perspektiven für eine wirtschaftliche Entwicklung

Ihren Reichtum verdanken die Vereinigten Arabischen Emirate dem Erdöl, das seit Ende der 1960er-Jahre gefördert wird. Zuvor stützte sich die Wirtschaft der Scheichtümer auf landwirtschaftliche Produkte sowie den weltweiten Handel mit Perlen. Erfahrungen im sekundären Sektor waren kaum vorhanden.

Die Einnahmen aus der Erdölproduktion führten zu einem plötzlichen arabischen Wirtschaftswunder, das den Import von Infrastruktur und Luxus der westlichen Industrieländer ermöglichte. Mit der Erdölindustrie begann ein gewaltiger Zustrom von ausländischen Arbeitskräften. Neben Spezialisten aus allen Bereichen strömten zunehmend ungelernte Arbeitskräfte aus Billiglohnländern in die Vereinigten Arabischen Emirate. Das große Heer dieser Arbeitskräfte trug aufgrund der niedrigen Lohnkosten wesentlich zum Wirtschaftswachstum der letzten Jahre bei und wurde so zu einem wichtigen wirtschaftlichen Faktor in den Emiraten.

Nach aktuellen Schätzungen verfügt Abu Dhabi über Erdöllagerstätten, die bei Fortschreibung der heutigen Fördermengen weitere 130 Jahre reichen werden. Die anderen Emirate müssen sich dagegen schon jetzt auf das Ende der Erdölzeit einstellen.

Bereits in den 1970er-Jahren wurde mit dem systematischen Ausbau von Häfen, die häufig über Freihandelszonen verfügen, eine wirtschaftliche Diversifizierung begonnen. Dubai hat sich durch günstige Steuern auf Luxusartikel auch zu einem blühenden Handelszentrum entwickelt, welches neben Geschäftsleuten zunehmend wohlhabende Touristen anlockt. Von dieser Entwicklung profitiert neben Dubai auch Abu Dhabi. Der gehobene Tourismus weist gegenwärtig das größte Wachstum auf. Spektakuläre Hotelbauten, Vergnügungsparks, Einkaufszentren mit Erlebnisbereichen, künstlich geschaffene Inselwelten sollen die touristische Attraktivität der Emirate steigern.

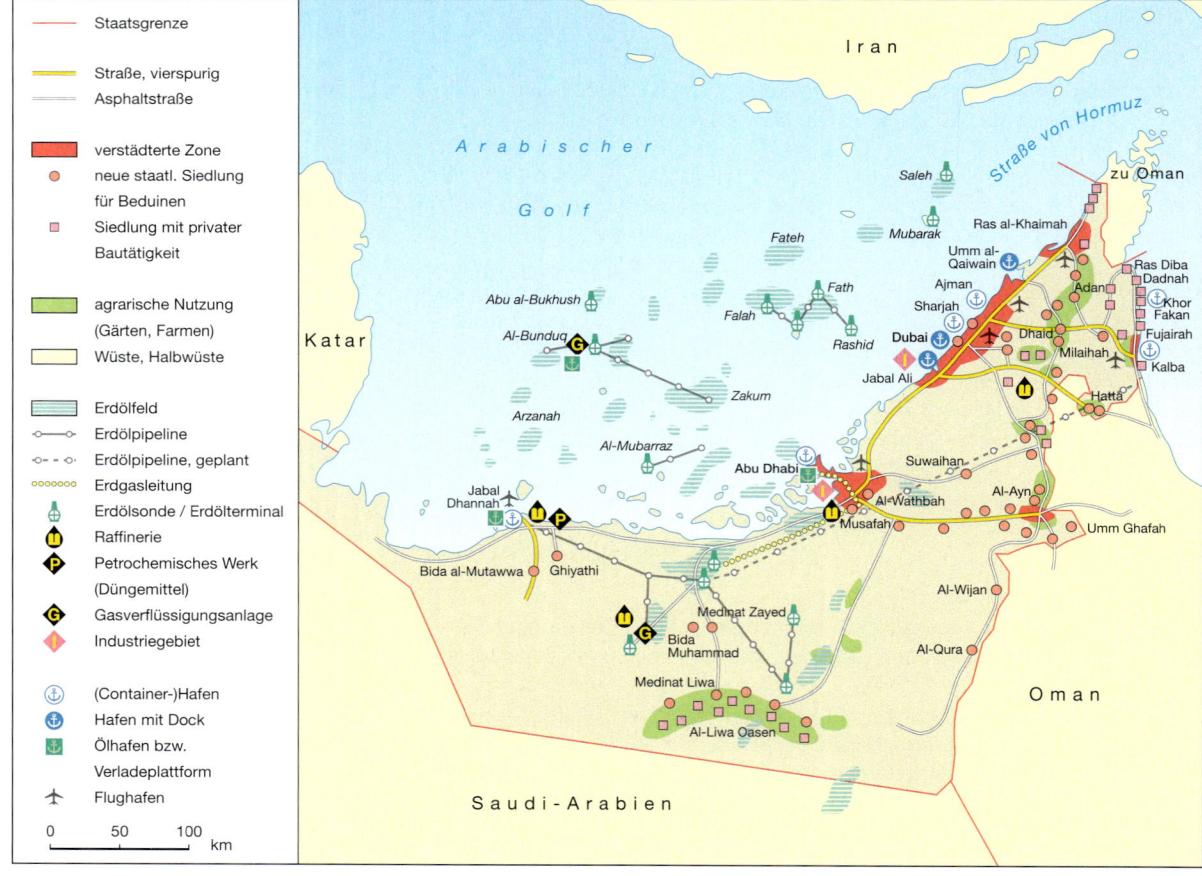

M 122.1 Siedlungsentwicklung und Wirtschaftsausstattung der Vereinigten Arabischen Emirate (V.A.E)

Finanz- und Handelszentrum
Dubai soll sich zum wichtigsten Finanzzentrum des Mittleren Ostens entwickeln, den indischen Subkontinent eingeschlossen. Von Vorteil ist hierbei, dass in Dubai weder Körperschafts- noch Einkommenssteuern erhoben werden. Inzwischen haben alle großen internationalen Bankenkonsortien Vertretungen in Dubai. Die Börse erlebte in den letzten Jahren enorme Steigerungsraten im Umsatz. Ergänzt wird der Finanzplatz durch Handels- und Messezentren.

Seehäfen
In den 1970er-Jahren entstand mit Jebel Ali der größte künstliche Hafen der Welt. Dubais geographische Lage zwischen Europa und Asien macht es zum idealen Handelsplatz. Das Staatsunternehmen Dubai Ports World kaufte inzwischen den britischen Hafenbetreiber P&O auf, sodass auch Seehäfen in New York und Miami kontrolliert werden. Dubai ist gegenwärtig der drittgrößte Hafenbetreiber der Welt.

Flughafen
Erst wurden Fluggesellschaften mit günstigen Konditionen zur Zwischenlandung in Dubai angelockt. Dann etablierte sich Dubai als Drehscheibe für Transitreisende. 2007 ist der größte Flughafen der Welt in Dubai eröffnet worden. Sechs parallele Rollbahnen sind für 120 Millionen Passagiere und 12 Millionen Tonnen Fracht jährlich ausgelegt. Künftig sollen alle Ziele der Welt von Dubai aus ohne Zwischenstopp erreicht werden können.

Tourismus
Anfangs mussten Touristen noch mit Gratisübernachtungen nach Dubai gelockt werden. Spätestens als das höchste Hotel der Welt Burj al Arab mit über 320 Metern errichtet wurde, das mit sieben Sternen auch das luxuriöseste ist, machte sich Dubai auch im Tourismus einen Namen. 2006 kamen über sechs Millionen Touristen, eine Viertelmillion aus Deutschland. 2007 hatte der Tourismus einen Anteil von 30 % am Bruttoinlandsprodukt.

M 123.1 Verkehr und Tourismus in Dubai

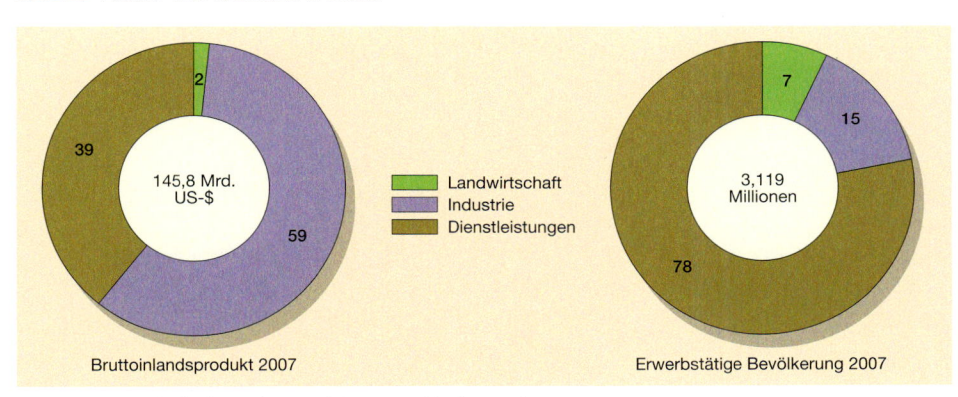

Der Tourismus in den V.A.E erwirtschafte im Jahre 2005 1,98 Mrd. EUR. Für das Jahr 2010 erwarten die V.A.E. mehr als 15 Mio. Touristen. Dubai zieht vor allem Individualtouristen an. Laut Touristikexperten verbringt der typische Urlauber seinen Aufenthalt „3 × 3" in Dubai: 3 Tage Strand, 3 Tage Wüste, 3 Tage Shopping.

M 123.2 Wirtschaftsdaten der Vereinigten Arabischen Emirate

M 123.3 Burj al Arab

1 Informieren Sie sich über Dubais „Strategic Plan 2015" (http://dubai.ae/en.portal).
2 Vergleichen Sie die Entwicklung in den Vereinigten Arabischen Emiraten mit derjenigen in Nigeria nach Beginn der Erdölförderung.
3 Bewerten Sie Risiken und Chancen der wirtschaftlichen Entwicklung in den Vereinigten Arabischen Emiraten.

Substitution von Rohstoffen und alternative Energien

Abfallwirtschaft

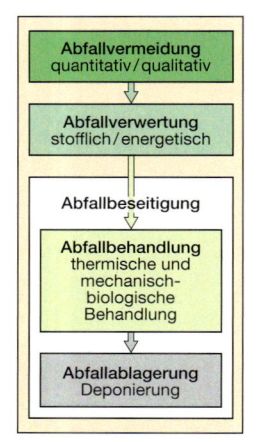

Oberstes Ziel jeder **Abfallwirtschaft** ist die Abfallvermeidung, um Rohstoffe und Energie einzusparen, die Umwelt geringer zu belasten und Kosten zu senken. Erreicht werden soll dieses Ziel mit der Umgestaltung der Abfallwirtschaft zu einer Kreislaufwirtschaft, bei der die Abfallvermeidung vor stofflicher und energetischer Nutzung (Recycling und Verbrennung) Vorrang hat. Erst an letzter Stelle sollen Abfälle stehen, die keiner Verwertung zugeführt werden können und beseitigt werden müssen. Wie weit die Abfallwirtschaft von dieser Zielsetzung entfernt ist, zeigt das jährliche Abfallaufkommen und die Notwendigkeit des Betreibens vielfältiger Entsorgungseinrichtungen, um Abfälle möglichst umweltschonend entsorgen zu können.

Grundlage der deutschen Abfallwirtschaft bildet das Abfallbeseitigungsgesetz von 1972, das noch ganz im Zeichen der ordnungsgemäßen Entsorgung stand. Erst Mitte der 1980er-Jahre wurde es durch das Gesetz über die Vermeidung und Entsorgung von Abfällen ersetzt, in dem der Schwerpunkt auf die Ressourcenschonung gelegt wurde.

Aufgrund der Zunahme von Einwegverpackungen wurde zu Beginn der 1990er-Jahre die Verpackungsverordnung erlassen. Auf der Grundlage dieser neuen gesetzlichen Regelung wurde das **Duale System** (ein zweites Entsorgungssystem für gebrauchte Verpackungen) ins Leben gerufen, durch das der Handel von seiner Rücknahmepflicht befreit und für Deutschland ein privatwirtschaftlich organisiertes Entsorgungssystem entwickelt wurde.

Mit der Inkraftsetzung des heute gültigen Kreislaufwirtschafts- und Abfallbeseitigungsgesetzes aus dem Jahre 1996 haben nun Abfallvermeidung, stoffliche Verwertung und Energiegewinnung Vorrang.

Neueste Verordnung der deutschen Abfallwirtschaft ist die Produktverantwortung, bei der während der Produktion von den Herstellern

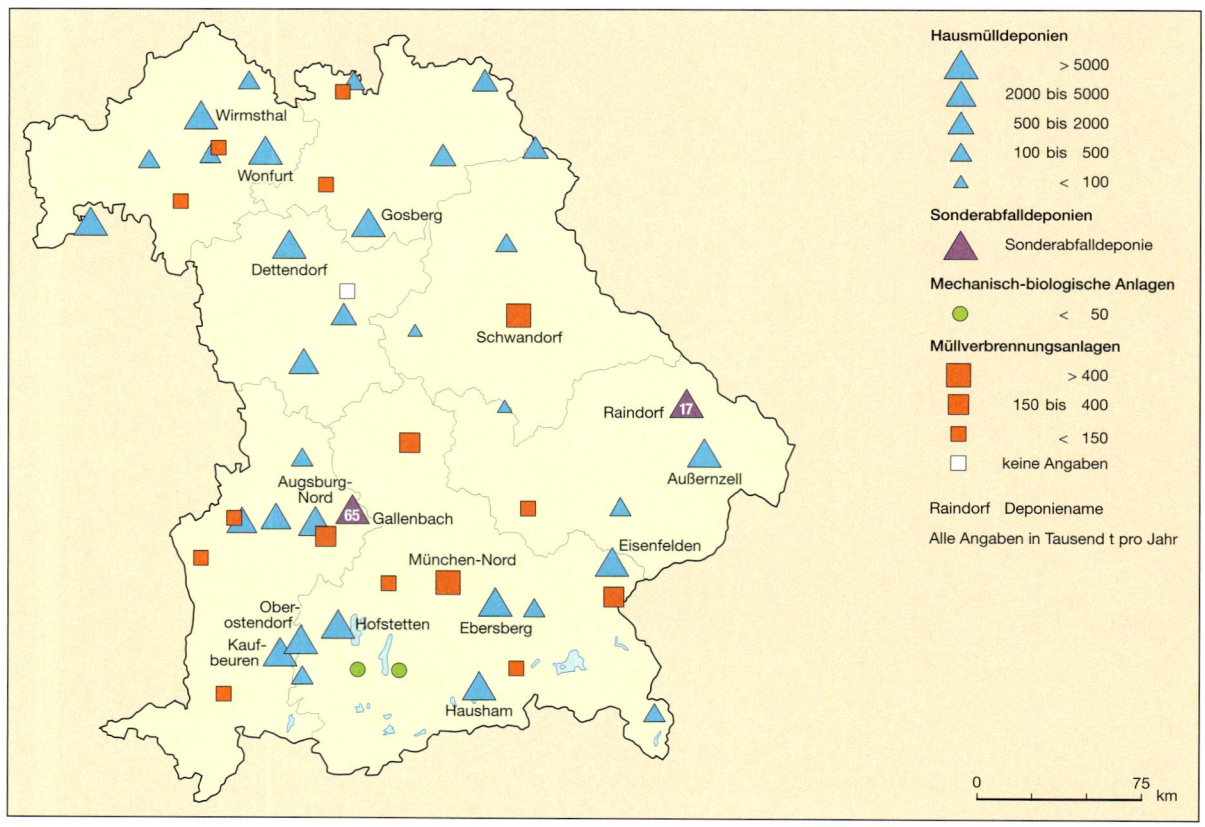

M 124.1 Abfallwirtschaft

M 124.2 Entsorgungsanlagen im Freistaat Bayern

Substitution von Rohstoffen und alternative Energien

verlangt wird, Güter so zu gestalten, dass eine spätere Abfallvermeidung bzw. -verwertung sichergestellt wird. Entsprechend der Produktverantwortung des Herstellers gibt es inzwischen Verordnungen für Verpackungen, Batterien, Elektrogeräte, ferner für Fahrzeuge und Altöl. Selbstverpflichtungen der Wirtschaft wie z. B. für Altpapier oder Baureststoffe kommen hinzu.

Der 1. Juni 2005 war ein besonderer Stichtag: Seitdem dürfen keine unvorbehandelten Siedlungsabfälle auf Deponien abgelagert werden. Als Vorbehandlungsverfahren werden thermische oder hochwertige mechanisch-biologische Verfahren anerkannt.

Entsorgung	Probleme
Mülltrennung • Verbesserung der Wiederverwendung • kostengünstige Entsorgung im Haushalt bei geringem Flächenbedarf • Wertstoffrückgewinnung	• konsequente Beteiligung der Bürger
Recycling • Wiederverwertung bedeutet Schonung der Rohstoffe	• kostenintensive Verfahren verbunden mit Qualitätsverlusten
Geordnete Deponie • geordnete Ablagerung unter behördlicher Aufsicht auf begrenzten Plätzen	• Bedarf an Flächen, Maschinen und Fachpersonal • Gefahr durch Seuchen • Verschmutzung des Grundwassers und Belastung der Umgebung durch Stäube möglich
Müllverbrennung • Abfallverringerung • gleichzeitige Energiegewinnung • Müllschlacke teilweise als Zuschlag bei der Bauindustrie, überwiegend auf Deponien verbracht	• Bildung von giftigen Stäuben und Gasen wie Dioxin (Verbesserung durch Verbrennungsverfahren und Filter) • Bau und Betrieb verursachen hohe Kosten
Müllkompostierung • Abfallverringerung um die organischen Bestandteile	• Verwendung des Müllkompostes in der Landwirtschaft wegen giftiger Reststoffe problematisch

(nach: Geoökologie und Umweltfragen; 1996; Berlin; S. 71)

M 125.1 Verfahren und Merkmale der Abfallentsorgung

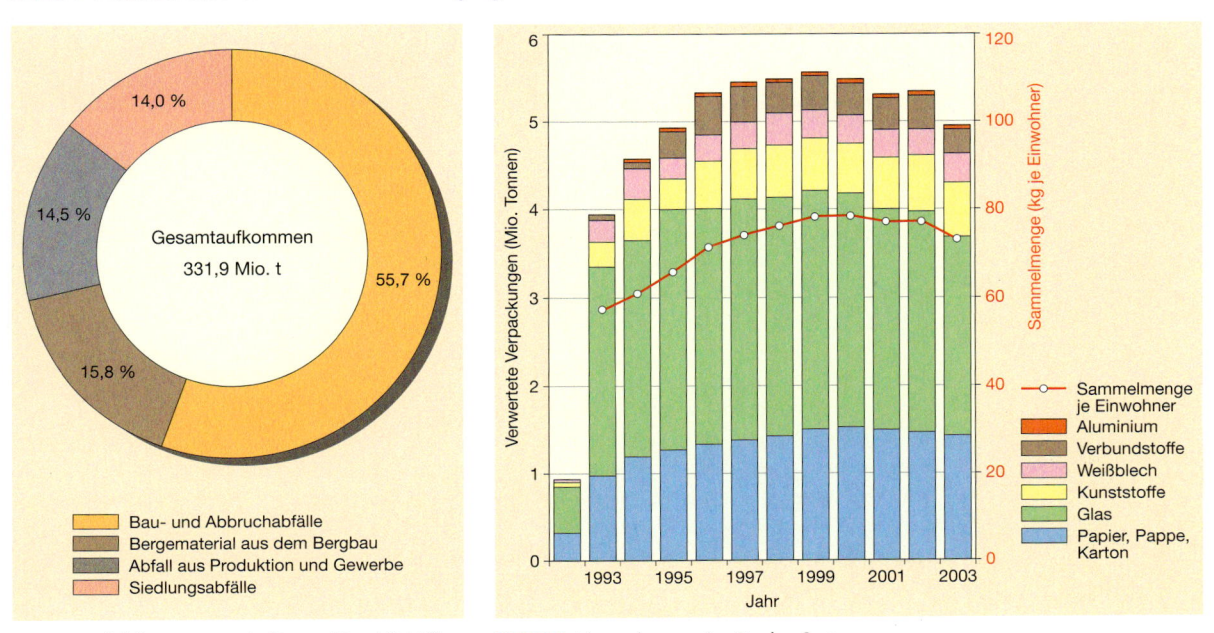

M 125.2 Abfallentsorgung in Deutschland (2006)

M 125.3 Verpackungen im Dualen System

1 Berichten Sie über die Entwicklung der Abfallentsorgung in Deutschland.
2 Vergleichen Sie die verschiedenen Verfahren der Abfallentsorgung. Wo sehen Sie Verbesserungsmöglichkeiten?

Regenerative Energien: Wind- und Solarenergie

M 126.1 Nutzung regenerativer Energien

Regenerative Energien – auch erneuerbare Energien genannt – sind nach menschlichen Maßstäben unerschöpflich, da sie Wind, Wasser, Sonneneinstrahlung, Erdwärme sowie nachwachsende Rohstoffe nutzen.

Windenergie

Theoretisch ließe sich der gesamte Strombedarf auf der Erde aus Windkraft decken. Praktisch wird dieses Potenzial aber dadurch eingeschränkt, dass Windkraftanlagen erst ab einer Windgeschwindigkeit von drei Metern in der Sekunde betrieben werden können. Folglich ist die Windkraftnutzung nur dort wirtschaftlich, wo über das Jahr gemittelt eine Windgeschwindigkeit von 5 m/s errreicht wird (= 18 km/h).

Physikalisch bedingt liegt der theoretisch größtmögliche Umwandlungsgrad eines frei umströmten Windrades bei 59 %. Moderne Drei-Blatt-Rotoren erreichen einen Wirkungsgrad von bis zu 45 %. Mechanische und elektrische Verluste sowie Stillstände lassen den Gesamtwirkungsgrad auf etwa 35 % sinken. Hier liegt wohl das größte Problem der Windkraftnutzung: Die Energieerzeugung richtet sich nach dem Winddargebot und nicht nach dem Bedarf der Abnehmer.

Solarenergie

In nur 40 Minuten strahlt die Sonne so viel Energie auf die Erdoberfläche, wie die Menschen in einem Jahr benötigen. Theoretisch könnte demnach der gesamte Energiebedarf der Menschheit auch aus Solarenergie gedeckt werden. Die Nutzbarkeit ist jedoch durch die geringe Energiedichte pro Flächeneinheit (1 kW/m² maximal an der Erdoberfläche), nächtliche Ausfallzeiten, jahreszeitliche Schwankungen der Einstrahlung in höheren geographischen Breiten, wechselnde Bewölkung und technologische Schwierigkeiten sehr eingeschränkt.

Solarenergie wird gegenwärtig verwendet zur Warmwasserbereitung durch Sonnenkollektoren, zur Stromerzeugung durch Solarzellen (Photovoltaik), zur Spaltung von Wasser zu Wasserstoff und Sauerstoff durch solartechnisch erzeugten Strom, d. h. der Verwendung des Wasserstoffgases als Energieträger (solare Wasserstofftechnik).

In Deutschland betrug im Jahr 2006 der Anteil erneuerbarer Energien am Primärenergieverbrauch rund 5 %. Damit hatte er sich in nur wenigen Jahren mehr als verdoppelt. Allein aufgrund der damit verbundenen Ersetzung fossiler Energieträger wurden 2006 CO_2-Emissionen in Höhe von rund 100 Millionen t (ca. 10 % der CO_2-Gesamtemissionen) vermieden. Der Anteil erneuerbarer Energien am Stromverbrauch lag 2006 dagegen bei fast 12 %. Die Nutzung von Windkraft zur Stromerzeugung aus erneuerbaren Energien hatte den größten Anteil. Inzwischen sind Windenergieanlagen mit einer Leistung von über 20 000 MW in Betrieb.

Erneuerbare Energien werden zunehmend zu einem bedeutenden Wirtschaftsfaktor. So sind in Deutschland in den letzten Jahren über 200 000 Arbeitsplätze in diesem Bereich entstanden. Prognosen sehen auch künftig eine positive Entwicklung. Bis 2020 soll der Anteil erneuerbarer Energien am Primärenergieverbrauch auf 16 % und beim Stromverbrauch auf 27 % anwachsen. Bis 2050 sollen sogar 50 % des gesamten Energiebedarfs und über 75 % des Strombedarfs durch erneuerbare Energien gedeckt werden.

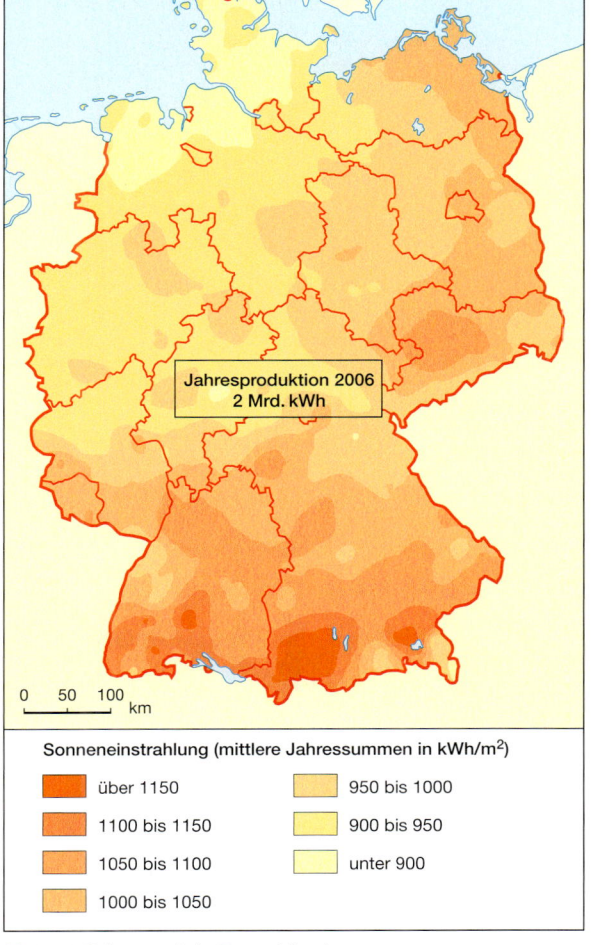

M 127.1 Mittlere jährliche Windstärken in Deutschland

M 127.2 Solarenergie in Deutschland

1 Ermitteln Sie Regionen in Deutschland, die sich für die Nutzung der Wind- bzw. Solarenergie besonders gut bzw. besonders schlecht eignen. Legen Sie dazu eine Tabelle an.
2 **Referat-Tipp:** Möglichkeiten und Grenzen der Nutzung von Wind- bzw. Solarenergie.
3 **Referat-Tipp:** Windkraftanlagen in Deutschland: Ressourcenangebot – Ressourcennutzung.

Regenerative Energie: Wasserkraft

Vergütungssätze für erneuerbare Energien sollen einen wirtschaftlichen Betrieb dieser Energieerzeugungsanlagen erlauben. Sie lagen 2007 bei 6,7 Cent pro Kilowattstunde für kleinere Wasserkraftanlagen, 8,2 Cent/kWh für Windkraftanlagen und 49,2 Cent/kWh für Solarstromanlagen.

M 128.1 Vergütungssätze für erneuerbare Energien

Die Nutzung der Wasserkraft zur Energiegewinnung gehört zu den ältesten und heutzutage am stärksten genutzten regenerativen Energiequellen. Sie besitzt einen Wirkungsgrad von bis zu 90 %. Die genutzte Energie stammt aus dem Wasserkreislauf, aus Niederschlägen, die in Flüssen talwärts gelangen. Sobald Wasser fließt, wird die potenzielle Energie in Bewegungsenergie umgewandelt. Diese Energie ist umso größer, je mehr und je schneller sich Wasser bewegt. Sie wird dann mittels Wasserkraftwerken in elektrischen Strom umgewandelt.

Bayern hat in der Nutzung der Wasserkraft eine lange Tradition. Begünstigt durch gute Gefälleverhältnisse und meist ausreichende Wasserführung in Bächen und Flüssen wurden bereits bis Mitte der 1920er-Jahre rund 11 900 Wasserkraftanlagen errichtet, mit denen der bayerische Strombedarf fast ausschließlich gedeckt werden konnte.

Im Jahr 2007 waren über 4200 Wasserkraftanlagen in Bayern am Netz mit einer Gesamtleistung von über 2,8 Millionen kW. Damit nimmt der Freistaat in Deutschland eine Spitzenposition ein. Je nach Wasserdargebot können 15–18 % der Stromerzeugung und über zwei Prozent des Primärenergiebedarfs durch Wasserkraft gedeckt werden. Bundesweit liegen die Anteile der Wasserkraft bei der Stromerzeugung bei nur rund vier Prozent bzw. beim Primärenergiebedarf unter einem Prozent.

Grundsätzlich lassen sich zwei Arten von Wasserkraftwerken unterscheiden: *Laufwasserkraftwerke* nutzen die Strömung von Flüssen und

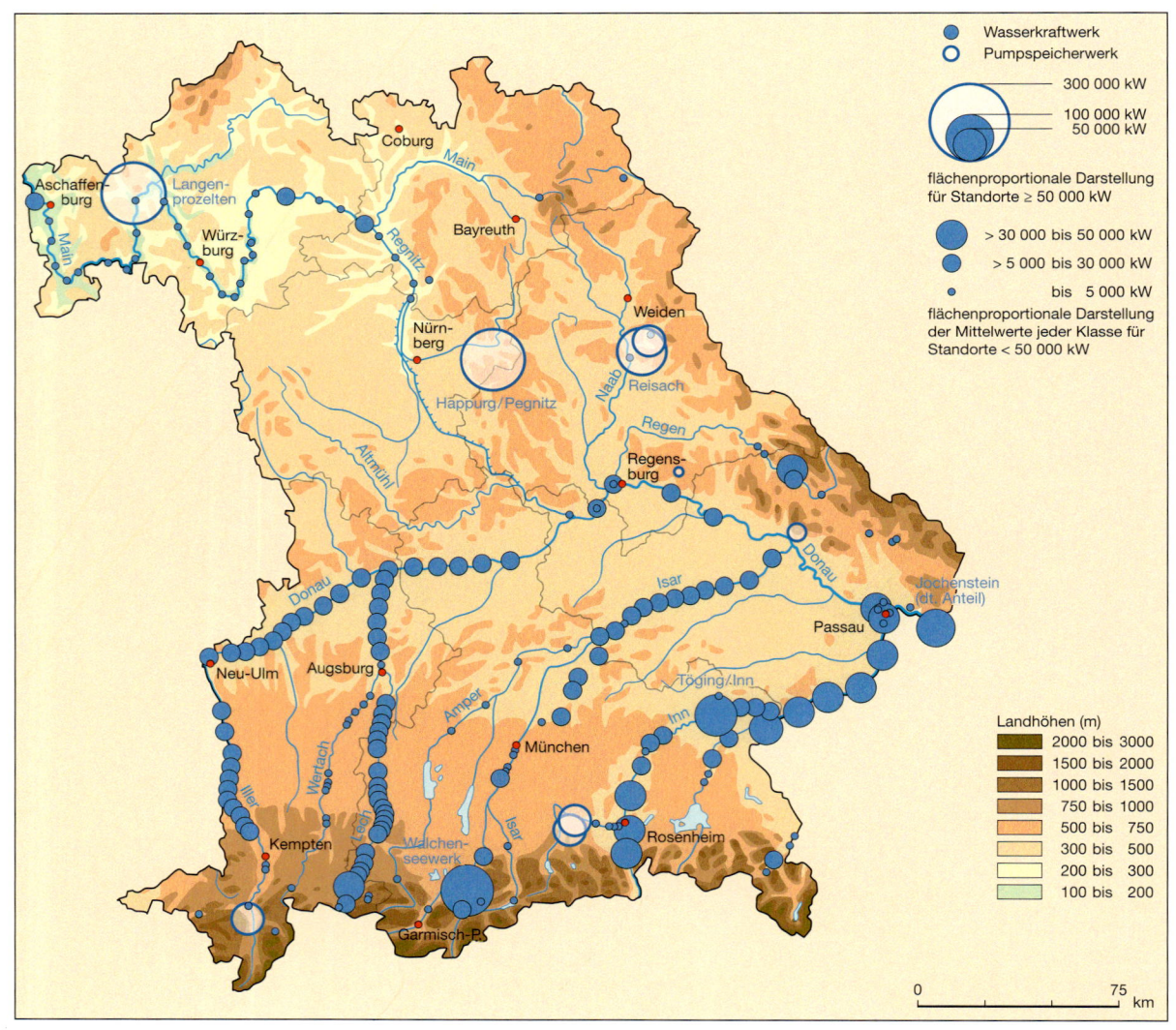

M 128.2 Wasserkraftanlagen in Bayern (2005)

erzeugen bei geringen Fallhöhen überwiegend *Grundlaststrom*. Mithilfe eines Stauwehrs wird das Fließwasser angestaut und dadurch der Druck auf die Turbine erhöht.

In *Speicherkraftwerken* wird in einem Speicherbecken die aufgestaute Wassermenge mittels einer Druckrohr-Fallleitung auf die Turbine gelenkt. Sie dienen vor allem zur Erzeugung von Spitzenlaststrom. Oft werden die Wasserspeicher durch die Nutzung unbenötigten Grundlaststroms, z. B. nachts, aufgefüllt.

Obwohl Wasserkraft emissionsfrei Energie erzeugt, sind mit ihrem Einsatz auch negative Umwelteinwirkungen verbunden. Diese liegen in dem flächenhaften Eingriff in die natürlichen Wasserläufe durch den Bau von Stauwehren oder der Kanalisierung und Umleitung von Flüssen. Bei Stauseen werden zudem häufig Natur- oder Kulturflächen unter Wasser gesetzt. Durch wasserbauliche Maßnahmen verlieren auch Fließgewässer ihre Geschwindigkeit, wodurch es oberhalb von Stauwehren zu vermehrten Ablagerungen von Sedimenten und einer Anhebung des Flussbetts führt, flussabwärts zur Ausspülung der Flussufer kommt. Weitere Schäden werden durch den Anstieg des Grundwassers verursacht.

M 129.2 Laufwasserkraftwerk Eitting an der Isar

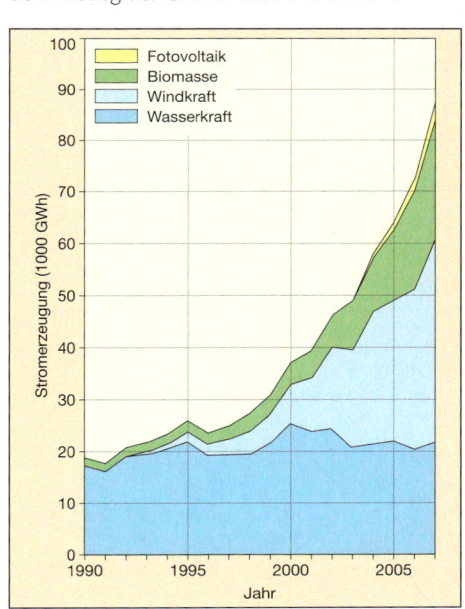

M 129.1 Stromerzeugung aus erneuerbaren Energien in Deutschland

M 129.3 Pumpspeicherkraftwerk Walchensee bei Kochel am See (Maschinenhaus mit Druckrohleitungen)

1 Legen Sie eine Skizze der Funktionsweise von Wasserkraftwerken an und erläutern Sie diese Ihren Mitschülern.
2 Diskutieren Sie die Grafik Stromerzeugung aus erneuerbaren Energien in Deutschland (**M 129.1**). In welchem Bereich der Energieträger sehen Sie Wachstumschancen? Begründen Sie Ihre Meinung. Beziehen Sie in Ihre Überlegungen das Erneuerbare-Energien-Gesetz ein.
3 **Referat-Tipp:** Maßnahmen zur Reduzierung von Auswirkungen der Wasserkraftnutzung auf die Umwelt.

Energieträger Wasserstoff

M 130.1 Wasserstofftankstelle

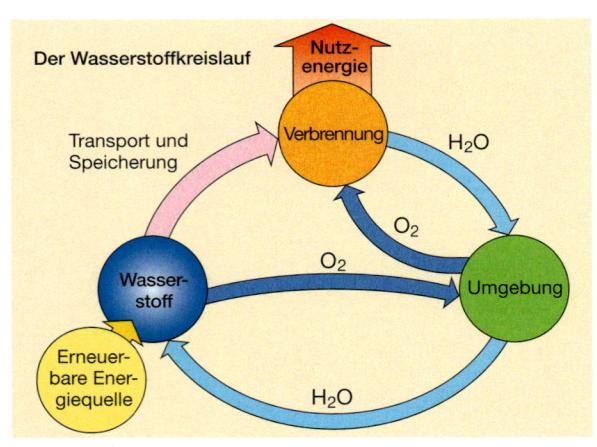

M 130.2 Ein Energiesystem der Zukunft?

Heute dominieren noch Benzin- und Dieselverbrennungsmotoren den Straßenverkehr. Bei der Verbrennung der Kohlenwasserstoffe entsteht als Abfallprodukt immer das für die Atmosphäre schädliche, den Treibhauseffekt begünstigende Kohlendioxid. Unsere Umwelt ist durch dieses Gas in den letzten Jahrzehnten stark belastet worden. Zudem werden diese Treibstoffe aus fossilen Energieträgern gewonnen, deren Vorräte immer geringer werden.

Dem wird unter anderem durch die Erforschung neuer Treibstoffe, wie zum Beispiel dem Einsatz von Wasserstoff, begegnet. Wasserstoff kann entweder wie Benzin direkt in Verbrennungsmotoren eingesetzt oder als Energieträger für Brennstoffzellen genutzt werden. So ausgerüstet können Automotoren abgasfrei betrieben werden. Aus deren Auspuff tritt nur unschädlicher Wasserdampf aus. Brennstoffzellen sind aber längst nicht mehr nur für den Straßenverkehr von Interesse. Wo immer mobile Geräte mit hohem Stromverbrauch verwendet werden, stellen sie eine in Betracht zu ziehende Alternative zu herkömmlichen Batterien dar.

Eine Brennstoffzelle ist aber kein Energiespeicher, sondern ein Wandler. Die Energie zur Stromproduktion wird mit den Brennstoffen zugeführt. Zusammen mit einem Brennstoffspeicher kann eine Brennstoffzelle – bei vergleichsweise sehr geringem Wirkungsgrad – einen Akkumulator ersetzen. Erste Prototypen von Kleinstbrennstoffzellen sind bereits der Öffentlichkeit vorgestellt worden. Wie im Automobilbereich konkurrieren auch hier wasserstoff- und methanolbasierte Technologien. Neben der Verwendung in Fahrzeugen und Kleingeräten sollen Brennstoffzellen vermehrt im Kraftwerksbereich eingesetzt werden. Zurzeit werden sie in Kleinkraftwerken bis 30 kW elektrischer Leistung sowie in Blockheizkraftwerken bis 5000 kW elektrischer Leistung erprobt.

Ein Vorteil von Brennstoffzellen im Kraftwerksbereich beruht auf der Möglichkeit, diese gezielt im Bedarfsfall zuzuschalten. Kohle- und erst recht Kernkraftwerke sind dagegen nur im kontinuierlichen Betrieb wirtschaftlich einsetzbar.

Was aber zunächst wie die Wunderlösung künftiger Abgas- und Energieprobleme erscheint, ist bei näherem Hinsehen vor allem eine Verlagerung des Problems. Neben einigen ungelösten technischen Fragen bleibt das zentrale Problem, wo die Energie zur Herstellung von Wasserstoff herkommen soll. Gegenwärtig wird Wasserstoff vor allem aus fossilen Energieträgern, hauptsächlich durch Reformierung von Erdgas, gewonnen.

Andere Verfahren der Wasserstofferzeugung setzen Kohle oder Erdöl als Rohstoffe ein. Dadurch wird das Rohstoffproblem jedoch auch nicht gelöst, denn das Wasserstoffzeitalter soll dann beginnen, wenn die fossilen Brennstoffe nicht mehr zur Verfügung stehen.

Wasserstoff aus Wasser herzustellen ist einfach. Die in der Brennstoffzelle ablaufenden Reaktionen müssen nur umgekehrt werden. Dieser Vorgang wird als Elektrolyse bezeichnet. Wasser ist nahezu unbegrenzt verfügbar. Elektrolysen laufen jedoch nur unter Energiezufuhr ab. Daher bleibt die Frage offen, wie in Zukunft die Energie für die Elektrolyse von Wasser zur Erzeugung von Wasserstoff gewonnen werden kann. Eine Möglichkeit stellt die Solartechnik dar, bei der die Strahlungsenergie der Sonne in elektrische Energie umgewandelt wird.

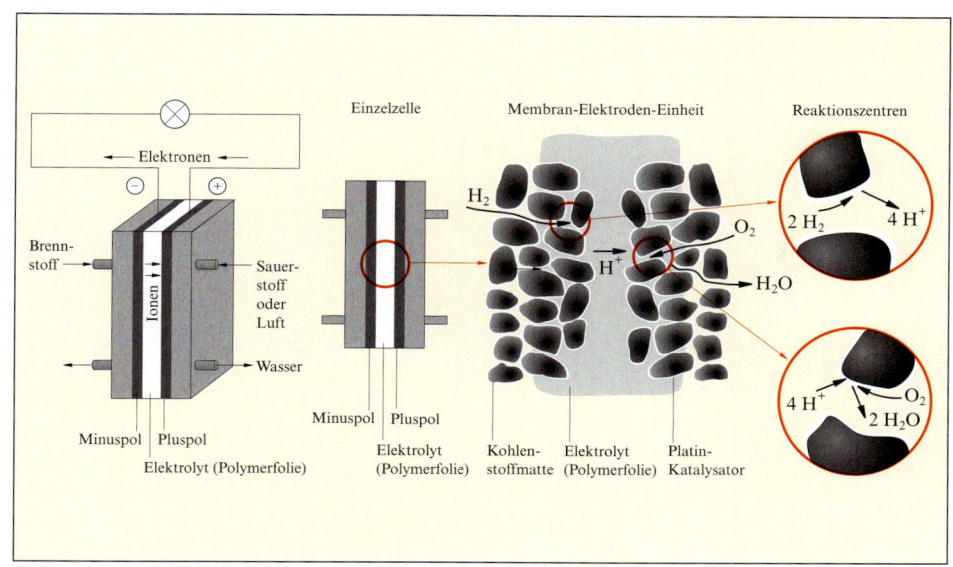

Substitution von Rohstoffen und alternative Energien **131**

M 131.1 Querschnitt einer Brennstoffzelle (PEMFC)

Die gegenwärtig technisch wichtigste Brennstoffzelle ist die PEMFC. PEM steht dabei für englisch *Polymer Elektrolyte Membrane* – dem Kernbereich dieses Brennstoffzellentyps – und FC für englisch *Fuel Cell*. Die Polymerfolie trennt die beiden Reaktionsräume voneinander, ist aber zugleich durchlässig für die als Ladungsausgleich wandernden Protonen. Der Wirkungsgrad beträgt 55–60 %.

M 131.3 Brennstoffzelle PEMFC

2006 ging der erste Großversuch zum Wasserstoffverkehr erfolgreich zu Ende. Im Rahmen des Projekts „Clean Urban Transport for Europe", an dem sich neun europäische Städte beteiligten, wurden 27 Brennstoffzellenbusse in Betrieb genommen. Über die Hälfte des in diesen Zellen gespeicherten Wasserstoffs wurde mithilfe von erneuerbaren Energieträgern hergestellt. Mehr als vier Millionen Fahrgäste wurden ohne umweltschädliche Emissionen transportiert.
Von der Energieeffizienz, Lebensdauer und Zuverlässigkeit der Batterien waren alle Beteiligten überrascht. So beschlossen sie denn auch, den Versuch zu verlängern. An dem Projekt sind 31 Staaten beteiligt, darunter Island, Australien und China. Das Vorhaben ist mit einem Finanzvolumen in Höhe von 43 Millionen Euro ausgestattet, davon 19 Millionen Euro von der Europäischen Kommission, um 47 Busse in Betrieb zu nehmen. Die internationale Zusammenarbeit erlaubt, technische Konzepte unter verschiedenartigen Bedingungen zu erproben, wobei vor allem europäische Technologie und Know-how zum Einsatz kommen. Das Projekt entwickelt Wasserstofffahrzeuge sowie Herstellungs- und Verbreitungsverfahren. Die beteiligten Städte errichten ihre eigenen Versorgungsnetze. Zusätzlich werden auch andere Technologien getestet: 14 Berliner Busse fahren aktuell mit Motoren, in denen Wasserstoff direkt verbrannt wird.
Mit Wasserstoff betriebene Busse für den Stadtverkehr sind fast marktreif. Die Produktionskapazitäten sind allerdings noch zu klein, um die Nachfrage erfüllen zu können. Zwischen 2015 und 2020 soll dies aber der Fall sein. Auch für die Infrastruktur ist ein erheblicher Forschungsaufwand notwendig, um eine schnelle, einfache und zuverlässige Betankung zu gewährleisten. Außerdem müssen Herstellungsverfahren für Wasserstoff mit erneuerbaren Energien entwickelt werden, auch um Kosten senken zu können.

Quelle: Research EU – Magazin des europäischen Forschungsraums, März 2008.

M 131.2 Großversuch zum Wasserstoffverkehr erfolgreich

M 131.4 Bus mit Wasserstoffantrieb

1. Erläutern Sie die Funktionsweise der PEMFC einschließlich der Halbzellenreaktionen. PEMFC enthalten einen Katalysator. Welche Bedeutung hat er während des Betriebs der Brennstoffzelle?
2. Noch sind unterschiedliche Kraftstoffe und Wege zu ihrer Speicherung für die Brennstoffzelle in der Diskussion. Informieren Sie sich über den aktuellen Stand der Forschung. Erörtern Sie Vor- und Nachteile.
3. Vergleichen Sie Brennstoffzelle und Batterie.
4. Die Vision der solaren Wasserstoffwirtschaft gründet sich auf Stoff- und Energiekreisläufen. Entwerfen Sie ein Modell eines solchen Kreislaufs und beschreiben Sie die einzelnen Phasen.
5. Wirkungsgrad und Ökobilanz sind zentrale Begriffe in der Diskussion um eine nachhaltige Energieversorgung. Vergleichen Sie die Brennstoffzellentechnologie mit anderen Ihnen bekannten Verfahren der Energiegewinnung.

Nachwachsende Rohstoffe

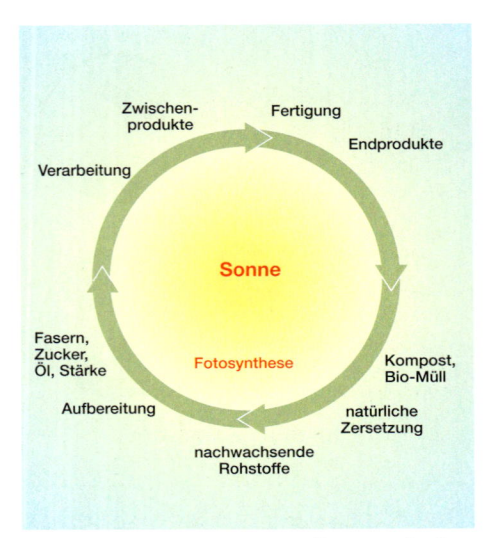

M 132.1 Nachwachsende Rohstoffe im Kreislauf der Natur

M 132.3 CO_2-Einsparpotenziale in Land- und Forstwirtschaft

- Wärme und Strom über Biogas: 10 Mio. Tonnen
- Biodiesel: 3,5 Mio. Tonnen
- Energiepflanzen: 18 Mio. Tonnen
- Waldbewirtschaftung: 12 Mio. Tonnen

Nachwachsende Rohstoffe wurden herkömmlich in Faserpflanzen wie Baumwolle, Latex liefernde Pflanzen wie Kautschuk, Arzneimittelpflanzen und Holz unterschieden. Den Erfordernissen und technischen Möglichkeiten nach ist die Palette inzwischen weitaus größer geworden.

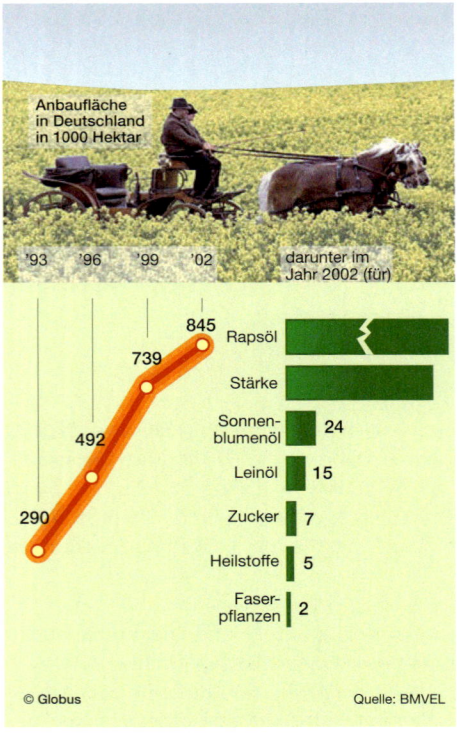

M 132.2 Nachwachsende Rohstoffe

Anbaufläche in Deutschland in 1000 Hektar: '93: 290, '96: 492, '99: 739, '02: 845

darunter im Jahr 2002 (für):
- Rapsöl
- Stärke
- Sonnenblumenöl: 24
- Leinöl: 15
- Zucker: 7
- Heilstoffe: 5
- Faserpflanzen: 2

Quelle: BMVEL

Neue Verwendungsmöglichkeiten sind Stärke aus Weizen, Mais und Kartoffeln zur Herstellung von Papier, Verpackungen, Klebern, Formteilen oder Verbundstoffen, Zucker zur Herstellung von chemischen Vor- und Zwischenprodukten, Pflanzenöle zur Verwendung als Energieträger sowie bei der Herstellung von Schmierstoffen, Kunststoffen und Waschmitteln.

Ausgelöst durch die ersten Erdölkrisen in den 1970er-Jahren und dem Anstieg landwirtschaftlicher Überproduktion in den 1980er-Jahren wurde in nachwachsenden Rohstoffen die Möglichkeit gesehen, einen Beitrag zur Energie- und Rohstoffversorgung zu leisten. Die Vorteile der Bio-Treibstoffe gegenüber herkömmlichen Kraftstoffen liegen zum Teil in der geringeren Rußbildung, dem Fehlen von Schwefel und der kohlendioxidneutralen Verbrennung, d. h., das Kohlendioxid, das bei der Verbrennung freigesetzt wird, wurde zuvor der Atmosphäre entzogen. Und Produkte, die aus Stärkepflanzen hergestellt wurden, lassen sich kompostieren. Damit gelingt es, Abfall- und Entsorgungsprobleme zu vermindern.

Der großflächige Anbau von Pflanzen zur Produktion von Kraftstoffen stößt aber weltweit zunehmend auf Kritik durch die Flächenkonkurrenz zum Anbau von Nahrungsmitteln. Anfangs ging es um die Ausweitung des Anbaus von Palmölpflanzen, später auch um den ausgeweiteten Nahrungspflanzenanbau.

Palmöl wird aus dem Fruchtfleisch der Ölpalme gewonnen und dient als Rohstoff für viele andere

Substitution von Rohstoffen und alternative Energien

M 133.1 „... aber zum Verfressen ist das einfach zu schade!"

M 133.2 Aus Rapsöl gewonnener Biodiesel

Produkte. Es kann auch zur Stromerzeugung in Blockheizkraftwerken verwendet werden. Da die Ölpalme bei ihrem Wachstum CO_2 aus der Atmosphäre bindet, erscheint diese Form der Energiegewinnung zunächst klimaneutral. Die Anbauflächen haben sich seit 1990 weltweit auf zwölf Millionen Hektar verdoppelt – eine Fläche, die ungefähr so groß ist wie diejenige Österreichs und der Schweiz zusammen.

Die Weltproduktion von 33 Millionen t entfällt zu 80 % auf Indonesien und Malaysia. Zur Ausweitung der Palmöl-Plantagen wird dort in großem Umfang Regenwald gerodet. Für die Produktion einer Tonne Palmöl werden so rund 20 t CO_2 freigesetzt, ein Vielfaches der Menge, die durch die energetische Nutzung des Palmöls eingespart wird.

Deutschland ist mit 800 000 t pro Jahr der fünftgrößte Palmöl-Importeur. Die Bezugspreise liegen bei ca. 120 Euro pro Tonne und unter denen des überwiegend aus deutscher Produktion stammenden Rapsöls, weshalb immer mehr Ökostrom-Produzenten auf Palmöl umsteigen. Die Betreiber dieser Kraftwerke konnten durch das Erneuerbare-Energien-Gesetz so allein im Jahr 2007 200 Millionen Euro einnehmen.

Der verstärkte Anbau nachwachsender Rohstoffe zuungunsten des Anbaus von Nahrungsmitteln äußert sich seit dem Jahr 2007 in weltweit teilweise drastischen Preissteigerungen für Lebensmittel. So haben sich beispielsweise Anfang 2007 die Preise für das Grundnahrungsmittel Tortilla in Mexiko verdoppelt. Grund der Preiserhöhung war die starke Maisnachfrage in den USA für die Herstellung von Bioethanol. Es kam zu Protesten aus der Bevölkerung.

Auch die von der brasilianischen Regierung geplante Ausweitung des Zuckerrohranbaus für die Verdopplung der Ethanol-Produktion auf 35 Milliarden Liter bis zum Jahr 2013 ist ökologisch nicht unbedenklich. Zuckerrohr wächst zwar nicht auf Regenwaldböden, die Ausweitung der Anbauflächen könnte jedoch die Soja-Produktion in die Regenwaldgebiete verdrängen.

Einen Ausweg erhofft man sich von Biotreibstoffen der zweiten Generation, die über die Vergasung und Verflüssigung von Biomasse aus vielfältigen Ausgangsmaterialien hergestellt werden können, wodurch der Druck auf die Landwirtschaftsflächen verringert wird. Bis zur Marktreife der zweiten Generation an Biotreibstoffen könnten allerdings noch mehrere Jahre vergehen.

M 133.3 Kulturpflanzen zur Gewinnung von Energierohstoffen

1. Erörtern Sie Vor- und Nachteile des Einsatzes nachwachsender Rohstoffe in Industrie und Energieversorgung.
2. Erklären Sie vor dem Hintergrund kritischer Stimmen zum Einsatz von nachwachsenden Rohstoffen zur Energiegewinnung die Karikatur (**M 133.1**).
3. Diskutieren Sie Verhaltensweisen des täglichen Lebens, die ungeachtet künftiger Möglichkeiten der Energiesubstitution erforderlich sein werden.

Ressourcen – Nutzung, Gefährdung und Schutz

Zwei Drittel der Erde sind mit Wasser bedeckt, aber nur 2,5 % der weltweiten Wasservorkommen sind Süßwasser, die Hälfte davon ist in Eis und Gletschervorkommen gebunden. Das aus Grundwasser oder aus Flüssen und Seen direkt verfügbare Süßwasser ist regional auf der Welt höchst ungleich verteilt. So leben in Asien rund zwei Drittel der Weltbevölkerung, der Kontinent verfügt aber nur über rund ein Drittel der Süßwasservorkommen der Erde. Durch zunehmende Verschmutzung und Erschöpfung von Flüssen, Seen und Feuchtgebieten entstehen große Gefahren. Denn es werden genau die Ökosysteme zerstört, die zum Reinigen und Bereitstellen notwendiger Süßwasserressourcen von großer Bedeutung sind.

Rund 20 % der Zunahme von Wasserknappheit sind auf den Klimawandel zurückzuführen, 80 % auf weltweites Bevölkerungswachstum und wirtschaftliche Entwicklung. Eine der größten künftigen Herausforderungen besteht darin, miteinander in Konflikt stehende Interessen an der knappen Ressource Wasser auszugleichen. Dies bedeutet eine faire Aufteilung des verfügbaren Süßwassers zwischen verschiedenen Nutzern und Nutzungsformen in Haushalten, Industrie und Landwirtschaft, aber auch eine gemeinsame Verantwortung für den Schutz der Wasservorkommen.

Bereits in den 1950er-Jahren behauptete der damalige Chefgeologe des Ölkonzern Shell, Hubbert, dass der Verlauf der Erdölförderung stets einer Glockenkurve entspricht: Erst steigt die Erdölförderung an, bis sie einen Höchststand erreicht, dann fällt sie unaufhaltsam ab.

Die Vorräte an Energierohstoffen wie Erdöl und Erdgas schrumpfen täglich. Und auch die Vorkommen an Erzen sind nicht unerschöpflich. Sie werden abgebaut, bauen sich aber nicht wieder auf.

Richtig ist auch, dass alle Angaben über Rohstoffvorkommen und -vorräte immer unter dem Blickwinkel des gegenwärtigen Stands der Technik und der gegenwärtigen Preise als wirtschaftlich gewinnbar zu sehen sind. Daher nahm bisher in Zeiten steigender Preise, mit verbesserten Abbautechniken und der Erforschung neuer Lagerstätten regelmäßig die statistische zeitliche Verfügbarkeit von Rohstoffen bei gleich bleibender Jahresförderung zu. Aber auch hier gilt: Rohstoffvorkommen sind auf der Welt höchst unterschiedlich verteilt. Und die künftige Verteilung abnehmender Rohstoffe muss nicht grundsätzlich konfliktfrei vonstatten gehen.

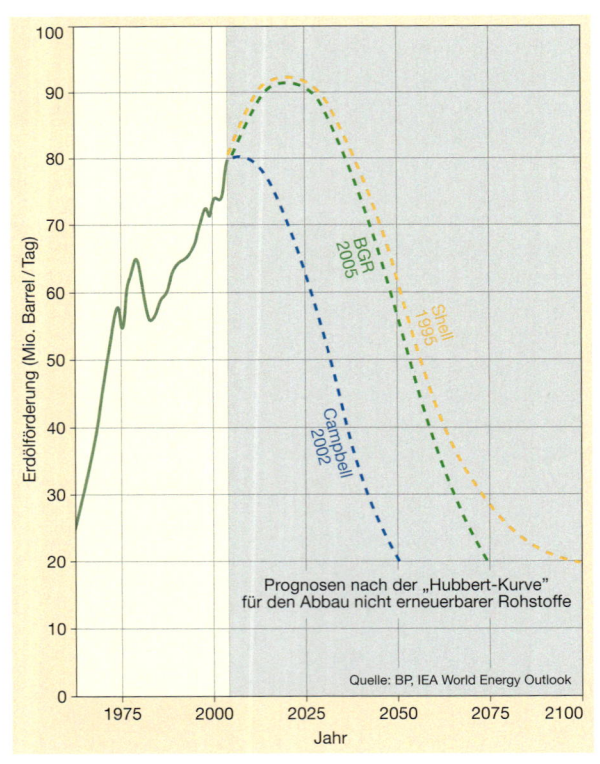

M 134.1 Erdölproduktion – Entwicklung und Prognose

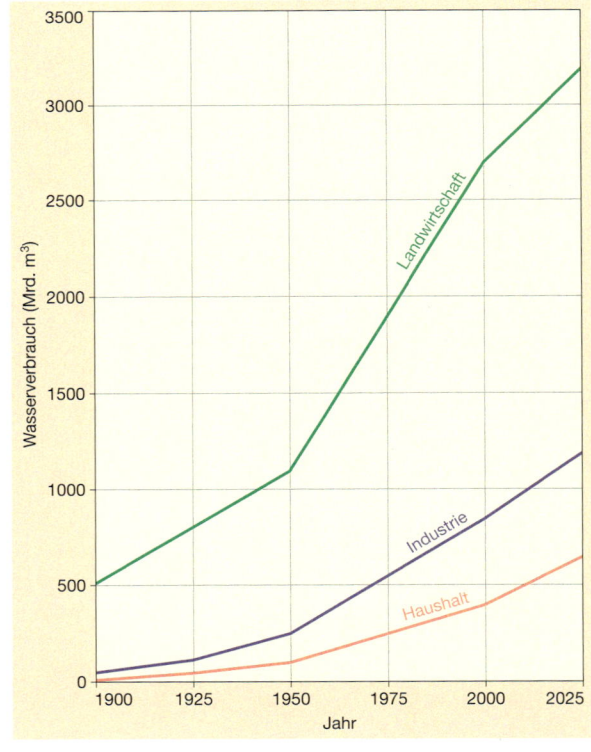

M 134.2 Der weltweite Wasserverbrauch steigt

Aufgabe: Entwickeln Sie Strategien zur künftigen Nutzung und zum Schutz der Ressource Wasser anhand verschiedener Fallbeispiele.

Leitfaden zur Durchführung einer Anhörung

In einer Anhörung stellen Sachverständige ihre Standpunkte vor einem Zuhörerkreis zur Diskussion. Als Zuhörer/-in ist es dabei interessant, unterschiedliche Standpunkte vorgestellt zu bekommen und auch nachfragen zu können.

Anhörungen können an jedem Ort stattfinden, an dem ein Tisch aufgestellt werden kann und Zuhörer/-innen Platz finden. Ziel einer Anhörung ist es, Informationen zu erhalten, die sonst recherchiert werden müssten. Die Informationen dienen dazu, sich ein Urteil bilden zu können.

Anhörungen sind beispielsweise eine gängige Form, sich in parlamentarischen Ausschüssen über neueste Entwicklungen informieren zu lassen.

- **Aufgabe des Moderators / der Moderatorin**

Der Moderator / die Moderatorin einer Anhörung sollte von allen respektiert werden und sich so weit in dem Thema auskennen, dass eingegriffen werden kann, wenn die Ausführungen das Thema verlassen oder zu ausufernd werden.

Der Moderator / die Moderatorin hat die Verantwortung über den Verlauf der Anhörung. Er/Sie erteilt das Wort und darf es auch entziehen.

- **Aufgabe der Sachverständigen**

Die Sachverständigen sollten sich zuvor darauf verständigen, wer welche Position vertritt, damit ein möglichst breites Meinungsspektrum entsteht. Die eigene Position ist klar zu vertreten und so vorzutragen, dass alle sie gut verstehen. Es ist erlaubt, aus beigeführten Unterlagen zu zitieren.

- **Aufgabe der Zuhörer /-innen**

Zuhörer/-innen sind zunächst verpflichtet zuzuhören, die Argumente abzuwägen und Fragen zu notieren.
Ist die Möglichkeit für Nachfragen freigegeben (in der Regel nach den Ausführungen der Sachverständigen), können Fragen gestellt und eigene Positionen vertreten werden.

Zum Thema „Abschied vom Erdölzeitalter?" sollen folgende Sachverständige angehört werden:

Vertreter/-in eines Erdölkonzerns
Ihre Aufgabe ist es, die weltweiten Erdölreserven, die Handelsströme und die Nutzung des Erdöls aufzuzeigen.
Für Experten: Der gegenwärtig prognostizierte statistische Zeitraum der weltweiten Erdölförderung (Vorrat bei gleich bleibender Jahresförderung) beträgt rund 45 Jahre. Legen Sie dar, dass wegen hoher Preise in neue Förderanlagen und das Aufsuchen nutzbarer Lagerstätten investiert wird, die den Zeitraum der Erdölförderung deutlich verlängern.

Vertreter/-in einer Energieagentur
Ihre Aufgabe ist es, Alternativen zum Einsatz des Erdöls zur Energiegewinnung aufzuzeigen. Dies kann über den Weg der Nutzung von Stein- oder Braunkohle, aber auch der Atomkraft geschehen. Dabei sollten ausgewogen Vor- und Nachteile gängiger Formen der Energiegewinnung aufgezeigt werden.
Für Experten: Erdöl ist zu kostbar, um es für die Energiegewinnung zu nutzen. Es sollte stattdessen in anderen Bereichen der Wirtschaft genutzt werden.

Vertreter/-in eines Erdöl exportierenden Landes
Berichten Sie über die Vorkehrungen Ihres Landes für die Zeit nach dem Ende der Erdölförderung. Gehen Sie vom derzeitigen Handel zwischen Ihrem Land und Erdöl importierenden Staaten aus und zeigen Sie eine Strategie künftiger Zusammenarbeit auf.
Für Experten: Grenzen Sie Ihre Strategie von den – aus Ihrer Sicht – Fehlentwicklungen in anderen Staaten ab.

Vertreter/-in eines Verbandes zur Förderung alternativer Energien
Ihre Aufgabe ist es, die sich abzeichnende Erschöpfung der weltweiten Erdölvorkommen als Chance zu betrachten, verstärkt in regenerative Energien zu investieren. Hierbei können Sie auf die Vielfalt alternativer Energien wie Solar- und Windenergie, Wasserkraft oder Wasserstoff, Geothermie, Biogas usw. zurückgreifen.
Für Experten: Einbeziehung des Themas Klimaschutz

Vertreter/-in einer Verbraucherberatung
Sie sehen im Ende des Erdölzeitalters eine Chance nicht nur für den Klimaschutz, sondern auch für den Wandel menschlicher Einstellungen und Verhaltensweisen gegenüber begrenzten Ressourcen. Dazu gehören Investitionen in Forschung und Entwicklung zur zeitlichen Verlängerung der Nutzung von Produkten ebenso wie zur Erhöhung der Energieeffizienz, dazu zählen intelligente Formen des Wohnens und Arbeitens und der Mobilität.

Zusammenfassung

Der globale Wasserkreislauf stellt eine ständige Zustands- und Ortsänderung des Wassers dar. Er wird durch die Sonneneinstrahlung und die Schwerkraft angetrieben und setzt sich aus einem System mehrerer Teilkreisläufe zusammen. Die globale Wasserhaushaltsgleichung beschreibt den grundlegenden Zusammenhang, dass der Niederschlagswert dem Verdunstungswert entspricht. Aus der Wasserhaushaltsgleichung über dem Festland lässt sich eine ökologisch wichtige Unterscheidung der Hauptklimazonen ableiten: Wo der Niederschlag größer als die Verdunstung ist, herrscht humides Klima, wo sich dieses Verhältnis umkehrt, arides Klima. Der zunehmende Druck auf die Wasserressourcen ist neben dem Bevölkerungswachstum auf die Zunahme der Bewässerungslandwirtschaft sowie industrieller und privater Nutzung zurückzuführen.

Rohstoffe auf dieser Welt sind endlich. Die wachsende Weltbevölkerung und die wirtschaftliche Entwicklung mit steigendem Energiebedarf machen diesen Sachverhalt deutlich. Das Hauptproblem liegt in dem Umstand, dass die Produktion von Energie weltweit überwiegend durch Rohstoffe erfolgt, die bei der Energiegewinnung verbraucht werden. Dazu zählen Erdöl- und Erdgas genauso wie Stein- und Braunkohle, aber auch Uran zur Nutzung der Atomenergie. Eine weitere Herausforderung der Energiepolitik liegt in der ungleichen Verteilung dieser Rohstoffe und ihrer weltweiten Distribution. Die Substitution von Rohstoffen ebenso wie die Nutzung regenerativer Energien werden als Lösung künftiger Energieversorgung gesehen (Solarenergie, Windenergie, Wasserkraft, nachwachsende Rohstoffe, Wasserstoff, Kernfusion).

Prüfen Sie sich selbst

1. Wasser als Lebensgrundlage

1.1 Fertigen Sie eine Gegenüberstellung von natürlichen und anthropogen beeinflussten Wasserkreisläufen an. Unterbreiten Sie Vorschläge, menschlich bedingte Eingriffe in Wasserkreisläufe zu reduzieren (PA).

1.2 Recherchieren Sie für ausgewählte Produkte die Wasserbilanz (Verbrauch von Wasser zur Herstellung eines Produkts). Stimmen Sie sich in Ihrer Gruppe ab. Es sollten Ergebnisse für Lebensmittel ebenso wie für Konsumgüter auf einem Poster zur Abbildung kommen (GA).

2. Wasser als Produktionsfaktor

2.1 Bilden Sie Arbeitsgruppen und listen Sie Wirtschaftsbereiche auf, in denen Wasser ein dominanter Produktionsfaktor ist (GA).

2.2 Die weltweite Steigerung des Wasserbedarfs und des Wasserverbrauchs birgt Konflikte. Nennen Sie Fallbeispiele für diese Entwicklung und diskutieren Sie Lösungsmöglichkeiten.

3. Rohstofflagerstätten und deren Nutzung

3.1 Erarbeiten Sie eine Übersicht der globalen räumlichen Verteilung der Vorkommen und des Verbrauchs von Erdöl und Erdgas (PA).

3.2 Diskutieren Sie die Rolle der OPEC in der globalen Erdölwirtschaft (GA).

4. Weltenergieverbrauch und Energiedistribution

4.1 Erstellen Sie eine Liste von Energieträgern zur Deckung des weltweiten Energiebedarfs in ihrer aktuellen Bedeutung.

4.2 Zeigen Sie im Überblick Zusammenhänge der sozialen, wirtschaftlichen und ökologischen Herausforderungen in der Entwicklung Erdöl exportierender Staaten auf.

4.3 Erörtern Sie Perspektiven der Zusammenarbeit von Staaten bei der Energiedistribution.

5. Substitution von Rohstoffen und alternative Energien

5.1 Erstellen Sie eine Karte Deutschlands, in der aus Ihrer Sicht der jeweils optimale Standort für ausgewählte regenerative Energien ausgewiesen wird.

5.2 Fertigen Sie eine Stellungnahme an, warum der Abfallvermeidung in der Abfallwirtschaft der höchste Stellenwert eingeräumt wird.

Arbeitshinweis:
PA = Aufgabe ist für Partnerarbeit geeignet
GA = Aufgabe ist für Gruppenarbeit geeignet

Grundbegriffe
Brennstoffkreislauf
Duales System
(Duale Abfallwirtschaft)
Nachwachsende Rohstoffe
Regenerative Energien
Renaturierung
Wasserbilanz
Wasserhaushalt
Wasserkreislauf

Nationalpark Hohe Tauern – die beiden Sulzbachtäler (im Foto links Untersulzbachkees, Gletscherrückzug Rückzug in der Saison 2004/05 um 46,9 m; im Hintergrund die Venedigergruppe)

Umweltrisiken und menschliches Verhalten

Natur intakt im Alpenraum? Auf den ersten Blick könnte man es meinen, aber …
„Nicht nur in den Alpen, sondern weltweit ziehen sich die Gletscher, von einzelnen Ausnahmen abgesehen, zurück. Dieser starke Rückgang gehört zu den deutlichsten Anzeichen, dass ein Klimawandel stattfindet und profunde Auswirkungen auf unsere Umwelt hat."

Quelle: Klimawandel in den Alpen. Hrsg. vom Bundesministerium für Umwelt, Naturschutz und Reaktorsicherheit. Berlin 2007, S. 46.

Umweltrisiken und menschliches Verhalten

Ein Blick zurück in die ca. 4,6 Milliarden Jahre alte Erdgeschichte offenbart in vielfältiger Weise, dass es immer wieder zum Teil extreme natürliche – also nicht vom Menschen beeinflusste – Klimaänderungen gegeben hat. Beispiele hierfür können weltweit und in fast jeder erdgeschichtlichen Epoche gefunden werden.

Außergewöhnliche Naturereignisse wie Vulkanausbrüche, Erdbeben oder Überschwemmungen haben oftmals weitreichende Auswirkungen auf den Lebens- und Wirtschaftsraum des Menschen. So haben in jüngster Zeit beispielsweise atmosphärisch bedingte Ereignisse wie Stürme und Niederschläge, aber auch Kälte- und Hitzewellen sowie Dürren mit ihren katastrophalen Auswirkungen deutlich zugenommen. Als Ursachen hierfür werden direkte Eingriffe des Menschen in die natürliche Umwelt sowie der globale Klimawandel verantwortlich gemacht.

Ein Rückblick in die Erdgeschichte und das Verständnis des Bedingungsgefüges und der Ursachen des natürlichen Klimawandels hilft bei der Einschätzung der aktuellen, aber auch der prognostizierten Klimaänderungen und vor allem auch bei der Beantwortung der Frage nach der Stärke des anthropogenen Einflusses.

M 138.2 Schneearmer Winter 2006/2007 in den Alpen. Selbst in Höhenlagen um 1000 m standen wegen Schneemangels die Lifte oft still.

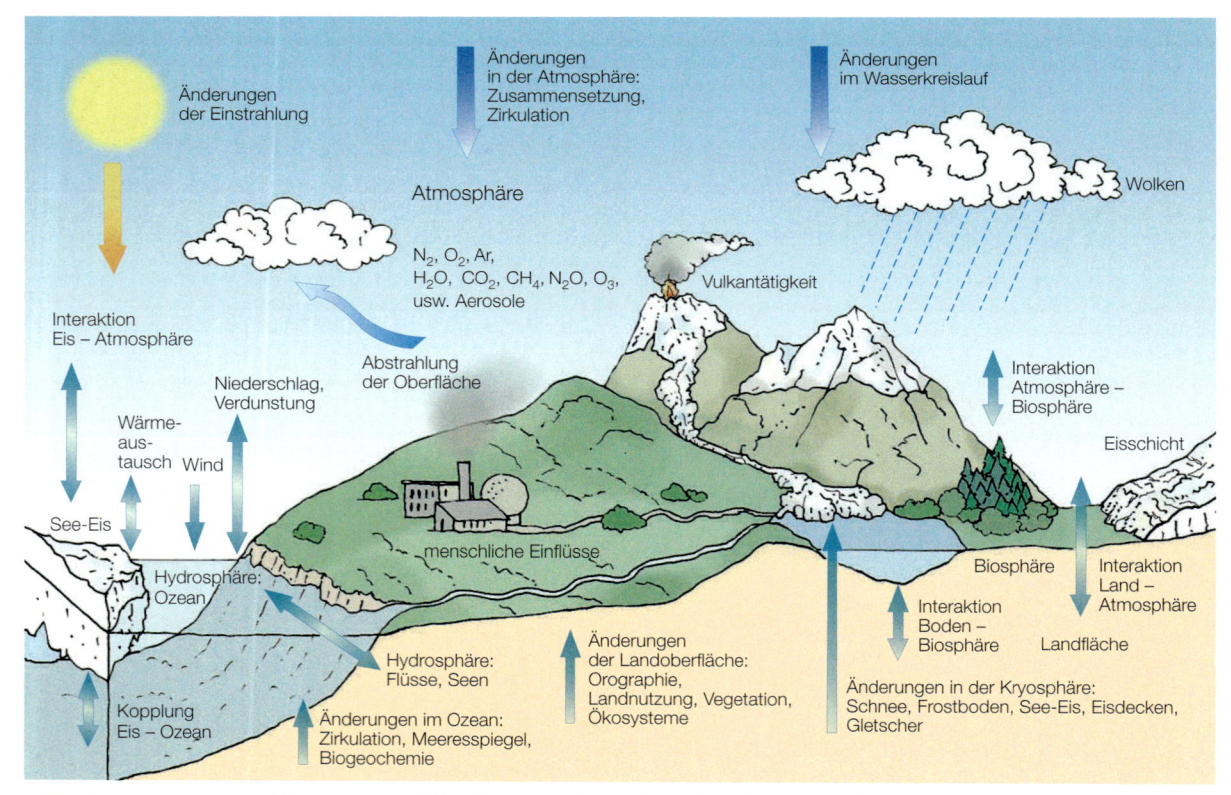

M 138.1 Komponenten des Klimasystems und ihre Wechselwirkungen (nach Klimabericht 2007)

Aufgabe: Klimawandel kann z. B. auch durch plattentektonische Prozesse (langfristig) oder durch explosiven Vulkanismus (spontan) bedingt sein. Formulieren Sie Auswirkungen auf das globale und lokale Klima.

Grundbegriffe

Die Zusammenstellung enthält einige grundlegende Begriffe, die Sie aus früheren Jahrgangsstufen kennen sollten:

Agrotourismus: Touristische Kategorie, die mindestens die Bereitstellung von Urlaubsquartieren im dörflich-ländlichen Umfeld umfasst (z. B. Urlaub auf dem Land, Ferien auf dem Bauernhof).
Erdbeben: Erschütterung der Erdoberfläche, die meistens durch ruckartiges Verschieben der Platten der Lithosphäre hervorgerufen wird und teilweise katastrophale Auswirkungen (Zerstörung von Bauwerken, Todesopfer) hat.
Faltengebirge:
Gletscher:
Hochgebirge:
Klimawandel:
Meeresströmungen:
Nationalpark:
Saisonalität:
Sanfter Tourismus: Besondere Form des Tourismus, der die Natur schonen soll. Anstelle von Autos werden öffentliche Verkehrsmittel genutzt, Hotels und Ferienhäuser werden im landestypischen Stil gebaut, um das Landschaftsbild zu erhalten und so die kulturelle Eigenart des Raumes zu wahren.
Tiefseegraben: Lange, über mehrere 1000 km sich erstreckende grabenförmige Einsenkung am Rande von Ozeanen mit Tiefen unter 6000 m. Entstehung an Subduktionszonen, wo eine ozeanische Platte unter einer kontinentalen Platte abtaucht.
Transitraum:
Treibhauseffekt: Prozess, bei dem durch das Verbrennen fossiler Brennstoffe vermehrt Kohlendioxid an die Atmosphäre abgegeben wird. Dieser bewirkt eine langfristige Erhöhung der globalen Lufttemperatur.
Tsunami: Eine durch Seebeben ausgelöste Flutwelle, die z. B. in weiten Gebieten Ost- und Südostasiens verheerende Verwüstungen in den Küstengebieten verursachen kann.
Vulkanismus: Alle Vorgänge und Erscheinungen, die mit dem an die Erdoberfläche drängenden Magma zusammenhängen. Die Vorgänge treten meistens an den Plattengrenzen der Lithosphäre auf, aber auch an isolierten Einzelpunkten der Erdkruste (Hot Spots).
Umweltschutz:
Waldgrenze:
Wirbelstürme: Bezeichnung für verschiedene sturmartige Windsysteme mit einer vertikalen Drehachse. Dabei wird unterschieden zwischen tropischen Wirbelstürmen (Hurrikane, Taifune, tropische Zyklone), den Sturmtiefs der Tiefdruckgebiete in gemäßigten Breiten, Großtromben (Tornado) und Kleintromben (Windhosen).

Aufgabe: Vergewissern Sie sich, dass Sie alle im Begriffscontainer enthaltenen Begriffe erklären können. Definieren Sie selbstständig die nicht erklärten Begriffe.

Methoden

Die Zusammenstellung enthält einige grundlegende geographische Arbeitsmethoden, die Sie sicher beherrschen sollten:
- Interpretation von Satellitenbildern und Auswertung von Fotos
- Interpretation von klimatischen Parametern in Tabellen und Diagrammen
- Erstellung und Auswertung von Kausalprofilen
- Interpretation von Modellen zu geographischen Sachverhalten
- Recherche zu einem ausgewählten Aspekt in der aktuellen Diskussion mithilfe von Fachliteratur (nicht ausschließlich Internetquellen)
- Erstellung eines Referats und Durchführung einer Präsentation

Aufgabe: Überprüfen Sie selbstständig (z. B. durch das Erstellen von Checklisten), ob Sie die genannten Methoden bereits sicher beherrschen.

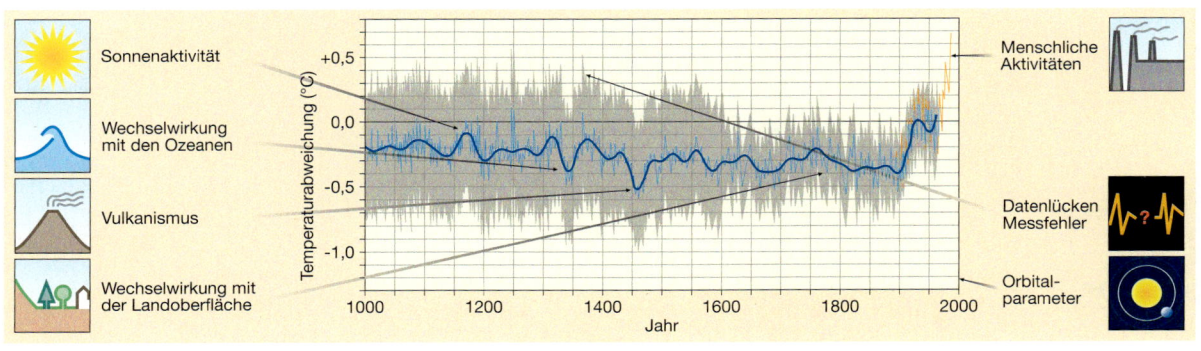

M 139.1 Konkurrierende Einflussfaktoren der Klimavariabilität (Modell)

Aufgabe: Interpretieren Sie das Modell (M 139.1) bezüglich der Temperaturentwicklung auf der Nordhemisphäre im Zeitraum 1000 bis 2000 n. Chr. und beurteilen Sie den möglichen Einfluss der einzelnen Faktoren auf den jeweiligen Verlauf.

Die Alpen zwischen Ökologie und Ökonomie

Naturräumliches Potenzial: Gliederung und Entstehung der Alpen

Die Alpen als Hochgebirge

Die Alpen sind ein Teil des erdumspannenden *alpidischen Faltengebirgsgürtels* und dessen höchstes und mächtigstes Glied in Europa. Nur orographisch bilden die Alpen einen einheitlichen Gebirgsbogen. Ihrem Bau nach zerfallen sie in die Westalpen und die Ostalpen. Die geologische Grenze läuft entlang der Linie Bodensee-Rheintal-Splügen-Comer See. Beide Teilbögen unterscheiden sich im Deckenbau. Nur in den Westalpen liegen die Bausteine des Gebirges deckenartig übereinander und das geologische Profil ist sehr kompliziert. In den Ostalpen ist eine klare zonale Anordnung der Gesteinsformationen gegeben.

Die Alpen können mit Recht als der Klassiker unter den Gebirgen bezeichnet werden, weil viele grundlegende Erkenntnisse über Gebirgsbildung und Gebirgsbau aus den Alpen stammen. Tatsächlich weisen sie aber eine Besonderheit auf. Es sind nämlich zwei Gebirge in einem. Das macht sie auch zu einem eher untypischen Gebirge. Die frühalpine Gebirgsbildung erfasste den östlichen Teil der Alpen. Sie verdankt ihre Entstehung der Schließung der Tethys. Die eigentliche alpine Gebirgsbildung erfolgte im Tertiär. Sie geht auf die Schließung des Penninischen Ozeans zurück.

Nach: W. Frisch, M. Meschede: Plattentektonik. Darmstadt 2007, S. 172, gekürzt.

M 140.3 Die Alpen – ein untypischer Gebirgsklassiker

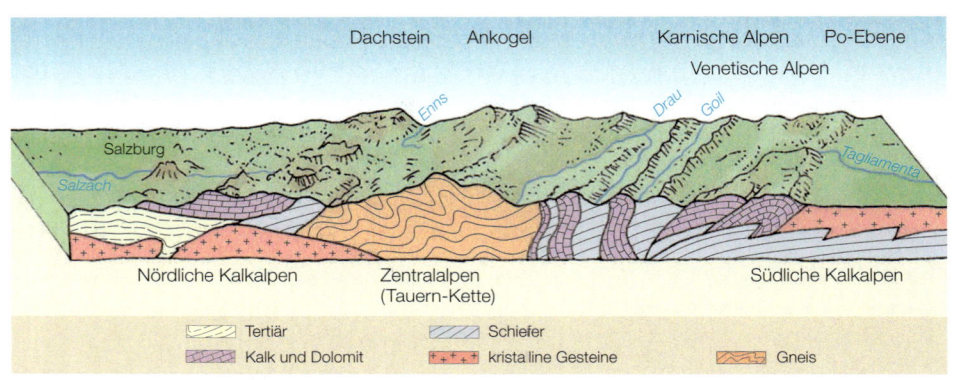

M 140.1 Geologisches Profil durch die Ostalpen (nach H. Lehmann)

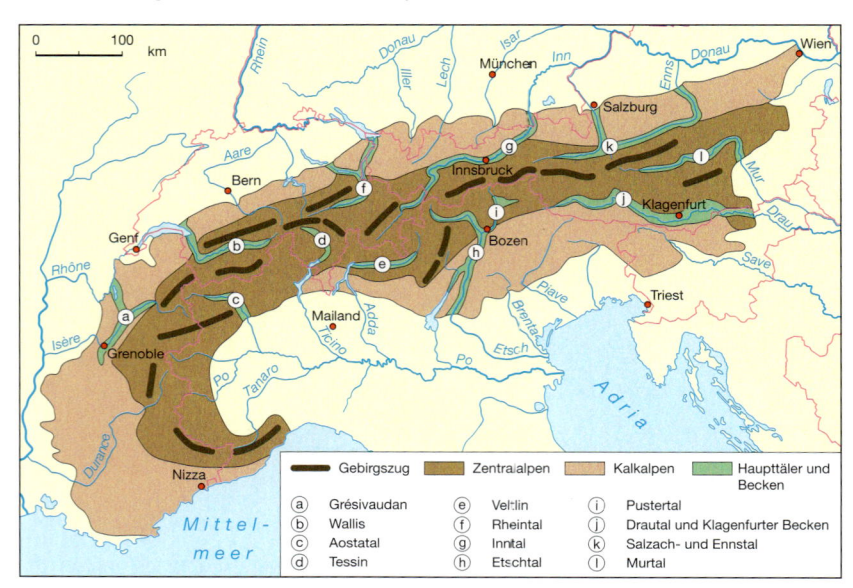

M 140.2 Gliederung der Alpen

Die Alpen zwischen Ökologie und Ökonomie

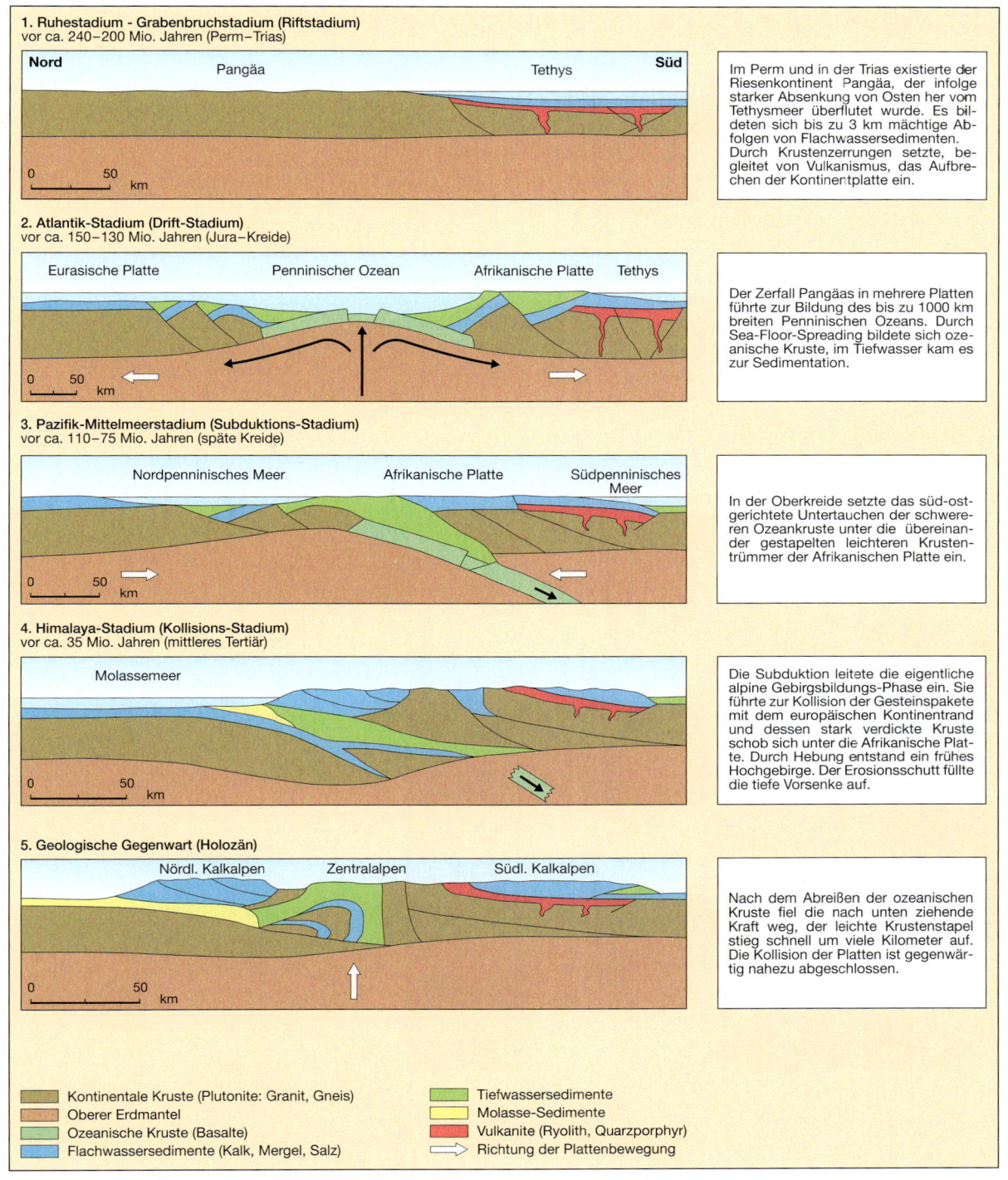

1. Ruhestadium - Grabenbruchstadium (Riftstadium)
vor ca. 240–200 Mio. Jahren (Perm–Trias)

Nord — Pangäa — Tethys — Süd

Im Perm und in der Trias existierte der Riesenkontinent Pangäa, der infolge starker Absenkung von Osten her vom Tethysmeer überflutet wurde. Es bildeten sich bis zu 3 km mächtige Abfolgen von Flachwassersedimenten. Durch Krustenzerrungen setzte, begleitet von Vulkanismus, das Aufbrechen der Kontinentplatte ein.

2. Atlantik-Stadium (Drift-Stadium)
vor ca. 150–130 Mio. Jahren (Jura–Kreide)

Eurasische Platte — Penninischer Ozean — Afrikanische Platte — Tethys

Der Zerfall Pangäas in mehrere Platten führte zur Bildung des bis zu 1000 km breiten Penninischen Ozeans. Durch Sea-Floor-Spreading bildete sich ozeanische Kruste, im Tiefwasser kam es zur Sedimentation.

3. Pazifik-Mittelmeerstadium (Subduktions-Stadium)
vor ca. 110–75 Mio. Jahren (späte Kreide)

Nordpenninisches Meer — Afrikanische Platte — Südpenninisches Meer

In der Oberkreide setzte das süd-ost-gerichtete Untertauchen der schwereren Ozeankruste unter die übereinander gestapelten leichteren Krustentrümmer der Afrikanischen Platte ein.

4. Himalaya-Stadium (Kollisions-Stadium)
vor ca. 35 Mio. Jahren (mittleres Tertiär)

Molassemeer

Die Subduktion leitete die eigentliche alpine Gebirgsbildungs-Phase ein. Sie führte zur Kollision der Gesteinspakete mit dem europäischen Kontinentrand und dessen stark verdickte Kruste schob sich unter die Afrikanische Platte. Durch Hebung entstand ein frühes Hochgebirge. Der Erosionsschutt füllte die tiefe Vorsenke auf.

5. Geologische Gegenwart (Holozän)

Nördl. Kalkalpen — Zentralalpen — Südl. Kalkalpen

Nach dem Abreißen der ozeanischen Kruste fiel die nach unten ziehende Kraft weg, der leichte Krustenstapel stieg schnell um viele Kilometer auf. Die Kollision der Platten ist gegenwärtig nahezu abgeschlossen.

Legende:
- Kontinentale Kruste (Plutonite: Granit, Gneis)
- Oberer Erdmantel
- Ozeanische Kruste (Basalte)
- Flachwassersedimente (Kalk, Mergel, Salz)
- Tiefwassersedimente
- Molasse-Sedimente
- Vulkanite (Ryolith, Quarzporphyr)
- Richtung der Plattenbewegung

M 141.1 Entwicklungsgeschichte der Ostalpen (Schema nach W. FRISCH, K. SCHMIDT u. a.)

1 Verschaffen Sie sich einen Überblick über die orographisch-geologische Einteilung der Alpen in Gebirgsgruppen und höchste Gipfel (Atlas, **M 140.1** bis **M 140.3**).
2 Erläutern Sie die in **M 141.1** im Nord-Süd-Profil schematisch dargestellten fünf Phasen der Entwicklung der Alpen. Benutzen Sie auch das Kapitel zu endogenen Ursachen von Erdbeben (S. 158/159).
3 **Referat-Tipp:** Die Alpen – der untypische Klassiker unter den Gebirgen.

Naturräumliches Potenzial: Geofaktor Relief

Reliefbildung

Die Vielfalt der Oberflächenformen und die gewaltigen Höhenunterschiede zwischen Tälern und Gipfeln entstanden mit der Heraushebung des Faltengebirgskörpers vor rund 30 Millionen Jahren durch die Arbeit des fließenden Wassers und des Gletschereises. Flüsse schufen in den weichen Gesteinen nördlich und südlich bzw. westlich und östlich der kristallinen Zentralalpen große Längstäler. Sie durchbrachen aber auch in zahlreichen Quertälern die Gesteinspakete. Die Täler stellen Gunsträume für die Nutzung des Gebirges durch den Menschen dar.

Erst die wenigstens viermalige Vergletscherung im Eiszeitalter gab dem Hochgebirge seine kennzeichnenden Formen. Die Quellgebiete der Flüsse erweiterte das Eis zu großen Mulden. Es hobelte relativ niedrige Passübergänge aus. Gewaltige Gletscher schürften die Täler aus, schufen an den Hängen Verebnungen und in den Tälern breite Sohlen. Dadurch wurden die Siedlungsbedingungen des Menschen deutlich verbessert.

Morphologische Prozesse im Hochgebirge

Für die Oberflächengestaltung sind Frostsprengung und Bodenfließen von besonderer Bedeutung.

Bei der *Frostsprengung* wird das Gestein physikalisch zerkleinert. Wasser dringt in feinste Risse zwischen einzelnen Mineralen. Durch Gefrieren und Auftauen erweitern sich die Risse. Das Gestein wird mürbe und das Wasser kann immer tiefer einsickern. Schließlich zerfällt das Gestein in Trümmer verschiedener Größe. Der Niederschlag fließt oberflächlich ab, spült Rillen und Bäche aus, in denen das fließende Wasser Lockermaterial zu Tal transportiert.

Bodenfließen setzt ein, wenn der Boden mit Wasser durchtränkt ist, sich am Tage erwärmt und in der Nacht wieder gefriert. Das Feinmaterial kriecht langsam oder es rutscht plötzlich und schnell hangabwärts. Unter der Wirkung der Schwerkraft gelangt das gelockerte Gestein auch als Steinschlag, Bergsturz und Mure oder mit Lawinen abwärts und bleibt als Schutthalde am Hangfuß liegen.

M 142.1 Blick in ein Trogtal

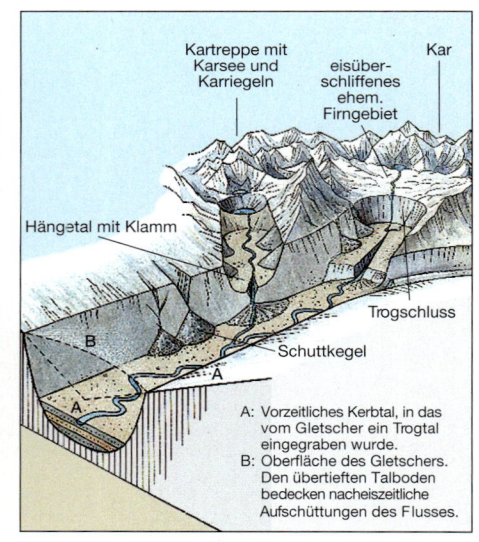

M 142.3 Ein Trogtal im Blockbild

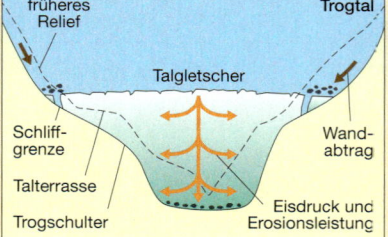

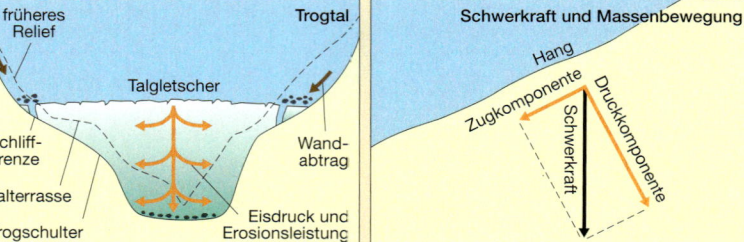

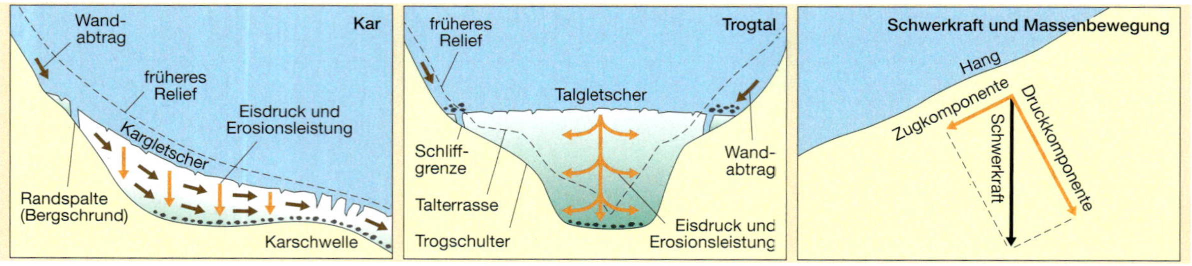

M 142.2 Prozesse der Reliefbildung

Relief und Höhenstufen

Aus den großen Höhenunterschieden des Gebirges ergibt sich eine starke Differenzierung des Geländeklimas und somit ein höhenabhängiger Formenwandel.

Die generelle Höhenstufung der Vegetation ist eine Folge der Veränderungen des Geländeklimas mit der Höhe. Generell nimmt die Temperatur um 0,5 °C bis 0,65 °C pro 100 Meter Höhe ab. Die Niederschläge nehmen nach oben hin bis zum Hauptwolkenstockwerk zu, darüber sinken sie rasch ab. Aber je nach Sonnenexposition, Grad der Hangneigung, Farbe des Gesteinsuntergrundes und Wasserhaushalt sind die natürlichen Wirkungsgefüge der Höhenstufen in sich verschieden. Bei allen thermischen Klimaten sinkt jedoch mit zunehmender Höhe die Dauer der Vegetationsperiode.

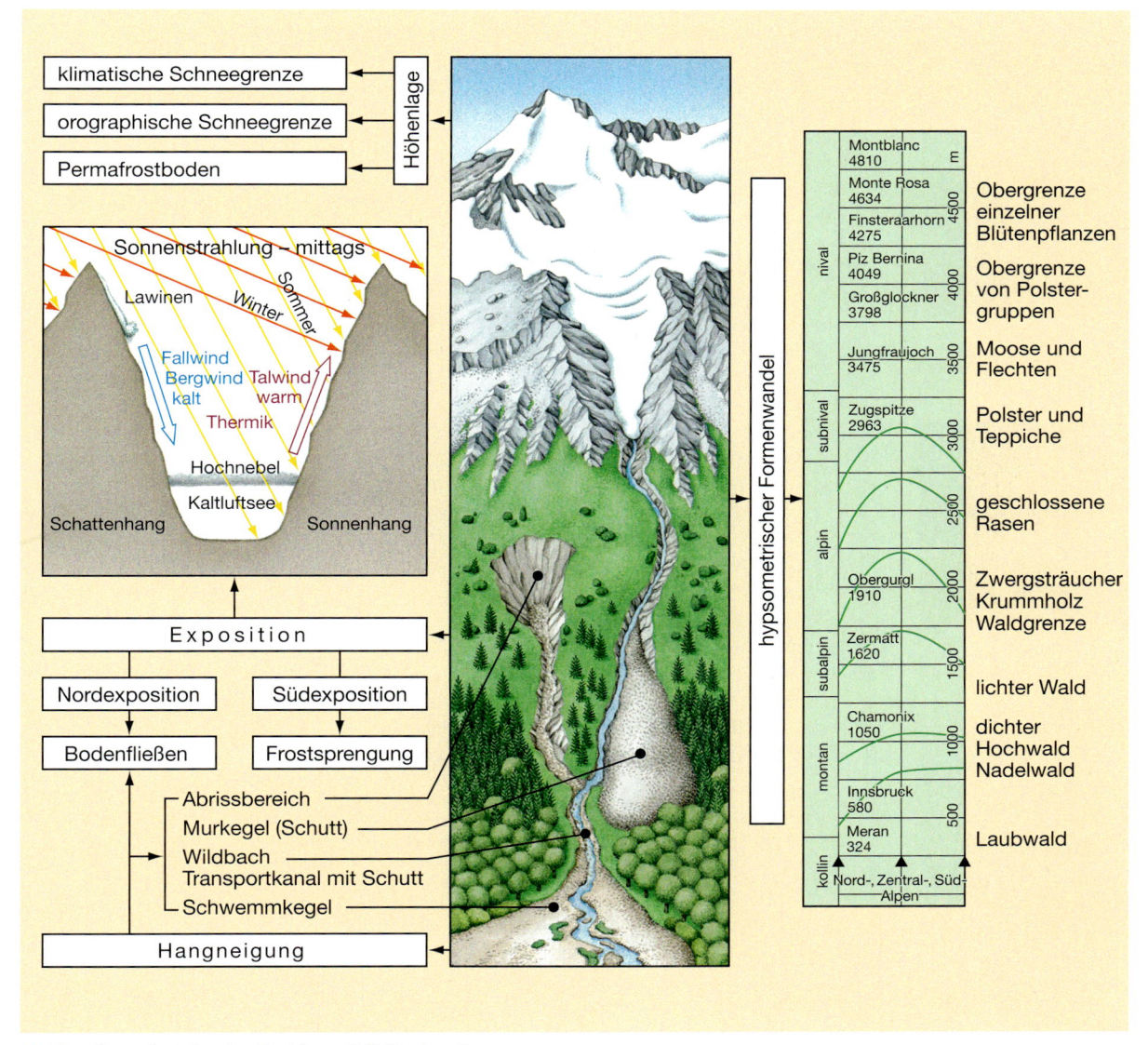

M 143.1 Steuerfunktion des Geofaktors Relief in den Alpen

1. Erläutern Sie Prozesse der Reliefbildung in einem Hochgebirge der gemäßigten Zone (M 142.3).
2. Erklären Sie die Steuerfunktion des Geofaktors Relief für Klima, Vegetation und Prozesse der Reliefbildung (M 143.1). Beachten Sie den Einfluss des Permafrostes (Seiten 66/67).
3. Entwerfen Sie in Arbeitsgruppen Modelle der Wirkungsgefüge von Geofaktoren in den Landschaftsräumen der Mattenstufen und auf den Talsohlen.

Ökologische Differenzierung der Alpen

submontan
Buchenwald an der Alpennordseite

mediterran
Buschwald an der Alpensüdseite

subalpin
Bergkiefern an der Alpennordseite

inneralpin
Lärchen und Zirben

M 144.1 Typische Vegetationsformen der Alpen

Neben großen Höhenunterschieden ist für eine ökologische Differenzierung innerhalb des Alpenraumes dessen topographische Lage in den Mittelbreiten sowie die West-Ost-Erstreckung (über mehr als 1200 km bei einer Breite zwischen 150 und 250 km) nicht ohne Bedeutung. Daraus resultieren schließlich die unterschiedlichen Ausprägungen von Einflussfaktoren wie Luv-Lee-Effekt, Nord-Süd-Sonnenexposition und unterschiedliche Sonnenscheindauer zwischen der Gipfelflur und den Talsohlen.

Räumliche Ausprägung der Vegetation

Die alpine Vegetation unterliegt in Abhängigkeit vom Klima einem vierfachen *Formenwandel*. Mit steigender Höhe ändert sich das Geländeklima. So kommt es zur Ausbildung von Höhenstufen der Vegetation (*hypsometrischer Formenwandel*). Innerhalb der einzelnen Höhenstufen treten Unterschiede der Pflanzengesellschaften zwischen den nördlichen und den zentralen Landschaftsräumen auf, denn die inneralpinen Räume sind trockener und die Vegetation muss sich größeren Temperaturunterschieden anpassen (*peripher-zentraler Formenwandel*). Die Unterschiede der Vegetation zwischen der Alpennordseite und der Alpensüdseite sind am stärksten in der kollinen und submontanen Stufe ausgeprägt (*planetarischer Formenwandel*). Sie schwächen sich mit steigender Höhe ab. Geringeren Einfluss auf die Vegetation hat die Längserstreckung der Alpen trotz ihres Ausmaßes (west-östlicher Formenwandel). Im Osten grenzen die Alpen an die kontinental beeinflusste pannonische Vegetation, die sich aber nur wenig von der mitteleuropäischen Vegetation unterscheidet.

Räumliche Ausprägung des Klimas

Insgesamt liegt der Alpenraum in der Westwindzone der gemäßigten Breiten. Aber durch seine topographische Lage und infolge der Mächtigkeit des Gebirges verbunden mit großen Höhenunterschieden kommt es zu atlantischen, kontinentalen, mediterranen und höhenabhängigen Ausprägungen des Klimas.

Die Massenerhebungen bewirken, dass alle klimatischen und klimaabhängigen Höhengrenzen von den Rändern des Gebirges zum Inneren hin angehoben werden. Von Bedeutung ist hierbei der mit der Höhe zunehmende Einstrahlungsüberschuss. Dementsprechend liegt auch die *Schneegrenze* in unterschiedlichen Höhen. Da die westlichen und mittleren Teile der Zentralalpen über die Schneegrenze hinausragen, befinden sich hier trotz Klimaerwärmung noch ausgedehnte Vergletscherungen. Die größten und längsten Gletscher finden sich in den Westalpen. Im westlichen und nördlichen Teil ist der atlantische Einfluss stärker als im Osten. Während am West- und Nordrand bis in die Zentralalpen hinein Steigungsregen mit sommerlichem Maximum vorherrschen, nimmt nach Osten aufgrund der Lee-Lage die Kontinentalität zu. Am Südrand zeichnet sich ein Übergang zum milden, winterfeuchten Mittelmeerklima ab. Die zur Po-Ebene geöffneten Täler bilden an den oberitalienischen Seen Klimaoasen mit ausgesprochenem Mittelmeerklima.

Bei Föhnwetter an der Alpennordseite fallen an der Südseite des Gebirges ergiebige Steigungsregen. Den feuchten Außenseiten stehen die verhältnismäßig trockenen inneralpinen Längstäler gegenüber.

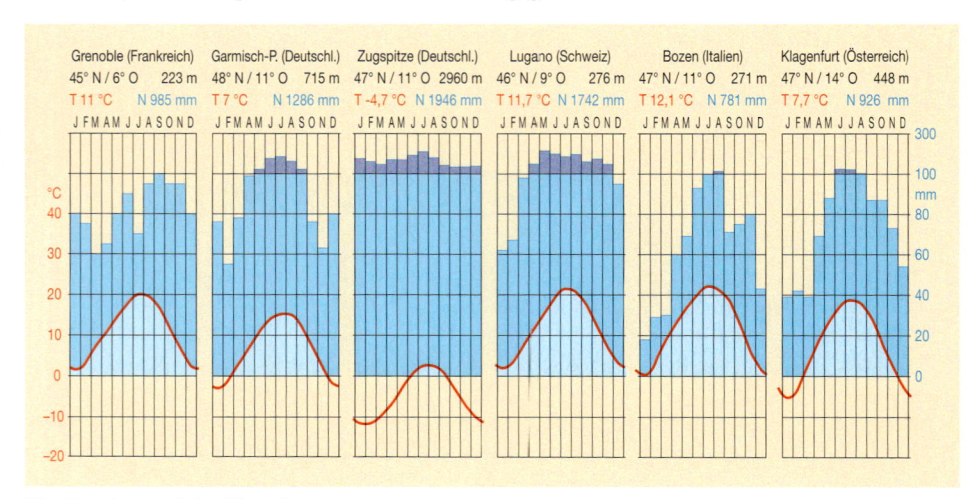

Grenoble (Frankreich)	Garmisch-P. (Deutschl.)	Zugspitze (Deutschl.)	Lugano (Schweiz)	Bozen (Italien)	Klagenfurt (Österreich)
45° N / 6° O 223 m	48° N / 11° O 715 m	47° N / 11° O 2960 m	46° N / 9° O 276 m	47° N / 11° O 271 m	47° N / 14° O 448 m
T 11 °C N 985 mm	T 7 °C N 1286 mm	T -4,7 °C N 1946 mm	T 11,7 °C N 1742 mm	T 12,1 °C N 781 mm	T 7,7 °C N 926 mm

M 144.2 Ausgewählte Klimadiagramme

Die Alpen zwischen Ökologie und Ökonomie

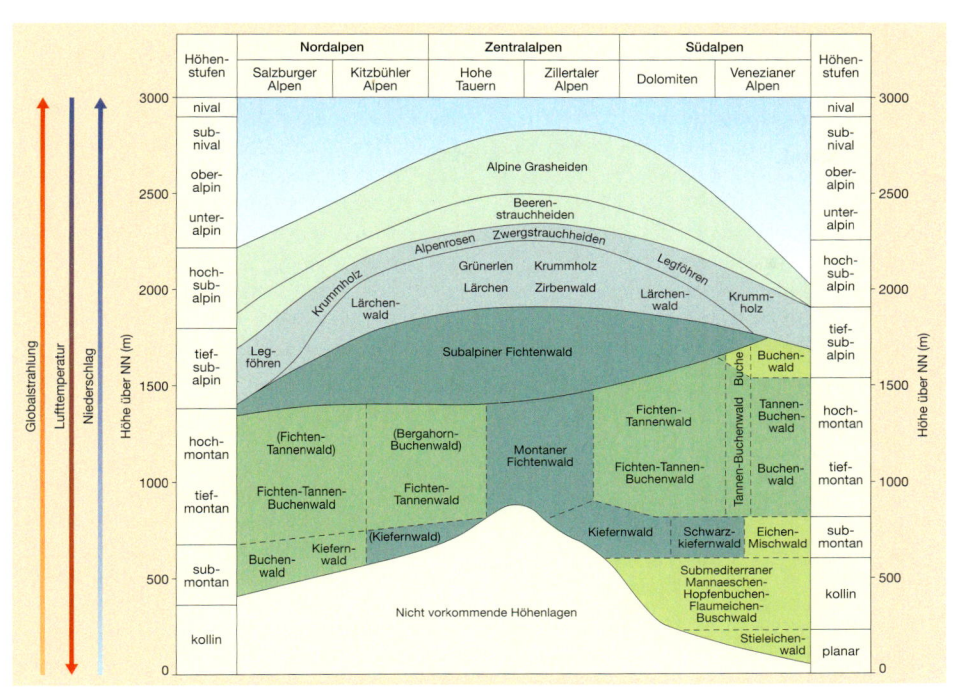

M 145.1 Schematisches Nord-Süd-Profil des Klimas und der Vegetation durch die mittleren Ostalpen

trockenadiabatischer Temperaturgradient: Die Abkühlung eines Luftteilchens beim Aufsteigen in einer Luftmasse, die weniger als 100 % Luftfeuchtigkeit hat, beträgt 1 °C Temperaturabnahme pro 100 m Höhe.

feuchtadiabatischer Temperaturgradient: Die Abkühlung eines Luftteilchens beim Aufsteigen in einer gesättigten Luftmasse (100 % Luftfeuchtigkeit) liegt zwischen 0,4 und 0,8 °C pro 100 m Höhe.

Vertikalbewegungen der Luft

Allgemein nimmt die Lufttemperatur mit der Höhe ab. Das Temperaturgefälle (*Temperaturgradient*) bewirkt vertikale Luftbewegungen. An der Erdoberfläche erwärmte Luftteilchen dehnen sich aus, die dafür notwendige Energie wird aus dem Wärmevorrat der Luftteilchen gedeckt. Beim Aufsteigen kühlt sich die Luft *adiabatisch* (gr.-lat. = „nicht hindurchtretend") ab. Erreicht die Temperatur den Taupunkt (100 % Luftfeuchtigkeit), so kondensiert der enthaltene Wasserdampf. Die frei werdende Energie vermindert die Wärmeabnahme. Der Auftrieb hält so lange an, wie die umgebende Luft kälter ist. Insbesondere in Tälern und Becken liegt in der Höhe wärmere über kälterer Luft. So entsteht durch Umkehr der normalen Temperaturabnahme eine Sperrschicht (*Inversionswetterlage*). Sie unterbindet einen Luftaustausch nach oben. Im Grenzbereich der Luftmassen bildet sich Nebel, der sich tagsüber nur allmählich auflöst.

Bei einer *Föhnwetterlage* liegt an der Alpennordseite ein Tiefdruckgebiet, während an der Südseite relativ hoher Druck herrscht. Über die Alpen wird Luft gesaugt (Fallwind).

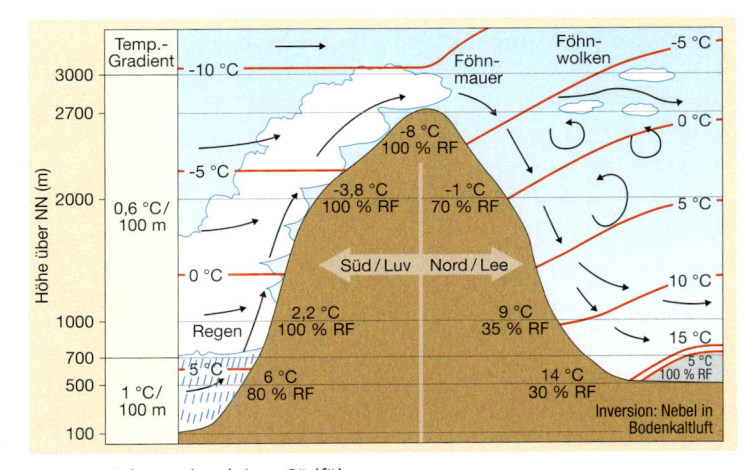

M 145.2 Schema des alpinen Südföhns

1. Beschreiben Sie anhand der vier Typen des Formenwandels die unterschiedliche Ausprägung der Vegetation im Alpenraum (M 144.1, M 145.1).
2. Erklären Sie die unterschiedliche Ausprägung des Klimas im Alpenraum mithilfe der vier Typen des Formenwandels (M 144.2, M 145.1).
3. Erklären Sie die Entstehung von Kaltluftseen und des Südföhns in den Alpen (M 145.2 und M 143.1). Welche Bedeutung haben diese Ausprägungen des Geländeklimas auf den Menschen?
4. Skizzieren Sie die Wetterkarte einer Föhnwetterlage (M 145.2).
5. **Referat-Tipp:** Föhnwetter in den Alpen und im Alpenvorland.

Gefährdung des Alpenraumes durch anthropogene Nutzung

Umwertung des Alpenraumes

Wo heute Städte, Industriegebiete, Verkehrswege, Einrichtungen des Tourismus, ländliche Siedlungen, land- und forstwirtschaftliche Nutzflächen den Landschaftsraum der Alpen prägen, war vor Jahrtausenden unberührte Natur. Generationen von Menschen entwickelten in Auseinandersetzung mit den natürlichen Verhältnissen des *Geoökosystems* auf der Grundlage ihres soziokulturellen Entwicklungsstandes, ihres Wissens und ihrer technischen Fertigkeiten angemessene Nutzungs- und Wirtschaftsformen. Die Nutzung des Alpenraumes begann, neben dem Bergbau, mit der extensiven Weidewirtschaft auf den alpinen Matten. Bauern siedelten an südexponierten Hängen, danach auf Schwemmkegeln. Auf den vom Hochwasser gefährdeten Talböden entstanden in späterer Zeit Marktorte. Die Nutzung des Alpenraumes hat heute zur Zersiedelung, zu Massentourismus und Massenverkehr geführt.

Die Alpen waren bis in große Höhen durch Urwälder geprägt. Die Menschen drangen in den Naturlandschaftsraum ein, erschlossen ihn durch Rodungen und schufen ein neues Landschaftsbild. Der gegenwärtige Zustand der Umgestaltung ist ein vielfältiges Muster naturferner und naturnaher Kulturlandschaften. Die Menschen setzten den Naturlandschaftsraum aus ihrer Sicht in Etappen „in Wert". Die Art der „*Inwertsetzung*" wandelte sich jedoch, z. B. durch Erfindungen, veränderte Denkweisen oder Lebensgewohnheiten, aber auch durch Bevölkerungswachstum. Damit änderte sich auch die Nutzung des Alpenraumes, er wurde „umgewertet". Aus welcher Perspektive und nach welchen Gesichtspunkten betrachten wir seinen Wert?

M 146.1 Wirtschaftliche Entwicklung des Alpenraumes

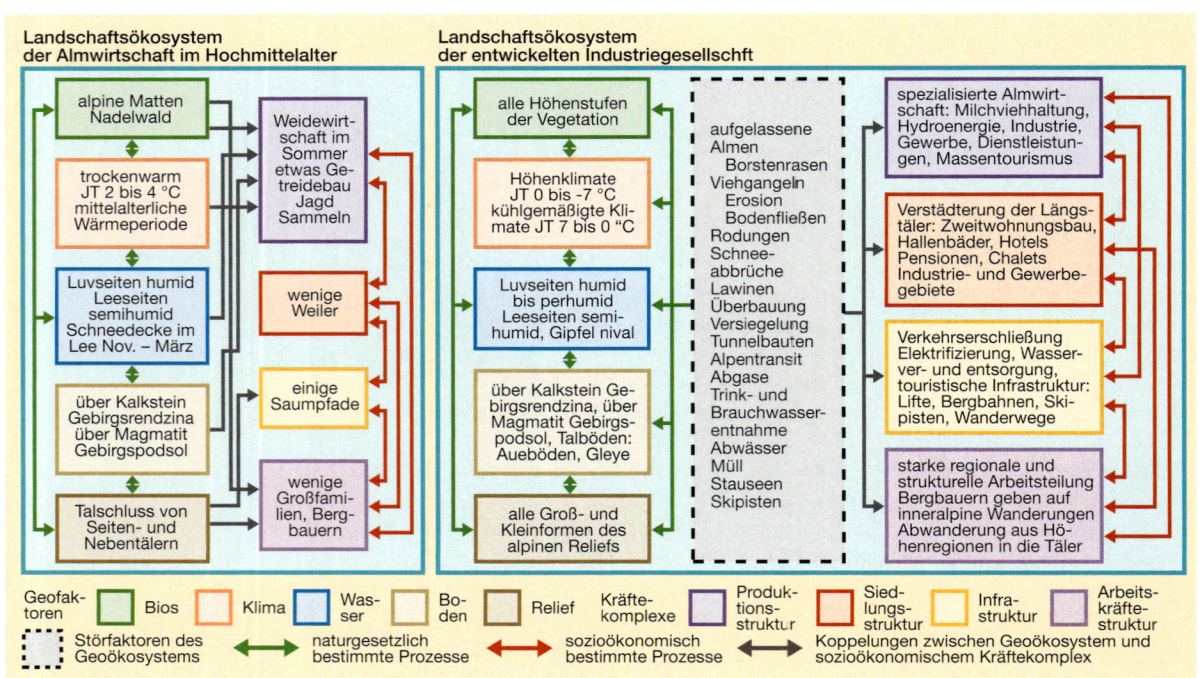

M 146.2 Wirkungsgefüge im Landschaftsökosystem Alpen

M 147.1 Wahrzeichen der Schweiz – das Matterhorn mit Zermatt – vor 140 Jahren und heute

etwa ab 4000 v. Chr.
Wanderschafhaltung (Transhumanz) = Erschließung „von oben": Ackerbau mit Schafhaltung, Winterweide außerhalb der Alpen, Sommerweide in der Mattenstufe; als Antwort auf komplementäre Naturlandschaftsräume
Dauersiedlungen (Autarkiewirtschaft) = Erschließung „von unten": Ackerbau und Viehwirtschaft im Alpenraum, Almen und Wälder stellen geeignete Weideflächen.
Relief, Urwald, häufige Niederschläge (im langen Winter als Schnee) benachteiligen den Ackerbau, deshalb Besiedlung der inneralpinen Trockenzone sowie der tiefen Tallagen auf der Alpensüdseite.

etwa ab 1800 v. Chr.
Erfindung der Metallverarbeitung wird bekannt: starke Nutzung der Kupferlagerstätten, Bergbau gibt Entwicklungsimpulse, Versorgung der Bergarbeiter, Bevölkerungszunahme.

um die Zeitenwende
Herausbildung autarker romanischer Bergbauernwirtschaft: Aufteilung der Betriebszweige Ackerbau und Viehwirtschaft auf verschiedene, ökologisch geeignete Höhenstufen, intensiv genutzter Talraum, extensiv genutzte Hochflächen, Voraussetzung ist die technische Neuerung der Käsezubereitung.

ab dem 6. Jahrhundert
Germanische Bergbauernwirtschaft: Eindringen der Alemannen im Westen und Bajuwaren im Osten, vorwiegend Viehwirtschaft und geringere Abhängigkeit von der Getreideobergrenze im feuchteren und kälteren Norden.

ab 1000 n. Ch.
Hochmittelalterlicher Siedlungsausbau: verbunden mit Klimaerwärmung sind Waldrodungen, Urbarmachung der Talböden, Intensivierung der Landwirtschaft; wirtschaftliche und kulturelle Blüte.

14. und 15. Jahrhundert
Umwälzung der Almwirtschaft durch Nutzungsspezialisierung: steigende Nachfrage nach Lebensmitteln durch Städte- und Bevölkerungswachstum in Mitteleuropa, „Vergetreidung" und Umwandlung von Weideland in Ackerland erhöht Nachfrage nach Milchprodukten, Bergbauern stellen Ackerbau ein, orientieren die Viehwirtschaft auf Export von Käse und Vieh.

zwischen 15. und 19. Jahrhundert
Klimatische und politische Veränderungen: Klima wird kühler und feuchter („kleine Eiszeit"), Bergbauern geraten in Schwierigkeiten, Aufgabe hoch gelegener Siedlungen, Grenzen der sich bildenden Nationalstaaten zerschneiden den Alpenraum, Aufkommen von Neben- und Heimarbeit: Spinnerei, Weberei, Stickerei, Klöppelei, Korbflechterei, Holzschnitzerei, Lederverarbeitung, Grundlagen: Hanf- und Flachsanbau, Weidenzucht, Holz.

im 19. und 20. Jahrhundert
Einfluss der Industriegesellschaft: Zusammenbruch der agrarischen Alpenwelt durch Industrialisierung, Elektrifizierung, Verstädterung.

ab 1950er-Jahre
Eindringen der Dienstleistungsgesellschaft: „Tertiärisierung" bringt neue Impulse der ökonomischen Aufwertung: Massentourismus, Zweitwohnungsbau, tief greifende Umgestaltung der bergbäuerlichen Kultur.

M 147.2 Etappen der Umgestaltung (nach W. Bätzing)

1 Erklären Sie die wirtschaftsräumliche Gliederung der Alpen (**M 146.1**). Unterscheiden Sie unter Berücksichtigung des natürlichen Potenzials zwischen Aktiv- und Passivräumen.
2 Erläutern Sie die Abfolge der Erschließung des Alpenraumes aus ökologischer Sicht (**M 146.1** bis **M 147.2**).
3 Erörtern Sie Veränderungen im Landschaftsökosystem der Alpen. Gehen Sie auf Perspektiven und Gesichtspunkte der Inwertsetzung und des Wertewandels ein.
4 Entwerfen Sie Modelle der Wirkungsgefüge der Landschaftsökosysteme in der Mattenstufe und auf den Talböden. Diskutieren Sie Ihre Entwürfe in der Klasse.
5 **Referat-Tipp:** Entwicklung und Voraussetzung dafür, warum sich die Alpen zu einem Ergänzungsraum außeralpiner Räume entwickelt haben.

Destabilisierung des Geoökosystems

Geoökologische Stabilität

Angesichts der hohen Labilität des Wirkungsgefüges der Geofaktoren im Alpenraum musste der Mensch versuchen, das System zu stabilisieren. Er entwickelte auf Nachhaltigkeit angelegte Wirtschaftsformen, sowohl beim Ackerbau als auch bei der Weide- und Waldwirtschaft. Dazu mussten die für die Rodung vorgesehenen Flächen sorgfältig ausgewählt werden. Es war zu entscheiden, welche Flächen für welche Nutzung nachhaltig geeignet sind. Zudem war es notwendig, ein umweltverträgliches Maß der Nutzung zu finden, um sowohl eine Übernutzung als auch eine Unternutzung des Geosystems zu vermeiden. Zu kalkulieren waren auch die wegen der Wetterextreme immer wieder anfallenden Reparatur-, Pflege- und Schutzmaßnahmen. Sie durften die Leistungsfähigkeit der vorhandenen Arbeitskräfte nicht überfordern.

Dem Ackerbau sind durch die **Kältegrenze des Anbaus** nach oben Grenzen gesetzt. Frosteinbrüche im Frühjahr können auch die aufkeimende Saat gefährden. Die verhältnismäßig kurze Vegetationszeit kann man jedoch verlängern, indem auf den Schnee Asche oder Humusboden gestreut wird. Dann taut der Schnee schneller weg. Unreifes Getreide kann man geschnitten auf Holzgestellen in geschützter Lage vor dem Wintereinbruch nachreifen lassen.

Ackerbau ist nur an südexponierten Hängen möglich, nordexponierte Hänge liegen selbst im Hochsommer oft im Schatten der Gipfel. Auf allen geneigten Anbauflächen schwemmen vor allem im Frühjahr Tau- und Regenwasser den Boden ab. Er muss immer wieder auf die Felder getragen werden. Durch Anlage und Pflege von Ackerterrassen werden die Hangneigung und damit der Bodenabtrag verringert. So konnte man den engen Rahmen natürlicher Bedingungen des Ackerbaus etwas erweitern. Der geringe Vorteil erforderte aber einen erheblichen Arbeitsaufwand.

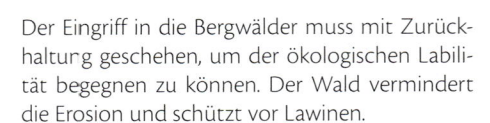

Der Eingriff in die Bergwälder muss mit Zurückhaltung geschehen, um der ökologischen Labilität begegnen zu können. Der Wald vermindert die Erosion und schützt vor Lawinen.

Im romanischen Siedlungsraum auf der Alpensüdseite überwog der Niederwaldbetrieb (Ausschlagbetrieb). Die Stock- und Wurzelausschläge ausschlagfähiger Laubhölzer wie Erle und Eiche wurden in kurzen Umtriebszeiten von 10 bis 15 Jahren durch Abhieb kurz über dem Boden genutzt. Der Niederwald diente der Futterlaub- und Brennholzgewinnung, der Holzkohleerzeugung sowie der Viehweide.

Im germanischen Siedlungsraum herrschte der Hochwaldbetrieb vor. Die Produktionsdauer lag zwischen 80 und 200 Jahren. Das Holz wurde für den Eigenbedarf als Bau- und Brennholz verwendet, zu Salinen mittels Flößerei transportiert sowie an Bergwerke verkauft. Die Nutzung erfolgt im Femelbetrieb, dabei werden nur einzelne Stämme entnommen. So entstand ein ungleichmäßiger, einzeln und gruppenweise gemischter Wald mit ununterbrochener Walderneuerung (Plenterwald).

M 148.1 Grünlandwirtschaft

M 148.2 Bergwald (Laubmischwald)

M 149.1 Zerstörte Pflanzendecke

Anthropogene Auslöser der Destabilisierung

Der Mensch stabilisiert einerseits die labilen *Landschaftsökosysteme* im Alpenraum durch seine Tätigkeit. Er ist aber auch durch unangepasste Eingriffe der Auslöser morphogenetischer Prozesse wie Bodenfließen, Steinschlag oder Muren.

Ökologisch bedeutsame Nutzungen sind neben dem allgemeinen Siedlungs- und Straßenbau vor allem Tourismuseinrichtungen. Hinzu kommen die Überstockung der Wälder, Brachfallen der Almen, exzessiv genutzte Wanderwege und neuartige Baumschäden.

Durch Rodung von Bergwald zur Verkehrs- und Tourismuserschließung wird die geschlossene Pflanzendecke zerstört. Schutzverbauungen kosten Millionenbeträge, ohne die Wirkung von natürlichem Schutzwald zu erreichen.

Eine andere Hauptursache der Zunahme von Erosionsschäden ist das Baumsterben infolge der Luftverschmutzung durch den Autoverkehr und durch sauren Regen. Die starke Abnahme der Waldbestände hängt auch mit der Ausweitung der Almen, der zunehmenden Waldweide und der Einrichtung von „Hofjagden" bei Überstockung mit Reh- und Gamswild im 19. Jahrhundert zusammen. Große Wildrudel verbeißen den Unterwuchs und beeinträchtigen die natürliche Verjüngung des Bergwaldes. Hinzu kamen bei steigender Nachfrage nach Bauholz die Rodung von Bergmischwäldern und die Aufforstung mit Fichten. Sie wurzeln nur flach, lassen kein Unterholz aufkommen und können den Erosionsschutz der natürlichen Bergwälder nicht übernehmen.

Tätigkeit der Bauern	Zustand der Almen	Folgen für die Umwelt
Bewirtschaften und Pflegen der Almen		regelmäßiges Abgrasen der Wiesen durch Rinder, regelmäßiges Nachwachsen der Grasdecke, geringe Abtragung des Bodens durch kurzgehaltene schützende Pflanzendecke
Aufgeben der Almbewirtschaftung		Pflanzenwuchs wird vielfältiger, Wuchshöhe wird größer, da kein Abgrasen der Wiesen erfolgt. Lange Grasbüschel verbacken im Winter mit Schnee und Eis und reißen samt Wurzeln aus.
		Regen, Schnee und Eis greifen die Bodendecke an und zerstören sie, Speicherung von Schnee und Wasser wird verringert, Bodenabtragung, Lawinengefahr, Hochwassergefahr im Vorland

M 149.2 Beziehungen zwischen Almwirtschaft und Bodenfließen

1 Diskutieren Sie die geoökologische Stabilität und Labilität der Alpen (**M 148.1 bis 149.2**). Beziehen Sie Ihre Kenntnis der Erschließungsetappen des Alpenraumes ein.
2 Erläutern Sie geoökologische Folgewirkungen von Waldverlust in den Alpen.
3 Entwerfen Sie ein Modell zum Thema: Anthropogene Auslöser morphogenetischer Prozesse. Arbeiten Sie in Gruppen und beurteilen Sie abschließend Ihre Ergebnisse.

150 Umweltrisiken und menschliches Verhalten

additum

Fallbeispiel Gletschergebiet Pitztal

Legende:
- Straßen
- Wege
- Wald
- Latschen, Krummholz
- Geröll
- Fels
- Gletscher
- Höhenlinien
- 885 Höhenpunkt
- Naturparkgrenze
- Hotel, Restaurant
- Schutzhütte
- Hütte
- P Parkplatz
- H Bushaltestelle
- Gipfelkreuz
- Wanderwege
- Klettersteig
- Klettersteig, gesichert
- Mountain-Bike-Route
- Alpine Skiroute
- Gondelbahn
- Sessellift
- Schlepplift
- Materialseilbahn

0   500   1000 m

Ausschnitt aus KOMPASS WK 43 Ötztaler Alpen, Lizenznr.: 50-0608-LAB

M 150.1 Untersuchungsgebiet Pitztal

Der Pitztaler Gletschersteig beginnt bei der Bergstation der Pitz-Panorama-Bahn in 3438 m Höhe. Er weist einen Höhenunterschied von 1006 m auf und ist 6 km lang. Man verfolgt den Grat in nordwestlicher Richtung und gelangt in 3160 m Höhe zu der Stelle, wo wir ihn in Richtung Taschachferner verlassen. Dann durch das südliche Brunntal zum Kleinen See, wo die Einbindung in das Wegnetz Taschachhaus-Mittelbergjoch, 3166 m, erfolgt. Der Weg zum Gletscherplateau des Taschachferner ist in gutem Zustand und es kann problemlos überquert werden. Abfallend zum Taschachhaus an die drei Stunden.
Nach: Führer zur Wanderkarte 251, freytag & berndt.

M 151.1 Der Pitztaler Gletschersteig

In der Alpendeklaration der Europaregion Tirol-Südtirol-Trentino, die auf Initiative des Landes Tirol zurückgeht, wird im Jahre 2001 die „Ablehnung der Erschließung weiterer Gletschergebiete" festgeschrieben. Am 14. Oktober 2001 beschließt der Tiroler Landtag mehrheitlich eine Aufweichung des im Naturschutzgesetz von 1997 festgelegten absoluten Gletscherschutzes, und zwar für den Bau von Anlagen, die notwendig sind, Personen im Notfall aus dem betreffenden Gebiet sicher zurückbringen zu können. Das Projekt Pitztal gilt lediglich als geringfügige Erweiterung eines bestehenden Skigebietes.
Nach: Verschiedenen Quellen 2002 bis 2004.

M 151.2 Zur rechtlichen Lage

Seit 2001 scheint diese Pionierrolle in Frage gestellt zu sein: Geplant ist eine Seilbahn am Rande des bereits bestehenden Pitztaler Gletscherskigebiets und eine neue Talabfahrt, die teilweise über unberührte und geschützte Flächen des Mittelbergferners durch das Griestal im oberen Pitztal führen soll. Dieses Vorhaben hat in Tirol heftige Grundsatzdiskussionen darüber ausgelöst, ob künftige Eingriffe in die Gletscherwelt vorgenommen werden dürfen.
Nach: Husa/Wohlschlägl. In: geographie heute, H. 203/2002, S. 40.

M 151.4 Gletschererschließung im Pitztal

M 151.5 Winterurlauber im Gletschergebiet Pitztal

Pro-Argumente
- Nach der Katastrophe von Kaprun, bei der im Herbst 2000 über 150 Menschen bei einem Brand in einer Tunnelbahn ums Leben kamen, gingen die Übernachtungszahlen im Pitztal im Jahr 2001 um 10 % zurück.
- Das Pitztaler Gletschergebiet ist nur über eine Tunnelbahn erreichbar, die der Bahn von Kaprun ähnlich ist. Als Alternative soll eine Luftseilbahn gebaut werden.
- Seit 1995 stagnieren die Touristenzahlen im Pitztal. Das Pitztal weist die höchste Insolvenzquote aller Tiroler Tourismusregionen auf. Neue Investitionen sind daher dringend erforderlich.
- Bis zum Aufbau des Skitourismus galt das Pitztal als Armenhaus Tirols. Qualitativ hochwertige Arbeitsplätze sind von der Entwicklung des Skitourismus abhängig.
- In Frankreich, Italien und der Schweiz werden Gletscherskigebiete erweitert. Daher müssen auch die Tiroler Skigebiete attraktiv bleiben. Auch sind nur 5 % der Tiroler Gletscherfläche für den Massenskilauf erschlossen.

Kontra-Argumente
- Der weitere Ausbau von Gletscherskigebieten ist aus Umweltschutzgründen abzulehnen. Die Lebens- und Wirtschaftsgrundlagen müssen auch für zukünftige Generationen gesichert sein.
- Der Ausbau des Gletschergebietes wird zu einem verschärften und langfristig ruinösen Wettbewerb unter den Skigebieten führen.
- Die Projektierung geht bereits auf 1997 zurück, also vor dem Unglück von Kaprun. Eine Rechtfertigung des Bauvorhabens aus Sicherheitsgründen ist daher vorgeschoben.
- Die geplante Talabfahrt führt durch lawinengefährdetes Gebiet und ist nur 4 bis 5 Monate im Jahr benutzbar.
- Der Ausbau würde zusätzliche Erweiterungen nach sich ziehen, vor allem einen Zusammenschluss mit dem Gletscherskigebiet Ötztal.
- Es besteht ein hoher Bedarf an einem touristischen Angebot, welches das aktive Erleben von Natur und Kultur im Alpenraum ins Zentrum stellt.
- Ein Rückbau des Gletschertourismus hätte eine weit positivere Wirksamkeit als ein Ausbau des „Gletscherrummels".

M 151.3 Argumente Pro und Kontra zur weiteren Erschließung im Pitztal

1 Verfolgen Sie die Route des Pitztaler Gletschersteigs auf der topographischen Karte (M 150.1, M 151.1).
2 Erörtern Sie vor dem Hintergrund des Ausmaßes der Gletschererschließung den Bau einer weiteren Seilbahn (M 150.1 bis M 151.4). Begründen Sie abschließend Ihren Standpunkt.
3 Erstellen Sie ein Schaubild des Wirkungsgefüges Pistenskilauf – Mensch – Natur. Gehen Sie vom Pistenskilauf als Ursache aus und gliedern Sie die Darstellung durch Maßnahmen und Folgen im Tal- und Hangbereich einerseits, im Hang- und Gipfelbereich andererseits.

Maßnahmen zum Schutz der Bergwelt

Planungsansätze zum Schutz des Alpenraumes

Zur Durchsetzung vielseitiger Schutzfunktionen richten die Anrainerstaaten der Alpen Nationalparks, Schutzgebiete, Naturparks und Alpen-Pflanzgärten ein. Die Naturschutzgesetzgebung wird ausgebaut. Das Problem, Ökonomie und Ökologie in Einklang zu bringen, kann nur grenzüberschreitend gelöst werden. Eine grenzüberschreitende Planung erwies sich aber in der Praxis als langwieriger Weg, denn nur Österreich, Liechtenstein, Monaco und die Schweiz liegen mit einem Großteil ihrer Staatsfläche oder gänzlich in den Alpen, in Deutschland, Frankreich, Italien und Slowenien gehören die Alpen eher zur wirtschaftsräumlichen Peripherie.

M 152.1 Signet der Alpenkonvention

1. Gemeindeleitbilder. Gemeinden geben sich auf freiwilliger Basis ein „Gemeindeleitbild". Es formuliert Gestaltungsziele einer ausgewogenen Gesamtentwicklung unter Einbeziehung der Bevölkerung.

2. Regionale Entwicklungspläne. Dieses Instrument besitzt in großen Teilen des Alpenraumes seit längerer Zeit Rechtswirksamkeit. Im Rahmen einer alpenspezifischen Gestaltung könnte der Regionalpolitik eine Schlüsselrolle zukommen.

3. „Länder"-Ebene. Gemeint sind Territorien der oberen regionalen Ebene wie Kantone, Bundesländer, Länder, regioni, régios, die auf subnationaler Ebene mit Berggebietsfragen befasst sind. Auf dieser Ebene werden zahlreiche für den Alpenraum überlebenswichtige politische Rahmenbedingungen entschieden. Es entstanden grenzüberschreitende Arbeitsgemeinschaften, wie die ARGE ALP in den westlichen Ostalpen (1972), die AREGE-ALPE-ADRIA in den Ostalpen (1978) und die COTRAO in den Westalpen (1982).

4. Alpenkonvention. Die Alpenkonvention wurde von acht Alpenstaaten und der EU unterzeichnet. Sie ist ein Staatsvertrag, der die Gewährleistung des Schutzes und der nachhaltigen Entwicklung des Alpenraumes zum Inhalt hat. Die Konvention trat 1995 in Kraft.
In der Alpenkonvention verpflichten sich die Alpenstaaten und die EU zu einer Verstärkung sowie zur räumlichen als auch fachlichen Erweiterung ihrer grenzüberschreitenden Zusammenarbeit für den Alpenraum. Das Vertragswerk umfasst Durchführungsprotokolle auf fachlicher Ebene zu folgenden Themen: Naturschutz und Landschaftspflege, Berglandwirtschaft, Raumplanung und nachhaltige Entwicklung, Bergwald, Tourismus, Energie, Bodenschutz, Verkehr, Streitbeilegung. Damit begann eine Alpenpolitik, die die besonderen Belange dieses Großlandschaftsraumes in natürlicher Umwelt, Wirtschaft und Gesellschaft berücksichtigt.

M 152.2 Politische Ebenen der Raumordnung im Alpenraum

Obwohl weite Gebiete des Alpenraumes seit vielen Jahren eine Förderung über Struktur-, Regional- und Sonderfonds der EU genießen, war die Entwicklung in der Alpen durch einen grundsätzlichen Gegensatz zur EU-Politik geprägt.
Während zur Problemlösung in den Alpen die Vernetzung von z. B. natürlicher Umwelt, Gewerbe, Verkehr, Tourismus notwendig ist, wobei auch die Vielfalt der Regionen und alpenspezifischen Nutzungen berücksichtigt werden muss, verfolgte die EU-Politik einen gegenläufigen Trend hin zur Spezialisierung und Effizienz, verbunden mit einer Vereinheitlichung von Strukturen. Da fast alle Alpenstaaten Mitglied der EU sind oder wie im Falle der Schweiz bilaterale Abkommen mit der EU geschlossen haben, hat sich die Problematik verstärkt. Eine Wende zeichnet sich jedoch durch zwei jüngere Entwicklungen ab: Innerhalb der EU hat sich das Bemühen um nachhaltige und integrative Konzepte verstärkt, vor allem in der Landwirtschaft.

Das **EU-Programm INTERREG III B** fasst alle transnationalen Kooperationsprogramme zusammen, an denen die nationalen, regionalen und kommunalen Behörden und die übrigen sozioökonomischen Akteure teilnehmen. Ziel ist es, in Großlandschaftsräumen die Integration voranzutreiben und so eine nachhaltige und ausgewogene Entwicklung zu fördern. Die Unterstützung im Rahmen von INTERREG III B gilt für das gesamte Hoheitsgebiet der Union. Es gibt 13 Programmregionen, z. B. die Großlandschaftsräume Westlicher Mittelmeerraum, Nordwesteuropa, Ostseeraum, Alpenraum.

Mit der **Gemeinschaftsinitiative INTERREG III B** Alpenprogramm „Alpine Space" für die Jahre 2001 bis 2006, in der die Alpen als Gesamtraum ausgewiesen sind, ist es erstmals möglich, alpenweite Projekte zu finanzieren und damit ein Defizit der Alpenkonvention, das Fehlen eines gemeinsamen Fonds, zu überwinden. Dies wird als Trendwende in der Alpenpolitik gesehen.

Das **Hauptziel des Programms „Alpine Space"** ist die Förderung der nachhaltigen Entwicklung des Alpenraumes. Dieses Ziel soll durch folgende Teilziele erreicht werden:
Positionierung des Alpenraumes als eine starke räumliche Einheit im Netzwerk der europäischen Regionen;
Anregung und Unterstützung einer nachhaltigen Entwicklung unter Berücksichtigung der Beziehungen zwischen den alpinen Kerngebieten und den dicht besiedelten Randgebieten;
Verbesserung der Transportsysteme und der Erreichbarkeit;
Erhaltung, Schutz und Entwicklung des Natur- und Kulturerbes.

M 152.3 Die Entwicklung des Alpenraumes und die EU

Die Zukunft der Alpen

Auf den Alpenraum wirken zunehmend Nutzungsansprüche ein, die zu einer Überlastung des Landschaftsökosystems Alpen und zu einer Zerstörung der einmaligen alpinen Kultur führen können. Die Umgestaltung als europäischer Freizeit- und Transitraum sowie Verfall der Berglandwirtschaft und Nutzung der Wasserkraft sind Probleme, die von außen an den Alpenraum herangetragen werden. Sie können durch Ausweisung großflächiger Schutzgebiete allein nicht gelöst werden.

Realpolitische und utopische Dimension
Die aktuelle Situation des Alpenraumes erfordert in vielen Bereichen ein sofortiges Handeln, damit die bestehenden Probleme nicht noch größer werden. Realpolitisch ausgedrückt sind zahlreiche „Reparatur"- und „Sanierungs"-Arbeiten im ökologischen, sozialen und kulturellen Bereich dringend erforderlich, um die kontraproduktiven Auswirkungen der Tertiärisierung abzumildern. Aber angesichts des prinzipiellen Widerspruchs zwischen dem Natur-/Kulturraum Alpen und seiner heutigen Nutzung und Gestaltung stellt sich als utopische Forderung diejenige nach einer fundamentalen Veränderung der gestörten Mensch-Umwelt-Beziehung, um so die eigentliche Ursache der Umwelt- und Kulturzerstörung zu beheben ...

Bezieht man allerdings die grundsätzliche bzw. utopische Dimension mit ein, dann kann die Zukunft der Alpen nicht von der Zukunft der Dienstleistungsgesellschaft in Europa getrennt werden, dann muss man über die Alpen hinaus blicken. Trotz dieser Schwierigkeiten und trotz der Situation, dass heute gesellschaftliche Utopien nicht gefragt zu sein scheinen, müssen wir die Zukunft der Alpen in diesem großen Zusammenhang sehen. Andernfalls werden die aktuellen Probleme im Alpenraum bestenfalls verschoben, sicher nicht gelöst. Gleichzeitig erscheint es wichtig, die realpolitischen Reparaturmaßnahmen, für die ein großer und dringlicher Handlungsbedarf besteht, auf eine solche Art und Weise durchzuführen, dass sie als erste Schritte in die „richtige" Richtung weisen und wirkliche Problemlösungen nicht noch zusätzlich erschweren.

Das utopische Konzept
Der Grundgedanke einer „utopischen Konzeption" für die Zukunft der Alpen besteht darin: Die europäische Tertiärisierung muss so mit der Realität des Alpenraumes verbunden werden, dass einerseits die ökologische und kulturelle Reproduktion langfristig gesichert ist und andererseits die Grundprinzipien der europäischen Tertiärisierung – Arbeitsteilung, Marktwirtschaft, Demokratie – nicht negiert werden. Anders ausgedrückt: Die Zukunft der Alpen ist ohne tertiär geprägte Nutzungen sinnvollerweise nicht vorstellbar, und eine wirtschaftliche, kulturelle und politische Isolierung von Europa erscheint weder realistisch noch wünschenswert. Es geht aber darum, das Verhältnis zwischen den Alpen als Lebens- und Wirtschaftsraum der Einheimischen und als Freizeit-, Transit- und Wasserkraftraum für Europa neu zu bestimmen.

Zwar sprechen sich heute alle politischen Parteien verbal für den Vorrang der Einheimischen gegenüber den europäischen Nutzungen aus. Aber in der Realität – unter den herrschenden Rahmenbedingungen – bedeutet dies lediglich, dass die Einheimischen nur dann wirtschaftliche Möglichkeiten besitzen, wenn sie sich den europäischen Interessen vollständig unterordnen und diese im lokalen Raum umsetzen. Den Vorrang der Einheimischen ernsthaft zu fordern bedeutet dagegen tiefgreifende Strukturveränderungen: die ökonomische, soziale und kulturelle Ermöglichung einer „alpinen" Wirtschaft, die die vorhandenen regionalen natur- und kulturräumlichen Ressourcen und Potenziale nutzt und dabei ihrer ökologischen und kulturellen Reproduktion verpflichtet ist.

Erst auf dieser Grundlage aufbauend können dann die europäischen Nutzungsinteressen befriedigt werden, und zwar so, dass sie die einheimischen Nutzungen nicht schädigen, konkurrenzieren oder gar verdrängen, sondern ergänzen, unterstützen und ökonomisch aufwerten. Dieses utopische Konzept zielt letztlich darauf, die einheimischen und europäischen Nutzungen des Alpenraumes so zu gestalten und gegenseitig auszubalancieren, dass die Alpen nicht mehr ökonomisch vernutzt, sondern ökologisch, kulturell und ökonomisch wieder aufgewertet werden.

Werner Bätzing: Die Alpen. München 1991, S. 213–214.

M 153.1 Gibt es eine Alternative zur gegenwärtigen Entwicklung?

---

1 Erläutern Sie Planungsansätze zum Schutz des Alpenraumes (**M 152.2**, **M 152.3**).
2 Erörtern Sie Alternativen zukünftiger Entwicklung im Alpenraum (**M 153.1**).
3 Umweltschutz beginnt bei jedem Einzelnen. Formulieren Sie mithilfe Ihrer Kenntnisse über das Landschaftsökosystem des Alpenraumes einen Katalog umweltgerechten Verhaltens.
4 **Referat-Tipp:** Nationalparks und Naturparks in den Alpen.
5 **Referat-Tipp:** Die Entwicklung der Kooperation der Alpenstaaten seit den 1970er-Jahren.
6 Gestalten Sie eine Präsentation zum Thema: Die Zukunft der Alpen.

www.alpinespace.org   www.stmugv.bayern.de   www.alpenverein.de

Erdbeben, Vulkanismus, Tsunami

Naturgefahren – endogene Kräfte

Nehmen Naturkatastrophen zu?
In jüngerer Zeit wird in den Medien weltweit umfassender über *Naturkatastrophen* berichtet. Das verstärkt auch den Eindruck, dass derartige Erscheinungen häufiger und mit verheerenderen Wirkungen auftreten als früher.
Zugleich nehmen nach Angaben der Versicherungen durch Naturkatastrophen verursachte Schadensfälle stark zu. Das wird aber nicht nur auf die Häufung von Naturkatastrophen zurückgeführt, sondern hat vor allem auch mit der zunehmenden Besiedlung stark gefährdeter Gebiete insbesondere in den Entwicklungsländern und einer immer teurer und aufwändiger werdenden Technik sowie dem mit steigendem Lebensstandard wachsenden Sachwerten in Industrie- und Schwellenländern, also mit dem Menschen zu tun.

Naturgefahren und Naturkatastrophen
Der Stoffwechsel zwischen Gesellschaft und Natur bedingt auch natürliche Gefährdungen für den Menschen, also *Naturgefahren* („natural hazards"). Nicht notwendigerweise schädigen alle Naturereignisse den Menschen.
Erdbeben, Vulkanausbrüche oder Überschwemmungen werden erst dann zur bedrohlichen Gefahr, wenn sie auf unvorhergesehene Weise Schäden an Leib und Eigentum hervorrufen. Sie entwickeln sich zu Naturkatastrophen, wenn das Ereignis nicht nur zu großen Schäden in der Natur, sondern auch zu schweren Zerstörungen an Bauwerken und Infrastrukturen sowie zahlreichen Todesopfern, Verletzten und Obdachlosen führen. Oft sind die Menschen in den betroffenen Gebieten auf überregionale und internationale Hilfe angewiesen.

Primärer Gefahrentyp	Ursache/Charakteristika	Sekundärer Gefahrentyp
Erdbeben	Deformation und Bruch der starren Lithosphäreplatten durch plattentektonische Prozesse	Tsunami, Massenbewegungen (Hangrutschungen/Muren, Felsstürze, Lawinen)
Vulkanausbruch	ruhiger oder explosionsartiger Austritt von Magma an die Erdoberfläche	Tsunamis, Massenbewegungen (Lahare, Rutschungen, Ascheflug und -regen)
Tsunami	Flutwelle, verursacht durch Senkung und Hebung des Meeresbodens bei Seebeben, Kollaps von Vulkanflanken, Vulkanausbruch, untermeerische Rutschungen	Erosion der Küste und an küstennahen Flussufern, Materialumlagerung im Küstenbereich
Bodenerosion	schleichender flächenhafter oder plötzlicher linearer Bodenabtrag auf landwirtschaftlichen Nutzflächen durch Wasser oder Wind	Verlust der Bodenfruchtbarkeit, Abnahme des Ernteertrags, Gewässerbelastung
Massenbewegungen	hangabwärts gerichtete Verlagerung von Fels- und/oder Lockergesteinen unter Wirkung der Schwerkraft	Verschüttung von Siedlungen und Verkehrseinrichtungen, Flutwelle in Gewässern, Aufstau von Flussläufen mit der Gefahr des Dammbruchs

M 154.1 Geologisch-geomorphologische Prozesse und Naturgefahren (nach: R. Dikau, J. Weichsegartner)

Meteorologische Naturgefahren	Hydrologisch-glaziologische Naturgefahren	Geologisch-geomorphologische Naturgefahren
natürliche Prozesse und Phänomene der Atmosphäre	natürliche Prozesse und Phänomene der Hydrosphäre und Kryosphäre	natürliche Prozesse und Phänomene der Lithosphäre und der Erdoberfläche, unterschieden nach endogenen und exogenen Ursachen
tropische Wirbelstürme (Hurrikan, tropischer Zyklon, Taifun), Tornado, Orkan; Hagelsturm, Eissturm, Eisregen, Schneesturm, Sandsturm; Extremniederschlag; Blitzschlag, Hitzewelle, Kältewelle; Nebel	Überschwemmung; Sturmflut; Dürre; Schneelawine; Gletscherabbruch; Ausbruch von Gletschern; Permafrostschmelze; Frosthub	Erdbeben; Vulkaneruption; Tsunami; gravitative Massenbewegung; Bergsenkung; Bodenerosion; Küstenerosion; Flusserosion

M 154.2 Einteilung des Phänomens Naturgefahr auf der Grundlage ihrer Ursachen

Erdbeben, Vulkanismus, Tsunami 155

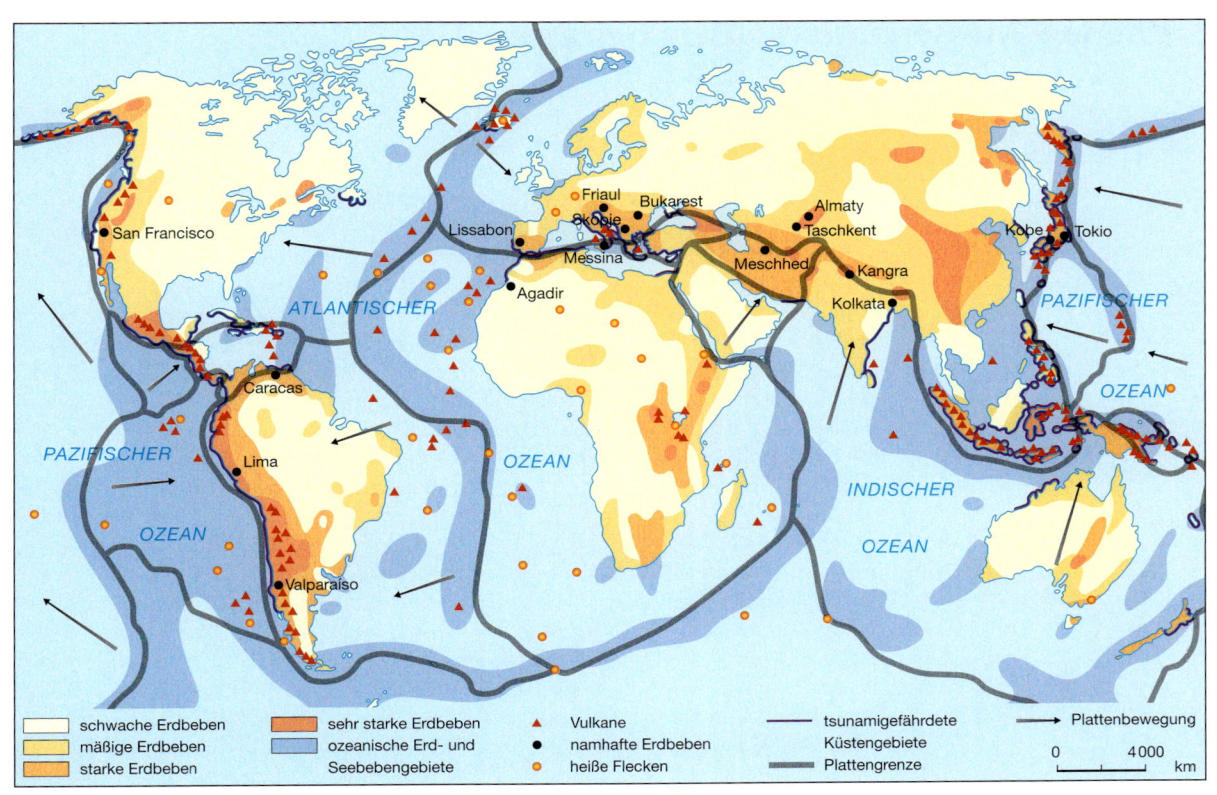

M 155.1 Plattentektonik, Erdbeben, Vulkane

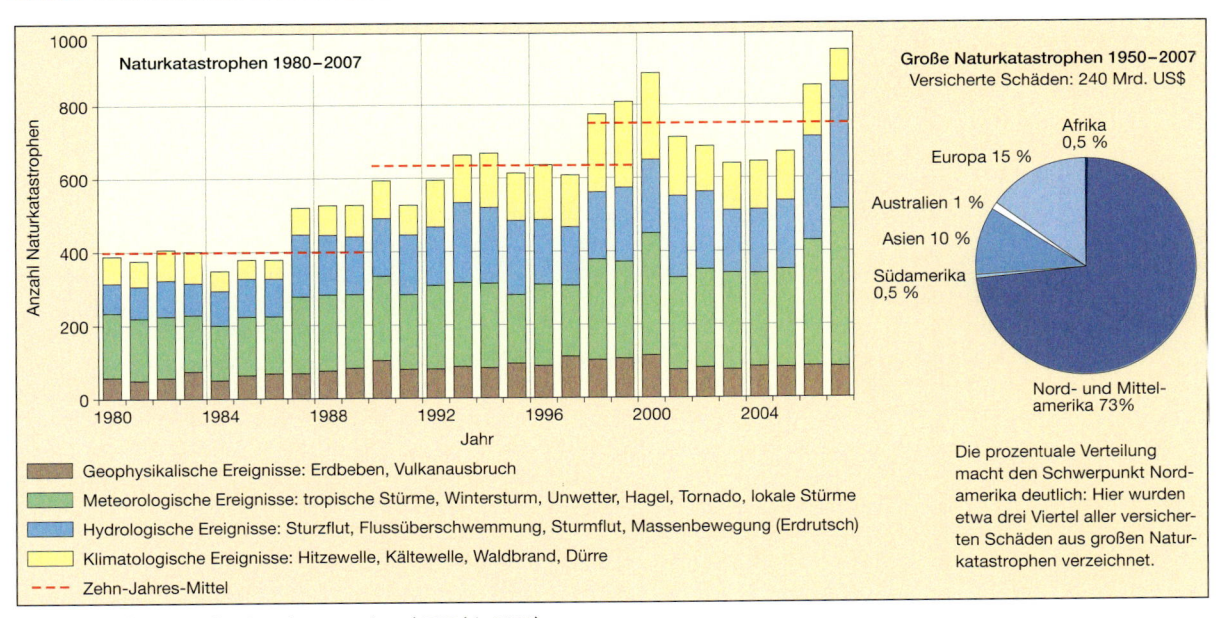

Legende:
- schwache Erdbeben
- mäßige Erdbeben
- starke Erdbeben
- sehr starke Erdbeben
- ozeanische Erd- und Seebebengebiete
- ▲ Vulkane
- ● namhafte Erdbeben
- ○ heiße Flecken
- tsunamigefährdete Küstengebiete
- Plattengrenze
- → Plattenbewegung

M 155.2 Weltweit große Naturkatastrophen (1950 bis 2007)

Naturkatastrophen 1980–2007

- Geophysikalische Ereignisse: Erdbeben, Vulkanausbruch
- Meteorologische Ereignisse: tropische Stürme, Wintersturm, Unwetter, Hagel, Tornado, lokale Stürme
- Hydrologische Ereignisse: Sturzflut, Flussüberschwemmung, Sturmflut, Massenbewegung (Erdrutsch)
- Klimatologische Ereignisse: Hitzewelle, Kältewelle, Waldbrand, Dürre
- --- Zehn-Jahres-Mittel

Große Naturkatastrophen 1950–2007
Versicherte Schäden: 240 Mrd. US$

- Afrika 0,5 %
- Europa 15 %
- Australien 1 %
- Asien 10 %
- Südamerika 0,5 %
- Nord- und Mittelamerika 73 %

Die prozentuale Verteilung macht den Schwerpunkt Nordamerika deutlich: Hier wurden etwa drei Viertel aller versicherten Schäden aus großen Naturkatastrophen verzeichnet.

1 Erörtern Sie, inwiefern die Bedrohung durch Naturkatastrophen mit Raumnutzungskonflikten zusammenhängt (**M 155.2**).
2 Unterscheiden Sie Naturgefahren und Naturkatastrophen.
3 Erläutern Sie das Phänomen Naturgefahren (**M 154.1**, **M 154.2**).
4 Werten Sie die Karte (**M 155.1**) aus, beziehen Sie **M 155.2** mit ein. Beschreiben Sie die Verbreitung der Erdbeben und Vulkane. Erläutern Sie Beziehungen zu tektonischen Erscheinungen.

Erdbeben: Messen und die Erde befragen

Wie es begann
Zum Messen von *Erdbebenwellen* ist ein Instrument erforderlich, das die Erschütterungen der Erde nicht mitmacht. Der erste primitive Seismograph wurde 1703, zu Lebzeiten von LEIBNIZ, aufgestellt. Erst 1889 gelang es dem Göttinger Physiker EMIL WIECHERT (1861–1921), ein Fernbeben zu registrieren. Im Jahre 1905 gründeten in Berlin Wissenschaftler aus 23 Staaten die Internationale Seismologische Vereinigung. Sie diente dem Informationsaustausch zwischen den vielen hundert über die Erde verteilten Erdbebenmessstationen und ermöglichte es, die Erdbebenforschung weltweit voranzutreiben.

Erdbeben registrieren
Auf Erdbebenwarten werden die Erdbebenwellen mittels Seismographen aufgezeichnet. Sie messen die Laufzeiten und Amplituden der Erdbebenwellen und zeichnen ihren Verlauf in einem Seismogramm auf. Die Stärken von Erdbeben werden als Erdbebenintensität (MSK-Intensitätsskala in Europa oder Mercalli-Skala in den USA) oder als Erdbebenmagnitude (Richter-Skala, nach C. F. RICHTER) angegeben. Die 1897 begründete zwölfteilige Mercalli-Skala stützt sich auf sichtbare und fühlbare Auswirkungen der Erderschütterungen. Anstelle der veralteten Mercalli-Skala wird heute die Richter-Skala verwendet.

Als Maß der nach oben offenen Richter-Skala dient die Magnitude, die die Maximalamplitude der Erdbebenwellen in einer logarithmischen Skala beschreibt. Aufgrund des logarithmischen Maßes ist z. B. ein Erdbeben der Stärke 7 zehnmal stärker als eines der Stärke 6.

Erdbeben geben Kunde vom Erdinneren
Im März 1993 gelang es russischen Geologen und Technikern, auf der Halbinsel Kola mit 12 262 m die bisher tiefste Bohrung niederzubringen. Die deutsche Tiefbohrung bei Windischeschenbach im Oberpfälzer Wald erreichte 1994 die 9-km-Marke. Diese winzigen Nadelstiche können trotz ihres enormen technischen Aufwands nur Auskunft über die Erdkruste geben, nicht aber über das Erdinnere. Deshalb bieten Erdbeben – so schreckliche Wirkungen sie für die Menschen der betroffenen Gebiete haben mögen – für die Geophysiker die einzige Möglichkeit, das Erdinnere zu erforschen.

Die Erschütterungswellen der Erdbeben erwiesen sich als Röntgenaugen des Geophysikers. Sie ermöglichen es ihm, die Erde ähnlich wie bei einer Materialprüfung zu durchleuchten. Die von den Bebenzentren ausgehenden Schwingungen, die Erdbebenwellen, nehmen ihren Lauf nicht nur dicht unter der Erdoberfläche, sondern sie durchdringen auch das Erdinnere, vielleicht sogar den Erdkern.

Schalenbau der Erde
Aufsehenerregende Erkenntnisse vom Bau der Erde ließen nicht lange auf sich warten. Aus den Aufzeichnungen vieler seismographischer Stationen ergab sich, dass die dichtebedingte Zunahme der Laufgeschwindigkeit mit der Tiefe nicht stetig erfolgt. Vielmehr stellte man plötzliche Geschwindigkeitsänderungen fest, die nur als Dichtesprünge gedeutet werden können. Solche Unstetigkeits- oder Diskontinuitätsflächen führten zur Vorstellung vom *Schalenbau der Erde:*
– Die Erdkruste ist sehr unterschiedlich mächtig; ihre Untergrenze, die von A. MOHOROVIČIĆ 1909 entdeckte Diskontinuität, kurz Moho genannt, liegt unter den Ozeanen in nur 8 bis 12 km, unter den Kontinenten in 20 bis 70 km Tiefe.
– Der Erdmantel reicht von der Moho-Diskontinuität bis zu einer markanten Unstetigkeit in 2900 km Tiefe.
– Den Erdkern durchdringen nur Primärwellen.

Seismische Tomographie
Der dreidimensionale Raum des Erdmantels wird mithilfe einer großen Anzahl von seismischen Wellen durchleuchtet. Ist der Gesteinsbrei heißer, dann werden die seismischen Wellen verzögert,

Erdbeben-stärke	Auswirkungen
1	Das Erdbeben ist kaum wahrnehmbar.
2	Die Erschütterungen entsprechen denen eines vorbeifahrenden Autos. Türen und Fenster klappern, Lampen pendeln.
3	Türen und Fensterläden schlagen. Tiere werden unruhig.
4	Möbel fallen um. Gläser zerspringen. Im Verputz der Häuser zeigen sich Risse.
5	An den Häusern entstehen Mauerrisse. Rohrleitungen bersten. Hänge und Uferböschungen rutschen ab. Kirchenglocken fangen von selbst an zu läuten.
6	Dachziegel fallen herab. Breite Mauerrisse entstehen. Schwere Möbelstücke fallen um.
7	Leichtgebaute Häuser stürzen ein. Eisenbahnschienen verbiegen sich. Auf der Erde öffnen sich bis zu 10 cm breite Risse.
8	Gebäude und Brücken stürzen ein. Der Straßenbelag wellt sich. Dämme bersten. Auf der Erde bilden sich breite Risse und Spalten.
9	Alle Bauwerke werden zerstört. Flüsse verändern ihren Lauf, neue Seen werden aufgestaut.

M 156.1 Stärke und Auswirkungen von Erdbeben nach der Richter-Skala

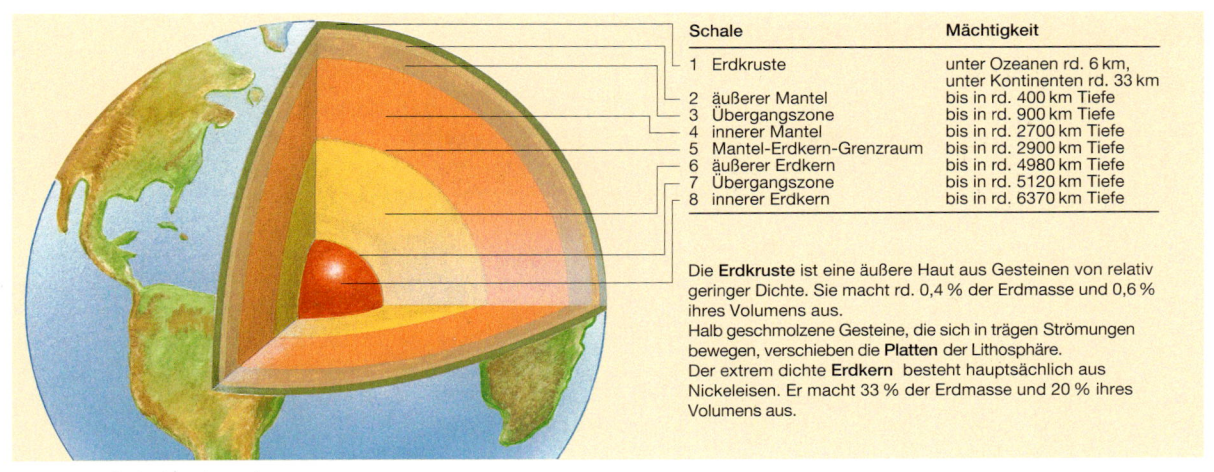

Erdbeben, Vulkanismus, Tsunami 157

Schale	Mächtigkeit
1 Erdkruste	unter Ozeanen rd. 6 km, unter Kontinenten rd. 33 km
2 äußerer Mantel	bis in rd. 400 km Tiefe
3 Übergangszone	bis in rd. 900 km Tiefe
4 innerer Mantel	bis in rd. 2700 km Tiefe
5 Mantel-Erdkern-Grenzraum	bis in rd. 2900 km Tiefe
6 äußerer Erdkern	bis in rd. 4980 km Tiefe
7 Übergangszone	bis in rd. 5120 km Tiefe
8 innerer Erdkern	bis in rd. 6370 km Tiefe

Die **Erdkruste** ist eine äußere Haut aus Gesteinen von relativ geringer Dichte. Sie macht rd. 0,4 % der Erdmasse und 0,6 % ihres Volumens aus.
Halb geschmolzene Gesteine, die sich in trägen Strömungen bewegen, verschieben die **Platten** der Lithosphäre.
Der extrem dichte **Erdkern** besteht hauptsächlich aus Nickeleisen. Er macht 33 % der Erdmasse und 20 % ihres Volumens aus.

M 157.1 Schalenbau der Erde

ist er kühler, werden sie beschleunigt. So können aus einer Vielzahl von Laufzeitmessungen heißere oder kühlere Gesteinskörper lokalisiert werden. Heiße Körper zeigen aufsteigende Mantelströme an. Kühlere Mantelkörper können mit absteigenden Magmaströmen korreliert werden.

Seismische Wellen

Die bei einem Erdbeben freigesetzte Energie breitet sich in Form elastischer Wellen durch das Erdinnere hindurch und an der Erdoberfläche aus. Durch die Beben werden verschiedene Wellentypen angeregt, die unterschiedliche Fortpflanzungsgeschwindigkeiten aufweisen und verschiedene Wege nehmen sowie gebrochen und reflektiert werden können.

Die Erdbebenwellen verlaufen wegen der mit der Tiefe wachsenden Elastizität der Gesteine auf gekrümmten Bahnen.

Die Schwingungen mit der größten Geschwindigkeit sind Longitudinalwellen (P-Wellen, Primärwellen), wobei das Material in Fortpflanzungsrichtung abwechselnd gedrückt und gedehnt (Stoß-Zug) wird. Ihre Geschwindigkeit beträgt oberflächennah etwa 5,5 km/s, in größerer Tiefe des Erdmantels bis 13 km/s.

Bei Transversalwellen (S-Wellen, Sekundärwellen) schwingen die Materieteilchen senkrecht zur Fortpflanzungsrichtung, wodurch eine schaukelnde Bewegung entsteht. Sie können sich in Flüssigkeiten nicht fortpflanzen. Die Geschwindigkeiten liegen in Oberflächennähe bei 3,1 km/s, in größerer Tiefe bis 7,5 km/s. Bei Reflexionen an der Erdoberfläche können Longitudinalwellen in Transversalwellen übergehen. Diese Oberflächenwellen (L-Wellen) mit Geschwindigkeiten von 3,5 bis 3,8 km/s sind die langsamsten, aber energiereichsten Wellen. Sie bewirken die heftigsten und zerstörerischsten Bodenbewegungen bei einem Erdbeben.

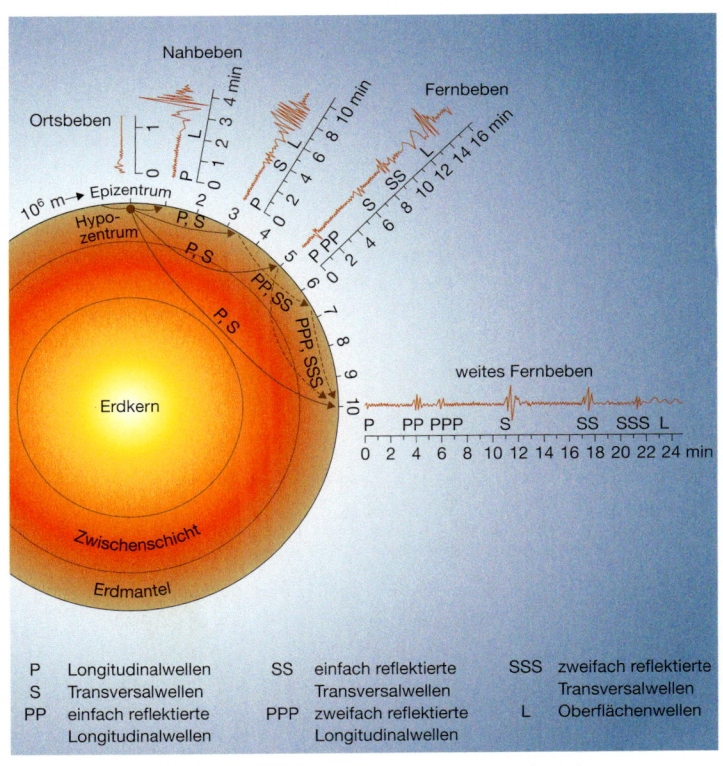

P Longitudinalwellen	SS einfach reflektierte Transversalwellen	SSS zweifach reflektierte Transversalwellen
S Transversalwellen	PPP zweifach reflektierte Longitudinalwellen	L Oberflächenwellen
PP einfach reflektierte Longitudinalwellen		

M 157.2 Verlauf von Erdbebenwellen in der Erde und typische Seismogramme

1 Informieren Sie sich über die Registrierung von Erdbeben (M 156.1).
2 Erläutern Sie, inwiefern Erdbeben zur Erkundung des Erdinnern genutzt werden können (M 157.1, M 157.2).
3 **Referat-Tipp:** Kleine Geschichte der Entwicklung der Erdbebenmessung.

Endogene Ursachen von Erdbeben

Verbindung von Erdkruste und Erdmantel

Das einfache Modell vom *Bau der Erde* (Erdkruste, Erdmantel und Erdkern), das auf der seismisch ermittelten Dichteverteilung beruht, lässt sich heute durch bessere Kenntnis der physikalischen Eigenschaften des Gesteinsmaterials verfeinern.

Mächtigkeit und Gesteinsinhalt der Erdkruste schwanken in ihrer Verbreitung über die Erdoberfläche beträchtlich. Die rund 10 km mächtige ozeanische Kruste besteht vorwiegend aus basischen Gesteinen (Basalt). Die kontinentale Kruste ist teilweise bis zu 50 km mächtig und überwiegend aus sauren Gesteinen (Granit, Gneis) aufgebaut. Die starre äußere Hülle der Erde umfasst nicht nur die Kruste, sondern auch den oberen Erdmantel bis zu einer Tiefe von etwa 60 bis 100 km. Sie wird unter dem Begriff *Lithosphäre* (griech., Gesteinsschale) zusammengefasst.

Darunter folgt der mehr oder weniger plastische obere Erdmantel, der mehrere hundert Kilometer hinabreicht. Die durch radioaktive Zerfallsprozesse erzeugte Wärme wird infolge der geringen Leitfähigkeit der Gesteine im oberen Erdmantel gestaut. Hinzu kommt ein starker Druck. Unter diesen physikalischen Bedingungen wird das Gestein plastisch und bis zu 10 % auch aufgeschmolzen. Diese *Asthenosphäre* (griech., schwache Schale) wirkt wie eine Gleitschicht für die auflagernde Lithosphäre.

Unterhalb der Asthenosphäre folgt der tiefere Erdmantel. Hier ist die Druckzunahme bereits so groß, dass die Fließfähigkeit vermutlich herabgesetzt wird. Deshalb sind der tiefere Erdmantel und der nach innen folgende äußere und innere Erdkern wahrscheinlich an der Auslösung endogener Vorgänge nicht unmittelbar beteiligt.

Platten, Kontinentränder und Erdbebengürtel

Mit der Untersuchung des Gesteinsmagnetismus wurde bewiesen, dass sich die starre *Lithosphäre* bewegt. Da sie die Erde lückenlos umspannt, sind Verschiebungen nur denkbar, wenn sich Teilstücke relativ zueinander bewegen. Solche Teilstücke bezeichnet man als Platten.

Die Grenzen der *Lithosphärenplatten* stimmen in der Regel nicht mit den Grenzen von Kontinenten und Ozeanen überein. Fast alle heute vorhandenen Platten enthalten Bereiche mit kontinentaler und Bereiche mit ozeanischer Kruste. Daraus erklärt sich, dass es zwei Arten von Kontinenträndern gibt. An passiven Kontinenträndern keilt die kontinentale Kruste vom Schelfbereich zum Tiefseebecken aus. Kontinent und ozeanische Kruste sind fest verbunden. Solche Kontinentränder sind z. B. rund um den Atlantischen Ozean verbreitet. Sie stellen keine Plattengrenzen dar.

Demgegenüber verläuft an aktiven Kontinenträndern zwischen Kontinent und Ozean eine Plattengrenze. Hier schiebt sich ein Plattenteil mit ozeanischer Kruste unter die Platte mit kontinentaler Kruste (Subduktion). An der Plattengrenze bildet sich eine Tiefseerinne. Aktive Kontinentränder treten vor allem an der amerikanischen Kordillere und an den Inselbögen des Westpazifiks auf.

In der Asthenosphäre entwickeln sich endogene Kräfte und Vorgänge. Von hier aus werden alle Verschiebungen und Veränderungen der Lithosphäre gesteuert. Die Plattengrenzen sind die tektonisch besonders aktiven Gebiete der Erde. An den Plattengrenzen konzentrieren sich die Vulkantätigkeit und die Erdbeben, sie sind von Be-

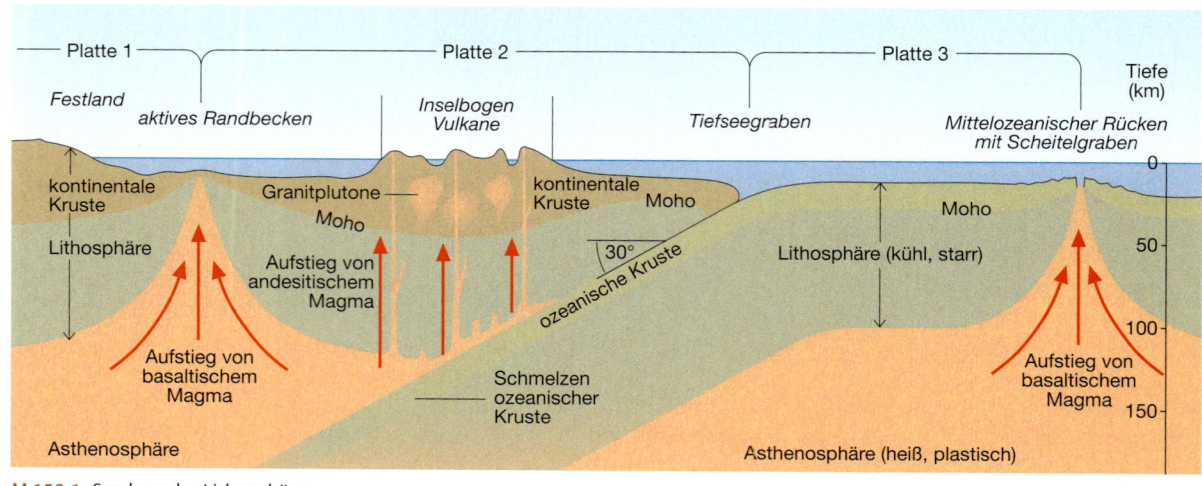

M 158.1 Struktur der Lithosphäre

Erdbeben, Vulkanismus, Tsunami

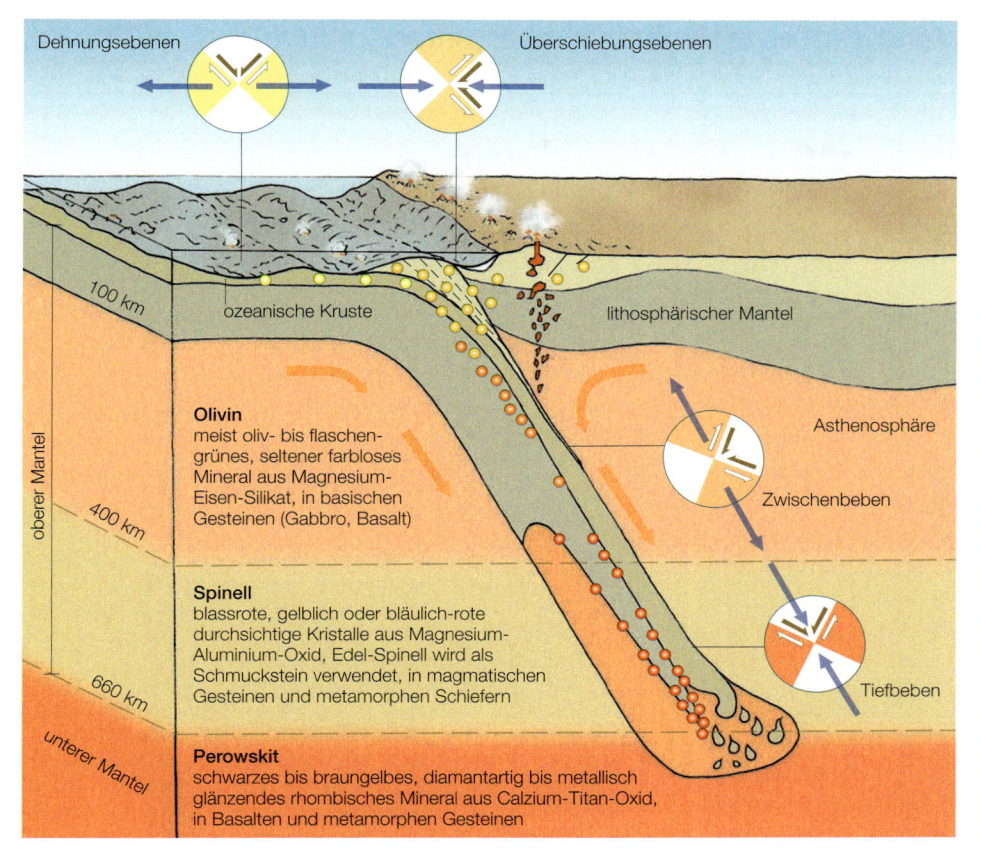

M 159.1 Schnitt durch ein Subduktionsband mit verschiedenen Mechanismen von Erdbeben

Olivin
meist oliv- bis flaschengrünes, selteneres farbloses Mineral aus Magnesium-Eisen-Silikat, in basischen Gesteinen (Gabbro, Basalt)

Spinell
blassrote, gelblich oder bläulich-rote durchsichtige Kristalle aus Magnesium-Aluminium-Oxid, Edel-Spinell wird als Schmuckstein verwendet, in magmatischen Gesteinen und metamorphen Schiefern

Perowskit
schwarzes bis braungelbes, diamantartig bis metallisch glänzendes rhombisches Mineral aus Calcium-Titan-Oxid, in Basalten und metamorphen Gesteinen

Typ: divergierende Plattenränder – Dehnung
Auseinanderdriften neu gebildeter ozeanischer Kruste
Tiefe der Erdbebenherde 0–20 km

Typ: konvergierende Plattenränder – Subduktion
ozeanische Kruste taucht unter kontinentale Kruste ab
Tiefe der Erdbebenherde 0–70 km

Typ: konvergierende Plattenränder – Kollision
zwei kontinentale Krusten treffen aufeinander
Tiefe der Erdbebenherde 0–700 km

Typ: konservierende Plattenränder
Transversalverwerfung verläuft durch ozeanische Kruste
Tiefe der Erdbebenherde 0–30 km

Typ: Transversalverwerfungen im Bereich von Plattenrändern – Scherung
Transversalverwerfung verläuft durch kontinentale Kruste
Tiefe der Erdbebenherde 0–30 km

M 159.2 Unterschiedliche Typen von Plattengrenzen

deutung für die Entstehung von Gesteinen und Faltengebirgen.

Subduktionsbänder und Erdbeben

Entlang der *Subduktionsbänder* an konvergierenden Plattenrändern werden 95 % aller Erdbeben ausgelöst. Es sind die einzigen Bereiche, in denen nicht nur Flachbeben, sondern auch Zwischenbeben und Tiefbeben auftreten. Herde von Flachbeben liegen entsprechend der normalen Lithosphärenmächtigkeit in bis zu etwa 70 oder 100 km Tiefe. Erdbeben mit Herdtiefen von mehr als 100 km sind außerhalb der Subduktionsbänder nicht möglich, weil im heißen Magma Spannungen durch plastisches Fließen ausgeglichen werden. Schon unterhalb von 20 km reagiert die kontinentale Kruste durch plastische Verformung. Dagegen werden in den Subduktionsbändern abgekühlte, starre Gesteine mit großer Geschwindigkeit in die Tiefe verfrachtet. Es bauen sich thermisch Spannungen auf, die durch plötzliche Verformung in Erdbebenenergie umgewandelt werden.

Flachbeben entstehen vor allem durch horizontale Einengung an Überschiebungsbahnen, durch Reibung zwischen den konvergierenden Platten und sie resultieren aus Scherbewegungen. In der Tiefe entstehen Spannungen durch Mineralumwandlung: durch Serpentinentwässerung Zwischenbeben, durch Umwandlung von Olivin in Spinell Tiefbeben. Letzteres ist aber noch nicht genau geklärt.

1 Erläutern Sie die Struktur der Lithosphäre und der Asthenosphäre (**M 158.1**, **M 157.1**). Unterscheiden Sie kontinentale und ozeanische Kruste. Grenzen Sie Lithosphäre und Asthenosphäre voneinander ab.
2 Vergleichen Sie die Größe und die Bewegungsrichtung der Lithosphärenplatten (**M 155.1**).
3 Erklären Sie den Unterschied zwischen aktiven und passiven Kontinenträndern. Nennen Sie Beispiele (**M 155.1**, **Atlas**).
4 Erläutern Sie die Prozesse an den Plattenrändern (**M 159.1**). Weisen Sie diese Prozesse an ausgewählten Beispielen nach (**M 155.1**, Atlas).
5 Erläutern Sie Entstehungsbedingungen von Erdbeben (**M 158.1**, **M 159.2**).

Katastrophenmanagement: Vorsorge und Nachsorge

Erdbebenvorhersage

Trotz intensiver Forschung lassen sich nach Einschätzung von Experten Erdbeben räumlich und zeitlich immer noch nicht exakt vorhersagen. Aber die Risikogebiete sind inzwischen sehr genau bekannt.

Warnungen sind bei Erdbeben kaum möglich, denn Bruchvorgänge an den Rändern der Lithosphäreplatten sind nicht vorausberechenbar. Die Prozesse des Spannungsaufbaus bis hin zum Entlastungsbruch des Gesteins sind von einer hohen Anzahl physikalischer Größen gesteuert. Aufgrund des komplexen Zusammenspiels ist eine genaue Quantifizierung der Prozesse in einem Erdbebenherd bislang nicht möglich, sodass in der Regel nur die Wahrscheinlichkeit eines Erdbebenereignisses in einem bestimmten Gebiet benannt werden kann.

Gleichwohl ist eine Reihe von Vorläuferphänomenen bekannt, die vor dem Eintreten eines Erdbebens beobachtet werden können. Es sind Veränderungen messbarer Größen und statistische Beobachtungen. Für eine lückenlose Erfassung der Phänomene wäre aber der instrumentelle Aufwand nicht durchführbar. Gelegentliche Berichte von erfolgreichen Vorhersagen haben wegen der Häufigkeit von Erdbeben in dem betreffenden Gebiet geringe statistische Bedeutung.

Eine Frühwarnung der Bevölkerung vor einem Erdbebenereignis ist nur sinnvoll, wenn das Ereignis räumlich und zeitlich genau vorhergesagt werden kann oder wenn der Umfang des volkswirtschaftlichen Schadens und die Zahl möglicher Opfer als sehr groß eingeschätzt wird.

Katastrophenkreislauf

Zur Bewältigung von Naturkatastrophen ist ein Risikomanagement erforderlich. Es beschreibt den Prozess der Katastrophenvorsorge und -nachsorge.

Vor- und Nachsorge sind Bestandteile des *Katastrophenkreislaufs*. Das Ziel des Risikomanagements ist die Verminderung möglicher Schäden an Menschen und Sachwerten. Es besteht aus den Komponenten Risikoanalyse, Risikobewertung und Maßnahmenplanung.

Katastrophenvorsorge
- **Katastrophenvorbeugung:** Landnutzungsplanung und Raumordnung, Stärkung der existierenden Vorsorgestrukturen, Fortbildung der mit der Katastrophenvorsorge befassten Personen und Institutionen, langfristiger Aufbau von Kommunikationsstrukturen auf administrativer und privater Ebene, langfristiger Aufbau und Erprobung von Frühwarnsystemen.
- **Katastrophenvorbereitung:** Partizipative Erstellung von Notfallplänen, Bereitstellung von Notunterkünften, Üben von Katastrophensituationen und Evakuierungsmaßnahmen, Bereitstellung der medizinischen Versorgung, Einsatz des Warnsystems unmittelbar vor dem Ereignis. In Deutschland wird für diese Phase der Begriff „Katastrophenschutz" verwendet.

Katastrophennachsorge
- **Katastrophenbewältigung:** Bergungs- und Rettungsmaßnahmen, medizinische Soforthilfe, begleitende humanitäre Hilfe für die Notversorgung der betroffenen Bevölkerung, Evakuierungen aus zerstörten Gebieten, Schaffung von Notunterkünften.
- **Wiederaufbaumaßnahmen:** Implementierung einer umfassenden Katastrophenvorsorge in die Wiederaufbauphase, Analyse der Situation vor der Katastrophe mit Methoden der Risikoanalyse und -bewertung, Versorgung mit temporärem und Aufbau von permanentem Wohnraum, Aufbau der Infrastruktur und der allgemeinen Versorgungseinrichtungen, erdbebensicheres Bauen.

Quelle: R. Dikau, J. Weichselgartner: Der unruhige Planet. Darmstadt 2005, S. 127 f.

M 160.2 Komponenten des Katastrophenkreislaufs

Veränderungen für die Bevölkerung
Menschen ziehen vorläufig weg.
Menschen verlassen für immer die Region.
Bestimmte Stadtgebiete dürfen nicht betreten werden
(Gasleitungen, Tankstellen, Hochhäuser).

Veränderungen für die Wirtschaft
Die Preise für Häuser und Grundstücke gehen zurück.
Es wird weniger gebaut.
Die Gemeinden erhalten weniger Steuern.
Versicherungsschutz kostet viel Geld.

Veränderungen für staatl. Einrichtungen
Die Bevölkerung muss geschult werden.
Krankenhäuser, Feuerwehr und Hilfsdienste müssen in Bereitschaft sein.
Die Gemeinde muss Evakuierungszentren bauen.
Öffentliche Verkehrsmittel fahren nicht.
Es gibt kein Gas und keinen Strom.

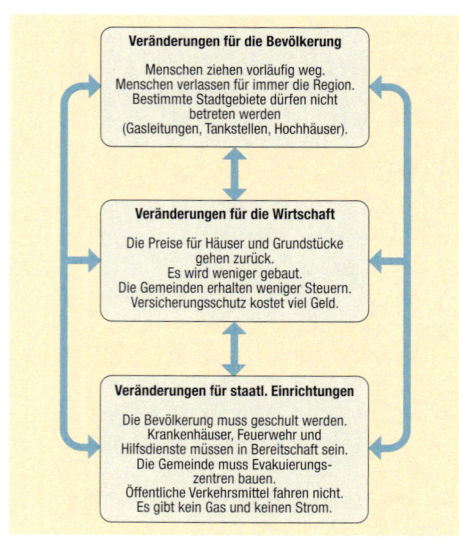

M 160.1 Auswirkungen einer Erdbebenvorhersage

Die Bundesbehörde unterhält im Internet ein „Earthquake Center", wo ständig computergesteuerte Berichte über jüngste tektonische Ereignisse laufen. Nach einer Erdbebenvorhersage schalten Computer ein Notsystem ein, das Züge stoppt, die Gasversorgung unterbricht und Ölraffinerien abschaltet. Automatische Adapter setzen Radios und Fernseher in Gang, um die Bevölkerung zu warnen.

M 160.3 United States Geological Survey

Raumbeispiel Kalifornien: Das San-Andreas-Störungssystem

San Francisco liegt auf einer komplizierten Transformstörung. Entlang der 1100 km langen San-Andreas-Störung bewegen sich der zur Pazifischen Platte gehörende schmale Küstenstreifen und das sich östlich anschließende Gebiet, die Nordamerikanische Platte, aneinander vorbei. Seit der Entstehung vor 25 bis 30 Millionen Jahren wurde ein Verschiebungsbetrag von 1500 km ermittelt. Das macht im Mittel bis zu 5 cm pro Jahr aus. Solange die Verschiebung nahezu stetig verläuft, also in Millimeterbeträgen, können Straßen, Eisenbahnlinien, Wasser- und Stromleitungen, Erdöl- und Erdgasleitungen sowie Grundstücksgrenzen, die quer zur Störung verlaufen, im Laufe der Jahre um sichtbare Beträge verbogen oder verschoben werden. Verhaken sich jedoch beiderseits der Störungsfläche Gesteinspakete ineinander, werden elastische Spannungen gespeichert, die sich nach einiger Zeit ruckartig als Erdbeben lösen.

Auswirkungen auf die Raumplanung

Am 5. Mai 1906 verwüstete ein Erdbeben San Francisco. Erst 1989 trat erneut ein Starkbeben ein. 1906 hatte San Francisco über 100 000 Einwohner, heute leben in dem Ballungsraum nahezu 8 Millionen Menschen. Heute existiert mit der Association of Bay Area Governments (ABAG) eine regionale Planungsstelle, die zur Erdbebenvorsorge eine Reihe von Maßnahmen ergriff:
- Hochhäuser, Brücken und Highways werden erdbebensicher konstruiert (neue Bauvorschriften).
- Maßnahmen wurden eingeleitet, die ein Zusammenbrechen der Versorgungsnetze (Wasser, Elektrizität, Gas, Telefon) verhindern bzw. kompensieren sollen.
- Die Katastrophenpläne wurden aktualisiert, zahlreiche Organisationen und Programme zur Information der Bevölkerung ins Leben gerufen: jährliches Training des Ernstfalls, Lagerung von Lebensmitteln.

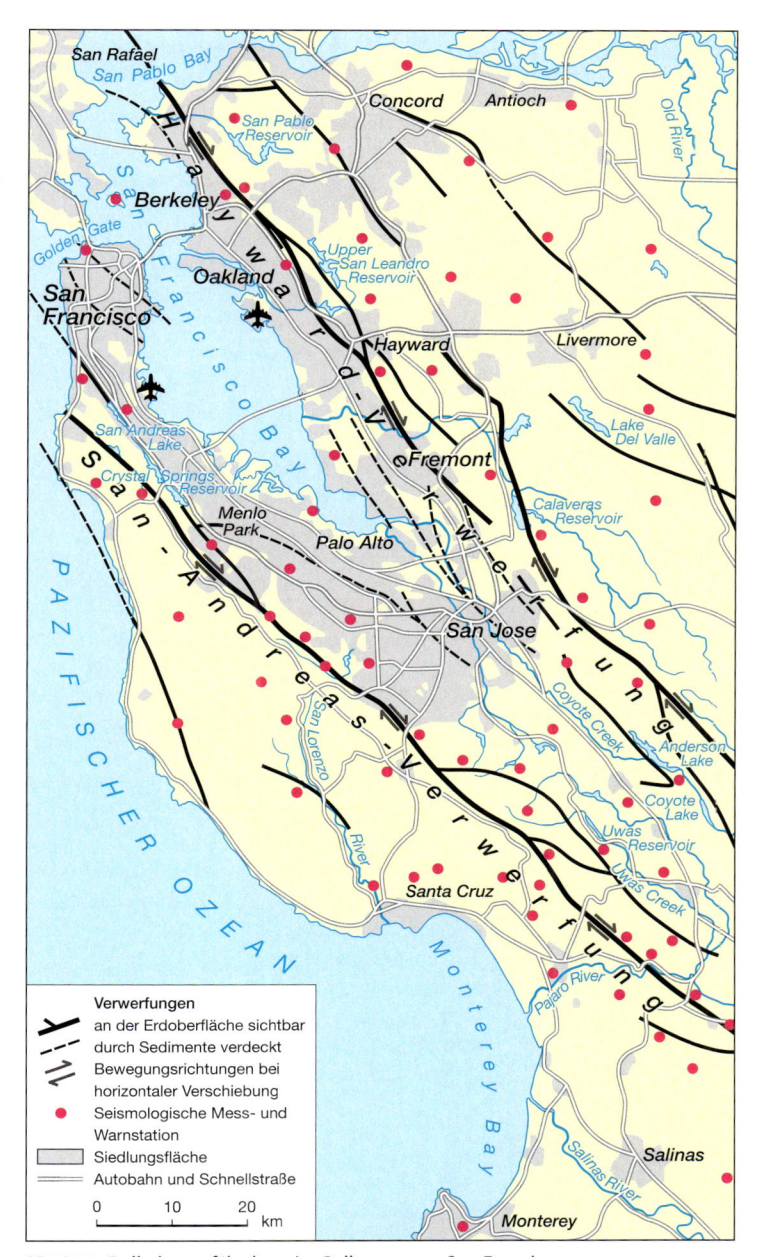

M 161.1 Erdbebengefährdung im Ballungsraum San Francisco

1 Erörtern Sie Möglichkeiten und Grenzen der Erdbebenvorsorge (M 160.1).
2 Erläutern Sie den von der Gesellschaft für Technische Zusammenarbeit verwendeten Begriff „Katastrophenrisikomanagement" („disaster risk management") (M 160.2).
3 Erklären Sie unter Verwendung Ihrer Vorkenntnisse die Erdbebengefährdung im Raum San Francisco (M 161.1, M 155.1, M 158.1, M 159.1).
4 Beschreiben Sie am Raumbeispiel Kalifornien Auswirkungen der Erdbebengefährdung auf die Raumplanung (M 160.3).
5 Diskutieren Sie das Merkblatt „Erdbeben – Was mache ich, wenn in Starkbebengebieten die Erde bebt?" (Merkblatt siehe im Internet unter GeoForschungsZentrum Potsdam. Stichwort Merkblatt Erdbeben).

www.gtz.de   www.katastrophenvorsorge.de   www.wbgu.de

Magmatismus und Vulkantätigkeit

Kleine Vulkankunde
Als Vater der wissenschaftlichen Vulkankunde gilt der griechische Geograph STRABO (63 v. Chr. bis 19 n. Chr.). Er unterschied drei Zustände vulkanischer Tätigkeit: Ruhe, Vorbereitung und Ausbruch. Bis in die Neuzeit, vor allem aber im Mittelalter wurde STRABOS Ansicht von Hohlräumen mit unterirdischem Feuer vertreten. Die Bezeichnung Vulkan wendete 1650 BERNHARD VARENIUS zum ersten Mal auf einen feuerspeienden Berg an. Das erste Handbuch der Vulkankunde schrieb 1671 der Leipziger THOMAS ITTIGIUS.
Die moderne Vulkanforschung leitete GEORG P. SCROPE (1797–1876) ein. Er erkannte, dass die Vulkanberge durch Aufschüttung vulkanischer Auswürfe entständen. Die Wärme aus dem Erdinneren stamme noch aus der Zeit der Entstehung der Erde.
Erkenntnisse der Gesteinskunde, Geotektonik, Geophysik und Geochemie sowie die Anwendung physikalisch-chemischer Gesetzmäßigkeiten auf das Beobachtungsmaterial lieferten zunehmend exakte Erkenntnisse, sodass sich die Vulkanologie im 20. Jahrhundert zu einem eigenständigen Wissenschaftszweig entfalten konnte. Einen weiteren Impuls erhielt die Vulkanologie durch die Errichtung von Vulkanobservatorien, deren bekannteste sich auf Sizilien (Ätna), Kamtschatka und Hawaii (Kilauea) befinden. Hinzu kamen Auswertungen der Satellitenfernerkundung. Inzwischen konnte die Entstehung von Vulkanen in allen Stadien beobachtet werden wie zum Beispiel beim Paricutin in Mexiko oder der Vulkaninsel Surtsey vor Island.

Vulkanische Tätigkeit
In der Asthenosphäre herrschen Temperaturen zwischen 1000–1300 °C. Unter diesen Bedingungen sind die Gesteine zu zähflüssigem Magma geschmolzen. Dieses Magma ist basisch. An Spalten und Klüften in der Lithosphäre kann das unter Druck stehende Magma aufsteigen. Es schafft sich zylinderförmige Kanäle, die Schlote, aus denen es ausfließt. Veränderungen des Drucks und der Temperatur, Kontakt mit den umgebenden Gesteinen und mit Wasser führen zur Bildung von Schmelzen mit verschiedenen Eigenschaften.
Die meisten **Vulkane** der Erde sind an die Plattengrenzen der Mittelozeanischen Rücken und der Subduktionsbänder gebunden. Gelangt Magma auf den Kontinenten oder auf dem Meeresboden an die Oberfläche, dann breitet es sich als Lava aus. Laven unterscheiden sich durch ihre chemische Zusammensetzung, ihre Fließfähigkeit und ihren Gasgehalt.
In großer Tiefe des unteren Erdmantels werden *heiße Flecken (Hotspots)* ausgelöst. Es handelt sich um fingerartig aufsteigende heiße Mantelströme. Obwohl nur 5 % der Vulkane heiße Flecken sind, spielen sie dennoch im Konvektionssystem des Erdmantels eine wichtige Rolle. Heute sind rund 50 bedeutende heiße Flecken auf Kontinenten und Ozeanen verteilt. Die heißen Flecken sind lagekonstant. Die Lithosphäreplatten driften über sie hinweg und schaffen bis zu 1000 km lange vulkanische Ketten und riesige Deckenergüsse, die vorwiegend aus basaltischen Laven bestehen.

Jährliche Magmaproduktion
Subduktionsband (destruktive Plattengrenze, aktiver Kontinentalrand, Andesitvulkane) 8,5 km³

Mittelozeanischer Rücken (konstruktive Plattengrenze, Basaltvulkane) 21 km³

Passive Kontinentränder (Intraplattenvulkane) ozeanisch und Hotspots 2,5 km³
kontinental 1,5 km³

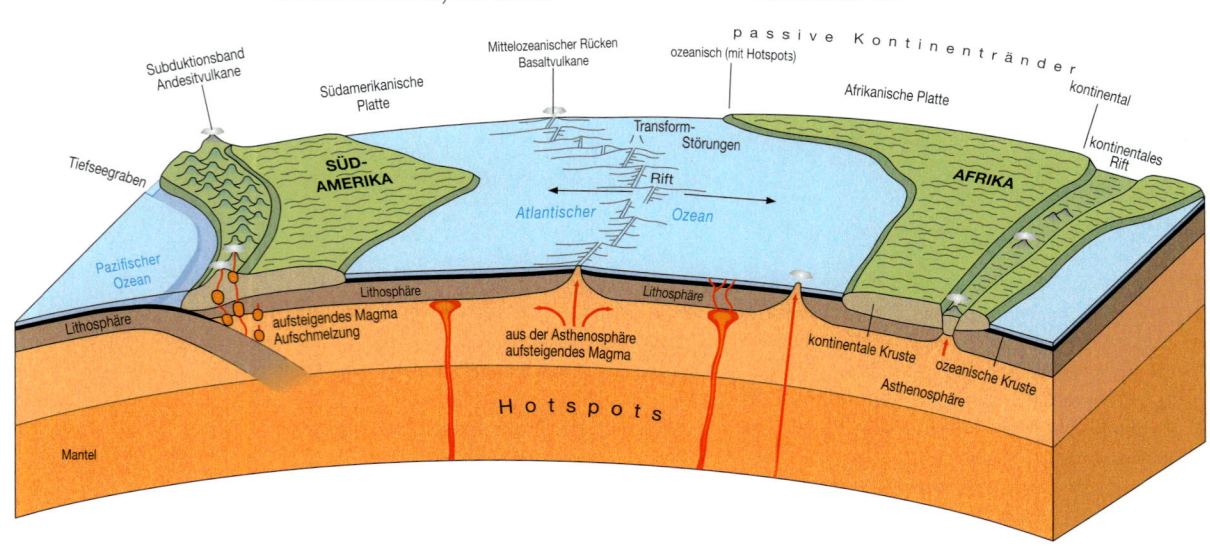

M 162.1 Plattentektonische Prozesse und Vulkanismus

Erdbeben, Vulkanismus, Tsunami 163

Schildvulkan

Nebenkrater mit Lavaströmen — Caldera — Gipfelkrater

Magmenkrater — ältere Lavaschichten

Dünnflüssige Laven breiten sich rasch aus und schaffen flache Abhänge vom Krater.

Schichtvulkan (Stratovulkan)

Hauptkrater — ältere Lavaschichten — vulkanische Aschen

Nebenkrater mit Lavastrom

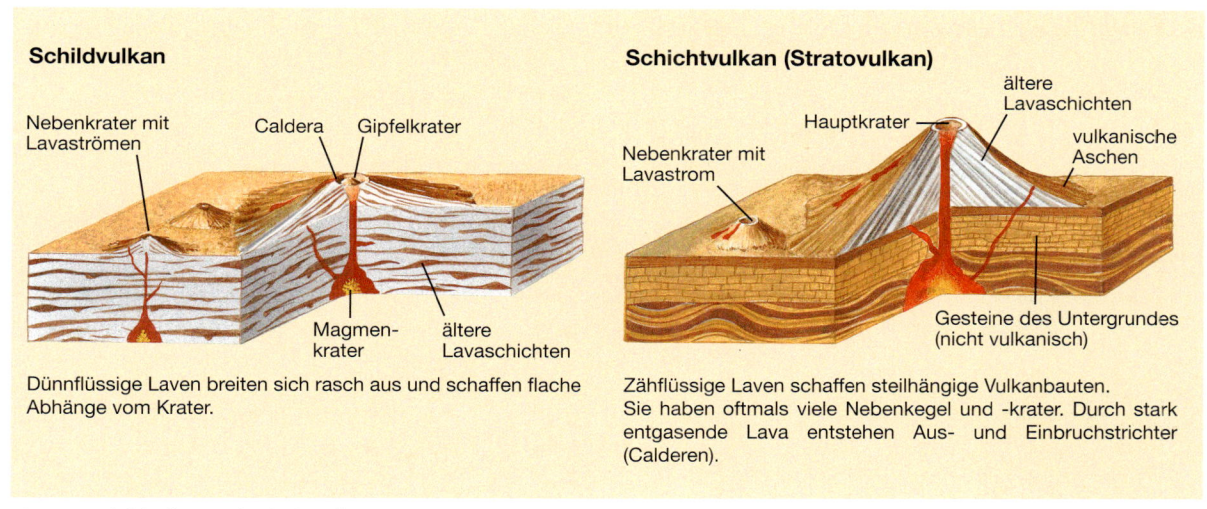

Gesteine des Untergrundes (nicht vulkanisch)

Zähflüssige Laven schaffen steilhängige Vulkanbauten. Sie haben oftmals viele Nebenkegel und -krater. Durch stark entgasende Lava entstehen Aus- und Einbruchstrichter (Calderen).

M 163.1 Schildvulkan und Schichtvulkan

Vulkanische Bauten

Die Gestalt der heute über 550 tätigen Vulkane ist von den Eigenschaften des Magmas, den Fördermengen und der Art und Dauer der vulkanischen Tätigkeit abhängig. An den Austrittsstellen des Magmas entstehen Krater, die bei jeder neuen Eruption Lage und Form verändern können. Die Krater werden häufig durch erstarrte Lava wieder verschlossen, das erhöht die Explosionsgefahr bei nachfolgenden Ausbrüchen.

Vulkanische Erscheinungen müssen nicht immer mit Lavaergüssen verbunden sein. Auch der Auswurf von Gesteinstrümmern und der Austritt von Gasen oder Wasserdampf an Spalten und Kanälen weisen auf Wärmequellen in geringer Tiefe hin. Fumarolen werden solche Gasaushauchungen genannt. Heiße, periodisch agierende Springquellen, Geysire, sind Belege für Magmaherde in geringer Tiefe. Die zeitliche Wiederkehr der Ausbrüche ist oft bemerkenswert konstant. So fördert der „Old Faithful" (Alter Getreuer) in den USA alle 60 Minuten eine 30 bis 40 m hohe Fontäne.

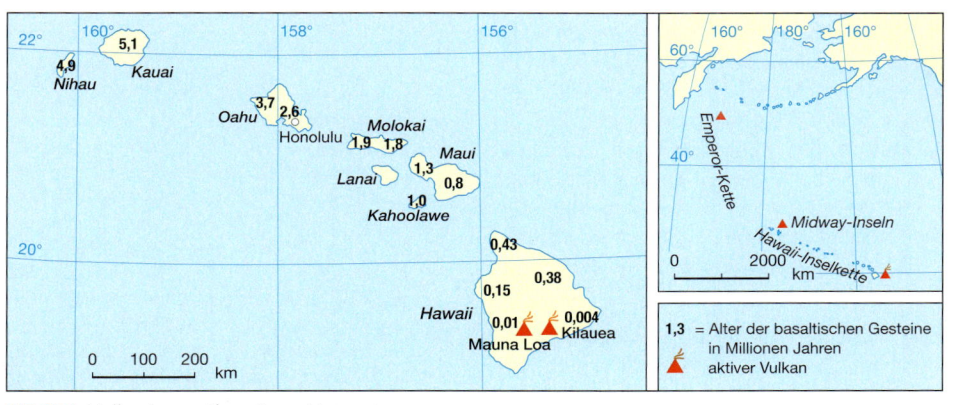

M 163.3 Geysir auf der Halbinsel Kamtschatka

M 163.2 Vulkanismus über einem Hotspot

1,3 = Alter der basaltischen Gesteine in Millionen Jahren
▲ aktiver Vulkan

1 **Referat-Tipp:** Die Erforschung des Vulkanismus.
2 Ordnen Sie Gebiete des gegenwärtigen Vulkanismus der Erde in die plattentektonischen Grundvorstellungen ein (**M 162.1**, **M 155.1**).
3 Geben Sie Verbreitungsgebiete vulkanischer Gesteine in Mitteleuropa an und ordnen Sie den Vulkanismus nach dem Alter (Atlas).
4 Erläutern Sie die unterschiedliche Entstehung vulkanischen Gesteins. Orientieren Sie sich dabei auch an **M 163.1**.
5 Erklären Sie Unterschiede im Aufbau von Vulkanen und vulkanischen Erscheinungen (**M 163.1**, **M 163.3**).
6 Begründen Sie das unterschiedliche Alter der Hawaii-Inseln (**M 163.2**).

Auswirkungen des Vulkanismus

Folgen eines Vulkanausbruchs

Weltweit brechen pro Jahr etwa 50 Vulkane aus. Sie bedrohen annähernd 500 Millionen Menschen. Seit dem 16. Jahrhunderts sind mehr als 300 000 Opfer zu beklagen. Die meisten Menschen starben an indirekten Folgen, vor allem an Hunger, denn die ländliche Bevölkerung in Vulkangebieten ist besonders betroffen. Die Bauern müssen mit der Bedrohung leben, weil sie auf den fruchtbaren Vulkanboden angewiesen sind. Fast immer bietet sich keine Möglichkeit zum Umsiedeln.

Wegen der Bodenfruchtbarkeit siedeln immer mehr Menschen in unmittelbarer Nähe zu Vulkanen. Im Zuge der Verstädterung wird auch die städtische Bevölkerung bedroht. Heute leben bereits 10 % der Weltbevölkerung in einer Entfernung bis zu 100 km von Vulkanen.

Die Naturgefahren, die von Vulkanausbrüchen ausgehen, werden durch verschiedene Auswurfmaterialien bestimmt. Zu den direkten Gefahren der Vulkanausbrüche gehören die Lavaströme, der Aschefall und die Druckwellen. Liegen die Krater oberhalb der Schneegrenze, führt der Kontakt der Lava mit Schnee und Eis zur Freisetzung von Wasserdampf und Kohlendioxid sowie zu Strömen von vulkanischem Schutt und Schlamm, den **Laharen**. Die Destabilisierung der Vulkanflanken kann zu Hangrutschungen führen. Glutlawinen fegen mit hoher Geschwindigkeit die Hänge hinab. Derartige *pyroklastische Ströme* bestehen aus einer Mischung von Bims, Asche und sehr feinen Lavabrocken. Aus dem Magma und der Lava entweichen gelöste Gase wie Wasserdampf, Kohlendioxid, Wasserstoff, Kohlenmonoxid, Schwefeldioxid und Schwefelwasserstoff. Außerdem fliegen Pyroklasten unterschiedlicher Korngrößen (Asche, Lapilli, Bomben) durch die Luft.

M 164.1 Aschewolke eines Vulkans

Schutzmaßnahmen

Vulkanausbrüche können nicht verhindert werden. Allenfalls lassen sich kleine Lavaströme, die nicht zu schnell fließen, durch Barrieren umlenken. Mit teilweisem Erfolg werden Lavaströme durch Kaltwasserstrahlen zur Abkühlung und damit zum Stoppen gebracht. Manchmal gelingt es, den Strom durch Bombardierung und Aufschüttung von Erddämmen von gefährdeten Objekten wie z. B. Siedlungen abzulenken.

Lahare gefährden noch nach der Eruption vor allem die Flussläufe. Durch betonierte Ablaufkanäle und Schutzbauten, nach dem japanischen Ingenieur SABO benannte Sabo-Dämme, können die Schlammströme zurückgehalten oder eingedämmt werden. Die Ausweisung von Gefahrengebieten ist eine Maßnahme der Katastrophenvorsorge im Rahmen des Risikomanagements. Grundlage der Naturgefahrenkarten bilden Erkenntnisse der Vulkanologie. Zu berücksichtigen sind dabei die Reichweiten bei Vulkaneruptionen. Planungsbehörden können solche Karten als Grundlage für die vorgesehene Flächennutzung und Bebauung verwenden.

> Lange Zeit schien es unmöglich, dass Menschen ihre Kräfte den Mächten des Vulkanismus entgegenstemmen könnten. Es herrschte ein Gefühl des Fatalismus – der Vulkan tat, was er wollte, und dagegen war man machtlos. Aber es gab auch Versuche, einem Vulkan zu trotzen:
>
> Am 11. März 1669 kündeten heftige Eruptionen einen erneuten Ausbruch des Ätna an. Bis zu 100 km breiteten sich die Aschewolken aus. Ein Lavastrom ergoss sich über den Südhang in Richtung Catania. Während die Lava bereits mehrere Dörfer vernichtet hatte, fasste der catanische Bürger Pappalardo einen kühnen Entschluss. Die Lava floss unter einer abgekühlten Kruste wie durch einen Kanal in die Tiefe. Pappalardo und etwa 50 Helfer, zum Schutz gegen die sengende Hitze in nasse Rinderhäute gehüllt, brachen mithilfe langer Eisenstangen die Schlackenkruste auf. Ein Lavastrom schoss durch die seitliche Öffnung, und der Hauptstrom verlangsamte sich. Der seitliche Strom bedrohte nun den Ort Paterno. Dessen Bewohner zwangen, bis an die Zähne bewaffnet, Pappalardo und seine Helfer die Bemühungen einzustellen. Die Kruste verklebte wieder, und der mächtige Strom setzte seinen Weg fort. Zum Erstaunen aller hielten die Stadtmauern von Catania den Millionen Tonnen Lava einige Tage lang stand. Der Strom teilte sich und wurde ins Ionische Meer gelenkt. Schließlich gab eine Schwachstelle in der Mauer nach, die Lava ergoss sich in die Stadt und floss bis zum Hafen.

M 164.3 Aus dem Bericht eines Zeitzeugen vom Vulkanausbruch des Ätna im Jahre 1669

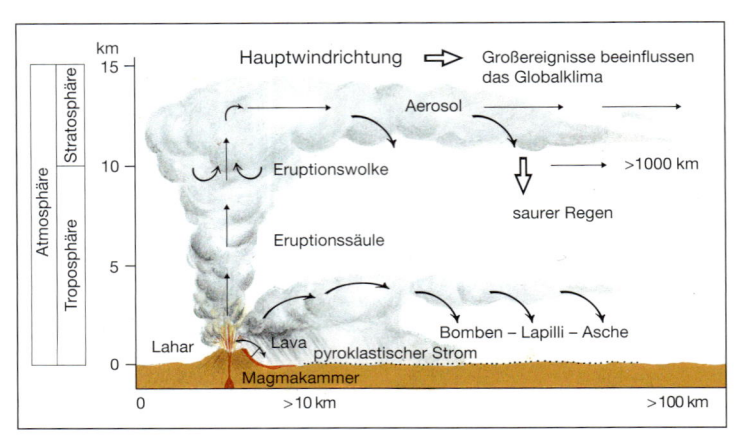

M 164.2 Folgen eines Vulkanausbruchs

Vorhersage

Mit der wachsenden Zahl der Erdbevölkerung wird der Druck, auch aktive Vulkangebiete zu besiedeln, immer größer. Um die Zahl der Opfer von Vulkanausbrüchen möglichst niedrig zu halten, werden präzise Vorhersagen über Zeitpunkt, Art und Stärke von Eruptionen immer notwendiger. Um solche Vorhersagen treffen zu können, benötigen die Vulkanologen grundlegende Kenntnisse über vulkanische Prozesse sowie über das Verhalten von Vulkanen in der Vergangenheit.

Aber auch anhand einer Statistik sind noch keine genauen Vorhersagen möglich. Von Bedeutung ist die ständige Überwachung der Vulkane. Dabei ist auf Veränderungen, die beim Aufstieg des Magmas vor einer Eruption hervorgerufen werden, zu achten. Dazu zählen vulkanische Erdbeben, die Ausdehnung von Magmakammern, eine verstärkte Entgasung und veränderte Gaszusammensetzung sowie die Aufheizung der näheren Umgebung eines Vulkans.

Bisher wurden bei allen Ausbrüchen von Vulkanen im Voraus Erdbeben in deren Umfeld festgestellt. Heute werden etwa 200 Vulkane seismisch überwacht. Steigt Magma auf, so schwillt der Vulkan an und es entstehen Risse an der Oberfläche. Solche Veränderungen werden durch präzise Messtechniken auf den Millimeter genau ermittelt. Die Menge und die Zusammensetzung der aufsteigenden Gase ist ein weiterer Indikator. Die Entnahme von Gasproben unmittelbar am Gasaustritt ist die genaueste Möglichkeit, um Veränderungen feststellen zu können. Sie ist aber die gefährlichste Methode, da die Forscher sich sehr nah an die aktiven Gebiete heranwagen müssen.

Die philippinische Regierung z. B. hat für den Vulkan Mayon einen Alarmplan ausgearbeitet. Stufe 1 meldet eine geringe Aktivität des Vulkans, Stufe 2 warnt vor einem möglichen Ausbruch, Stufe 3 sagt einen Ausbruch in Tagen oder Wochen voraus, Stufe 4 verkürzt die Vorhersage auf Stunden und Tage. Bei Stufe 5 ist ein katastrophaler Ausbruch erfolgt.

Spätestens bei Stufe 4 wären die Evakuierung Tausender von Menschen und die Unterbrechung des Wirtschaftslebens notwendig. Aber eine Fehlprognose würde allein aus Kostengründen enorme menschliche und wirtschaftliche Folgen nach sich ziehen.

M 165.1 Lavastrom am Hang des Ätna (1971)

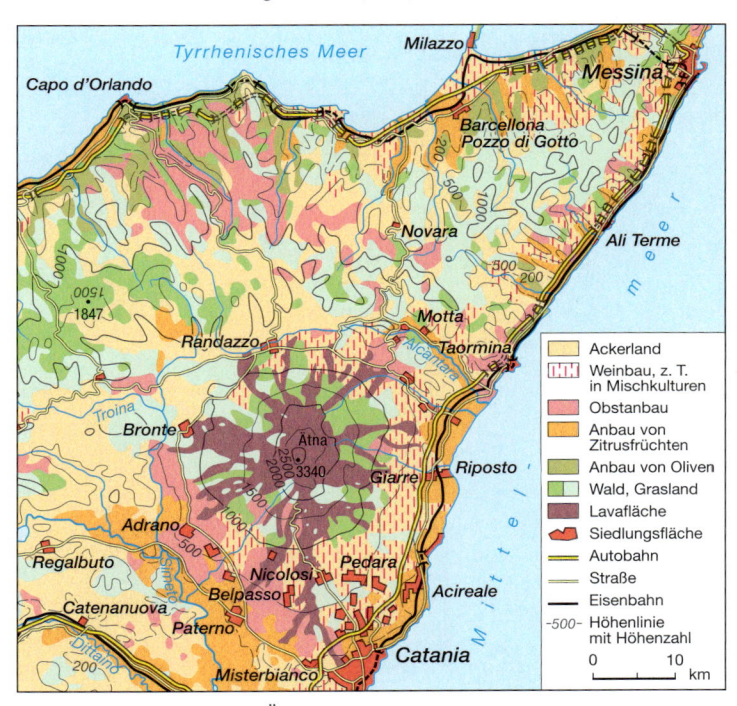

M 165.2 Bodennutzung am Ätna

1 Entwerfen Sie zum Thema „Folgen eines Vulkanausbruchs" eine Mindmap (**M 164.1**, **M 164.2**, **M 165.1**, **M 165.2**). Diskutieren Sie Ihre Ergebnisse in Lerngruppen.
2 Erörtern Sie Möglichkeiten und Grenzen des Schutzes vor Folgen von Vulkanausbrüchen (**M 164.3**).
3 Vergleichen Sie Vorhersagemöglichkeiten von Vulkanausbrüchen und von Erdbeben.
4 **Referat-Tipp:** Vulkane bringen auch Nutzen.

Tsunamis – Seebeben und Riesenwellen

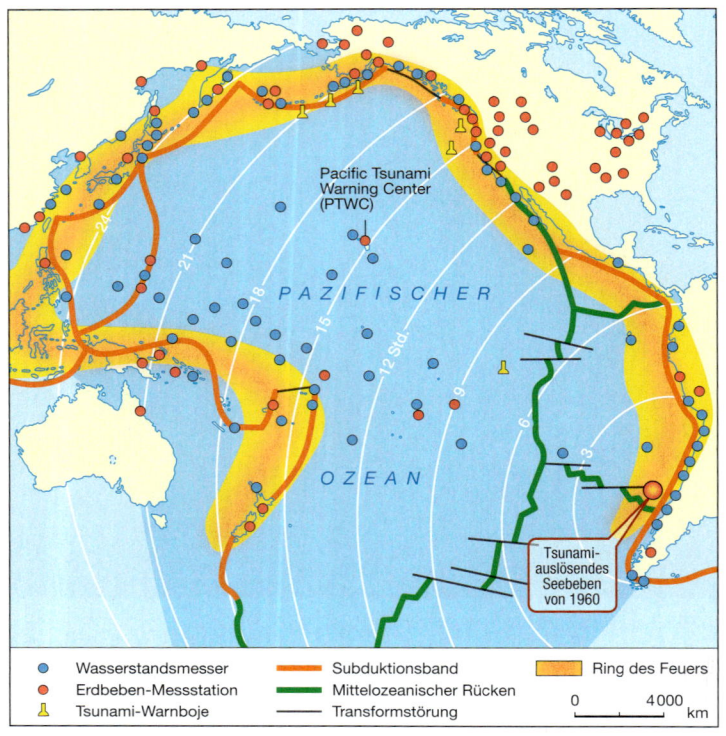

M 166.1 Ausbreitung eines Tsunami im Pazifik

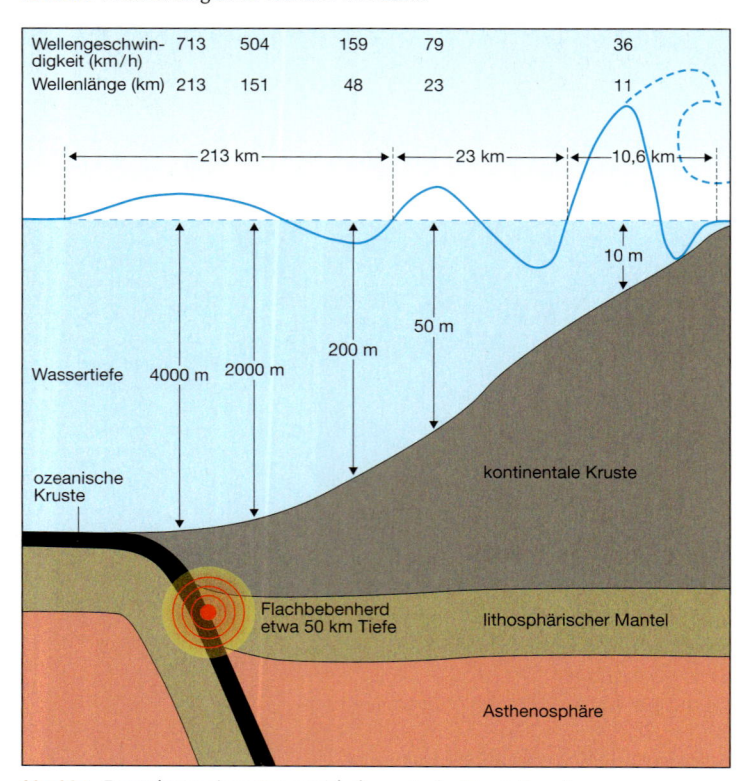

M 166.2 Entstehung eines Tsunami (schematische Darstellung)

Raumbeispiel: Valdez-Anchorage

Es ereignete sich am 27. März 1964. Im Schutz der Bucht Prince William Sound lag im Hafen von Valdez der 10 000-Tonnen-Frachter und löschte seine Ladung. Plötzlich schlingerte das Schiff, hob sich auf einer zehn Meter hohen Welle und wurde auf das Land geworfen. Die riesige Woge zerstörte die Uferbefestigungen, die Piers und die Hafengebäude und überrollte die Kleinstadt mit ihren über 4000 Einwohnern. Die Riesenwelle suchte alle Fjorde der Halbinsel Kenai heim. Am stärksten betroffen war Anchorage, die größte Stadt Alaskas mit rund 230 000 Einwohnern im Inneren der Cook Bai.

Niemand hatte etwas geahnt, denn es herrschte Ebbe. Eine halbe Stunde nach einem Erdbeben, von dem die Einwohner nichts wussten, kam eine Welle, die jedoch kaum jemanden beunruhigte. Fünf Stunden nach dem Erdbeben brach die volle Wucht des Wassers über Valdez herein. Das Beben dauerte in Anchorage fast drei Minuten. Die Naturkatastrophe forderte 125 Menschenleben. Die größten Zerstörungen in der Stadt wurden durch Erdrutsche und massive Landverschiebungen verursacht.

Ursache des Ereignisses

Städte und Fischersiedlungen am Golf von Alaska waren 1964 einem *Tsunami* (japanisch: Hafenwelle) zum Opfer gefallen. Tsunamis können durch *Seebeben*, Beben an der Küste oder durch Vulkanausbrüche unter Wasser ausgelöst werden. Seeleute nehmen die Wellen nicht wahr, denn diese sind auf dem offenen Meer wegen ihrer großen Wellenlänge höchstens einen halben Meter hoch. Sie rasen aber über den Ozeanboden mit einer Geschwindigkeit von 800 km/h dahin und breiten sich ringförmig aus. Erst in Küstennähe wird ihre Fortpflanzungsgeschwindigkeit durch Berührung mit dem Meeresboden drastisch abgebremst. Die Wellenlänge wird verkürzt, der Wellenkamm bäumt sich zu einer bis zu mehr als 30 m hohen Wasserwand auf.

Das Seebeben vom 27. März 1964, das so genannte „Karfreitagsbeben", auch „Großes Alaska-Beben" genannt, war bisher mit der Stärke 9,2 auf der Richter-Skala das stärkste Ereignis in der Geschichte der USA. Das Epizentrum des Bebens lag etwa 320 km südöstlich von Anchorage unter dem Meeresboden. Der Herd des Flachbebens lag im Bereich einer destruktiven Plattengrenze. Die Subduktion der Pazifischen Platte unter die Nordamerikanische Platte erfolgt hier mit einer Geschwindigkeit von bis zu 7 cm pro Jahr.

Schutzmaßnahmen

Das Risikomanagement von Tsunamis umfasst mehrere Elemente der Katastrophenvorsorge: die Erstellung von Gefahrenkarten, die numerische Modellierung der Tsunami-Wellen und Ausweisung von Überflutungsflächen großer Städte, die Tsunami-Frühwarnung.

Heute befassen sich im afrikanisch-indischen und im asiatisch-pazifischen Raum verschiedene Behörden und wissenschaftliche Einrichtungen mit der Unterhaltung und Weiterentwicklung von Elementen der Katastrophenvorsorge:
- Auf Hawaii befindet sich der Knotenpunkt des Pacific Tsunami Warning Center (PTWC), in dem 26 Staaten eingebunden sind.
- Das Nationale Tsunami-Katastrophenvorsorge-Programm (National Tsunami Hazard Mitigation Programm) der USA verfolgt einen integralen Ansatz für die fünf gefährdeten Bundesstaaten Alaska, Washington, Oregon, Kalifornien und Hawaii.
- Das deutsche Frühwarnsystem German Indonesian Early Warning System (GITEWS) wurde im Auftrage der deutschen Bundesregierung vom GeoForschungsZentrum Potsdam (GFZ) und sieben weiteren Institutionen entwickelt und im östlichen Indischen Ozean installiert.
- Einige japanische Küstenstädte schützen sich durch bis zu zehn Meter hohe und 25 Meter breite Deiche, deren Tore innerhalb weniger Minuten geschlossen werden können. Südlich von Yokohama wird davor der Strand mit Zehntausenden Tetrapoden als Wellenbrecher geschützt.

M 167.2 Tsunamischutzbau an der japanischen Küste

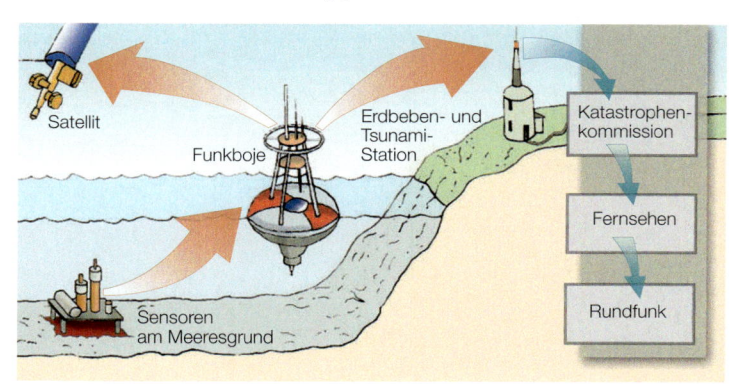

M 167.3 Tsunami-Frühwarnsystem

Primäre Folgen	Sekundäre Folgen
Bedrohung der Küstenbewohner und Touristen durch Ertrinken, Unterkühlung, Schnittwunden, Prellungen, Quetschungen, innere Blutungen, Verschüttung in Gebäuden	Hunger, Durst, Krankheiten, Epidemien, Arbeitslosigkeit, Armut infolge zerstörter Infrastruktur und Zusammenbruch des Erwerbslebens
Beschädigung und Zerstörung von Bauwerken (Verkehrseinrichtungen, Pipelines, Hafeneinrichtungen, industrielle Anlagen, öffentliche Gebäude, Wohnhäuser) durch Unterspülen der Fundamente und unter Druck der Riesenwelle	zeitweilige oder lang anhaltende Beeinträchtigungen in überschwemmten Gebieten durch Versalzung und chemische Verunreinigung der Böden
Erosionsschäden (Rinnen, Rutschungen, Sedimentation) im Küstenbereich	

M 167.1 Mögliche Auswirkungen eines Tsunami

1. Erklären Sie, warum flache Subduktionsbeben doppelt vernichtend wirken (M 166.1, M 166.2, M 167.1).
2. Lokalisieren Sie Gebiete, die durch Tsunamis gefährdet sind, und erklären Sie deren topographische Lage (M 155.2, Atlas).
3. Erläutern Sie das Tsunami-Warnsystem und weitere Schutzmaßnahmen (M 167.3).
4. **Referat-Tipp:** Tsunamis an den Küsten Europas.

- www.prh.noaa.gov
- www.pmel.noaa.gov
- www.pdc.org

Globaler Klimawandel

Rezenter Klimawandel

Szenario	Temperaturänderung (in °C, 2090 bis 2099 verglichen mit 1980 bis 1990)	
	Beste Schätzung	Wahrscheinliche Bandbreite
1	1,8	1,1 – 2,9
2	2,4	1,4 – 3,8
3	2,4	1,4 – 3,8
4	2,8	1,7 – 4,4
5	3,4	2,0 – 5,4
6	4,0	4,0 – 6,4

M 168.1 Projizierte mittlere globale Erwärmung an der Erdoberfläche am Ende des 21. Jahrhunderts (Quelle: Vierter Sachstandsbericht des IPCC, 2007)

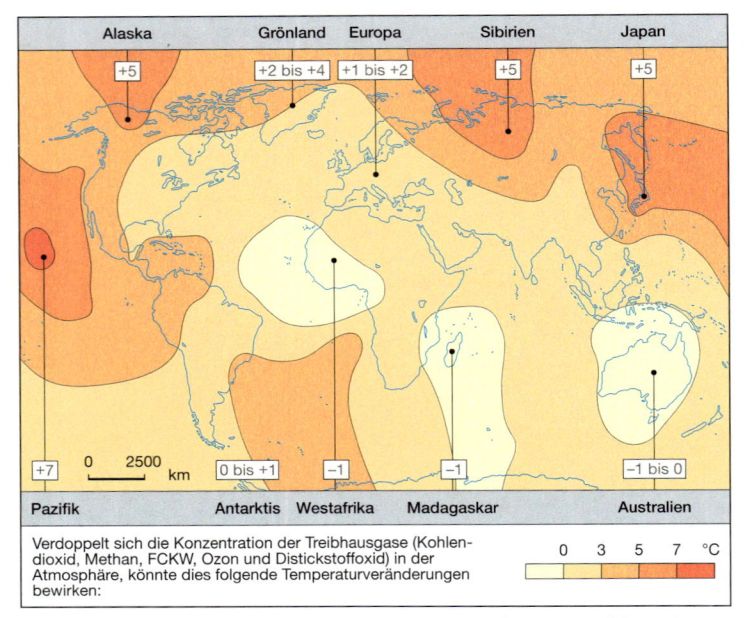

M 168.2 Modell der zu erwartenden Temperaturveränderungen auf der Erde

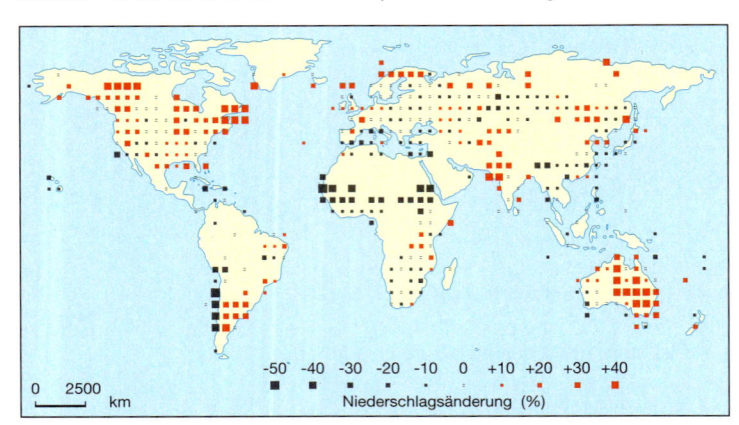

M 168.3 Globale Veränderungen des Jahresniederschlags auf der Erde im 20. Jahrhundert

Globale Erwärmung

Durch direkte Beobachtung seit etwa 150 Jahren ist ein Anstieg der mittleren globalen Luft- und Meerestemperaturen um 0,8 °C ermittelt worden. Klimaforscher prognostizieren für das 21. Jahrhundert die Fortsetzung dieses Trends. Umstritten ist lediglich die Höhe der Zunahme der Erwärmung. Angenommen wird aber ein globaler Anstieg von mindestens 2 °C bis zum Jahr 2100. Diese *globale Erwärmung* hat einen Wandel im Klimasystem der Erde zur Folge.

Um die Ursachen und Folgen der Erwärmung herauszufinden, wurde 1988 gemeinsam von der Welt-Meteorologie-Organisation (WMO) und dem Umwelt-Programm der Vereinten Nationen (UNEP) der Zwischenstaatliche Ausschuss für Klimaänderungen, das Intergovernmental Panel on Climate Change (IPCC) gegründet. Das IPCC hat die Aufgabe, den wissenschaftlichen Kenntnisstand hinsichtlich des globalen Klimawandels zu beschreiben und die internationale Politik zu beraten. Seit 1990 hat das IPCC vier Sachstandsberichte erarbeitet, der jüngste wurde 2007 veröffentlicht (siehe auch S. 16).

Der Klimawandel kann nur begrenzt mit gemessenen Daten abgeschätzt werden. Daher ist eine modellgestützte Simulation des künftigen Klimas notwendig. Globale Klimamodelle berücksichtigen Prozesse in der Atmosphäre, den Ozeanen, von Eis und Schnee und auch der Vegetation. Um möglichst umfangreiche numerische Grundlagen in die Modellierungen einbringen zu können, sind außerdem Rahmenbedingungen für die zukünftige Entwicklung der menschlichen Gesellschaft und deren Einfluss auf die natürliche und gestaltete Umwelt heranzuziehen. Zur Ermittlung der möglichen Bandbreite der anhaltenden Erwärmung werden verschiedene Szenarien entworfen. Sie operieren mit unterschiedlichen Annahmen über Indikatoren wie Bevölkerungsentwicklung, Wirtschaftswachstum und Energieverbrauch.

Auswirkungen der globalen Erwärmung

Der Klimawandel gilt laut UNEP 1999 als das mit Abstand wichtigste Umweltproblem des 21. Jahrhunderts. Je nach Ausmaß der globalen Erwärmung kommen auf den Menschen weitreichende Folgen zu. Sie hängen alle zusammen mit Armut, Hunger, Wassermangel und der Aufrechterhaltung eines wirtschaftlichen Wachstums.

Globaler Klimawandel

Global: Verlagerung der Klimazonen – Wandel der Geoökosysteme und der Lebensräume

- Ausdehnung der inneren Tropen polwärts
  → Zunahme der Jahressummen des Niederschlags in den wechselfeuchten Tropen
  → höhere Erträge in der Landwirtschaft in den Trocken- und Dornsavannen

- Verlagerung der trockenen Tropen und der trockenen Subtropen polwärts
  → Abnahme der Jahressummen des Niederschlags in den sommertrockenen und immerfeuchten Subtropen
  → geringere Erträge in der Landwirtschaft, Wassermangel, Gefahren von Flächenbränden, Verluste im Tourismus, Auswanderung (Emigration)

- Verlagerung der nördlichen gemäßigten Zone polwärts
  → Anstieg der mittleren Luft- und Meerestemperaturen in Europa nördlich der Alpen, in Russland, Sibirien und Nordamerika bis 2100 um 1,8 – 2,3 °C
  → Änderung der phänologischen Daten, Verlängerung der Vegetationsperiode, höhere Erträge in der Landwirtschaft, Massenvermehrung von Insekten, Abnahme der Eisbedeckung der Ostsee um 50 – 80 %

Globale Erwärmung

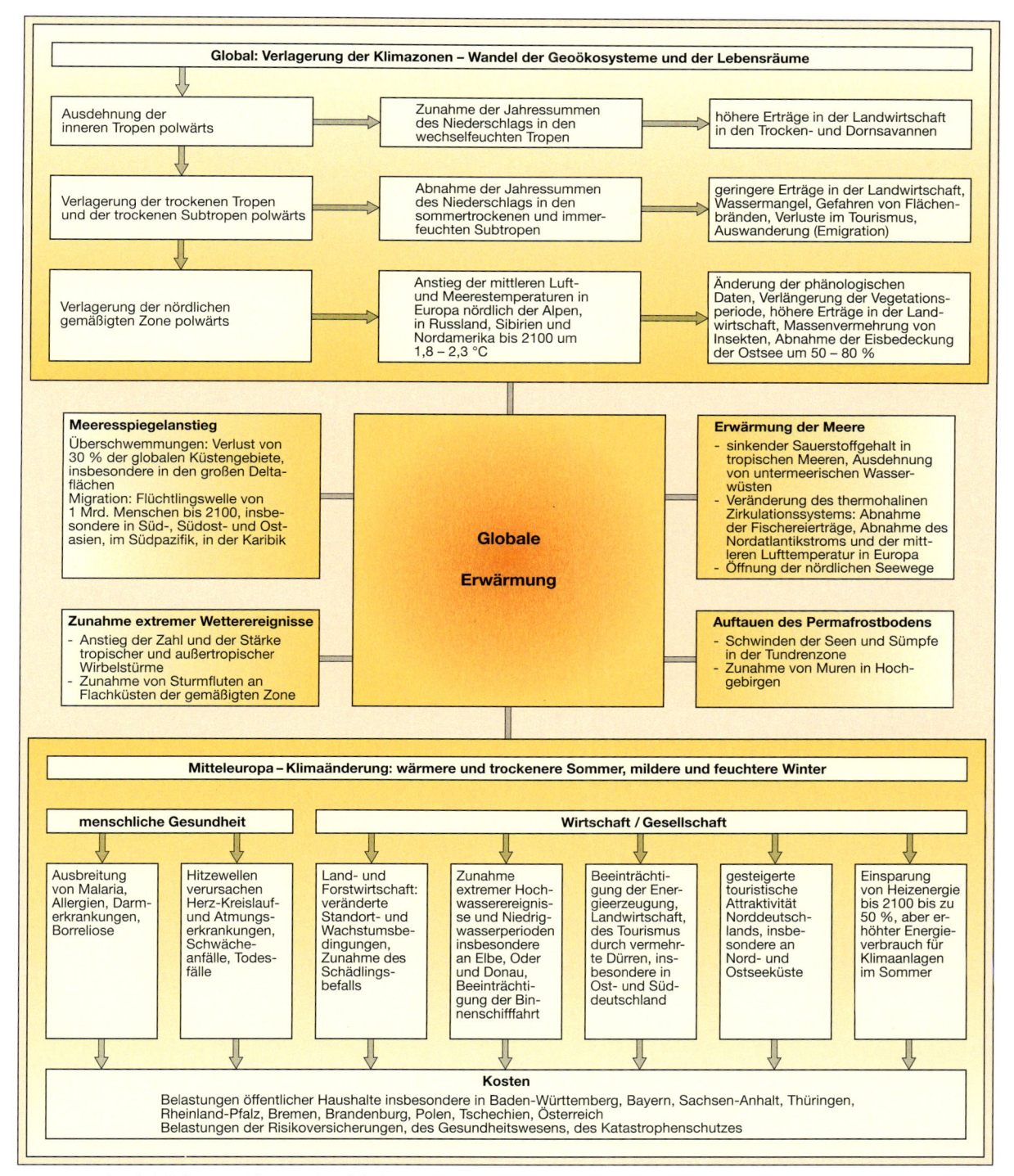

Meeresspiegelanstieg
Überschwemmungen: Verlust von 30 % der globalen Küstengebiete, insbesondere in den großen Deltaflächen
Migration: Flüchtlingswelle von 1 Mrd. Menschen bis 2100, insbesondere in Süd-, Südost- und Ostasien, im Südpazifik, in der Karibik

Erwärmung der Meere
- sinkender Sauerstoffgehalt in tropischen Meeren, Ausdehnung von untermeerischen Wasserwüsten
- Veränderung des thermohalinen Zirkulationssystems: Abnahme der Fischereierträge, Abnahme des Nordatlantikstroms und der mittleren Lufttemperatur in Europa
- Öffnung der nördlichen Seewege

Zunahme extremer Wetterereignisse
- Anstieg der Zahl und der Stärke tropischer und außertropischer Wirbelstürme
- Zunahme von Sturmfluten an Flachküsten der gemäßigten Zone

Auftauen des Permafrostbodens
- Schwinden der Seen und Sümpfe in der Tundrenzone
- Zunahme von Muren in Hochgebirgen

Mitteleuropa – Klimaänderung: wärmere und trockenere Sommer, mildere und feuchtere Winter

menschliche Gesundheit
- Ausbreitung von Malaria, Allergien, Darmerkrankungen, Borreliose
- Hitzewellen verursachen Herz-Kreislauf- und Atmungserkrankungen, Schwächeanfälle, Todesfälle

Wirtschaft / Gesellschaft
- Land- und Forstwirtschaft: veränderte Standort- und Wachstumsbedingungen, Zunahme des Schädlingsbefalls
- Zunahme extremer Hochwasserereignisse und Niedrigwasserperioden insbesondere an Elbe, Oder und Donau, Beeinträchtigung der Binnenschifffahrt
- Beeinträchtigung der Energieerzeugung, Landwirtschaft, des Tourismus durch vermehrte Dürren, insbesondere in Ost- und Süddeutschland
- gesteigerte touristische Attraktivität Norddeutschlands, insbesondere an Nord- und Ostseeküste
- Einsparung von Heizenergie bis 2100 bis zu 50 %, aber erhöhter Energieverbrauch für Klimaanlagen im Sommer

Kosten
Belastungen öffentlicher Haushalte insbesondere in Baden-Württemberg, Bayern, Sachsen-Anhalt, Thüringen, Rheinland-Pfalz, Bremen, Brandenburg, Polen, Tschechien, Österreich
Belastungen der Risikoversicherungen, des Gesundheitswesens, des Katastrophenschutzes

M 169.1 Wahrscheinliche Auswirkungen der globalen Erwärmung

1. Beschreiben Sie beobachtete und zu erwartende Veränderungen der globalen Lufttemperatur sowie die räumliche Differenzierung der Veränderungen der Temperatur und des Niederschlags (M 168.1 bis M 168.3).
2. Diskutieren Sie wahrscheinliche Auswirkungen der globalen Erwärmung im 21. Jahrhundert (M 169.1).

ⓘ www.lfu.bayern.de

Natürlicher Klimawandel

Klimaänderungen und Klimaschwankungen

Das Klima ist nicht unveränderlich. In den knapp fünf Milliarden Jahren der Erdgeschichte gab es Abschnitte, in denen es deutlich kälter oder wärmer war als in der Gegenwart. Epochen, wie die unsrige, in denen die Polkappen mit Eis bedeckt sind, oder solche, in denen das Weltmeer selbst am Äquator zufror, bestanden immer nur zeitweilig. Solchen epochalen Klimaänderungen stehen permanent ablaufende interne Klimaschwankungen gegenüber. Die mittleren Temperaturen nehmen um wenige Zehntel Grade zu oder die Jahressummen der Niederschläge verändern sich um einige Millimeter, aber der Charakter des Klimas bleibt.

800–1250 Mittelalterliches Wärmeoptimum
Temperaturanstieg, wärmer als heute, Weinbaugrenze um 4 bis 5 Breitengrade polwärts verschoben, gesteigerte Erträge im Getreidebau, Ackerbau an der Südküste Grönlands, Bevölkerungswachstum

1400–1800 Kleine Eiszeit
Sommer kühler, nach und nach kältere Winter, globale mittlere Jahrestemperatur bei 13,0 bis 13,5 °C, heute 15,5 °C, Baum- und Schneegrenzen im Gebirge sinken, Gletschervorstöße in den Alpen, Zunahme der Eisbedeckung der Ostsee, Ausdehnung des nordatlantischen Packeises, Zunahme von Hochwasserereignissen an den Flüssen und Sturmfluten an der Nordseeküste, Missernten, Hungersnöte, Pest, Grippe und andere Erkältungskrankheiten, wirtschaftlicher Rückgang, geringes Bevölkerungswachstum

seit 1800 Modernes Klimaoptimum
Globale Zunahme der mittleren Temperatur um 0,01 °C/Jahr, Abnahme des arktischen Meereises, Meeresspiegelanstieg um 1 mm/Jahr, Gletscherrückgänge, Zunahme extremer Hitze- und Dürresommer

M 170.2 Klimaschwankungen in Mitteleuropa seit dem Jahr 800

Mio. Jahre vor heute	Geologische Gliederung	Charakteristische Merkmale
0,011	Holozän	Neo-Warmzeit (Postglazial) – 7000 bis 2500 v. Chr. Temperaturoptimum, mittlere Lufttemperatur um 17 °C (um 1990 = 15 °C) – zur Blütezeit des Römischen Reiches wärmere Sommer, feuchtere Winter, Getreidebau in Nordafrika, gletscherfreie Alpen – 1. bis 7. Jh. n. Chr. kälter, Zusammenbruch des Römischen Reiches, Völkerwanderung
2 bis 3	Pleistozän	Quartäres Eiszeitalter, global Wechsel zwischen vier Warm- und fünf Kaltzeiten
65	Tertiär	Akryogenes Warmklima Europa warm-feucht, im frühen Tertiär (Eozän) allmählich, dann stärker einsetzende Abkühlung; in der zweiten Hälfte (Miozän) beginnende Vereisung auf der Südhalbkugel (Antarktis)
140	Kreide	in Europa warm-feucht
195	Jura	dto.
225	Trias	in Europa warm-trocken mittlere bodennahe Lufttemperatur auf der Nordhalbkugel 24 °C
285	Perm	
350	Karbon	Permokarbonisches Eiszeitalter Gondwana – Vereisung auf der Südhalbkugel Akryogenes Warmklima
405	Devon	
440	Silur	Silur-Ordovizisches Eiszeitalter, besonders in Nordafrika
500	Ordovizium	Akryogenes Warmklima
970	Kambrium	
	Präkambrium (Erdfrühzeit)	Eokambrisches Eiszeitalter I, wahrscheinlich global Akryogenes Warmklima Eokambrisches Eiszeitalter II, wahrscheinlich global Akryogenes Warmklima Algonkisches Eiszeitalter, vermutlich Nordhalbkugel (besonders Europa) Akryogenes Warmklima
2600		Archaisches Eiszeitalter, vielleicht global (Huronische Eiszeit)
4700	Erdurzeit	exzessiv warm

M 170.1 Grobe klimageschichtliche Kennzeichnungen

Der Geograph R. Glaser zieht nach Untersuchungen zur Klimageschichte Mitteleuropas folgendes Fazit: „Klimakatastrophen waren in historischer Zeit ein ständiger Begleiter des Menschen. Dies gilt für alle Varianten wie Gewitter, Stürme und Hochwasser. Im Auftreten dieser Katastrophen gab es aber in den letzten 1000 Jahren nachhaltige Veränderungen. Mittelfristige Zu- und Abnahmen in der Größenordnung von 30 bis 100 Jahren waren die Regel. Dabei sind in einigen Phasen der historischen Klimaentwicklung Katastrophen häufiger als in den letzten 200 Jahren aufgetreten. Dies gilt beispielsweise für die Hochwasser zwischen 1500 und 1750. Einzelne Ereignisse wie das von 1342 übertreffen die uns heute bekannten Extremfälle sogar erheblich. Viele der markanten Änderungen lassen sich mit der Temperaturentwicklung korrelieren. Als besonders katastrophenreich hat sich der Abschnitt der Kleinen Eiszeit von 1550 – 1850 herausgestellt.
Vor dem Hintergrund dieser Erkenntnisse muss man davon ausgehen, dass wie beim Temperatur- und Niederschlagsgeschehen eine deutlich höhere natürliche Variabilität im Auftreten von Klimakatastrophen existiert als die aktualistische Betrachtung erkennen lässt. Diese Erkenntnisse sind vor allem deshalb bemerkenswert, weil sie sich auf Zeiträume beziehen, die außerhalb der anthropogenen Klimaveränderungen liegen."

Quelle: Rüdiger Glaser: Klimageschichte Mitteleuropas. Wissenschaftliche Buchgesellschaft Darmstadt. 2001, S. 208

M 170.3 Klimakatastrophen in Mitteleuropa

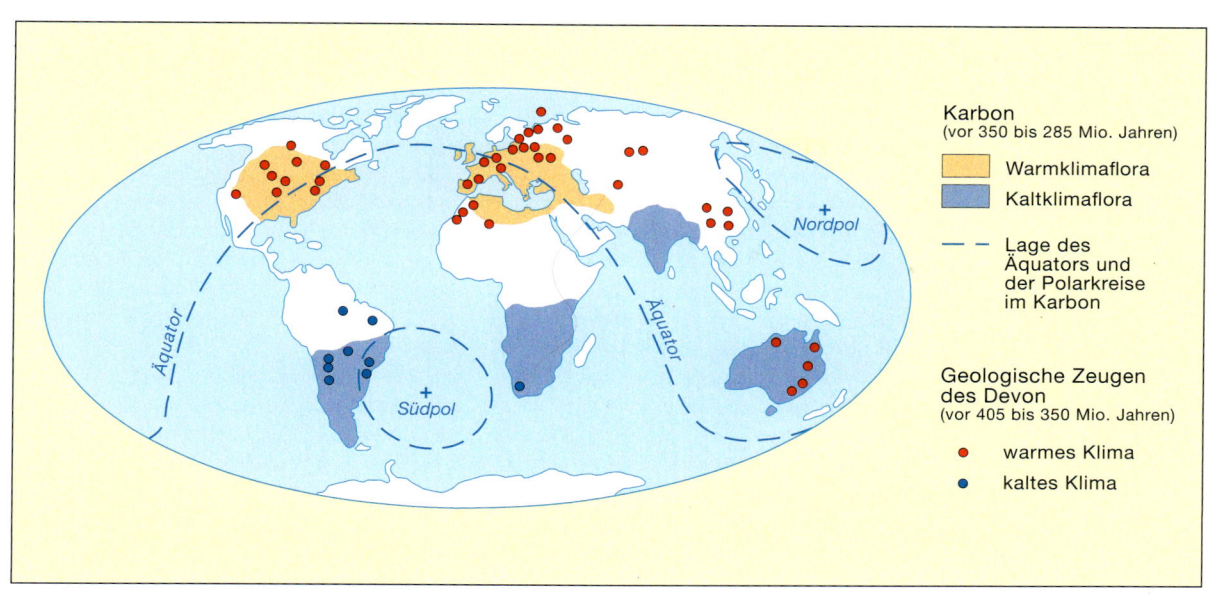

M 171.1 Klimakarte des Devon und des Karbon

Ursachen von natürlichen Klimaänderungen
Die Antriebskräfte des Klimawandels lassen sich in extraterrestrische und terrestrische Ursachen einteilen. Zur erstgenannten Klasse zählen die schwankende Solarkonstante, Meteore und Meteoriten sowie die vom System Erde-Mond ausgelösten Gezeitenkräfte, zur zweiten Klasse plattentektonische Prozesse der Kontinentaldrift, der Gebirgsbildung und des Vulkanismus, schließlich die Zusammensetzung und Zirkulation der Atmosphäre, die Zusammensetzung und Zirkulation des Ozeans (vgl. S. 20/21), Eis- und Schneebedeckung, Bewölkung, Vegetation sowie natürliche Brände der Vegetation.

Änderungen der Solarkonstante: Die Grundlage für die Temperaturverhältnisse an der Erdoberfläche bildet die Gesamteinstrahlung der Sonne, der einzigen bedeutenden Wärmequelle für die Erde. Global betrachtet wird der Wärmehaushalt bestimmt durch die Sonneneinstrahlung und den Strahlungsverlust in den Weltraum während eines Jahres. Die Sonne liefert jedoch keinen konstanten Energiestrom (Solarkonstante). Auf der Sonne spielen sich turbulente Ereignisse ab, deren äußeres Zeichen die Sonnenflecken sind. Es sind dunkle, relativ kalte Gebiete, die in verschiedenen Zyklen auftreten.

Änderungen der Erdbahnelemente: Die Erdbahn verändert sich in einer Periode von 100 000 Jahren von einer mehr elliptischen zu einer kreisförmigen Bahn. Ebenso schwankt die Schiefe der Ekliptik (Neigung der Erdachse) zwischen 21,5° und 24,5° (gegenwärtig 23,5°). Die Periodizität beträgt 40 000 Jahre. Dadurch verschieben sich Polar- und Wendekreise. Die Veränderungen der Bahnparameter bedingen periodische Änderungen der Beleuchtung der Erde. Somit war die Strahlungsbilanz in der Erdgeschichte in Abhängigkeit von periodischen Änderungen der Solarkonstante und der Erdbahnelemente immer wieder Schwankungen unterworfen. Dadurch wurde das globale Klima beeinflusst.

Änderungen des Großreliefs: Im Laufe von mehreren hundert Millionen Jahren werden aufgrund endogener Prozesse Kontinente verschoben, entstehen und vergehen Ozeane. So driftete das heutige Afrika in 200 Mio. Jahren von Süd nach Nord durch die tropische Zone. Die Zirkulation in den Ozeanen änderte sich und damit der Transport von Wärme aus äquatorialen in gemäßigte und polare Breiten. Zugleich führen plattentektonische Prozesse zur Entstehung mächtiger Hochgebirge. Deren Massive beeinflussen die atmosphärische Zirkulation und durch Rückkoppelungen die Klimazonen. Hochgebirge können auch Kaltzeiten verursachen.

Änderungen der Atmosphäre: Die Zusammensetzung der Atmosphäre verändert sich ständig. Daraus folgt ein Wandel in den Durchlässigkeits- und Absorptionseigenschaften und somit auch der Strahlungsbilanz zwischen Atmosphäre und Erdoberfläche. Der explosive Vulkanismus schleudert große Mengen fester und gasförmiger Stoffe in die Atmosphäre. Waldbrände und Staubstürme führen außerdem zur verstärkten Absorption und Streuung der solaren Einstrahlung in der Stratosphäre und damit zur Abkühlung in der Grundschicht der Troposphäre.

M 171.2 Antriebskräfte des Klimawandels

1. Unterscheiden Sie natürliche Klimaänderungen und Klimaschwankungen (**M 170.1**, **M 170.2**, **M 171.1**).
2. Diskutieren Sie den Einflussfaktor Klima auf gesellschaftliche Prozesse in Europa (**M 170.2**, **M 170.3**). Beachten Sie z. B. die mittelalterliche Stadtgründungsperiode, den Dreißigjährigen Krieg, die spätmittelalterliche Wüstungsperiode, Hexen als Opfer des Klimapessimismus, den Gedanken „Historisch sind Warmzeiten gute Zeiten.".
3. Erläutern Sie Ursachen von natürlichen Klimaänderungen.

Anthropogene Einflüsse auf das Weltklima – der Treibhauseffekt

Natürlicher Treibhauseffekt

Die Erde ist bis auf ihre Strahlungsbilanz ein geschlossenes System. Der Strahlungshaushalt wird durch die Sonneneinstrahlung und den Strahlungsverlust bestimmt. Bei diesem Energieaustausch befindet sich die kurzwellige solare Einstrahlung mit der langwelligen terrestrischen Ausstrahlung, eingeschlossen die Reflexion kurzwelliger Strahlung, mittelfristig global im Gleichgewicht; andernfalls müsste es an der Erdoberfläche zeitweilig zunehmend wärmer oder kälter werden.

Die absorbierten Energien der Sonneneinstrahlung werden überwiegend an der Erdoberfläche in langwellige Strahlung umgesetzt und an die Atmosphäre zurückgegeben, wobei ein Teilbetrag als so genannte Gegenstrahlung nochmals zur Erdoberfläche zurückkommt. Diese Eigenschaft der Erdatmosphäre wird als Treibhauseffekt bezeichnet, weil die Lufthülle wie Glasfenster eines Treibhauses die einfallende kurzwellige Strahlung durchlässt, die ausgehende langwellige Wärmestrahlung aber größtenteils zurückhält.

Die beiden wichtigsten Treibhausgase sind Wasserdampf und Kohlendioxid. Dagegen besitzen die beiden Hauptgase der Atmosphäre Stickstoff und Sauerstoff keine wesentliche Absorption. Ohne diese Spurengase würde die Oberflächentemperatur im globalen Mittel etwa −18 °C betragen, sie beträgt heute etwa +15 °C. Die gegenwärtig sehr guten Lebensbedingungen auf der Erde sind durch die Zusammensetzung der Atmosphäre bedingt.

Anthropogener Treibhauseffekt

In den letzten 200 Jahren nahm als Folge der Industrialisierung der Eintrag von Treibhausgasen und Aerosolen in die Atmosphäre deutlich zu. Zugleich wurde die Beschaffenheit der Landoberfläche großflächig verändert. Beide Komponenten sind Antriebskräfte der Klimaänderungen. Sie beeinflussen seit Jahrzehnten die Energiebilanz des Klimasystems.

Die wichtigste anthropogene Antriebskraft der Klimaerwärmung ist nach dem Vierten Sachstandsbericht des IPCC das Kohlendioxid (vgl. S. 16/17) mit einer Wahrscheinlichkeit von 90 %, weniger bedeutend sind Methan und Lachgas (Distickstoffmonoxid). Die Zunahme der Konzentration dieser Treibhausgase in der Atmosphäre konnte durch Analysen von Eisbohrkernen aus der Antarktis belegt werden (siehe u. a. Abbildung **M 175.1**).

Trotz geringerer Konzentration tragen Methan, Lachgas, Ozon und Fluorchlorkohlenwasserstoffe bereits den gleichen Anteil zum anthropogen bedingten Treibhauseffekt bei wie das Kohlendioxid. Die Ursache liegt darin, dass sie in dem so genannten atmosphärischen Fenster, das bisher für die langwellige Wärmeausstrahlung der Erdoberfläche geöffnet war, gerade diese Strahlung absorbieren.

Zu den Spurengasen, die auch unter natürlichen Bedingungen vorhanden sind, kommen synthetische Gase: die Fluorchlorkohlenwasserstoffe. Ihre Wirksamkeit ist bis zu 17 000-mal stärker als die von Kohlendioxidmolekülen.

Wasserdampf
T: 10 d
S: 2 d

Kohlendioxid
T: 6–10 a
S: 2 a

Methan
T: 9–10 a
S: 9–10 a

Ozon
T: 30–90 d
S: 2 a

Stickoxide
T: 165–185 a
S: 165–185 a

FCKW
T: 65–110 a
S: 65–110 a

Erläuterung:
T = Troposphäre
S = Stratosphäre
d = Tage
a = Jahre

M 172.1 Verweildauer klimawirksamer Spurengase in der Atmosphäre

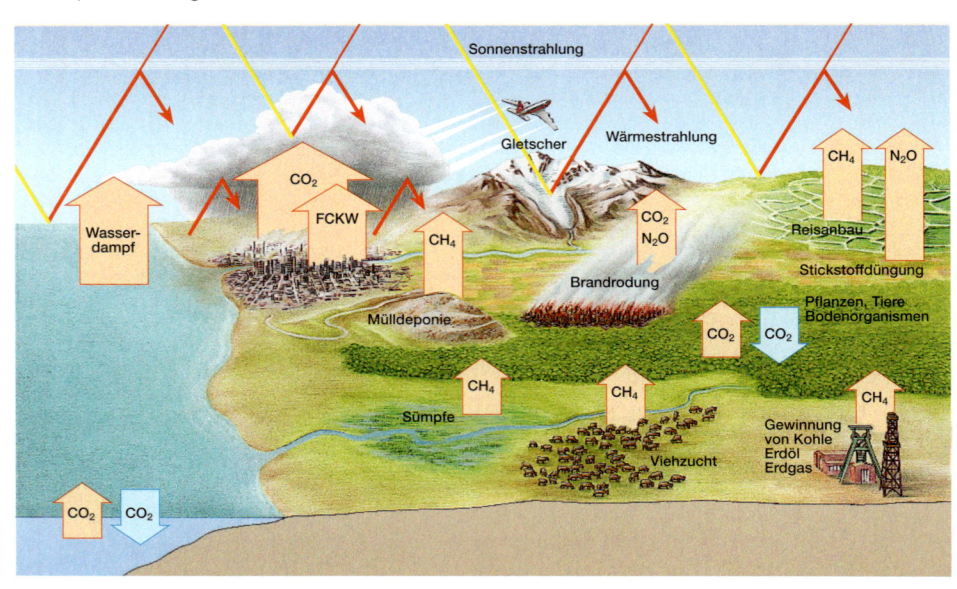

M 172.2 Schema des Treibhauseffekts

Wirkungen von Aerosolen

Aerosole gelangen durch natürliche und anthropogene Vorgänge in die Atmosphäre. Bei Vulkanausbrüchen werden feste und flüssige Partikel bis in die Stratosphäre geschleudert. Durch Blitzschlag ausgelöste Wald-, Steppen- oder Savannenbrände setzen neben Kohlendioxid auch Asche und Ruß frei.

Zunehmend werden jedoch Aerosole infolge der weltweiten Industrialisierung und Verstädterung in die Atmosphäre eingebracht. Rodungen und landwirtschaftliche Nutzung von Steppen und Savannen bewirken außerdem einen erhöhten Eintrag fester Partikel in die Luft. Allerdings gelangen die anthropogen erzeugten Aerosole selten in die obere Troposphäre. Entsprechend kurz ist die Verweildauer der Partikel in der Luft.

An den Aerosolen wird die kurzwellige Sonnenstrahlung direkt reflektiert oder diffus zerstreut. Zum anderen wirken die Partikel als Kondensationskerne. Es bilden sich vermehrt Wolken und die *Albedo* von Wolken nimmt zu. Beide Prozesse bewirken, dass weniger Sonnenenergie die Erdoberfläche erreicht (*Global Dimming*). Dieser Energieverlust führt im Gegensatz zum Treibhauseffekt des Kohlendioxids und der Spurengase zu einem Wärmedefizit in der unteren Troposphäre.

Sollte durch weltweite Maßnahmen die Luftverschmutzung verringert werden, könnte jedoch die bisher modellierte globale Erwärmung übertroffen werden. Ungeklärt ist auch die Bedeutung des durch Waldrodungen großen Stils ausgelösten Albedo-Effekts. Während Laubmischwald eine Albedo von 4,5 bis 9 % aufweist, steigt sie bei Ackerland bis 25 % und bei trockenem Grasland bis 31 % an.

Das Ozon-Problem

Das Spurengas Ozon kommt in der Atmosphäre in Abhängigkeit von der Höhe in unterschiedlicher Konzentration vor. Ozon ist bei höheren Konzentrationen giftig. Es reizt die Schleimhäute in den Augen, in der Nase und in den Bronchien. Andererseits ist Ozon für das Leben auf der Erde unabdingbar.

In der Stratosphäre steigt zwischen 30 bis 50 km Höhe die Temperatur von etwa −75°C bis auf etwa 0°C an. Die Erwärmung geht auf die Bildung von Ozonmolekülen zurück. Bei dieser photochemischen Reaktion befinden sich Ozonbildung und Ozonabbau im Gleichgewicht. Die Ozonschicht (Ozonosphäre) sorgt somit für einen Ausgleich im Wärmehaushalt und schafft in der Biosphäre optimale Lebensbedingungen. Ohne den Schutzschild würde die Temperatur in der oberen Stratosphäre sinken und in der Grundschicht der Troposphäre stark ansteigen. Es käme zu einer weltweiten Verlagerung der Klimazonen, die tödlichen Erkrankungen an Hautkrebs nähmen zu, die Kulturpflanzen brächten geringere Erträge.

Aerosole

als feste Partikel (0,001 bis 10 mikrom):
Stäube, Flugasche, Ruß, Salzkristalle, Abrieb von Reifen oder Bremsscheiben

als flüssige Partikel (Tröpfchen):
Sulfat, Nitrat, organische Verbindungen

natürliche Quellen			anthropogene Quellen		
Vulkanismus	Staubstürme Winderosion	Waldbrände	Brandrodung	Bodenerosion	Haushalte, Verkehr, Industrie
weltweit	halbtrockene und trockene Subtropen und Tropen	weltweit	Tropische Wälder, Savannen	Kultursteppen	weltweit

M 173.1 Aerosole

1 **Referat-Tipp:** Der Wärmehaushalt der Erde.
2 Fertigen Sie eine Skizze zu den Wechselwirkungen und Rückkopplungen des natürlichen Treibhauseffekts an. Erklären Sie den Prozess.
3 Beschreiben Sie anhand M 172.2, welche menschlichen Aktivitäten den Treibhauseffekt verstärken.
4 Erläutern Sie anhand einer Skizze Wirkungszusammenhänge zwischen Aerosolkonzentration, Albedo und Lufttemperatur (M 173.1).
5 Begründen Sie die Klimawirksamkeit von Ozon.
6 **Referat-Tipp:** Bedeutung von Ozon für das Leben auf der Erde.

www.wasserplanet.biokurs.de

Diskussion der Hypothese des anthropogenen Klimawandels

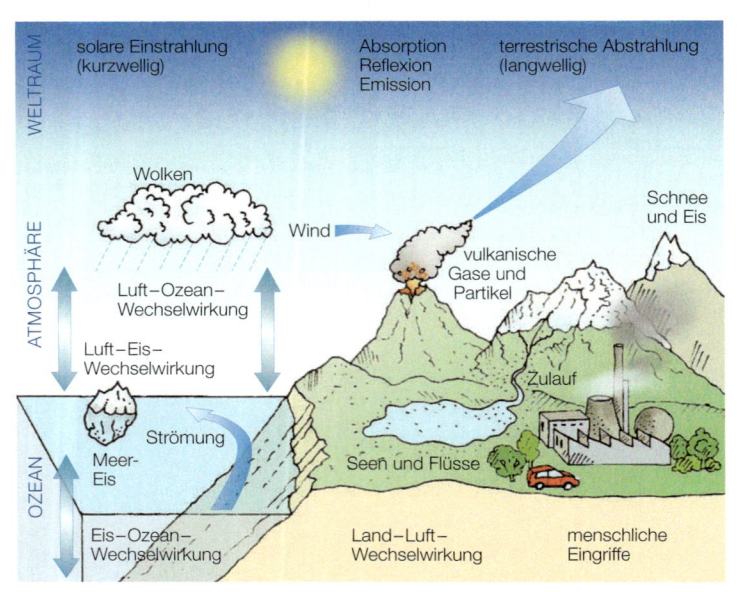

Das Klima – ein komplexes System

Das Klima ist ein Teilsystem des Systems Erde, dessen Einflussfaktoren untereinander durch Wechselwirkungen und Rückkopplungen vernetzt sind. Ein besonderes Merkmal des Klimas ist seine große Schwankungsbreite, denn das System befindet sich aufgrund seiner internen Dynamik nie für längere Zeit in einem stabilen Gleichgewicht. Die Komponenten funktionieren nach dem Prinzip der Selbstverstärkung positiv oder negativ aufschaukelnd, wobei die unterschiedliche Reaktionszeit der Komponenten das nichtlineare Verhalten des Gesamtsystems bewirken. Änderungen in der Konzentration von Treibhausgasen (Treibhauseffekt) und Aerosolen (Global Dimming), der Sonneneinstrahlung und der Beschaffenheit der Landoberfläche (Albedo) verändern die Energiebilanz des *Klimasystems*. Diese natürlichen und anthropogenen Antriebskräfte bestimmen durch wärmende und kühlende Einflüsse den Klimawandel.

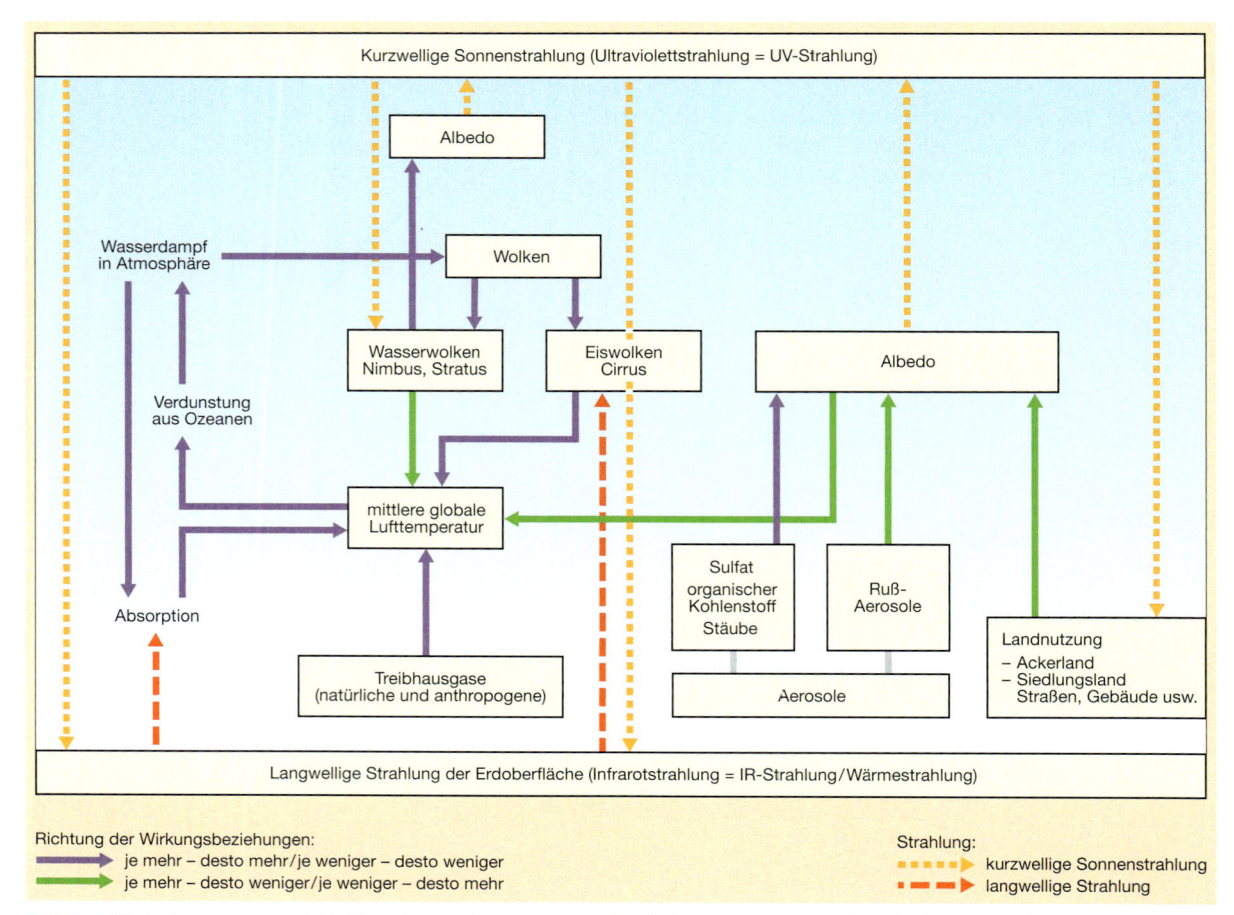

M 174.1 Schematische Darstellung des Klimasystems der Erde

M 174.2 Wechselwirkungen und Rückkopplungen im anthropogen beeinflussten Klimasystem (qualitatives Schema)

Modellierung des Klimas

Die Tatsache eines gegenwärtigen Klimawandels ist naturwissenschaftlich unumstritten. Strittig ist noch, wie weit es sich auch um natürliche Klimaschwankungen handelt und welches Ausmaß der anthropogene Beitrag zum Klimawandel hat. Das Problem der Meteorologie und Klimatologie ist dabei, dass nicht unter allen möglichen Randbedingungen Laborversuche durchgeführt werden können. Die Klimaforschung erfordert andere Methoden als Forschung in den experimentellen Naturwissenschaften, sowohl hinsichtlich der Ursachen als auch der Auswirkungen.

Zum Verständnis des Klimasystems und zur Simulation zukünftiger Klimazustände (Klimawirkungsforschung) werden mithilfe eines weltweiten Beobachtungsnetzes und anderer Verfahren aktuelle, historische und paläoklimatische Klimadaten erfasst. Neben die mathematisch-statistische Analyse der räumlich-zeitlichen Strukturen von Klimadaten (statistische Methode) tritt die **Klimamodellierung** (numerische Methode). Das mathematisch formulierte Gleichungssystem ergibt zusammen mit der Darstellung physikalischer und physikalisch-chemischer Beziehungen das Klimamodell.

Rückkopplungsprozesse von vernetzten Systemen stellen große Anforderungen an die Modellierung, sie erfordern die Lösung der kompliziertesten und zeitaufwändigsten Rechenprobleme mithilfe von Großrechneranlagen. Das bedeutet z. B., dass es in den Beobachtungsdaten und Modellen sowohl Indizien für als auch gegen die anthropogene Treibhaushypothese gibt.

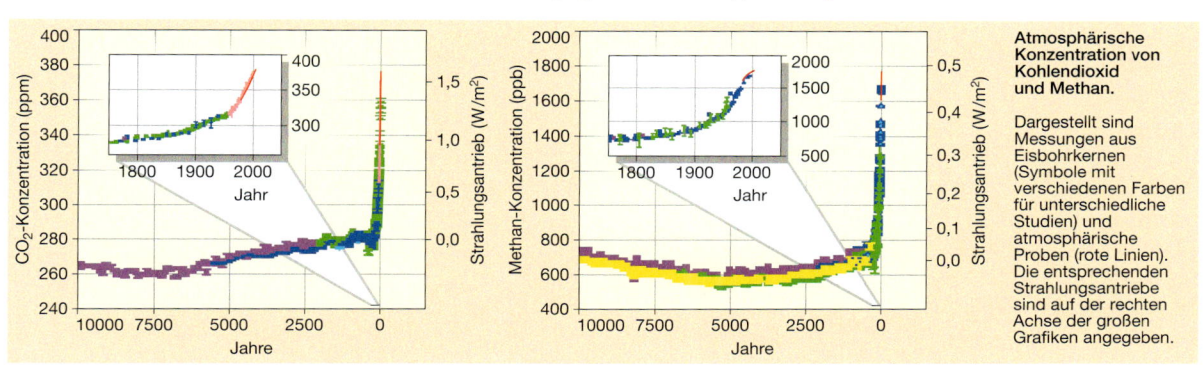

Atmosphärische Konzentration von Kohlendioxid und Methan.

Dargestellt sind Messungen aus Eisbohrkernen (Symbole mit verschiedenen Farben für unterschiedliche Studien) und atmosphärische Proben (rote Linien). Die entsprechenden Strahlungsantriebe sind auf der rechten Achse der großen Grafiken angegeben.

M 175.1 Änderungen der Treibhausgase basierend auf Eisbohrkernen und modernen Daten (IPCC 2007)

Einflussfaktor Wasserdampf und Wolken

Wasserdampf ist das wirksamste Treibhausgas. Der Wasserdampfgehalt der Luft hängt primär von der Lufttemperatur ab. Er beeinflusst die Bildung von Wolken und Niederschlag. Änderungen des Wasserdampfgehalts sind aber auch abhängig von Klimafaktoren wie Breitenlage, Höhenlage, Relief und Windrichtung, Lage zum Meer, Land-Meer-Verteilung und Meeresströmungen. Bisher gibt es für den stark schwankenden Wasserdampfgehalt keine ausreichend genauen Messungen, um die Bildung von Wolken und Niederschlag in Klimamodellen in der notwendigen Genauigkeit darstellen zu können.

Einflussfaktor Golfstrom

Der Golfstrom ist Glied eines scheinbar unendlichen Stromes von warmem Oberflächenwasser, das zum Europäischen Nordmeer transportiert wird, und von kaltem Tiefenwasser, das in den Südatlantik zurückfließt. Angetrieben wird dieses Förderband von den Unterschieden in Temperatur und Salzgehalt des Wassers (thermohaline Konvektion). Durch Wärmeabgabe an die Atmosphäre kühlt der Golfstrom ab und zusätzlich steigt durch Verdunstung der Salzgehalt. Das Wasser wird dichter und schwerer. Mehr als 15 Millionen m³ Wasser sinken pro Sekunde im Europäischen Nordmeer in die Tiefe. Diese Umwälzpumpe entstand nach der Eiszeit. Sie wird unterstützt von Passat- und Westwinden, die gelenkt vom Osthorn Südamerikas die Oberflächenströmung über den Nordatlantik treiben. Etwa 1,2 Billionen Watt, was der Leistung von über 500 000 Kraftwerken entspricht, werden jährlich vom Golfstrom transportiert. Ohne diesen Energiefluss würden die Mitteltemperaturen in Europa bis zu drei Grad abnehmen. Damit wären Bedingungen für eine Kaltzeit mit Inlandeisbildung gegeben. Die Voraussetzung wäre, dass mindestens ein Sechstel des Inlandeises in kurzer Zeit abschmilzt.

Aber auch die Zunahme der Niederschläge über dem Nordatlantik und der verstärkte Zufluss vom Festland könnten den Salzgehalt des Wassers reduzieren. Einige Klimamodelle prognostizieren eine negative Rückkopplung bei Zunahme des Treibhauseffektes. Bei einer Verdoppelung des Kohlendioxidgehalts wird eine Schwächung der Umwälzpumpe um etwa 30 % vorhergesagt.

Eiszeitszenarien sind nach dem heutigen Kenntnisstand jedoch nicht realistisch. Die Erwärmung infolge des anthropogenen Treibhauseffekts dominiert selbst eine starke Abschwächung des Golfstroms.

M 175.2 Prognose von Klimafaktoren

1 Erläutern Sie Wirkungszusammenhänge des Klimasystems der Erde (**M 174.1**).
2 Diskutieren Sie Selbstverstärkungen im anthropogen beeinflussten Klimasystem (**M 174.2**). Beachten Sie Treibhauseffekt, Global Dimming und Albedo-Effekt.
3 Beschreiben Sie Unsicherheiten bei der Modellierung des Klimas (**M 175.1**).
4 **Referat-Tipp:** Rückkopplungsmechanismen in der Arktis – Erwärmung und Kippwerte.

Öffentliche und mediale Rezeption der Klimadebatte

„Ach, das waren noch schöne Zeiten, als ich noch alles glaubte, was ich hörte."
G. Ch. Lichtenberg (1742–1799)

„Nichts ist schrecklicher als tätige Unwissenheit."
J. W. von Goethe (1749–1832)

Zur Rolle der Medien

In der heutigen Gesellschaft stehen die Massenmedien untereinander im harten Wettstreit um eine führende Stellung auf dem Markt. Für Journalisten wird es deshalb zunehmend schwieriger, die Aufmerksamkeit der Leser, Zuschauer, Hörer oder Internetnutzer zu erlangen. Jeder will das Spitzenthema haben und als Erster darüber berichten. Oftmals greifen Journalisten zum Stilmittel der Übertreibung. Die Seriosität der Nachricht bleibt dabei manchmal auf der Strecke, denn zu leicht wird in unserer schnelllebigen Welt unter Termindruck auf eine gründliche Recherche verzichtet. Andererseits kann der durchschnittliche Konsument die Nachrichtenflut kaum noch bewältigen. Das trifft auch für die Klimadebatte zu. Treibhauseffekt und Ozonproblematik z. B. werden miteinander verwechselt. Es scheint nicht zu gelingen, solide Grundkenntnisse in der Bevölkerung zu verankern. Zurück bleibt ein diffuses Bild über Ursachen und Auswirkungen des Klimawandels.

Die Beschäftigung mit dem Klima der Erde fördert viele Erkenntnisse zutage: Immer aber scheint die innige Verbindung zwischen Mensch und Klima durch: die Abhängigkeit des Menschen vom Klima, man kann durchaus von einer Schicksalsgemeinschaft sprechen, die zunehmend intensivere Beeinflussung des Klimas durch die Menschheit und – wie so oft – die daraus resultierenden Rückkoppelungen zwischen Klimasystem und Anthroposphäre.

Somit ist Klima niemals nur reines Wissen, das richtig oder falsch sein kann, ohne dass das Auswirkungen auf die Menschheit hätte. Ganz im Gegenteil, Klima hat tief greifende Konsequenzen für unseren gesamten Globus. Dies aber bedeutet, dass uns aus dem Wissen um die Vergangenheit des Klimas und seiner Variationen Aufgaben, ja Verantwortung für die Zukunft erwachsen; denn wenn wir heute irren und für die Zukunft falsche Weichenstellungen vornehmen, d. h. Klimagefahren der Zukunft nicht rechtzeitig erkennen, müssen wir uns morgen vorhalten lassen – falls wir das bei den für das Klima typischen Zeitskalen noch erleben –, dass wir vermeidbaren Schaden nicht vermieden haben. Dabei ist den Klimatologen die große Unschärfe und daraus resultierende Unsicherheit, trotz globaler Effekte und Auswirkungen, sehr wohl bewusst oder doch den meisten von ihnen.

Der grundlegende Beitrag jeder Wissenschaft und damit auch der Klimatologie ist die Bereitstellung fundierten, objektiven und ausgewogenen Wissens, wozu auch Aussagen zum Nicht-Wissen und Fast-Wissen (Ungefähr-Wissen, Wahrscheinlichkeiten) gehören. Wie viel wäre gewonnen, wenn Medien, Wirtschaft und Politik sich nicht ihre „Hauswissenschaftler" suchten, sondern immer dort nachfragen und sich beraten lassen würden, wo für das jeweilige Problem die größte Fachkompetenz zu finden ist. Gleichzeitig sind die international (begutachtete Fachliteratur, wissenschaftliche Verbände, unabhängige Umweltinformationsdienste) ausgewiesenen Experten aufgerufen, sich verständlich zu machen und sich nicht von Halbwissenschaftlern mit politischer Schlagseite oder gar Scharlatanen überrollen zu lassen. Es ist wohl ein psychologisches Problem, dass selten derjenige, der am lautesten schreit, es am besten weiß, sondern nur allzu häufig Lautstärke fehlende Kompetenz und Ausgewogenheit ersetzen soll. Letztlich haben wir es mit einem Weltinformationsproblem zu tun, das zudem mit dem fatalen Weltproblem einer korrekt abgestuften Risikobewertung verknüpft ist. Die Risikoakzeptanz ist dann wieder ein psychologisch-soziales Problem.

C.-D. Schönwiese: Klimatologie, Stuttgart 1994, S. 382 f.

M 176.1 Lehren der Vergangenheit – Aufgaben der Zukunft

Die Berichte des Weltklimarats IPCC erschüttern die Menschen und Politiker in allen Erdteilen. Wenn Tausende Wissenschaftler gemeinsam zu so besorgniserregenden Ergebnissen und Prognosen kommen, dann muss das stimmen, oder? Ich bin einer der Klimaforscher, die trotzdem skeptisch bleiben. Ich halte den Teil des IPCC-Berichts, den ich als Experte wirklich beurteilen kann, nämlich die Rekonstruktion des Paläoklimas, für falsch. Das lässt sich an einigen bedeutenden kulturhistorischen Entwicklungen, etwa am Beispiel Trojas, leicht nachvollziehen.

Die Behauptung, dass die jetzt stattfindende Erwärmung des Klimas nur mit der Erwärmung vor 120 000 Jahren vergleichbar ist, stimmt einfach nicht. Wir verfügen über Daten, die zeigen, dass es während der letzten zehntausend Jahre Perioden gab, die ähnlich warm oder sogar noch wärmer waren als heute. Ebenso ist es falsch zu behaupten, dass die jetzige Erwärmung sehr viel schneller abläuft als frühere Erwärmungen. Auch früher hat es abrupten Klimawandel gegeben. Die Paläoklima-Rekonstruktionen des IPCC verharmlosen diese natürliche Klimavariabilität während der letzten zehntausend Jahre. Natürlich kann der vom Kohlendioxid verstärkte Treibhauseffekt mittlerweile die natürliche Erwärmung verstärken. Eine Reduktion der Emissionen und ein sparsamer Umgang mit fossilen Energiequellen ist mehr als notwendig. Jedoch die alleinige Schuld am Wandel dem Kohlendioxid zuzuschieben, ist nicht korrekt.

Nein, unser Planet wird nicht sterben. Und der moderne Mensch ist an der Erwärmung vermutlich weniger schuld, als die IPCC-Berichte suggerieren. Aber klar werden wir uns auf einen Klimawandel einstellen müssen. Und die nötigen Umstellungen werden von der Menschheit einen weit größeren Aufwand erfordern als vielfach angenommen. Der natürliche, kurzfristige Klimawandel lässt sich ohnehin nicht mehr aufhalten. Wir müssen also lernen, damit umzugehen.

Augusto Mangini, Prof. an der Universität Heidelberg
In: FAZ vom 5. April 2007

M 176.2 Einspruch des Wissenschaftlers Mangini zum zweiten Teil des Weltklimaberichts

---

2500 Wissenschaftler aus aller Welt haben sich in den Dienst der Politik gestellt, um insbesondere den Industrieländern zu helfen, ihre verschwenderische Energiepolitik umzustellen. Das Wissen um die Endlichkeit der fossilen Brennstoffe hatte nicht genügt, um einen Sinneswandel herbeizuführen. Es musste ein zusätzliches Druckmittel her, um der Umstellung den nötigen Schub zu verleihen. Und gerade in demokratisch verfassten Ländern ist die Politik darauf angewiesen, dass der Schub von der Bevölkerung ausgeht. So war der Anfang der 1990er-Jahre eingeleitete Kioto-Prozess weniger ein Umweltprogramm als ein Erziehungsprojekt.

M 176.3 Für den guten Zweck (weiter S. 177)

Schon die Tatsache, dass dem vierten IPCC-Bericht die „Zusammenfassungen für den Entscheider" vorausgehen, nicht ihm folgen, zeigt, in welchem Maß die Wissenschaft inzwischen instrumentalisiert wird. Gefragt sind nicht differenzierte Erkenntnisse, sondern Angstszenarien, mit denen die Bevölkerung für jede Maßnahme gefügig gemacht werden soll. Die Wissenschaft aber hat sich in politischen Verhandlungen in einer Weise zur Magd gemacht, die ihre Wissenschaftlichkeit sehr untergräbt – denn die besteht immer noch darin, sich immer von neuem selbst in Frage zu stellen.

In: FAZ vom 7. April 2007

zu M 176.3   Für den guten Zweck (Fortsetzung)

Der Weltklimabericht des IPCC erscheint und warnt vor den Folgen unseres Ausstoßes von Treibhausgasen. Die wissenschaftlichen Fakten rütteln Öffentlichkeit und Politik auf. Die Staatschefs befassen sich mit dem Klimawandel und beschließen Gegenmaßnahmen.
Wieso sind wir in der Klimapolitik kaum vorangekommen in den vergangenen 15 Jahren? Zur Erklärung brauchen wir nur den Fernseher einzuschalten, und wir sehen Fred Singer, der uns erklärt, dass der Klimawandel keinerlei Grund zur Besorgnis ist. Singer erklärte uns das Gleiche schon vor 15 Jahren. Nur ein unbedeutendes Detail hat sich geändert: bis vor zwei Jahren behauptete Singer, es gebe gar keine globale Erwärmung, Satellitendaten würden das beweisen. Inzwischen ist diese Argumentationslinie allzu unglaubwürdig geworden, und Singer ist umgeschwenkt.
Eine Studie von Sozialwissenschaftlern kam 2003 zum Schluss, dass derartige von der Industrie finanzierte Lobbytätigkeit maßgeblich zur Wende in der US-Klimapolitik in den 1990er-Jahren beigetragen hat. Dabei verwundert kaum, dass es derartige Lobbyorganisationen gibt. Schwerer zu verstehen ist aber, dass deutsche Medien immer wieder willfährig die Desinformation verbreiten, die von diesen Gruppen gestreut wird. In dem Film „Der Klimawandel" traten neben Singer auch Gerd-Rainer Weber (langjährig tätig für den Gesamtverband des Deutschen Steinkohlenbergbaus) auf, ohne dass dies für die Zuschauer erkennbar war."

Stefan Rahmstorf, Professor am Potsdam-Institut für Klimafolgenforschung (PIK). In: FAZ vom 31. August 2007

M 177.1   Deutsche Medien betreiben Desinformation

Seit etwa 20 Jahren verfolge ich sowohl die klimawissenschaftliche als auch die klimapolitische Diskussion relativ aufmerksam. Trotzdem muss mir etwas entgangen sein, wenn ich Stefan Rahmstorfs Beitrag lese, dessen Kernaussage lautet, von der Industrie bezahlte Klimaskeptiker hätten mit einer Desinformationskampagne wirkungsvolle Maßnahmen gegen die Erderwärmung verhindert. Diese These Rahmstorfs kann entweder nicht ernst gemeint sein oder Rahmstorf leidet unter einer erheblich verzerrten Realitätswahrnehmung. Denn offenbar ist ihm entgangen, dass in den letzten Jahren und verstärkt in den letzten Monaten in den Medien (und von vielen Wissenschaftlern, die den vorgeblichen IPCC-Konsens repräsentieren) nahezu unisono voll auf die Klimakatastrophenpauke gehauen worden ist, teilweise mit abstrusen Aussagen. Nicht zuletzt wegen dieser medialen Klimahysterie (denn es ist diese Hysterie und nicht der Klimaskeptizismus, der die mediale Landschaft und damit die öffentliche Meinung beherrscht) hat die Politik drastische klimapolitische Maßnahmen beschlossen. Was haben denn die Klimaskeptiker verhindert?

Dr. Gerd Weber, Essen (Leserbrief). In: FAZ vom 18. September 2007

M 177.2   Was haben Klimaskeptiker denn verhindert?

Nachdenken und regelmäßiges Verfolgen von Mitteilungen aller Art zum Thema Klima lassen mich zu der Schlussfolgerung kommen, dass der Klimawandel eher ein mathematisches denn ein klimatisches Problem ist. Klima ist keine originäre, sondern eine statistische Größe. Mehr oder weniger zahlreiche Messgrößen mit mehr oder weniger exakter Bestimmung werden über einen längeren Zeitraum ausgewertet. Die statistische Auswertung erfolgt nach be- und anerkannten Regeln, aber die Auswahl der Messgrößen bleibt dem Statistiker vorbehalten. Das erklärt, warum so stark differierende Resultate vorgelegt werden.
Die Krux der Klimaforscher liegt darin, dass immer noch nicht bekannt ist, welche Faktoren die entscheidenden Einflüsse auf das Wettergeschehen haben. Die Diskussion um den Einfluss von Kohlendioxid ist geradezu ein Paradebeispiel für unsachgemäße Berechnungen.

Dr. Ulf Rohde-Liebenau, Marl (Leserbrief). In: Die Welt vom 18. März 2008

M 177.3   Krux der Klimaforschung

M 177.4   Sorgen um die Zukunft der Erde (Karikatur)

---

1 Erörtern Sie Auftrag und Verantwortung von Medien, Wissenschaft, Politik und Öffentlichkeit in der Klimadebatte (Zitate Seite 176, M 176.1, M 177.4).
2 Diskutieren Sie kontrovers veröffentlichte Meinungen zum Klimawandel unter folgenden Gesichtspunkten: natürliche Klimaschwankungen, Konzentration von Treibhausgasen, globale Erwärmung, Modellierbarkeit des komplexen Klimasystems (M 176.2).
3 Nehmen Sie Stellung zu folgenden Meinungen: 1. Es ist positiv, wenn das Klima wärmer wird. 2. Wir sind ohnehin auf dem Weg in die nächste Eiszeit.

http://de.wikipedia.org/wiki/Kontroverse um die globale Erwärmung

Strategien für die Zukunft

Umweltpolitische Entscheidungen werden in konjunkturschwachen Zeiten besonders kritisch betrachtet und ihre Notwendigkeit wird häufiger bezweifelt. Auch in Deutschland werden immer wieder Stimmen laut, die die Klimaveränderungen in Frage stellen und daraus folgern, dass Kohlendioxideinsparungen nicht notwendig seien.

Die Politik darf solchem Streit nicht tatenlos zusehen. Sie muss aus dem vorhandenen Wissen ihre Schlüsse ziehen und handeln. Dabei sind Abstufungen des politischen Handelns je nach Erkenntnisstand denkbar: das ordnungsrechtliche Setzen von Grenzwerten, der Einsatz marktwirtschaftlicher Lenkungsinstrumente und die Förderung der Forschung, um zunächst lediglich vermutete Phänomene wissenschaftlich besser untermauern zu können.
Wir können uns für jede dieser Stufen entscheiden. Aber gleich für welche Stufe politischen Handelns wir uns entscheiden, in jedem Fall ist die Politik auf die Erkenntnisse der Wissenschaft angewiesen. Dabei sind die Zusammenhänge von wissenschaftlicher Erkenntnis und politischem Handeln kompliziert und vielfältig.

… Für die Umweltpolitik stellt sich deshalb fast immer die Frage, wie viel Wissen über den Zusammenhang von Ursache und Wirkung notwendig ist, um politisches Handeln zu legitimieren.
… Seit Anfang der Siebzigerjahre zählt das Vorsorgeprinzip zu den Handlungsgrundsätzen der Umweltpolitik. Risiken für die Umwelt oder Menschen sollen vor allem mithilfe vorausschauender Planung und geeigneter technischer Maßnahmen so weit wie möglich ausgeschlossen oder vermindert werden. Aufgrund dieses Prinzips werden umweltpolitische Regelungen auch dann verabschiedet, wenn die Ursache-Wirkungs-Verknüpfung wissenschaftlich noch nicht abschließend geklärt ist.

… Anders als bei der Gefahrenabwehr bleibt der Politik bei der Vorsorge ein Ermessensspielraum. Bei der Auswahl der Maßnahmen muss berücksichtigt werden, dass einige Wechselwirkungen nicht eindeutig sind. Auch die Zeiträume, auf die sich das Handeln erstrecken muss, müssen immer wieder überprüft werden.

… Klimavorsorge, Ressourcenschonung und Umweltschutz sind somit die Säulen, auf denen vorsorgliches Handeln zur Verminderung von Treibhausgasemissionen beruht. Technisch bedeutet dies: rationeller und sparsamer Energieeinsatz auf allen Stufen der Energieversorgung sowie Ersatz umweltbelastender durch weniger umweltbelastende Energieträger.

Angela Merkel, damalige Bundesumweltministerin
In: FAZ vom 1. Dezember 1997

M 178.1 Zum Handeln verpflichtet

Reduzierung von Kohlendioxid

Viele Klimaforscher und Politiker halten eine Temperaturerhöhung um 2 °C für die kritische Grenze des Klimawandels. Sie wäre bei gleichbleibender Emission von Treibhausgasen wahrscheinlich um 2020 erreicht. Angesichts des globalen Bevölkerungswachstums und der dynamischen Wirtschaftsentwicklung in den Schwellenländern, vor allem in China und Indien, wird eine Verminderung der Emissionen kurzfristig kaum möglich sein. Sie wäre auch wegen der Trägheit des Klimasystems nicht wirksam. Nur wenn man konsequent die Emission senkt, wird sich der Gehalt an Treibhausgasen in der Atmosphäre stabilisieren und allmählich zurückgehen. Anders als in vorindustriellen Epochen, in denen bedrohte Kulturen sich Änderungen der natürlichen Umwelt anpassen mussten, verfügen wir über eine Bandbreite an Technologien, mit deren klugem Gebrauch den Herausforderungen des unabweisbaren Klimawandels begegnet werden könnte. Es geht um die Neuerfindung der Industriegesellschaft (Dritte Industrielle Revolution).
Es bieten sich verschiedene Möglichkeiten insbesondere zur Senkung der Konzentration von Kohlendioxid an. In den Industrieländern sind Energieeinsparpotenziale zu nutzen. Vor allem sollte auch in Schwellenländern der Energieverbrauch und die Energieerzeugung optimiert werden. Allerdings wird deren wachsender Energiebedarf durch Ausbau erneuerbarer Energien allein nicht zu decken sein. Kohlendioxid kann aber auch unterirdisch gespeichert werden. Meere sind davon jedoch auszuschließen.

Die Bundesanstalt für Geowissenschaften und Rohstoffe (BGR) in Hannover und das GeoForschungsZentrum (GFZ) in Potsdam erforschen seit 2007 Möglichkeiten der Speicherung von Kohlendioxid gleich nach seiner Entstehung. Zur Einlagerung finden sich vor allem in Schleswig-Holstein, Niedersachsen und Brandenburg ausgebeutete Erdöl- und Erdgaslagerstätten, wasserführende Schichten porösen Gesteins (Aquifere) sowie Salzstöcke. Da das Kohlendioxid bereits bei geringer Druckerhöhung in den flüssigen Zustand übergeht, diese Bedingungen sind in Tiefen ab 800 bis 1000 m gegeben, und eine hohe Dichte erreicht, lässt sich die Speicherkapazität leicht erhöhen. Der Transport von den Kraftwerken des zuvor unter Druck verflüssigten Kohlendioxids soll über Pipelines erfolgen. Die Speicher sollen mehrere Millionen Jahre halten. Die Speicherkapazität in Deutschland reicht aus, um die in einem Zeitraum von 100 Jahren anfallende Kohlendioxidmenge einzulagern.

M 178.2 Unterirdische Kohlendioxidspeicher

Anpassungsstrategien

Die zweite Handlungsoption ist die Vorsorge. Eine Anpassung an einen möglicherweise mittelfristig nicht mehr vermeidbaren Klimawandel, der sich über Jahrzehnte und Jahrhunderte auf die Menschheit und deren Lebensräume auswirken wird, ist wichtig.

Wir brauchen Anpassungsstrategien auf lokaler, nationaler, europäischer und internationaler Ebene. Wenn wir heute schon Hitzewellen, Waldbränden, Überschwemmungen wirkungsvoll begegnen können, wird das auch einen wirksamen Umgang mit verschärften Gefahren ermöglichen.

In Deutschland unterstützt das Kompetenzzentrum Klimafolgen und Anpassung (KomPass) im Umweltbundesamt in Dessau das Bundesumweltministerium bei der Erarbeitung einer Anpassungsstrategie. Vor allem sind Modelle zur Finanzierung von Maßnahmen sowie zur Kooperation und Vernetzung der Akteure zu entwerfen. Um volkswirtschaftliche Schäden so gering wie möglich zu halten, sind Klimaschutzmaßnahmen an Gebäuden, Deichbau und Hochwasserschutz unverzüglich einzuleiten.

Die Verwundbarkeit von Gesellschaften und Geoökosystemen gegenüber den Auswirkungen des Klimawandels wird davon bestimmt, wie stark sie Klimarisiken ausgesetzt sind, sowie von der Fähigkeit, sich klimabedingten Veränderungen anzupassen. Besonders anfällig sind diejenigen, die sich aufgrund fehlender technischer und finanzieller Möglichkeiten am wenigsten an die Folgen anpassen können: arme Länder bzw. arme Menschen in Entwicklungsländern.

Das Klimaschutzprogramm unterstützt Entwicklungsländer bei der gezielten und effizienten Anpassung an die veränderten Klimabedingungen. So werden mit den Partnern Handlungsoptionen für die betroffenen Menschen, Wirtschaftssektoren und Geoökosysteme identifiziert, beispielsweise in den Bereichen: Sicherung natürlicher Ressourcen, ländliche Entwicklung, Katastrophenvorsorge, Ernährungssicherung, Management von Wassereinzugsgebieten, Wasserressourcen und Küstenzonen.

M 179.1 Aus dem Klimaschutzprogramm der Gesellschaft für Technische Zusammenarbeit (GTZ)

UN-Klimakonferenzen

1992 Rio de Janeiro
Rahmenübereinkommen der Vereinten Nationen über Klimaschutz (Klimarahmenkonvention). Artikel 2: Klimaschutzziel der gesamten Menschheit: „Endziel ist, die Stabilisierung der Treibhausgaskonzentration in der Atmosphäre auf einem Niveau zu erreichen, auf dem eine gefährliche anthropogene Störung des Klimasystems verhindert wird."
Seit 1992 tagen mehrmals jährlich Expertengruppen und in der Regel gegen Jahresende gibt es einen Klimagipfel mit Ministern und Stabschefs.

1997 Kioto
Annahme des Kioto-Protokolls als völkerrechtlich verbindliche Umsetzung; es enthält vier neue Instrumente: Handel mit Emissionsrechten, Gemeinsame Umsetzung, Berechnung von Nettoquellen (d.h. Einschluss von Emissionen und Senken von Treibhausgasen), Mechanismus zur nachhaltigen Entwicklung. Die Industrieländer verpflichten sich, ihre Emissionen an Treibhausgasen von 2008 bis 2012 um mindestens 5% unter den Wert von 1990 zu senken. Deutschland hat sich zur Senkung um 21% verpflichtet. Das Ziel wird voraussichtlich verfehlt; außerdem haben wichtige Länder wie die USA nicht unterzeichnet.

2007 Bali
Bali-Aktionsplan: Nachfolgevertrag für Kioto soll erarbeitet werden, denn das Kioto-Protokoll läuft 2012 aus. Erstmals sollen Entwicklungsländer auf klare Maßnahmen zum Klimaschutz verpflichtet werden. Die Industriestaaten sollen den Entwicklungsländern mit klimafreundlicher Technologie und u.a. beim Deichbau helfen und finanzielle Mittel bereitstellen.
Die USA lehnen eine Festlegung auf konkrete Zielmarken für die Treibhausminderungen ab, weshalb es kein quantifiziertes Ziel, sondern vage Formulierungen zum Treibhausausstoß gibt. China hat das Problem erkannt, aber noch keine Vorschläge für konkrete Maßnahmen gemacht.

2009 Kopenhagen
Ziel ist ein neues Klimaabkommen, dem alle Länder beitreten. Es soll u.a. folgende Punkte enthalten: Bessere nationale und internationale Maßnahmen zur Minderung der klimaschädlichen Emissionen (unter anderem messbare, berichtspflichtige und nachprüfbare, je nach Land angemessene Emissionsreduzierungen der Industrieländer). Je nach Land angemessene Maßnahmen der Entwicklungsländer unter Berücksichtigung einer nachhaltigen Entwicklung, unterstützt durch Technologie, Finanzhilfen und Training, auf messbarer, berichtspflichtiger und nachprüfbarer Basis. Die Treibhausgase sollen bis Mitte des Jahrhunderts deutlich gesenkt werden.

Nationale Aktivitäten

2000 Berlin
Gesetz für den Vorrang erneuerbarer Energien (EEG).
2007 Berlin
„Integriertes Energie- und Klimaprogramm" der Bundesregierung.
2008 Europäische Kommission
Klimapaket: Die EU will den Ausstoß von Kohlendioxid bis 2020 um 20% unter das Niveau von 1990 senken.
Das britische Parlament beschließt ein Klimawandelgesetz.

Lokale Aktivitäten

2008
Fast 100 Städte in Europa wollen mit Initiativen für umweltfreundlicheren und geringeren Energieverbrauch den Klimaschutz vorantreiben.

M 179.2 Vereinbarungen zum Klimaschutz

---

1 Erörtern Sie die Rolle der Politik in der Klimadebatte (**M 178.1**).
2 Erstellen Sie eine Mindmap von Möglichkeiten zur Reduzierung von Kohlendioxid in der Atmosphäre (Brainstorming). Diskutieren Sie den Maßnahmenkatalog unter dem Motto: Global denken, lokal handeln.
3 Diskutieren Sie folgende These: Die Option der Anpassung an den Klimawandel wird im öffentlich-politischen Konsens ausgespart, sie wird als Störung der einzig richtigen Option, der Reduktion der Emissionen, wahrgenommen und findet kaum Widerhall in den Medien.
4 Charakterisieren Sie Vereinbarungen zum Klimaschutz (**M 179.2**).
5 **Referat-Tipp:** Die Haltung der USA zum Klimawandel.

Folgeerscheinungen des Klimawandels
Baustein 1: Abschmelzen von Gletschern

Die nicht aufbereiteten Umweltprobleme können in Projekttagen oder Projektwochen bearbeitet werden. Sie eignen sich auch zur Darbietung in Referaten oder schriftlichen Hausarbeiten.

Zum Umgang mit den Themenbausteinen

Die gesellschaftliche Brisanz der Folgeerscheinungen des globalen Klimawandels ist besser zu verstehen, wenn man Einblick in die Komplexität und politische Ambivalenz dieses Prozesses genommen hat. Diesen Zielsetzungen widmen sich die vorangestellten Themenseiten. Mit großer Wahrscheinlichkeit gehören in diesem Zusammenhang, ohne eine Rangfolge anzudeuten, zu den wichtigsten Umweltproblemen der Zukunft: Abschmelzen von Inlandeismassen, Abschmelzen von Gletschern, Auftauen des Permafrostes, Zunahme von Wirbelstürmen, Zunahme von Hochwasserereignissen, Anstieg des Meeresspiegels.

Die folgenden Themenbausteine greifen drei dieser Umweltprobleme auf. Die Aufbereitung dient als Grundinformation, die angefügten Aufgaben als Anregung zur thematischen Arbeit. Es bieten sich drei Vorgehensweisen an:
1. Bearbeitung der drei Bausteine nacheinander.
2. Bearbeitung der drei Bausteine in themenverschiedener Gruppenarbeit.
3. Bearbeitung eines ausgewählten Bausteins, zu dessen vertiefter Durchdringung das Internet und andere Quellen herangezogen und Querverbindungen zu anderen Sachverhalten hergestellt werden (z. B. Gletscher – Inlandeis, Gletscher – Hochwasserereignisse, Meeresspiegel – Inlandeis).

Ursachen der Vergletscherung

Die Größe der Gletscher ist abhängig von den klimatischen Verhältnissen, der Erhebung der Landoberfläche über die Schneegrenze und dem Relief. Entscheidend für das Weiterbestehen eines Gletschers ist seine Massenbilanz, die Differenz zwischen Eisbildung durch Schneefall und Eisverlust durch Abschmelzen. Darum bilden sich umfangreiche Eismassen fast ausschließlich in den Polargebieten und in Hochgebirgen der gemäßigten Zone, kaum in den Tropen. Klimawandlungen lösen beträchtliche *Gletscherschwankungen* aus. Bei einem alpinen Gletscher unterscheidet man die Firnmulde (Kar) und die Gletscherzunge. Die Firnmulde liegt über der Schneegrenze, der Höhengrenze, über der mehr Schnee fällt als abschmilzt. Die Firnmulde und weite Firnfelder sammeln den Schnee, den die darüber aufragenden Gipfelflanken abwerfen (Nährgebiet). Durch den Druck der bis zu 500 m mächtigen Schneemassen wird der Schnee zu körnigen Firneis und schließlich zu klarem Gletschereis, das sich in der Gletscherzunge talabwärts bewegt und dort abschmilzt (Zehrgebiet).

Umfang und Tempo der Vergletscherung

Seit Mitte des 19. Jahrhunderts ist fast weltweit ein deutlicher Gletscherschwund zu beobachten. Vor allem seit den letzten Jahrzehnten hat die größte Anzahl aller Gletscher stark an Masse und Fläche verloren, wie der World Glacier Monitoring Service (WGMS) in Genf berichtet. Das Institut beobachtet seit über 30 Jahren kontinuierlich Gletscherschwankungen. Im Schnitt der Jahre wurde weltweit ein Massenschwund von einem halben Meter pro Jahr ermittelt. Markant ist die Entwicklung in Europa und Asien.

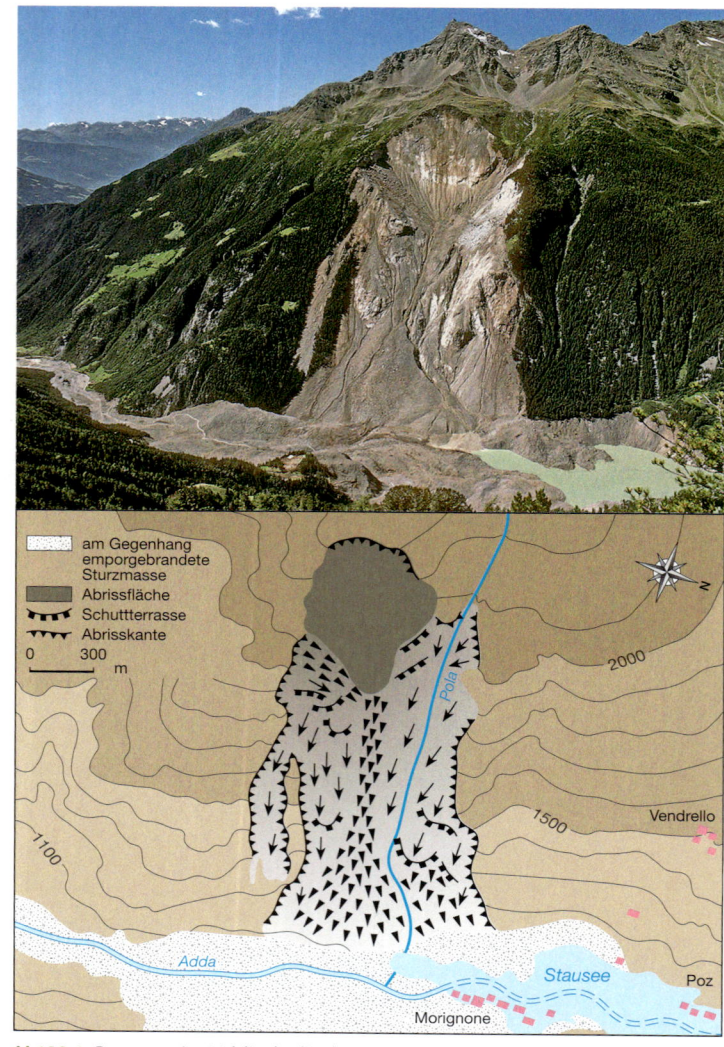

M 180.1 Bergsturz im Veltlin (Italien)

Beispielsweise hat sich der Große Aletschgletscher, der mit einer Länge von rund 23 km der längste Gletscher der Alpen ist, seit 1880 um 2600 m zurückgezogen. Seine Abschmelzgeschwindigkeit hat sich ebenfalls erhöht. Allein 2006 büßte er fast 115 m Länge ein. Bei einer vom IPCC modellierten Erwärmung um 2–3 °C für das 21. Jahrhundert werden die Gletscher der Alpen etwa 80 % der zwischen 1971 und 1990 noch vorhandenen Fläche verloren haben. In den folgenden 20 bis 30 Jahren dürfte sich die Anzahl von heute rund 5000 Gletschern halbieren. Alle Gletscher im Himalaya verlieren jährlich 25 bis über 30 m Länge.

Geoökologische Risikofaktoren

Hält die gegenwärtige Klimaerwärmung an, so fallen mehr Niederschläge als Regen und die Dauer der Schneedecke wird sich um mehrere Wochen verkürzen. Die Neubildung von Gletschereis im Nährgebiet geht dann stark zurück, das Zehrgebiet verlagert sich möglicherweise bis in die Gipfelregion. Nach oben sich ausdehnend werden infolgedessen immer mehr Permafrostgebiete verschwinden. Vorhergesagt wird auch die Zunahme von Starkregen- und Sturmereignissen. Insgesamt ist in den Hochgebirgen mit einer Verstärkung des geoökologischen Gefahrenpotenzials zu rechnen.

Unterhalb der Schneegrenze wechselt die winterliche Bodengefrornis mit der sommerlichen Auftauphase. Im Frühjahr und im Herbst erfolgt der Wechsel zwischen Gefrieren und Auftauen im Tag-Nacht-Rhythmus. Dadurch kann sich einerseits die gesamte Bodendecke mit oder ohne Vegetation hangabwärts bewegen. Andererseits kann das Bodenfließen unter einer geschlossenen Vegetationsdecke erfolgen. Dieses gebundene Bodenfließen führt zu einer buckligen Hangoberfläche. Mit dem Auftauen von **Permafrostböden** wird sich jedoch das Bodenfließen bedrohlich verstärken.

Gletscherrückgang und Auftauen des Gesteins hängen zusammen. Im Permafrostboden hält das gefrorene Wasser das Gestein wie Kleber zusammen. Verschwindet der Dauerfrostboden, dann stürzen Felswände, die nach dem Abschmelzen des Eises überhängen, ab. In den Alpen gelten bis zu zwei Millionen m³ Gestein mit einem Gewicht von rund fünf Mio. Tonnen als absturzgefährdet. Von verheerender Wirkung sind auch Muren, die nach starker Durchfeuchtung des aufgetauten Bodens lawinenartig niedergehen. Die Schlammlawinen begraben Siedlungen, Verkehrseinrichtungen und Wald, Wiesen und Ackerland unter sich. Im Eisacktal z. B. förderte im August 1891 eine Mure über eine halbe Million m³ Masse, darunter Felsblöcke von 40 m³ Inhalt, wodurch der Fluss vorübergehend aufgestaut wurde.

Die Schweizer Bundesregierung lässt Gefahrenkarten für Steinschlag, Muren und Erdrutsche erstellen. In besonders gefährdeten Gebieten ist der Siedlungsbau verboten. Häuser müssten durch dickere Wände und festere Türen geschützt werden. Sind gefährdete Gebiete ausgewiesen, fällt der Preis für Immobilien drastisch.

Auswirkungen auf die Wirtschaft

Gletscher stabilisieren den Wasserhaushalt der Flüsse im Vorland der Gebirge. Sie haben deshalb lebenserhaltende Bedeutung für die Trink- und Brauchwasserversorgung von Städten, Industrie und der Landwirtschaft arider Länder wie der Mongolei, des westlichen Teils von China, Pakistans und Afghanistans in Asien sowie in den Andenländern Südamerikas, aber auch im semiariden Kalifornischen Längstal.

Selbst im humiden Klima Europas wird sich der Gletscherschwund auswirken. Die Flüsse Rhône, Rhein, Lech, Isar oder Inn werden im Sommer überwiegend vom Schmelzwasser der Schneefelder und Alpengletscher gespeist. So werden nicht nur die Bergbäche versiegen, sondern auch die Pegelstände der Alpenflüsse sinken. Das wirkt sich ungünstig auf die Stromerzeugung in den Wasserkraftwerken und auf die Rheinschifffahrt aus. Ob in Zentralasien oder in den Alpen: Zunächst herrscht ein Überangebot von Süßwasser, weil die Eisvorräte aufgezehrt werden. Danach beginnt die Zeit des Wassermangels.

Zur Sicherung des Gletscher-Skitourismus werden Skipisten im Sommer mit einer Spezialfolie großflächig abgedeckt, die das Abtauen des Schnees verhindert (Albedo-Effekt).

Moderne Beschneiungstechnik hilft, dem Schneemangel in den Skigebieten zu begegnen. Im Schneeerzeuger werden aus Luft, Wasser und Kristallisationskernen Schneekristalle erzeugt und unter Druck bis zu 50 m weit über die Piste geblasen. Schneekanonen können stündlich 30 000 Liter Wasser in 75 m³ Schnee verwandeln. Die Beschneiung eines mittelgroßen Skigebiets von 25 bis 30 Hektar während einer Saison erfordert rund 300 000 kWh Strom. Seit Ende des 20. Jahrhunderts hat sich die Quote künstlich beschneiter Pistenfläche in Bayerns Wintersportgebieten auf 13 % mehr als verdreifacht.

M 181.1 Künstlicher Schnee

---

1. Stellen Sie anhand von Atlaskarten eine Liste von Gletschergebieten in den Alpen und in Asien mit ihrer topographischen Lage zusammen.
2. Berichten Sie über Umfang und Geschwindigkeit des Abschmelzens von Gletschern. Benutzen Sie auch das Internet.
3. Diskutieren Sie geoökologische Risikofaktoren für den Menschen und Auswirkungen auf die Wirtschaft im Alpenraum (**M 180.1**, **M 181.1**).
4. Nehmen Sie Stellung zu Maßnahmen der Aufrechterhaltung des Skitourismus (**M 181.1**).
5. **Referat-Tipp:** Katastrophale Bergstürze und Muren im Alpenraum.

Baustein 2: Zunahme von Wirbelstürmen

Tropische Wirbelstürme

Die tropischen Wirbelstürme (*Zyklone*) entwickeln sich in mehreren Tagen aus Tiefdruckgebieten über tropischen Meeren bei einer Wasseroberflächentemperatur von mindestens 26,5 °C und einer nicht zu geringen Corioliskraft. Daher sind die innersten Tropen frei von diesen Wirbelstürmen. Allein in einem Zyklon kann täglich so viel Wärmeenergie freigesetzt werden, wie jährlich weltweit elektrische Energie verbraucht wird.

In der Mitte des Zyklons liegt das „Auge". Darin ist es windstill. Spiralartig ordnen sich Gewitterwolkensysteme mit heftigsten Gewittern und stärksten Regenfällen um den fast oder tatsächlich wolkenlosen Kern. In ihm ist der Luftdruck (Kerndruck) sehr gering, sodass extreme Luftdruckunterschiede und dementsprechend höchste Windgeschwindigkeiten zwischen 200 und 400 km/h zustande kommen.

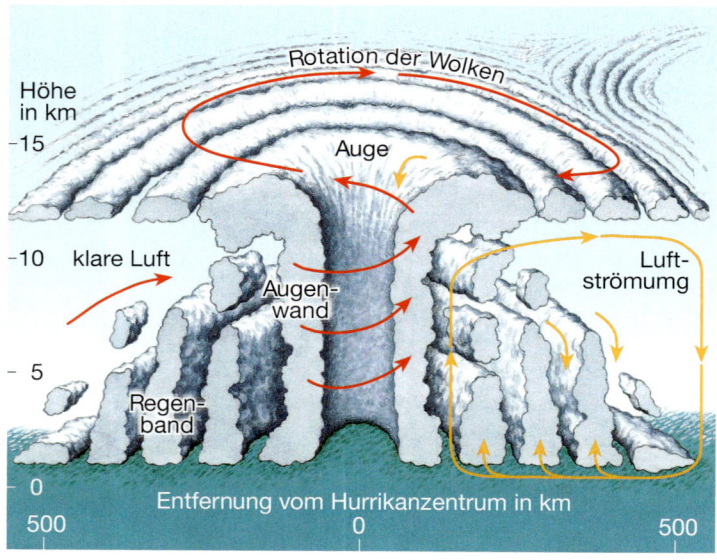

M 182.1 Tornado

Außertropische Wirbelstürme

In der gemäßigten und in der subtropischen Klimazone entstehen kurzlebige Wirbelstürme, die *Tornados*. Sie entwickeln sich an der Grenzfläche von kalter Polarluft und warmer subtropischer Luft. Solche Wetterlagen treten regelmäßig während des Sommers im zentralen Tiefland des Mittleren Westens der USA auf. Das Gebiet heißt deshalb auch „Tornado Alley". Auch in Deutschland treten gelegentlich Tornados auf, wenngleich weitaus weniger ausgeprägt. In Europa behindern die in West-Ost-Richtung verlaufenden Gebirgsmassen der Pyrenäen und der Alpen das Aufprallen polarer Luft auf subtropische Luft.

Tornados wachsen schlauchartig als sich links- oder rechtsdrehende Unterdruckgebilde von nur 100 bis 600 m Durchmesser mit hohen Windgeschwindigkeiten aus einer Gewitterwolke heraus. Erreicht der bis zu 1000 m lange Wolkenschlauch die Erdoberfläche, kann er extreme Zerstörungen anrichten. Die Zerstörungskraft von Tornados, die eine Geschwindigkeit bis zu 700 km/h erreichen können, ist weit größer als die der tropischen Wirbelstürme. Allerdings bedrohen sie wesentlich kleinere Gebiete. Die Zerstörungsschneisen sind im günstigen Fall fünf bis zehn Kilometer lang, in seltenen Fällen bis zu wenigen Hundert Kilometern. Wirbelt der Tornado nur Staub und Sand auf, wird er auch Windhose genannt, über dem Meer bilden sich Wasserhosen. Die kleinsten rotierenden Luftwirbel, die Staubteufel, sind völlig harmlos. Diese Kleintromben bilden sich in örtlich überhitzter Luft aus, können auch bei wolkenlosem Himmel entstehen. Sie wachsen von unten nach oben als ein bis fünfzig Meter breite und zwei bis einhundert Meter hohe wandernde Staubsäulen, die nur wenige Minuten Lebensdauer haben. Sie treten außerhalb der kalten Zonen überall auf, insbesondere jedoch in Wüsten- und Steppenländern.

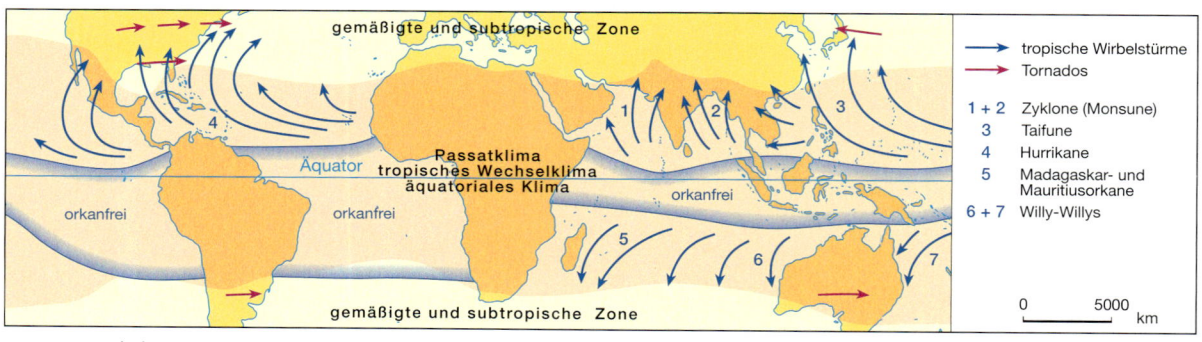

M 182.2 Schnitt durch einen Hurrikan

M 182.3 Zugbahnen von Wirbelstürmen

Der Zyklon „Nargis" – ein Raumbeispiel

Am 3. Mai 2008 raste der Zyklon „Nargis" mit einer Spitzengeschwindigkeit von 220 km/h vom Indischen Ozean über das Irawadidelta in Myanmar (Birma). Die sich auf der Nordhalbkugel linksdrehenden Winde trieben das Wasser in die Mündungsarme hinein. Zusammen mit den Gezeiten, dem auflaufenden Flusswasser und den hohen Niederschlagsmengen stand eine Fläche von 9785 km² stundenlang bis zu 3,50 m unter Wasser.

Das Delta gehört zum zentralen Irawadibecken. Dieses hufeisenförmig von den im Norden zusammenlaufenden Gebirgszügen des westbirmanischen Randgebirges im Westen und des Shanplateaus im Osten umschlossene Tiefland bildet den wirtschaftlichen und kulturellen Kernraum Myanmars. Der am dichtesten besiedelte Küstenraum mit der Millionenstadt Yangong gehört zu den größten Reisanbaugebieten der Erde.

Indische Meteorologen informierten die malaysischen Behörden 48 Stunden vor dem Eintreffen des Wirbelsturms, der sich am 27. April im Golf von Bengalen bildete. Die Militärjunta in Myanmar warnte die Bevölkerung nicht. Wahrscheinlich forderte die Katastrophe weit über 100 000 Tote, die meisten der Opfer ertranken. Nargis zählt zu den zehn folgenschwersten tropischen Wirbelstürmen in der Geschichte der Wetteraufzeichnungen.

Die Wucht des Wirbelsturms ist auch durch Rodungen im Mangrovenstreifen verstärkt worden. So konnte die Flutwelle ungebremst bis zu 40 km in das Land vordringen. Schon ein 200 m breiter Streifen dieses natürlichen Schutzes nimmt den Flutwellen drei Viertel ihrer Energie. Die umfangreichen Rodungen wurden vom Regime gefördert, um Flächen für den Nassreisanbau zu gewinnen.

In Myanmar gab es zur Zeit der Katastrophe keinen Zivilschutz. Obwohl über 1,7 Millionen Einwohner obdachlos wurden und ohne ausreichende Versorgung mit Wasser, Lebensmitteln und Medikamenten waren, verweigerte die Junta ausländische Hilfsangebote. Die Regierung beschlagnahmte die wenigen Hilfslieferungen, die sie überhaupt in das Land ließ. Hunderten Logistikern und Katastrophenexperten wurden keine Visa erteilt. US-Militärflugzeuge mit Hilfslieferungen wurden abgewiesen. Ein Sprecher des Welternährungsprogramms (WFP) bezeichnete diese Haltung als beispiellos in der Geschichte der Katastrophenhilfe. Erst nach Intervention des UN-Generalsekretärs war die Junta drei Wochen nach der Flut bereit, den 2,5 Millionen Überlebenden dringende Hilfe durch internationale Organisationen zuteil werden zu lassen.

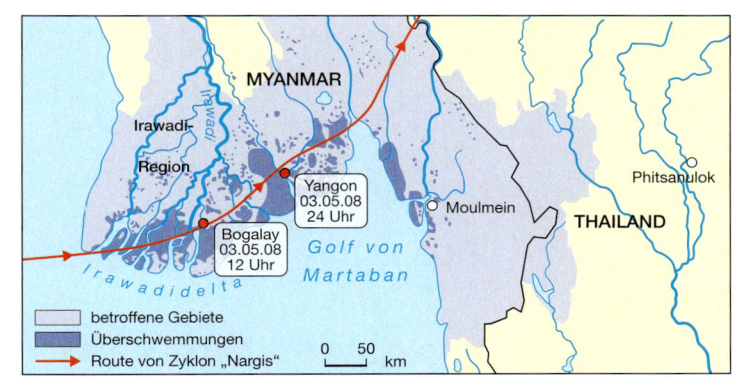

M 183.1 Das vom Zyklon „Nargis" betroffene Gebiet Myanmars

Mehr als zwei Wochen nach dem verheerenden Zyklon in Birma steht fest: Das dortige Regime wird seiner Verantwortung zum Schutz der eigenen Bevölkerung nicht gerecht. Statt den Überlebenden zur Hilfe zu kommen, hat es sie im Stich gelassen. Der französische Außenminister Kouchner bezichtigt die Junta folgerichtig der unterlassenen Hilfeleistung und verlangt vom UN-Sicherheitsrat, auch gegen deren Willen einzugreifen. Dazu wird es vermutlich nicht kommen ...
Wäre es wirklich verwerflich oder politisch gefährlich, wenn sich Demokratien weltweit, über die Staaten der atlantischen Gemeinschaft hinaus, zusammentäten auf der Basis gemeinsamer Grundüberzeugungen und Werte? Wenn sie als Stimmgruppe in den Vereinten Nationen aufträten, um etwa den Menschenrechten mehr Geltung zu verschaffen? Eingewandt wird dagegen, dass dies eine noch stärkere Polarisierung der Weltpolitik zur Folge haben werde. Doch dieses Argument beschwört eine Gefahr als Konsequenz westlicher Handlungen, die bereits Realität ist.

K.-D. Frankenberger, in: FAZ vom 21. Mai 2008

M 183.2 Durch die Politik hilflos Naturgewalten ausgeliefert

Jahr	Name des Hurrikans (Gebiet)	Tote	Sachschaden
1900	Gaveston (USA)	mehr als 8000	keine Angaben
1935	Labor Day (USA)	mehr als 400	keine Angaben
1969	Camille (USA)	mehr als 140	ca. 6,1 Mrd. US-$
1988	Gilbert (Karibik)	300	ca. 5 Mrd. US-$
1992	Andrew (USA)	15	ca. 21 Mrd. US-$
1998	Mitch (Karibik)	mehr als 10 000	ca. 7 Mrd. US-$
2004	Ivan (Karibik, USA)	130	ca. 13 Mrd. US-$
2005	Katrina (USA)	mehr als 1400	ca. 60 Mrd. US-$
2005	Rita (Kuba, USA)	120	ca. 8 Mrd. US-$
2005	Stan (Mittelamerika)	mehr als 1200	ca. 6 Mrd. US-$
2005	Wilma (Mexiko, USA)	mehr als 30	ca. 10 Mrd. US-$

M 183.3 Hurrikane und ihre Auswirkungen (Auswahl)

1 Vergleichen Sie Entstehung, Gefahrenpotenzial und Verbreitung tropischer und außertropischer Wirbelstürme (**M 182.1** bis **M 182.3**, **M 183.3**).
2 Analysieren Sie das Ereignis des Zyklons „Nargis" (**M 183.1**, **M 183.2**).
3 **Referat-Tipp:** Gibt es heute mehr Wirbelstürme auf der Erde?
  www.planet-wissen.de   www.tornadoliste.de

184 Umweltrisiken und menschliches Verhalten

projekt

Baustein 3: Anstieg des Meeresspiegels

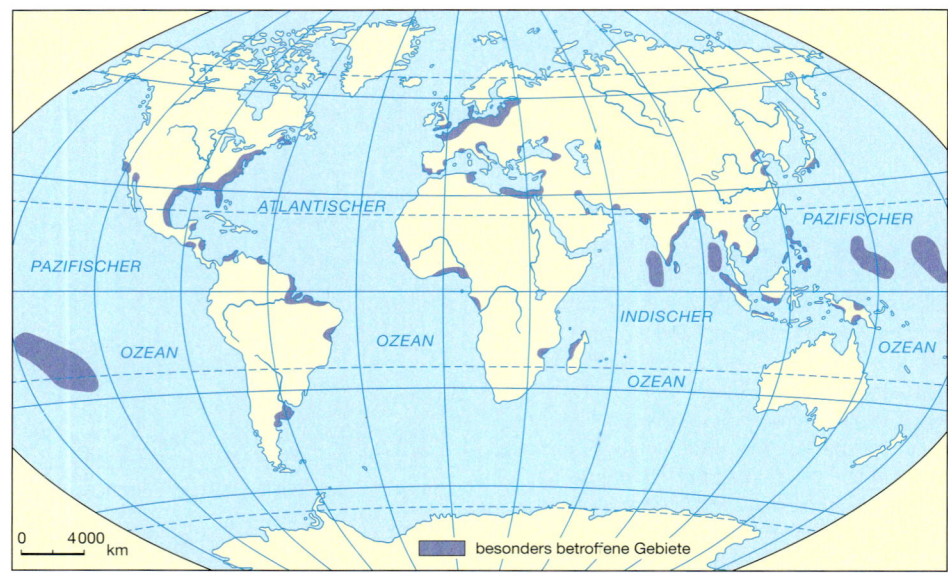

M 184.1 Vom Meeresspiegelanstieg bedrohte Gebiete

Bei einem um ein bis zwei Meter erhöhten Meeresspiegel würden die Umrisse der Kontinente sich unwesentlich verändern, denn nur 2 % des Festlandes liegen weniger als 10 m über Meeresniveau. Das Problem ist, dass in diesem Küstenstreifen rund 630 Millionen Menschen leben, also etwa 10 % der Weltbevölkerung. Hier ballt sich die Bevölkerung in zahlreichen Megastädten und Verdichtungsräumen. Schanghai z. B. liegt gerade 4 m über dem Meeresspiegel. Einer Reihe von Ländern ginge ein erheblicher Anteil der Staatsfläche verloren. Bedroht wären vor allem die Inselstaaten wie die Malediven sowie Staaten mit tief liegendem Hinterland wie Bangladesch.

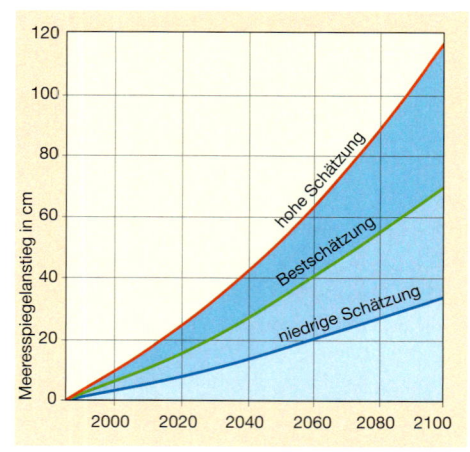

Beobachteter Anstieg
Seit Mitte des 19. Jahrhunderts wird durch Pegelmessungen ein Ansteigen des Meeresspiegels beobachtet, der im 20. Jahrhundert 18,5 cm betragen hat. Durchschnittlich stieg der Meeresspiegel um 1,7 bis 2,2 mm pro Jahr. Allerdings beschleunigen sich die Anstiegsraten. Zwischen 1993 und 2003 ermittelten Satelliten einen durchschnittlichen jährlichen Anstieg um 3,1 bis 3,8 mm.

Ursachen des Anstiegs
Die wesentlichen Faktoren kurzfristiger oder längerfristiger Meeresspiegelschwankungen sind:
– Die natürliche und anthropogene Erwärmung hat eine Ausdehnung des Wassers zur Folge.
– Die Eisschilde der Arktis (Volumen etwa 3 Millionen km^3) und Antarktis (Volumen etwa 30 Millionen km^3) stellen die größten Wasserspeicher dar. Würden sie abschmelzen, so würde sich der Meeresspiegel um mehr als 60 m erhöhen. Satellitenmessungen zeigen bereits große Abschmelzbeträge.
– Das Abschmelzen der Gebirgsgletscher (Volumen etwa 0,2 Millionen km^3) führt zum Anstieg des Meeresspiegels. Ein vollständiges Abschmelzen ließe den Meeresspiegel um etwa 0,5 m ansteigen.
– Durch Heben und Absenken der kontinentalen Kruste werden großräumige Veränderungen des Meeresspiegels und der Küstenlinien ausgelöst.

M 184.2 Anstieg der mittleren Meeresspiegelhöhe bei Trendfortschreibung der menschlichen Aktivität

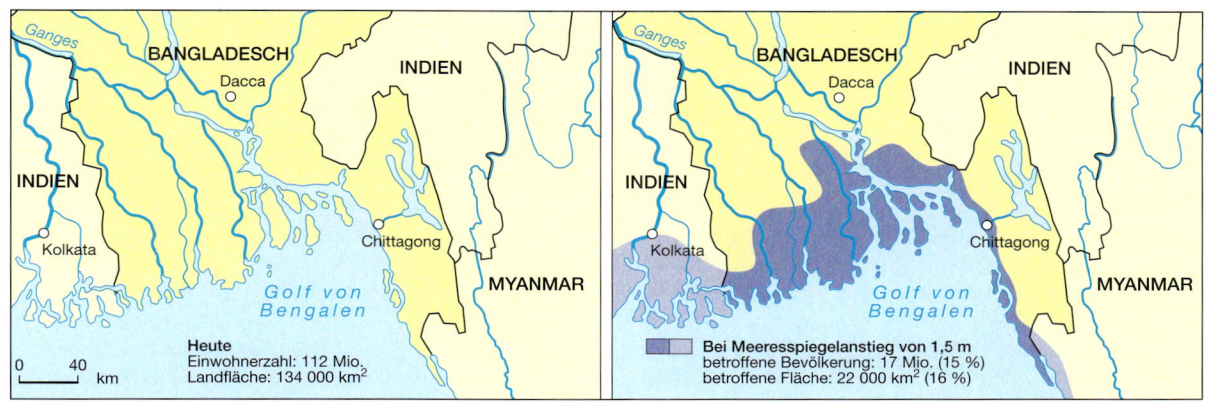

M 185.1 Auswirkungen des Meeresspiegelanstiegs auf Bangladesch

Bangladesch – ein Fallbeispiel

Bangladesch nimmt den östlichen Teil Bengalens ein, also überwiegend das gemeinsame Mündungsdelta von Ganges und Brahmaputra. Das Deltagebiet von etwa 80 000 km² Fläche ist ein amphibischer Naturraum, der im Osten und Südosten vom Bergland der Chittagong Hills abgeschlossen wird. Die Niederungen des Deltas sind weniger dicht besiedelt als ihre breiten und höher gelegenen Terrassenflächen.

In den Mangrovesümpfen des Küstengebietes, den Sundarbans, wird das Wasser durch die Hochwässer der Flüsse zur Zeit des Sommermonsuns und durch die starken Gezeiten in ständiger Bewegung gehalten. Oft sind auch die flachen Sandrücken zwischen dem Gewirr von Mündungsarmen von Überschwemmungen bedroht. Erst der wegen des Bevölkerungswachstums einsetzende Landmangel hat zunehmend zur Besiedlung dieses Ungunstraumes geführt. Fast die Hälfte der Sundarbans ist ein Nationalpark des UNESCO-Weltnaturerbes.

Ein Katastrophenvorsorgeprojekt des Deutschen Roten Kreuzes und des Roten Halbmondes von Bangladesch wurde für die Region Cox's Bazar südlich von Chittagong entwickelt. Es wurden 57 Zyklonenschutzbauten für 45 000 Personen errichtet. Schulungskurse zur Stärkung der Selbsthilfe der Bevölkerung bei Überschwemmungen und Wirbelstürmen ergänzen das Projekt.

Strategie A:
Zur weiteren Nutzung bedrohter Gebiete kann man selektiv vorgehen. Man nimmt gezielt den Verlust durch Erosion besonders stark gefährdeter Küstenstreifen in Kauf, um über genügend Kapital zum Schutz weniger gefährdeter Gebiete verfügen zu können. Denkbar ist in der Landwirtschaft eine Umstrukturierung der Betriebe: Aufgabe der agrarischen Nutzung zugunsten der Nutzung des Meeres (Fisch- oder Muschelzucht).

Strategie B:
Die bedrohten küstennahen Landstriche werden aufgegeben. Maßnahmen zum Schutz vor steigenden Wasserständen werden nicht unternommen. Immobilien und Infrastruktur fallen der Überflutung zum Opfer. Die Bevölkerung wandert ab.

Strategie C:
Priorität hat der Schutz der Bevölkerung und der Ressourcen gefährdeter Gebiete. Voraussetzung ist eine langfristige, vorausschauende Planung von Schutzbauwerken. Voraussetzungen sind vor allem Geldkapital, geeignete geomorphologisch-hydrologische Verhältnisse und technologisches Wissen sowie die kontinuierliche Unterhaltung der Schutzbauten. Mögliche Schutzmaßnahmen sind: Deiche, Flutwände, Fluss-Sperrwerke, Gezeitentore, Strandaufspülungen, Anlage von Dünen.

Nach: Geographie heute, Heft 241/242 und Deutsche Gesellschaft für Geographie, 2007

M 185.2 Strategien gegen Überflutungen durch Meeresspiegelanstieg

Durch weltweite Überflutungen (bei 1 m Anstieg):
dauerhafter Verlust von 150 000 km² Landfläche, betroffen wären 180 Mio. Menschen: vernichteter Besitz im Wert von 1,1 Billionen US-$, Veränderungen der Schifffahrtsrouten im Küstenbereich und in Hafenanlagen, Beeinflussung des Strand-Tourismus.

Durch geomorphologisch-ökologische Prozesse:
Erosion von Küsten, erhöhte Flut- und Sturmschäden, erhöhter Grundwasserspiegel, Eindringen von Salz in Grund- und Oberflächenwasser, Versalzung der Böden, Probleme der Entwässerung landwirtschaftlicher Böden auf Meeresspiegelniveau.

M 185.3 Folgen des Meeresspiegelanstiegs

---

1. Legen Sie eine Tabelle der vom Meeresspiegelanstieg besonders betroffenen Gebiete an (M 184.1, Atlas). Unterscheiden Sie nach Kategorien, z. B. Kontinent, Insel, Staat, Landschafts-, Ballungs-, Agrarraum, Marsch, Delta, Trichtermündung, Mangrove.
2. Diskutieren Sie auf der Grundlage von Ursachen des Meeresspiegelanstiegs Schätzungen des weiteren Anstiegs im 21. Jahrhundert (M 184.2).
3. Erörtern Sie die Strategien gegen die Überflutung aus der Sicht von Betroffenen, aus der Sicht der Regierung in Bangladesch sowie eines europäischen Umweltschützers (M 185.1, M 185.2).
4. Erläutern Sie Folgen des Meeresspiegelanstiegs (M 185.3).
5. **Referat-Tipp:** Hochwasserschutz in Hamburg.

Umweltrisiken und menschliches Verhalten

Erdbeben, Vulkanausbrüche, Tsunamis, Wirbelstürme, Klimawandel und andere Naturgefahren sind Teil der natürlichen Abläufe in der Geosphäre. Diese extremen Naturereignisse, die Naturkatastrophen, können nicht nur Menschen Schaden zufügen, sondern auch den Geoökosystemen, in denen sie leben. Bestimmte Zonen und Gebiete sind der Gefahr von Naturkatastrophen stärker ausgesetzt als andere. Viele der gefährdeten Gebiete liegen an oder nahe den Rändern tektonischer Platten. Die Bewegungen der Erdkrustenplatten erklären sowohl die Verschiebung der Kontinente zueinander als auch weitgehend die Ursachen der vulkanischen Aktivität und der Gebirgsbildung. Tsunamis, Vulkanausbrüche, Erdbeben und Erdrutsche sind ständige Gefahren in diesen Gebieten.

Naturgefahren bewirken gerade in jenen Staaten die schwersten Folgen, in denen ein großer Teil der Menschen bereits unter Hunger, Armut und sozialen Missständen leidet. Sie treffen die Wirtschaft und die Infrastruktur so hart, dass in den Ländern nur unter großen Anstrengungen und mit internationaler Hilfe der Entwicklungsstand vor dem Naturereignis wieder erreicht werden kann. Ein kontinuierliches Wirtschaftswachstum wird allerdings auf Jahre hinaus beeinträchtigt.

Trotz aller Fortschritte von Technik und Wissenschaft ist es bis heute nur begrenzt gelungen, sich umfassend vor Naturkatastrophen zu schützen. Staatliche und internationale Katastrophenhilfswerke konzentrieren sich auf die Planung von Vorbeugemaßnahmen und Katastrophenverhütung. Die Vereinten Nationen organisieren Nothilfemaßnahmen.

Energie aus dem Erdinneren bildet die großen Strukturen der Kontinente, Ozeane und Gebirgszüge und bestimmt ihre Verteilung auf der Erdoberfläche; Energie von der Sonne treibt die Prozesse an, die Wetter und Klima hervorbringen und die Formen der Erdoberfläche ausgestalten. Endogene und exogene Kräfte haben die Erde seit Millionen Jahren verändert.

Ein Absinken der durchschnittlichen globalen Jahrestemperatur um etwa 4,5 °C würde ausreichen, um unseren Lebensraum in ein neues Eiszeitalter zu stürzen. Annähernd drei Zehntel des Festlandes wären von Eis bedeckt, in manchen Gebieten bis zu 3000 m dick. Gegenwärtig ist allerdings nur noch ein knappes Zehntel der Landoberfläche permanent mit Eis bedeckt.

Eine Kaltzeit beginnt damit, dass die Gletscher der Hochgebirge immer weiter talwärts fließen und sich die Inlandeisdecken von den Polargebieten ausbreiten. In den Alpen hatte sich zum Höhepunkt der letzten Kaltzeit vor 18 000 Jahren ein zusammenhängender Eispanzer entwickelt, dessen Gletscherströme nach Norden und Süden flossen und im Alpenvorland große Eisfächer herausbildeten. Das Eis formte die Alpentäler und schliff Felsoberflächen glatt. Gewaltige Schuttmassen wurden am Fuß der Gebirgsketten und am Alpennordrand abgelagert.

Es ist nicht genau bekannt, warum Klimaschwankungen von einer Stärke auftreten, dass sie Eiszeiten verursachen. Zahlreiche natürliche Faktoren beeinflussen das Klima. Zu der gegenwärtigen globalen Klimaerwärmung trägt erstmals in der Erdgeschichte der Mensch mit seinen wirtschaftlichen Aktivitäten bei. Es ist jedoch umstritten, wie groß sein Anteil ist.

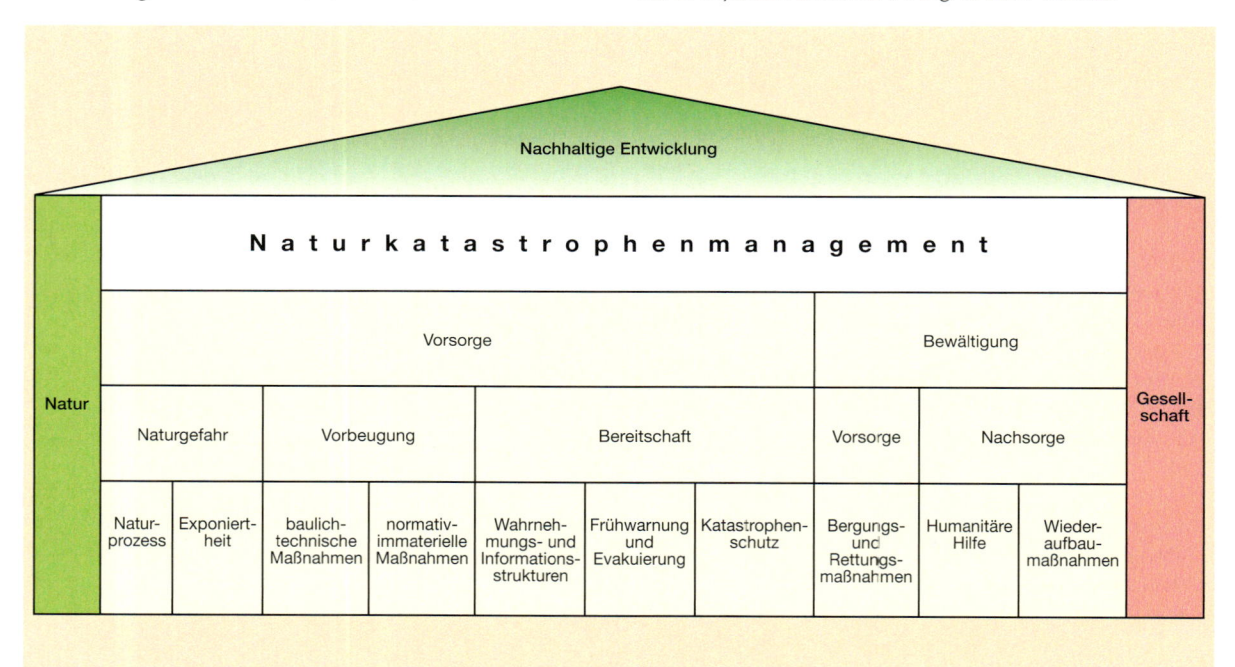

M 186.1 Bausteine des Naturkatastrophenmanagements (nach DIKAN und WEICHSELGARTNER)

Aufgabe: Erörtern Sie anhand der Darstellung Bausteine des Naturkatastrophenmanagements.

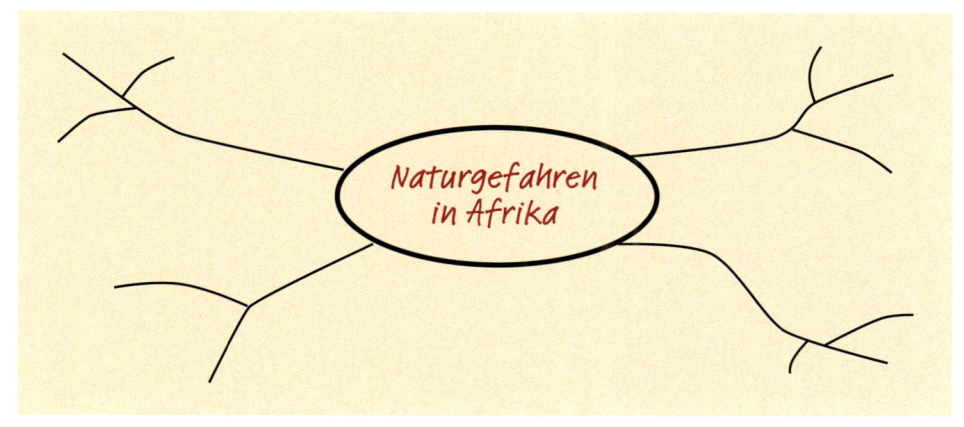

M 187.1 Mindmap „Naturgefahren in Afrika" (Entwurf)

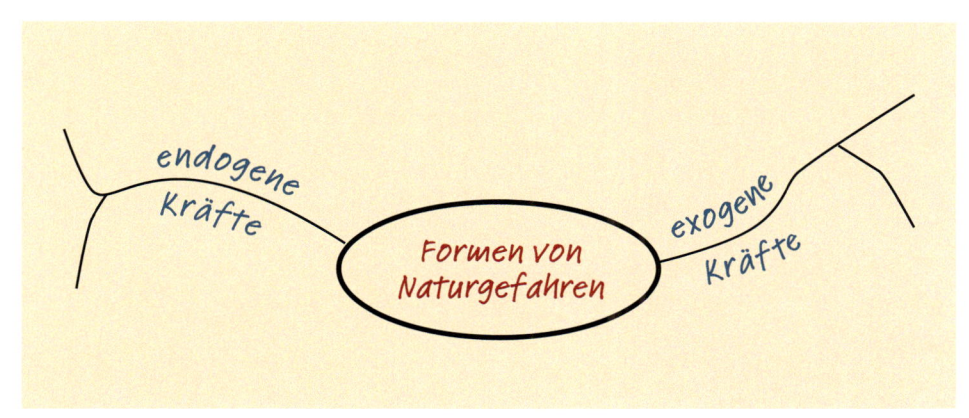

M 187.2 Mindmap „Formen von Naturgefahren" (Entwurf)

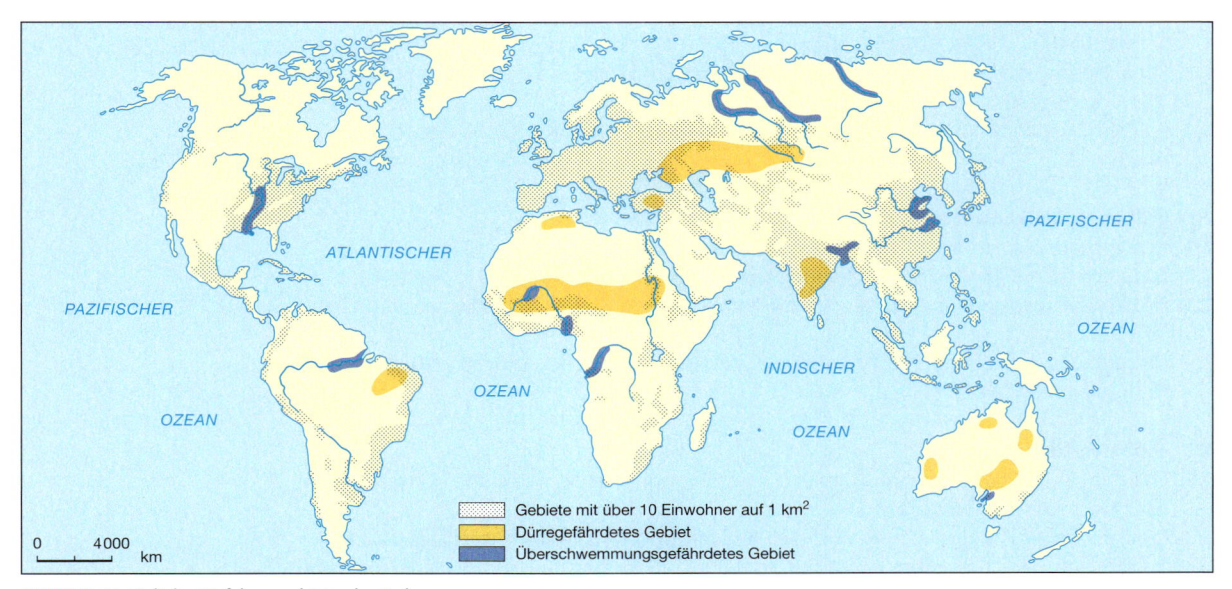

M 187.3 Natürliche Gefahrengebiete der Erde

Aufgaben:
1 Erarbeiten Sie Mindmaps der Naturgefahren getrennt nach Regionen und nach Ursachen (**M 187.1**, **M 187.2**).
2 Begründen Sie den Unterschied zwischen endogen und exogen verursachten Naturgefahren.
3 Erklären Sie die räumliche Verbreitung endogen und exogen verursachter Naturgefahren (**M 187.3**).

check-up

Zusammenfassung

Die *Alpen* sind das höchste und formenreichste Hochgebirge Europas. Sie sind das Kernstück des im Tertiär entstandenen europäischen Faltengebirgssystems (alpidische Gebirgsbildung). Die Alpen liegen in der gemäßigten Klimazone und haben weitgehend kühlgemäßigtes Klima, wobei von West nach Ost die Kontinentalität zunimmt und am Südrand sich der Übergang zum Mittelmeerklima andeutet. Von Bedeutung sind für das Geländeklima der Unterschied zwischen Sonnen- und Schattenseite der Talhänge und die Hangneigung. Die Höhenstufen der Vegetation sind ganz ausgebildet. Oberhalb der Schneegrenze befinden sich in den Zentralalpen noch Gletscher.

Die wichtigste Erwerbsquelle war bis in die Mitte des 20. Jahrhunderts die Almwirtschaft. Mit dem Eindringen der Lebens- und Wirtschaftsformen der Industrie- und Dienstleistungsgesellschaft (Verstädterung und Tertiärisierung), insbesondere des Fremdenverkehrs und des Alpentransits, ist eine Destabilisierung des Geoökosystems verbunden. Maßnahmen zum Schutz des Alpenraumes sind von den Anrainerstaaten neben weiteren Vereinbarungen mit der Alpenkonvention ergriffen worden.

Naturgefahren sind zeitlich und räumlich begrenzte abrupte Störungen von Geoökosystemen, die nach Naturgesetzen ablaufen und im Allgemeinen in unregelmäßigen Abständen aufeinanderfolgen. Ihre Ursache ist natürlicher Art, sie kann auch anthropogen beeinflusst sein. Während die Naturereignisse endogener Entstehung an bestimmte tektonische Schwächezonen der Erde gebunden sind, unterliegen die Naturgefahren exogener Entstehung den Gesetzmäßigkeiten, die die Prozesse in der Atmosphäre bestimmen.

Seit dem Industriezeitalter belastet eine schnell wachsende Weltbevölkerung zunehmend die Atmosphäre mit Emissionen. Darunter befinden sich Treibhausgase, welche eine *Klimaerwärmung* befördern. Dieser anthropogen verstärkte Strahlungsantrieb überlagert den gegenwärtig andauernden Prozess einer natürlichen Erwärmung der Atmosphäre. Wie sich das Klimasystem in den kommenden 50 oder 100 Jahren verändern wird, ist ungewiss. Klimaforscher versuchen deshalb weltweit, die klimatische Zukunft mithilfe von Klimamodellen zu berechnen. Sie erfordern abgestimmte politische Strategien, um den Folgeerscheinungen des Klimawandels begegnen zu können.

Prüfen Sie sich selbst

1. Die Alpen zwischen Ökonomie und Ökologie

1.1 Stellen Sie zwischen der orographischen Gliederung und der ökologischen Differenzierung der Alpen Beziehungen her. Veranschaulichen Sie das Wirkungsgefüge in einem Pfeildiagramm (PA).

1.2 Entwerfen Sie ein Schema des alpinen Nordföhns und skizzieren Sie dazu die entsprechende Wetterkarte (PA).

1.3 Erörtern Sie destabilisierende und stabilisierende Faktoren und Kräfte des Geoökosystems Alpen (GA).

2. Erdbeben, Vulkanismus, Tsunami

2.1 Vergleichen Sie den Verlauf von Plattengrenzen und Kontinentumrissen.

2.2 Erläutern Sie die Theorie der Entstehung von Faltengebirgen (**M 141.1**).

2.3 Erklären Sie regionale und globale Folgewirkungen von Erdbeben und Vulkanausbrüchen (GA).

2.4 Diskutieren Sie das Potenzial an Schutzmaßnahmen endogen und exogen verursachter Naturgefahren (PA).

3. Globaler Klimawandel

3.1 Erläutern Sie die Sonderstellung des Ozons als Komponente des Strahlungsantriebs (Treibhausgas) in der Atmosphäre.

3.2 Erörtern Sie die Ambivalenz von natürlich und anthropogen verursachtem Klimawandel.

3.3 Informieren Sie sich über das Abschmelzen des Inlandeises, das Auftauen des Permafrostes oder die Zunahme von Hochwasserereignissen als Folgeerscheinung des Klimawandels (GA).

Arbeitshinweis:
PA = Aufgabe ist für Partnerarbeit geeignet
GA = Aufgabe ist für Gruppenarbeit geeignet

Grundbegriffe
Asthenosphäre
Faltengebirgsgürtel, alpidischer
Formenwandel
Inwertsetzung
Klimamodellierung
Landschaftsökosystem
Treibhauseffekt
Tsunami

Vorbereitung einer Präsentation

Geographische Arbeitstechniken und Arbeitsweisen

Kompetenzerwerb umfasst sowohl die Aneignung geographischen Grundlagenwissens als auch das Kennenlernen und den Umgang mit geographischen Arbeitsmethoden. Die folgenden Hinweise zu grundlegenden geographischen Arbeitsmethoden sollen zur Optimierung des selbstständigen Methodentraining beitragen.

Interpretation von physisch-geographischen Karten

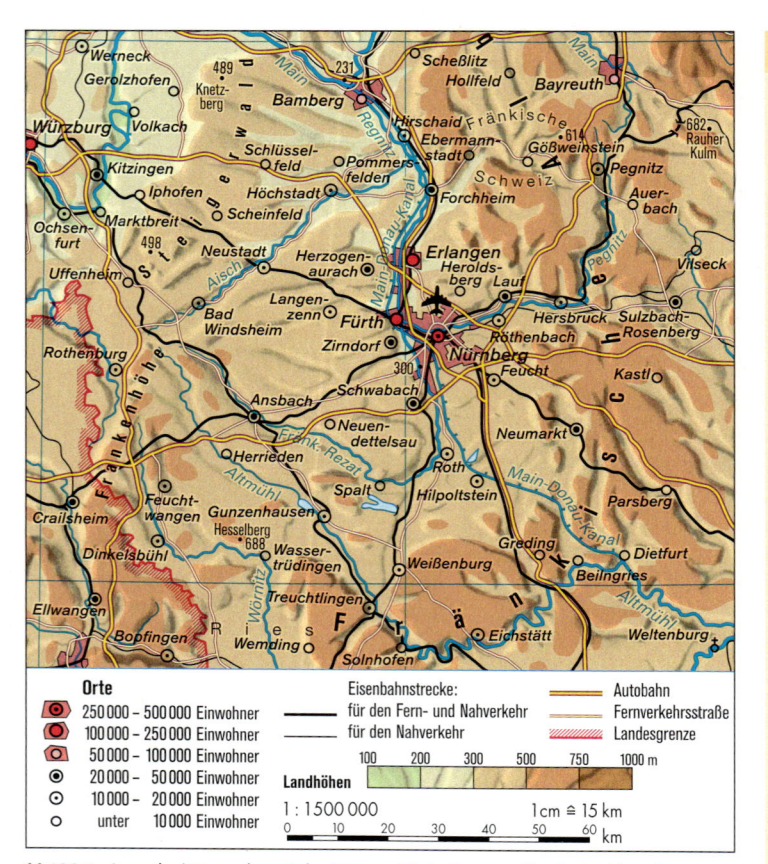

M 190.1 Ausschnitt aus dem Atlas Unsere Welt „Bayern: Physische Karte"

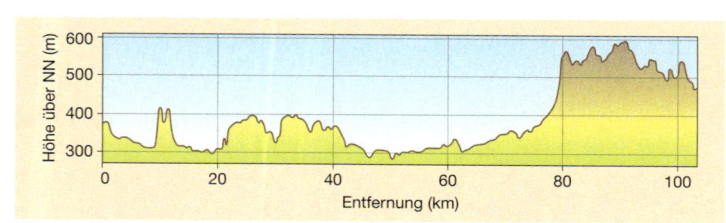

M 190.2 Profil Steigerwald–Kastl (nach: Landesamt f. Vermessung u. Geoinformation Bayern)

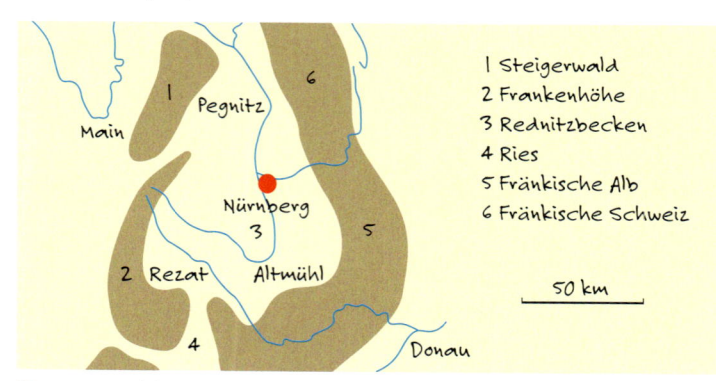

M 190.3 Handskizze zum Untersuchungsraum

Checkliste für die Interpretation

1. Einlesen in die Karte
a) Orientieren Sie sich über den Raumausschnitt, die Koordinaten und den Maßstab.
b) Erfassen Sie Himmelsrichtung, politische Grenzen, Landschaftsnamen und Zahlenangaben.
c) Betrachten Sie eingehend die Legendeninformationen (Siedlungen, Verkehrsnetz, Höhendarstellungen, Gewässernetz, topographische Einzelzeichen).

2. Beschreiben der Karteninhalte
a) Ordnen Sie die Karte in das Gradnetz nach den Randangaben ein. Achten Sie auf den Maßstab.
b) Nehmen Sie eine genaue Beschreibung der Einzelelemente vor.
Relief: Anordnung und Verteilung der Höhenstufen, Höhenangaben
Gewässernetz: Benennung der Gewässer, Fließrichtung, Tiefenangaben
Siedlungen: Größenordnung, Verteilung
Verkehrsnetz: Art der Verkehrswege, Verteilung, Verlauf der Verkehrslinien
Grenzen: Verlauf politischer Grenzen
topographische Signaturen: Arten, Verteilung, Häufung
c) Nehmen Sie eine räumliche Gliederung vor. Ein Hilfsmittel hierzu sind Landschaftsnamen. Unterscheiden Sie nach Kern- und Randgebieten.

3. Umsetzen in Zeichnung, Grafik, Skizze
a) Fertigen Sie ein Längsprofil an.
b) Entwerfen Sie eine Handskizze zur räumlichen Gliederung.

4. Erklären wichtiger Elemente und Beobachtungen
a) Erläutern Sie die räumliche Verteilung von Einzelelementen, ihre Zusammenhänge und Abhängigkeiten.
b) Stellen Sie fest, welche funktionalen und kausalen Beziehungen zwischen Einzelelementen bestehen (z. B. Siedlungen und Verkehrsnetz, Siedlungen und Relief).
c) Ziehen Sie zur Erklärung des Raummusters Sekundärinformationen aus anderen Karten und Quellen heran.

5. Bewerten der Karte
a) Nehmen Sie eine kritische Würdigung des Informationsgehaltes der Karte vor.
b) Legen Sie dar, inwieweit Darstellungsform und Inhalt übereinstimmen und Zusammenhänge verdeutlichen.

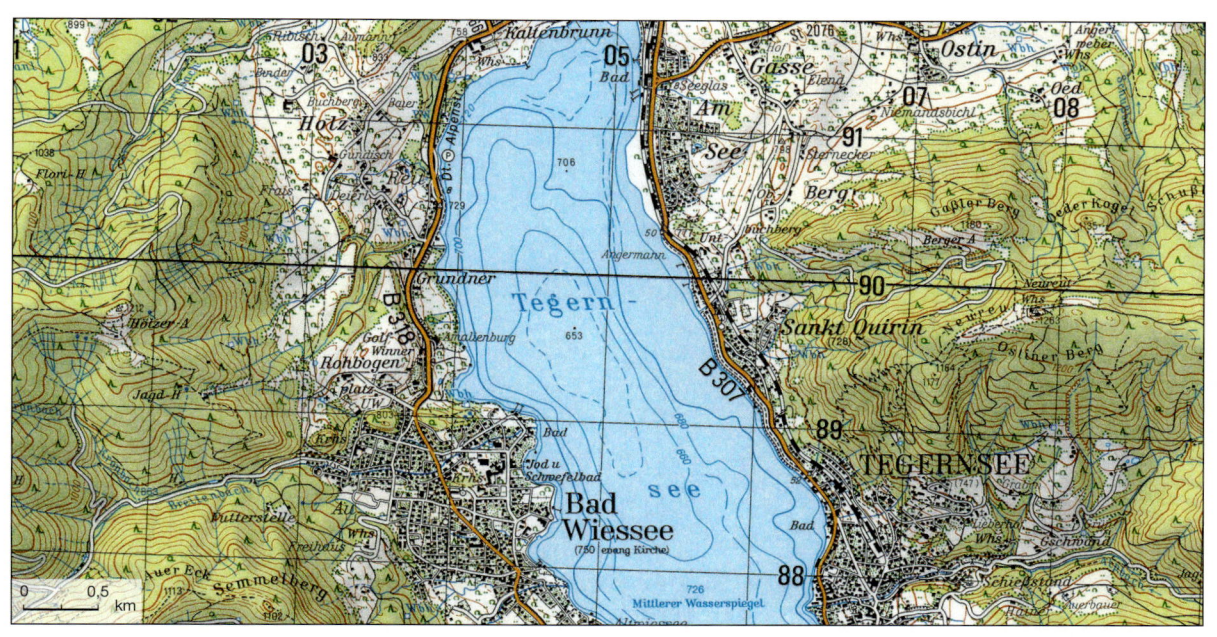

M 191.1 Ausschnitt aus der Topographischen Karte 1:50 000 (Quelle: Landesamt für Vermessung und Geoinformation Bayern 2006)

Lösung zu 190.1 (Kurzform)

1. Beschreiben der Karteninhalte
a) Kartenausschnitt nördliches Bayern zwischen 50° und 48°50´n. Br. und 10° und 12° ö. L; Maßstab 1:1 500 000
b) Einzelelemente:
Relief: Landhöhen von unter 100 m im Nordwesten, höchste Erhebung Hesselberg (688 m);
Steigerwald, Frankenhöhe und östlicher Ausläufer Schwäbische Alb im Westen, im Osten von Südwest nach Nordost gebogene Form der Fränkischen Alb, dazwischen Beckenlandschaft; Gefälle von West nach Os;t
Gewässer: Steigerwald/Frankenwald Quellgebiete für Aisch, Fränkische Rezat und Altmühl, Fränkische Alb für Main und Pegnitz; Main-Donau-Kanal westlich an Nürnberg vorbei, dann südöstlicher Verlauf, ab Dietfurt Altmühl bis Mündung bei Kehlheim in die Donau;
Siedlungen (Auswahl): zentral Nürnberg in der Gruppe 250 000–500 000 Ew., 2 Orte (Erlangen, Fürth) 100 000–200 000 Ew., 2 Orte (Bayreuth, Bamberg) 50 000–100 000 Ew., 7 Orte 20 000–50 000 Ew.;
Verkehrsnetz: Nürnberg als Verkehrsknotenpunkt für Eisenbahnen und Autobahnen, Flughafen
c) besondere Landschaftsnamen Fränkische Alb, Ries

2. Umsetzen in Zeichnung, Graphik, Skizze
Siehe M190.2. und M190.3

3. Erklären wichtiger Elemente und Beobachtungen
a) Schichtstufenland; Fränkische Landstufe mit Frankenhöhe und Steigerwald, nach Osten anschließend Rednitzbecken, im Süden das von einem Meteoritenkrater gebildete Nördlinger Ries, vorgelagerte Zeugenberge vor Fränkischer Alb, Steilstufe, nur wenige Höhen über 600 m; Hauptgesteinsformation Dolomit, besonders ausgeprägte Felsformationen in Fränkischer Schweiz
b) im Verhältnis zur Schwäbischen Alb leichtere Durchgängigkeit für Straßen- und Eisenbahnverkehr sowie Schifffahrt (Main-Donau-Kanal); dichte Besiedlung im Rednitztal entlang der Achse Bamberg–Schwabach, Nürnberg 504 000 Ew.; westlicher Teil des Rednitzbeckens dünn besiedelt (20–50 Ew./km²), z. T. unfruchtbarer Sandboden
c) Karten zu Bevölkerung, Klima, Wirtschaftsstruktur

4. Bewerten der Karte
Gliederungsstruktur des Nürnberger Beckens einschließlich der Randgebirge gut erkennbar; topographische Signaturen bei Maßstab 1:1 500 000 nicht vorhanden

Tipp

Rufen Sie im Internet www.webgeo.de auf. Dort finden Sie Lernmodule zur Physischen Geographie einschließlich Aufgabenstellungen und Möglichkeiten der Selbstüberprüfung.

1 Interpretieren Sie **M190.1**, **M190.2** und **M191.1** nach der vorgegebenen Checkliste.

Kartieren und Auswerten von thematischen Karten

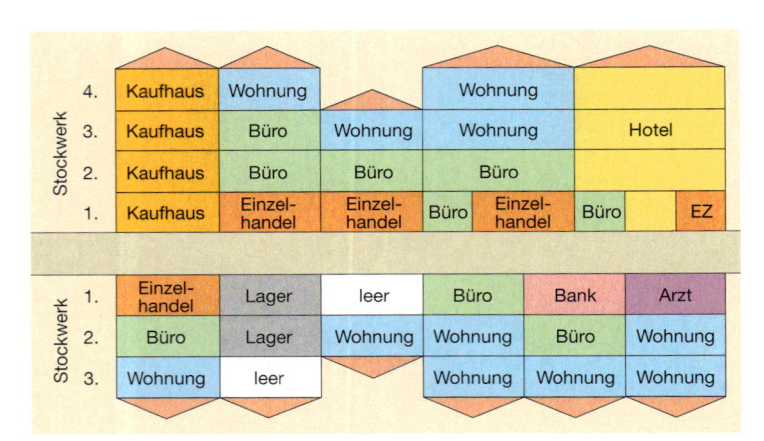

M 192.1 Beispiel für die Kartierung der Gebäudenutzung in einer Innenstadt

M 192.2 Beispiel für die Flächenkartierung: alte Zementfabrik in Itzehoe

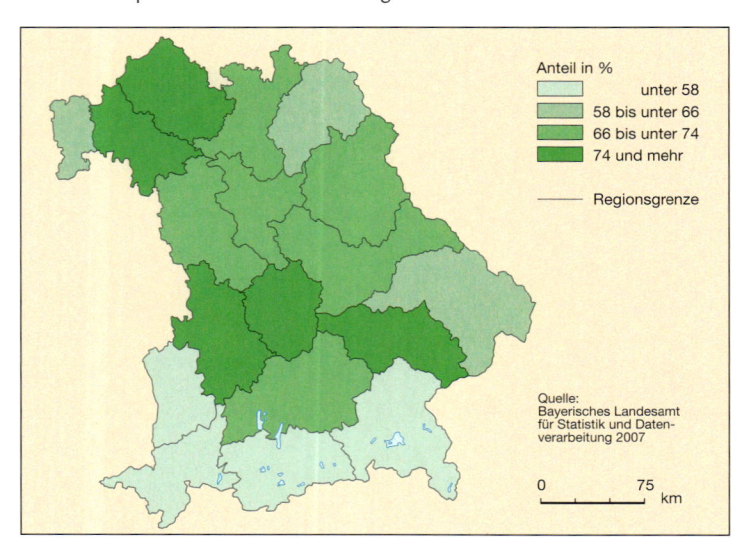

M 192.3 Anteil des Ackerlandes an der landwirtschaftlich genutzten Fläche (2007)

Anteil in %
- unter 58
- 58 bis unter 66
- 66 bis unter 74
- 74 und mehr
- Regionsgrenze

Quelle: Bayerisches Landesamt für Statistik und Datenverarbeitung 2007

Kartierung

Beim Kartieren legen Sie Fakten und Sachverhalte in einem vorher definierten Raum fest. Eine Nutzungskartierung erfasst z. B. die Eintragung von Anbauprodukten in einer Flurkarte oder die Kennzeichnung von Flächen bzw. Gebäuden in einem Stadtplan. In ähnlicher Art kann auch die Geschossflächennutzung in einer Geschäftsstraße oder Passage vorgenommen werden.

Checkliste für die Kartierung

1. Vorbereitung

a) Die Lerngruppe legt das Thema, den Raum und die inhaltlichen Schwerpunkte einer Kartierung fest. Was soll kartiert werden (Fläche, einzelne Landschaftsmerkmale, Flur, Gebäude, Straßen)?

b) Zu entscheiden ist, ob einzeln oder in Gruppen kartiert werden soll. Bei einer Kleingruppe empfiehlt es sich, die Aufgaben vorher klar zu definieren (Kartierer, Protokollant, Interviewer, Reinzeichner).

c) Für den Inhalt der Karte legen Sie vorab Flächensignaturen und Symbole fest. Da eine Häufung zu Unübersichtlichkeit führt, fassen Sie ähnliche Daten zu Gruppen zusammen (Klassifizierung).

d) Stellen Sie die „Ausrüstung" zusammen: Karten (vom Stadtplanungsamt, Vermessungsamt), Farbstifte, Schreibblock, wenn möglich Digitalkamera und Diktiergerät, feste Schreibunterlage.

2. Durchführung

a) Begehen Sie das Gelände, beobachten Sie die von Ihnen zu kartierenden Erscheinungen und tragen Sie diese in die Karte ein.

b) Notieren Sie notwendige Ergänzungen auf einem Extrablatt ein.

3. Reinzeichnung

a) Übertragen Sie die im Gelände/in der Stadt erfassten Daten sauber in die Grundkarte.

b) Versehen Sie die Karte mit einer Überschrift und einer Legende. Mit einem Grafikprogramm können Sie, wenn die Grundkarte eingescannt ist, besonders gute Ergebnisse erzielen.

4. Auswertung

a) Diskutieren Sie in der Gruppe, ob die verwendeten Kartensymbole und Klassifizierungen richtig gewählt wurden. Vergleichen Sie mit bereits gedruckten Karten.

b) Erläutern Sie die selbst angefertigte Karte, indem Sie Inhalte und Erscheinungen interpretieren und Veränderungsvorschläge einbringen.

Kartieren und Auswerten von thematischen Karten 193

Checkliste für die Karteninterpretation

1. Einlesen
Ziel: sachliche, räumliche, zeitliche Orientierung
a) Thema: Aussage der Karte, Überschrift?
b) Raum und Zeit: Welcher Raum ist dargestellt? Zeitpunkt bzw. Zeitspanne?
c) Legende: Inhalt der Darstellung, Art der Informationen (Erläuterungen), Wert und Menge der Informationen (Zahlenangaben), Form der Darstellung, Art der Signaturen, Diagramme?
d) Maßstab? Messleiste?

2. Beschreiben
Ziel: Erfassen/Ordnen der Informationen
a) Lage: Lage im Gradnetz, Ausdehnung nach Himmelsrichtungen, Entfernungen?
b) räumliche Verteilung (Auffälligkeiten): regelhafte Anordnungen, auffällige Verteilungen?
→ Raumstrukturen und Prozesse (Häufigkeit, Dichte und Ausdehnung der Signaturen, Messen, Auszählen und Berechnen von Flächen und Anteilen)
c) räumliche Entwicklung (zeitlicher Aspekt): Beschreibung des Raumwandels, Vergleich verschiedener Karten mit gleichem Raumausschnitt

3. Erklären
Ziel: kausale Verknüpfung der Informationen
a) Erklärungsansätze aus der Karte: Anhaltspunkte für eine Erklärung aus der Karte selbst? Beziehungen zwischen verschiedenen Inhalten der Karte?
b) eigene Kenntnisse: physisch-geographische, wirtschaftliche, soziale und/oder politische Faktoren zur Erklärung
c) ergänzende Informationen: andere Karten, Schulbuch, Lexika, Fachliteratur, Internet

4. Bewerten
Ziel: Beurteilen der Informationen und Kartenkritik
a) Form: Aussagen zur Kartendarstellung, Auswahl der Signaturen, Abstufung und Übersichtlichkeit
b) Inhalt: Überprüfung von Karteninhalt und Kartenüberschrift auf Übereinstimmung, Wahl der Begriffe, Übereinstimmung von räumlicher und zeitlicher Abgrenzung der Karte mit der von ihr beabsichtigten Aussage
c) Aussage: Bewerten des Karteninhalts, indem der Raum und seine mögliche Entwicklung in einer Synopse erfasst werden

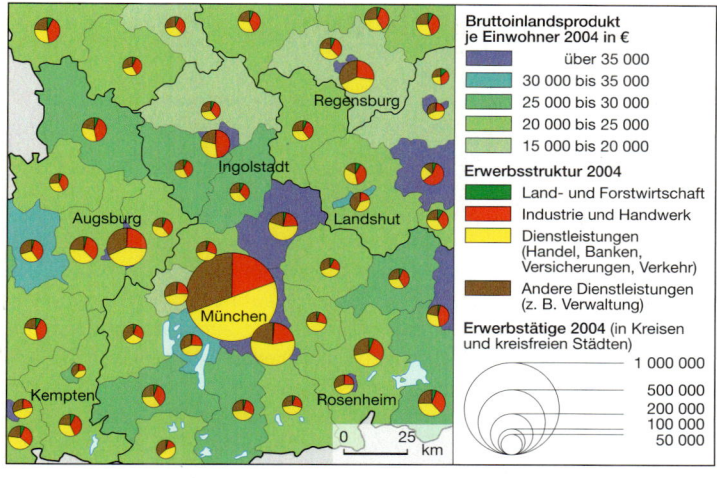

M 193.1 Erwerbsstruktur, Erwerbstätigkeit und BIP in Bayern (2004)

Lösung zu M 193.1 (Kurzform)

1. Einlesen
a) Erwerbsstruktur, Erwerbstätigkeit und BIP
b) Bayern (Ausschnitt), 2004
c) Flächensignaturen und Kreisdiagramme
d) (in der Gesamtkarte vorhanden)

2. Beschreiben
a) Kreise und kreisfreie Städte
b) Erwerbsstruktur: als Kreisdiagramm mit vier Unterteilungen, hoher Tertiärisierungsgrad: Stadt München nahezu 80 %, produzierendes Gewerbe 20 %; Ingolstadt hoher Anteil von Industrie und Handwerk, knapp 50 %, Erwerbstätige München 836 000; BIP je Einwohner am höchsten im Städtedreieck München-Augsburg-Ingolstadt
c) ungleichmäßige Verteilung

3. Erklären
a) deutliche Betonung von München (Metropolfunktion, Landeshauptstadt), hohe Wirtschaftskraft
b) München und sein Umland als Wirtschaftszentrum Bayerns, dort ein Fünftel der bayerischen Bevölkerung ansässig, BIP/Ew. sehr hoch (Stadt München 53 233 €, Bayern 31 990 €, Deutschland 28 010 €)
c) Bevölkerungsverteilung (Atlas)

4. Bewerten
a) übersichtliche Darstellung
b) nur Momentaufnahme (2004), keine absoluten Zahlen; keine Pendlerzahlen
c) Strukturwandel nicht ablesbar

Kartenzeichen

Flächensignaturen
Hervorhebung durch Kontrastierung, Farben, Punkt- oder Linienraster

Liniensignaturen
dienen zur Darstellung von Grenzen, Verkehrswegen, Höhenlinien; Pfeile für Bewegungsrichtung und Intensität

Bildsignaturen
geometrisch (Kreis, Quadrat usw.); naturalistisch (Pferd, Auto, Kaffeebohne); stilisiert, entspricht leicht verständlichen Piktogrammen

---

1 Werten Sie die thematische Karte **M 192.3** aus.
2 Erstellen Sie eine thematische Karte am PC. Machen Sie sich mit dem Kartographie-Programm MERCATOR vertraut (www.mercator-sde.de). Entnehmen Sie statistische Angaben aus: www.statistik.bayern.de/.

Auswertung von Texten

Schlüssel-Lesen als Grundlagenkompetenz

Eine Hilfe für den ersten Zugriff auf einen Text und seine Kernaussagen ist das Schlüssel-Lesen. Es lenkt den Blick auf Schlüsselstellen des Textes (Signale) und erleichtert die nachfolgende Analyse und Interpretation.

Im Deutschunterricht erworbene Fähigkeiten und Fertigkeiten bei der Interpretation sollten Sie auf jeden Fall mit einbringen.

In M 194.1 wird an einem gekürzten Zeitungsartikel demonstriert, wie das Hervorheben von Schlüsselstellen mit dem Textmarker funktioniert.

Texte erfassen, analysieren und bewerten

Texte gehören neben Karten, statistischen Daten und anderen Medien zu den wesentlichen Arbeitsmitteln in der Geographie. Textarbeit, also selbstständiges Erarbeiten von Texten und kritisches Textverständnis, sind eigentlich fächerübergreifende Arbeitstechniken.

In Hausaufgaben, Klausuren und im Abitur treten Textmaterialien häufig auf und verlangen eine eingehende Interpretation bzw. Bewertung. Die tatsächlichen Leistungen in Klausuren und in den schriftlichen wie mündlichen Abiturprüfungen offenbaren jedoch oft Defizite und sogar elementare Fehler, die vom Nichterkennen der wichtigsten Textaussagen und von mangelnder Strukturierung bis zu unbegründeten Urteilen führen. Damit Ihnen solche Fehlleistungen erspart bleiben, sollten Sie sich das Instrumentarium zur Texterschließung aneignen und bei Erläuterungen und Begründungszusammenhängen eine angemessene Nutzung der Fachsprache unter Beweis stellen.

Welche Textarten werden Ihnen vorgelegt?

In der Regel wird es sich um Sachtexte und weniger um erlebnisbetonte Texte handeln. Sachtexte stammen in der Regel aus einer fachwissenschaftlichen Zeitschrift, einem Sachbuch, einem Schulbuch, der Zeitung oder einem Nachschlagewerk. Sie können im Gegensatz zu literarischen Texten gekürzt sein. Die Kürzungen müssen aber kenntlich gemacht sein. Da wegen der Aktualität von den Ereignissen oft Zeitungsausschnitte eingesetzt werden, sollten Sie zwischen „Meldung" und „Kommentar" genau unterscheiden. Stellen Sie sich darauf ein, dass bei schriftlichen Abiturprüfungen das Textmaterial bis zu 600 Wörter umfassen kann.

Welche Formen der Texterschließung werden von Ihnen erwartet?

Die Texterschließung umfasst die untersuchende, erörternde und auch gestaltende Bearbeitung. Bei der Untersuchung stehen das differenzierte Erfassen und geordnete Darstellen von textimmanenten Elementen und Strukturen, textinternen Bezügen und die Textintention im Vordergrund. Die Reflexion auf eigene Verstehensprozesse ist darin eingeschlossen.

Die Erörterung verlangt von Ihnen das Erfassen und Darstellen der grundsätzlichen Problemkonstellationen im Text, das Aufdecken der Begriffs- und Argumentationszusammenhänge sowie eine Diskussion kontroverser Problemlösungsmöglichkeiten. Das eigene begründete Urteil bildet den Abschluss.

Die gestaltende Erschließung fordert Sie nach der Untersuchung der inhaltlichen Aussagen und der Argumentationsweisen zu einer produktiven Antwort heraus.

Richtiges Zitieren

Sie halten die Aussage eines Textes für so wichtig, dass Sie sie nicht mit eigenen Worten wiedergeben möchten. Dann übernehmen Sie das Zitat aus dem Quellentext, wobei sie es natürlich nicht aus dem Gedankengang herausreißen dürfen. Da das Zitat in einer schriftlichen Darstellung deutlich erkennbar sein muss, setzen Sie es in Anführungszeichen.

Zitate sollten nicht zu kurz, aber auch nicht zu lang sein. Reine Zitatensammlungen zeugen nicht unbedingt von der Durchdringung eines Textes und sollten deshalb unterbleiben.

Falls Sie ein Zitat kürzen möchten, setzen Sie die ausgelassene Passage in eine eckige Klammer mit drei Punkten. Fällt Ihnen ein Fehler im zu zitierenden Quellentext auf, fügen Sie hinter dem Fehler eine Klammer mit Ausrufezeichen (!) oder mit (sic!) ein.

Auch beim verbalen Zitieren muss die Textpassage deutlich werden. Nach einem einführenden Satz fahren Sie mit dem Zitat fort, geben die Passage wieder und schließen mit „Ende des Zitats".

Billiger Ökostrom aus Nordafrika und Nahost könnte ab 2020 aus unseren Steckdosen kommen. Von Joachim Wille

Fernleitungen sollen große Mengen Elektrizität aus dem Sonnengürtel am Mittelmeer zusätzlich zu den heimischen Quellen verfügbar machen. Dieses Konzept eines „transmediterranen Stromverbundes" ist jetzt erstmals in einer […] internationalen Studie auf Machbarkeit untersucht worden – mit positivem Ergebnis. Das Projekt: In Ländern wie Marokko, Ägypten oder Saudi-Arabien werden große Solarkraftwerke und Windparks mit mehreren hundert Megawatt Leistung gebaut. Sie arbeiten dort viel wirtschaftlicher als in Mitteleuropa, weil die Sonne intensiver scheint und die Windstandorte am Roten Meer und an der Atlantikküste zu den besten der Welt zählen. […] Die Fernübertragung soll über Hochspannungs-Gleichstrom-Leitungen laufen, deren Verluste niedrig sind. Auf einer 3000-Kilometer-Strecke – etwa zwischen Tripolis und Helsinki – gingen nur 10 bis 15 % des Stroms verloren. Der Anschluss ans EU-Netz bietet sich in Sizilien und Gibraltar an. Zwischen Marokko und Gibraltar besteht eine Verbindung, die aber stark erweitert werden müsste. Die Kilowattstunde Ökostrom soll trotz Ferntransport nur rund fünf Cent kosten, weniger als bei neuen Kohle- oder Gaskraftwerken. Der „Sahara-Strom" wäre laut der Studie Teil eines zukünftigen europaweiten Verbundnetzes von Öko-Kraftwerken. Neben Wind- und Solarparks werde es auch Wasser-, Biomasse- und geothermische Kraftwerke zwischen Norwegen und Ägypten miteinander verkoppeln. Es könnte 2050 rund 80 Prozent des Stromverbrauchs decken […]. www.dlr.de/tt/ trans-csp

Quelle: Frankfurter Rundschau v. 17. 5. 2006

M 194.1 Ökostrom aus der Sahara für deutsche Steckdosen

Arbeitsschritte einer Textauswertung

1. Arbeitsschritt: Lesen des Textes
Ziel: Sie lesen kursorisch den Text und erschließen ihn.

a) Welche formalen Angaben enthält der Text?
Untersuchen Sie die formalen Aspekte des Textes und machen Sie dazu knappe Angaben (Titel, Textart, Verfasser, Quelle [‚Seriosität'], Erscheinungsjahr und -ort).

b) Über welche Sachverhalte müssen Sie sich noch genauer informieren?
Klären Sie Begriffe und Sachverhalte, wenn möglich aus dem Kontext oder mithilfe von Nachschlagewerken und/oder dem Atlas.

c) Was halten Sie für wichtig? Unterstreichen oder markieren Sie Schlüsselwörter, aber nicht ganze Passagen. Das behindert die Lesbarkeit und die Unterscheidung von Unwichtigem und Wichtigem.
Einzelne Abschnitte können Sie durch Einrahmen hervorheben.

2. Arbeitsschritt: Wiedergeben des Textes
Ziel: Sie erfassen den Text und bringen ihn sprachlich in eine andere Form.

a) Wie lauten das Thema, der Titel und der Untertitel?
Sie prüfen Titel, Untertitel und Thematik auf Kohärenz, d. h. auf Stimmigkeit.
Was steht im Text? Sie paraphrasieren, d. h., Sie geben den Inhalt mit eigenen Worten knapp wieder.

b) Welches sind die wichtigsten Aussagen?
Stellen Sie die Kernaussagen heraus.

3. Arbeitsschritt: Untersuchen des Textes
Ziel: Sie analysieren den formalen und gedanklichen Aufbau.

a) Wie ist der Text nach dem Gedankenaufbau bzw. der Gedankenführung gegliedert?
Gliedern Sie den Text nach Sinnabschnitten (ggf. farbig) und finden Sie Überschriften.

b) Welche Schwerpunkte hat der Verfasser gesetzt?
Suchen Sie die Schlüsselwörter und Kernaussagen heraus.

c) Welche Beziehungen bestehen zwischen den Schwerpunkten?
Strukturieren Sie den Text.

4. Arbeitsschritt: Erläutern des Textes
Ziel: Sie stellen den Sachverhalt mithilfe Ihrer Vorkenntnisse verständlich dar.

a) In welchem größeren Zusammenhang steht der Text?
Decken Sie den sachlichen, räumlichen, zeitlichen, ideologischen, weltanschaulichen und politischen Hintergrund (Kontext) auf.
Setzen Sie die Aussagen des Textes in Beziehung zu den Aussagen anderer Materialien (Diagramme, Karten, Tabellen, weitere Texte) und damit in den Gesamtzusammenhang einer mehrteiligen Aufgabenstellung (Klausur, Abiturprüfung).

b) Welche Sachaussagen und Wertungen enthält der Text?
Unterscheiden Sie zwischen Information, Belehrung, Agitation u. Ä.

5. Arbeitsschritt: Bewerten des Textes
Ziel: Sie beurteilen den Inhalt und den Gedankengang des Textes.

a) Sind sachliche Richtigkeit und Vollständigkeit gegeben?
Überprüfen Sie den Text anhand Ihres Vorwissens und anderer Informationsquellen.
Erkennen Sie möglicherweise Lücken.

b) Inwieweit ist der Gedankengang schlüssig und logisch?
Erkennen Sie Widersprüche und Logikbrüche sowie sprachliche und inhaltliche Manipulationen.

c) Wie stehen Sie zu den Aussagen im Text?
Geben Sie eine begründete eigene Stellungnahme ab.

Empfehlung:
Achten Sie bei der schriftlichen und mündlichen Auswertung von Texten nicht nur auf die sachliche Richtigkeit und argumentative Stimmigkeit. Bei der Notengebung fließen auch Sprachrichtigkeit und die Sicherheit im Umgang mit der Fachsprache in die Leistungsbewertung ein. Verwenden Sie also Fachtermini, notfalls mit Erläuterungen, die Ihre Kompetenz belegen. Fehler in der Sprachrichtigkeit (dem „Elementarbereich") kosten unnötig Punkte.

Kompetenzen

- Informationen in Texten zeitökonomisch und differenziert erfassen
- Gliederung von Texten schnell erkennen
- Texte in Sinneinheiten gliedern
- Schlüsselwörter markieren und generalisierende Strukturskizzen erstellen (z. B. Mindmap, Flussdiagramm)
- Texte kritisch analysieren
- nach Information und Kommentar (Meinung) unterscheiden
- wertende und ideologische Texte durch Hintergrundinformationen erhellen
- Texte in einen größeren Problem- und Informationszusammenhang stellen
- journalistische „Quellentexte" nicht unreflektiert verarbeiten
- über Paraphrase hinaus zusätzliche Informationen erschließen

---

1 Ordnen Sie die Aufeinanderfolge der Schlüsselstellen von M 194.1 in einer grafischen Darstellung an. Dazu gehören: Titel (Überschrift) und Untertitel, markierte Textstellen oder Schlüsselbegriffe, Anfang und Ende von Abschnitten, Zahlen, Aufzählungen o. Ä.

2 Erläutern Sie an einem selbst gewählten Beispiel die Aussage: „Einerseits ergänzen Texte geographische Arbeitsmittel (Karten usw.), andererseits können diese als Quellentexte auch geographische Arbeitsmittel ersetzen."

Arbeit mit Statistiken, Tabellen und Diagrammen

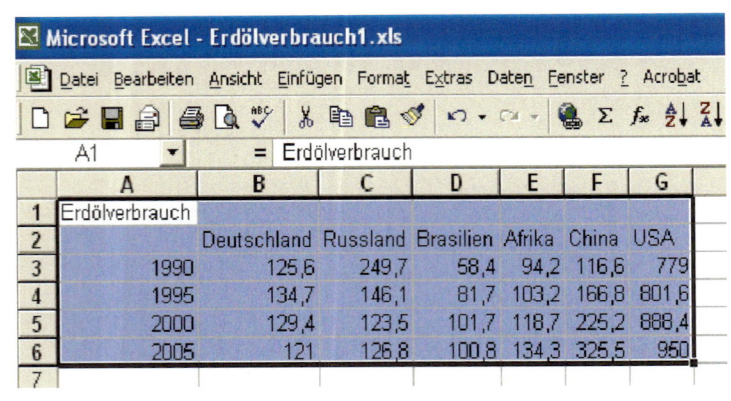

M 196.1 Arbeitsmappe für Microsoft Excel

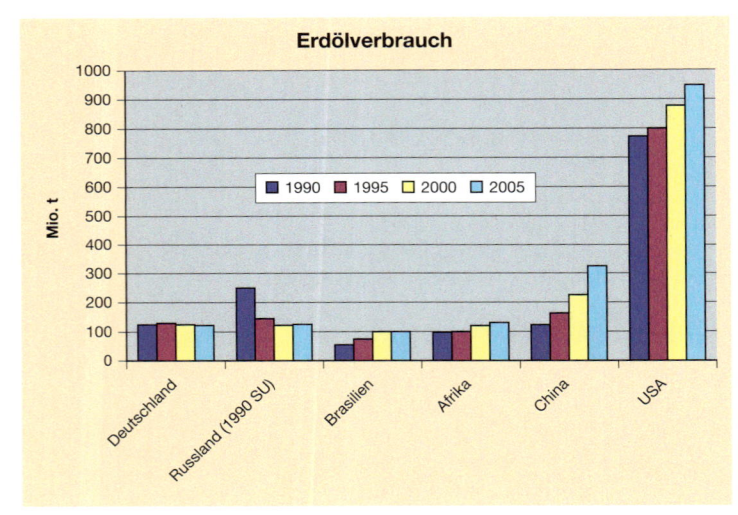

M 196.2 Säulendiagramm mit den Daten aus der Excel-Tabelle

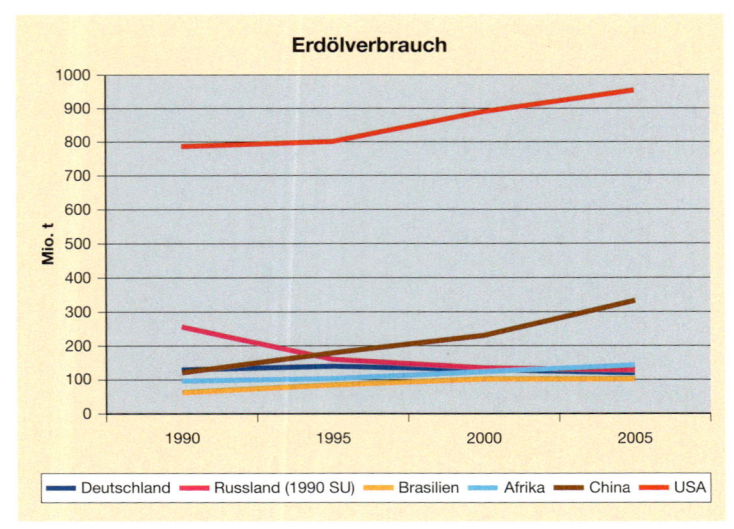

M 196.3 Liniendiagramm aus der Excel-Datei M 196.1

Umsetzung von Zahlen

Tabellen und Tabellenkombinationen bestehen aus Zahlen, die in abstrakter Form quantitative Sachverhalte vermitteln. Eine Statistik stellt Mengentatsachen mithilfe von Tabellen zur Verfügung. Diagramme sind zeichnerische Veranschaulichungen von statistischen Größen und Größenbeziehungen. Abstrakte Zahlenwerte werden durch Grafiken in Ausdehnungen umgesetzt und vermitteln dadurch einen Eindruck von Mengenverhältnissen.

Arbeiten mit Excel

Excel ist zum Beispiel ein Tabellenkalkulationsprogramm, das sich zur Speicherung von Datenmengen, zur Berechnung verschiedener Messzahlen und zur Erstellung einfacher Grafiken und Diagramme eignet.

Beispiel: Erdölverbrauch

Wählen Sie aus einer Tabelle signifikante Verbraucher aus (www.exxonmobil.de → Publikationen → Oeldorado).

1. Tragen Sie die Daten in eine Arbeitsmappe ein: Namen der Verbraucher und Verbrauch in die Spalten B–G, Jahreszahlen in die Spalte A, Zeilen 3–6 (**M 196.1**).
2. Da das Programm ein Diagramm erstellen soll, klicken Sie in der Symbolleiste auf das Säulendiagramm. Entscheiden Sie sich für das vorgeschlagene Diagramm, nachdem Sie die Spalten A–G und die Zeilen 1–6 markiert haben.
3. Ihnen fehlen noch die Mengenangabe für die y-Achse und die Überschrift. Klicken Sie in der Menüleiste auf Diagramm, Diagrammoptionen und tragen Sie bei Titel und Größenachse den Text ein.
4. Die Legende soll einen anderen Platz erhalten. Verschieben Sie diese an die von Ihnen gewünschte Stelle.
5. Sie möchten die Farben für eine Präsentation verändern. Doppelklicken Sie auf das Diagramm, dann Klick auf Diagrammfläche und Zeichenfläche formatieren.
6. Das Diagramm soll die Tabelle enthalten. Klicken Sie in der Menüleiste auf Diagramm, Diagrammoptionen, Datentabelle anzeigen.
7. Das Diagramm soll exportiert werden. Markieren Sie das Diagramm und klicken Sie in der Symbolleiste auf Kopie. Nach Schließen von Excel können Sie das Diagramm in Word oder in ein Grafikprogramm einfügen.
8. Wenn Sie ein Liniendiagramm ausgewählt haben (**M 196.3**), vergleichen Sie die Grenzen seiner Aussagefähigkeit mit **M 196.2**.

Arbeit mit Statistiken, Tabellen und Diagrammen

CO₂ EMISSIONS, 2003	Total (million tonnes of CO_2)	CO₂ emissions from fuel combustion[1]									CO_2 / Capita[1]
		By type of fuel (million tonnes of CO_2)				By sector (million tonnes of CO_2)					
		Coal	Oil	Gas	Other[2]	Electricity and heat	Industry	Transport	Residential	Other	
Finnland	72,6	33,9	27,8	9,5	1,5	39,1	11,7	12,9	3,0	6,0	13,93
France	389,6	51,3	243,7	89,8	4,9	46,7	79,6	138,6	80,7	43,9	6,33
Germany	854,3	348,0	312,2	184,6	9,5	350,4	127,2	162,4	125,5	88,8	10,35
Japan	1201,4	402,2	627,0	168,8	3,4	460,5	263,2	250,1	66,7	160,9	9,41
Korea	448,4	177,7	220,1	50,4	0,2	168,4	83,5	98,0	33,4	65,0	9,36
Poland	293,3	211,3	55,3	24,2	2,4	167,1	40,7	28,9	26,8	29,8	7,68
United Kingdom	540,2	146,3	193,9	199,0	1,0	197,1	66,8	133,4	82,7	60,3	9,10
United States	5728,5	2090,7	2391,2	1210,6	36,0	2385,4	643,5	1794,0	370,1	535,6	19,68

Notes:
1 Tonnes of CO_2 per capita
2 Includes industrial waste and non-renewable municipal waste

Sources:
CO_2 Emissions from Fuel Combustion, IEA/OECD, Paris, 2005; Energy Balances of OECD Countries, 2002-2003, IEA/OECD, Paris, 2005; Main Economic Indicators, OECD, Paris, 2005.

M 197.1 Verkürzte Darstellung einer Excel-Tabelle (Quelle: OECD in figures – 2005 edition. www.oecd.org)

Checkliste für die Auswertung von Statistiken

1. Einlesen
a) Zahlenart/Diagrammform?
b) Angaben zur Quelle?
c) Inhalt (Sachverhalt, Raum, Zeitraum)?
d) Zusatzinformationen?

2. Beschreiben
a) Anordnung der Zahlenwerte? Beschreiben Sie die Zahlenwerte bzw. die Beschriftungen auf der waagerechten und auf der senkrechten Achse.
b) Aussage der Tabelle/des Diagramms? Lesen Sie die Daten an den Achsen oder in den Spalten ab. Messen und berechnen Sie. Beschreiben Sie den Sachverhalt und zeigen Sie Entwicklungen, Extreme, Verlaufsphasen auf.

3. Erklären
a) Erklärungshinweise in der Überschrift, zusätzliche Erläuterungen? Leiten Sie Problemstellungen ab.
b) kausale/funktionale Zusammenhänge? Stellen Sie die Daten in einen räumlichen, zeitlichen, politischen Zusammenhang. Formulieren Sie Thesen über die Entwicklung.

4. Bewerten
a) Über- bzw. Unterschrift (Thema) mit Inhalt identisch? Überprüfen Sie, ob die Darstellung für den Sachverhalt geeignet ist.
b) Informationen ausreichend oder Ergänzung von Materialien erforderlich? Stellen Sie die Aussagegrenzen fest, z. B. ob die Zahlenwerte eindeutig und aussagefähig sind oder ob Sie nur begründete Vermutungen formulieren können.

Lösungen zu M 197.1 (Kurzform)

1. Einlesen
a) Excel-Tabelle, absolute Zahlen in Mio. t
b) OECD 2005 (Internet)
c) CO_2-Ausstoß ausgewählter Länder 2003.
d) keine weiteren Zusatzinformationen

2. Beschreiben
a) Kopfleiste unterteilt in absoluten Ausstoß, Energieträger (Kohle, Öl, Gas, sonstige), Quellen (Strom- und Wärmeerzeugung, Industrie, Verkehr, Haushalte, sonstige), CO_2-Ausstoß pro Kopf; linke Spalte: Länder, übrige Spalten: Zahlenangaben; Fußnote mit Erläuterung, Quellen.
b) CO_2-Ausstoß von 8 Ländern, absoluter Ausstoß: Minimalwert Finnland, Maximalwert USA; pro Kopf: USA an erster Stelle, Polen an letzter; Deutschland mit mehr Ausstoß als Industrieländer Frankreich oder Japan (Sp. 12); starker Anteil von Kohle (Sp. 3) und Öl (Sp. 4), Ausstoß durch Verbrennen besonders hoch bei Strom-/Wärmeerzeugung (Sp. 7) und Verkehr (Sp. 9).

3. Erklären
a) Verbrennen fossiler Brennstoffe, daraus resultierend CO_2-Ausstoß.
b) Auswirkungen auf Atmosphäre, Meere, globale Klimaveränderung, Unterbewertung alternativer Energien, Maßnahmen zur CO_2-Reduzierung (Kioto-Protokoll, Vereinbarungen von Heiligendamm).

4. Bewerten
a) Tabelle mit eindeutiger Zuordnung, problemorientiert.
b) Daten nur für 2003; ergänzende Information zur Klimarahmenkonvention Rio 1992 und zum Emissionshandel erforderlich.

Zur Auffrischung

absolute Zahlen
z. B. 1, 100, 1000 geben Quantität an

relative Zahlen
z. B. Prozentangaben

Beziehungszahlen
z. B. Einwohner/km²

Indexzahlen
werden zu einer Basiszahl in Beziehung gesetzt

Extremwerte
zeigen Minimum- und Maximumwerte auf

---

1 Erstellen Sie aus **M 197.1** je ein Kreis- und ein Balkendiagramm.

Interpretation von Satellitenbildern, Bildinterpretation

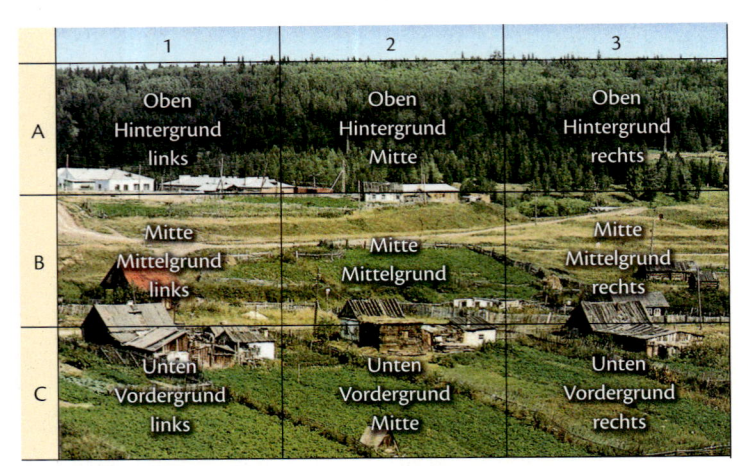

M 198.1 Kolchosdorf in Westsibirien – Gliederung eines Bildes

M 198.2 Flächennutzung eines Bauernhofes in Bayern – Luftbild

M 198.3 München und Alpenvorland (1999)

Satellitenbilder werden mithilfe von Infrarot- und Multispektralsensoren aus elektronisch aufgezeichneten Signalen erstellt. Dazu verwendet man mehrere Wellenlängenbereiche, sog. Kanäle. Die Umwandlung in Farbe erfolgt durch die Bildbearbeitung, beispielsweise als Blaugrau für Städte. Bei einem „Falschfarbenbild" werden der Infrarotbereich in Rot, der Rotbereich in Grün und der Grün-Blaubereich in Blau dargestellt (M 199.1). Luftbilder sind aus dem Flugzeug/Hubschrauber aufgenommene analoge oder digitale Fotos.

Checkliste für die Bildinterpretation

1. Annähern an den Bildinhalt
Ziel: sich orientieren, räumliche Elemente erkennen
a) Thema? Überschrift, Unterschrift?
b) Raum? Art der Darstellung?
c) Schrägluftbild? Senkrechtluftbild?
d) Gliederung? Lage und Größe? Maßstab?

2. Beschreiben des Inhalts
Ziel: Einzelheiten und Gesamtaussage erfassen
a) Stellen Sie die Bildinhalte fest. Zur leichteren Erschließung nehmen Sie eine Bildgliederung in Form einer Deckfolie vor (M 198.1).
b) Messen bzw. errechnen Sie Strecken und Flächen.
c) Ziehen Sie als Hilfsmittel Karten heran.
d) Unterscheiden Sie nach Landschaftselementen (z. B. Siedlungs-, Agrar-, Industrieflächen).
e) Wenn Vorgänge, Prozesse und Aktivitäten zu den Bildinhalten gehören, beschreiben Sie diese.
f) Setzen Sie Einzelerscheinungen zueinander in Beziehung (z. B. physiognomische Erscheinungen einer Stadt, Höhenstufen).

3. Erläutern des Bildes
Ziel: räumliche Bezüge und Sachverhalte erklären
a) Zeigen Sie funktionale Zusammenhänge auf (z. B. Stadtentwicklung und Umland).
b) Geben Sie Gründe für Abhängigkeiten an (z. B. Klima und Bewässerung).
Erläutern Sie erkennbare Entwicklungen (z. B. Stadtwachstum, ökologische Folgen der Landnutzung).
c) Ergänzen Sie die Bildaussage mithilfe eigener Kenntnisse. Stellen Sie ihre Erläuterung in einen größeren Zusammenhang und ziehen Sie Vergleiche mit anderen Räumen.

Empfehlung: Bei Klausuren müssen Sie oft keine Farbbilder, sondern Schwarz-Weiß-Bilder auswerten. Achten Sie besonders auf die Graubstufungen.

Interpretation von Satellitenbildern, Bildinterpretation 199

Lösung zu 198.3 (Kurzform)

Das Satellitenbild erfasst rd. 95 km in West-Ost-Richtung, in Nord-Süd-Richtung rd. 90 km. Zu unterscheiden sind drei Landschaftselemente:
1. Norden: Münchener Ebene mit Stadtgebiet von München mit westlich und östlich angrenzenden Acker-, Weide- und Waldflächen
2. Mitte: vorherrschend Grünflächen (Wald und Grünland)
3. Süden: Alpengebiet mit schwarzgrüner Farbgebung

Zu 1:
Sander- und Schotterfläche; fingerförmige Ausbreitung des Stadtgebietes von München, Verlauf der Isar bis zum Erdinger Moos als dunkle Linie (Auenwälder) erkennbar, weiterer Verlauf nach Süden bis zum Bildrand; im Nordosten von München Speichersee, östlich geschlossenes Waldgebiet des Ebersberger Forstes;
Agrarlandschaft: Ackerbau auf lehmigen Böden, Wald auf Kies- und Sandböden;
dünne Linien: strahlenförmig auf München zulaufende Verkehrsachsen (Eisenbahn, Autobahnen), betonen Metropolfunktion.

Zu 2:
Südlich von München girlandenförmige Anordnung von Nadelwald, unterbrochen von Siedlungen; Moränenhügelland mit markanten Umrissen von Ammersee und Starnberger See (beide Zungenbecken); Verlandungserscheinungen östlich des Ammersees; Endmoränenzüge von Nordwest nach Südost bis östlich Bad Tölz, dann im Halbkreis nach Norden;
pleistozäne und tertiäre Ablagerungen, vorwiegend Grünland mit eingestreuten Waldflächen;
Moore als Braunflächen (z. B. nördlich des Kochelsees, Aiblinger Moor südwestlich von Rosenheim);
Städte: ohne topographische Karte schwer zu benennen (Ausnahme: im Osten Rosenheim in der Innfurche).

Zu 3:
Entfernung bis München rd. 50 km;
Nordgrenze der Alpen durch scharfe Linie gekennzeichnet, Vorberge mit abgerundeteren Formen als das eigentliche Kalkgebirge;
deutliche Anordnung der Längs- und Quertäler (Loisach, Isar, Inn); Staffelsee, Kochelsee, Walchensee, Tegernsee und Schliersee als dunkelblaue Flächen; vorwiegend Nadelwaldbedeckung.

M 199.1 Nordostsizilien – Landsat-7-Aufnahme vom 25. 9. 1999; Kanäle: 4 – Nahes Infrarot (dargestellt in Rot), 2 – Grün (dargestellt in Grün), 1 – Blau (dargestellt in Blau)

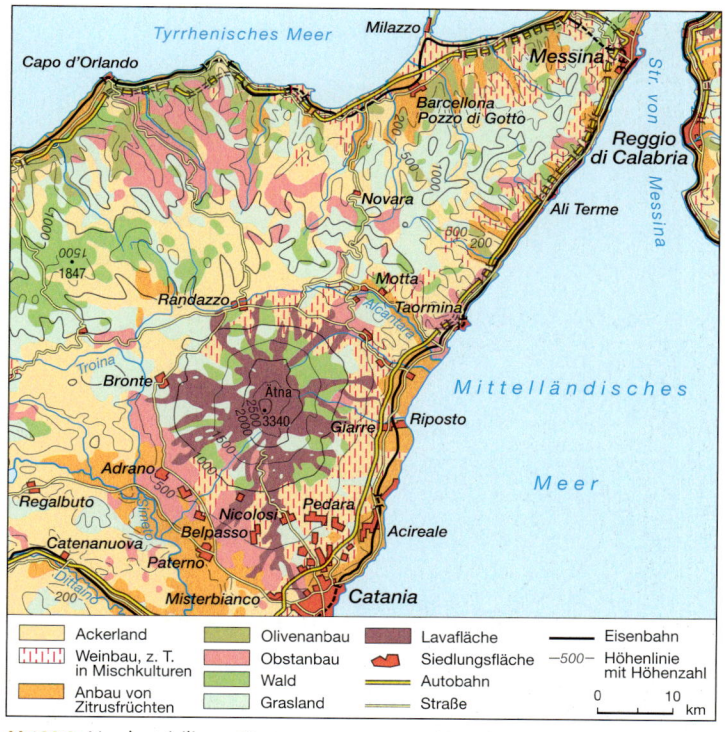

M 199.2 Nordostsizilien – Karte

1 Werten Sie **M 199.1** aus. Beschränken Sie sich im ersten Arbeitsschritt nur auf das Satellitenbild. Ziehen Sie zur Erklärung im zweiten Arbeitsschritt die Karte **M 199.2** hinzu.
2 Informieren Sie sich über Luftbilder, die vom „Landesamt für Vermessung und Geoinformation Bayern" herausgegeben werden (www.lvg.bayern.de).
3 Erstellen Sie mit Google Earth ein Satellitenbild Ihres Schulstandortes und interpretieren Sie es.

Anfertigen von Strukturskizzen, Darstellung von Wirkungszusammenhängen

Strukturskizze:
(auch Struktur-, Fließ- oder Flussdiagramm) stellt zentrale Aspekte eines Sachverhaltes oder eines Problemkomplexes in ihrer Verflechtung untereinander anschaulich dar (meistens mit Pfeilen).

Wirkungsgefüge:
bezeichnet das funktionelle Zusammenwirken von abiotischen und biotischen Elementen in einem Ökosystem (z. B. Boden, Wasser, Luft) und Komponenten (z. B. Relief, Boden, Klima und Lebensgemeinschaft).

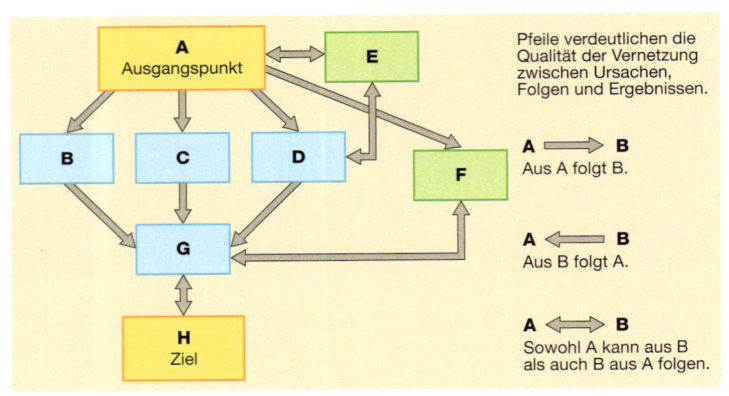

Checkliste für die Erstellung

1. Erfassen der Materialgrundlage
a) Lesen Sie den Text aufmerksam durch.
b) Markieren Sie Schlüsselwörter.
c) Fassen Sie übergeordnete Begriffe zusammen.

2. Festlegen der Strukturelemente
a) Überlegen Sie, ob ein kausales Flussdiagramm mit „Anfang" und „Ziel" oder ein Kreislauf der Thematik am besten entspricht.
b) Untergliedern Sie komplexe Wirkungsgefüge in räumliche und/oder zeitliche Einheiten.
c) Wählen Sie die Darstellungsformen aus (nur Schrift, Kästchen, Kreise usw.). Vorlagen finden Sie z. B. in „Word" und „PowerPoint" (→ AutoFormen).
d) Wählen Sie die Pfeildarstellungen aus.
Kausalpfeil: weist auf Zusammenhang zwischen Ursache und Wirkung hin
Prozesspfeil: verdeutlicht Umsetzung von Stoffen
Aktions-/Folgepfeil: bindet weiterführende Gedanken an
Sie können die Aussagekraft von Pfeilen durch Farbe und/oder positive (+) bzw. negative (–) Verstärkung erhöhen.
e) Vermeiden Sie Überschneidungslinien. Diese beeinträchtigen die Anschaulichkeit.

3. Umsetzen in eine grafische Darstellung
a) Erstellen Sie die Strukturskizze „per Hand".
b) Fertigen Sie die Strukturskizze mit PowerPoint.
Tipp: Sie können die PowerPoint-Präsentation auch in eine Word-Datei übertragen: Einfügen → Objekt → Microsoft PowerPoint-Präsentation → aus Datei erstellen → ppt-Datei. Legen Sie vorher in PowerPoint die Größe fest (→ Seite einrichten).

M 200.1 Beispiel für eine Strukturskizze bzw. ein Fließdiagramm

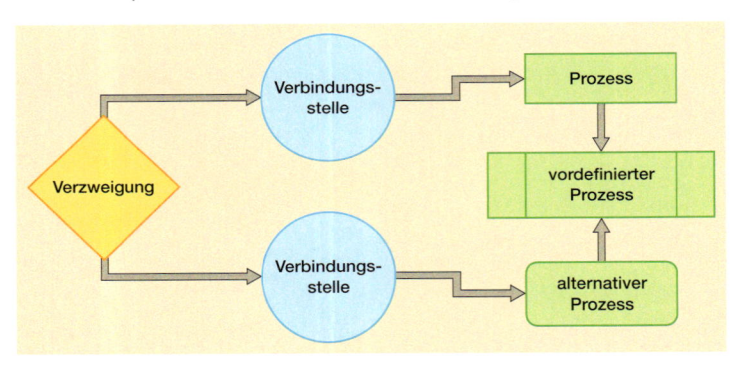

M 200.2 Beispiel für ein Flussdiagramm (PowerPoint) mit definierten Formen

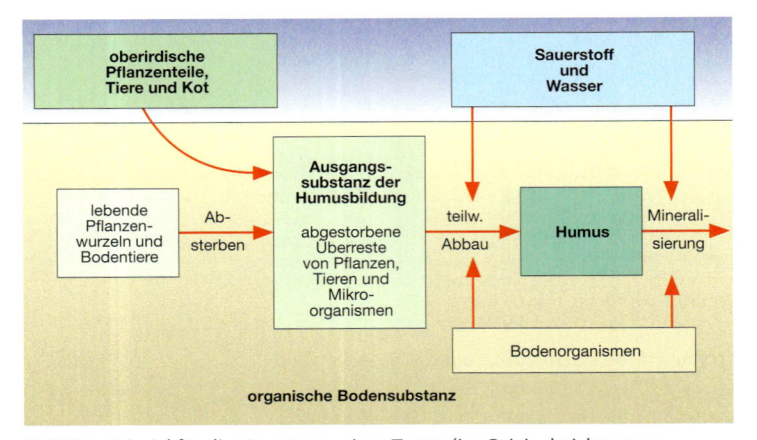

M 200.3 Beispiel für die Umsetzung eines Textes (im Original nicht unterstrichen): Schema der Humusbildung

Humusbildung

Das Ausgangsmaterial der organischen Bodensubstanz wird aus abgestorbenen Überresten von Pflanzen und Tieren sowie deren Ausscheidungen gebildet. Die meisten der im Boden lebenden Bodentiere und Organismen wie Bakterien, Pilze, Algen und Einzeller ernähren sich von dem abgestorbenen organischen Material. Ein wichtiges Zwischenglied in der Kette der Umwandlungen der organischen Substanz ist der Humus. Er bildet sich bei ausreichend Wasser und Wärme aus Zwischenprodukten des biologischen Abbaus. Wasserüberschuss führt zu Sauerstoffmangel, so dass aerobe Bodenorganismen nicht existieren können. Die letzte Stufe beim Abbau der abgestorbenen Substanz umfasst die Mineralisierung.

Den aktuellen Planungen zufolge wird ein 185 m hoher und ca. 2 km langer Staudamm errichtet, welcher den Jangtse auf einer Länge von ca. 660 km aufstauen wird. [...] Das Reservoir wird eine Fläche von 1000 km² haben und ein maximales Wasservolumen von 39 Mrd. m³ Wasser fassen können.
Neuesten Schätzungen zufolge müssen rund 1,8 Mio. Menschen umgesiedelt werden. Insgesamt werden 19 Kreise und Städte [...] sowie 140 Gemeinden und 1600 Fabriken den Fluten des Stausees weichen müssen.
Schon 2003 sollen die Wassermassen des Jangtse auf 135 m gestaut werden. Das Projekt soll 2009 fertig gestellt sein und der Jangtse kann dann bis zu einer maximalen Höhe von 175 m gestaut werden [...]. Der Bau des Dammes wird jedoch seit jeher kontrovers diskutiert. Befürworter des Projektes verweisen auf die Flutkontrolle, welche für die Regionen flussabwärts zu einer Verbesserung des Hochwasserschutzes führen soll. Des Weiteren wird auf die „saubere" Energieproduktion des Wasserkraftwerkes [...] verwiesen. Ein weiterer positiver Effekt des Staudammes wird die verbesserte Schiffbarkeit des Jangtse sein. Es wird dann möglich sein, den Jangtse von der Mündung statt bis Yichang nun bis Chongqing mit 10 000 t Schiffen zu befahren.
Kritiker des Projektes verweisen auf den gewaltigen Verbrauch an Land (v. a. Verlust landwirtschaftlich genutzter Fläche), die ökologischen Folgen (z. B. Aussterben von seltenen Tierarten) sowie die Umsiedelungsproblematik. Des Weiteren wird der verbesserte Schutz vor Überschwemmungen angezweifelt, da die letzten schweren Hochwasser eher von den Nebenflüssen verursacht wurden. Im Gegenteil, es wird sogar befürchtet, dass sich die Sedimentfrachten des Jangtse im Staudammreservoir ablagern werden und somit zu einer Erhöhung der Überschwemmungsgefahr in der Provinz Sichuan führen werden.
Die größte Problematik besteht jedoch in der Umsiedelung der ca. 1,8 Mio. Menschen. Man erwartet, dass die ländliche Bevölkerung in höhere Lagen ziehen wird. Dies könnte die ohnehin schweren Erosionsprobleme in diesem Gebiet noch verschärfen. Unklar ist auch, welche Jobs für die künftig landlosen Bauern geschaffen werden und ob die vorgesehenen Entschädigungen die betroffene Bevölkerung erreichen werden.

(Quelle: J.-P. Keil: Auswirkungen des Drei-Schluchten-Projektes auf die soziökonomische Situation im Einzugsgebiet des Xiangxi in der Provinz Hubei. Uni Gießen; gekürzt)

M 201.1 Das Drei-Schluchten-Staudammprojekt

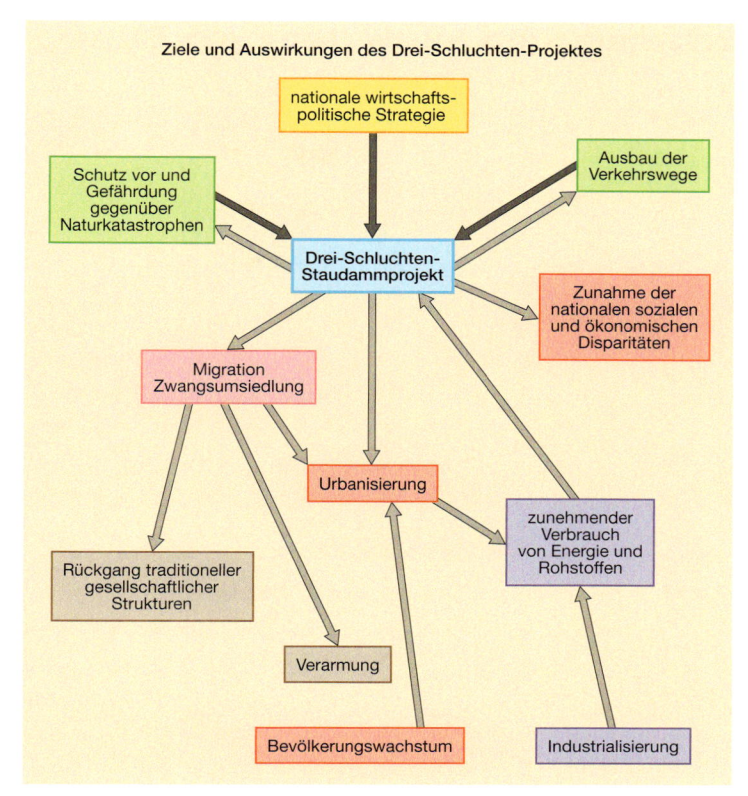

M 201.2 Umsetzung des Textes M 201.1 in ein Wirkungsgefüge

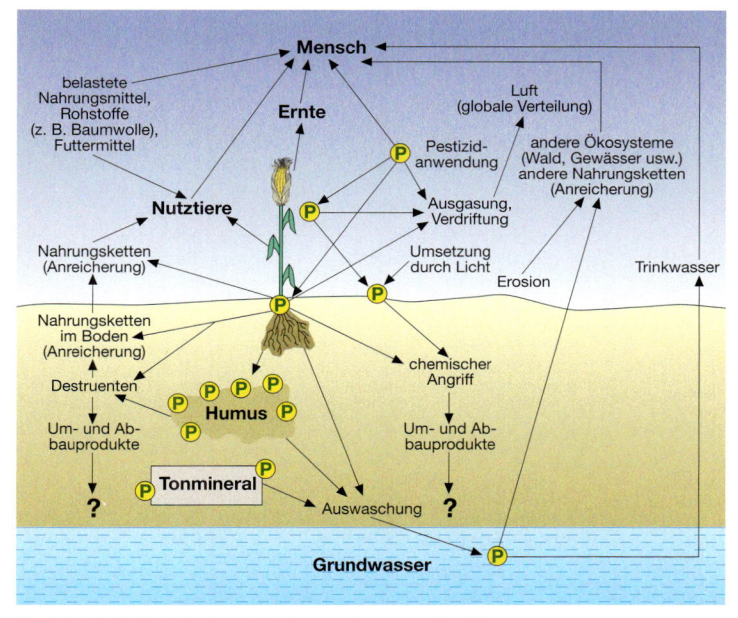

M 201.3 Mögliche Folgen der Verwendung von Pestiziden

1 Beurteilen Sie **M 201.2**. Ergänzen Sie das Wirkungsgefüge auf einem Extrablatt.
2 Setzen Sie **M 201.3** in einen Text um.
3 Erstellen Sie eine Strukturskizze zum Thema „Desertifikation im Sahel".
4 Entwerfen Sie mithilfe von PowerPoint ein Flussdiagramm zu einem selbst gewählten Textbeitrag aus dem Schulbuch.

Erstellung und Auswertung von Kausalprofilen

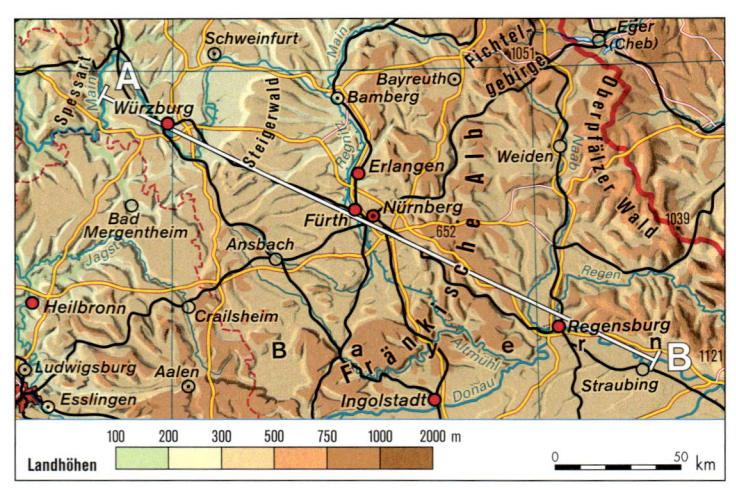

Kausalprofile ergänzen Höhen-, Längs- und Querprofile durch physisch-geographische und kulturgeographische Erscheinungen. Sie stellen den Zusammenhang von Boden, Relief, Klima, Vegetation, Wirtschaft, Besiedlung, Verkehr und anderen Faktoren in einer Landschaft her. Ihr Vorteil besteht in der Zusammenschau aller Einzeltatsachen und der Vergesellschaftung zu Gefügekomplexen sowie dem schnellen Überblick über Wechselbeziehungen und Abhängigkeiten. Nachteilig ist bei der Auswertung eine zu starke Betonung naturkausaler Gegebenheiten.

M 202.1 Profillinie zum Kausalprofil mit Anfangs- und Endpunkt

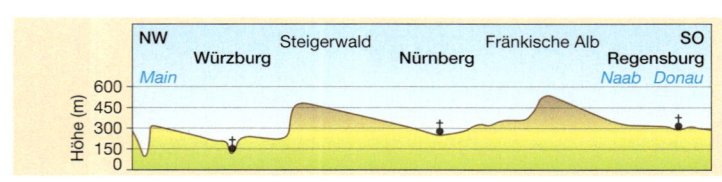

M 202.2 Höhenprofil

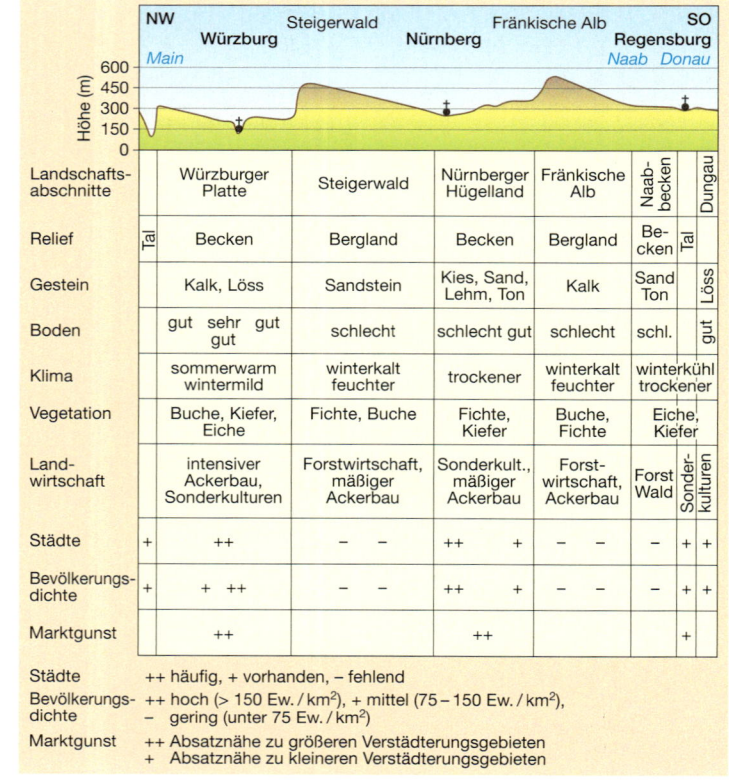

M 202.3 Kausalprofil

Landschafts-abschnitte		Würzburger Platte	Steigerwald	Nürnberger Hügelland	Fränkische Alb	Naab-becken	Dungau
Relief	Tal	Becken	Bergland	Becken	Bergland	Becken	Tal
Gestein		Kalk, Löss	Sandstein	Kies, Sand, Lehm, Ton	Kalk	Sand Ton	Löss
Boden		gut sehr gut gut	schlecht	schlecht gut	schlecht	schl.	gut
Klima		sommerwarm wintermild	winterkalt feuchter	trockener	winterkalt feuchter	winterkühl trockener	
Vegetation		Buche, Kiefer, Eiche	Fichte, Buche	Fichte, Kiefer	Buche, Fichte	Eiche, Kiefer	
Land-wirtschaft		intensiver Ackerbau, Sonderkulturen	Forstwirtschaft, mäßiger Ackerbau	Sonderkult., mäßiger Ackerbau	Forst-wirtschaft, Ackerbau	Forst Wald	Sonder-kulturen
Städte	+	++	−	++	+	−	+ +
Bevölkerungs-dichte	+	+ ++	−	++	+	−	+ +
Marktgunst		++		++			+

Städte: ++ häufig, + vorhanden, − fehlend
Bevölkerungs-dichte: ++ hoch (> 150 Ew./km²), + mittel (75–150 Ew./km²), − gering (unter 75 Ew./km²)
Marktgunst: ++ Absatznähe zu größeren Verstädterungsgebieten, + Absatznähe zu kleineren Verstädterungsgebieten

Checkliste für die Erstellung

1. Zeichnen eines Höhenprofils
a) Wählen Sie im Atlas eine geeignete physische oder Höhenschichtenkarte aus und bestimmen Sie den Profilschnitt von A nach B (M 202.1).
b) Legen Sie auf der x-Achse den Längenmaßstab und auf der y-Achse den Höhenmaßstab fest.
Beispiel: Längenmaßstab 1 cm = 15 km, Höhenmaßstab 1 cm = 500 m
Achten Sie auf die richtige Überhöhung. Zu starke Überhöhung verfälscht, zu geringe differenziert nicht ausreichend.
c) Benennen Sie die Himmelsrichtung des Profilschnitts und tragen Sie topographische Namen aus der physischen Karte in das Höhenprofil ein. Zur weiteren Visualisierung können Sie auch Signaturen für bestimmte Erscheinungen verwenden (M 202.2).

2. Aufteilen nach Raumeinheiten
Grenzen Sie die Raumeinheiten durch Spalten ab und bezeichnen Sie die Landschaftsabschnitte nach der physischen Karte.

3. Anlegen einer Tabelle und Zuordnen von relevanten Einzelmerkmalen
a) Überlegen Sie vorab, welche weiteren Merkmale Sie auswählen möchten. Stellen Sie fest, welche Zusammenhänge zwischen den einzelnen Geofaktoren bestehen. Empfehlenswert ist eine Hypothesenbildung, um die Beziehungen und Abhängigkeiten zu erfassen.
Beispiel: Klima und Relief.
b) Legen Sie unter dem Höhenprofil eine Tabelle mit entsprechenden Zeilen an.
c) Tragen Sie die Merkmale aus den Atlaskarten (physische Karte, geologische Karte, Wirtschaftskarte) in die Tabelle ein (M 202.3). Alternativ können Sie bewertende Symbole (++, − −) und/oder selbst entwickelte Abkürzungen (z. B. iS = intensive Sonderkulturen) eintragen und in der Legende aufführen.

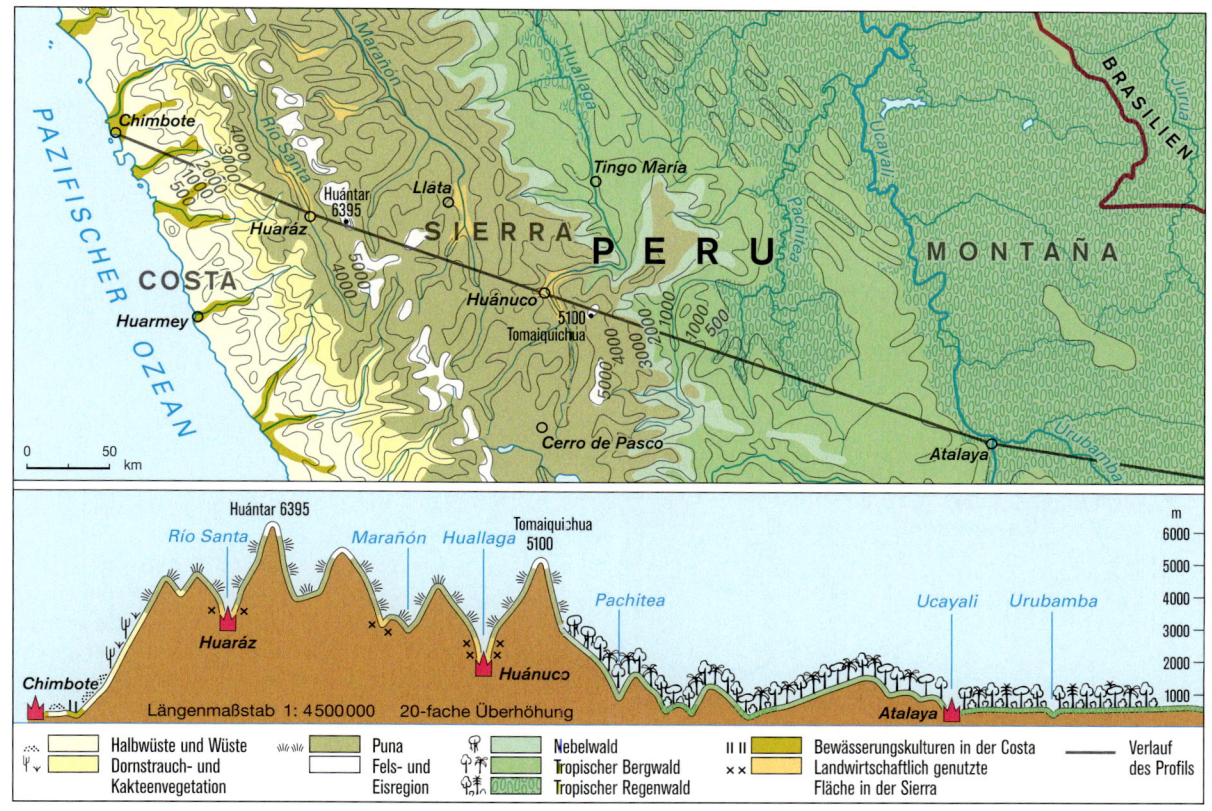

Erstellung und Auswertung von Kausalprofilen 203

M 203.1 Höhenstufen der Vegetation in den Anden

Checkliste für die Auswertung

1. Profillinie erläutern
a) Ermitteln Sie die Höchst- und Tiefstwerte bei den Höhenangaben.
b) Beschreiben Sie die dargestellte Entfernung zwischen Anfangs- und Endpunkt des Profils.
c) Benennen Sie das Verhältnis zwischen Längs- und Höhenmaßstab.

2. Aufteilung der Spalten und Zeilen beschreiben
Beschreiben Sie die Untergliederung nach Landschaftsabschnitten und die Unterteilung nach Einzelmerkmalen.

3. Zusammenhänge aufzeigen (Auswahl)
a) Erläutern Sie die Wechselbeziehungen zwischen Klima und Bodenverhältnissen.
b) Stellen Sie einen Zusammenhang zwischen Siedlungen und Relief her.

4. Kritisch Stellung zur Darstellung nehmen
Überprüfen Sie die Auswahl der Geofaktoren auf Stimmigkeit und Aussagekraft.

Lösung zu M 203.1 (Kurzform)

Karteninhalt: mittlerer Teil von Peru, Untergliederung in drei Großräume: Costa, Sierra, Montaña; höchste Erhebung: Huántar (6395 m), dargestellte Entfernung: rd. 650 km, Überhöhung 20-fach, farbige Flächen- und bildhafte Signaturen
Costa: Tiefland am Pazifik, Westseite der Anden, durch kalten Humboldtstrom Abkühlung der Meeresluft und Nebel; wegen geringer Niederschläge Wüste und Halbwüste mit Dornbusch- und Kakteenvegetation; Bewässerung durch Fremdlingsflüsse, Ackerbau in Flussoasen
Sierra: Hochgebirge, untergliedert in Puna (frostharte Gräser und Zwergsträucher) bis max. 5000 m Höhe sowie Fels- und Eisregion; Westseite Trockenpuna, Ostseite feuchte Graspuna; auf der Hochfläche z. T. tief eingegrabene Flusstäler, dort Ackerbau, bis rd. 4000 m Höhe Weidewirtschaft
Montaña: östliche Abdachung der Anden; höhere Niederschläge durch Passatwinde, bei Staueffekt der Wolken Ausbildung von Nebelwald, nach Osten Übergang in tropischen Berg- und tropischen Regenwald; Anbau von Cash Crops

Profile

Höhenprofil:
geomorphologisches Profil zur Veranschaulichung des Reliefs

Kausalprofil:
zusätzlich zur Reliefdarstellung Darstellung der Wechselbeziehungen zwischen Geofaktoren

Synoptisches Profil:
dem Höhenprofil zugeordnete Landschaftsnamen und Großlandschaften, teilweise synonym mit Kausalprofil bei Untergliederung in Tabellenform

---

1 Werten Sie das Kausalprofil **M 202.3** aus.
2 Erstellen Sie ein Kausalprofil „Höhenstufen am Kilimandscharo" (Atlas).

Interpretation von Modellen zu geographischen Sachverhalten

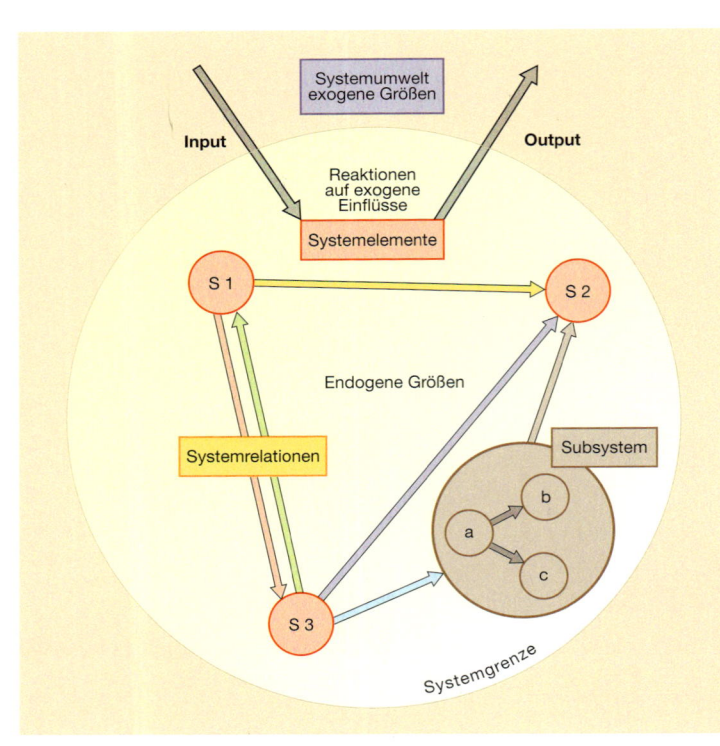

Modelle stellen komplexe Zusammenhänge in ihren Verästelungen dar und erlauben visualisierte und quantifizierte Aussagen über Regeln und Gesetze, die in einem System wirken. Sie erfassen reale Systeme und bilden sie in einem abstrakten Modell ab. Sie führen zum Verständnis von Systemen, indem sie Ursache-Wirkungs-Beziehungen aufdecken und die Auswirkungen bei Eingriffen von außen aufzeigen. Modelle eignen sich für die Darstellung folgender Sachverhalte:
- räumliche Lage (horizontal, vertikal),
- Reichweiten (z. B. Einzugsbereiche, Transportwege),
- Faktoren (z. B. Bodenbildung),
- Faktorensysteme (z. B. Nährstoffkreislauf),
- Hierarchien (z. B. Zentrale Orte),
- Selbstverstärkungen (z. B. Regelkreise).

Das Ziel der Interpretation von Modellen beschränkt sich nicht nur auf die Analyse, sondern erfordert auch die Überprüfung des Aussagewertes. Komplexe Beziehungsgefüge sollten mithilfe des vernetzten Denkens erschlossen werden.

M 204.1 Grafische Darstellung für eine Systemanalyse

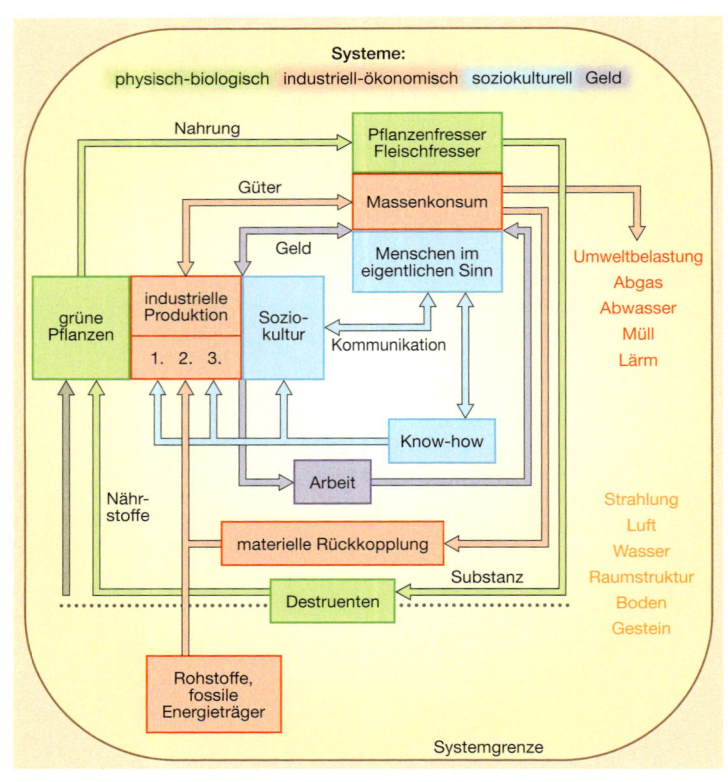

M 204.2 Modell eines Zivilisationsökosystems (nach T. Schäfer)

Checkliste für die Interpretation

1. Erfassen des Modells
a) Machen Sie sich mit der Art des Modells vertraut (Wirkungsgefüge, Flussdiagramm, Regelkreis, Schaubild, mathematische Formel).
b) Ermitteln Sie die beabsichtige Aussage des Modells (vereinfachtes Abbild der Wirklichkeit oder Abbild von einer Theorie über die Wirklichkeit).

2. Analysieren der Inhalte
a) Beschreiben Sie das Gliederungsschema (Systemelemente, Subsysteme, Regler, Variablen, Beschriftung, Farben).
b) Erläutern Sie die Darstellungsart.
Flussdiagramm: Pfeile für zeitliche Abläufe und z. T. funktionale Zusammenhänge; Netzwerk: Begriffe mit oder ohne Kästchen für Systemelemente, Pfeile für Relationen.
c) Untersuchen Sie die einzelnen Systemelemente mit ihren Funktionen und Relationen.
d) Zeigen Sie den Zusammenhang der Einzelsysteme im Gesamtsystem auf.
e) Simulieren Sie Veränderungen durch exogene Einflüsse.

3. Bewerten des Modells
a) Beurteilen Sie die Aussagekraft. Überprüfen Sie, inwieweit komplexe Zusammenhänge durch Zerlegung in vernetzte Einzelprobleme erfasst sind.
b) Vergleichen Sie das Modell mit ähnlichen Systemen.

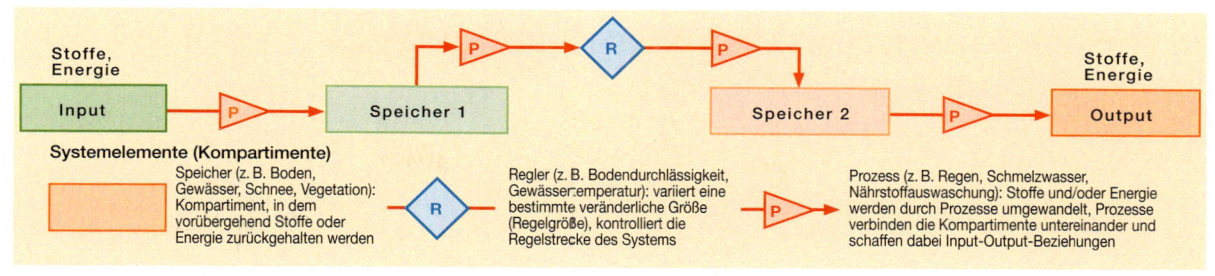

Interpretation von Modellen zu geographischen Sachverhalten

M 205.1 System-Modell

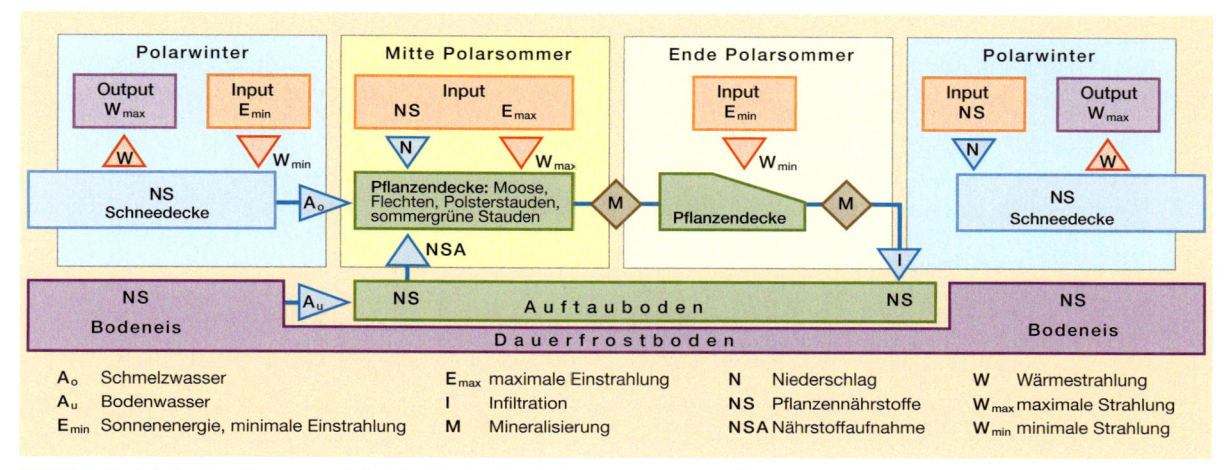

M 205.2 Modell des Geoökosystems Arktische Tundra (nach HARTMUT LESER, 1994)

Legende zu M 205.2:
- A_o Schmelzwasser
- A_u Bodenwasser
- E_{min} Sonnenenergie, minimale Einstrahlung
- E_{max} maximale Einstrahlung
- I Infiltration
- M Mineralisierung
- N Niederschlag
- NS Pflanzennährstoffe
- NSA Nährstoffaufnahme
- W Wärmestrahlung
- W_{max} maximale Strahlung
- W_{min} minimale Strahlung

Lösung zu M 205.2 (Kurzform)

Unterteilung in vier Phasen (Jahreszeiten Winter/Sommer)
Systemelemente: Boden (Dauerfrostboden mit Bodeneis und Pflanzennährstoffen, Auftauboden, Schneedecke, Pflanzendecke (Speicher)
Prozesse: Einstrahlung, Wärmestrahlung, Nährstoffaufnahme, Schmelzwasserbildung, Bodenwasserbildung, Infiltration
Regler: Mineralisierung

1. Polarwinter:
Input: minimale Einstrahlung, Output: maximale Strahlung, Schneedecke abschmelzend, führt Bodenwasser ab (Prozess), Untergrund mit Bodeneis, Bildung von Bodenwasser als Prozess

2. Mitte Polarsommer:
hoher Input = maximale Einstrahlung, als Speicher: Pflanzendecke mit arktistypischer Vegetation, darauf einwirkend als Prozesse Niederschlag und Wärmestrahlung sowie Nährstoffaufnahme aus Auftauboden

3. Ende Polarsommer:
geringer Input = minimale Einstrahlung, reduzierte Sonnenenergie, Mineralisierung als Regler, Stoff/Energie und Pflanzendecke abnehmend, Regler mit Verbindung zu Auftauboden, Infiltration von Mineralisierung zu Auftauboden, kein prozessbildender Niederschlag wie Mitte Polarsommer und Beginn Polarwinter

4. Polarwinter:
Übergang zu Phase 1, Wärmestrahlung von Schneedecke zu Output, von Input Niederschlag zu Schneedecke; Bodeneis wie Phase 1, keine Nährstoffaufnahme mehr

Empfehlung:
Input-Output-Beziehungen des Energie- und Stoffumsatzes getrennt nach Strahlungshaushalt, Wasserhaushalt und Nährstoffhaushalt nacheinander erläutern.

Input – Output

Eingabe von Energie und Materie in ein System, Subsystem, Systemelement; Gegenteil: Abgabe

Wasser-, Stoff- und Energieflüsse zwischen Teilsystemen und Elementen als zeitliche Variablen in einem geoökologischen Regelkreis

---

1 Analysieren Sie M 204.2. Informationen finden Sie im Internet unter www.web.de → Zivilisationsökosystem.
2 Wenden Sie das System-Modell (M 205.1) auf eine Gebirgslandschaft an.
3 Erläutern Sie mögliche Veränderungen des Geoökosystems Arktische Tundra (M 205.2) durch den Klimawandel.

Recherche zu einem ausgewählten Aspekt mithilfe von Fachliteratur und Internet

Fundorte/Quellen

Abhandlungen, Themen, Kapitel in **Fachbüchern**, z. B. W. Lauer/J. Bendix: Klimatologie. Braunschweig 2004.

Aufsätze in **Fachzeitschriften**, z. B. Praxis Geographie (Westermann): Klimawandel. Themenheft 5/2005; Geographische Rundschau (Westermann): Klimawandel. Themenheft 1/2004.

Nachschlagewerke
z. B. Lexikon der Geographie in vier Bänden (Spectrum-Verlag 2002), Stichwort: Treibhauseffekt;
H. Leser: Wörterbuch Allgemeine Geographie. Braunschweig 2004, Stichwort Kohlendioxid.

Jahrbücher, z. B. Der Fischer Weltalmanach 2008: Stichwort Klimawandel; Harenberg Aktuell 2008: Stichwort Klimawandel

Internet, z. B. www.umweltbundesamt.de Stichwort: Klimaschutz;
www.wikipedia.de Stichworte: Treibhauseffekt, Kohlendioxid; www.atmosphere.mpg/de/enid/660 Das Klimainformationsprojekt für Schule und Bevölkerung (als CD, als pdf-Datei zum Speichern oder Ausdrucken, zum Downloaden und Speichern auf der Festplatte).

Recherche mithilfe von Fachliteratur

Die „herkömmliche" Art besteht darin, in gedruckten Materialien nach Informationen zu suchen und diese auszuwerten. Für einen ersten Überblick eignen sich Fachlexika, da diese bereits die relevanten Begriffe aufführen. Fach- und Lehrbücher gliedern Stoffgebiete bzw. Themen gut und stellen sie verständlich dar. Dazu gehören in der Regel auch Schulbücher.

Fachzeitschriften geben den aktuellen Stand der Forschung wieder und stellen neue Forschungsansätze vor. Zum Teil liefern sie für den Unterricht bereits aufbereitete Materialien. Zur Vertiefung enthalten sie wie die Lehrbücher weiterführende Literaturangaben.

Jahrbücher wenden sich an einen größeren Adressatenkreis und vermitteln allgemeinverständliche Informationen, z. T. mit Internetadressen.

Nicht im engeren Sinne zur Fachliteratur zählen Zeitungen bzw. Magazine, aber aufgrund ihrer aktuellen Berichterstattung ergänzen sie einschließlich ihrer Archive die Online-Datenbeschaffung.

Vorgehensweise beim Recherchieren

1. Vor Beginn der Recherche
a) Orientieren Sie sich über das Thema.
b) Grenzen Sie das Thema ein.
c) Nehmen Sie eine Gliederung vor.
d) Entscheiden Sie, wo Sie recherchieren möchten. Überprüfen Sie die Quellenlage (Schul-, Stadt-, Unibibliothek, Fernleihe; CDs, DVDs, Internet).

2. Die eigentliche Recherche
a) Suchen Sie die gewünschten Materialien heraus (Texte, Abbildungen). Übernehmen Sie nur die von Ihnen für wichtig gehaltenen Inhalte.
b) Ordnen Sie die Materialien (z. B. nach Überschriften, Problemstellungen).
c) Legen Sie die Materialien so ab, dass sie leicht wiedergefunden werden können (z. B. in einer Arbeitsmappe, auf Karteikarten, „Neuer Ordner" auf dem PC).

3. Nach der Recherche
a) Werten Sie die Materialien aus. Exzerpieren Sie die Texte.
b) Verfassen Sie einen neuen Artikel. Legen Sie vorher die Länge fest. Achten Sie bei der Ausarbeitung für ein Referat/eine Präsentation auf die Zeitvorgabe.
c) Vermeiden Sie wortwörtliche Übernahmen ohne Zitate.

Recherche mithilfe des Internets

Das Internet bietet eine nahezu nicht mehr überschaubare Fülle von Daten der unterschiedlichsten Qualität. Damit wird scheinbar die aufwändige Suche in Büchern und Zeitschriften zumindest für denjenigen, der sich schnell orientieren möchte, überflüssig. Selbst Bilder und Grafiken herunterzuladen ist z. B. mit Google kein Problem.

Doch Umsicht und Vorsicht sind geboten. Informationen aus dem Internet unterliegen nicht unbedingt einer Qualitätsprüfung. Wie findet man schnell die passende Information im Internet? Wie schützt man sich vor Datenmüll, mal abgesehen von Spams, Viren und Trojanern? Woran erkennt man, ob eine Quelle seriös ist?

Beispiel: Treibhausgas Kohlendioxid
Bei einer Eingabe über die Suchmaschine Google werden rd. 356 000 Einträge angezeigt, das Suchportal Yahoo bringt es auf rd. 406 000 Einträge. Ein „globaler Cyber-Rundumschlag" bringt folglich nicht allzu viel, es sei denn, in der Hoffnung auf einen Treffer werden nur die ersten zehn oder 20 Einträge angeklickt und durchgelesen.

Wesentlich effektiver ist die direkte Eingabe einer Web-Adresse, z. B. www.umweltbundesamt.de oder www.planeterde.de. Die erweiterte Suche mit „UND" bzw. „ODER" erweitert die Treffsicherheit. Unter www.espere.de gelangt man auf eine Klimaenzyklopädie mit verschiedenen Einheiten (→ Strahlung, Treibhausgase, Treibhauseffekt → linke Spalte CO_2).

Klimamaterialien, entstanden mit Unterstützung des Max-Planck-Instituts für Meteorologie und des Deutschen Klimarechenzentrums, stehen unter www.hamburger-bildungsserver.de/klima. Unter der Rubrik Klimawandel und Klimafolgen finden sich zahlreiche Zusatzinformationen sowie Links zu Forschungsinstituten und Klimaportalen. Der deutsche Bildungsserver www.bildungsserver.de (Suche → Klimawandel) stellt neben inhaltlichen Angaben zu den Themenkomplexen Internetadressen zur Verfügung.

Als Themenpool ist auch www.g-o.de (→ Geowissen → Suche: Treibhausgas) zu benutzen. Einige Beiträge sind jedoch kostenpflichtig.

Das Internet-Lexikon www.wikipedia.org eignet sich gut für die Suche nach Begriffserklärungen, z. B. „Treibhauseffekt", „Kohlendioxid". Der Vorteil besteht u. a. darin, dass sowohl Quellen für den Beitrag als auch Literaturhinweise und Weblinks angegeben werden. Häufig ist sogar die englischsprachige Version noch informativer.

Vorschlag für eine Erarbeitung

Aufgabe: Untersuchen Sie den Zusammenhang zwischen Kohlendioxidgehalt der Luft und Treibhauseffekt.

1. Begriffsklärung, schnelle Übersicht
a) Schulbuch, Nachschlagewerk:
→ handschriftliche Notizen, wenn Kopie möglich, Markierungen, Unterstreichungen
b) falls auf PC vorhanden: Microsoft Encarta, Brockhaus digital
c) Internet: www.wikipedia.org (Download oder Ausdruck)

2. Gliederung des Themas
a) Herkunft, Entstehung, Ausbreitung von CO_2
b) natürliche und anthropogene Verursacher
c) Wirkung als Treibhausgas
d) Möglichkeiten der CO_2-Reduzierung

3. Internetrecherche (Auswahl)
zu 2a): www.atmopshere.mpg.de → Das Klimainformationsprojekt
zu 2b): www.hamburger-bildungsserver.de/klima → Ursachen des Klimawandels
zu 2c): www.hamburger-bildungsserver.de/klima → anthropogener Klimawandel → Treibhausgase und Aerosole
www.bildungsserver.de → www.ipcc.ch/pdf/assessment-report (englisch)
zu 2d): www.hamburger-bildungsserver.de/klima → Kohlendioxidminimierung
www.planeterde.de → geotechnologien → Wohin mit dem Treibhausgas?
www.g-o.de → Geowissenschaften → Klimawandel → CO_2 ab in den Untergrund; Regierung beschließt Klimapaket
www.umweltbundesamt → Klimawandel in Deutschland – Vulnerabilität und Anpassungsstrategien

4. Neuzusammenstellung (Text und Grafik) als Hausarbeit, als Referat, für die Präsentation

Empfehlung

Unterschätzen Sie nicht die Medienkompetenz Ihrer Lehrkraft. Beachten Sie deshalb die formalen Aspekte bei der Internetrecherche, d. h. geben Sie die Quelle an – die URL-Ressource (= Uniform Resource Locator) und das Zugriffsdatum.
Wenn Sie ganze Textpassagen oder Bilddateien in Ihr Manuskript ohne Quellenangabe einfügen, lässt sich das nachprüfen, z. B. mithilfe des Plagiarism-Finders.

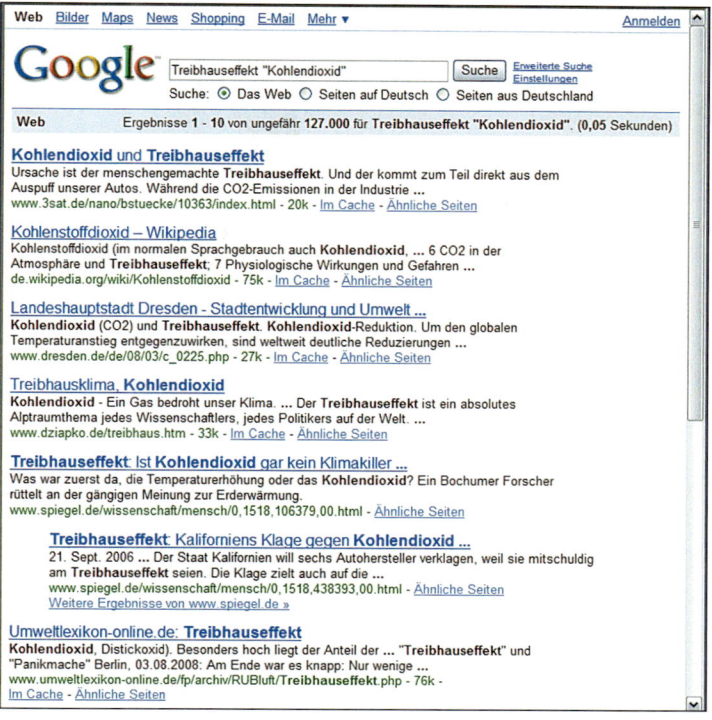

M 207.1 Google: Treibhauseffekt „Kohlendioxid", 10. 09. 2008; 7 Einträge von 127 000

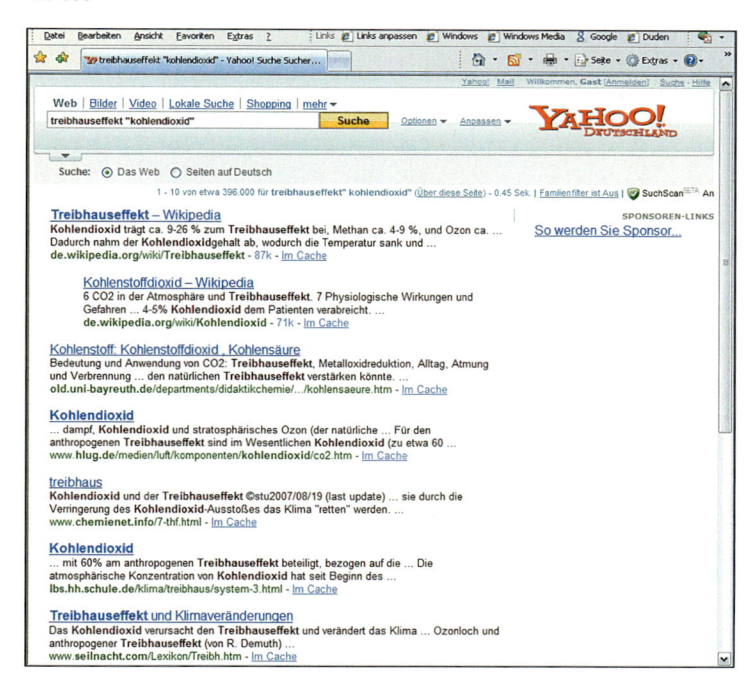

M 207.2 Yahoo: Treibhauseffekt „Kohlendioxid", 10. 09. 2008; 7 Einträge von 396 000

1 Nehmen Sie mithilfe des Internets eine Recherche zum Thema „Gefährdung der Alpen durch den Klimawandel" vor.
2 Ermitteln Sie, welche Printmedien (nicht die Ausdrucke aus dem Internet) an Ihrem Schulstandort zu diesem Thema verfügbar sind.

Erstellen eines Referats und Durchführung einer Präsentation

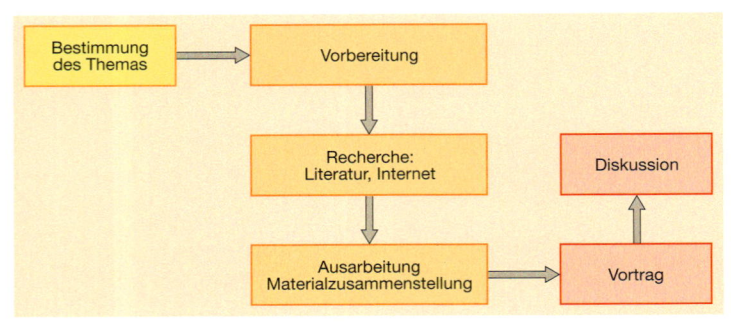

M 208.1 Ablaufschema für eine Referatgestaltung

Referat

von lateinisch referre = überbringen; mündliche oder schriftliche Berichterstattung

Sachreferat:
informierend, Fakten zuverlässig wiedergebend

Problemreferat:
argumentierend, kontroverse Positionen darstellend, beurteilend

Bestimmung des Themas und Vorbereitung

1. Sprechen Sie mit der Lehrkraft Thema/Inhalt, Länge/Dauer ab und ob ein Thesenpapier oder Paper ausgehändigt werden soll.
2. Klären Sie, wo das Referat gehalten werden soll (Klassenraum, Fachraum → notwendige technische Geräte).

Recherche

1. Überlegen Sie, wo Sie am besten Material besorgen können.
2. Machen Sie sich schon bei der Sichtung Gedanken über die Gliederung.
3. Achten Sie beim Exzerpieren auf genaues Zitieren (einschließlich Seitenangaben).
4. Notieren Sie Zusammenhänge und eigene Gedanken unter einem Stichwort auf einem Extrablatt, besser noch auf durchnummerierten Karteikarten.

Ausarbeitung

1. Nehmen Sie eine Gliederung vor.
2. Stellen Sie Überlegungen zu einem motivierenden Einstieg und zum Inhalt des Hauptteils an.
3. Arbeiten Sie das Referat schriftlich aus. Bauen Sie Zitate ein, die Sie als solche kenntlich machen (eventuell am Rand).
4. Fügen Sie Merkzeichen an den Stellen ein, an denen Abbildungen gezeigt und erklärt werden sollen.
5. Unterstreichen Sie Fachbegriffe, die notfalls erläutert werden müssen.
6. Notieren Sie an den Rand, wenn Sie Ihre Sprechgeschwindigkeit ändern möchten (z. B. langsam, betonen).
7. Erstellen Sie eine Bibliographie.
8. Fertigen Sie ein Thesenpapier an. Unter Umständen reicht auch eine einfache Gliederung.
9. Schreiben Sie das Referat in Stichworten auf Karteikarten (als Gedächtnisstütze für einen freien Vortrag).

Selbstkontrolle

– Sind die Problemstellungen deutlich?
– Hat das Referat einen Spannungsbogen, dem die Zuhörer konzentriert folgen können?
– Ist der Aufbau logisch?
– Bringt die Zusammenfassung alle wichtigen Aspekte?
– Ist das Thesenpapier logisch und verständlich?
– Müssen noch einzelne Fachbegriffe erläutert werden?
– Sind die Abbildungen aussagekräftig genug und reicht die Größe?
– Ist die Schrift auf dem OH-Projektor auch noch in der letzten Reihe zu erkennen?
– Entspricht die Länge den Vorgaben? (Empfehlenswert: zu Hause vorher üben)

Vortrag und Diskussion

1. Legen Sie eine Uhr zur Zeitkontrolle auf den Tisch.
2. Geben Sie das Thema bekannt und verteilen Sie das Thesenpapier bzw. die Gliederung.
3. Tragen Sie das Referat möglichst in freier Rede vor. Vermeiden Sie das Ablesen von Ihren Aufzeichnungen. Verlesen Sie nur Zitate und längere Zahlenangaben. Übertreiben Sie nicht die Zitatenfülle.
4. Fügen Sie die Abbildungen an den geeigneten Stellen ein. Achten Sie bei einem OH-Projektor darauf, mit einem geeigneten Pointer auf das Wesentliche zu zeigen.
   Sind Bilder Bestandteil des Vortrags, vermeiden Sie, bei der Erläuterung den Zuhörern den Rücken zuzukehren.
   Sprechen Sie beim Anschreiben oder Zeichnen an der Tafel weiter.
5. Binden Sie die Zuhörer ein, z. B. durch Verweis auf Atlasseiten oder durch die gemeinsame Auswertung von Statistiken.
6. Suchen Sie Augenkontakt mit Ihren Zuhörern, ohne dabei andauernd eine Person zu fixieren.
7. Wandern Sie während des Vortrags nicht immer hin und her. Halten Sie sich auch nicht krampfhaft am Rednerpult fest.
8. Klären Sie vor dem Referat, ob Sie Zwischenfragen zulassen. Bedenken Sie, dass damit der gesamte zeitliche Ablauf gestört werden kann.
9. Ermöglichen Sie nach dem Vortrag eine Diskussion. Sie treten dabei als Experte auf, da Sie über mehr Informationen verfügen, als Sie in der zur Verfügung stehenden Zeit vermitteln konnten. Gliedern Sie die Diskussionsbeiträge nach Themenschwerpunkten.

Präsentation mit einer Präsentationssoftware

Eine Präsentation mit einer PC-Software wie z. B. PowerPoint ist mit dem Einsatz von Overheadfolien über den Overhead-Projektor noch relativ gut vergleichbar. Es gibt allerdings beim Einsatz einer Präsentationssoftware erheblich mehr Möglichkeiten bezüglich des Einsatzes von Farben und der Gestaltung von Einzelfolien, von Folienübergängen und Effekten, der Hinzufügung von Texten, Bildern, Karten, Illustrationen, Diagrammen, Tabellen, Statistiken sowie der Animation von Textbausteinen und der grafischen Elemente. Ziel Ihrer Präsentation soll sein, die Vorteile der Präsentationsweise so zu nutzen, dass die Zuhörer die Inhalte des Vortrages besser verstehen und Detailinformationen auf sich einwirken lassen können.

M 209.1 Beispiel einer Titelfolie zum Thema „Entwicklung durch Tourismus"

Checkliste für die Interpretation

1. Prüfen Sie, ob Sie das Thema vollständig verstanden und bearbeitet haben.
2. Prüfen Sie, ob Sie den Bezugsraum mit seinen wichtigsten geographischen Merkmalen berücksichtigt haben.
3. Präsentieren Sie gewonnene Erkenntnisse komprimiert, sachlogisch gegliedert und strukturiert (Titel, Thema, Agenda, Thesen, exemplarische Beispiele, Hypothesen, griffige Kernaussagen, knappe Begründungen, plausible Bewertungen, knappes Fazit [ggf. Ausblick]).
4. Prüfen Sie, ob die Technik funktioniert.
5. Vermeiden Sie die Überladung der einzelnen Folien mit Texten und Grafiken. Verwenden Sie eine Schriftgröße von mindestens 20 pt.
6. Benennen Sie zuerst das Thema und stellen Sie dann die Agenda (Inhaltsverzeichnis) Ihrer Präsentation vor.
7. Wecken Sie zu Anfang Interesse bei Ihrem Publikum.
8. Präsentieren Sie Ihren Vortrag zu geographischen Sachverhalten inhaltlich und fachsprachlich korrekt, themen- und adressatenbezogen.
9. Setzen Sie Animationen und Geräusche nur sehr zurückhaltend ein.
10. Geben Sie Ihren Zuhörern genügend Zeit für die einzelnen Folien.
11. Schalten Sie nach Ihrer Präsentation die genutzte Technik korrekt ab.

Regeln für den Umgang mit einer Präsentation

1. Denken Sie daran, dass Sie den Vortrag bestimmen, nicht das Präsentationsprogramm.
2. Legen Sie ein Thesenpapier an, das ggf. die zentralen Folien enthält (Handout mit ca. 9 Folien, verkleinert ausgedruckt).
3. Erstellen Sie unbedingt ein Konzept, bevor Sie die Folien gestalten. Die Folien können Sie verkleinert als Karteikarten ausdrucken, um so Blickkontakt zu ihrem Publikum zu halten. Die Technik kann ein Mitschüler auf Ihr Zeichen hin bedienen oder Sie nutzen eine elektronische Fernbedienung.
4. Kontrollieren Sie im Vorfeld, ob alle technischen Geräte (Steuerungs-PC/-Laptop, PC-Monitore, Beamer, Smartboard) funktionieren.
5. Unterstützen Sie Ihre Präsentation durch die Artikulation: Ihre Zuhörer sollen keinen vollständigen Text zum Ablesen dargeboten bekommen.
6. Die Titelfolie mit dem Thema Ihrer Präsentation soll Interesse wecken. Dazu eignen sich Fotos oder Animationen.
7. Auf allen weiteren Folien sollen in der Kopfzeile das Thema sowie ein Storyboard und in der Fußzeile Ihr Name sowie die Nummer der Folie stehen. Nutzen Sie den „Titelmaster", den „Folienmaster" usw.
8. Ein gutes Layout ist wichtig. Nutzen Sie Vorlagen der Software bezüglich Folienlayout und -design, Farb- und Animationsschema.
9. Begrenzen Sie die Anzahl der Folien.

Arbeitshinweis:

Voraussetzung für das Erstellen von Präsentationsfoliensätzen ist die Einarbeitung in die Gestaltung der „Masterseiten" des Programms MS PowerPoint oder in die Benutzung anderer Software wie Mediator, CorelDRAW Graphics Suite oder „FolienDIRECTOR PRO 2.5" (speziell für die Erstellung digitaler Überlegefolien).

---

1 Stellen Sie die Vor- und Nachteile einer Folien-Präsentation mit dem OH-Projektor einer Präsentation über den Bildschirm (PC-Monitor, Laptopdisplay, Smartboard) oder über einen Beamer tabellarisch gegenüber.
2 Entwickeln Sie eine computergestützte Präsentation zu einem Thema Ihrer Wahl. Stützen Sie sich auf ein entsprechendes Kapitel in diesem Buch und auf Internetrecherchen. Orientieren Sie sich an den Präsentationshinweisen dieser Seite.

Auswertung von Klimadiagrammen

Da *Klimadiagramme* die wichtigsten Hilfsmittel zur Veranschaulichung des Klimas an einem Ort sind, wird die Auswertung dieses Diagrammtyps gesondert vorgestellt. Hydrothermische Klimadiagramme stellen die Temperatur und den Niederschlag (in mm bzw. Liter pro Quadratmeter) dar. Trägt man im Klimadiagramm Temperatur und Niederschlag im Verhältnis 1 : 2 ab (20 °C entsprechen 40 mm Niederschlag), so werden durch die Flächen zwischen Niederschlags- und Temperaturkurve aride (trockene) und humide (feuchte) Zeiten dargestellt. damit man die Größen von Klimadiagrammen richtig auswerten kann, sollte das Klimadiagramm des Nahraumes immer zum Vergleich herangezogen werden.

Das *Thermoisoplethendiagramm* stellt den Temperaturverlauf in Abhängigkeit von Tages- und Jahreszeit dar. Somit können Sie exakte Temperaturwerte sowohl im tages- als auch im jahreszeitlichen Verlauf ablesen. Bereiche gleicher Temperatur sind durch Linien, so genannte Isothermen, miteinander verbunden.

Verlaufen die Isothermen eher parallel zur Monatsachse, so handelt es sich um ein „thermisches Tageszeitenklima" (z. B. tropische Klimate). Verlaufen dagegen die Isothermen eher parallel zur Ordinate, so spricht man von einem ausgeprägten „thermischen Jahreszeitenklima" (z. B. Oxford). Aufgrund der differenzierteren Darstellung des Verlaufs der Tagestemperatur können genauere Aussagen beispielsweise über Frostrisiken während der Nacht gemacht werden. Hinzu kommen die Linien des Sonnenaufgangs bzw. -untergangs.

Überprüfung formaler Aspekte

Ort, Lage im Gradnetz der Erde (Nord- oder Südhalbkugel, Tropen, Subtropen, gemäßigte Breiten oder Arktis), Höhenlage der Station, Jahresdurchschnittstemperatur, Jahresniederschlagssumme (Vergleich zu bekannten Klimastationen).

Beschreibung

Maximal- und Minimalwerte der Temperaturkurve (ozeanisches oder kontinentales Klima), Niederschlagswerte über 100 mm im Monat werden gestaucht dargestellt (Maßeinheit wird verfünffacht); Temperaturdifferenzen (Jahres- oder Tageszeitenklima), Anzahl und quantitative Ausprägung von Regenzeiten (humide oder aride Jahreszeiten), Anzahl der Tage über 5 °C (= Vegetationsperiode), Charakterisierung der Jahreszeiten.

Interpretation

Charakterisierung des Klimas, Bestimmung der Klima- und Vegetationszone, mögliche Folgen zur Thematik (z. B. zur Landwirtschaft in diesem Gebiet). Dabei ist immer zu bedenken, dass die im Klimadiagramm verwendeten Zahlen aufgrund ihrer mehrfachen Mittelung keinen direkten Bezug zur Realität haben. Denn was sagt die Augusttemperatur von 19 °C eines Ortes eigentlich genau aus?

Zudem ist neben den oben benannten Aspekten zu berücksichtigen, dass man häufig keine Informationen zu klimatischen Risikofaktoren wie beispielsweise Nachtfrösten oder Schwankungen des monatlichen bzw. jährlichen Niederschlagswertes (Niederschlagsvariabilität) erfährt. Niederschlagsvariabilitäten können zu Dürren und bei entsprechend geringer Vegetationsdecke zu hoher Bodenerosion bei Starkregen führen.

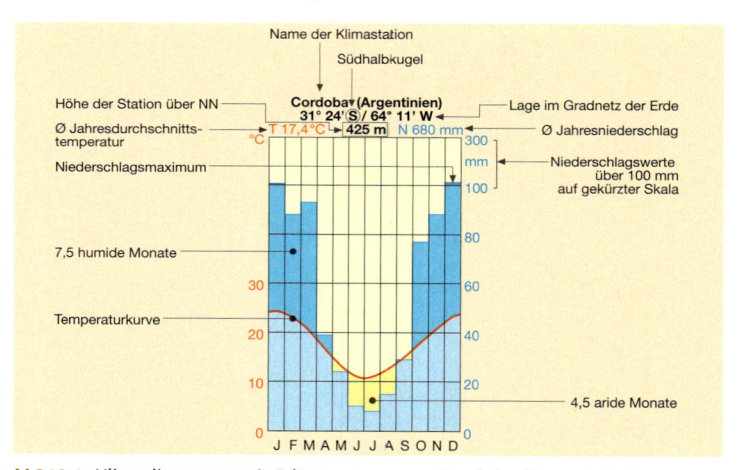

M 210.1 Klimadiagramm mit Erläuterungen von Cordoba (Argentinien)

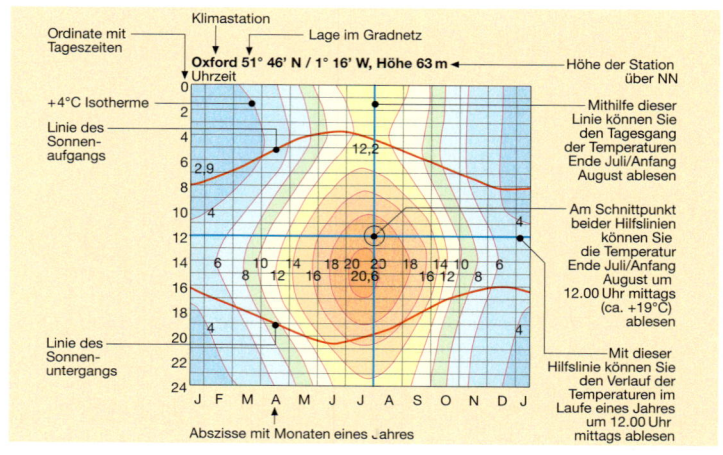

M 210.1 Thermoisoplethendiagramm mit Erläuterungen (Oxford)

Auswertung von Klimadiagrammen

Eala (Demokratische Republik Kongo)					0° 3' N / 18° 18' O						340 m	
Monat	J	F	M	A	M	J	J	A	S	O	N	D
T (°C)	25,6	26,7	26,7	26,1	26,1	25,8	24,5	24,5	25,9	25,9	25,6	25,6
N (mm)	84	107	127	178	157	145	71	178	178	216	193	160

Moundou (Tschad)					8° 37' N / 16° 4' O						420 m	
Monat	J	F	M	A	M	J	J	A	S	O	N	D
T (°C)	25,2	27,7	30,7	31,5	29,5	27,6	26,0	25,7	25,7	26,9	26,9	25,0
N (mm)	0	4	2	40	118	171	244	303	250	96	4	0

Bangui (Zentralafrikanische Republik)					4° 22' N / 18° 34' O						385 m	
Monat	J	F	M	A	M	J	J	A	S	O	N	D
T (°C)	26,0	27,2	27,5	27,2	26,4	26,0	25,2	25,4	25,6	25,7	25,7	25,8
N (mm)	21	47	124	128	173	135	185	225	185	202	101	34

Ndjamena (Tschad)					12° 8' N / 15° 2' O						295 m	
Monat	J	F	M	A	M	J	J	A	S	O	N	D
T (°C)	23,7	25,9	29,6	32,4	32,4	30,8	28,1	26,5	27,6	29,2	27,1	24,3
N (mm)	0	0	0	6	35	65	151	254	95	28	1	0

M 211.1 Klimatabellen ausgewählter Stationen der Tropen

Klimadiagramme aus den Subtropen

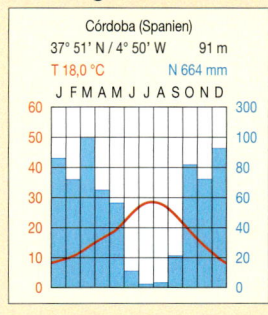

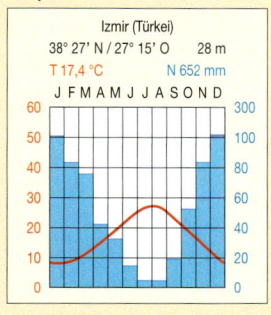

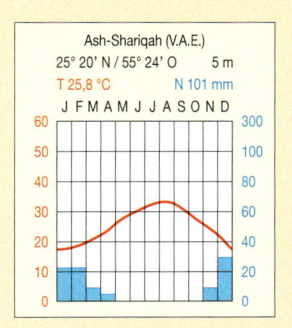

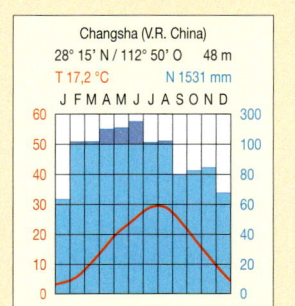

Córdoba (Spanien) 37° 51' N / 4° 50' W 91 m T 18,0 °C N 664 mm

Izmir (Türkei) 38° 27' N / 27° 15' O 28 m T 17,4 °C N 652 mm

Ash-Shariqah (V.A.E.) 25° 20' N / 55° 24' O 5 m T 25,8 °C N 101 mm

Changsha (V.R. China) 28° 15' N / 112° 50' O 48 m T 17,2 °C N 1531 mm

Klimadiagramme aus der gemäßigten Zone

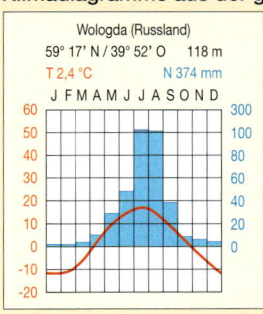

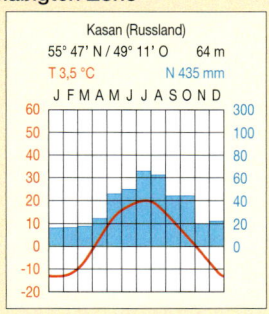

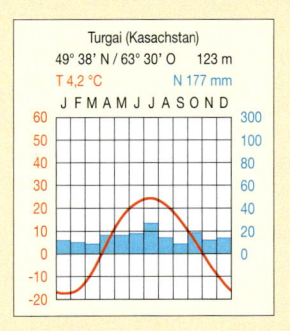

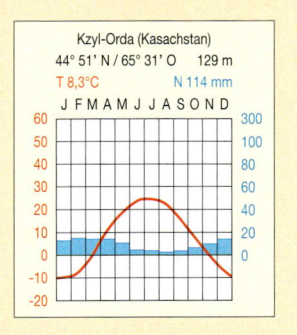

Wologda (Russland) 59° 17' N / 39° 52' O 118 m T 2,4 °C N 374 mm

Kasan (Russland) 55° 47' N / 49° 11' O 64 m T 3,5 °C N 435 mm

Turgai (Kasachstan) 49° 38' N / 63° 30' W 123 m T 4,2 °C N 177 mm

Kzyl-Orda (Kasachstan) 44° 51' N / 65° 31' O 129 m T 8,3 °C N 114 mm

Klimadiagramme aus der subpolaren und polaren Zone und aus den Anden

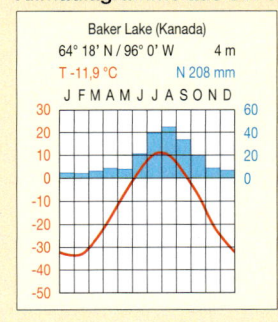

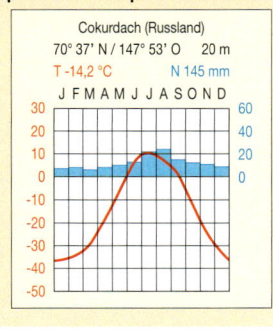

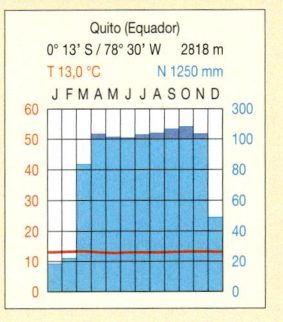

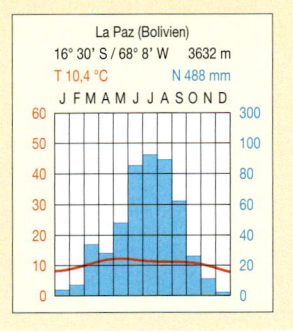

Baker Lake (Kanada) 64° 18' N / 96° 0' W 4 m T -11,9 °C N 208 mm

Cokurdach (Russland) 70° 37' N / 147° 53' O 20 m T -14,2 °C N 145 mm

Quito (Equador) 0° 13' S / 78° 30' W 2818 m T 13,0 °C N 1250 mm

La Paz (Bolivien) 16° 30' S / 68° 8' W 3632 m T 10,4 °C N 488 mm

M 211.2 Klimadiagramme ausgewählter Stationen der Subtropen, der gemäßigten Zone, der subpolaren Zone, der polaren Zone und der Anden

1 Zeichnen Sie anhand der Klimatabellen der Tropen (M 211.1) Klimadiagramme nach dem Schema von Walter und Lieth.
2 Beschreiben und Interpretieren Sie Klimadiagramme aus den verschiedenen Klimazonen der Erde. Nutzen Sie dazu Ihre Arbeitsergebnisse aus Aufgabe 1 sowie die Abbildung M 211.2.

Klausur- und Prüfungsaufgaben verstehen und bearbeiten

Anforderungsbereiche und Operatoren

Anforderungsbereich I
(Reproduktionsleistungen und Anwendung gelernter Arbeitstechniken und Methoden)
- (be)nennen
- wiedergeben
- aufzeigen
- darstellen
- beschreiben
- charakterisieren
- skizzieren

Anforderungsbereich II
(Transfer- und Reorganisationsleistungen)
- gliedern/abgrenzen
- erstellen
- vergleichen
- erläutern/erklären
- analysieren
- ein-, zuordnen

Anforderungsbereich III
(Problemlösung und Reflexion)
- interpretieren
- auswerten
- (über)prüfen
- beurteilen/bewerten
- diskutieren
- Lösungsvorschläge entwickeln

Anforderungsbereiche

Klausuren geben Aufschluss, inwieweit Sie in der Lage sind, mit geographischen Quellen selbstständig umzugehen sowie die Inhalte und Probleme sachgemäß zu beurteilen. Das Gleiche gilt auch für mündliche Prüfungsaufgaben. Die Leistungsanforderung besteht in der Auseinandersetzung mit Arbeitsanweisungen und Materialien bei einer vorgegebenen Themenstellung.

Um die von Ihnen geforderte Leistung möglichst differenziert zu erfassen, unterteilt man in drei Anforderungsbereiche, d. h. Schwierigkeitsgrade. Sie unterscheiden sich nach Art, Komplexität und Selbstständigkeit Ihrer Leistung.

Im untersten *Anforderungsbereich (I)* geht es um die Wiedergabe von Sachverhalten (Reproduktionsleistungen) aus einem begrenzten Bereich und im gelernten Zusammenhang. Dabei sollen fachwissenschaftliche Begriffe benutzt und geographische Arbeitstechniken und Methoden angewandt werden.
Beispiel: Beschreibung von natur-, kultur- und wirtschaftsgeographischen Sachverhalten (z. B. Vegetationszonen), Wiedergabe von grundlegenden Theorien und Modellen (z. B. Theorie der Plattentektonik).

Zum mittleren *Anforderungsbereich (II)* gehört die Analyse eines Sachverhaltes (Transfer- und Reorganisationsleistungen) unter einem besonderen Aspekt. Aus dem gegebenen Material werden Thesen abgeleitet. Diese werden durch Angaben zu Größenordnungen und Vergleichen ergänzt oder in eine andere Darstellungsform übertragen.
Beispiel: Erklärung von naturgeographischen Strukturen und Prozessen (z. B. Desertifikation), Einordnung von geographischen Informationen in topographische Orientierungsraster (z. B. Klimadaten und Klimazonen).

Bei Aufgaben aus dem obersten *Anforderungsbereich (III)* sollen Sie Ihre Urteilsfähigkeit nachweisen, indem Sie komplexe Sachverhalte verarbeiten und Schlussfolgerungen ziehen, Begründungen oder Bewertungen vornehmen. Sie beweisen Methodenkompetenz durch die Fähigkeit, selbstständig räumliche Strukturen und Prozesse zu erschließen sowie Lösungsstrategien für Problemstellungen zu entwickeln.
Beispiel: Bewertung räumlicher Potenziale für unterschiedliche Nutzungen (z. B. Ökosystem tropischer Regenwald), kritische Überprüfung von Zukunftsszenarien (z. B. Klimaprognosen).

Arbeits- und Handlungsanweisungen

Aufgaben in Klausuren der Oberstufe sowie im schriftlichen und mündlichen Abitur werden nicht mehr in Form von Fragen gestellt, wie sie Ihnen als W-Fragen – wer, wie, was, wann, wo, warum, weshalb, wieso – seit Beginn der Schulzeit bekannt sind, sondern als Arbeitsanweisungen, so genannten „Operatoren", die als Imperative formuliert sind, z. B. „Erläutern Sie", „Beurteilen Sie".

Um die Arbeitsanweisungen vollständig verstehen und richtig lösen zu können, muss Ihnen die Bedeutung der verwendeten Operatoren bekannt sein. Operatoren weisen auf das Anspruchsniveau, die Qualität sowie die Quantität des Erwartungshorizontes hin. Sie geben an, was von Ihnen bei der Lösung einer bestimmten Aufgabe erwartet wird und wie die Bearbeitung beschaffen sein soll.

Die Operatoren, die Ihnen begegnen, beziehen sich auf den untersten, den mittleren und den obersten Anforderungsbereich.

Typisch für den *untersten Anforderungsbereich*, bei dem Wissen verlangt wird, sind Operatoren, die Verben benutzen wie: nennen, benennen, auflisten, aufzeigen, feststellen, wiedergeben, beschreiben, bestimmen, herausarbeiten, finden, herausfinden, ermitteln, skizzieren oder darstellen.
Beispiel: Beschreiben Sie die Auswirkungen des Massentourismus am Beispiel der Alpen. Geben Sie weitere Beispielräume an.

Gebräuchliche Operatoren für den *mittleren Anforderungsbereich*, der das Anwenden und Erklären umfasst, lauten: einordnen, zuordnen, erläutern, erklären, erarbeiten, kennzeichnen, erstellen, vergleichen, gegenüberstellen, anwenden, analysieren, interpretieren, gliedern, charakterisieren, begründen.
Beispiel: Erläutern Sie mithilfe der Wetterkarte die Vorgänge beim Durchzug einer Kaltfront.

Dem *obersten Anforderungsbereich* sind Operatoren zugeordnet wie: begründen, prüfen, überprüfen, beurteilen, erörtern, diskutieren, entwerfen, entwickeln, bewerten, reflektieren, Stellung nehmen. Sie weisen auf problembezogene Aufgabenstellungen hin, die von Ihnen selbstständige Schlussfolgerungen, Begründungen und Bewertungen verlangen.
Beispiel: Nehmen Sie zu der Aussage Stellung, dass der Klimawandel zu einer Übersäuerung der Ozeane führt.

Vorgehensweise bei der Bearbeitung einer Klausur

1. Vorarbeit
a) Lesen Sie genau die Themen- und Aufgabenstellung. In der Regel können Sie noch vor der Bearbeitung Rückfragen stellen.
b) Sichten Sie in einem ersten Durchgang das Material und ordnen Sie die Aufgaben zu. Zum Teil geben Ihnen mehrgliedrige Aufgaben Hilfestellung bei der Gliederung.
c) Markieren Sie Ihnen wichtig erscheinende Inhalte, Fach- und Schlüsselbegriffe. Alternativ können Sie Notizen auf einem Extrazettel machen.
d) Achten Sie bei den Operatoren auf die Aufgabenbereiche. Das Schwergewicht liegt bei der Benotung auf dem obersten Anforderungsbereich.
e) Bereiten Sie eine erste Gliederung der Teilaufgaben vor. Verlieren Sie dabei aber nicht das Gesamtthema aus den Augen.
f) Legen Sie sich einen Zeitplan zurecht. Planen Sie so, dass die meiste Zeit für die Bearbeitung der Aufgaben aus dem Anforderungsbereich III zur Verfügung steht.

2. Schriftliche Ausarbeitung
a) Beginnen Sie mit einer zum Thema hinführenden Einleitung.
b) Bearbeiten Sie die Arbeitsaufträge nacheinander. Sie ergeben für sich eine logische Abfolge.
c) Versehen Sie Ihre Thesen mit Begründungen und Beispielen.
d) Binden Sie die Materialien mit ein, indem Sie auf die Materialnummer verweisen, z. B. M 1, M 4.
e) Geben Sie die Seitenzahl(en) an, wenn Sie den Atlas als Quelle benutzen.
f) Beschränken Sie sich bei den Texten auf wenige Zitate.
g) Wenn Sie eigene Grafiken entwerfen, bemühen Sie sich um eine anschauliche Darstellung.
h) Erläutern Sie gezielt Fachbegriffe. Vermeiden Sie undeutliche Formulierungen.
i) Stellen Sie bei der Bearbeitung der letzten Teilaufgabe, die eine Würdigung, Bewertung, kritische Beurteilung oder Kritik beinhaltet, noch einmal den Bezug zum Thema her.

Empfehlung:
- Achten Sie auf eine klare formale Gliederung, z. B. mit Zwischenüberschriften und Absätzen.
- Beherzigen Sie die Rechtschreib- und Grammatikregeln auch in einer Geographie-Klausur. Kontrollieren Sie zum Schluss Ihre Arbeit noch einmal.
- Vermeiden Sie das „Vorschreiben". Es kostet nur Zeit, die Ihnen bei der inhaltlichen Durchdringung und sprachlichen Ausformulierung sonst fehlt.

Operatoren und ihre Bedeutung

Anforderungsbereich I

nennen, benennen, feststellen	aufzählen, dem Material gezielt Informationen entnehmen (ohne Kommentar oder Erläuterung), bei Karten die Legende berücksichtigen
wiedergeben	einen Sachverhalt in Stichworten oder als Aufzählung zusammenfassen, Einbringen eigenen Wissens, Konzentration auf die Grundzüge, aber noch ohne Bewertung
beschreiben	Vorstellung eines Sachverhaltes mit möglichst allen Einzelheiten, Besonderheiten und Auffälligkeiten, Erfassen der Kernaussagen (= Voraussetzung für spätere Erläuterung oder Beurteilung)
darstellen	a) sprachlich: einen Sachverhalt beschreiben und Beziehungen herstellen b) grafisch: Umsetzen von Textinformationen z. B. in ein Fließdiagramm oder eine Strukturskizze; Erstellen eines Diagramms aus einer Statistik oder Tabelle, dabei Beachtung des richtigen Maßstabs

Anforderungsbereich II

charakterisieren, gliedern, ordnen	Beschreibung eines Sachverhaltes unter einem besonderen Aspekt bzw. einer Fragestellung, Ergänzung der Aussage durch Angaben zu Größenordnungen
erläutern, erklären	Verdeutlichung von Zusammenhängen, Einbringen von eigenen Kenntnissen, noch keine Bewertung erforderlich
analysieren, interpretieren	ähnliche Vorgehensweise wie beim Erklären und Erläutern, Erfassen der Einzelaussagen, Herstellung von Beziehungen zwischen den dargestellten Inhalten
vergleichen	nach vorangegangener Beschreibung und Analyse Verdeutlichung in der Gegenüberstellung von Gemeinsamkeiten und Unterschieden

Anforderungsbereich III

begründen	Ursachen und Auswirkungen zueinander in Beziehung stellen
entwickeln, entwerfen	Untersuchung bzw. Analyse eines Sachverhaltes, Darlegung von Vorschlägen, Einschätzungen und Maßnahmen, weiterführende Betrachtung auf Grundlage eigener Kenntnisse
erörtern, diskutieren	Betrachtung eines Sachverhaltes aus verschiedenen Blickrichtungen, Vorbringen von Argumenten in der Gegenüberstellung oder nacheinander, Einbringen der eigenen Meinung
beurteilen, bewerten, Stellung nehmen	zuerst Analyse, Charakterisierung, Erläuterung eines Sachverhaltes, anschließend Wiedergabe der eigenen Meinung mit durchdachten Sachargumenten, Begründungen
begründen	Erfassung und Einordnung der Sachlogik, Kenntnis von Ursachen

A

Abfallwirtschaft: Gesamtheit aller Tätigkeiten und Aufgaben, die mit dem Vermeiden, Verringern, Verwerten und Beseitigen von Abfällen zusammenhängen; umfasst die Planung, Ausführung und Kontrolle dieser Tätigkeiten und Aufgaben; bezieht sich auf Abfälle aus der Industrie, dem Gewerbe, dem Dienstleistungssektor sowie aus den Haushalten und öffentlichen Bereichen; kann öffentlich, privat oder in gemischten Formen organisiert sein.

Ablation: Bezeichnet den gesamten jährlichen Verlust von Gletschern oder Schneedecken durch Vorgänge wie Abschmelzung und Abfluss, Verdunstung, Loslösen von Eisbergen, Abbrechen von Eis an der Gletscherfront, Lawinen usw.

Absorbierte Globalstrahlung: Von der Erdoberfläche aufgenommener Teil der ankommenden Globalstrahlung minus der reflektierten Globalstrahlung.

Advektion: Horizontale Zufuhr von Luftmassen.

Agrarökosystem: Systemzusammenhang zwischen Geoökosystem und landwirtschaftlichem Betriebssystem eines bestimmten Gebietes.

Albedo: Spezifisches Reflexionsvermögen von Körpern. Eine Verhältnisgröße, die angibt, wie viel Prozent der ankommenden Strahlung von einem Körper ungenutzt zurückgeworfen, d. h. reflektiert werden.

Alternative Energien: Siehe regenerative Energien.

Anaerobe Bakterien: Einzellige Mikroorganismen, die ohne Sauerstoff leben.

Antiklinale: Bezeichnung für die Lage von Gesteinsschichten, die zu den Seiten hin einfallen, wobei überwiegend die ältesten Schichten im Kern der Antiklinale liegen, die jüngsten im Scheitel.

Antizyklonen: Große Luftwirbel mit hohem Luftdruck im Zentrum und absteigender Luftbewegung, sodass Wolkenauflösung und strahlungsreiches Wetter in ihrem Einzugsgebiet dominieren.

Aquifer: Gesteinskörper, der geeignet ist, Grundwasser weiterzuleiten und in wirtschaftlich bedeutsamen Mengen abzugeben.

Artesischer Brunnen: Brunnen, aus dem das Wasser zumindest zeitweise frei ausläuft, da der höchste Entnahmepunkt tiefer als der (Druck-)Wasserspiegel liegt oder ein entsprechender Lagerstättendruck herrscht.

Asthenosphäre: Oberste Zone des Erdmantels; reicht von 120 bis 650 Kilometer Tiefe.

Atmosphärische Gegenstrahlung: Langwelliger infraroter Strahlungsstrom (4 bis 100 Mikrometer Wellenlänge), der von den atmosphärischen Treibhausgasen zur Erdoberfläche hin gerichtet ist.

Aue: Tiefster, ebener Teil des Talbodens. Die Aue wird bei Hochwasser überflutet und besteht meist aus Sedimenten, dem Auelehm. Auen wurden nach der Regulierung von Flüssen als Landwirtschafts-, später auch als Siedlungsflächen genutzt.

Ausstrahlung von der Erdoberfläche: Langwelliger infraroter Strahlungsstrom (4 bis 100 Mikrometer Wellenlänge), der von den unterschiedlichen Substanzen der Erdoberfläche in den oberen Halbraum gerichtet ist.

B

Bau der Erde: Die Erde ist schalenartig aufgebaut. In den Erdschalen (Kruste, Mantel, Kern) bestehen annähernd gleiche physikalische Eigenschaften: Sie sind aus gleichartigen Stoffen zusammengesetzt. Zwischen den Schalen liegen Übergangsbereiche.

Bergsenkung: Flächen, in denen Senkungen des Geländes auftreten, die durch Untertagebergbau hervorgerufen wurden. In stillgelegten Bergwerken können unterirdische Hohlräume, die z. B. durch Kohleabbau entstanden sind, zusammenbrechen und ein Einsenken des darüber liegenden Erdreichs zur Folge haben. Häufig sind Bergsenkungen mit Schäden an Bauwerken verbunden.

Bewässerungslandwirtschaft: Intensive Form der Landwirtschaft, bei der den Pflanzen in niederschlagsarmen Gebieten oder in niederschlagsarmen Zeiten Wasser zugeführt wird (z. B. Beregnung, Furchen- oder Flächenbewässerung, Tropfbewässerung). Bewässerung muss meist mit Entwässerungsmaßnahmen kombiniert werden, die für eine Ableitung von Überschusswasser sorgen. Fehler in der Bewässerung können zur Bodenzerstörung in Form von Bodenversalzung oder Bodenerosion führen.

Biosphäre: Teil der obersten Erdkruste, der Erdoberfläche und der Atmosphäre, der Organismen Lebensraum bietet.

Bodenwärmestrom (Wärmeleitung): Ein molekularer Wärmeleitungsstrom, der tagsüber Wärme entsprechend dem Temperaturgefälle von der warmen Erdoberfläche in die Tiefe zu kühleren Schichten leitet und nachts entsprechend dem umgekehrten Temperaturgefälle von unten nach oben führt.

Brennstoffkreislauf: Bezeichnung aller Arbeitsschritte und Prozesse, die der Versorgung und Entsorgung radioaktiver Stoffe dienen und zur ziviler Anwendung gehören.

Bruttoinlandsprodukt: Gesamtwert aller Güter und Dienstleistungen, die in einem Land in einem Jahr erzeugt werden.

Buhne: Schräg oder senkrecht vom Ufer ausgehender Wall oder Pfahlreihe in Flüssen oder an der Küste. Buhnen dienen der Fahrwasserregulierung, der Küstenbefestigung und Landgewinnung.

C

Corioliskraft C: Gibt jene Beschleunigung an, die durch die Rotation der Erde einem bewegten Körper erteilt wird. Sie wirkt auf der Nordhalbkugel als Ablenkung nach rechts (im Uhrzeigersinn), auf der Südhalbkugel nach links. Sie ist eine Trägheits- oder Scheinkraft mit:

$C = 2\omega \times \sin\varphi \times v$

2ω = konstante Winkelgeschwindigkeit der Erde ($7{,}29 \times 10^{-5} \times s^{-1}$),

φ = geographische Breite des Bezugsortes,

v = Geschwindigkeit des bewegten Luftquantums.

D

Dauerkultur: Langfristiger Anbau von mehrjährigen Nutzpflanzen, z. B. Wein, Obst, Kaffee, Tee; kann als Reinkultur einer Nutzpflanze, aber auch als Mischkultur mit anderen, auch einjährigen Kulturpflanzen betrieben werden.

Glossar

Deckgebirge: Gesteinsbereich zwischen Erdoberfläche und Lagerstätte von Rohstoffen.

Diffuse Himmelsstrahlung: Teil der kurzwelligen Globalstrahlung, der durch Luftmoleküle, Luftpartikel und Wolkenelemente abgelenkt, d.h. gestreut wird und unter allen möglichen Einfallswinkeln aus dem oberen Halbraum auf die horizontale Erdoberfläche trifft.

Direkte Sonnenstrahlung: Teil der kurzwelligen Globalstrahlung, der unbeeinflusst, auf direktem Wege unter einem bestimmten Einfallswinkel auf die Erdoberfläche trifft.

Duale Abfallwirtschaft: Mit Inkrafttreten der Verpackungsverordnung herbeigeführte Teilung der Hausmüllentsorgung in zwei Bereiche: Die Erfassung und Verwertung von Verpackungen wird von der privaten Wirtschaft übernommen. Die Verpflichtung zur Entsorgung des Restmülls verbleibt im Allgemeinen bei den Landkreisen und kreisfreien Städten.

E

Eisberge: Tafelförmige oder zerklüftete Eismassen driften im Meeresgebiet der Arktis und Antarktis und überdauern Jahrzehnte. Einige Eisberge erreichen im Atlantik 35°S, im Pazifik 45°S, im Indik 50°S.

El Niño: Bezeichnung für das Auftreten ungewöhnlicher, nicht zyklischer, veränderter Strömungen im hydrographisch-meteorologischen System des äquatorialen Pazifiks.

Energieeffizienz: Erreichen eines gewünschten Nutzens (Eigenschaften, Waren, Dienstleistungen oder Energie) mit möglichst wenig Energieeinsatz; Vermeidung jedes unnützen Verbrauchs.

Epiphyten: Pflanzen, die auf anderen Pflanzen, meist auf Bäumen, wachsen. Ein Beispiel für einen Epiphyten ist die Mistel.

Erdbeben: Heftige Erschütterung in der Erdkruste, die ihre Ursache im Vulkanismus oder in tektonischen Vorgängen hat und oft große Verwüstungen an der Erdoberfläche anrichtet.

Eutrophierung: Durch Abwässer und Ab- bzw. Ausschwemmungen von landwirtschaftlichen Böden können große Nährstoffmengen in die Oberflächengewässer gelangen, die das Wachstum von Algen und anderen Wasserpflanzen fördern. Damit steigt in der Folge die Menge der abgestorbenen Pflanzen, zu deren Abbau die daran beteiligten Mikroorganismen Sauerstoff benötigen. Dieser Sauerstoffverbrauch führt in bodennahen Wasserschichten zu Sauerstoffmangel und Faulschlammbildung.

Evaporation: Verdunstung des auf Land- und Pflanzenoberfläche nach Niederschlägen, Schneeschmelze oder Überschwemmungen vorübergehend gespeicherten Wassers sowie des im Boden aus dem Grundwasser aufsteigenden Wassers.

F

Faltengebirgsgürtel, alpidischer: Europäisch-asiatische und zirkumpazifische Faltengebirgsketten, die im Wesentlichen durch Faltungsprozesse von Sedimenten während des Tertiär entstanden.

Föhn: Trockener, warmer Fallwind auf der Leeseite eines Gebirges. Er bringt klare Fernsicht.

Formenwandel: Die topographische Lage beeinflusst die Ausprägung von Landschaftsräumen. Man unterscheidet vier geographische Lagebeziehungen: 1. den planetarischen Formenwandel, d.h. die Abhängigkeit von der geographischen Breitenlage; 2. den westöstlichen Formenwandel, d.h. die topographische Lage mehr auf der Westseite oder mehr auf der Ostseite einer Landmasse; 3. den zentral-peripheren Formenwandel, d.h. die topographische Lage im Innern bzw. am Rand einer Landmasse; 4. den hypsometrischen Formenwandel nach der Höhenlage über dem Meeresspiegel.

Frontalzone: Außertropischer Atmosphärenbereich zwischen der subtropischen Warmluft und der subpolaren Kaltluft, in dem eine starke Luftdruckabnahme polwärts herrscht.

Frostmusterböden: Unter dem Einfluss wiederholten Gefrierens und Wiederauftauens in der kalten Zone entwickeln sich in ebenem und geneigten Gelände an der Oberfläche des Frostbodens ringförmige oder polygonartige Muster.

Fühlbarer Wärmestrom (Wärmekonvektion): Vertikaler turbulenter Wärmetransportstrom, der durch warme aufsteigende Luftblasen Wärme in die Höhe führt, wobei kältere Luftquanten aus der Höhe zum Austausch absinken (Massenaustausch).

G

Geländeklima: Klima der bodennahen Luftschicht, dass durch die Wechselwirkungen zwischen der belebten und unbelebten Erdoberfläche sowie den höheren Luftschichten geprägt ist.

Geofaktor (Komponenten): Die Bestandteile eines Naturlandschaftsraumes sind Klima, Wasser, Relief, Boden, geologischer Bau, Vegetation und Tierwelt. Deren Wirkungszusammenhang bestimmt die Struktur einer Naturlandschaft.

Geoökosystem: Wirkungsgefüge der Geofaktoren in einem bestimmten Gebiet.

Geozonen, geographische Zonen: Aus dem Zusammenwirken der Landschaftskomponenten abgeleitete Gliederung der Erde; in Abhängigkeit von der Sonneneinstrahlung bilden sie meist erdumspannende Gürtel.

Gletscherstandsschwankung (Gletscherschwankung, Gletscherschwund): Die Veränderung der Eisfront eines Gletschers bzw. einer Gletscherzunge (Gletscherstirn). Man unterscheidet den Vorstoß der Gletscherfront, eine stationäre Gletscherfrontlage (Stillstand) und den Rückzug der Gletscherfront.

Globalstrahlung: Summe von kurzwelliger direkter Sonnenstrahlung und kurzwelliger diffuser Himmelsstrahlung.

Gradient: Werteabnahme einer physikalischen Eigenschaft pro Längeneinheit.

Grundlaststrom: Als Grundlast wird die Netzbelastung bezeichnet, die im Laufe eines Tages im Stromnetz nicht unterschritten wird. Der Bedarf an Grundlaststrom wird über möglichst günstige und in ihrer Leistung nur langsam veränderbare Energiequellen gedeckt.

H

Hadleyzelle: Entspricht dem tropischen Passatkreislauf mit aufsteigender Luft innerhalb der ITC, polwärts strömender Höhenluft, Absinken dieser Luft in der subtropischen Hochdruckzelle und Zurückströmen zur ITC.

Höhenstufen: In Gebirgen verändern sich mit zunehmender Höhe die Wachstumsbedingungen der Pflanzen, da die Tempe-

ratur abnimmt. Es bilden sich Höhenstufen der Vegetation. Deren Zahl nimmt vom Pol zum Äquator hin zu.
Hydrosphäre: Von Wasser erfüllter Teil der Geosphäre; umfasst die Weltmeere, alle Binnenseen und Flüsse, den Bereich des Grundwassers und die mit Schnee und Eis bedeckten Flächen der Erde.

I

Inkohlung: Vorgang der Umwandlung pflanzlicher Substanz in Kohle, wobei der Kohlenstoff auf Kosten von Sauerstoff, Stickstoff und Wasserstoff immer stärker angereichert wird. Die Inkohlungsreihe beginnt mit Torf und schreitet über Braunkohle, Steinkohle, Anthrazit bis zu Graphit fort, wobei bis zu den Braunkohlen überwiegend biochemische, später geochemische Vorgänge der Inkohlung eine Bedeutung haben.
Inlandeis: Eismassen, die große Landflächen bedecken.
Innertropische Konvergenzzone (ITC): Schmale Zone tiefen Luftdrucks, in der Nordost-Passat und Südost-Passat zusammenströmen, d. h. konvergieren.
Interception: Niederschlagsrückhalt durch die Pflanzendecke; abhängig von Niederschlagsverlauf, Niederschlagsmenge und Gestalt der Vegetation bleibt ein Anteil des Wassers in Pflanzen hängen und verdunstet, ohne die Erdoberfläche zu erreichen.
Inversion: Die Temperatur nimmt in einer Luftmasse nach oben zu. Die Temperaturumkehr wirkt als Sperrschicht und verhindert den vertikalen Luftaustausch.
Inversionsschicht: Luftschicht, in der die Lufttemperatur mit zunehmender Höhe zunimmt. Sie wirkt als Sperrschicht für hoch reichende Konvektionsprozesse und verhindert dadurch die Bildung hoch reichender Cumuluswolken, die kräftigen Schauerniederschlag bilden können.
Inwertsetzung: Der Mensch gestaltet seine räumliche Umwelt unaufhörlich um. Heute ist mehr als die Hälfte der Landoberfläche in Siedlungs- und Wirtschaftsräume (Kulturlandschaftsräume) verwandelt. Man unterscheidet bei der Umwertung von Landschaftsräumen zwei Stufen: die Inwertsetzung eines Landschaftsökosystems und dessen Wertwandel. Landschaftsräume gewinnen oder verlieren für den Menschen an Wert und Bedeutung.
Isobare: Kartenlinie, die Punkte gleichen Luftdrucks verbindet.

J

Jahreszeitenklima: Klima, bei dem die Temperaturschwankungen während eines Jahres größer als im Verlauf eines Tages sind.
Jetstream: Siehe Polarfrontstrahlstrom.

K

Kältegrenze des Anbaus: Wo die jährlichen Wärmesummen für das Wachstum von Kulturpflanzen zu niedrig werden, ist Ackerbau nicht mehr möglich. Man unterscheidet die Polargrenze und die Höhengrenze des Anbaus.
Katastrophenkreislauf: Das Risikomanagement zur Bewältigung von Naturkatastrophen umfasst die regelhafte Abfolge von Vorbeugung, Vorbereitung, Bewältigung und Wiederaufbau.

Klimamodellierung: Erstellen von Modellen unterschiedlicher Komplexität zur Darstellung und Prognose des Klimas und seiner Entwicklung auf der Erde. Trotz Einsatz von Großcomputern es heute noch die anspruchsvollste Rechenaufgabe, das Klima in seiner „Unberechenbarkeit" zu berechnen.
Klimasystem: Das komplexe System resultiert aus Wechselwirkungen zwischen dem Wirkungsgefüge der Klimaelemente in der Atmosphäre mit den anderen Teilsystemen der Geosphäre (Hydrosphäre, Kryosphäre, Biosphäre, Pedosphäre, Lithosphäre, Antroposphäre).
Klimawandel: Veränderungen der Klimaelemente, besonders der Lufttemperatur. Bei der Klimaänderung erfolgt ein einseitig gerichteter durchgreifender Übergang zu einem anderen Klimazustand. Im Gegensatz dazu wird bei der Klimaschwankung nach Jahrzehnten oder höchstens Jahrhunderten die Klimaänderung von einer entgegengerichteten Entwicklung wieder abgelöst.
Kohlenstoffkreislauf: System der chemischen Umwandlung kohlenstoffhaltiger Verbindungen in der Lithosphäre, Hydrosphäre, Atmosphäre und Biosphäre sowie Austausch dieser Verbindungen zwischen den Sphären.
Kontamination, kontaminiert: Bezeichnet eine Verunreinigung durch unerwünschte, in der Regel schädliche Stoffe. Der Reinigungsvorgang zur Beseitigung der Kontamination wird als Dekontamination bezeichnet.
Konvektion: Vertikaler Austausch von Luftmassen.
Kreislaufwirtschaft: Produktion und Verbrauch von Waren sollen möglichst so gestaltet werden, dass wenig Abfälle entstehen, entstandene Abfälle ordnungsgemäß und schadlos verwertet und nicht vermeidbare und verwertbare Abfälle umweltverträglich beseitigt werden.

L

Landschaftsökosystem (Landschaftsraum): In der höchsten Systemebene eines bestimmten Ausschnitts der Landschaftssphäre (Geosphäre, Erdhülle) vernetzen sich alle Faktoren und Kräfte, die Systemzusammenhänge der natürlichen Geofaktoren (abiotische und biotische Faktoren) mit den Systemzusammenhängen gesellschaftlicher Kräftekomplexe aus Geschichte, Politik, Kultur und Technik (Bevölkerung, Siedlung, Wirtschaft, Verkehr, soziale Gruppen).
Latenter Verdunstungswärmestrom: „Verborgener" Wärmetransportstrom, der durch die Phasenwechsel des Wassers vermittelt wird und Wärme von der Erdoberfläche in die Atmosphäre führt. Für den Verdunstungsvorgang von Wasser zu Wasserdampf wird Strahlungsenergie an der Wasseroberfläche verbraucht (rund 2500 Joule pro Gramm Wasser). Der Wasserdampf als Träger dieser hineingesteckten Energie steigt mit erwärmten Luftblasen in größere Höhen und kondensiert dort (Wolkenbildung). Hierbei wird diese spezifische Energiemenge wieder freigesetzt (Phasenwechsel vom gasförmigen Wasserdampf zu flüssigen Wolkentröpfchen) und erwärmt die Luft in diesem Niveau.
Laufwasserkraftwerk: Kraftwerk, das die Strömung eines Flusses oder Kanals zum Erzeugen von Strom nutzt. Das Wasser wird mit Hilfe einer Wehranlage aufgestaut. Der durch die Stauung entstehende Höhenunterschied wird zur Stromerzeugung genutzt.

Glossar

Lebensformen: Pflanzliche Lebensformen stellen eine Einteilung der Pflanzen nach ihrer äußeren Gestalt und Standortansprüchen dar. Eine Pflanze kann damit auch ohne Kenntnis ihres Artnamens einer Lebensform zugeordnet werden.

M

Monokultur: Jährlich wiederkehrender Anbau derselben einjährigen Nutzpflanze auf der gleichen Fläche, möglich z. B. bei Roggen und Mais, absolut unmöglich z. B. bei Kartoffeln und Kohl (Gegensatz Fruchtwechsel).

N

Nachwachsende Rohstoffe: Pflanzliche Rohstoffe, die außerhalb der Produktion von Nahrungsmitteln der industriellen Weiterverarbeitung dienen. Dabei wird zwischen einer stofflichen und einer energetischen Nutzung unterschieden.

Naturgefahr: Natürliche Gefährdungen für den Menschen (natural hazards).

Naturkatastrophe: Extremes Naturereignis, das nicht nur zu großen Schäden im Naturhaushalt, sondern vor allem an vom Menschen geschaffenen Einrichtungen im Kulturlandschaftsraum sowie zu zahlreichen Todesopfern, Verletzten und Obdachlosen führt.

Naturlandschaftsraum: Im Unterschied zum Kulturlandschaftsraum ein Ausschnitt der Geosphäre, der durch den Menschen nicht beeinflusst wurde; ist geprägt durch die Systemzusammenhänge der abiotischen und biotischen Geofaktoren (Komponenten).

Nettostrahlung (Strahlungsbilanz): Differenz von absorbierter Globalstrahlung minus effektiver Austrahlung.

O

Ökobilanz: Erfassung der Umweltauswirkungen von Produkten oder Verfahrensweisen. Bestandteile der Ökobilanz sind die Messung der Stoff- und Energieströme von der Herstellung über die gesamte Nutzung eines Produkts, die Einschätzung der Wirkungen von Stoff- und Energieströmen auf die Umwelt sowie die Erarbeitung von Vorschlägen, die dazu geeignet sind, nachteilige Auswirkungen auf die Umwelt einzuschränken oder auszuschließen.

Ökosystem: Sammelbezeichnung für Wirkungsgefüge abiotischer und biotischer Geofaktoren.

P

Packeis: An den Rändern der geschlossenen Meereisdecke werden in den Polargebieten durch seitlichen Druck Eisschollen aneinandergepresst und übereinander aufgetürmt. Es behindert oder verhindert die Schifffahrt.

Permafrostboden (Dauerfrostboden): Ganzjährig gefrorener Boden der Eis- und Tundrenklimate sowie z. T. auch der kaltgemäßigten Klimate, der im Sommer bis zu etwa 1 m Tiefe auftaut. Deshalb bilden sich vielfach Sümpfe.

Petrochemie: (griech. petros = Fels und (lat.) oleum = Öl); Herstellung chemischer Produkte aus Erdgas und Fraktionen des Erdöls.

Photosynthese und Atmung: Photosynthese ist die Umwandlung der Lichtenergie in biologisch nutzbare chemische Energie in Form der Glukose $C_6H_{12}O_6$, die aus Kohlenstoffdioxid und Wasser über das Pflanzenchlorophyll als Katalysator erzeugt wird. In der Bilanz ist die Photosynthese der grünen Pflanzen die Umkehr der Atmung.

Planck'sches Strahlungsgesetz: Es beschreibt, welche Wellenlängen ein strahlender Körper aussendet und wie viel jede von ihnen zur Gesamtstrahlung beiträgt.

Polarfrontstrahlstrom (Jetstream): Starkwindband in etwa 7–11 km Höhe der außertropischen Troposphäre (zwischen 40 und 70° N), das den oberen Teil der Frontalzone bildet und immer wieder zum Mäandrieren neigt. Im Bereich von Starkwindfeldern des Strahlstroms (Jetstream) bilden sich einerseits Stromfelddivergenzbereiche, die örtliches Luftmassendefizit hervorrufen und dadurch unterhalb ein dynamisches Tiefdruckgebiet (Zyklone) produzieren. Andererseits bilden sich Stromfeldkonvergenzbereiche mit örtlichem Luftmassenüberschuss und als Folge davon ein dynamisches Hochdruckgebiet (Antizyklone).

Potenzielle Verdunstung: Wassermenge, die bei optimalem Wasserangebot verdunsten würde.

R

Raumnutzungskonflikt: Konkurrierende Ansprüche mehrerer Nutzungen auf die gleiche Fläche, z. B. Nutzung als Acker- oder Weideland.

Recycling: Wiedernutzung von Materialien, ohne dabei notwendig deren ursprüngliche Form oder Zusammensetzung zu erhalten. In Industriegesellschaften kommt der Rückgewinnung von Rohstoffen aus Abfall eine wachsende Bedeutung zu, wodurch es zur Verminderung der Abfallmenge und Schonung von Rohstoffen kommt. Voraussetzung ist eine möglichst gute Trennung der Abfallfraktionen. Wirtschaftlich lohnend ist Recycling bei zahlreichen Metallen, Papier, Glas und zunehmend auch Kunststoffen.

Regenerative Energien: Jede Energiequelle, die nach menschlichen Zeitmaßstäben sich ständig erneuert. Dazu zählen die Einstrahlung der Sonne, Wind- und Wasserkraft, Erdwärme, Gezeitenkraft.

Renaturierung: Umgestaltung von Landschaftsausschnitten mit dem Ziel, naturnähere Zustände zu erreichen.

Ressourcen (Naturressourcen): Stoffe und Kräfte, die von der Natur ohne Zutun der Gesellschaft zur Nutzung angeboten, vom Menschen genutzt werden oder genutzt werden können. Dazu gehören mineralische, energetische, pflanzliche und tierische, Boden- und Flächenressourcen.

S

Schelf: Oberer Teil des Kontinentalrandes bis zu einer mittleren Wassertiefe von 200 Metern bzw. bis zu einem deutlich steileren Abhang in der Tiefsee.

Schelfeis: Am Rande des Inlandeises entstehen im Schelfmeer flächenhaft ausgedehnte schwimmende Tafeleismassen.

Schneegrenze: Höhengrenze zwischen ständig schneebedecktem und im Sommer schneefreiem Gebiet. Nach oben schließt sich die Eisstufe an. Sie liegt in der polaren Zone in Meereshöhe. Äquatorwärts steigt sie an. In der Zone der Trockenklimate hat sie wegen der geringen Niederschläge ihre höchste Lage.

Seebeben: Erdbeben mit einem Epizentrum auf dem Meeresboden. Es verursacht bei starken Beben sehr schnelle Meereswellen (Tsunamis), die in Küstenebenen katastrophale Schäden anrichten können.

Solarkonstante: Gibt den Sonnenstrahlungsbetrag an, der bei mittlerem Sonnenabstand auf den Oberrand der Erdatmosphäre je m² senkrecht auftrifft (1368 +/− 2 W/m²).

Sonnenhöhe: Gibt den Winkel zwischen einfallendem Sonnenstrahl und örtlicher Horizontebene an.

Speicherkraftwerk: Speicherkraftwerke stauen Wasser in riesigen Speicherbecken und wandeln die gespeicherte Energie in Strom um. Über ein starkes Gefälle und mit hohem Druck wird das Wasser auf eine Turbine geleitet, die einen Generator antreibt. Weil die Turbinen innerhalb kürzester Zeit eingeschaltet werden können, kann die Stromproduktion entsprechend der Nachfrage auch zu Spitzenzeiten gut reguliert werden.

Spezifische Wärmekapazität eines Stoffes: Gibt an, wie viel Wärmeenergie benötigt wird, um die Temperatur einer Masseeinheit des Stoffes um 1 Kelvin zu erhöhen. Beispielwerte: trockener Sand 0,84 J/g·K, trockene Luft 1,00 J/g·K, Eis 2,10 J/g·K, Wasser 4,18 J/g·K.

Strahlungshaushaltsgleichung: Die Nettostrahlung R ergibt sich als Differenz zwischen kurzwelliger absorbierter Globalstrahlung Q_G (1 − a) und langwelliger effektiver Ausstrahlung A_E

Subsistenzwirtschaft: Landwirtschaftliche Produktion, die auf Eigenversorgung des Produzenten ausgerichtet ist. Sie ist in Entwicklungsländern für viele Klein- und Kleinstbauern typisch.

Süßwasserdargebot (Wasserdargebot): Bezeichnet die für eine bestimmte Zeit aus dem natürlichen Wasserkreislauf zur Verfügung stehende nutzbare Menge an Süßwasser. Das Wasserdargebot der Bundesrepublik Deutschland beträgt durchschnittlich rund 164 Milliarden Kubikmeter im Jahr.

Sukkulenten: Pflanzen mit speziellen, dickfleischigen Speichergeweben für Wasser; können dadurch langanhaltende Trockenperioden überdauern.

T

Tageszeitenklima: Klima, bei dem die Temperaturschwankungen während eines Tages größer als im Verlauf eines Jahres sind.

Terrestrische Strahlung: Gesamtheit des infraroten, langwelligen Strahlungsstromes von und zur Erdoberfläche im Wellenlängenbereich von 4 bis 100 µm mit einem Maximum bei 10 µm.

Thermoisoplethen: Linien gleicher Temperatur.

Thermokline: Definition siehe Seite 20/21.

Tornado: Außertropischer Wirbelsturm, der über der Landoberfläche entsteht, vorwiegend im Mittleren Westen der USA.

Transpiration: Abgabe von Wasserdampf durch Lebewesen an die Atmosphäre; im Gegensatz zur Verdunstung von einer unbelebten Oberfläche verfügen Lebewesen meist über einen Mechanismus, um die Höhe der Transpiration zu steuern. Beim Menschen sind dies die Schweißdrüsen.

Treibhauseffekt (Glashauseffekt): Der natürliche durchschnittliche globale Erwärmungseffekt von etwa 15 °C resultiert daraus, dass die kurzwellige Sonnenstrahlung die Atmosphäre fast ungehindert bis zur Erdoberfläche durchdringen kann, die von der Erdoberfläche abgegebene langwellige Wärmestrahlung aber von Spurengasen in der Atmosphäre (Treibhausgase), vor allem Wasserdampf und Kohlendioxid, teilweise an die Erdoberfläche zurückgeworfen wird (Gegenstrahlung).

Treibhausgase: Meist dreiatomige Atmosphärengase wie Kohlenstoffdioxid, Wasserdampf, Methan, Ozon u.a., die die von der Erdoberfläche emittierte langwellige Strahlung überwiegend absorbieren und nur zum geringen Teil zum Weltraum hin durchlassen.

Trockengrenze, agronomische: Sie liegt dort, wo Regenfeldbau infolge geringer Niederschläge und hoher Verdunstung nicht mehr möglich ist. Wegen Niederschlagsschwankungen (Niederschlagsvariabilität) ist sie schwer festzulegen.

Trockengrenze, klimatische: Sie liegt zwischen humiden (N größer als V) und ariden (Niederschlag kleiner als Verdunstung) Gebieten, wo Niederschlag und Verdunstung den gleichen Wert erreichen (N = V).

Troposphäre: Unterste Schicht der Atmosphäre; reicht vom Erdboden bis zur Tropopause; an den Polen etwa 6 bis 8 km, am Äquator 18 Kilometer mächtig.

Tsunami: Jap. Hafenwelle; eine sich schnell fortpflanzende Meereswelle, die überwiegend durch Erdbeben auf dem Meeresgrund (Seebeben) ausgelöst wird und auf dem offenen Meer normal erscheint; beim Auflaufen auf Land wird sie abrupt abgebremst und zu einer „Riesenwelle" aufgestaut.

V

Vulkanismus: Vorgänge und Erscheinungen, die mit dem Empordringen von Magma aus dem oberen Erdmantel bis zur Erdoberfläche zusammenhängen.

W

Wachstumsfaktor: Pflanzen und Tiere bilden die belebte Natur (organische Substanz), die überwiegend aus unbelebten Stoffen (anorganischen Substanzen) durch Photosynthese erzeugt wird. Dazu benötigen die Pflanzen die Grundstoffe Kohlenstoff und Wasserstoff, die sie dem Kohlendioxid aus der Luft und dem Wasser im Boden entziehen. Die Photosynthese ist abhängig von der Lichtstärke, der Tageslänge, der Lufttemperatur und der Wasserversorgung. Während Kohlendioxid gleichmäßig in der Atmosphäre enthalten ist, stehen die Wachstumsfaktoren Licht, Wärme, Wasser und Nährelemente den Pflanzen an der Erdoberfläche nicht überall in gleichen Mengen zur Verfügung. So bestimmt die zonale Anordnung der Beleuchtung, Klimate und der Böden die Primärproduktion.

Wärmehaushaltsgleichung: Nettostrahlung R, fühlbarer Wärmestrom H, latenter Verdunstungswärmestrom V und Bodenwärmestrom B stehen im Gleichgewicht. R + H + V + B = 0.

Wald-Feld-Wechselwirtschaft: Nutzungswechsel des Anbaus auf der gleichen Fläche (Rotationswirtschaft), bei dem die Feldnutzungsperioden durch längere Waldbrachephasen unterbrochen werden, um die Bodenfruchtbarkeit zu erhalten.

Wanderfeldbau (Shifting Cultivation): Form der Landnutzung in den Tropen, bei der die Felder für einen bestimmten Zeitraum intensiv genutzt und anschließend wieder aufgege-

Glossar

ben werden (Landwechselwirtschaft); geht oft mit Brandrodung einher, durch die neue Freiflächen für Felder und Siedlungen geschaffen werden.

Wasserbilanz: Bilanz aus Niederschlag, Verdunstung, Abfluss und Speicheränderung bezogen auf ein Gebiet und einen Zeitraum; die Wasserbilanz ist negativ, wenn die potenzielle Verdunstung größer als der Niederschlag ist; sie ist positiv, wenn die Verdunstung kleiner als der Niederschlag ist, also Oberflächenabfluss und Infiltration des Wassers in den Boden möglich ist.

Wasserhaushalt: In Zahlen wird der Wasserkreislauf für die gesamte Erde oder für Teilgebiete ermittelt. Seine Größen sind Niederschlag, Abfluss und Verdunstung.

Wasserhaushaltsgleichung (allgemeine): Beschreibt die Beziehung zwischen den Komponenten des Wasserkreislaufs. Die auf ein abgegrenztes Gebiet und einen bestimmten Zeitraum bezogene Formel lautet:

Niederschlag = Verdunstung + Abfluss + (Rücklage − Aufbrauch) oder abgekürzt N = V + A + (R − B).

Wasserkreislauf: Weg des Wassers, den es vom Meer über die Verdunstung, den atmosphärischen Wasserdampftransport und den Niederschlag zum Land sowie über die Flüsse zum Meer nimmt. Durch diesen Wasserkreislauf wird jedoch nicht die Hauptmasse des Wasserumsatzes erfasst. Dieser geht über dem Meer selbst vor sich, wobei der größte Teil des verdunstenden Wassers als Niederschlag auf das Meer zurückkehrt.

Weidewirtschaft: Ein Bodennutzungssystem, das sich nach der Form der Bodennutzung vom Feldbau unterscheidet. Vieh ernährt sich durch Abweiden von Futterflächen verschiedenster Art (natürliches Gras- und Buschland, Wald oder Wiese).

Wien'sches Verschiebungsgesetz: Mit seiner Hilfe lässt sich diejenige Wellenlänge berechnen, bei der die intensivste Abstrahlung (λ_{max}) eines Körpers erfolgt. Es ist das Differenzial des Planck'schen Gesetzes. λ_{max} = k/T (k = Naturkonstante mit 2880 µ·K; T = absolute Temperatur der strahlenden Oberfläche in K).

Wirkungsgefüge: Naturgesetzlich geregeltes Zusammenwirken von Faktoren (Geofaktoren) bei naturgeographischen Erscheinungen.

Z

Zyklon: Riesiger tropischer Wirbelsturm (Mehrzahl: Zyklone) im Indischen Ozean und in Australien. Die Bezeichnung Zyklon ist nicht zu verwechseln mit der Zyklone (Mehrzahl: Zyklonen), einem wandernden Tiefdruckgebiet in den gemäßigten Zonen.

Zyklone: Großer Luftwirbel mit vertikaler Achse, aufsteigender Luft und tiefem Luftdruck im Zentrum, der durch die Ausbildung einer Warm- und Kaltfront wesentlich die Wettergestaltung in seinem Einzugsgebiet bestimmt.

Register

A
Abfallaufkommen 124
Abfallentsorgung 125
Abfallwirtschaft 124
Ablation 83
Absorbierte Globalstrahlung 12, 13
Abwasser 100, 101
Advektion 40
Agrarökosystem 54, 58, 62
Albedo 12, 13
Anaerobe Bakterien 111
Antarktische Konvergenz 72
Antizyklone 30, 31
Aquifer 93, 95
Arktisvertrag 74
Asthenosphäre 158
Atmosphärische Gegenstrahlung 12, 13
Ausstrahlung von der Erdoberfläche 12, 13

B
Bau der Erde 156, 158
Bergsenkung 101
Bewässerungsfeldbau 63
Bewässerungslandwirtschaft 87, 92, 94, 97
Biosphäre 16, 44
Bodenfließen 142
Bodenfruchtbarkeit 49, 53
Bodenhorizont 52
Bodenwärmestrom (Wärmekonvektion) 14, 15
Brandrodung 57
Brennstoffkreislauf 113
Brennstoffzelle 130, 131
Bruttoinlandsprodukt 118

C
Cash Crop 54
Corioliskraft 18, 19

D
Dauerkultur 54
Desertifikation 49, 64
Diffuse Himmelsstrahlung 12, 13
Direkte Sonnenstrahlung 12, 13
Duales System 124

E
Eisberge 72
Elektrizitätserzeugung 95
El Niño 22, 23
Energiedistribution 108
Energieeffizienz 126 ff.
Energieerzeugung 97
Energiekreislauf 131
Energieträger 109
Energieverbrauch 108, 109
Epiphyten 35, 36
Erdbeben 156, 157
Erdbebenvorhersage 160, 165
Erdgas 104, 108
Erdöl 104, 105, 108, 111, 116, 121, 122
Erdölförderung 106, 121
Erdölreserven 105, 107
Erdölwirtschaft 118, 119, 120
Erwärmung, globale 168
Eutrophierung 96

F
Faltengebirgsgürtel, alpidischer 140
Flöz 110
Föhn 145
Formenwandel 144
Frontalzone 30, 31
Frostmusterböden 67
Frostsprengung 142

G
Geländeklima 145
Geofaktor 48, 50
Geoökosystem 49, 51, 67, 146
Geozone, geographische Zone 8
Gletscherstandsschwankung 180
Gletscherschwund 180
Globalstrahlung 12, 13
Gradient 18, 19
Grundlaststrom 129
Grundwasser 100

H
Hadleyzelle 22, 26, 27
Heißer Fleck (Hotspot) 162
Hochwasserschutz 102
Höhenstufen 143
Hydroenergie 90
Hydrosphäre 82

I
Inkohlung 110
Inlandeis 72
Innertropische Konvergenz 50
Innertropische Konvergenzzone (ITC) 26, 27
Isobare 32, 33
Inversion 145
Inversionsschicht 28, 29
Inwertsetzung 56, 146

J
Jahreszeitenklima 40

K
Kältegrenze des Anbaus 148
Karussellbewässerung 93
Katastrophenkreislauf 160
Kernenergie 112, 113
Kläranlage 100

Klimadebatte 176
Klimamodellierung 175
Klimasystem 174
Klimawandel 168, 170
Kohlenstoffkreislauf 16, 17
Kontamination 96
Konvektion 40

L

Lahar 164
Landschaftsökosystem 50, 149
Landschaftsraum 50, 149
Latenter Verdunstungswärmestrom 14, 15
Laufwasserkraftwerk 128
Lebensformen 35
Lithosphäre 158
Lithosphärenplatte 158

M

Monokultur 54
Müllkompostierung 125
Mülltrennung 125
Müllverbrennung 125

N

Nachhaltigkeit 49, 58
Nachwachsende Rohstoffe 132
Naturgefahr 154
Naturkatastrophe 154
Naturlandschaftsraum 50
Nettostrahlung (Strahlungsbilanz) 14, 15
Niederschlagsvariabilität 49, 62, 63
Nomadismus 62, 63, 68

O

Oasenwirtschaft 92, 93
Ökosystem 49, 50
OPEC 105
Ozon-Problem 173

P

Permafrostboden (Dauerfrostboden) 181
Petrochemie 104
Photosynthese und Atmung 10, 11, 16, 17
Pipeline 114
Plantagenwirtschaft 49, 54
Planck'sches Strahlungsgesetz 12, 13
Polarfrontstrahlstrom (Jetstream) 30, 31
Potenzielle Verdunstung 35
Pyroklastischer Strom 164

R

Raumnutzungskonflikt 71
Regenerative Energie 126
Regenzeitfeldbau 62, 63
Renaturierung 101
Rentiernomadismus 68

Ressource 74, 81
Richter-Skala 156
Rohstofflagerstätte 104

S

Schelfeis 72
Schneegrenze 144
Seebeben 166
Seismische Welle 156
Solarenergie 126, 127
Solarkonstante 12, 13
Sonnenhöhe 12, 13
Speicherkraftwerk 129
Spezifische Wärmekapazität eines Stoffes 24, 25
Stationäre Weidewirtschaft 63
Staudamm 90, 91, 97, 102, 103
Strahlungshaushaltsgleichung 12, 13
Subduktionsband 159
Subsistenzwirtschaft 56, 62
Süßwasserdargebot (Wasserdargebot) 84
Sukkulenz 39

T

Tageszeitenklima 36, 37
Terrestrische Strahlung 12, 13
Thermoisoplethen 37, 41
Thermokline 20, 21
Tornado 182
Transpiration 39
Treibhauseffekt (Glashauseffekt) 172
Treibhausgase 12, 13
Trockengrenze, agronomische 63, 65
Trockengrenze, klimatische 61
Troposphäre 10, 11
Tsunami 166

U

Uran 112

V

Verdunstung 82, 88, 89
Verkehrsachse 98, 99
Vulkanismus 162, 163

W

Wachstumsfaktor 66
Wärmehaushaltsgleichung 12, 13
Wald-Feld-Wechselwirtschaft 55
Wanderfeldbau 55, 63
Wasserbedarf 84, 94
Wasserbilanz 88
Wassergewinnung 86, 88
Wasserhaushalt 61, 82–84, 88, 89, 100
Wasserhaushaltsgleichung 82
Wasserknappheit 86
Wasserkraft 126, 128, 129
Wasserkraftwerk 90

Wasserkreislauf 82, 88
Wassermangel 84, 94, 96
Wassernutzung 96
Wasserreserve 87
Wasserstoff 130, 131
Wasserstraße 98
Wasserverbrauch 84, 87, 94, 97
Wasserverschmutzung 96
Wasserversorgung 96

Wasservorkommen 82
Weidewirtschaft 63
Wien'sches Verschiebungsgesetz 12, 13
Windenergie 126, 127
Wirkungsgefüge 50

Z
Zyklon 182
Zyklone 30, 31

Literaturverzeichnis

Kapitel 1

Ahlheim, K. H. (Hrsg./1989): Wie funktioniert das? Wetter und Klima. Meyers Lexikonverlag, Mannheim

Borchert, G. (1993): Klimageographie in Stichworten. Hirts Stichwortbücher. Berlin, Stuttgart

Cubasch, U. u. D. Kasang (2000): Anthropogener Klimawandel. Gotha

Ehrendorfer, F. (1983): Geobotanik. In: Strasburger, E., Noll, F., Schenck, H., Schimper, A. F. W., von Denfer, D., Ziegler, H., Ehrendorfer, F. u. A. Bresinsky (Hrsg.): Lehrbuch der Botanik für Hochschulen. 32. Auflage. Jena

Endlicher, W. u. F.-W. Gerstengarbe (2007): Der Klimawandel – Einblicke, Rückblicke und Ausblicke. Potsdam

Geokompakt – Wetter und Klima, Heft 9, 2006

Hendl, M. u. H. Liedtke (1997): Lehrbuch der Allgemeinen Physischen Geographie. Gotha

Houghton, J. (2004): Global Warming. Cambridge

Hupfer, P. u. W. Kuttler (2005): Witterung und Klima. Teubner, Stuttgart, Leipzig

Köppen, W. (1936): Das geographische System der Klimate. In: Köppen, W. u. R. Geiger (Hrsg.): Handbuch der Klimatologie. Band 1. Teil C. Berlin

Petermanns Geographische Mitteilungen, H. 143 Küsten und Meere, 2000, Gotha

Richter, M. (2001): Vegetationszonen der Erde. Gotha, Stuttgart

Rosenkranz, E.(1977): Das Meer und seine Nutzung. Studienbücherei Geographie für Lehrer, Band 14. Gotha, Berlin

Scharnow, U. (1978): Grundlagen der Ozeanologie. Berlin

Schönwiese, C.-D. (1994): Klimatologie. Stuttgart

Spektrum der Wissenschaft, H. 1/1998

Veröffentlichungen der Gesellschaft Deutscher Naturforscher und Ärzte, Bd. 1997

Walter, H. u. S.-W. Breckle (1999): Vegetation und Klimazonen. 7. Auflage. Stuttgart

Walter, H. u. H. Lieth (1967): Klimadiagramm-Weltatlas. Jena

Weischet, W. u. W. Endlicher (2008): Einführung in die Allgemeine Klimatologie. Berlin, Stuttgart

Willebrand, J. (1995): Die Rolle der Ozeane für die Klimaentwicklung. Verhandlungen der Gesellschaft Deutscher Naturforscher und Ärzte, 118. Versammlung, Hamburg 1994, S. 115–126

Kapitel 2

Arnold, Adolf (1985): Agrargeographie. UTB. Paderborn

Franke, W. (1981): Nutzpflanzenkunde. Stuttgart

Müller-Hohenstein, K. (1981): Die Landschaftsgürtel der Erde. Stuttgart

Pagel, H. (1981): Grundlagen des Nährstoffhaushaltes tropischer Böden. Berlin

Schachtschabel, P., H.-P. Blume, G. Brümmer, K. H. Hartge, U. Schwertmann (1998): Lehrbuch der Bodenkunde. Stuttgart

Weischet, W. (1980): Die ökologische Benachteiligung der Tropen. Stuttgart

Kapitel 3

GLOBALE TRENDS (Hrsg.). Worldwatch Institute

Stiftung Entwicklung und Frieden (Hrsg.): Zur Lage der Welt

Kapitel 4

Bätzing, W. (1991): Die Alpen. München

Dikau, R. u. J. Weichselgartner (2005): Der unruhige Planet. Der Mensch und die Naturgewalten. Darmstadt

Frisch, W. u. M. Meschede (2007). Plattentektonik. Kontinentverschiebung und Gebirgsbildung. Darmstadt

Glaser, R. (2001): Klimageschichte Mitteleuropas. 1000 Jahre Wetter, Klima, Katastrophen. Darmstadt

Henningsen, D. (1992): Einführung in die Geologie Deutschlands. Stuttgart

Hohl, R. (1981): Die Entwicklungsgeschichte der Erde. Brockhaus Nachschlagewerk Geologie. Leipzig

Jäger, J. (2007): Was verträgt unsere Erde noch? Wege in die Nachhaltigkeit. Frankfurt am Main

Latif, M. (2007): Bringen wir das Klima aus dem Takt? Hintergründe und Prognosen. Frankfurt am Main

Richter, D. (1974): Grundriss der Geologie der Alpen. Berlin

Schönwiese, C.-D. (1994): Klimatologie. Stuttgart

Walch, D. (2000): So funktioniert das Wetter. München

Bildnachweis
Titelbild: picture-alliance/ZB (Jens Büttner)
S. 7: © NASA Center HQ (Manned Spacecraft Center) – **S. 8.2:** Corbis/W. Wisnewski/F./Lane Pictures Agency, Düsseldorf – **S. 27.1:** Deutsche Forschungs- und Versuchsanstalt für Luft- und Raumfahrt e.V. (DFVLR), Oberpfaffenhofen – **S. 30.1:** Deutscher Wetterdienst, Offenbach – **S. 43.2:** Verlagsarchiv – **S. 47:** Dr. Siegfried Motschmann, Neuenhagen – **S. 48.2:** Haitzinger/CCC, www.c5.net, Pfaffenhofen – **S. 56.1:** a) picture-alliance/dpa, Frankfurt/M. (Panasia); b) ullstein bild, Berlin (Peter Arnold Inc.); c) ullstein bild, Berlin (Imagebroker.net); 56.2: IFA Bilderteam, Ottobrunn (P.A.N.) – **S. 61.2:** K. Taubert, Springe – **S. 64.3:** K. Taubert, Springe – **66.3:** Geo-Media Bronny, Senden – **68.1:** Max-Planck-Institut für ethnologische Forschung, Halle © Dr. Florian Stammler; **68.2:** Panos Pictures, London/© Heide Bradner – **S. 69.2:** N. Wein, Kaarst – **S. 70.2:** Verlagsarchiv – **S. 74.2 o.:** Corbis/Wolfgang Kaehler; **S. 74.2 u.:** Corbis/Momatink-Eastcott – **S. 76.1:** Haitzinger/CCC, www.c5.net, Pfaffenhofen – **S. 79:** Volker Huntemann, Schwabach – **S. 84.1:** AeroCamera Hofmeester, Rotterdam; 84.2: Verlagsarchiv; 84.3: F. Geiger, Merzhausen – **S. 85.2:** Mauritius-Images (Rossenbach) – **S. 87.2:** Mauritius-Images (O'Brien) – **S. 90.1:** ullstein bild, Berlin (Reuters) – **S. 92.1:** H. Lange, Bad Lausick – **S. 93.2:** Mauritius-Images (Photri) – **S. 96.1:** Burkhard Mohr, Königswinter – **S. 98.1:** NRW-Luftbild.de/© Horst W. Bühne, Essen – **S. 101.1:** W. Pohl, Iserlohn – **S. 103.1:** ullsteinbild, Berlin (Imagesbroker.net) – **S. 104.2:** Verlagsarchiv – **S. 107.1:** picture-alliance/dpa, Frankfurt/M. – **S. 108.1:** Stiftung Haus der Geschichte, Bonn (Jupp Wolter) – **S. 112.1:** Peter Fischer, Oelixdorf – **S. 114.2:** Wostok Verlag, Berlin; **114.3:** Wostok, Berlin (Ria Nowosti) – **S. 117.1:** picture-alliance/dpa Frankfurt/M. (Sanden); **117.2:** © Friedrich Stark, Dortmund; **117.3:** BMZ-Presse, Bonn (Gartung) – **S. 119.1:** laif, Köln (Gartung) – **S. 120.1:** picture-alliance/dpa, Frankfurt/M. (epa afp Ekpei); **120.2:** picture-alliance/dpa, Frankfurt/M. (Göttert); **120.3:** picture-alliance/dpa, Frankfurt/M. (DB Biewer) – **S. 123.3:** picture-alliance/dpa, Frankfurt/M. (epa Jorge Ferrari) – **S. 126:** a) Verlagsarchiv; b) RWE, Essen; c) Verlagsarchiv; d) Husumer Schiffswerft – **S. 129.2:** picture-alliance/dpa (Peter Kneffel); **S. 129.3:** picture-alliance/Bildagentur Huber – **S. 130.1:** Daimler Communications, Stuttgart – **S. 131.4:** Hochbahn/HEW – **S. 132.2:** © Globus Infografik – **S. 133.1:** Haitzinger/CCC, www.c5.net, Pfaffenhofen; **133.2:** IMA, Bonn; **133.3:** IMA, Bonn – **S. 137:** Volker Huntemann, Schwabach – **S. 138.2:** Volker Huntemann, Schwabach – **S. 142.1:** pixelio/© Hanspeter Bollinger – **S. 144:** a) wikipedia.org (Darkone); b) picture-alliance/HB-Verlag (Thomas P. Wicmann); c) © Sammlung Gesellschaft für ökologische Forschung, München (Sylvia Hamberger); d) Dr. Anton Ernst Lafenthaler, Bad Hofgastein/Österreich – **S. 147.1:** a) Bridgeman Berlin; b) Mediacolor's Bildagentur, Zürich (Merten) – **S. 148.1:** picture-alliance/Bildagentur Huber; **148.2:** picture-alliance/OKAPIA KG (A. u. H.-F. Michler) – **S. 149.1:** © Sammlung Gesellschaft für ökologische Forschung, München (Oswald Baumeister) – **S. 150.1:** Kompass-Karten GmbH, Rum/Österreich – **S. 151.5:** TVB, Pitztal – **S. 163.3:** Verlagsarchiv – **S. 164.1:** picture-alliance/akg-images (Alfio Garozzi) – **S. 165.1:** picture-alliance/Helga Lade Fotoagentur GmbH (Kellinghaus) – **S. 167.2:** picture-alliance/dpa/dpa-web (epa Robichon) – **S. 177.4:** Mester/CCC, www.c5.net, Pfaffenhofen – **S. 180.1:** © Sammlung Gesellschaft für ökologische Forschung, München (Oswald Baumeister) – **S. 182.1:** Superbild, Berlin (Superstock) – **S. 189:** T. Schulz, Berlin – **S. 191.1:** © Landesamt für Vermessung und Geoinformation Bayern (2968/08) – **S. 198.1:** N. Wein, Kaarst; **198.2:** Orthophoto; © Landesamt für Vermessung und Geoinformation Bayern (3576/08); **198.3:** Deutsche Forschungs- und Versuchsanstalt für Luft- und Raumfahrt e.V. (DFVLR), Oberpfaffenhofen – **S. 199.1:** Deutsche Forschungs- und Versuchsanstalt für Luft- und Raumfahrt e.V. (DFVLR), Oberpfaffenhofen

Titelfoto: In der Namib; Sossusviel/Namibia

Einband vorn: Satellitenbildkarte Relief der Kontinente und untermeerisches Relief. © by Marie Tharp 1977/2003. Reproduced by permission of Marie Tharp Cartographer, New York (USA)
Einband hinten: Entwicklungsgeschichte der Erde

Entwicklungsgeschichte der Erde

Erd-zeitalter	Unter-gliederung	Beginn vor Mio. Jahren	Wichtige exogene und endogene Vorgänge, Entstehung bedeutender Lagerstätten, Klima	Entwicklung der Lebewelt
Erdneuzeit	Quartär	1,5	Temperaturabnahme, Wechsel von Kalt- und Warmzeiten, in höheren nördlichen Breiten; weite Teile der Erdoberfläche von mehr als 1000 m mächtigen Eismassen bedeckt. Reliefformung hier durch Inlandvereisung und Gletscherschmelzwässer (glaziale Serie), in südlichen Breiten durch Abtragung und Sedimentation (Flüsse, Massenbewegungen, Wind), Sand, Torf, Tuffe, Ton, Löss, Kies. Heutige Verteilung von Meer und Festland. Vereisungsgebiete der Nordhalbkugel nun weitestgehend vom Eis befreit. Entwicklung der heutigen Klimazonen	Reiche Artenvielfalt bei Pflanzen und Tieren in Warmzeiten, in Kaltzeiten Verschiebung der Floren- und Faunenarten entsprechend dem Klimawechsel nach Süden. Der Mensch tritt auf. Älteste Menschenfunde sind aus Heidelberg, Südafrika, China und Java bekannt. Anpassung der Tier- und Pflanzenwelt an die heutigen Klimabedingungen. Ausbildung von Vegetationszonen und geographischen Zonen.
	Tertiär	65	Alpidische Gebirgsbildung erreicht Höhepunkt, an Bruchstörungen der Erdkruste entstehen Bruchschollengebirge und tektonische Gräben (Oberrheingraben, Elbtalgraben ...), Vulkanismus. Als Restmeer der Thetys verbleibt das Mittelmeer. Meer zieht sich im Allgemeinen auf den heutigen Küstenverlauf zurück. In den Randgebieten bilden sich (Braun-)Kohle- und Erdöllagerstätten. Temperaturen nehmen ab.	Auf dem Festland überwiegen Blütenpflanzen sowie Nacktsamer. Rasche Entwicklung der höheren Säugetiere (Wal, Affe, Pferd, Elefant, ... Raubtiere, Beuteltiere). Im Meer sind Schnecken, Muscheln, Seeigel, Knochenfische und Moostierchen besonders verbreitet.
Erdmittelzeit	Kreide	140	Beginn der Entstehung der heutigen Hochgebirge (junge Faltengebirge): Alpen, Apenninen, Karpaten, Dinarisches Gebirge, Kaukasus, Pamir, Himalaya, Rocky Mountains, Atlas, Anden u.a.) = alpidische Gebirgsbildung. Das dadurch zurückgedrängte Meer überflutet weite Teile der Erdoberfläche und erreicht gleichzeitig seine größte Ausdehnung in der Erdgeschichte. Indik und Atlantik entwickeln sich zu Ozeanen, Australien, Afrika, Amerika und Vorderindien entfernen sich immer weiter voneinander. Im Vergleich zum Jura wird das Klima etwas kühler.	Erste Blütenpflanzen (Weiden, Gräser, Eichen ...). Saurier und Ammoniten sterben zum Ende der Kreidezeit aus.
	Jura	195	Erneut großflächige Meeresüberflutungen (Europa und Amerika) Entstehung von Erdöllagerstätten (in Nordamerika und in der Nordsee, im nördlichen Afrika, ...). Der südliche Urkontinent zerfällt, Indik und Pazifik befinden sich im Grabenstadium. Klima: erst kühl-feucht, dann warm-feucht, schließlich warm-arid.	Auf dem Festland dominieren Nacktsamer (Nadelbäume u.a.) sowie Farne. „Blütezeit" der Saurier (Flug-, Meeres- und Dinosaurier). Der Urvogel tritt erstmals auf. Reiche marine Fauna: Fische, Ammoniten, Schnecken, Schildkröten, Krokodile. Nur kleinwüchsige Säuger anzutreffen (Kleinraubtiere, Insektenfresser).
	Trias	225	Aufspaltung des südlichen Urkontinents tritt ein. Fortsetzung der Ablagerung mächtiger Sedimentgesteinsschichten über dem Rumpf des abgetragenen variskischen Gebirges. Zu Beginn und am Ende der Trias überwiegen Ablagerungen terrestrischer Sedimente, dazwischen marine Ablagerungen. Klima: erst heiß und trocken, später warm mit Regenzeiten.	In der Pflanzenwelt dominieren Nacktsamer, Kalkalgen, unter den Landtieren überwiegen Reptilien (Saurier), in den Binnengewässern Fische und Amphibien, im Meer Muscheln. Erstmals treten Säugetiere auf.